GEZONDHEIDSPSYCHOLOGIE

Samen met gerenommeerde auteurs spant Pearson zich in om de beste leerervaringen te ontwikkelen. Wij brengen wereldwijd de nieuwste ideeën en de beste leerpraktijken op de markt. Onze gedrukte en digitale leermiddelen worden vervaardigd op een manier die studenten in staat stelt niet alleen de inhoud te begrijpen, maar deze ook effectief toe te passen in de dagelijkse praktijk.

Pearson is wereldwijd een toonaangevend leerbedrijf. Wij zijn een gezaghebbende wereldwijde aanbieder van elektronische leerprogramma's, alsook van testontwikkeling, verwerkings- en scoringsdiensten voor onderwijsinstituten, bedrijven en beroepsverenigingen.

Wij bieden onze cliënten toegang tot een breed en snelgroeiend scala aan toonaangevende teksten van vermaarde auteurs en ontwikkelen boeken die op maat worden gemaakt. U kiest de inhoud die voldoet aan uw behoeften en Pearson maakt er een kwalitatief hoogstaand product van.

Elke dag stelt ons werk ons in staat om mensen beter te laten leren, en waar het leren tot bloei komt, doen mensen dat ook. Meer informatie vindt u op: www.pearson.com/nl.

Gezondheidspsychologie

2e editie

Dit maatwerkboek is samengesteld op basis van hoofdstukken uit:

Gezondheidspsychologie
4e editie
Val Morrison en Paul Bennett

Psychologie, een inleiding
8e editie
Philip G. Zimbardo, Robert L. Johnson en Vivian McCann

Thomas More Antwerpen

Harlow, England • London • New York • Boston • San Francisco • Toronto • Sydney • Auckland • Singapore • Hong Kong
Tokyo • Seoul • Taipei • New Delhi • Cape Town • Sao Paulo • Mexico City • Madrid • Amsterdam • Munich • Paris • Milan

ISBN: 978-90-430-3886-7
Pearson Benelux BV, Amsterdam

Website: www.pearson.com/nl
E-mail: amsterdam@pearson.com

© 2020 Pearson Benelux, Amsterdam

School: Thomas More Antwerpen
Samengesteld door: Dr. Dinska Van Gucht

Dit maatwerkboek is samengesteld op basis van hoofdstukken uit:

Val Morrison en Paul Bennett
Gezondheidspsychologie, 4e editie, ISBN: 978-90-430-3457-9
Nederlandstalige bewerking: Hans Te Baerts, Laurent Voets en Joséphine Jammaers

Philip G. Zimbardo, Robert L. Johnson en Vivian McCann
Psychologie, een inleiding, 8e editie, ISBN: 978-90-430-3459-3
Nederlandstalige bewerking: Ed Caffin, Charlotte Boudesteijn, Greet van der Wielen en Laurent Voets

Alle rechten voorbehouden. Niets uit deze uitgave mag worden verveelvoudigd, opgeslagen in een geautomatiseerd gegevensbestand, of openbaar gemaakt, in enige vorm of op enige wijze, hetzij elektronisch, mechanisch, door fotokopieën, opnamen, of enige andere manier, zonder voorafgaande toestemming van de uitgever.

Voor zover het maken van kopieën uit deze uitgave is toegestaan op grond van artikel 16B Auteurswet 1912 j° het Besluit van 20 juni 1974, St.b. 351, zoals gewijzigd bij Besluit van 23 augustus 1985, St.b. 471 en artikel 17 Auteurswet 1912, dient men de daarvoor wettelijk verschuldigde vergoedingen te voldoen aan de Stichting Reprorecht. Voor het overnemen van gedeelte(n) uit deze uitgave in bloemlezingen, readers en andere compilatie- of andere werken (artikel 16 Auteurswet 1912), in welke vorm dan ook, dient men zich tot de uitgever te wenden. Ondanks alle aan de samenstelling van dit boek bestede zorg kan noch de redactie, noch de auteur, noch de uitgever aansprakelijkheid aanvaarden voor schade die het gevolg is van enige fout in deze uitgave.

Inhoud

Uit:
Gezondheidspsychologie
4e editie
Val Morrison en Paul Bennett

1	**Wat is gezondheid?** 1
1.1	Wat is gezondheid? Veranderende perspectieven 3
1.2	Individuele, culturele en leeftijdgerelateerde perspectieven op gezondheid 12
1.3	Wat is gezondheidspsychologie? 22
	Samenvatting 26

2	**Sociale verschillen in ziekte en gezondheid** 27
2.1	Gezondheidsverschillen 29
2.2	Minderheidsstatus en gezondheid 41
2.3	Geslacht en gezondheid 45
	Samenvatting 48

3	**Ongezond gedrag** 49
3.1	Wat is gezondheidsbevorderend gedrag? 51
3.2	Roken, drinken en gebruik van illegale drugs 55
3.3	Onbeschermd seksueel gedrag 76
3.4	Ongezond voedingspatroon 81
3.5	Overgewicht 84
	Samenvatting 90

4	**Gezond gedrag** 91
4.1	Compliantiegedrag 93
4.2	Gezonde voeding 95
4.3	Lichaamsbeweging 101
4.4	Gezondheidsscreening 108
4.5	Vaccinatie 118
	Samenvatting 120

5	**Modellen voor het voorspellen van gezondheidsgedrag** 123
5.1	Distale invloeden op gezondheidsgedrag 125
5.2	Modellen van gezondheidsgedrag 132
5.3	Sociale en cognitieve modellen van gedragsverandering 136
5.4	Modellen voor gefaseerde gedragsverandering 149
	Samenvatting 160

6	**Gedragsverandering: mechanismen en methoden** 161
6.1	Het ontwikkelen van interventies voor de volksgezondheid 162
6.2	Strategieën om risicogedrag te veranderen 164
	Samenvatting 182

7	**Preventie van gezondheidsproblemen** 183
7.1	Werken met personen 184
7.2	Het gebruik van massamedia 188
7.3	Omgevingsinvloeden 191
7.4	Programma's voor gezondheidsbevordering 195
7.5	Het gebruik van nieuwe technologie 205
	Samenvatting 206

10	**Stress, gezondheid en ziekte: theorie** 209
10.1	Concepten van stress 211
10.2	Typen stress 220
10.3	Stress als fysiologische reactie 226
10.4	Het verband tussen stress en ziekte 231
	Samenvatting 237

11	**Omgaan met stress** 239
11.1	Wat is coping? 241
11.2	Stress, persoonlijkheid en ziekte 245
11.3	Stress en cognities 253
11.4	Stress en emoties 257
11.5	Sociale steun en stress 259
	Samenvatting 264

12	**Stressmanagement en interventies** **265**
12.1	Preventie van stress 267
12.2	Stressmanagement 268
12.3	Het minimaliseren van stress in ziekenhuisomgevingen 279
Samenvatting 282	

13	**De invloed van ziekte op de kwaliteit van leven** **283**
13.1	De impact van ziekte 285
13.2	Omgaan met ziekte 293
13.3	Ziekte en kwaliteit van leven 297
13.4	Het meten van de kwaliteit van leven 304
Samenvatting 309	

15	**Pijn** **311**
15.1	De pijnbeleving 313
15.2	Biologische modellen voor pijn 317
15.3	Een psychobiologische theorie over pijn 324
15.4	Toekomstige inzichten in pijn – de neuromatrix 326
15.5	Mensen leren met pijn om te gaan 328
Samenvatting 340	

Uit:
Psychologie, een inleiding
8e editie
Philip G. Zimbardo, Robert L. Johnson en Vivian McCann

8.2	Hoe ziet de cyclus van het normale bewustzijn eruit? 341
8.2.1	Dagdromen 341
8.2.2	Slaap: het mysterieuze derde deel van ons leven 343
8.2.3	Dromen: de nachtelijke voorstellingen 351

Foto: Flamingo Images / Shutterstock (Pearson Asset Library)

HOOFDSTUK 1
WAT IS GEZONDHEID?

1.1 **Wat is gezondheid? Veranderende perspectieven**
1.1.1 Relatie tussen lichaam en geest
1.1.2 Biomedisch ziektemodel
1.1.3 Vraagtekens bij dualisme: psychosociale modellen voor gezondheid en ziekte
1.1.4 Biopsychosociaal ziektemodel
1.1.5 Gedrag, dood en ziekte

1.2 **Individuele, culturele en leeftijdgerelateerde perspectieven op gezondheid**
1.2.1 Lekentheorieën over gezondheid
1.2.2 Definitie van gezondheid van de Wereldgezondheidsorganisatie
1.2.3 Crossculturele perspectieven op gezondheid
1.2.4 Levensloop en gezondheid

1.3 **Wat is gezondheidspsychologie?**
1.3.1 Wat is het verband tussen psychologie en gezondheid?

LEERDOELEN

Aan het einde van dit hoofdstuk kun je beschrijven en uitleggen:
- wat de belangrijkste perspectieven waren en zijn op gezondheid en ziekte, met inbegrip van de biomedische en biopsychosociale modellen;
- wat de invloed is van levensfase en van gezondheidsstatus op de concepten gezondheid en ziekte;
- wat de rol is van psychologie, met name gezondheidspsychologie, voor het verkrijgen van inzicht in gezondheid en ziekte;
- dat gezondheid meer is dan eenvoudigweg de afwezigheid van lichamelijke ziekte of beperking.

GEZONDHEID IS WERELDWIJD

Een goede gezondheid is voor de meeste Nederlanders het belangrijkste in hun leven (Kooiker en Hoeymans, 2014). Gezondheid wil dan zeggen: kunnen doen wat je wil zonder geestelijke of lichamelijke beperking. De gezondheidszorg neemt een fors deel van onze uitgaven in beslag. In Nederland en België is dat rond de tien procent van het Bruto Nationaal Product (BNP). Voor 2019 bedraagt de gezondheidszorgbegroting in Nederland 71 miljard euro. De begroting groeit ondanks alle bezuinigingen met zeven procent vergeleken met die van 2018 door de vergrijzing en door de toename van het aantal chronisch zieken.

De Wereldgezondheidsorganisatie (WHO) werd in 1948 opgericht door de Verenigde Naties. Het doel van deze organisatie is om de gezondheid van de wereldbevolking te verbeteren. De activiteiten van de WHO omvatten programma's voor ziektebestrijding (hiv, tuberculose, malaria, inentingsprogramma's) door gezondheidszorgorganisaties. Naast de directe hulpverlening besteedt de WHO veel aandacht aan het verbeteren van de gezondheidszorg door het stimuleren van innovatie en van preventieprogramma's.

Het budget voor 2018-2019 bedraagt op jaarbasis 4.300 miljoen dollar (WHO, 2017). Een groeiend aandeel van het budget bestaat uit acties voor het beïnvloeden van de **sociale determinanten** voor gezondheid. De aandacht hiervoor vloeit ten dele voort uit het feit dat de wereldbevolking gemiddeld veroudert en er daardoor meer chronische ziekten ontstaan.

In 2011 benadrukte onder andere het Britse rapport *Health is global: An outcomes framework for global health 2011-2015* de noodzaak een vergelijkbare gezondheid binnen en tussen landen te bevorderen door de sociale determinanten van gezondheid aan te pakken. Om dat te kunnen doen, moet er goed en eenduidig kunnen worden gecommuniceerd over statistieken en resultaten van interventies. Wat verstaan we in praktische zin onder 'gezond', wat is een gezonde levensstijl, welke leeftijd hanteren we voor het begrip 'ouderen'?

In 2014 namen wetenschappers van bedrijven en universiteiten, mensen die werken in gezondheidsinformatica en gezondheidspsychologen in Rome deel aan het Derde Internationale Congres over Wereldgezondheid van de Wereldgezondheidsorganisatie. Op dit congres werd besproken op welke wijze de gegevens met betrekking tot ziekte, overlijden, levensstijl en demografische veranderingen het best kunnen worden vastgelegd en geanalyseerd. Door overeenstemming over definities, mogelijke onderzoeksmethoden, dataverzameling en dataopslag is het beter mogelijk om wereldwijd beleid te ontwikkelen. Een ander onderwerp dat op het congres aan de orde kwam, was de manier waarop technologie met betrekking tot gezondheid het best kan worden gebruikt om de individuele gezondheid en de volksgezondheid te bevorderen. Het gaat dan om veranderingen in de klinische praktijk, de gezondheidsmonitoring, het bevorderen van gedragsveranderingen en om preventie en aanpak van pandemieën.

Hoewel er nog veel te onderzoeken valt, zijn in de afgelopen 30 jaar vele resultaten geboekt op het terrein van kennis over en inzicht in gezondheid en de mogelijkheden om hieraan vanuit het perspectief van de psychologie een positieve bijdrage te leveren.

Dit boek bundelt theorie en onderzoek om de aspirant-gezondheidspsycholoog te informeren en een bijdrage te leveren aan de praktijk.

> **sociale determinant**
> Een factor die de gezondheid in positieve of in negatieve zin beïnvloedt. Een sociale determinant verwijst naar de mate en de kwaliteit van sociale steun in het gezin, de buurt en de (sub)culltuur.

HOOFDSTUKOVERZICHT

Wat verstaan we onder gezondheid en bedoelen we allemaal wel hetzelfde met deze term? In dit hoofdstuk kijken we naar de verschillende manieren waarop mensen gezondheid en ziekte hebben gedefinieerd. Ten eerste geven we een historisch overzicht van het concept gezondheid en introduceren daarmee het debat over de invloed van de geest op het lichaam. Ten tweede illustreren we op welke wijze (collectieve) opvattingen omtrent gezondheid en ziekte verschillen, afhankelijk van factoren zoals leeftijd, cultuur en gezondheidstoestand. We onderzoeken of kinderen gezondheid anders definiëren en beschouwen dan mensen van middelbare leeftijd en ouderen. Tegen deze achtergrond van het definiëren van gezondheid en daaraan gerelateerde opvattingen geven we een inleiding in twee modellen waarop ons vakgebied is gebaseerd: het biomedische model en het biopsychosociale model van gezondheid. Tot besluit van dit hoofdstuk introduceren we het gebied van de gezondheidspsychologie. Hierdoor wordt duidelijk welke vragen de gezondheidspsychologie kan beantwoorden.

1.1 Wat is gezondheid? Veranderende perspectieven

Het woord 'gezondheid' wordt door de meeste mensen gebruikt zonder dat ze zich realiseren dat het begrip voor mensen op verschillende tijdstippen in de geschiedenis, in uiteenlopende culturen, sociale klassen of zelfs binnen hetzelfde gezin van betekenis kan verschillen.

Gezondheid heeft lichamelijke en geestelijke aspecten. Van oudsher hebben mensen een relatie gezien tussen geest, god(en) en fysieke gesteldheid. In veel culturen zijn 'medicijnmannen' priester en arts tegelijk. Bij archeologische vondsten van menselijke skeletten uit het stenen tijdperk werden in sommige schedels kleine, goed begrensde gaatjes aangetroffen. Deze worden toegeschreven aan het proces van 'trepanatie', waarbij een gat in de schedel wordt gemaakt om kwade geesten vrij te laten. Geesten zouden het lichaam vanuit de buitenwereld binnendringen en ziekte veroorzaken. Een vergelijkbaar vroege interpretatie van ziekte is te vinden in oude Hebreeuwse teksten (1000-300 voor Christus): ziekte zou een straf van de goden zijn. Deze opvatting van boze geesten als ziektebrengers is in sommige culturen nog steeds aanwezig.

1.1.1 Relatie tussen lichaam en geest

In de geschriften van het oude Griekenland zien we nieuwe verklaringen voor gezondheid. Ziekten worden niet langer aan kwade geesten of goden toegeschreven. Hippocrates, een Griekse arts uit de Oudheid (circa 460-377 voor Christus), schreef ziekte toe aan een verstoord evenwicht tussen vier circulerende lichaamsvloeistoffen, de zogenoemde humores: gele gal, slijm, bloed en zwarte gal. Gedacht werd dat de vier humores bij gezonde personen in evenwicht waren en dat ziekten optraden als dit evenwicht door externe 'pathogenen' werd verstoord. De humores waren gerelateerd aan seizoenswisselingen en aan omstandigheden, waarbij slijm was verbonden met de winter (koud-nat), bloed met het voorjaar (nat-warm), zwarte gal met de herfst (koud-droog) en gele gal met de zomer (warm-droog). Hippocrates beschouwde lichaam en geest als een eenheid. Om die reden dacht men dat de hoeveelheid van de verschillende lichaamsvloeistoffen in verband stond met typen persoonlijkheden. Een overmatige hoeveelheid gele gal was verbonden met een cholerisch of boosaardig temperament; veel zwarte gal was verbonden met droefenis; een overmaat bloed was geassocieerd met een optimistische of sanguine persoonlijkheid en bovenmatig slijm met een kalm of flegmatisch temperament. Genezing bestond uit pogingen om de humores opnieuw in balans te brengen via aderlaten, vasten, een speciaal dieet of door geneesmiddelen. Deze opvatting is – tot op zekere hoogte – nog terug te vinden bij homeopathische artsen, die de homotoxineleer aanhangen (Elling en Asseldonk, 2006). Een variant op dit denken is terug te vinden in de opvatting dat door disbalans van de neurotransmitters dopamine, melatonine en serotonine mentale stoornissen als depressies kunnen ontstaan (Carr en Lucki, 2011). Door het innemen van ontbrekende stoffen zou een disbalans gecompenseerd kunnen worden (Walls *et al.*, 2015).

Hippocrates. Bij de afronding van de studie tot arts wordt nog steeds een eed afgelegd. De Eed van Hippocrates is in de loop der eeuwen aangepast. De kern (dienstbaarheid, vertrouwelijkheid en maatschappelijke verantwoordelijkheid) blijft onaangetast (Cense, 2017).

Foto: Bilwisseledition Ltd. & Co. KG / Alamy Stock Photo

Dit standpunt werd ook gedeeld door Galenus (circa 129-199 na Christus), een invloedrijke Griekse arts in het oude Rome. Galenus dacht dat er een lichamelijke of pathologische basis was voor alle ziekten (lichamelijk en geestelijk). Hij geloofde dat de vier lichamelijke humores ten grondslag lagen aan de vier temperamenten en dat deze temperamenten bijdroegen aan het krijgen van specifieke ziekten. Hij stelde bijvoorbeeld dat melancholieke vrouwen een grotere kans hadden op borstkanker door een grote hoeveelheid zwarte gal. Er werd niet gedacht dat de geest zelf een rol speelde in de **etiologie** van ziekten. De ideeën

etiologie
De oorzaak van een ziekte.

Wat is gezondheid?

van Hippocrates en Galenus zouden het denken over ziekte en gezondheid nog vele eeuwen beheersen, tot de achttiende eeuw toen de organische geneeskunde en in het bijzonder de cellulaire pathologie werd ontwikkeld en de humorale basis hierdoor niet werd ondersteund. Galenus' beschrijvingen van persoonlijkheidstypen worden echter in de tweede helft van de twintigste eeuw nog steeds toegepast (Marks et al., 2000).

Tijdens de vroege middeleeuwen verloren de **theorieën** van Galenus terrein en raakten ideeën over gezondheid steeds meer verbonden met geloof en spiritualiteit. In deze tijd werd ziekte gezien als de straf van God voor vergrijpen of als het gevolg van kwade geesten die de ziel binnendrongen. Gedacht werd dat de mens als individu weinig controle had over zijn gezondheid, terwijl priesters, met het hun toegedichte vermogen om de gezondheid te herstellen door demonen uit te drijven, die controle wél hadden. Algemeen werd gedacht dat lichaam en geest samenwerkten of op zijn minst in samenhang functioneerden. Het verbod op wetenschappelijk onderzoek, zoals ontleding, beperkte de medische vooruitgang en de vooruitgang in inzicht, waardoor geestelijke en mystieke verklaringen voor ziekte overheersten.

De religieuze gezichtspunten hielden stand tot de vroege veertiende en vijftiende eeuw toen een periode van 'wedergeboorte', de *renaissance*, begon. Tijdens deze renaissance werd het individuele denken belangrijker en werd het religieuze perspectief er één van vele. De wetenschappelijke revolutie van rond 1600 leidde tot een enorme groei in theoretische kennis, natuurwetenschappelijk onderzoek en ontwikkelingen in de lichamelijke geneeskunde. Daardoor werden het inzicht in het menselijk lichaam en de verklaringen voor ziekten steeds organischer en fysiologischer en was er weinig ruimte voor psychologische verklaringen.

In het begin van de zeventiende eeuw stelde de Franse filosoof René Descartes (1596-1650), evenals de oude Grieken, dat lichaam en geest afzonderlijke entiteiten waren. Descartes stelde tevens dat er interactie mogelijk was tussen de twee 'domeinen', hoewel er aanvankelijk slechts beperkt inzicht was in de wijze waarop interacties tussen lichaam en geest konden plaatsvinden. Hoe kon bijvoorbeeld een gedachte, zonder lichamelijke eigenschappen, een lichamelijke reactie veroorzaken (Solmes en Turnbull, 2002)? Dit wordt **dualisme** genoemd, waarbij de geest wordt beschouwd als 'niet-materieel', (dat wil zeggen niet objectief of zichtbaar, zoals bij gedachten en gevoelens) en het lichaam als 'materieel' (dat wil zeggen opgebouwd uit mechanisch 'materiaal', tastbare stof zoals onze hersenen, het hart en de cellen). Volgens het dualistisch denken zijn het materiële en het niet-materiële onafhankelijk van elkaar. Artsen handelden als bewakers van het lichaam dat werd beschouwd als een machine die wetenschappelijk kon worden onderzocht en verklaard – terwijl theologen handelden als hoeders van de geest. Gedacht werd dat de veronderstelde communicatie tussen lichaam en geest onder controle stond van de pijnappelklier (epifyse) in de tussenhersenen, maar het mechanisme van deze interactie was onduidelijk. Omdat Descartes geloofde dat de ziel op het moment van overlijden het lichaam verlaat, werden ontleding en autopsie nu acceptabel voor de kerkelijke autoriteiten. Hierdoor groeide tijdens de achttiende en negentiende eeuw het inzicht in de geneeskunde enorm. Uit anatomisch onderzoek, autopsie en cellulaire pathologie bleek dat ziekten in menselijke cellen waren gelokaliseerd en niet in een verstoord evenwicht van de humores.

Dualisten ontwikkelden de idee van het lichaam als machine (een **mechanistisch standpunt**), dat alleen kon worden doorgrond in termen van zijn onderdelen (moleculair, biologisch, biochemisch, genetisch) en waarbij inzicht in ziekten werd verkregen via het bestuderen van cellulaire en fysiologische

---

theorie
Een algemene aanname of aannamen over een aspect van de wereld waarin we leven of over de mensen in die wereld die al dan niet door bewijs wordt ondersteund.

dualisme
Het idee dat lichaam en geest afzonderlijke eenheden zijn (vergelijk met Descartes).

mechanistische benadering
Een benadering die het gedrag reduceert tot het niveau van het orgaan of de lichamelijke functie. Geassocieerd met het *biomedisch ziektemodel*.

processen. Tijdens deze eeuwen werd de behandeling technischer, meer gericht op diagnostiek en op de beschikbare lichamelijke bewijzen. Deze benadering gaat uit van een biomedisch ziektemodel.

1.1.2 Biomedisch ziektemodel

> **biomedisch ziektemodel**
> De opvatting dat ziekten en symptomen een achterliggende fysiologische verklaring hebben en dat daarmee ook genezing mechanistisch en rechtlijnig werkt.

In het **biomedisch ziektemodel** wordt gezondheid gedefinieerd als afwezigheid van ziekte. Dit model wordt ook het diagnose-receptmodel genoemd. Volgens dit model heeft een ziekte een oorzaak die via medische interventie kan worden genezen.

Aangenomen wordt dat het wegnemen van de oorzaak van de ziekte zal leiden tot het verdwijnen van de symptomen en dus herstel van de gezondheid. De aanname is dat de symptomen het gevolg zijn van een ziekte die zijn oorsprong hetzij buiten het lichaam heeft (bijvoorbeeld bij bacteriële infecties) of via inwendige veranderingen zoals bijvoorbeeld bij celmutaties. Het biomedische model wordt reductionistisch genoemd: het reduceert de geest, het lichaam en het menselijk gedrag tot lichaamscellen of tot neurale of biochemische activiteit, en verklaart problemen ook alleen op dit niveau. Het reductionisme negeert daarmee dat verschillende mensen op verschillende wijzen kunnen reageren op eenzelfde ziekte, omdat ze verschillen in persoonlijkheid, cognitie, sociaal ondersteuningsnetwerk of culturele aannamen. Het biomedische model ligt aan vele succesvolle behandelingen ten grondslag, waaronder vaccinatieprogramma's die hebben bijgedragen aan het uitroeien van veel levensbedreigende infectieziekten (Larson, 1999) zoals polio en mazelen.

Een lichamelijke beperking staat niet automatisch gelijk aan een gebrek aan gezondheid en fitheid, zoals deze deelnemers aan de Paralympische Spelen (2014) aantonen.

Foto: Patrick van Katwijk / DPA Picture Alliance / Alamy Stock Photo

1.1.3 Vraagtekens bij dualisme: psychosociale modellen voor gezondheid en ziekte

Veel ziekten hebben organische oorzaken, maar veroorzaken unieke individuele reacties. De rol van de 'geest' bij de manifestatie van en de reactie op ziekte is cruciaal voor het bevorderen van ons inzicht in de complexe aard van gezondheid en ziekte. Denk bijvoorbeeld eens aan 'fantoompijn' bij mensen met amputaties: hoe kan een afwezig ledemaat pijn veroorzaken? Denk eens aan de wijdverbreide erkenning van het placebo-effect: hoe kan een inactieve stof leiden tot afname van pijn of andere symptomen die equivalent zijn aan de afname bij diegenen die een bewezen werkzame stof of een behandeling ontvingen? Bracken en Thomas (2002) stellen in hun artikel in het *British Medical Journal* voor verder te gaan dan de splitsing van lichaam en geest. De auteurs merken op dat het feit dat we dankzij de neurowetenschappen de 'geest' en zijn werking 'objectief' kunnen onderzoeken door de toepassing van steeds geavanceerdere scanapparaten en metingen, nog niet betekent dat we meer inzicht hebben in de subjectieve 'geest' – de gedachten, gevoelens en dergelijke waaruit ons leven bestaat en die ons leven betekenis geven. Ze merken op dat het 'conceptualiseren van ons geestelijk leven als een soort van begrensde wereld die binnen onze schedel leeft, geen recht doet aan de realiteit van de menselijke ervaring'. Het feit dat dit artikel in een medisch tijdschrift met een traditioneel medisch uitgangspunt kon worden gepubliceerd, bewijst dat de 'erfenis' van Descartes aan waarde heeft ingeboet.

Naarmate ons inzicht in de bidirectionele relatie tussen lichaam en geest toenam, verloor het dualistisch denken terrein. De psychologie heeft in dit veranderende perspectief een belangrijke rol gespeeld. Sigmund Freud heeft het probleem van lichaam en geest opnieuw gedefinieerd als een probleem van 'bewustzijn'. Hij postuleerde het bestaan van een 'onbewuste geest' die zichtbaar werd bij een aandoening die hij 'conversiehysterie' noemde. De patiënt heeft ernstige pijn, zonder dat te verklaren is hoe dat kan. De pijn is reëel en kan wel tijdelijk bestreden worden, maar komt daarna weer terug. Na het onderzoeken van patiënten met lichamelijke symptomen zonder identificeerbare oorzaak en door het toepassen van hypnose en therapeutische gesprekstechnieken van vrije associatie identificeerde Freud onbewuste conflicten die onderdrukt waren geweest. Aangenomen werd dat deze onbewuste conflicten de lichamelijke aandoeningen 'veroorzaakten', met inbegrip van verlamming en het verlies van gevoel bij sommige patiënten bij wie geen achterliggende lichamelijke verklaring aanwezig was (ofwel hysterische verlamming, bijvoorbeeld Freud en Breuer, 1895). Freuds werk en onderzoek leidden uiteindelijk tot het ontwikkelen van het gebied van de *psychosomatische geneeskunde*. De psychologie als vakgebied heeft voor de geneeskunde het belang onderstreept van de noodzaak de rol van psychologische en sociale factoren bij de etiologie, het beloop en de effecten van ziekte in aanmerking te nemen.

1.1.4 Biopsychosociaal ziektemodel

biopsychosociaal ziektemodel
Het standpunt dat ziekten en symptomen door een combinatie van lichamelijke, sociale, culturele en psychologische factoren kunnen worden verklaard.

In tegenstelling tot het biomedisch model neemt het **biopsychosociaal model** in de beoordeling van de gezondheid nadrukkelijk de subjectiviteit of beleving mee. Sociale en culturele factoren bepalen mede of iemand ziek te noemen is of zich ziek voelt. Dit model wijst het biomedisch model niet af, maar verrijkt het met de interactie tussen biologische processen en psychologische en sociale invloeden (Engel, 1977, 1980). Het model is door fysiotherapeuten gebruikt om de behandeling op het individu toe te spitsen door de invloeden op het individu in samenspraak in kaart te brengen en een adequaat proces aan te gaan. Dit model (het meerdimensionale belastings-belastbaarheidsmodel) biedt de mogelijkheid om te bepalen of fysiotherapie inderdaad nodig is en welke doelen gesteld kunnen worden (Bernards *et al.*, 1999). Hoewel het door velen wordt onderschreven, is er kritiek mogelijk op dit model. Zo is het onduidelijk hoe zwaar de verschillende aspecten in algemene zin kunnen worden gewogen. In de reguliere gezondheidszorg vergt een aanpak volgens het meerdimensionale belastings-belastbaarheidsmodel model veel tijd, tijd die er in de praktijk van alledag nauwelijks is.

ONDERZOEK IN DE PRAKTIJK

Modellen van invaliditeit: van biomedisch naar biopsychosociaal

In 1980 werd 'invaliditeit' door de WHO gedefinieerd als 'een beperking of onvermogen om als een "normaal mens" te functioneren'. Zij introduceerde dat jaar met haar *International Classification of Functioning, Disability and Health* een hiërarchisch model om de reacties op ziekte te onderzoeken. De classificatie wordt gebruikt om problemen in het functioneren van de mens in kaart te brengen. Het model wordt gebruikt om bijvoorbeeld de zorg vast te stellen die iemand nodig heeft. In dit model leiden beperkingen (afwijkingen of uitval op het niveau van organen, weefsels, structuren of uiterlijk) tot invaliditeit. In dit model werd invaliditeit binnen het individu geplaatst en beschouwd als een onvermijdelijke consequentie van een vorm van beperking en een onvermijdelijke voorloper van een handicap.

In de loop der tijd kwamen er echter vragen bij dit model. Want waar moeten we binnen dit model bijvoorbeeld de paralympische sporter plaatsen die ondanks bepaalde beperkingen op een hoog fysiek prestatieniveau functioneert? Hoe beschrijven we de persoon met jeugddiabetes en een beperking doordat zijn alvleesklier gebrekkig functioneert, maar die, zolang hij zijn medicatie gebruikt, functioneert als iedere andere adolescent? Deze jongere spijbelt misschien omdat hij voelt dat hij een stigma heeft, waardoor hij sociale relaties met medeleerlingen ontwijkt. Wat zijn dan de implicaties van een dergelijk medisch en functionalistisch gezichtspunt voor de behandeling van beperkingen, als we geloven in een noodzaak tot normalisering?

Voor sommige mensen betekent het krijgen van een handicap het einde van hun leven, een uitsluiting van een normale functie en rol en, zoals veel studies hebben aangetoond, een toegenomen kans op depressie. Voor anderen betekent invaliditeit juist een uitdaging, een feit om mee te leven, en is het niet iets wat hen verhindert ten volle te leven.

Zoals we in relatie tot het ontwikkelen van concepten van ziekte hebben gezien, stelt deze individuele variatie in de reactie op beperkingen in het functioneren en op invaliditeit opnieuw vraagtekens bij het biomedisch denken en wordt de deur voor biopsychosociaal denken geopend. Mensen raken niet noodzakelijkerwijs op dezelfde manier of in gelijke mate 'invalide' of 'gehandicapt', zelfs als zij dezelfde beperking hebben.

Het WHO-model uit 2001, de *International Classification of Functioning, Disability and Health,* kwam voort uit 2000 evaluaties van bestaande casussen en 3500 evaluaties van samenvattingen van casussen uitgevoerd in 27 talen in 61 landen. Het ICF presenteert een universeel, dynamisch en niet-lineair model waarbij veranderingen van de structuur van het functioneren van het lichaam (voorheen beperking), activiteiten en beperkingen daarvan (voorheen invaliditeit) en participatie of beperkingen daarvan (voorheen handicap) elkaar potentieel kunnen beïnvloeden. Bovendien erkent het ICF dat de relatie tussen structuren, activiteiten en participatie wordt beïnvloed door zowel omgevings- als persoonlijke factoren. Iemands vermogen om naar 'beste kunnen' te functioneren, gezien zijn of haar lichamelijke toestand, is niet alleen het gevolg van de omvang van de beperking. Invaliditeit is niet langer een individuele zaak, maar ook een reactie op de

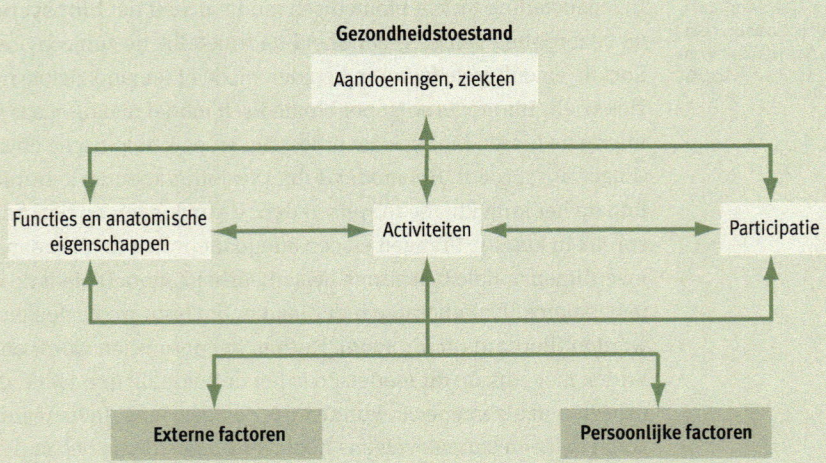

Bron: Nederlands WHO-FIC Collaborating Centre, 2002 (www.whofic.nl)

lichamelijke, sociale en culturele omgeving waarbinnen de betrokkene tracht te functioneren en van de eigen persoonlijke eigenschappen, en aan gedrag en ziekte gerelateerde opvattingen en gevoelens (Quinn *et al.*, 2013).

Het vernieuwde model biedt een standaardtaal voor alle hulpverleners om betrokkene te beschrijven als:
- menselijk organisme: beschrijven van functies, bijvoorbeeld: verminderd geheugen;
- menselijk handelen: wat kan iemand zelf, bijvoorbeeld: huis schoonhouden;
- participatie: beschrijven of iemand kan meedoen aan het maatschappelijk verkeer, bijvoorbeeld: deelnemen aan het verkeer.

Daarbij onderscheidt het ICF verschillende factoren die het functioneren kunnen beïnvloeden:
- medische factoren (zoals de aandoening);
- persoonlijke factoren (zoals leeftijd, gewoonten);
- externe factoren (huis, hulpmiddelen, mantelzorg).

Bron: https://www.nictiz.nl/standaarden/icf/, geraadpleegd 11 februari 2019

Parallel aan de bovengenoemde verschuivingen in het denken over gezondheid en ziekte loopt de toegenomen erkenning van de rol die het individuele gedrag speelt bij die beleving. Dit heeft, onder invloed van positieve psychologie, geleid tot het concept van Machteld Huber (2012), de Positieve Gezondheid (zie figuur 1.1). Gezondheid is niet de afwezigheid van ziekte, maar het vermogen van mensen om met de fysieke, emotionele en sociale uitdagingen van het leven om te gaan en zo veel mogelijk eigen regie te voeren. Voor het meten van gezondheid onderscheidt Huber lichaamsfuncties, mentale functies/beleving, spiritueel/existentiële dimensie, kwaliteit van leven, sociaal-maatschappelijke participatie en dagelijks functioneren. De 'score' is deels subjectief en deels feitelijk. Van belang bij deze opvatting is dat wordt uitgegaan van wat mogelijk is. Helemaal onomstreden is deze opvatting over gezondheid niet. Poisz, Caris en Lapré (2016) vinden de definitie veel te ruim. Zij maken in hun artikel onder andere een onderscheid tussen gezondheid als toestand en gezondheid als gedrag. Volgens de definitie van Huber kan een uitermate ziek iemand als gezond worden gezien als hij zich constructief gedraagt. En een gezond iemand die piekert als ongezond. Dat maakt het begrip gezond onhelder. Rademaker (2016) wijst op de overschatting van zieke mensen die de regie niet kunnen voeren. Veel mensen zijn niet in staat om hun ziektemanagement te voeren. Huber wijst erop dat door haar definitie een andere werkwijze kan ontstaan in de gezondheidszorg. De resultaten van de projecten op basis van het concept Positieve Gezondheid zijn positief te noemen (Bureau Bartels, 2018).

1.1.5 Gedrag, dood en ziekte

De stijging van de levensverwachting in de westerse wereld gedurende de twintigste eeuw was mede het gevolg van de vooruitgang van de medische technologie en verbeterde behandelingen.

Dit leidde ertoe, althans in de westerse wereld, dat algemeen werd geloofd dat de traditionele geneeskunde effectief was en het vermogen had ziekten uit te roeien. De introductie van geneesmiddelen, de toegenomen beheersing van besmettelijke ziekten via vaccinatie en verbeterde sanitaire voorzieningen bieden verklaringen voor de stijging van de levensverwachting die wereldwijd zichtbaar werd. De levensverwachting in Nederland en België rond 1870 was 40 jaar, in 1940 70 jaar en is nu voor mannen 80,1 jaar en voor vrouwen 83,3 jaar. Vrouwen leven langer dan mannen: wereldwijd bedraagt het verschil tussen de drie en vier jaar. Wereldwijd is de levensverwachting tussen 2000 en 2015 met vijf jaar gestegen tot 71 jaar (WHO, 2018). De statistieken over de levensverwachting bij de geboorte vertellen ons dat het bereiken van een hoge leeftijd in sommige landen niet gebruikelijk is volgens de VN studie *Population Ageing and Development* (Gerland

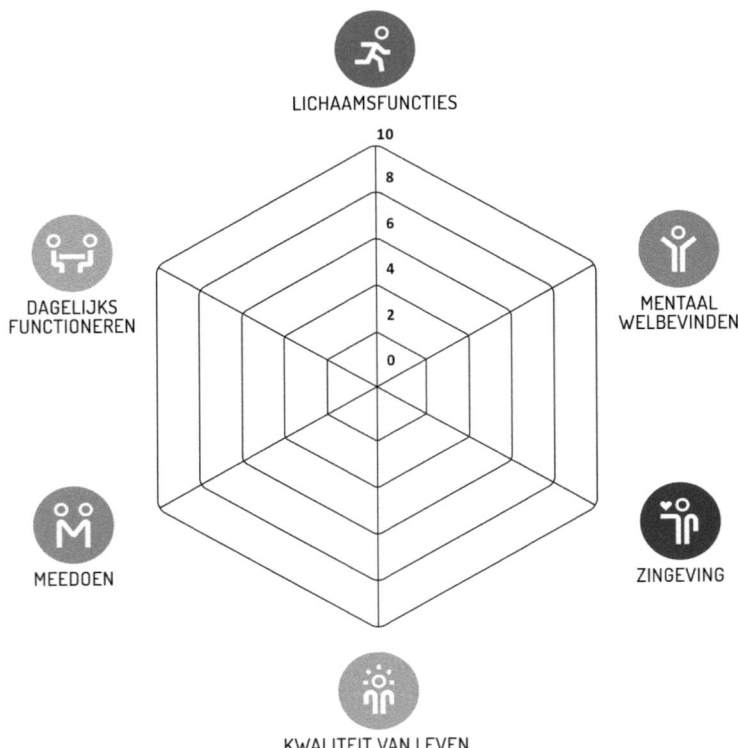

FIGUUR 1.1 De zes dimensies van gezondheid in het concept Positieve Gezondheid van Machteld Huber

Bron: Institute for Positive Health, 2012 (https://iph.nl)

et al., 2014). De soms grote verschillen in levensverwachting kunnen voor een groot deel worden verklaard door verschillen in manier van leven, leefomstandigheden en voeding. Er bestaat enige bezorgdheid dat de levensverwachting in toekomstige generaties mogelijk zal dalen als gevolg van de toenemende obesitas bij kinderen in de meer welvarende landen, zoals met name in de Verenigde Staten en Europa.

mortaliteit
(Overlijden): meestal uitgedrukt in de vorm van sterftecijfers, ofwel het aantal sterfgevallen in een gegeven populatie en/of in een gegeven jaar toegeschreven aan een bepaalde aandoening (bijvoorbeeld het aantal sterfgevallen als gevolg van kanker onder vrouwen in 2000).

Een groot deel van de daling van de **mortaliteit** in de wereld vond plaats voorafgaand aan de grote vaccinatieprogramma's, door successen in het verbeteren van de volksgezondheid na veranderingen van de sociale omstandigheden en de leefomgeving. Het ging onder meer om verbeteringen in onderwijs en landbouw, die leidden tot veranderingen in de voeding, verbeteringen van de publieke hygiëne en de levensstandaard.

De oorzaken van overlijden zijn eveneens drastisch veranderd. Als mensen in 1900 zou worden gevraagd wat zij verstonden onder gezond zijn, hadden ze mogelijk geantwoord: 'Infecties vermijden, schoon water drinken, 50 of 60 jaar oud worden'. In die tijd was overlijden vaak het gevolg van zeer besmettelijke ziekten zoals longontsteking, influenza of tuberculose. Gedurende de laatste eeuw overleden er, althans in de welvarende landen, minder mensen als gevolg van infectieziekten en de 'top van de ranglijst' maakt geen melding meer van tuberculose, tyfus, tetanus of mazelen. Ziekten zoals aandoeningen van hart, longen en ademhalingsorganen zijn daarentegen wereldwijd de 'grootste moordenaars' (samen met 'ongelukken'). Deze oorzaken zijn gedurende de laatste decennia relatief stabiel gebleven.

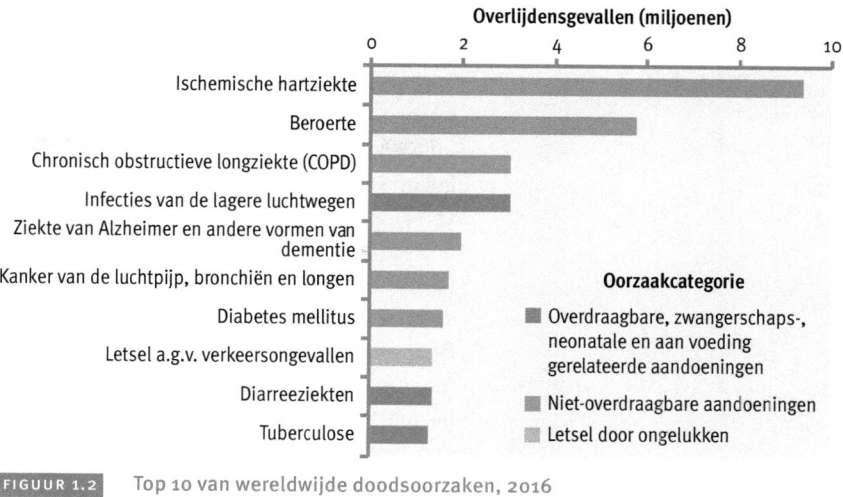

FIGUUR 1.2 Top 10 van wereldwijde doodsoorzaken, 2016
Bron: *Global Health Estimates 2016: Deaths by Cause, Age, Sex and by Region, 2000-2016*. Genève, World Health Organisation, 2018

Met uitzondering van longkanker komt kanker niet voor in de wereldwijde top tien. In Australië, de Verenigde Staten en Europa wordt kanker echter consequent bij de vijf meest voorkomende doodsoorzaken genoemd. Wat opvalt, is dat de belangrijkste doodsoorzaken een gedragscomponent hebben die bijvoorbeeld is gekoppeld aan gedragingen zoals roken, overmatige alcoholconsumptie, een zittende manier van leven en ongezonde voeding/obesitas. In feite wordt geschat dat een deel van de sterfgevallen aan kanker toe te schrijven is aan ons gedrag (Tomasetti *et al.*, 2017).

De stijging van het aantal sterfgevallen aan kanker in de laatste honderd jaar komt mede doordat mensen langer leven met ziekten waaraan ze voorheen zouden zijn overleden.

Wereldwijd geprojecteerde schattingen voor het sterftecijfer classificeerden hartaandoeningen, cerebrovasculaire ziekten met inbegrip van herseninfarcten, chronische longziekten (COPD), infecties van het onderste deel van de luchtwegen en keel- en longkanker als de belangrijkste vijf doodsoorzaken in 2020 (Murray en Lopez, 1997). Met behulp van statistische modellen voorspelden deze auteurs ook dat het aantal sterfgevallen wereldwijd ten gevolge van infectieziekten zoals mazelen en malaria, aandoeningen/complicaties rond de geboorte en als gevolg van een gebrekkig dieet significant zullen afnemen, terwijl het aantal tabakgerelateerde aandoeningen met een factor van bijna drie zal toenemen.

Dus als je je afvraagt: 'Waarom zijn al deze cijfers van belang?', zou het antwoord nu duidelijk moeten zijn. Ze zijn belangrijk omdat ze aantonen dat ons eigen gedrag aanzienlijk bijdraagt aan onze gezondheid en onze kans op overlijden. Als gezondheidspsycholoog is het verkrijgen van inzicht in de vraag waarom we ons gedragen zoals we doen en op welke wijze gedrag kan veranderen of kan worden veranderd, een belangrijk deel van onze opdracht. Dergelijke verbanden tussen individueel gedrag, gezondheid en ziekte vormen een belangrijke reden waarom de gezondheidspsychologie zo snel is gegroeid.

In de achttiende eeuw werd gezondheid beschouwd als een 'egalitair ideaal', waar door iedereen naar werd gestreefd. Gedacht werd dat gezondheid in principe onder de controle stond van de mens als individu. Artsen waren beschikbaar voor de welgestelden als 'hulp' om zichzelf gezond te houden, maar voor de armen gold dit niet. Tegen het midden van de twintigste eeuw, met nieuwe wetten met betrekking tot ziekte-uitkeringen en ook door medische en technologische verbeteringen van diagnostische en behandelingsprocedures werd gezondheid in toenemende mate gekoppeld aan 'geschiktheid om te werken'. Van artsen werd dan ook vooral geëist dat ze verklaarden of personen 'in staat waren tot werken' of dat ze de 'rol van de zieke' konden aannemen. Tegenwoordig kijken we naar de effecten van ziekte op het werkende leven en naar de effecten van werk en werkomstandigheden op de gezondheid.

Een andere verandering heeft te maken met de aanname dat de reguliere geneeskunde ons van alle ziekten kan genezen. Deze aanname is ter discussie komen te staan, met als gevolg een bloei van de 'alternatieve' geneeskunde.

De meeste landen streven ernaar de gezondheid en het welzijn van hun bevolking beter te meten, gezien de veranderende aard van de ziekten (van acute besmettelijke ziekten naar chronische ziekten) en de populatie (die ontgroent en vergrijst); dit staat bekend als de 'Ontwikkelingsagenda na 2015'. Binnen de EU zijn doelstellingen vastgesteld om nog eens twee gezonde levensjaren te winnen voor alle inwoners van de lidstaten, met de erkenning dat gezondheid niet eenvoudigweg betekent dat er geen sprake is van ziekte. Gezonde levensverwachting en subjectief welzijn worden als het belangrijkst beschouwd volgens de WHO (Rapport van een Technische Vergadering van wetenschappers, 2012).

1.2 Individuele, culturele en leeftijdgerelateerde perspectieven op gezondheid

1.2.1 Lekentheorieën over gezondheid

Voor een vollediger inzicht in gezondheid en ziekte dienen we te weten wat mensen zelf onder gezondheid en ziekte verstaan. De eenvoudigste manier om dat te doen is door het mensen te vragen. Een eerste groot onderzoek naar de **sociale representatie van gezondheid** werd verricht door Barbara Bauman (1961). Zij stelde aan een populatie patiënten met een ernstige ziekte de vraag: 'Wat betekent gezondheid voor u?' Er werden grofweg drie verschillende antwoorden gegeven:

1. Gezondheid betekent 'een overwegend gevoel van welzijn'.
2. Gezondheid heeft te maken met 'de afwezigheid van symptomen van ziekte'.
3. Gezondheid is zichtbaar in 'de handelingen waartoe een lichamelijk gezond persoon in staat is'.

sociale representatie van gezondheid
Datgene wat bepaalde groepen mensen onder gezondheid verstaan.

Dezelfde vraag werd veertig jaar later gesteld door Benyamini. Aan ongeveer vijfhonderd ouderen werd gevraagd factoren te rangschikken in volgorde van belangrijkheid voor hun subjectieve gezondheidsbeleving. De belangrijkste factoren volgens de respondenten hadden betrekking op het lichamelijk functioneren en de vitaliteit (in staat zijn te doen wat je moet/wilt doen). De gezondheidstoestand van de steekproef was echter van invloed op de beoordeling; mensen met een slechte/redelijke gezondheid baseerden de beoordeling van hun gezondheid bijvoorbeeld op recente symptomen of op indicatoren van een slechte gezondheid, terwijl mensen met een goede gezondheid positievere indicatoren aangaven (in staat zijn tot lichaamsbeweging, gelukkig zijn). In overeenstemming hiermee was dat subjectieve gezondheidsbeoordelingen bij 'gezondere' individuen meer waren verbonden met **gezondheidsgedrag** (Benyamini *et al.*, 2003). Dit werpt de vraag op of 'gezond' anders wordt beleefd wanneer men het zelf niet (meer) is.

gezondheidsgedrag
Gedrag, ongeacht de gezondheidstoestand waarin men zich bevindt, dat is bedoeld om de gezondheid te beschermen, te bevorderen of in stand te houden, bijvoorbeeld het eten van gezonde voeding.

Gezondheid wordt in het algemeen beschouwd als een toestand van evenwicht tussen lichamelijk, psychologisch, emotioneel en sociaal welbevinden. Bennett (2000) gebruikt deze representatie van gezondheid om een onderscheid te maken tussen gezondheid als '*zijn*', met andere woorden zo niet ziek, dan gezond; als '*hebben*', met andere woorden gezondheid als een positief hulpmiddel of reserve; en als '*doen*' zoals gezondheid die blijkt uit lichamelijke fitheid of lichamelijk functioneren.

Een representatiever beeld van het begrip 'gezondheid' volgt uit het onderzoek *Health and Lifestyles* onder negenduizend mensen, van wie 5352 mensen zeven jaar later eveneens een enquête invulden (Cox, Huppert en Whichellow, 1993). Circa vijftien procent van de respondenten kon *niemand* bedenken die 'heel gezond' was en ongeveer tien procent kon niet beschrijven hoe het voor hen was om zich 'gezond te voelen'. In dit onderzoek van Blaxter konden verschillende opvattingen van gezondheid worden geïdentificeerd:

- *Gezondheid als niet ziek*: geen symptomen, geen bezoek aan artsen, daarom ben ik gezond.
- *Gezondheid als bezit*: uit een sterke familie komen, snel herstellen na operaties.
- *Gezondheid als gedrag*: 'Zij zijn gezond omdat ze goed voor zichzelf zorgen, sporten enzovoort' (meestal van toepassing op anderen).
- *Gezondheid als lichamelijke fitheid en vitaliteit*: vooral genoemd door jongere respondenten. Daarnaast is het mannelijk gezondheidsbegrip vaker gekoppeld aan 'zich fit voelen' en dat van vrouwen aan 'zich energiek voelen'. Vrouwen zien gezondheid ook meer in sociaal perspectief, in de vorm van levendig zijn en goede relaties met anderen hebben.
- *Gezondheid als psychosociaal welzijn*: gezondheid in mentaal opzicht; bijvoorbeeld zich mentaal in harmonie voelen, zich trots voelen of van het gezelschap van anderen genieten.
- *Gezondheid als functie*: het vermogen om taken te verrichten, om te doen wat je wilt wanneer je dat wilt, zonder belemmeringen van een slechte gezondheid of lichamelijke beperkingen.

Subjectieve beoordelingen van het welzijn correleren sterk met objectieve gezondheidsindicatoren (bijvoorbeeld bloeddruk en hartslagfrequentie; Steptoe *et al.* (2012), *English Longitudinal Study of Ageing*) en eveneens met economische welvarendheid en opleidingsniveau (White, 2007).
Subjectieve beoordelingen komen meestal tot stand door zichzelf met significante anderen te vergelijken. De bevindingen van de diverse onderzoeken wijzen erop dat gezondheidsconcepten van leken misschien zelfs nog complexer zijn dan aanvankelijk werd gedacht.

1.2.2 Definitie van gezondheid van de Wereldgezondheidsorganisatie

De verschillende dimensies van gezondheid die in de vorige alinea's zijn beschreven, komen terug in de definitie die de Wereldgezondheidsorganisatie hanteert. Zij definieert gezondheid namelijk als een 'toestand van volledig lichamelijk, geestelijk en sociaal welzijn en [...] niet alleen als de afwezigheid van ziekte of invaliditeit' (WHO, 1947). Volgens deze definitie hebben mensen recht op een algeheel gevoel van welzijn, waarbij een persoon volledig functioneert. In 1978 lanceerde de Wereldgezondheidsorganisatie de wereldwijde strategie voor gezondheid voor iedereen in het jaar 2000 en in 1998 haar verklaringen *Health for all in the 21st Century*. Beide publicaties hadden tot doel het verzekeren van een wereldwijde goede gezondheidszorg, gezondheidsgelijkheid, toegenomen levensverwachting en toegang tot noodzakelijke gezondheidszorg voor iedereen.

Er volgden veel beleidsdocumenten, waarvan de aard, de specificiteit en de tijdraming van doelstellingen van land tot land varieerden. In het algemeen betrof en betreft het doelstellingen voor de afname van de sterfte aan de belangrijkste vormen van kanker, longaandoeningen, herseninfarcten en gezond gedrag.

In Vlaanderen is onder de titel *De Vlaming leeft gezonder in 2025* een breed strategisch plan voor gezonder leven gepresenteerd met als beleidsdoelen onder meer het terugdringen van het aantal rokers, het verminderen van overmatig alcoholgebruik en drugs; alsmede bevordering gezonde voeding en beter bewegen en het uitbreiden van gezondheidsscreenings (Agentschap Zorg en Gezondheid, 2017). In Nederland werkt men sinds 2014 met het Nationaal Programma Preventie. Dit heeft als doel de beperking van de groei van het aantal mensen met een chronische ziekte. Het programma moet ook een bijdrage leveren aan het verkleinen van de grote gezondheidsverschillen tussen hoog- en laagopgeleiden. De focus van het programma ligt erop alcoholgebruik en roken terug te dringen en op depressie, diabetes, overgewicht en meer bewegen (VWS, 2014; RIVM, 2017). Evenals in Vlaanderen richt de Nederlandse overheid zich nadrukkelijk op het verbinden van maatschappelijke organisaties en bedrijfsleven bij het verwezenlijken van de doelstellingen.

Hoewel de doelstellingen van de Wereldgezondheidsorganisatie in 2000 niet volledig zijn verwezenlijkt, is er vooruitgang geboekt. Zo kennen welvarende landen minder mannelijke sterfgevallen ten gevolge van long-, darm- en prostaatkanker en minder vrouwelijke sterfgevallen door borst- en darmkanker. Sommigen hebben twijfels bij de vraag of het gebruik van de term 'compleet' in relatie tot lichamelijk welzijn door de Wereldgezondheidsorganisatie niet onrealistisch is, gezien de veranderende leeftijd van de populatie en de prevalentie van chronische aandoeningen (Huber *et al.*, 2011). Duidelijk is dat de doelstellingen en beleidsdocumenten een relatie veronderstellen tussen gedrag, leefwijze en gezondheid. Waar minder rekening mee wordt gehouden, zijn de sociaaleconomische en culturele invloeden op gezondheid en ziekte en op beslissingen over de gezondheid.

Er zijn andere opvattingen over gezondheid: Bircher (2005) beschrijft bijvoorbeeld een contextbewuste kijk op gezondheid en definieert het als 'een dynamische toestand van welzijn die wordt gekarakteriseerd door een lichamelijk en geestelijk potentieel dat voldoet aan de eisen van het leven die passen bij de leeftijd, de cultuur en de persoonlijke verantwoordelijkheid'. Het standpunt van Bircher plaatst het individu centraal in de beleving van gezondheid en ziekte, terwijl dit bij de definitie van de Wereldgezondheidsorganisatie niet het geval is. Individuele opvattingen spelen een belangrijke rol in de beleving van gezondheid en (chronische) ziekte.

1.2.3 Crossculturele perspectieven op gezondheid

Wat wordt beschouwd als een 'normale' gezondheid verschilt per cultuur. Het is bovendien afhankelijk van het economische en politieke klimaat van het tijdperk waarin de betrokkene leeft. Denk eens aan hoe zwangerschap en geboorte in onze samenleving werden gemedicaliseerd. In veel culturen krijgt het hebben van een verstandelijke beperking, een psychiatrische stoornis en/of dementie een stigma voor betrokkene en de familie. Het hebben van een broertje of zusje met een beperking of een familielid met dementie kan bijvoorbeeld de huwelijkskansen van broertjes of zusjes of zelfs de sociale status van de familie negatief beïnvloeden (Moriarty *et al.*, 2011). Dergelijke opvattingen kunnen van invloed zijn op het kenbaar maken van symptomen en op het ziektegedrag (Vaughn et al., 2009).

Westerse opvattingen over gezondheid verschillen sterk van die in overige samenlevingen. Chalmers (1996) merkt op dat westerse mensen de geest, het lichaam en de ziel zodanig onderscheiden dat elk van deze 'terreinen' aan afzonderlijke zorgverleners wordt toegewezen, respectievelijk aan psychologen en psychiaters, aan artsen en aan geestelijken. In sommige Afrikaanse culturen is dit niet het geval: daar zijn deze drie 'elementen van de menselijke aard' geïntegreerd, ook in de behandeling van ziekten. Bij deze **holistische benadering** wordt gezondheid beschouwd als een geïntegreerde toestand die uit deze elementen bestaat.

> **holistische benadering**
> Bij een holistische benadering kijkt men niet alleen naar het zuiver lichamelijke of waarneembare, maar naar het hele wezen.

Spiritueel welzijn als aspect van gezondheid heeft aan geloofwaardigheid gewonnen nadat het werd opgenomen in veel beoordelingen van de kwaliteit van leven. Hoewel het geloof, of de beloning van god, soms kan worden beleefd als ondersteuning van de gezondheid, kan het in onze oren verbazing wekken als wordt gezegd dat je gezondheid te danken is aan een tevreden voorouder. Negatieve bovennatuurlijke krachten zoals 'beheksing' of het 'boze oog' krijgen soms de schuld van ziekte en beperking: Jobanputra en Furnham (2005) ontdekten bijvoorbeeld dat Indiase immigranten uit Brits Gujarat vaker in dergelijke oorzaken van ziekte geloofden dan witte Britten. Over sommige etnische groepen, vooral Hindoes en sikhs, is opgetekend dat zij een lichamelijke of geestelijke beperking beschouwen als een straf voor vroegere zonden in de familie (Katbamna et al., 2004). Deze opvattingen kunnen enorme gevolgen hebben voor het leven met een ziekte en de zorg voor iemand met een ernstige ziekte of beperking.

Behalve de overtuigingen over spirituele invloeden op de gezondheid blijkt uit onderzoek in bepaalde Afrikaanse regio's dat groeps- of familieleden samenwerken voor het welzijn van allen. Deze **collectivistische benadering** voor het in stand houden van de gezondheid en voor het vermijden van ziekte verschilt sterk van de **individualistische benadering** in de westerse wereld.

> **collectivistische benadering**
> Een culturele filosofie die de nadruk legt op het individu als deel van een groter geheel en op handelingen die meer door collectieve dan door individuele behoeften en wensen worden gemotiveerd.

> **individualistische benadering**
> Een culturele filosofie die de verantwoordelijkheid in handen legt van het individu; het zijn de individuele behoeften en wensen (en niet die van de groep) die het gedrag motiveren.

Bij een onderzoek naar preventief gedrag om bij mensen uit Malawi een endemische tropische ziekte te voorkomen, werden de sociale handelingen om infectie tegen te gaan (bijvoorbeeld het maaien van rietlanden) consequenter uitgevoerd dan de persoonlijke preventieve handelingen (bijvoorbeeld baden met leidingwater of het innemen van een dosis chloroquine) (Morrison et al., 1999). In collectivistische culturen worden de behoeften van de groep benadrukt en wordt zingeving in grotere mate ontleend aan relaties met anderen en met de gemeenschap dan het geval is bij individualistische culturen waarin de nadruk wordt gelegd op de uniekheid en autonomie van haar leden, ofwel waarin de 'onafhankelijkheid van het individu' wordt bepleit en gevalideerd (Morrison et al., 1999).

In culturen waarin wordt verkondigd dat individuen onderling afhankelijk zijn, is de kans groter dat gezondheid wordt beschouwd in relatie tot het sociaal functioneren en niet eenvoudigweg tot het persoonlijk functioneren. Studies van George Bishop en zijn collega's (bijvoorbeeld Bishop en Teng, 1992; Quah en Bishop, 1996) hebben aangetoond dat Chinese volwassenen uit Singapore gezondheid bezien als een harmonieuze staat waarbij de inwendige en uitwendige systemen in evenwicht zijn en wanneer ze uit evenwicht raken, wordt de gezondheid gecompromitteerd. Yin, de positieve energie, moet in evenwicht worden gehouden met yang, de negatieve energie. In andere Aziatische culturen, bijvoorbeeld in Vietnam, wordt uitgegaan van mystieke opvattingen met betrekking tot het handhaven van het evenwicht tussen polen van 'warm' en 'koud'. We noemen het

ziekteattributie
Toekenning van de oorzaak van een ziekte. Bij zogeheten externe ziekteattributies legt men de oorzaak van de ziekte buiten de persoon, door die toe te schrijven aan het lot, verkeerde informatie of aan een losliggende traploper. Bij interne ziekteattributies zoekt men de oorzaak bij zichzelf. In analogie met de genoemde externe ziekteattributies: 'Ik heb onvoldoende weerstand opgebouwd', 'Ik heb me iets op de mouw laten spelden', 'Ik heb de traploper niet goed vastgemaakt'.

aangeven van een oorzaak van een ziekte **ziekteattributie**. Voor dezelfde ziekte kunnen twee personen geheel andere redenen aangeven. In de Vietnamese opvatting over ziekteattributie is er geen evenwicht meer tussen de polen. In oosterse culturen worden ziekte en ongeluk meestal toegeschreven aan predestinatie; Afro-Amerikanen en Hispanics schrijven ziekte vaker toe aan externe oorzaken (de wil van God) dan witte Amerikanen (bijvoorbeeld Vaughn et al., 2009).

Het is duidelijk dat het belangrijk is het bestaan en de effecten van achterliggende overtuigingen en het daaruit voortvloeiende gedrag te erkennen om de effectiviteit van inspanningen voor gezondheidsbevordering te maximaliseren. Ook is het belangrijk op te merken dat er *binnen* culturen variaties bestaan, vooral waar deze aan diverse verschillende culturele invloeden hebben blootgestaan (Tov en Diener, 2007; Wong *et al.*, 2011).

In de westerse wereld erkent men in toenemende mate het belang van alternatieve mogelijkheden om de gezondheid in stand te houden of symptomen van ziekten te behandelen. Vergoeding van alternatieve geneeskunde zit in Nederland niet in het basispakket van de zorgverzekering, maar is makkelijk bij te verzekeren (Zorgwijzer, 2018). In België kan wel vergoeding plaatsvinden indien voorgeschreven door een arts. Alternatieve geneeskunde en alternatieve therapieën vormen een groeimarkt, maar de reguliere geneeskunde overheerst. Er is ook verzet tegen de alternatieve geneeskunde, bijvoorbeeld in de vorm van de Vereniging tegen de Kwakzalverij. In vele streken in Afrika ten zuiden van de Sahara is juist een combinatie van medische en niet-medische/traditionele geneeskunde te vinden. Iemand in Malawi kan bijvoorbeeld een medicijnman of een kruidendokter bezoeken en tegelijkertijd antibiotica halen bij een plaatselijke westerse kliniek (Ager *et al.*, 1996). Hoewel in Maleisië de reguliere geneeskunde overheerst, is de traditionele geneeskundige praktijk van 'bomohs' (gebedsgenezers) nog altijd beschikbaar (Swami *et al.*, 2009). Bij sommige Aboriginals-stammen in Australië gaan spirituele overtuigingen over het ontstaan van ziekten hand in hand met het gebruik van westerse medicijnen om de ziektesymptomen te behandelen (Devanesen, 2000). Sommigen passen daarbij nog altijd traditionele geneeskunde en genezingsprocessen die in overeenstemming zijn met culturele en spirituele opvattingen toe bij de behandeling van kanker (Shahid *et al.*, 2010).

Zoals we in hoofdstuk 9 zullen bespreken, zal het gebruik van de gezondheidszorg, zij het traditioneel of westers, gedeeltelijk worden bepaald door de aard en de kracht van culturele waarden en religieuze opvattingen. De wijze waarop we tegen bepaald gedrag aankijken, verandert in de loop van de tijd. Zo werd alcoholverslaving vroeger als een juridisch en moreel probleem gezien, waarbij alcoholisten als afwijkend werden beschouwd; dit is verschoven naar alcoholisme als ziekte, waarbij de patiënten in klinieken worden behandeld. Overigens plaatst de Gezondheidsraad (2017) kanttekeningen bij de overmedicalisering van de samenleving. Ook het imago van roken is veranderd. Aanvankelijk werd het als glamoureus beschouwd, zelfs als begeerlijk, maar die visie is inmiddels verschoven naar roken als sociaal onwenselijk gedrag (met de bijbehorende rookverboden als gevolg) en als teken van een zwakke wil.

1.2.4 Levensloop en gezondheid

Het psychologisch welzijn en de sociale en emotionele gezondheid worden door het proces van het ouder worden beïnvloed. Bij elke leeftijdsfase zal de opvatting van de eigen gezondheid variëren. Een kind kijkt anders tegen een griep aan dan een volwassene. Een oudere zal nu anders tegen beperkingen aankijken, dan toen hij jong was.

Een vrouw bekijkt het ruime aanbod aan vitaminesupplementen.
Foto: Alex Segre / Alamy Stock Photo

Gebreken of beperkingen van het cognitieve functioneren (als gevolg van leeftijd, ongelukken, ziekte of handicap) zijn van invloed op de mate waarin mensen medische instructies begrijpen, de mate waarin zij kunnen praten over hun emoties of in hoeverre zij de arts en verzorgers kunnen meedelen welke behoefte aan medische zorg zij hebben. Door gebrekkige communicatie en geringe gezondheidsvaardigheden zijn mensen soms minder bereid om zich in sociale situaties te begeven; ook kunnen ze minder goed in staat zijn om pijn of zorgen te melden aan zorgverleners of familieleden. Voor het vragen om en het accepteren van medische hulp is het noodzakelijk dat mensen inzicht hebben in hun symptomen en ziekte. Individueel gezondheidsgedrag is van invloed op het vermeende en/of feitelijke risico op ziekte. Tijdens de levensloop zijn deze factoren aan verandering onderhevig.

Kinderen
Tijdens een normale ontwikkeling van kind tot volwassene groeit het verstandelijk vermogen om de werkelijkheid te begrijpen. Piaget (1930, 1970) meende dat deze cognitieve ontwikkeling in een aantal opeenvolgende, vaste stadia verloopt. Van baby tot volwassene doorloopt men volgens hem achtereenvolgens het sensomotorische stadium, het preoperatieve stadium, het stadium van de concrete bewerkingen en het stadium van de abstracte bewerkingen.
In het sensomotorische stadium verkent de baby de wereld door middel van zintuiglijke waarnemingen en het maken van bewegingen. In het preoperatieve stadium is sprake van een magisch aandoende opvatting van de wereld, er is nog geen sprake van het leggen van concrete relaties. In het stadium van de concrete operaties kan het kind juiste relaties leggen tussen dingen, mits deze in werkelijkheid ook aanwezig zijn. In het laatste stadium van de abstracte bewerkingen is de concrete aanwezigheid van de dingen niet meer vereist.
Bij kinderen in de sensomotorische fase is weinig sprake van kennis over gezondheid en ziekte, aangezien de taalbeheersing gering is. In de preoperationele fase ontwikkelen kinderen zich taalkundig terwijl cognitief en symbolisch denken

betekent dat ze bewustzijn ontwikkelen over de wijze waarop ze de buitenwereld via imitatie en leren kunnen beïnvloeden, hoewel ze nog altijd erg egocentrisch zijn. Preoperationele kinderen hebben een zwart-wit kijk op gezondheid en ziekte: volgens hen zijn dit twee tegenovergestelde toestanden en vormen zij geen continuüm. Kinderen zijn traag in het waarnemen of overnemen van het standpunt of het perspectief van anderen; deze vaardigheden zijn noodzakelijk voor het vermogen tot empathie. Om die reden is een preoperationeel kind niet erg begaan met een ziek familielid en begrijpt het niet waarom dit betekent dat het kind zelf minder aandacht krijgt.

Het inzicht van kinderen in hun eigen gezondheid – waarvan wordt aangenomen dat dit van invloed is op het gedrag – is maar zelden onderzocht. Het onderzoek heeft zich tot nu toe meer gericht op het begrijpen van het concept 'ziekte'. Omdat het gaat om de subjectieve beleving wordt voor onderzoek op dit terrein in de regel gekozen voor **kwalitatief** onderzoek, in plaats van **kwantitatief** onderzoek. Onderzoekers zijn geïnteresseerd in de ervaringen en de onderbouwing van de ervaringen.

Bibace en Walsh (1980) hebben kinderen ondervraagd over ziekte en gezondheid met vragen zoals:
- wanneer ben je ziek?
- hoe word je beter?
- wat is verkouden?
- wat is gezond?

De antwoorden lieten zien dat er met de jaren toenemend begrip was van het begrijpen van ziekten en de ziekteattributie.

> **kwalitatieve methoden**
> Kwalitatieve methoden maken gebruik van beschrijvingen (kwalificaties) van de ervaringen, aannamen en gedragingen van een bepaalde groep mensen.
>
> **kwantitatieve methoden**
> Kwantitatieve methoden gaan uit van berekeningen (kwantificaties) van de frequentie of de hoeveelheid ervaringen, aannamen en gedragingen van een grote, representatieve groep mensen.

Welke kinderen zijn gezond? Je kunt niet altijd zien of een kind ziek of juist gezond is. Gezondheid is meer dan het hebben of zien van objectieve symptomen.

Foto: Tyler Olson / Shutterstock (Pearson Asset Library)

In het algemeen kan gesteld worden dat kinderen jonger dan zeven jaar ziekte meestal op 'magisch' niveau verklaren, gebaseerd op associaties in plaats van op kennis.
- *Onbegrip*: het kind geeft irrelevante antwoorden of ontwijkt vragen, bijvoorbeeld: 'De zon veroorzaakt een hartaanval.'

- *Fenomenalisme*: er is meestal sprake van een teken of geluid dat het kind op enig moment met de ziekte in verband heeft gebracht, maar er is weinig begrip van oorzaak en gevolg, bijvoorbeeld: 'Verkoudheid is als je veel moet snuiten.'
- *Aangestoken worden*: ziekte is meestal afkomstig van een persoon of voorwerp dat dichtbij is, maar waarmee het kind niet noodzakelijkerwijs contact heeft. Het kind kan de ziekte toeschrijven aan iets wat eraan voorafging, bijvoorbeeld: 'Je krijgt mazelen van andere mensen.' Als werd gevraagd: 'Hoe?' luidde het antwoord in het onderzoek van Bibace en Walsh: 'Gewoon door langs ze te lopen.'

Bibace en Walsh (1980) beschrijven verklaringen van ziekte van kinderen rond het achtste tot elfde jaar als concreter en gebaseerd op een logische reeks gebeurtenissen van oorzaak en gevolg:

- *Besmetting*: kinderen begrijpen in deze fase dat ziekte verschillende symptomen kan hebben en ze erkennen dat bacteriën of zelfs hun eigen gedrag ziekten kunnen veroorzaken, bijvoorbeeld: 'Je wordt verkouden als je zonder jas naar buiten gaat en dan komt het in je lichaam.'
- *Internalisatie*: ziekte bevindt zich in het lichaam, maar het proces waardoor symptomen zich voordoen, begrijpen ze slechts gedeeltelijk. Een verkoudheid kan worden veroorzaakt door bacteriën van buitenaf die worden ingeademd of ingeslikt. Deze kinderen kunnen onderscheid maken tussen organen in het lichaam en de functie ervan en ze kunnen specifieke, eenvoudige informatie omtrent ziekte begrijpen. Ze kunnen ook inzien welke rollen behandeling en persoonlijk handelen kunnen hebben voor het herstel van de gezondheid.

Op deze leeftijd kennen kinderen nog altijd absoluut gezag toe aan het verpleegkundig personeel; al bekritiseren of vermijden ze soms hun handelingen. Tijdens deze ontwikkelingsfase kunnen kinderen ertoe worden aangezet enige persoonlijke controle over de ziekte of de behandeling uit te oefenen; zo helpt men het kind om de ziekte om te gaan. Ook moet het kind worden gestimuleerd om over zijn angsten te praten. Ouders moeten een evenwicht zien te vinden tussen het managen van de gezondheid en het gedrag van een ziek kind enerzijds en een overmatig beschermende houding anderzijds, omdat die een negatieve invloed kan hebben op de sociale, cognitieve en persoonlijke ontwikkeling van het kind; ook kunnen gevoelens van afhankelijkheid en beperking hierdoor worden versterkt.
De puberteit is een sociaal en cultureel gecreëerd concept dat nog maar enkele generaties oud is; in veel primitieve samenlevingen wordt de puberteit niet erkend – daar maken kinderen de overgang van kindertijd naar volwassenheid door via een ritueel en niet door jaren van transitie.
Volgens Bibace en Walsh (1980) is het ziekteconcept in deze fase een abstract begrip. Voor een puber zijn verklaringen gebaseerd op interacties tussen de persoon en zijn omgeving:

- *Fysiologisch*: rond het elfde jaar bereiken kinderen een fase van fysiologisch inzicht en kunnen de meesten ziekte nu definiëren in termen van specifieke lichamelijke organen of functies; met het ouder worden beginnen ze inzicht te krijgen in verschillende lichamelijke oorzaken, bijvoorbeeld genen, milieuvervuiling en gedrag.
- *Psychofysiologisch*: tijdens de late puberteit (vanaf circa het veertiende levensjaar) en tijdens de volwassenheid begrijpen veel mensen dat er sprake is van interactie tussen lichaam en geest, en begrijpen of accepteren zij de rol van stress, tobben enzovoort bij de verergering of zelfs het ontstaan

van ziekte. Toch bereiken veel volwassenen dit niveau van inzicht niet; zij blijven cognitief simplistische verklaringen gebruiken voor ziekten.

Pubers beseffen meer dan jongere kinderen dat ze invloed kunnen uitoefenen op het ontstaan en de genezing van ziekte en zijn zich er meer van bewust dat persoonlijke acties effect kunnen hebben op de behandelresultaten. Dit betekent dat ze adviezen beter begrijpen en volgen, omdat ze meer inzicht hebben. Ze kunnen echter kiezen niet therapietrouw te zijn wanneer wordt gedacht dat de behandeling botst met persoonlijke doelstellingen of ze de goedkeuring van leeftijdgenoten verliezen. Pogingen om de autonomie van een kind te minimaliseren (vanaf de prepuberteit) kunnen contraproductief zijn (Holmbeck *et al.*, 2002). Het vermogen van de jeugdige om aandoeningen en behandelingen te begrijpen, hangt samen met diens niveau van cognitieve ontwikkeling.

Volwassenen

Van de jongvolwassenen zijn vooral de twintigers op hun top wat betreft kracht, zintuigen, coördinatie en reactietijd. De groei is grotendeels voltooid, hoewel bij jongvolwassenen de hersenen nog verder groeien. Rond de middelbare leeftijd worden de lichamelijke veranderingen onmiskenbaar. Het gezichtsvermogen, de kracht en het uithoudingsvermogen nemen af. In de regel neemt het gewicht toe. Voor vrouwen is de kans op osteoporose groter (Feldman, 2018).

De jongvolwassenen krijgen te maken met belangrijke levensgebeurtenissen als afstuderen, werk vinden (en houden), samenwonen en kinderen krijgen. In de middelbare leeftijd kunnen deze veranderingen ook plaatsvinden (met name scheidingen en ziekte in de omgeving). Voor de middelbare leeftijd geldt dat vaker een beroep wordt gedaan om voor anderen te zorgen: na de zorg voor de eigen kinderen volgt nu de zorg voor de eigen ouders. De meeste mantelzorgers en vrijwilligers zijn – zo zien we in hoofdstuk 14 – juist de vrouwen van middelbare leeftijd.

De kans dat volwassenen nieuw gedrag gaan vertonen dat een risico vormt voor de gezondheid is kleiner dan bij pubers. Volwassenen laten zich ook regelmatiger medisch onderzoeken, sporten meer en eten gezonder (Feldman, 2018).

In tegenstelling tot de doorgaans positieve kijk op het leven tijdens de vroege volwassenheid, geldt de middelbare leeftijd voor sommigen als een periode van onzekerheid, angst en verandering, waarin sommige mensen hun prestaties, doelen en waarden in twijfel trekken of zich onzeker voelen over de rollen die ze spelen als hun kinderen opgroeien. We spreken soms zelfs van een midlifecrisis. De opvattingen en kennis over gezondheid en de gezondheidsvaardigheden variëren zeer sterk. Er is een duidelijke verschuiving naar een grotere mondigheid van patiënten over kennis van ziekten en de keuzes die gemaakt worden bij de behandeling van ziekten (Patiëntenfederatie, 2016).

> **Wat denk je zelf?**
>
> Bestaat volgens jou de midlifecrisis? Denk eens aan je ouders, familie of aan hun vrienden van in de veertig. Welk concreet gedrag hoort hierbij voor mannen en welk concreet gedrag bij vrouwen?
> Kun je aangeven of er verschillen bestaan tussen hun opvattingen, verwachtingen en gedragingen en die van jou en jouw leeftijdsgenoten? Hebben zij andere opvattingen over wat gezond leven is? Houden zij zichzelf aan de regels? Als jij de generatie boven jou zou mogen opvoeden, wat zou jij dan willen meegeven op het terrein van gezond leven?

Ouderen en gezondheid

Het aantal ouderen is wereldwijd in absolute en relatieve zin sterk toegenomen. Niet alleen worden meer mensen ouder, we leven ook langer. Wereldwijd is 11,7 procent ouder dan zestig jaar, in vergelijking met 8,6 procent in 1980; zeven procent is ouder dan 65 jaar en 1,7 procent is ouder dan tachtig jaar - dit laatste komt neer op ruim 120 miljoen mensen (Verenigde Naties, 2014). De Verenigde Naties voorspellen dat er in 2047 meer ouderen zijn dan kinderen.

Het mag duidelijk zijn dat dit implicaties heeft voor de bekostiging van de gezondheidszorg en sociale zorg; de **epidemiologie** laat zien dat de **incidentie** van vele ziekten toeneemt met het ouder worden, met name bij mensen ouder dan tachtig jaar.

In een ouder wordende maatschappij komen beperkingen bij ouderen veel voor; 85 procent heeft mogelijk last van een chronische aandoening (Woods, 2008), waarbij de belangrijkste problemen zijn gerelateerd aan geheugenverlies, incontinentie, depressie, vallen of immobiliteit (Verenigde Naties, 2014). Heeft het proces van ouder worden invloed op hoe een ouder iemand denkt over zichzelf en over zijn eigen gezondheid? Empirisch onderzoek toont dat het **zelfconcept** tijdens het ouder worden relatief stabiel is (Feldman, 2018) en dat veranderingen van het zelfconcept niet per se deel uitmaken van het ouder worden. In feite is ouder worden niet noodzakelijkerwijs een negatieve ervaring. Ouder worden kan iemand voor nieuwe problemen stellen, maar dit betekent niet dat het ouder worden zelf een probleem is. Maatschappelijk gezien is er wel de wens om er jeugdig uit te zien. De toename van plastische chirurgie is hiervan een voorbeeld. In de Verenigde Staten werd in 2016 vijftien miljard dollar uitgegeven aan plastische chirurgie (Boerhave, 2017).

Sommige ouderen denken dat ouder worden onvermijdelijk gepaard gaat met verlies van mobiliteit of spijsverteringsstoornissen, zodat ze niet adequaat op bepaalde symptomen reageren (Sarkisian et al., 2001). Veel ouderen gaan minder bewegen. Ze vermijden lichaamsbeweging wellicht omdat ze aannemen dat de gewrichten of het hart erdoor worden overbelast. Zelfs geconfronteerd met 'objectieve' tekenen van ziekte behouden veel ouderen toch een positieve opvatting over hun gezondheid. Als we factoren kunnen identificeren die zijn gerelateerd aan 'geslaagd ouder worden', dan kunnen inspanningen voor gezondheidsbevordering worden gericht op de factoren die hieraan zijn gerelateerd. Wat is 'geslaagd ouder worden'? Bowling en Iliffe (2006) voerden een onderzoek uit onder 999 ouderen vanaf 65 jaar om te zien welk model het beste is om het concept 'geslaagd ouder worden' te beschrijven. Zij kwamen tot de conclusie dat ouderen naast lichamelijk en geestelijk functioneren het ook belangrijk vonden dat ze opgenomen waren in een sociaal netwerk, met de mogelijkheid om hulp te krijgen en te bieden. Zij hechtten eveneens belang aan een schone, veilige omgeving met gelegenheid tot recreatie en voldoende middelen van bestaan. Geslaagd ouder worden is dus een veel breder begrip dan alleen gezondheid. Een wat slechtere gezondheid werd niet als echt belemmerend gezien.

Die bredere visie waarbij gezondheid meer is dan afwezigheid van ziekte is ook terug te vinden in de innovatieve projecten rondom gezondheid en ouder worden. Universiteiten, hogescholen, zorginstellingen, welzijnsorganisaties en bedrijfsleven werken samen in een breed scala van projecten voor alle leeftijdsgroepen en levensgebieden om de leefstijl in kaart te brengen en een gezonde leefstijl te bevorderen. Zie bijvoorbeeld het Centre of Expertise Healthy Ageing met tientallen locaties in Noord-Nederland of het Breincoachproject van het Alzheimercentrum Limburg. Een belangrijke rol wordt hierbij gespeeld door gezondheidspsychologen.

---

epidemiologie
Het bestuderen van ziektepatronen in verschillende populaties en de relatie met andere factoren zoals leefwijze. Belangrijke begrippen zijn onder meer mortaliteit, morbiditeit, prevalentie, incidentie, absoluut risico en relatief risico. Vragen die in epidemiologisch onderzoek gesteld worden, zijn bijvoorbeeld: 'Wie krijgt deze ziekte?', 'Hoe vaak komt deze ziekte voor?'

incidentie
Het aantal nieuwe gevallen van een ziekte gedurende een specifieke tijdsinterval – niet te verwarren met prevalentie; dit laatste is het aantal vastgestelde gevallen van een ziekte in een populatie op een bepaald moment.

zelfconcept
De bewuste gedachten en aannamen over jezelf die je het gevoel geven dat je anders bent dan anderen en dat je als afzonderlijk persoon bestaat.

Veel sporten kunnen tot op hoge leeftijd gedaan worden.
Foto: FogStock / Alamy Stock Photo (Pearson Asset Library)

1.3 Wat is gezondheidspsychologie?

Psychologie kan worden gedefinieerd als het wetenschappelijk onderzoek naar mentale, psychosociale en biologische processen en gedragsmatig functioneren. Het doel van de psychologie is het beschrijven, verklaren en voorspellen van gedrag en mentale processen en, waar mogelijk, te interveniëren om gedrag en mentale processen te sturen of aan te passen. Relevante aspecten zijn dus taal, geheugen, aandacht en perceptie waar het gaat om emoties, sociaal gedrag en gezondheidsgedrag, om er enkele te noemen (Zimbardo *et al.*, 2017).

De basis van psychologisch onderzoek wordt gevormd door het principe dat we de wereld via zintuiglijke waarneming kunnen leren kennen. We noemen dat het **empirisme**. Empirische methoden gaan verder dan speculatie, **inferentie** en redeneren, en beogen een feitelijke en systematische analyse van gegevens.

Het bestuderen van mentale processen via het gedrag heeft echter beperkingen, omdat niet alle gedrag, zoals gedachten, voor anderen waarneembaar is. Daardoor zijn we voor sommige aspecten van het menselijk gedrag afhankelijk van zelfrapportage.

Wetenschappelijk onderzoek begint met een theorie, die kan worden gedefinieerd als een algemeen stelsel aannamen over de wijze waarop dingen in de wereld werken. Door middel van empirisch onderzoek onderzoeken psychologen de geldigheid van hun hypothesen en theorieën. Op academisch niveau kan dit onderzoek het inzicht in een bepaald verschijnsel vergroten, op toegepast niveau kan het nuttige kennis opleveren voor het ontwikkelen van nieuwe interventies.

Psychologen gebruiken wetenschappelijke methoden om allerlei soorten waarneembaar gedrag en mentale processen te onderzoeken. Welke onderzoeksmethode wordt gekozen, hangt af van de specifieke vraagstelling. In dit boek ligt de nadruk op de methoden die gezondheidspsychologen vaak toepassen: vragenlijsten, vraaggesprekken en testen.

---

empirisme
Het elementaire principe dat we de wereld via zintuiglijke waarneming kunnen leren kennen.

inferentie
Redenering waarbij een conclusie wordt afgeleid uit een of meer premissen. Bijvoorbeeld: 'Het regent, dus zijn de straten nat.'

1.3.1 Wat is het verband tussen psychologie en gezondheid?

Mensen hebben ideeën, kennis en oordelen over gezondheid, die van invloed zijn op hun gedrag en emoties. Deze ideeën beïnvloeden de gezondheidsbeleving en de omgang met ziekte. Waarom gedragen sommige mensen zich gezond en anderen niet? Is dit een kwestie van persoonlijkheid? Leeft iemand die zich in één opzicht gezond gedraagt, die bijvoorbeeld niet rookt, ook in andere opzichten gezond? Hebben geslacht, leeftijd en sociaaleconomische status een directe invloed op de gezondheid of werkt deze invloed indirect?

Gezondheidspsychologie integreert cognitieve, ontwikkelings- en sociale theorieën en verklaringen en past deze toe op gezondheid, ziekte en gezondheidszorg. In een vroeg stadium toen dit vakgebied net was ontstaan, werd de gezondheidspsychologie door Matarazzo beschreven als 'het aggregaat van de specifieke onderwijskundige, wetenschappelijke en professionele bijdragen van het vakgebied psychologie aan de bevordering en het behoud van de gezondheid, de voorlichting over en de behandeling van ziekten en de daaraan gerelateerde disfunctie' (Matarazzo, 1980). Deze definitie benadrukt de belangrijkste doelstellingen van de gezondheidspsychologie: begrip ontwikkelen en vergroten van de biopsychologische factoren bij

- de bevordering en het in stand houden van de gezondheid;
- de verbetering van de gezondheidszorg en het gezondheidsbeleid;
- de preventie en behandeling van ziekte;
- de oorzaken van ziekte: bijvoorbeeld risicofactoren en kwetsbaarheid.

> **gezondheidspsychologie (Matarazzo)**
> Het aggregaat van de specifieke onderwijskundige, wetenschappelijke en professionele bijdragen van het vakgebied psychologie aan de bevordering en het behoud van de gezondheid, de voorlichting over en de behandeling van ziekten en de daaraan gerelateerde disfunctie.

Gezondheidspsychologie kan vooral als een toegepaste wetenschap worden beschouwd, hoewel niet alle onderzoek in de gezondheidspsychologie voorspellend is. Sommige onderzoeken hebben bijvoorbeeld alleen tot doel om te *kwantificeren*, bijvoorbeeld als onderzocht wordt hoeveel procent van de scholieren van een middelbare school, jonger dan zestien jaar, alcohol drinkt. Andere onderzoeken gaan *beschrijvend* te werk, bijvoorbeeld wanneer gekeken wordt naar de basiskenmerken (leeftijd, geslacht, sociaaleconomische status) van de scholieren die alcohol drinken. Idealiter genereert beschrijvend onderzoek causale vragen. Bijvoorbeeld: welke aspecten van een lage sociaaleconomische status werken riskant gedrag in de hand? Door de aannamen en houding omtrent gezondheid te meten, kunnen we, voordat we interventies ontwikkelen, zicht krijgen op het probleem van *voorspellende factoren* (zie hoofdstuk 3, 4 en 5).

Gezondheidspsychologie en andere terreinen

De gezondheidspsychologie heeft modellen en theorieën overgenomen en aangepast die afkomstig zijn van de sociale psychologie, het behaviorisme, de klinische psychologie en de cognitieve psychologie.
Tegenwoordig wordt de gezondheidspsychologie gecombineerd met andere vakgebieden als de gedragsgeneeskunde, medische sociologie en, in toenemende mate, de gezondheidseconomie. Gezondheidspsychologen maken deel uit van interdisciplinaire en multidisciplinaire groepen. Omdat er verschillende disciplines samenwerken verschillen de voorgestelde of toegepaste methoden voor beoordeling, onderzoek en interventie.

Psychosomatische geneeskunde

Dit vakgebied werd rond 1930 ontwikkeld en was aanvankelijk het terrein van psychoanalytici, zoals Frans Alexander en Sigmund Freud. 'Psychosomatisch' betekent dat geest én lichaam zijn betrokken bij ziekte. Waar een organische oorzaak niet gemakkelijk kan worden geïdentificeerd, kan de geest mogelijk de oorzaak zijn van een meetbare lichamelijke reactie. Er werd gesteld dat een bepaalde persoonlijkheid tot een bepaalde ziekte zou leiden (bijvoorbeeld de 'voor maagzweren gevoelige persoonlijkheid' van Alexander of de 'hysterische verlamming' van Freud) en hoewel bewijs voor een directe causaliteit beperkt is gebleven, heeft dit denken de basis gelegd voor fascinerende onderzoeken naar psychologische processen die persoonlijkheidstypen aan ziekten kunnen koppelen (Eckhardt, 2001). Tot 1960 was psychosomatisch onderzoek voornamelijk psychoanalytisch van aard; het concentreerde zich op psychoanalytische interpretaties van ziekteveroorzaking, zoals de theorie dat astma, maagzweren of migraine door onderdrukte emoties werden veroorzaakt. Een negatief bijeffect van dit werk is echter dat onder diegenen met een biomedisch standpunt, ziekten zonder identificeerbare organische oorzaak vaak werden afgedaan als nerveuze aandoeningen of psychosomatische aandoeningen waarvoor veelal geen medische behandeling voorhanden was.

Psychosomatische geneeskunde bestaat in deze vorm niet meer. De term, echter, bestaat nog wel en wordt nog steeds gebruikt door medische professionals. Voor betrokkenen kan dit vervelend zijn, omdat zij een stigma hebben dat er tussen de oren iets fout zit en zij minder serieus worden genomen. Van Houdenhove (2005) wijst bijvoorbeeld op de strijd van mensen met ME (chronisch vermoeidheidssyndroom) om te bewijzen dat hun ziekte een neurologische basis heeft en geen psychische.

Gedragsgeneeskunde

Dit is in wezen het multidisciplinaire gebied van uiteenlopende gedragswetenschappen waaronder psychologie, sociologie en gezondheidsonderwijs, die in relatie worden gebracht tot geneeskunde en lichamelijke aandoeningen (Schwartz en Weiss, 1977). De gedragsgeneeskunde werd rond 1970 ontwikkeld en zette vraagtekens bij het biomedische model dat in die tijd de boventoon voerde. Zoals de naam al doet vermoeden, werden principes uit de gedragsleer toegepast (dat wil zeggen dat gedrag de resultante is van het leren via klassieke of **operante conditionering**) om technieken van preventie en revalidatie experimenteel te evalueren en niet uitsluitend die van behandelingen. Preventie krijgt echter minder aandacht dan revalidatie en behandeling van ziekten. Als we het standpunt doortrekken dat de geest een directe verbinding heeft met het lichaam (bijvoorbeeld door nervositeit kan de bloeddruk stijgen, door angst kan de hartslag versnellen), werken enkele van de voorgestelde therapieën zoals biofeedback op basis van het principe van operante conditionering en terugkoppeling. Een goed voorbeeld van een multidisciplinaire aanpak is de zogeheten *graded acitivity*. Hierbij wordt gedragstherapie gecombineerd met fysiotherapie om bijvoorbeeld lage rugklachten aan te pakken (Koke, 2007; Anema *et al.*, 2007). Bij *graded exposure* wordt een vorm van cognitieve gedragstherapie gebruikt om de patiënt te laten ervaren dat er verschil bestaat tussen de angst voor bepaalde pijn en de werkelijke pijn (Woods en Asmundson, 2008; Verbunt en Smeets, 2016). Gedragsgeneeskunde houdt zich bezig met het beschrijven van de factoren van gedrag en leefwijze die aan gezondheid en ziekte zijn gerelateerd. Het is geen opzichzelfstaand vakgebied. Het is een onderdeel van andere disciplines, zoals de gezondheidspsychologie die we in de hoofdstukken 2, 3 en 4 zullen beschrijven.

Medische psychologie

In het Verenigd Koninkrijk worden medisch psychologen tegenwoordig meestal gezondheidspsychologen genoemd. Zij vechten de biologische basis van gezond-

---

operante conditionering
Deze theorie, die aan Skinner wordt toegeschreven, is gebaseerd op de aanname dat gedrag direct wordt beïnvloed door de gevolgen ervan (bijvoorbeeld beloning, straf en het vermijden van negatieve effecten).

heid en ziekte niet aan, maar hebben een holistischer model aangenomen. In andere delen van Europa, in Nederland bijvoorbeeld, betekent de term 'medisch psycholoog' een gezondheidsdeskundige die in een medische setting werkt, die afgestudeerd psycholoog is en een gespecialiseerde masteropleiding in gezondheidspsychologie (van een of twee jaar) heeft afgerond, gevolgd door een tweejarige stage voor het verkrijgen van een certificaat van algemeen psycholoog of een opleiding als klinisch psycholoog (zoals voor gezondheidspsychologie maar met nog eens vier jaar voor het verkrijgen van een volledige staatscertificering als specialist) (Soons en Denollet, 2009). In België wordt het gezien als een onderdeel van de klinische psychologie. In de Verenigde Staten wordt met de term een klinisch psycholoog aangeduid die somatische (lichamelijke) gezondheid heeft opgenomen in de diagnostiek van geestesziekten en in sommige gevallen kunnen ze zelfs geneesmiddelen voorschrijven. De term 'medische psychologie' is dus eerder van toepassing op een beroep dan op een specifiek academisch vakgebied.

Medische sociologie
De medische sociologie belicht de nauwe verwantschap tussen psychologie en sociologie, waarbij gezondheid en ziekte worden bestudeerd in relatie tot sociale factoren die op mensen van invloed kunnen zijn. Het vakgebied hanteert een bredere benadering in die zin dat het zich bezighoudt met gezin, verwantschap en samenleving. Terwijl de gezondheidspsychologie ook externe invloeden op gezondheid en ziekte bestudeert, is dit vak van oudsher meer gericht op de cognities en aannamen van het individu en op zijn reacties op de buitenwereld en hanteert het uiteraard eerder een psychologisch dan een sociologisch perspectief. Mogelijk zullen de grenzen tussen medische sociologie en gezondheidspsychologie in de loop van de tijd vervagen.

Klinische psychologie
Gezondheidspsychologie en gezondheidspsychologen worden vaak verward met klinische psychologie en klinisch psychologen. De klinische psychologie houdt zich bezig met de geestelijke gezondheid en de diagnose en behandeling van problemen met de geestelijke gezondheid (bijvoorbeeld persoonlijkheidsstoornissen, fobieën, angst en depressie, eetstoornissen). Klinisch psychologen werken meestal binnen de gezondheidszorg en bieden beoordelingen, diagnosen en psychologische interventies die aan gedragsmatige en cognitieve principes zijn ontleend. Veel van deze principes vormen een bron van informatie voor onderzoek en beoefening van de gezondheidspsychologie (zie de vele voorbeelden van cognitief-gedragsmatige interventies die in dit boek worden genoemd). Het verschil komt in wezen neer op de populaties waarmee we als gezondheidspsycholoog werken. De status van gezondheidspsychologie varieert sterk in de verschillende landen en we verwijzen naar de landelijke psychologenverenigingen voor meer informatie. Voor Nederland is dat het NIP, het Nederlands Instituut voor Psychologen, voor België is dat de Belgische Federatie van Psychologen.

SAMENVATTING

1.1 Wat is gezondheid? Veranderende perspectieven

- Gezondheid lijkt in grote lijnen te bestaan uit de categorieën 'zijn', 'hebben' en 'kunnen'. Gezondheid wordt als iets vanzelfsprekends gezien, totdat ze door ziekte of ongeval in gevaar komt. Gezondheid als afwezigheid van ziekte is een te beperkte opvatting.
- Opvattingen over gezondheid zijn verschoven van een tamelijk holistische visie waarbij geest en lichaam interacteren naar een dualistische standpunt waarbij geest en lichaam onafhankelijk van elkaar interacteren. De opvattingen verschuiven tegenwoordig weer terug naar het holisme waarbij vraagtekens worden geplaatst bij het puur medisch model door een meer biopsychosociale benadering.
- Het medisch model gaat uit van de opvatting dat gezondheid afwezigheid is van ziekte en dat door het wegnemen van de oorzaak de gezondheid hersteld is. In het biopsychosociaal model zijn er naast de lichamelijke factoren ook culturele en subjectieve factoren die een rol spelen bij de beoordeling van gezondheid.
- De opvatting van positieve psychologie dat meer gekeken moet worden naar wat iemand wel kan en wil wint terrein. Hierdoor komt de regiefunctie meer bij de patiënt te liggen.

1.2 Individuele, culturele en leeftijdgerelateerde perspectieven op gezondheid

- Culturen kennen een collectieve of een individualistische oriëntatie. Dit beïnvloedt de opvattingen over gezondheid en ziekte, evenals het gedrag van de betrokkenen.
- Kinderen kunnen naarmate ze ouder worden gezondheid en ziekte in complexe en multidimensionale termen verklaren.
- Het aantal ouderen op de wereld neemt in absolute en relatieve zin toe. Door de vooruitgang in de medische wetenschap zal het aantal mensen met een beperking toenemen.

1.3 Wat is gezondheidspsychologie?

- Gezondheidspsychologie is de studie van gezondheid, ziekte en (persoonlijke en professionele) gezondheidszorg. Het doel van de gezondheidspsychologie is gedrag omtrent ziekte en gezondheid te begrijpen, te verklaren en zo mogelijk te voorspellen, opdat effectieve interventies kunnen worden ontwikkeld om lichamelijke en emotionele schade van riskant gedrag en ziekte te reduceren. De gezondheidspsychologie biedt een holistische, maar in wezen psychologische benadering van gezondheid, ziekte en gezondheidszorg.
- Gezondheidspsychologie heeft modellen en theorieën overgenomen van andere disciplines van de psychologie. In de praktijk (onderzoek en gezondheidszorg) wordt gezondheidspsychologie steeds vaker gecombineerd met gedragsgeneeskunde, medische sociologie en gezondheidseconomie.

Foto: FrameStockFootages / Shutterstock (Pearson Asset Library)

HOOFDSTUK 2
SOCIALE VERSCHILLEN IN ZIEKTE EN GEZONDHEID

2.1 Gezondheidsverschillen
2.1.1 Bewijs voor gezondheidsverschillen
2.1.2 Ook onder mensen met een hoge sociaaleconomische status komen gezondheidsverschillen voor
2.1.3 Verklaringen voor ongelijkheid in gezondheid tussen sociaaleconomische groepen
2.1.4 Balans werk-leven en stress
2.1.5 Werkloosheid

2.2 Minderheidsstatus en gezondheid
2.2.1 Verschillen in gezond gedrag tussen etnische minderheidsgroepen

2.3 Geslacht en gezondheid
2.3.1 Biologische verschillen
2.3.2 Verschillen in gedrag

Gezondheidspsychologie

LEERDOELEN

Aan het einde van dit hoofdstuk kun je beschrijven en uitleggen:
- wat de invloed is van armoede op de gezondheid;
- welke gezondheidsverschillen er zijn in de samenleving;
- wat de invloed is van sociale achterstelling op de gezondheid en heb je kennisgemaakt met theorieën over de oorzaak hiervan;
- wat de invloed is van een minderheidsstatus op de gezondheid;
- welke sekseverschillen er bestaan op het terrein van gezondheid;
- wat de relatie is tussen werkstress, werkloosheid en gezondheid.

BANKIERS OVER DE HELE WERELD ZIJN SLECHT VOOR DE GEZONDHEID

Over de hele wereld proberen regeringen ons gezonder te maken. We worden ertoe aangespoord gezond te eten, te bewegen en niet te veel alcohol te drinken. Maar verbergt dit aanzetten tot gezond gedrag niet een verraderlijk feit – een feit waarvan regeringen graag zouden willen dat we dat negeerden? Misschien is de belangrijkste bijdrage aan onze gezondheid niet wat we doen, maar wie we zijn en waar we staan op de maatschappelijke ladder. Een baan is beter voor je gezondheid dan geen baan. Maar betere banen zijn nog beter voor je gezondheid. Mensen die in achterstandswijken wonen, hebben waarschijnlijk een tien tot vijftien jaar kortere levensduur dan mensen in welgesteldere wijken. Vrouwen hebben meer kans op werkstress en de daarmee gepaard gaande slechte gezondheid dan mannen. Mensen uit etnische minderheden ervaren slechtere werkomstandigheden en meer stress als gevolg van vooroordelen. Deze factoren zijn gemakkelijk te herkennen en moeilijk te veranderen. In tijden van economische schaarste, zullen ongelijkheden in de gezondheid als gevolg van werkdruk, werkloosheid en moeilijke economische omstandigheden waarschijnlijk eerder toe- dan afnemen.

HOOFDSTUKOVERZICHT

In dit hoofdstuk worden verschillen in gezondheid besproken die niet het gevolg zijn van individueel gedrag, maar van de sociale context waarin we leven. Zo wordt nagegaan waarom mensen met een hogere sociaaleconomische status meestal langer leven dan degenen met een lagere sociaaleconomische status, waarom vrouwen meestal langer leven dan mannen en waarom mensen uit etnische minderheden waarschijnlijk eerder overlijden dan mensen uit een meerderheidsgroep. De belangrijkste doodsoorzaak in de wereld is armoede. Armoede gaat vaak gepaard met slechte voeding, een slechte drinkwatervoorziening en slechte gezondheidszorg; allemaal factoren die direct ingrijpen op de gezondheid. Onder mensen die niet in armoede leven, zijn meestal subtielere sociale en psychologische factoren van invloed op de gezondheid. De gezondheid van mannen hangt bijvoorbeeld samen met het gegeven dat velen van hen problemen eerst zelf willen oplossen en vaak lang wachten voordat ze hulp zoeken. Mogelijke verklaringen voor de slechtere gezondheid van mensen met een economische achterstand zijn dat ze moeilijker toegang hebben tot gezondheidszorg en dat ze meer stress ondervinden dan mensen in een betere financiële situatie.

In dit hoofdstuk wordt onderzocht hoe de **sociaaleconomische status** (SES), etniciteit, geslacht en werkomgeving van mensen op hun gezondheid inwerken.

sociaaleconomische status
Sociaaleconomische status (SES) zegt iets over de sociale klasse van een individu. SES heeft een status- en een klassencomponent. De statuscomponent verwijst naar iemands aanzien en leefstijl, de klassencomponent naar diens (materiële) hulpbronnen. De sociaaleconomische status valt te meten met behulp van verschillende indicatoren, waaronder inkomen, soort baan of opleiding. Een hogere status impliceert vaak ook een hoger salaris.

2.1 Gezondheidsverschillen

Onze woonplaats is even bepalend als onze leefwijze als het gaat om de kans op ziekte. Bij het bestuderen van risicofactoren voor ziekte concentreerden het biomedische model en de gezondheidspsychologie zich meestal op individuele zaken, zoals persoonlijkheid, voeding en lichaamsbeweging. Deze onderwerpen worden verder besproken in andere hoofdstukken. Er is echter steeds meer bewijs dat de invloed van omgevingsfactoren en van culturele en sociale factoren op onze gezondheid minstens even groot is. Mensen met een hogere sociaaleconomische status leven langer dan diegenen met een lagere sociaaleconomische status. Evenzo zijn mensen die bijvoorbeeld qua gender of etniciteit tot een maatschappelijke minderheid behoren, vaker ziek in vergelijking met de mensen die tot een meerderheid behoren. Zelfs het gegeven dat vrouwen gemiddeld langer leven dan mannen is mogelijk het gevolg van sociale en psychologische factoren evenals van biologische.

In dit hoofdstuk wordt bestudeerd welke effecten sociaaleconomische status, gender, etniciteit en werkomstandigheden hebben op de gezondheid en levensduur van mensen uit verschillende groepen in de maatschappij. Elk van deze factoren wordt afzonderlijk bestudeerd, hoewel zij in werkelijkheid vervlochten zijn. Zo zijn de meeste mensen uit etnische minderheidsgroepen nog altijd minder welvarend dan diegenen uit de meerderheidsgroep en ervaren zij mogelijk nadelige gezondheidseffecten als gevolg van hun etniciteit in combinatie met hun sociaaleconomische positie (hoewel de invloed van beide factoren mogelijk plaatsvindt via de gedeelde route van stress).

2.1.1 Bewijs voor gezondheidsverschillen

TABEL 2.1 De tien landen met de hoogste/laagste levensverwachting
Bron: *CIA World Factbook*, 2015

#	DE TIEN LANDEN MET DE HOOGSTE LEVENSVERWACHTING		#	DE TIEN LANDEN MET DE LAAGSTE LEVENSVERWACHTING	
1	Monaco	89,52	215	Lesotho	52,86
2	Japan	84,74	216	Zambia	52,15
3	Singapore	84,68	217	Gabon	52,04
4	Macau	84,51	218	Somalië	51,96
5	San Marino	83,24	219	Centraal-Afrikaanse Republiek	51,81
6	IJsland	82,97	220	Namibië	51,62
7	Hong Kong	82,86	221	Swaziland	51,05
8	Andorra	82,72	222	Afghanistan	50,87
9	Zwitserland	82,50	223	Guinee-Bissau	50,23
10	Guernsey	82,47	224	Tsjaad	49,81

gezondheidsverschillen
Een term die de verschillen in gezondheid en levensverwachting tussen verschillende groepen aanduidt.

Er zijn duidelijke **gezondheidsverschillen** tussen landen onderling. Bijna alle landen waar de bevolking het kortst leeft liggen in Afrika (zie tabel 2.1). De landen met de gezondste bevolking liggen verspreid over de wereld, al hebben Europese landen de overhand. Men zou kunnen verwachten dat de populaties van hoge-inkomenslanden langer leven dan die uit lage-inkomenslanden. Dit is in het algemeen inderdaad waar, maar niet altijd.

In 2016 bedroeg de levensverwachting bij de geboorte in België 83,7 jaar voor vrouwen en 78,8 jaar voor mannen. Voor de hele bevolking bedroeg de levensverwachting bij de geboorte 81,3 jaar (Statbel, 2017). Volgens het Centraal Bureau voor de Statistiek (CBS, 28 mei 2018) was de levensverwachting voor vrouwen in Nederland 83,4 jaar en voor mannen 80,1 jaar.

In figuur 2.1 kun je zien dat in Nederland mensen steeds langer in goede gezondheid leven (de jaren van gezonde levensverwachting stijgen). Opvallend is dat sinds het einde van de vorige eeuw de levensverwachting van mannen die van vrouwen overstijgt (CBS, z.d).

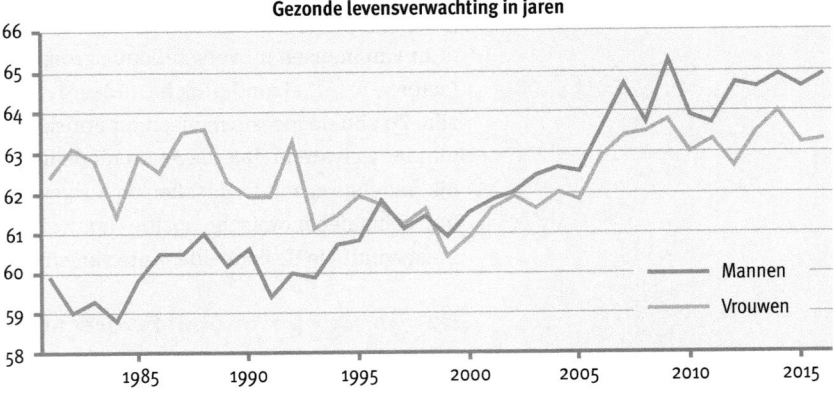

FIGUUR 2.1 Trends in levensverwachting in als goed ervaren gezondheid bij geboorte in Nederland, 1981-2016
Bron: CBS, z.d.

Bijna een derde van de sterfgevallen in de ontwikkelingslanden vindt plaats voor het vijfde levensjaar (http://www.who.int/healthinfo/global_burden_disease/), terwijl nog eens een derde van het aantal sterfgevallen voor het 65ste levensjaar plaatsvindt. Dit in tegenstelling tot het feit dat gemiddeld twee derde van het aantal sterfgevallen in de geïndustrialiseerde landen na het 65ste levensjaar plaatsvindt. De factoren die aan deze verschillen bijdragen, zijn economische, sociale en omgevingsfactoren. In veel ontwikkelingslanden lopen mensen grote gezondheidsrisico's door gebrek aan schoon drinkwater, slechte sanitaire omstandigheden, ontoereikende voeding, rook binnenshuis door vaste brandstoffen en door een slechte toegankelijkheid van de gezondheidszorg.

De WHO schat dat armoede jaarlijks rond twaalf miljoen sterfgevallen bij kinderen jonger dan vijf jaar in ontwikkelingslanden veroorzaakt, waarbij de meest voorkomende doodsoorzaken diarree, dysenterie en infecties van het onderste deel van de luchtwegen zijn. Belangrijke doodsoorzaken onder de volwassen bevolking zijn ondergewicht, tuberculose en malaria. Het grote risico op overlijden door infectie vormt een opvallend contrast met de geïndustrialiseerde landen waar de meeste mensen overlijden aan chronische ziekten en aan het gebruik van drugs als tabak en alcohol. Een bijzonder probleem waarmee tegenwoordig veel landen in Afrika worden geconfronteerd, is het gevolg van infectie met hiv en aids.

Sociale verschillen in ziekte en gezondheid **31**

hiv (human immunodeficiency virus)
Hiv is het virus dat aids (acquired immunodeficiency syndrome) veroorzaakt.

Volgens de gegevens van UNAIDS (2017) leven er verspreid over de wereld ongeveer 36 miljoen mensen met **hiv (human immunodeficiency virus)** en elk jaar komen daar bijna twee miljoen nieuwe geïnfecteerde mensen bij. Gelukkig daalt dit aantal wel van jaar tot jaar, in de periode van 2010 tot 2016 met ongeveer zestien procent (www.avert.org). Ook het aantal sterfgevallen ten gevolge van hiv neemt af, waarschijnlijk door het stijgend gebruik van retrovirale middelen. Toch mogen we niet vergeten dat op dit moment slecht iets meer dan de helft van het aantal hiv-geïnfecteerde mensen toegang heeft tot medicatie (UNAIDS, 2017).

2.1.2 Ook onder mensen met een hoge sociaaleconomische status komen gezondheidsverschillen voor

Hoewel in de rijke landen niet de bittere armoede en ziekte voorkomen die we in de lage-inkomenslanden zien, bestaan daar ook verschillen in sociaaleconomische status, en dus ook in gezondheid. In geïndustrialiseerde landen leven mensen met een hoger inkomen meestal langer en hebben zij minder ziekten dan mensen met een lager inkomen (Marmot, 2005). Er is daarnaast een verband gevonden tussen opleidingsniveau en gezondheid, niet alleen bij volwassenen maar ook bij hun kinderen.

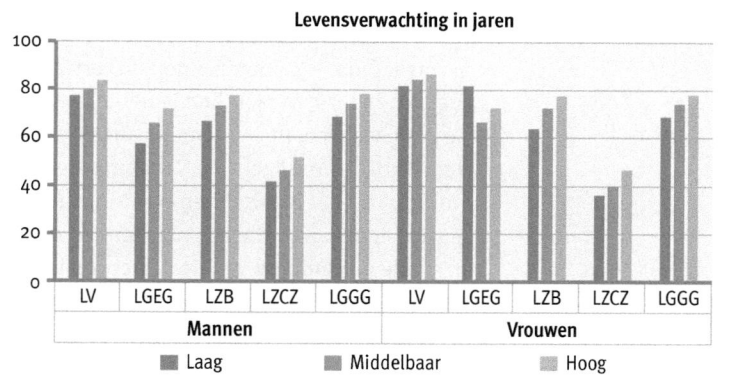

FIGUUR 2.2 Gezonde levensverwachting bij geboorte naar opleidingsniveau in Nederland, 2013-2016 (het betreft een samengesteld cijfer voor de periode 2013-2016)

LV: Levensverwachting
LGEG: Levensverwachting in goede ervaren gezondheid
LZB: Levensverwachting zonder beperkingen
LZCZ: Levensverwachting zonder chronische ziekte
LGGG: Levensverwachting in goede geestelijke gezondheid
Bron: www.volksgezondheidszorg.info, geraadpleegd 30 januari 2019

In figuur 2.2 kun je duidelijk het verband zien tussen diverse vormen van levensverwachting en opleidingsniveau in Nederland. Voor de levensverwachting (bij geboorte) in goede ervaren gezondheid is het verschil tussen hoog- en laagopgeleide mannen 14,2 jaar (voor de periode 2013-2016). Hoogopgeleide mannen leven dus 6,5 jaar langer en ze leven 14,2 jaren meer in goede ervaren gezondheid in vergelijking met laagopgeleide mannen. Voor hoogopgeleide vrouwen is hetzelfde te zien: hoogopgeleide vrouwen leven 5,4 jaar langer dan laagopgeleide vrouwen en ze leven 15,5 jaren meer in goede ervaren gezondheid in vergelijking met laagopgeleide vrouwen. De sociaaleconomische verschillen in de levensverwachting in goed ervaren gezondheid zijn groter dan de sociaaleconomische verschillen in de totale levensverwachting (Volksgezondheidenzorg.info, z.d., geraadpleegd 30 januari 2019).

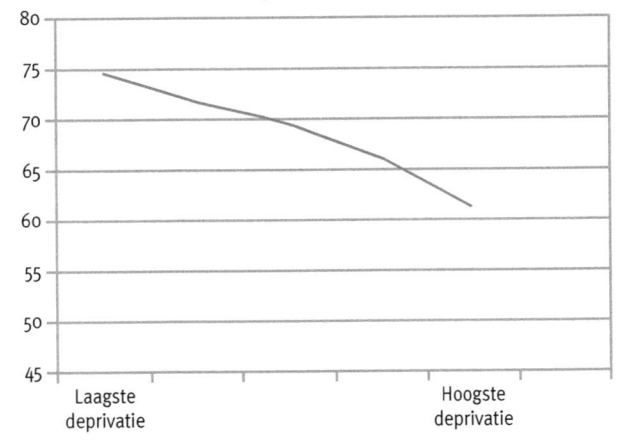

Jaren van gezonde levensverwachting

FIGUUR 2.3 Jaren van gezonde levensverwachting in het Verenigd Koninkrijk volgens de deprivatiescores van Carstair

Bron: Uit 'Inequalities in health expectancies in England and Wales: Small area analysis from 2001 Census', *Health Statistics Quarterly*, 34 (Rasulo, Bajekal en Yar, 2007), © Crown copyright 2007; materiaal waarvan Crown het auteursrecht heeft, is gereproduceerd met de toestemming van de *Controller van het Office of Public Sector Information* (OPSI), en gereproduceerd met toestemming van de auteur.

Een voorbeeld hiervan is te vinden in de gegevens die door Rasulo *et al.* worden vermeld (2007). Zij berekenen de verwachte 'gezonde levensverwachting' van mensen in 8.797 verschillende delen van het Verenigd Koninkrijk en bepaalden de mate van sociale deprivatie van elk van deze gebieden met de zogenoemde deprivatiescore volgens de Carstair-index. Hierbij wordt de mate van overbewoning van het huishouden, werkloosheid van de man, lage sociale klasse en autobezit bepaald. Daarna berekenen de onderzoekers de verwachte levensduur in goede gezondheid van deze mensen in verschillende mate van deprivatie en ontdekten een lineair verband tussen de deprivatiescore en de verwachte 'gezonde levensverwachting' (zie figuur 2.3). Zij meldden een opvallend verschil van 13,2 jaar tussen mensen in de minst en de meest gedepriveerde gebieden.

> **Wat denk je zelf?**
>
> Er is consistent bewijs dat in de geïndustrialiseerde landen de mensen met een hogere sociaaleconomische status langer leven, minder gedrag vertonen dat de gezondheid schaadt en minder geconfronteerd worden met ziekten dan degenen met een lagere sociaaleconomische status. Welke factoren kunnen volgens jou bijdragen aan dit verschil?

2.1.3 Verklaringen voor ongelijkheid in gezondheid tussen sociaaleconomische groepen

Voor de ongelijkheid in gezondheid tussen sociaaleconomische klassen in geïndustrialiseerde landen bestaat een aantal verklaringen. Sommigen schrijven de verantwoordelijkheid toe aan het individu en zien gezondheidsproblemen dus als gevolg van het eigen gedrag. Anderen suggereren dat het behoren tot een sociale klasse op zichzelf al van invloed kan zijn op de gezondheid.

Het eerste punt dat moet worden behandeld, is de causale relatie tussen sociaaleconomische status en gezondheid. Heeft iemands sociaaleconomische status invloed op zijn of haar gezondheid of bepaalt iemands gezondheid zijn of haar sociaaleconomische status?

Causale relatie, sociaaleconomische status en social drift

De verklaringen voor gezondheidsverschillen vallen uiteen in sociale en individuele varianten. Het zogenoemde *sociale causaliteitsmodel* stelt dat een lage sociaaleconomische status gezondheidsproblemen 'veroorzaakt' – dat wil zeggen dat deel uitmaken van een lagere sociaaleconomische groep aspecten met zich meebrengt die een negatieve invloed hebben op de gezondheid van mensen. Het tegenovergestelde standpunt, het model van de *social drift* (het overgaan naar een andere sociale groep), veronderstelt dat mensen die gezondheidsklachten krijgen soms niet in staat zijn hun baan te behouden of niet genoeg kunnen werken om hun levensstandaard te handhaven. Als gevolg daarvan dalen ze op de sociaaleconomische ladder. In die visie 'veroorzaken' gezondheidsproblemen dus een lage sociaaleconomische status.

Longitudinale onderzoeken hebben aanwijzingen opgeleverd die van belang zijn voor deze hypothesen. Deze onderzoeken kennen meestal een representatieve populatie van enkele duizenden gezonde personen, die gedurende een aantal jaren worden gevolgd om te zien welke ziekten ze krijgen en door welke oorzaken ze overlijden. Verschillen in variabelen (waarvan de beginwaarden zijn vastgesteld) worden als risicofactoren voor ziekte beschouwd; onder de mensen die aan kanker overleden, bevonden zich aan het begin van het onderzoek bijvoorbeeld relatief veel rokers. Dit wijst er dan op dat roken bijdraagt aan de kans op het ontstaan van kanker.

Uit alle longitudinale onderzoeken is gebleken dat SES-waarden aan het begin van het onderzoek de toekomstige gezondheidstoestand voorspellen, terwijl omgekeerd het effect minder sterk is: de gezondheidstoestand aan het begin van het onderzoek bepaalt in mindere mate de toekomstige sociaaleconomische status. Daarom wordt de sociaaleconomische status overwegend beschouwd als *oorzaak* van de verschillen in gezondheidstoestand en niet als het *gevolg* daarvan (zie Marmot, Davey-Smith en Stansfeld *et al.*, 1991).

Uit andere gegevens die het sociale causaliteitsmodel ondersteunen, blijkt dat bij veel mensen die hun baan kwijtraken na reorganisaties (dus niet door persoonlijke omstandigheden) de gezondheid sterk achteruitgaat en de mortaliteit toeneemt. Opgemerkt moet worden dat factoren uit de jeugd hun invloed tot ver in het volwassen leven blijven uitoefenen, zodat dergelijke voorbijgaande factoren een grote invloed op de gezondheid kunnen hebben. Kittleson *et al.* (2006) deden bijvoorbeeld verslag van een longitudinaal onderzoek onder ruim duizend mannelijke geneeskundestudenten en ontdekten dat, hoewel alle studenten arts werden en daarmee deel gingen uitmaken van dezelfde sociaaleconomische groep, degenen met een economisch minder welvarende achtergrond een twee keer zo hoge kans hadden om voor hun vijftigste **hart- en vaatziekten** te krijgen dan de artsen met een welvarender achtergrond, zelfs nadat was gecorrigeerd op risicofactoren voor hart- en vaatziekten, waaronder de **queteletindex** (QI of BMI), het cholesterolniveau, de hoeveelheid beweging, roken, hoge bloeddruk, diabetes mellitus en erfelijkheid.

hart- en vaatziekten
Een vernauwing van de bloedvaten die het hart van bloed en zuurstof voorzien. Dit is het gevolg van atherosclerose (dichtslibben van de aders) en kan leiden tot angina pectoris of een hartinfarct.

Queteletindex (QI)
Index die de verhouding tussen lengte en gewicht bij een persoon weergeeft, ook wel body mass index (BMI) genoemd. De BMI wordt veel gebruikt om een indicatie te krijgen of er sprake is van over- of ondergewicht.

Verschillen in gezondheidsgedrag

Het Centraal Bureau voor de Statistiek becijferde dat er een verschil was in levensverwachting (bij geboorte) van zeven jaar tussen mannen die slechts een basisschooldiploma behaalden (tussen 1997 en 2005 bedroeg de levensverwachting 72,2 jaar) en mannen die een hogeschool- of universitaire opleiding voltooiden (79,1 jaar). Bij vrouwen was dat een verschil van 5,7 jaar (levensverwachting respectievelijk 78,1 en 83,8 jaar). Op 65-jarige leeftijd konden mannen met een hogeschool of universitaire opleiding verwachten nog 17,5 jaar te leven, terwijl mannen met alleen een basisschooldiploma nog slechts 13,9 levensjaren konden verwachten. Bij vrouwen waren de levensverwachtingen op 65-jarige leeftijd voor deze twee opleidingsgroepen respectievelijk 21,4 en 18,2 (CBS, 2008). Als we het voorgaande in gedachten houden, lijkt ongezond gedrag de voor de hand liggende verklaring voor de vele gezondheidsklachten en het vroegtijdig overlijden, ook wel **premature mortaliteit**, onder mensen uit de lagere sociaaleconomische klassen. En inderdaad, mensen uit de lagere sociaaleconomische klassen in geïndustrialiseerde landen roken vaker en drinken meestal meer alcohol, eten minder gezond en bewegen minder dan degenen die welvarender zijn (zie Health Promotion Authority for Wales, 1996).

> **premature mortaliteit**
> Overlijden voor de leeftijd waarop dit normaal wordt verwacht. Meestal vastgesteld op overlijden vóór de leeftijd van 65 jaar.

Er is echter consistent bewijs dat verschillen in gezondheidsgerelateerd gedrag weliswaar enkele van de sociaaleconomische verschillen in gezondheid verklaren, maar dat deze niet het hele verhaal vertellen. Bij een onderzoek naar achtduizend oudere vrouwen en mannen in de Verenigde Staten ontdekten Nandi *et al.* (2014) dat mensen in groepen met een lagere sociaaleconomische status een bijna drie keer zo grote kans hadden om gedurende een periode van tien jaar te overlijden. Twee derde van dit verschil werd verklaard door voeding, roken enzovoort. Het overige derde deel kon direct aan hun sociaaleconomische status worden toegeschreven. Derhalve lijkt een lage sociaaleconomische status invloed op de gezondheid uit te oefenen, deels door de relatie met minder gezonde eetgewoonten en gedragingen, maar ook onafhankelijk van het gedrag.

Het kan op dit punt interessant zijn om ons af te vragen *waarom* mensen in de lagere sociaaleconomische groepen meer gedrag vertonen dat schadelijk is voor hun gezondheid. Het lijkt in ieder geval niet te komen door een gebrek aan kennis (Narevic en Schoenberg, 2002). Integendeel, het kan een bewuste keuze zijn na afweging van de voor- en nadelen van het gedrag. Onderzoek van Graham (1994) wekt bijvoorbeeld de indruk dat rokende vrouwen uit de arbeidersklasse zich bewust waren van de nadelige effecten, maar toch bleven roken omdat ze hierdoor beter konden omgaan met de dagelijkse stress van de zorg voor een gezin met weinig geld. Recenter ontdekten Wood *et al.* (2010) dat veel moeders uit de arbeidersklasse op de hoogte waren van regeringsrichtlijnen over gezonde voeding, maar dat deze kennis vaak oppervlakkig was en hun keuzes met betrekking tot eten slechts in geringe bepaalde mate bepaalde. De voedselkeuze was er vaak op gebaseerd dat het voedsel vulde, warm was en dat het de eetlust verzadigde. Het eten van ongezond voedsel werd op verschillende manieren gerechtvaardigd en, evenals de rokers die door Graham waren geïnterviewd, veel van de moeders vonden dat hun maaltijden als een vorm van emotionele ondersteuning fungeerden waardoor andere aspecten van het welzijn van het gezin konden worden verbeterd.

De keuzes die we maken, en in sommige gevallen de mogelijkheden om keuzes te kunnen maken, kunnen worden beperkt door de sociale context waarin we leven.

Toegang tot de gezondheidszorg

In vergelijking met tien andere westerse hoge-inkomenslanden doet de Nederlandse zorg het uitstekend. Dit blijkt uit een onderzoek van The Commonwealth Fund (CWF), een Amerikaanse denktank op het gebied van zorg. In de *International Health Policy Survey 2016* van CWF (Osborn en Squires, 2016) wordt de zorg in elf westerse landen met elkaar vergeleken: Australië, Canada, Frankrijk, Duitsland, Nederland, Nieuw-Zeeland, Noorwegen, Zweden, Zwitserland, het Verenigd Koninkrijk en de Verenigde Staten. Bij de presentatie van de onderzoeksuitkomsten werd de Nederlandse zorg door de onderzoekers geïntroduceerd als 'het voorbeeld van een stelsel dat werkt'.

De Nederlandse zorg scoort onder andere als hoogste als het gaat om snelle toegankelijkheid van zorg en toegang tot zorg buiten kantooruren. Ook hebben Nederlanders in de hoogste mate een eigen dokter en hebben artsen het patiëntendossier het beste op orde. Verder zijn de wachttijden voor de lage inkomens het kortst. Hoge scores in het vergelijkende onderzoek zijn er ook voor Nederland als het gaat om relatief weinig problemen met toegang tot zorg om financiële redenen, een beperkt gebruik van de spoedeisende hulp door goede alternatieven, weinig wachttijden voor specialistische zorg en nauwelijks coördinatieproblemen bij verschillende vormen van zorg voor lagere inkomens. Deze conclusies worden bevestigd in een nog uitgebreider vergelijkend onderzoek (uitgebreid met een aantal niet-westerse landen) onder negentien landen (Mossialos, Djordjevic, Osborn en Samak, 2017).

Hoewel de gezondheidszorg in Vlaanderen en Nederland al breed toegankelijk is, is er blijvende zorg voor het optimaliseren van de toegankelijkheid. Zo formuleerde het Belgische RIZIV (RijksInstituut voor ziekte- en invaliditeitsverzekering) en Dokters van de Wereld in 2014 een witboek (RIZIV en Dokters van de Wereld, 2014) met vijf geprioriteerde aanbevelingen om de toegankelijkheid van de gezondheidszorg te verbeteren.

- De eerste prioriteit was de toegankelijkheid te verbeteren voor mensen die buiten het kader van de ziekteverzekering vallen (gedetineerden, asielzoekers en personen zonder vaste verblijfplaats).
- De **derdebetalersregeling** veralgemeniseren (vooral voor de verstrekkingen van huisartsen, tandartsen en ambulante sectoren).
- Investeren in preventie en gezondheidspromotie.
- Een laagdrempelige 'intermediaire' zorglijn invoeren. Dus een multidisciplinaire gezondheidszorgdienst tussen de **nulde lijn** en de eerste lijn.
- Het creëren van nieuwe beroepen in de ambulante sector (bijvoorbeeld interculturele bemiddelaars, ervaringsdeskundigen) om de patiënt beter te informeren en te begrijpen.

De mate waarin mensen toegang hebben tot de gezondheidszorg verschilt, afhankelijk van persoonlijke eigenschappen en het systeem van gezondheidszorg in het land waar iemand woont. De meeste onderzoeken hiernaar zijn in de Verenigde Staten gedaan. Daar bestonden tot 2010 namelijk verschillende zorgstelsels voor mensen met en mensen zonder ziektekostenverzekering. Zo ontdekten Rahimi *et al.* (2007) dat sommige mensen na een hartinfarct niet genoeg geld hadden voor de benodigde zorg. Achttien procent van de proefpersonen, van wie de meesten overigens wel een ziektekostenverzekering hadden afgesloten, meldde dat financiële problemen hen hinderden bij het zoeken naar passende zorg; dertien procent meldde dat ze de benodigde medicijnen niet konden betalen. Beperkte toegang tot gezondheidszorg of tot medicatie hangt samen met een verminderde kwaliteit van leven, meer ziekenhuisopnamen en een hogere **prevalentie** van angina pectoris. Een rapport van de Schotse overheid (Scottish Executive, 1999) over ongelijkheid in gezondheid meldt bijvoorbeeld aanzienlijke verschillen tussen het aantal mensen met een lage sociaaleconomische status en het aantal welvarenden dat bepaalde medische en chirurgische ingrepen ondergaat; de laatsten kregen vaker een kunstheup en ondergingen meer herniaoperaties en operaties aan spataderen dan mensen met een lage sociaaleconomische status. Meer mensen met een lage dan met een hoge sociaaleconomische status ondergingen een **bypassoperatie van de kransslagaders**, maar het waren er nog altijd minder dan je op basis van de prevalentie van deze aandoening onder diegenen met een lage sociaaleconomische status zou mogen verwachten.

---

derdebetalersregeling
Regeling waarbij de patiënt alleen zijn eigen deel van de kosten aan de zorgverlener betaalt; hij schiet de ziekteverzekering niet voor. Het ziekenfonds betaalt de tegemoetkoming rechtstreeks aan de zorgverlener.

nulde lijn
De mantelzorgers: mensen die op niet-professionele basis de zorg voor een ander opnemen (ouders, kinderen, andere familieleden, buren, vrienden etc.). In veel gevallen zijn het de mantelzorgers die thuiszorg mogelijk maken.

prevalentie
Het percentage of aantal mensen op een gegeven moment in een bepaalde populatie dat aan een bepaalde ziekte lijdt. Dit begrip verschilt van incidentie: dit is het aantal of percentage mensen dat een bepaalde ziekte heeft binnen een bepaald tijdskader. Prevalentie is dus het aantal of het percentage van bestaande casussen, incidentie dat van nieuwe casussen.

bypassoperatie van de kransslagaders
Een chirurgische ingreep waarbij aders of slagaders van elders in het lichaam via de aorta in de kransslagaders worden getransplanteerd; hiermee worden de blokkades omzeild die in de kransslagaders door atheromen zijn ontstaan ten behoeve van een betere bloedtoevoer naar het hart.

Hoewel veel mensen een operatie ondergingen, bleef de armste bevolking relatief verstoken van gezondheidszorg in vergelijking met mensen in hogere SES-groepen.

Deze verschillen zijn helaas moeilijk te verhelpen. In 2003 voerde de regering van het Verenigd Koninkrijk (Department of Health, 2003) met hoge prioriteit een programma in om de gezondheidsverschillen in het land te verkleinen via uiteenlopende interventies bij diensten voor sociale zorg en gezondheidszorg. Het ging bijvoorbeeld om verbeteringen van de beschikbaarheid van gezondheidszorg in achterstandswijken, het verbeteren van de huisvesting en het terugdringen van armoede onder kinderen. Een rapport uit 2007 (Department of Health, 2007) identificeerde een toename van de ongelijkheid van de levensverwachting in de loop van dezelfde periode. Er waren ook gemengde aanwijzingen voor de invloed van dit initiatief op het aantal gevallen van kanker en hartaandoeningen. Globaal genomen werden de verschillen in het aantal gevallen van kanker over de verschillende groepen kleiner, maar de verschillen in het aantal gevallen van hartaandoeningen nam juist toe. Bovendien werd de kloof tussen de kwaliteit van de primaire gezondheidszorg in middenklassewijken en die in arbeiderswijken groter.

Omgevingsfactoren

Een andere verklaring voor verschillen in de gezondheid tussen sociale groepen is dat mensen met een lagere sociaaleconomische status vaker blootstaan aan een gevaarlijke omgeving die schadelijk is voor hun lichamelijke gezondheid. Mensen met een lagere sociaaleconomische status werken vaker in een gevaarlijke omgeving, bijvoorbeeld op een bouwplaats; ook hebben ze in hun werkende leven gemiddeld meer ongelukken dan mensen uit meer bevoorrechte sociaaleconomische echelons. Bovendien hebben ze vaker te maken met slechte huisvesting, vochtproblemen en luchtvervuiling (WHO, 2010). Diegenen met een lagere sociaaleconomische status wonen vaker dichtbij hoofdwegen met veel verkeer of bij vliegvelden, vervuilende industrie, vuilstortplaatsen of energiecentrales. De risico's die hiermee gepaard gaan, zijn mogelijk vooral problematisch voor kinderen. Scholen staan bijvoorbeeld meestal dicht bij de plaats waar kinderen wonen, dus als een kind in een vervuilde omgeving woont, is de kans groot dat het op school aan dezelfde omstandigheden wordt blootgesteld. Overmatige blootstelling aan een ongezonde omgeving kan interactie vertonen met slecht gezondheidsgedrag en een slechte gezondheidstoestand, zodat een cumulatief gezondheidsrisico ontstaat (WHO, 2010).

Omgevingsfactoren kunnen ook sociaal en psychologisch zijn. Een grotere afstand tot sportfaciliteiten, slechte verkeersveiligheid of slechte milieuomstandigheden kunnen zo bijvoorbeeld de hoeveelheid lichaamsbeweging verkleinen (Panter *et al.*, 2010), zowel onder kinderen als volwassenen (bijvoorbeeld Page *et al.*, 2010).

Ook slechte woonomstandigheden kunnen uiteraard een impact hebben. Zowel volwassenen als kinderen met een slechte huisvesting, hebben een grotere kans op een slechte gezondheid van de luchtwegen en daardoor op astma (bijvoorbeeld Quinn *et al.*, 2010).

Uit onderzoek blijkt dat overbewoning gepaard gaat met hoge concentraties van stresshormonen in het bloed en, bij dieren, met een versnelde vorming van plaques in de bloedvaten en met hart- en vaatziekten (Baum *et al.*, 1999). Huurders hebben vaker chronische ziekten dan mensen met een koophuis. Woodward *et al.* (2003) ontdekten bijvoorbeeld dat, na een correctie voor leeftijd, mannelijke huurders anderhalf keer zoveel risico liepen op hart- en vaat-

ziekten; voor vrouwelijke huurders was dat risico twee keer zo groot. Voor deze verschillen bestaat een aantal mogelijke verklaringen:
- huurders hebben mogelijk te maken met meer vocht in de woning, slechte ventilatie, overbewoning enzovoort;
- huurwoningen liggen mogelijk verder verwijderd van voorzieningen, zodat toegang tot vrijetijdsvoorzieningen of goede winkels lastiger is;
- huurders verdienen gemiddeld minder dan mensen met een koopwoning.

Negatieve sociale vergelijkingen – bijvoorbeeld denken dat het eigen huis slechter is dan dat van anderen – blijken een direct effect te hebben op het gevoel van eigenwaarde en op nervositeit en depressie, die op hun beurt van invloed kunnen zijn op de gezondheid (Ellaway et al., 2004).

Stress

De implicatie van paragraaf 2.1.3 is dat slechte huisvesting en beperkte zeggenschap tot stress leiden en daardoor mogelijk tot achteruitgang van de gezondheid. Dit argument kan worden uitgebreid met de suggestie dat verschillen in stress die als gevolg van uiteenlopende factoren worden beleefd, kunnen bijdragen aan verschillen in gezondheid tussen sociale groepen. Dit lijkt een redelijke hypothese, omdat we weten dat mensen in een lagere SES-groep meer stress ervaren dan mensen met een hogere sociaaleconomische status (bijvoorbeeld Marmot et al., 1997) en minder persoonlijke hulpmiddelen hebben om hiermee om te gaan (Finkelstein et al., 2007), terwijl stress een nadelige invloed kan hebben op de gezondheid. Een aantal stressfactoren en mogelijk beperkte kansen in lagere sociaaleconomische groepen, vergeleken met het leven in meer bevoorrechte sociaaleconomische groepen, zijn bijvoorbeeld:
- jeugd: instabiliteit van het gezin, overbewoning, slechte voeding, beperkte opleidingskansen;
- puberteit: conflicten in het gezin, actief of passief roken, schoolverlaten met slechte kwalificaties, werkloosheid of slecht betaald en onzeker werk;
- volwassenheid: werken in gevaarlijke omstandigheden, financiële onzekerheid, perioden van werkloosheid, geringe mate van controle over het werk of het leven thuis, negatieve sociale interacties;
- latere leeftijd: geen of een klein pensioen, onvoldoende verwarming en/of voedsel.

Wilkinson (1990) ontwikkelde de stresshypothese een stapje verder. Hij vergeleek gegevens over inkomensverdeling en levensverwachting in negen westerse landen en ontdekte dat de gemiddelde welstand van elk van de landen niet aan de levensverwachting was gerelateerd. Het omgekeerde gold echter voor de inkomensverdeling over de verschillende sociale groepen (ofwel de omvang van de kloof tussen rijk en arm). De correlatie tussen de twee variabelen bedroeg maar liefst -0,86: hoe meer inkomensgelijkheid hoe meer ongezondheid, hoe minder inkomensgelijkheid, hoe minder ongezondheid).
In zijn verklaring van deze verschijnselen suggereerde Wilkinson een vorm van een 'hiërarchische gezondheidshypothese', die stelt dat alleen het bewustzijn van je positie in de hiërarchie van invloed is op de gezondheid. Volgens Wilkinson is het op zichzelf al stressvol als je weet dat je een lage positie in de hiërarchie hebt en op de hoogte bent van het eigen relatieve gebrek aan hulpmiddelen en kan dit een negatieve emotionele reactie veroorzaken, ongeacht meer objectieve maatstaven van rijkdom of status. Ondersteuning voor deze benadering kan worden ontleend aan de bevindingen van Singh-Manoux et al. (2005),

die ontdekten dat de subjectieve sociaaleconomische status een betere voorspeller was van de gezondheid dan de feitelijk vastgestelde sociaaleconomische status.

In een latere verklaring suggereerde Wilkinson dat grotere ongelijkheden in welvaart binnen een maatschappij gepaard gingen met een geringere mate van sociale cohesie en **sociaal kapitaal** (Wilkinson en Pickett, 2010). Een gering sociaal kapitaal gaat gepaard met wantrouwen op individueel niveau en hoge misdaadcijfers op sociaal niveau. Het omvat een onveilig gevoel in de gemeenschap waarin je woont: een perceptie die inherent stressvol is. Bij één studie van dit verschijnsel ontdekten Taylor *et al.* (2012) dat de meeste problemen met betrekking tot geestelijke gezondheid bij vrouwen vooral voorkwamen bij alleenstaande ouders, bij vrouwen die niet in staat waren tot werken of die werkloos waren, die een slechte financiële positie hadden en zich onveilig voelden in hun huis en het gevoel hadden dat ze onvoldoende controle over het eigen leven hadden.

Een andere factor die aan sociaal kapitaal is gerelateerd en die **covariantie** met sociaaleconomische status kan vertonen, is de sociale ondersteuning die voor het individu beschikbaar is.

Individuen met een groot aantal positieve en weinig conflictueuze sociale relaties zijn beschermd tegen de negatieve effecten van stress die gepaard gaan met een geringe beschikbaarheid van economische middelen. Een lage sociaaleconomische status in combinatie met gebrekkige sociale ondersteuning kan het risico op ziekte daarentegen significant vergroten (Taylor en Seeman, 1999). Helaas is het beschermende potentieel van goede sociale ondersteuning minder voorhanden dan vroeger. In tegenstelling tot bevindingen uit de jaren vijftig van de vorige eeuw lijken mensen uit de hogere sociale groepen nu gemiddeld meer sociale ondersteuning te genieten dan mensen uit de lagere sociale groepen, vooral bij de combinatie van een lage sociaaleconomische status met een grote mate van sociale mobiliteit en vaak verhuizen (Chaix *et al.*, 2007).

---

sociaal kapitaal
De hulpmiddelen die in een gemeenschap aanwezig zijn om de sociale organisatie vorm te geven. Deze hulpmiddelen vinden hun voedingsbodem in acties zoals gemeenschapsactiviteiten, sociale steun, solidariteit en participatie.

covariantie
Een parameter in de statistiek en kansrekening die bij twee toevalsvariabelen aangeeft in welke mate de beide variabelen met elkaar samenhangen.

> **Wat denk je zelf?**
>
> *All men are created equal* ... Er is sprake van grote en onrechtvaardige verschillen tussen groepen mensen als het gaat om de toegang tot de gezondheidszorg. Kun jij ongelijkheden beschrijven in jouw omgeving en heb jij dan ook een idee over de eventuele oorzaken hiervan, en over de vraag of en hoe men er iets aan kan doen?

Werk en stress

Een deel van de hogere mortaliteit onder mensen uit lagere sociaaleconomische klassen zou het gevolg kunnen zijn van factoren in de werkomgeving. Dit verschil kan aan de ene kant een reflectie vormen van de lichamelijke risico's die met bepaalde banen gepaard gaan. Aan de andere kant zijn er ook subtielere factoren. Zo wordt bingedrinken (kortdurend ongecontroleerd, overmatig drinken) geassocieerd met werkvervreemding, werkstress, inconsistente sociale controle en een drinkcultuur op het werk (zie bijvoorbeeld Bacharach *et al.*, 2004). Zo vinden Kouvonen *et al.* (2005) bij arbeiders een sterke relatie tussen lange werktijden, weinig controle over het werk, geringe sociale steun en hevig rookgedrag. Ander psychologisch onderzoek heeft zich geconcentreerd op theorieën waaruit aanwijzingen naar voren komen dat bepaalde werkomgevingen intrinsieke aspecten hebben met directe invloed op de werkstress, wat weer een effect heeft op de gezondheid.

Een invloedrijke theorie over werkomgeving en stress is het werkstressmodel van Karasek en Theorell (1990). In dit model worden de drie belangrijkste factoren voor werkstress geïdentificeerd:

1. de eisen van het werk;
2. de vrijheid om beslissingen te nemen over de vervulling van deze eisen (werkautonomie);
3. de beschikbaarheid van sociale ondersteuning.

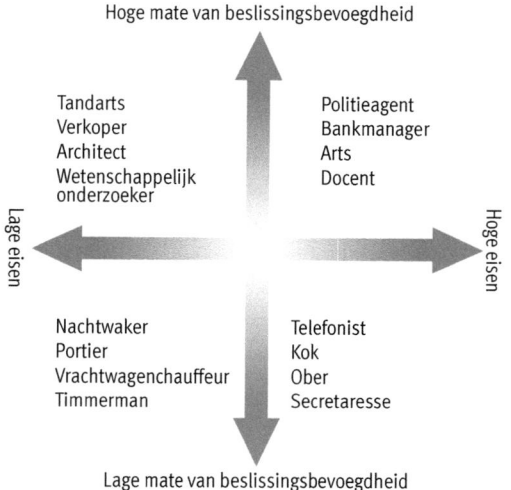

FIGUUR 2.4 Enkele beroepen die in het model voor werkstress van Karasek en Theorell passen

Deze elementen werken op elkaar in en kunnen stress en de kans op stressgerelateerde ziekten voorspellen. Het model van Karasek en Theorell verschilde opvallend van eerdere modellen, waarbij stress eenvoudigweg het gevolg was van de eisen die gesteld werden aan de betrokkene. Deze modellen gaven aanleiding tot het idee van de klassieke 'gestreste manager'. Het model van Karasek en Theorell suggereert daarentegen dat de betrokkene alleen stress ervaart en risico loopt op ziekte wanneer hoge eisen vergezeld gaan van weinig autonomie en weinig sociale ondersteuning (een situatie die wordt omschreven als 'hoge werkbelasting'). Deze combinatie van hoge eisen en geringe autonomie noemen Karasek en Theorell werkstress. Iemand ervaart dus minder stress als hij veel autonomie kent (hij is bijvoorbeeld in staat zelf te kiezen wanneer en hoe een probleem moet worden aangepakt) en kan beschikken over een goede sociale ondersteuning.
In tegenstelling tot het idee van de 'gestreste manager' kennen ongeschoolde arbeiders en degenen laag in de hiërarchie van een organisatie volgens Karasek en Theorell de meeste spanning in hun werk.

Het model van Karasek en Theorell wordt ondersteund door veel andere onderzoeken. Binnen hun eigen cohortstudie onder meer dan tienduizend Britse ambtenaren ontdekten Kuper en Marmot (2003) dat diegenen met een geringe beslissingsvrijheid aan wie tegelijkertijd hoge eisen werden gesteld, het grootste risico liepen om een aandoening van de kransslagaders te ontwikkelen. Clays *et al.* (2007) rapporteerden dat de **ambulante bloeddruk** op het werk, thuis en tijdens het slapen bij werknemers met een drukke baan hoger was dan die van anderen. Dergelijke resultaten zijn in verschillende Europese landen en bij uiteenlopende onderzoeken gevonden (Kivimäki *et al.*, 2012).

ambulante bloeddruk
De bloeddruk over een periode, gemeten met een automatische bloeddrukmonitor tijdens dagelijkse activiteiten.

Een alternatief model voor werkstress van Siegrist, Peter, Junge et al. (1990) stelt dat werkstress het gevolg is van een verstoord evenwicht tussen de perceptie van inspanning en beloning. Veel inspanning met een hoge beloning geldt volgens hen als acceptabel, terwijl veel inspanning in combinatie met een lage beloning leidt tot emotionele spanningen en gezondheidsklachten. Deze theorie, die zich meer richt op het welzijn dan op de lichamelijke gezondheid, heeft minder aandacht gekregen dan die van Karasek en Theorell. Toch kregen beide theorieën steun van een vijfjarig longitudinaal onderzoek waarbij meer dan tienduizend Britse ambtenaren werden gevolgd (Stansfeld et al., 1998). Uit dat onderzoek kwam naar voren dat een gebrek aan autonomie, weinig sociale ondersteuning en een verstoord evenwicht tussen inspanning en beloning ieder op zichzelf een voorspellende factor vormde voor een slechte (zelf gerapporteerde) lichamelijke gezondheid. Nog indrukwekkender was dat Bosch et al. (2009) ontdekten dat een hoge mate van werkstress, zoals bleek uit een hoge werkbelasting, geringe sociale ondersteuning en weinig evenwicht tussen inspanning en beloning, gepaard ging met een verslechterde immuunfunctie – zelfs in die mate dat de onderzoekers van mening waren dat werkstress 'bijdroeg aan immunologische veroudering'.

2.1.4 Balans werk-leven en stress

Verschillende werkomstandigheden kunnen onze gezondheid op verschillende wijzen beïnvloeden. Aangezien we slechts een deel van onze tijd op het werk doorbrengen, is het de vraag hoe dit risico moet worden gecombineerd met andere factoren buiten het werk die van invloed zijn op onze gezondheid. Bij een onderzoek van dit onderwerp bestudeerden Kuper et al. (2002) de gezamenlijke invloed van een baan met veel spanning of één met een hoog salaris bij mensen uit een lage of hogere SES-groep en ontdekten een synergie tussen deze twee. Bij een stressvolle baan hadden mensen met een lage sociaaleconomische status een groter risico voor aandoeningen van de kransslagaders dan mensen met een hogere sociaaleconomische status en een even stressvolle baan.

Dit komt waarschijnlijk doordat degenen in de groep met veel stress/lage sociaaleconomische status, zowel thuis als op het werk meer stress ervaren dan mensen met veel stress en een hogere sociaaleconomische status.

Een bijzonder voorbeeld van dit gecombineerde risico is te vinden in een verschijnsel dat bekendstaat als een overloopeffect van de werk-privébalans, **work-home spillover**, het overbrengen van verantwoordelijkheden en emoties in het huis na het werk. Hoewel er uitzonderingen zijn, treft dit nog altijd meer vrouwen dan mannen (Krantz en Lundberg, 2006) en waar dit optreedt, kan het een negatieve invloed op de gezondheid hebben. Hammig et al. (2009) ontdekten dat circa 12,5 procent van hun steekproef onder Zwitserse werknemers een grote mate van overloopeffect had tussen werk en privé en degenen in deze categorie hadden de grootste kans op een slechte gezondheid, angst en depressie, gebrek aan energie en optimisme, ernstige rugpijn, hoofdpijn, slaapstoornissen en uitputting. Overloopeffecten kunnen ook van invloed zijn op de gezondheid van het hele gezin. Devine et al. (2006) ontdekten dat moeders die een overloopeffect tussen werk en privé ervaren, vooral vrouwen uit lagere sociaaleconomische groepen, gaan inleveren op zaken als de kwaliteit van de maaltijden die ze bereiden als compensatie voor het tijdgebrek dat door hun werk is ontstaan. Het blijkt echter dat wanneer de werkpraktijk zodanig wordt aangepast dat het overloopeffect minder vaak voorkomt, deze verandering tot gevolg kan hebben dat minder wordt gerookt en gedronken, dat meer wordt

work-home spillover
Het overbrengen van werkgerelateerde verantwoordelijkheden en emoties naar gedrag en relaties thuis.

Foto: MBI / Alamy Stock Photo

gesport, gezonder wordt gegeten en dat de kwaliteit van de slaap vooruitgaat (Moen *et al.*, 2013).

2.1.5 Werkloosheid

Een stressvolle job beïnvloedt de gezondheid. Werkloosheid heeft eveneens vaak een negatief effect op de geestelijke en lichamelijke gezondheid en dit geldt voor jong en oud.

Gallo *et al.* (2006) vonden bijvoorbeeld dat de groep tussen vijftig en zestig jaar die onvrijwillig werkloos werden ernstige gezondheidsrisico's loopt. In deze groep komen significant meer hartaandoeningen en beroertes voor. De impact van onvrijwillige werkloosheid is het hoogst bij degene die weinig financiële reserves hebben. Ferrie *et al.* (2001) constateerden bijvoorbeeld een verband tussen het niet kunnen vinden van een baan of werkloos blijven na ontslag (om een andere reden dan slechte gezondheid) en beduidend meer lichte psychische klachten – de belangrijkste oorzaak hiervan leek overigens eerder financiële onzekerheid te zijn dan het verlies van werk op zich. Zelfs de dreiging van werkloosheid kan de gezondheid al verslechteren. Dragano *et al.* (2005) constateerden bijvoorbeeld dat een combinatie van werkstress – gebaseerd op het inspanning-beloningsmodel – en dreigende werkloosheid verband hield met een vier keer zo hoge prevalentie van zelfgerapporteerde slechte gezondheid.

2.2 Minderheidsstatus en gezondheid

Een tweede punt waarop mensen in een maatschappij van elkaar worden onderscheiden, is de vraag of ze een minderheids- of een meerderheidsstatus hebben. Misschien bestaat de meest opvallende minderheid binnen elke bevolking wel uit mensen die van de meerderheid verschillen door een andere huidskleur; deze groepen worden vaak 'etnische minderheden' genoemd. Maar etniciteit bestaat uit meer dan dat. Nazroo (1998) wees erop dat het uit verschillende aspecten bestaat: taal, religie, ras en migratie, cultuur, voorouders en vormen van identiteit. Elk van deze aspecten kan afzonderlijk of in combinatie met andere aspecten ook bijdragen aan verschillen in gezondheid tussen verschillende groepen. Nazroo waarschuwde daarom dat etnische minderheidsgroepen niet over één kam mogen worden geschoren; hierdoor zouden belangrijke verschillen over het hoofd worden gezien.

Deze waarschuwingen worden misschien weerspiegeld in de bevindingen dat in het Verenigd Koninkrijk de percentages wat betreft ziektegevallen en voortijdig overlijden onder mensen uit etnische minderheden overwegend hoger zijn dan onder Britten met een meerderheidsstatus, terwijl mensen met een Caribische migratieachtergrond gemiddeld juist een betere gezondheid hebben (Wild en McKeigue, 1997). Ook de prevalentie van diverse ziekten verschilt onder diverse groepen. **Hypertensie** en **herseninfarcten** komen bijzonder vaak voor onder mensen met een Afro-Caribische migratieachtergrond (Lane *et al.*, 2002), terwijl onder inwoners met een Aziatische migratieachtergrond diabetes relatief veel voorkomt. Bij mensen met een Caribische of West-Afrikaanse migratieachtergrond is het percentage mensen dat aan longkanker lijdt daarentegen relatief laag (Mindell en Zaninotto, 2006).

Bij de zoektocht naar verklaringen voor de relatief slechte gezondheid van mensen uit etnische minderheden moeten we een aantal zaken in gedachten houden. Het belangrijkste probleem is misschien wel dat veel mensen uit etnische minderheidsgroepen eveneens een lage sociaaleconomische status hebben.

---

hypertensie
Chronische hoge bloeddruk. Men spreekt van hoge bloeddruk wanneer de systolische druk hoger is dan 160 en de diastolische druk hoger dan 120.

herseninfarct
Hierbij ontstaan hersenbeschadigingen door bloedingen in het hersenweefsel of door een blokkade van een slagader; door een blokkade blijven delen van de hersenen tijdelijk van zuurstof en voedingsstoffen verstoken. De wetenschappelijke term hiervoor is cerebrovasculair accident (CVA).

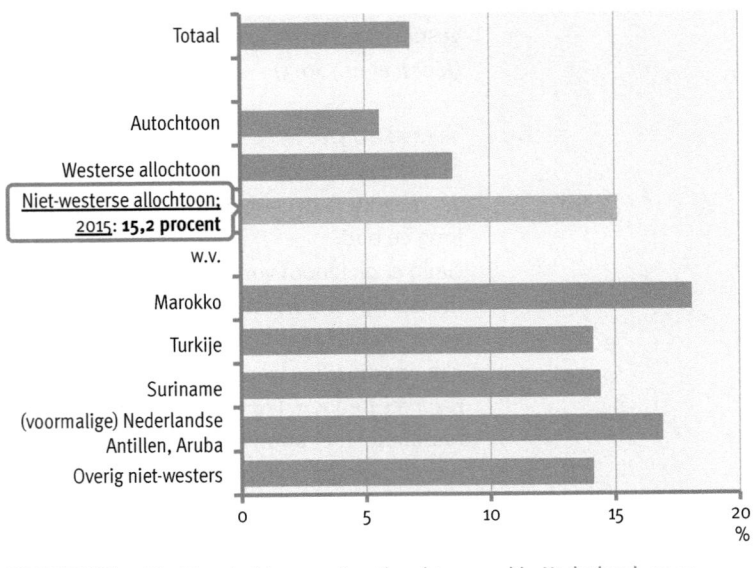

FIGUUR 2.5 Werkloosheid naar migratieachtergrond in Nederland, 2015
Bron: CBS, 2016

In figuur 2.5 kun je zien dat de werkloosheid in Nederland aanzienlijk verschilt naar migratieachtergrond. In 2015 was 15,2 procent van de beroepsbevolking met een niet-westerse migratieachtergrond werkloos. Van de beroepsbevolking met een westerse migratieachtergrond was dat 8,6 procent en van de beroepsbevolking zonder migratieachtergrond 5,6 procent.

Voordat we veronderstellen dat een minderheidsstatus op grond van etnische afkomst *op zichzelf* van invloed is op de gezondheid, moeten we dus telkens wanneer etnische minderheidsgroepen met de meerderheid worden vergeleken, corrigeren voor het effect van deze sociaaleconomische factoren. Dit kan door ziektepercentages van mensen uit etnische minderheidsgroepen te vergelijken met die van de meerderheid uit dezelfde inkomensgroep of op basis van andere SES-standaarden, of door een statistische correctie uit te voeren voor de effecten van sociaaleconomische status tussen meerderheids- en minderheidsgroepen in een bevolking. Als we dit doen, zien we dat alle verschillen in mortaliteit tussen deze twee groepen afnemen. In een Amerikaanse studie over etnische ongelijkheden wat betreft het risico op hart- en vaatziekten concludeerden Karlamangla *et al.* (2010) dat het grootste deel van het additionele risico op hart- en vaatziekten onder Afro-Amerikaanse en Hispanic mannen sterk was gerelateerd aan hun sociaaleconomische status. De invloed van etniciteit was weliswaar van belang, maar in geringere mate.

De sociaaleconomische status is binnen etnische minderheden zeker van invloed; evenals bij de meerderheidsbevolking leven mensen uit de hogere sociaaleconomische klassen meestal langer en hebben zij gedurende hun hele leven een betere gezondheid dan mensen met minder economische middelen (Karlamangla *et al.*, 2010). We moeten er echter opnieuw voor waarschuwen dat mensen uit verschillende minderheden niet als één enkele groep beschouwd mogen worden. In het Verenigd Koninkrijk lijkt bijvoorbeeld geen aan sociaaleconomische status gerelateerd verschil te bestaan qua hart- en vaatziekten onder mensen die in het Caribisch gebied of in West- of Zuid-Afrika geboren werden (zie Harding en Maxwell, 1997). En terwijl Tobias en Yeh (2006) een sterk verband aantroffen tussen sociaaleconomische status en gezondheid bij Maori's in Nieuw-Zeeland, gold dat niet voor populaties in de Stille Zuidzee en Azië. Ondanks deze bevindingen is er een algemene consensus dat etniciteit van invloed is op de gezondheid.

2.2.1 Verschillen in gezond gedrag tussen etnische minderheidsgroepen

Om de verschillen in gezondheid tussen etnische minderheden te verklaren, wordt net als bij de verschillen in gezondheid tussen mensen met een verschillende sociaaleconomische status de gedragshypothese naar voren geschoven. In het Verenigd Koninkrijk, bijvoorbeeld, drinken veel mannen met een Aziatische migratieachtergrond uit de Punjab grote hoeveelheden alcohol, waardoor ze alcoholgerelateerde stoornissen ontwikkelen. Onder de moslimpopulatie is het alcoholgebruik daarentegen minimaal – daar komt volledige onthouding veel voor. Bij een studie naar mensen met een migratieachtergrond in het Verenigd Koninkrijk meldden Bhopal et al. (2002) dat mannen met een Bengalese migratieachtergrond een dieet hadden met meer vet dan de meeste andere etnische groepen, terwijl mensen met een Europese achtergrond lichamelijk actiever waren dan diegenen met een Indische, Pakistaanse of Bengalese achtergrond (Hayes et al., 2002). In vergelijking hiermee: in de Verenigde Staten ontdekten Sharma et al. (2004) dat niet-Hispanic-Amerikanen en Afro-Amerikanen twee keer zo vaak gedragingen vertoonden die een risico met zich meebrachten voor hart- en vaatziekten als de andere etnische groepen bij wie ze een steekproef hadden genomen (witten en mensen met een Hispanic migratieachtergrond).

Stress van mensen in etnische minderheidsgroepen

Een tweede verklaring voor de slechte gezondheid van etnische minderheden richt zich op de sociale invloed van een minderheidsstatus. Als gevolg van discriminatie, raciale intimidatie en de eisen om de eigen cultuur te behouden of juist te veranderen, ervaren etnische minderheden mogelijk meer stress dan meerderheidspopulaties.

Twee onderzoeken door Clark (Clark, 2000; Clark en Gochett, 2006) wijzen op een betekenisvol mechanisme in dit kader. In het eerste onderzoek constateerde Clark dat wanneer jonge Afro-Amerikaanse vrouwen last hadden van racisme, hun bloeddruk toenam tijdens een opdracht waarbij ze moesten spreken over hun standpunten en gevoelens over dierenrechten. Clark concludeerde hieruit dat deze vrouwen een hevigere emotionele en lichamelijke reactie op algemene stress hadden ontwikkeld, als gevolg van hun reacties op racisme door de jaren heen. In het tweede onderzoek maten Clark en Gochett bloeddruk, ervaren racisme en copingreacties. Ze merkten dat de bloeddruk niet evenredig steeg met het niveau van racisme dat de deelnemers meldden. De bloeddruk was het hoogst bij proefpersonen die slachtoffer waren van racisme én van wie de copingreactie bestond uit 'het niet pikken' – mogelijk personen die boos werden over racistisch gedrag. Zo kan een negatieve emotionele of gedragsreactie op stressoren als racisme dus één factor zijn die bijdraagt aan hoge bloeddruk bij jonge Afro-Amerikanen.

Toegang tot de gezondheidszorg

Een derde verklaring voor de relatief slechte gezondheid van etnische minderheden is te vinden in de problemen die zij ervaren als het gaat om toegang tot de gezondheidszorg.

Derluyn, Lorant, Dauvrin, Coune en Verrept (2011) citeren diverse studies waarin de ongelijkheden worden beschreven in de toegang van de zorg tussen mensen met een migratieachtergrond en etnische minderheden (MEM) en de bevolking zonder migratieachtergrond waar het gaat om de toegang tot zorg en het gebruik en de kwaliteit ervan in België. Wat de **eerstelijnsgezondheidszorg** betreft, hebben mensen met een Turkse en Marokkaanse immigratieachtergrond, in

---

eerstelijnsgezondheidszorg
De rechtstreeks toegankelijke hulp en zorg, zoals huisartsen, thuisverpleegkundigen, vroedvrouwen, ergo- en kinesitherapeuten, eerstelijnspsychologen en psychotherapeuten, psychiatrische thuiszorg, diëtisten, apothekers en tandartsen.

WAT KOM JE TEGEN IN DE PRAKTIJK?

Taal en cultuur

Taal- en cultuurbarrières belemmeren vaak de integratie in een land. Ze hebben onder andere negatieve gevolgen voor de toegang tot en de kwaliteit van de gezondheidszorg in het ziekenhuis. Ook rechten van patiënten kunnen daarbij in het gedrang komen. In België worden interculturele bemiddelaars ingeroepen om de kloof tussen de verschillende culturen te overbruggen. Leden van etnische minderheden hebben het vaak moeilijker in een ziekenhuis dan de meerderheidsbevolking. Ze spreken soms een andere taal of kennen de gebruiken en gewoonten soms niet zo goed.

Om de communicatie zo vlot mogelijk te laten verlopen, kunnen patiënten, hun familieleden, dokters en medewerkers een beroep doen op een intercultureel bemiddelaar, om te vertalen, te bemiddelen of om mensen wegwijs te maken in het ziekenhuis. In België zijn interculturele bemiddelaars jaarlijks betrokken bij meer dan 80.000 interventies in zeventien talen. In Nederland hebben zogeheten zorgconsulenten met een migratieachterrond of VETC'ers (Voorlichters in Eigen Taal en Cultuur) dezelfde functie.

vergelijking met Belgen zonder migratieachtergrond, minder vaak een referentiehuisarts en nemen zij minder vaak deel aan screenings- en vaccinatiecampagnes. Deze bevindingen zouden overeenkomen met de Nederlandse situatie. De groepen hebben eveneens minder toegang tot de gespecialiseerde geneeskunde, zowel in Nederland als in België.

De situatie in de Verenigde Staten is samengevat in een rapport van het US Institute of Medicine (Committee on Understanding and Eliminating Racial and Ethnic Disparities in Health Care, Institute of Medicine *et al.*, 2002), met daarin de volgende bevindingen:

- Afro-Amerikanen en Amerikanen met een Hispanic achtergrond krijgen bij verschillende ziekten, waaronder kanker, hart- en vaatziekten, hiv/aids en diabetes, doorgaans kwalitatief mindere zorg dan de meerderheidsbevolking.
- Afro-Amerikanen lopen een groter risico dan witte Amerikanen op minder wenselijke behandelingen, zoals de amputatie van een (deel van een) arm of been.
- Er is sprake van ongelijkheid als het gaat om het beoordelen van ziektegevallen onder verschillende bevolkingsgroepen, zelfs bij klinische factoren zoals de ernst van de ziekte.
- In diverse klinische omgevingen, zowel in openbare als privéziekenhuizen en zowel in academische als niet-academische ziekenhuizen, is sprake van ongelijke behandeling van leden van verschillende bevolkingsgroepen.
- De genoemde ongelijkheden hangen samen met hogere sterftecijfers onder etnische minderheden.

Deze ongelijkheden zijn geenszins voorbehouden aan de Verenigde Staten, hoewel ze daar het duidelijkst kunnen zijn, omdat het zorgproces voor mensen uit de verschillende etnische groepen afzonderlijk wordt geregistreerd. In het Verenigd Koninkrijk is er bijvoorbeeld van oudsher een geringere toegang tot gezondheidszorgvoorzieningen voor leden van etnische minderheden, hoewel men denkt dit nu en in de toekomst te zullen voorkomen door de toegenomen registratie per etniciteit en door de wettelijke eisen om aan iedereen gelijke zorg te bieden (Szcepura, 2005). Ongeacht het zorgaanbod is het natuurlijk aan de potentiële patiënt of deze daar al dan niet gebruik van wil maken – en niet iedereen zal daarvoor kiezen.

2.3 Geslacht en gezondheid

In het begin van dit hoofdstuk bespraken we al het verschil in levensverwachting bij mannen en vrouwen in België en Nederland. In 2016 bedroeg de levensverwachting bij de geboorte in België 83,7 jaar voor vrouwen en 78,8 jaar voor mannen. Voor de hele bevolking bedroeg de levensverwachting bij de geboorte 81,3 jaar (Statbel, 2017). Volgens het Centraal Bureau voor de Statistiek (CBS, 28 mei 2018) was de levensverwachting voor vrouwen in Nederland 83,4 jaar en voor mannen 80,1 jaar.

Zoals uit figuur 2.6 blijkt, ligt in het Westen de gemiddelde levensverwachting van vrouwen significant hoger dan die van mannen uit hetzelfde geboortecohort.

Mannen			Vrouwen		
Positie	Land	Levensverwachting	Positie	Land	Levensverwachting
1	IJsland	81,2	1	Japan	87
2	Zwitserland	80,7	2	Spanje	85,1
3	Australië	80,5	3	Zwitserland	85,1
4	Israël	80,2	4	Singapore	85,1
5	Singapore	80,2	5	Italië	85
6	Nieuw Zeeland	80,2	6	Frankrijk	84,9
7	Italië	80,2	7	Australië	84,6
8	Japan	80	8	Korea	84,6
9	Zweden	80	9	Luxemburg	84,1
10	Luxemburg	79,7	10	Portugal	84

*Landen met een bevolkingsaantal lager dan 250.000 zijn buiten beschouwing gebleven vanwege onduidelijke schattingen omtrent de levensverwachting

FIGUUR 2.6 Top 10 van landen wat betreft levensverwachting vanaf de geboorte bij mannen en vrouwen, 2012
Bron: WHO, 2012

Zoals tabel 2.2 aantoont, bestaat er wel een verschil in oorzaken van overlijden tussen mannen en vrouwen.

TABEL 2.2 Doodsoorzaken mannen en vrouwen in Nederland
Bron: volksgezondheidszorg.info, 2017, geraadpleegd 6 juli 2018

VROUWEN		MANNEN	
Dementie	10.051	Longkanker	6.291
Beroerte	5.585	Hart- en vaatziekten	5.061
Hartfalen	4.527	Dementie	4.804
Longkanker	4.383	Beroerte	3.935
Hart- en vaatziekten	3.573	COPD	3.389
Borstkanker	3.149	Hartfalen	3.089
COPD	3.138	Dikkedarmkanker	2.769
Dikkedarmkanker	2.433	Prostaatkanker	2.768
Accidentele val	2.267	Accidentele val	1.617
Infecties van de onderste luchtwegen	1.773	Infecties van de onderste luchtwegen	1.562

In 2016 stierven in totaal 72.180 mannen. Longkanker, hart- en vaatziekten en dementie waren de belangrijkste doodsoorzaken voor mannen. Dat longkanker boven aan de ranglijst staat, heeft zeker te maken met het feit dat veel mannen in het verleden gerookt hebben. In hetzelfde jaar overleden 76.817 vrouwen. Dementie is veruit de meest voorkomende doodsoorzaak voor vrouwen. Hartfalen is bij vrouwen (derde plaats) een veel vaker voorkomende doodsoorzaak dan bij mannen (zesde plaats) (volkgezondheidenzorg.info, 2017)

Ondanks deze verschillen in mortaliteit melden mannen (in zelfrapportages) een betere gezondheid dan vrouwen, raadplegen ze minder vaak een arts en hebben ze minder vaak acute ziekten dan vrouwen (Reddy et al., 1992). Vrouwen melden daarentegen vaker lichamelijke symptomen en langdurige ziekten (Lahelma, Martikainen, Rahkonen et al., 1999).

Dit mortaliteitspatroon komt in geïndustrialiseerde landen veel voor, maar niet in ontwikkelingslanden. Daar zijn de verschillen in levensverwachting tussen mannen en vrouwen kleiner en soms juist omgekeerd (WHO, 2008). Vrouwen hebben er een grotere kans dan mannen om vroegtijdig ziek te worden of te overlijden als gevolg van zwangerschap en de daarmee gepaard gaande gezondheidsrisico's, evenals door inadequate gezondheidszorg.

2.3.1 Biologische verschillen

Misschien wel de meest voor de hand liggende verklaring voor de verschillen in gezondheid tussen mannen en vrouwen is dat ze biologisch van elkaar verschillen. Als vrouw geboren worden, heeft een biologisch voordeel als het gaat om levensduur. Vrouwen lijken daarnaast gedurende hun hele leven een grotere bescherming tegen ziekten te hebben. Andere biologische verklaringen draaien om de rol van geslachtshormonen. Gedurende enkele jaren werd gedacht dat aandoeningen van de kransslagaders bij vrouwen later begonnen door een hogere concentratie oestrogeen. Hierdoor zou het bloed minder gemakkelijk stollen en zou de concentratie cholesterol laag blijven.

Gegevens uit verschillende onderzoeken, waaronder van Lawlor et al. (2002), onder vrouwen in het Verenigd Koninkrijk en Japan, hebben echter geen bewijs opgeleverd voor een verminderd risico op hart- en vaatziekten voor de menopauze of een verhoogd risico daarna. In plaats daarvan zou het risico op hart- en vaatziekten geleidelijk stijgen naarmate vrouwen ouder worden, net zoals dat bij mannen het geval is. Ons inzicht in de rol van testosteron bij mannen is ook veranderd. Voorheen werd aangenomen dat een hoog testosterongehalte het risico op plaques en op een hartinfarct verhoogde. Nu lijkt het tegengestelde echter waar te zijn en ziet men een hoog testosterongehalte juist als *bescherming* tegen hart- en vaatziekten, waarschijnlijk door het effect van testosteron op lipiden in het bloed; een hoog testosterongehalte gaat samen met een laag gehalte van **HDL-cholesterol** (Malkin et al., 2003).

> HDL-cholesterol
> Het zogenoemde goede cholesterol.

Een tweede, ogenschijnlijk biologische oorzaak van een hoger percentage ziektegevallen bij mannen is hun sterkere fysiologische reactie op stress. Bij de meeste mannen stijgen de concentratie stresshormonen en de bloeddruk in reactie op stressoren sterker dan bij vrouwen. Er is echter groeiend bewijs dat deze verschillen meer het gevolg zijn van omgevingsfactoren dan dat ze aangeboren zijn. Sieverding et al. (2005) constateerden bijvoorbeeld dat de bloeddrukreactiviteit bij mannen en vrouwen niet verschilde tijdens een gesimuleerd sollicitatiegesprek, maar wel varieerde naargelang het stressniveau dat ze tijdens het gesprek zeiden te ervaren.

Ook Newton et al., (2005) troffen geen verschillen aan in de bloeddruk en de hartslag van mannen en vrouwen tijdens discussies met onbekenden. Niet geslacht, maar dominantie hing steeds samen met bloeddrukreactiviteit, waarbij de bloeddruk (en waarschijnlijk ook het stressgehalte) van mannen die werden uitgedaagd door een zeer dominante mannelijke partner, de grootste stijging liet zien. Het lijkt erop dat niet zozeer iemands geslacht zijn of haar lichamelijke reactiviteit bepaalt, als wel de soorten stress waaraan hij of zij blootstaat of de psychische reactie die verschillende stressoren oproepen. Volgens deze redenering zijn dus alle geslachtsverschillen in stressreactiviteit waarschijnlijk eerder het gevolg van langdurige blootstelling aan verschillende soorten stress tussen de geslachten dan van biologisch bepaalde verschillen.

2.3.2 Verschillen in gedrag

Verder bewijs dat de geslachtsverschillen in gezondheid en mortaliteit niet zuiver biologisch zijn, komt van onderzoeken naar de verschillen in gezond gedrag tussen mannen en vrouwen. In veel landen drinken vrouwen minder alcohol dan mannen, veel vrouwen drinken helemaal niet en ze drinken minder vaak overmatig veel (Wilsnack *et al.*, 2009). Hoewel jongere vrouwen misschien evenveel of zelfs meer roken dan jongere mannen (Pitel *et al.*, 2010), roken meer volwassen mannen dan vrouwen (Kaplan *et al.*, 2014). In een grootschalige gezondheidsenquête in Vlaanderen (Sciensano, 2013) worden deze gegevens bevestigd. In deze enquête vinden we ook interessante gegevens over (over)gewicht. In de bespreking van overgewicht wordt een onderscheid gemaakt tussen volwassen personen met overgewicht (BMI ≥ 25) en zwaarlijvige volwassenen (BMI ≥ 30). Achtenveertig procent van de volwassen bevolking heeft overgewicht. Dit percentage is veel hoger bij mannen (55%) dan bij vrouwen (42 procent).

Wordt de aandacht toegespitst op zwaarlijvigheid, dan ligt het iets anders. Zowel het percentage mannen als het percentage vrouwen met een BMI van 30 of meer is gelijk, namelijk veertien procent. Ook na correctie voor leeftijd is er geen significant verschil tussen mannen en vrouwen voor wat het percentage zwaarlijvige mensen betreft. Mannen eten meestal meer vlees dan vrouwen; vrouwen eten meer groenten en fruit dan mannen (Arganini *et al.*, 2012). Het enige gezondheidsgedrag dat over de hele linie meer bij mannen voorkomt, is werk- of vrijetijdgerelateerde lichaamsbeweging (Troiano *et al.*, 2008). Ook deze gegevens worden in de genoemde gezondheidsenquête in Vlaanderen bevestigd.

Niet alleen gedragen mannen zich risicovoller, ze zoeken ook minder vaak medische hulp dan vrouwen. Mannen bezoeken hun arts minder vaak dan vrouwen, zelfs als we bezoeken uitsluiten die te maken hebben met kinderen en 'reproductieve gezondheidszorg'. Vrouwen met een lage sociaaleconomische status bezoeken tweemaal zo vaak een arts als mannen uit dezelfde groep. Mannen uit de hoge inkomensgroepen gaan in vergelijking met vrouwen uit dezelfde groepen zelfs nog minder vaak (Department of Health and Human Services, 1998).

De oorzaken van deze gedragsverschillen zijn waarschijnlijk van sociale oorsprong. Courtenay (2000) beweerde dat ze het gevolg zijn van de verschillende betekenissen die mannen en vrouwen aan gezond gedrag toekennen. Volgens Courtenay uiten mannen hun mannelijkheid en macht door riskant gedrag en door geen blijk te geven van zwakte, ook niet als ze ziek zijn. Maatschappelijke normen bevestigen dat mannen vooral onafhankelijk, zelfstandig, sterk en taai moeten zijn. Courtenay meent dat mannen die over gezond gedrag praten tegelijkertijd iets zeggen over hun mannelijkheid. Ze vinden het stoer om te zeggen: 'Ik ben al jaren niet naar de dokter geweest.'

De ongelijkheid in fysieke kracht tussen mannen en vrouwen kan negatief uitpakken voor vrouwen. Over seksueel gedrag hebben vrouwen om die reden bijvoorbeeld vaak minder zeggenschap dan mannen. Volgens Abbott (1988) meldde veertig procent van de Australische vrouwen dat ze ten minste één keer tegen hun zin geslachtsgemeenschap hadden gehad na druk van hun seksuele partner. Dit type onvrijwillig seksueel gedrag vertoont een verband met inconsequent condoomgebruik (Hoffman *et al.*, 2006). En Chacham *et al.* (2007) constateerden dat Braziliaanse vrouwen tussen de vijftien en 24 jaar die slachtoffer waren geweest van lichamelijk geweld of van wie de partner hun bewegingsvrijheid beperkte, minder vaak condooms gebruikten dan vrouwen die zelfstandiger waren en een grotere mate van controle hadden. Door dergelijke gedragingen lopen ze duidelijk risico voor uiteenlopende seksueel overdraagbare ziekten.

SAMENVATTING

2.1 Gezondheidsverschillen

- Armoede is wereldwijd de belangrijkste oorzaak van ziekte en vroegtijdig overlijden. Waar armoede geen rol speelt, zijn mogelijk ook psychosociale factoren en gezondheidsvaardigheden van invloed op de gezondheid.
- Aanzienlijke variaties in gezondheid tussen sociale groepen hebben te maken met de sociaaleconomische status. Deze relatie is het gevolg van een aantal factoren, waaronder:
    - gedrag zoals roken en sporten;
    - stress als gevolg van verschillen in welzijn, controle over het eigen leven (autonomie), verschillen in woonomgeving, de hoeveelheid dagelijkse stress en de aan- of afwezigheid van kansen op een beter leven;
    - toegang tot gezondheidszorg en het benutten daarvan;
    - het al dan niet hebben van sociaal kapitaal en de bijbehorende stress bij het ontbreken daarvan.
- De relatie tussen werk en gezondheid is complex. In principe is het hebben van een baan beter voor de gezondheid dan werkloos zijn. Als de spanning op het werk echter aangevuld wordt met grote verantwoordelijkheden buiten het werk, kan de gezondheid daaronder lijden. 'Work-home spillover' kan bijvoorbeeld negatieve effecten hebben op zowel de geestelijke als de lichamelijke gezondheid.
- Banen met hoge eisen in combinatie met weinig autonomie leveren de meeste stress op en gaan het vaakst gepaard met een slechte gezondheid.
- Vooral de financiële onzekerheid van werkloosheid is slecht voor de gezondheid, meer dan het niet hebben van een baan op zich.

2.2 Minderheidsstatus en gezondheid

- Een factor die de gezondheid beïnvloedt, is behoren tot een minderheid. Vooroordelen over minderheden dragen aanzienlijk bij aan stress en het voorkomen van ziekte in deze groepen.
- Mensen behorend tot etnische minderheden hebben vaak ook een lagere sociaaleconomische status; zij kunnen extra stress ondervinden door deze dubbele ongelijkheid.
- Het geslacht kan van invloed zijn op de gezondheid, maar niet alleen vanwege biologische verschillen. Meestal zijn de verschillen in gezondheid tussen mannen en vrouwen het gevolg van uiteenlopende psychosociale ervaringen.

2.3 Geslacht en gezondheid

- Mannen vertonen vaker gedrag dat gevaarlijk is voor de gezondheid dan vrouwen.
- Mannen zoeken minder vaak medische hulp als ze ziek zijn dan vrouwen.
- Vrouwen werken nog steeds vaak minder en/of krijgen minder betaald dan mannen. Hierdoor zijn ze kwetsbaar voor de problemen die samenhangen met een lage sociaaleconomische status.

HOOFDSTUK 3
ONGEZOND GEDRAG

3.1 Wat is gezondheidsbevorderend gedrag?
3.1.1 Ongezond gedrag

3.2 Roken, drinken en gebruik van illegale drugs
3.2.1 Prevalentie van roken, drinken en het gebruik van illegale drugs
3.2.2 Negatieve gezondheidseffecten
3.2.3 Waarom beginnen mensen met het gebruik van potentieel verslavende stoffen?
3.2.4 Ongezond gedrag voortzetten en verslaving
3.2.5 Stopgedrag
3.2.6 Gedachten over het behandelen van verslaving

3.3 Onbeschermd seksueel gedrag
3.3.1 Negatieve effecten van onveilig vrijen op de gezondheid
3.3.2 Het gebruik van condooms

3.4 Ongezond voedingspatroon
3.4.1 Vetopname en cholesterol
3.4.2 Zoutinname

3.5 Overgewicht
3.5.1 Hoe wordt overgewicht gedefinieerd?
3.5.2 Negatieve gevolgen van overgewicht
3.5.3 Oorzaken van overgewicht

LEERDOELEN

Aan het einde van dit hoofdstuk kun je beschrijven en uitleggen:
- wat de definitie en beschrijving zijn van aan gezondheid gerelateerd gedrag;
- welke gedragingen gepaard gaan met een verhoogd risico op ziekte;
- hoe ongezond gedrag ontstaat en waarom mensen slechte gewoonten in stand houden;
- met welke problemen onderzoekers van gezondheidsgedrag worden geconfronteerd.

DE NEGATIEVE INVLOED VAN GEDRAG OP DE GEZONDHEID?

De Wereldgezondheidsorganisatie (WHO/Europe, z.d.) stelt dat de dramatische toename van gezondheidsbedreigend gedrag de epidemie is van de 21ste eeuw. Binnen Europa is de impact van niet-overdraagbare ziekten – denk aan diabetes, cardiovasculaire aandoeningen, kanker en aandoeningen van de luchtwegen – alarmerend te noemen. Bijna zestig procent van de ziekten heeft te maken met schadelijk gebruik van alcohol, hoge cholesterolgehaltes, overgewicht, te weinig groenten en fruit in het dieet en te weinig fysieke activiteit. Veel van de meestvoorkomende ziekten, zoals de zojuist genoemde kanker, hart- en vaatziekten, herseninfarcten, aandoeningen van de ademhalingsorganen en diabetes, zouden we zelf aanzienlijk kunnen terugdringen. In feite wordt gedacht dat ongeveer een derde van de hieraan gerelateerde sterfgevallen door gedragsveranderingen zou kunnen worden geëlimineerd.

Over het geheel genomen komen gedragspatronen overeen met de kankerstatistieken die in de afzonderlijke landen worden gerapporteerd, met variaties tussen landen waar nog steeds veel wordt gerookt (bijvoorbeeld Oost-Europa) en obesitas in combinatie met weinig lichaamsbeweging (bijvoorbeeld het Verenigd Koninkrijk, Spanje). Menselijk gedrag speelt een grote rol bij de **morbiditeit** en **mortaliteit** van de mens. Gedragingen die vaak al tijdens de jeugd, de puberteit of de adolescentie worden vastgelegd, spelen hierbij een grote rol. Toch wordt over consequenties op de lange termijn van sommige gedragingen zoals roken, zelden nagedacht als we eraan beginnen. De belangrijkste doelstelling van de gezondheidspsycholoog is het verkrijgen van een beter inzicht in de factoren waarmee menselijk gedrag kan worden voorspeld en hoe het gedrag in stand wordt gehouden, om zo interventies te ontwikkelen om gedrag af te remmen dat risico veroorzaakt voor de gezondheid. In dit hoofdstuk en in de volgende drie hoofdstukken laten we zien hoe belangrijk dit onderdeel van het vak is.

morbiditeit
De verhouding tussen het aantal lijders aan een bepaalde ziekte tot de gehele gemeenschap binnen een bepaalde tijdsspanne.

mortaliteit
Overlijden. Meestal uitgedrukt als sterftecijfer, dat wil zeggen het aantal sterfgevallen in een gegeven populatie en/of in een gegeven jaar als gevolg van een gegeven aandoening (bijvoorbeeld het aantal sterfgevallen door kanker onder vrouwen in 2018).

HOOFDSTUKOVERZICHT

Decennia van nauwgezet onderzoek waarbij individuele leefwijzen en gedrag zijn onderzocht en waarbij relaties tussen deze factoren en het ontstaan van ziekte zijn vastgesteld, hebben aangetoond dat gedrag en gezondheid met elkaar in verband staan. De schatting is, bijvoorbeeld, dat wel driekwart van het aantal door kanker veroorzaakte sterfgevallen kan worden toegeschreven aan het gedrag.

Dit hoofdstuk geeft een overzicht van uiteenlopende gedragingen die het risico op ziekte verhogen, zoals ongezond eten, roken, overmatig alcoholgebruik, drugsgebruik en onveilig vrijen. Aanwijzingen voor de negatieve gevolgen voor de gezondheid van elk type gedrag en de prevalentie van elk van de onderzochte gedragingen worden onderzocht. Gezondheidsgerelateerd gedrag, of het nu de gezondheid schaadt of juist bevordert (zie hoofdstuk 4), staat centraal bij veel voorlichtingscampagnes en initiatieven voor de volksgezondheid over de hele wereld.

3.1 Wat is gezondheidsbevorderend gedrag?

Kasl en Cobb (1966) definiëren gezondheidsbevorderend gedrag als 'elke activiteit die iemand die zichzelf als gezond beschouwt, onderneemt met het doel ziekte te voorkomen of te ontdekken in een stadium waarin deze nog geen symptomen veroorzaakt'. Deze definitie gaat uit van een louter medisch perspectief: men neemt aan dat gezonde mensen bepaalde activiteiten, zoals sporten, uitsluitend ondernemen om hun kans op het ontstaan van ziekten te verkleinen.

Harris en Guten (1979) definiëren gezondheidsbevorderend gedrag als 'gedrag dat wordt vertoond door een individu, ongeacht zijn/haar subjectief ervaren gezondheidstoestand, met het doel zijn/haar gezondheid te beschermen, te bevorderen of in stand te houden'. In tegenstelling tot die van Kasl en Cobb omvat deze definitie dus ook het gedrag van 'ongezonde' mensen. Iemand met een hartaandoening kan bijvoorbeeld zijn dieet veranderen om erger te voorkomen, net als een gezond persoon dat kan doen om de kans op een hartaandoening te verkleinen.

In deze twee definities zit echter een belangrijke veronderstelling ingebouwd, namelijk dat het gedrag wordt gemotiveerd door het streven naar gezondheid. Veel mensen houden zich bezig met uiteenlopende gezondheidsgerelateerde gedragingen zoals lichaamsbeweging, en worden daartoe gemotiveerd door andere redenen dan ziektepreventie. Iemand kan bijvoorbeeld sporten om af te vallen en zijn uiterlijk te verbeteren of als methode om sociale contacten te leggen, of eenvoudig vanwege het plezier. Ongeacht of dit een bewuste motivatie is: door gezondheidsgedrag kunnen ziekten worden voorkomen en kan ervoor worden gezorgd dat reeds bestaande ziekten niet verergeren. Een verdere uitbreiding van definities van gezondheidsgedrag werd gegeven door Matarazzo (1984), die onderscheid maakt tussen **gedragsmatige pathogenen**, ofwel gedragingen die schadelijk zijn voor de gezondheid en **gedragsmatige immunogenen**, gedragingen die de gezondheid bevorderen. Ondanks verschillen in definities gaan onderzoekers er in het algemeen van uit dat gezondheidsbevorderend gedrag bestaat uit die vormen van gedrag die samenhangen met de gezondheidstoestand van het individu, ongeacht de actuele gezondheid of motivatie.

De Wereldgezondheidsorganisatie (WHO, 2009) definieert 'gezondheidsrisico' als een 'factor die de kans op een nadelig gezondheidsresultaat verhoogt'. Zoals we in dit hoofdstuk zullen zien, berusten veel gezondheidsrisico's op gedrag. Andere hebben te maken met onze omgeving, zoals vervuiling en armoede (zie ook hoofdstuk 2). Het is goed om in het achterhoofd te houden dat wat als riskant gezondheidsgedrag wordt beschouwd, in de loop van de vorige eeuw is veranderd als gevolg van nieuwe medische inzichten. We weten nu bijvoorbeeld dat roken en extreme blootstelling aan zonlicht aanzienlijke risico's inhouden op bepaalde soorten kanker; iets wat onze voorouders niet wisten. Om het nog ingewikkelder te maken, kennen bepaalde soorten riskant gedrag soms ook voordelen. Het beste voorbeeld is misschien wel blootstelling aan de zon of aan ultraviolette straling (UV), met inbegrip van het gebruik van een zonnebank. Hiervoor is steeds meer aandacht in relatie tot het risico voor huidkanker, een diagnose met een significant verhoogde incidentie in de laatste vijftig jaar, vooral bij jonge vrouwen (Lazovich en Forster, 2005; Ferlay *et al.*, 2013). In tegenstelling hiermee, maakte men in het begin van de twintigste eeuw gebruik van zonlicht bij de behandeling van huidtuberculose. In een gecontroleerde setting wordt zonlichttherapie aangeboden voor de behandeling van huidaandoeningen.

---

gedragsmatig pathogeen
Gedrag dat schadelijk is voor de gezondheid, bijvoorbeeld roken.

gedragsmatig immunogeen
Gedrag dat de gezondheid bevordert, bijvoorbeeld bewegen.

Bovendien bestaat er voorlopig bewijs dat een hoog vitamine D-gehalte (dit stijgt bij blootstelling aan zonlicht) het risico op verschillende aandoeningen verkleint zoals osteoporose, auto-immuunziekten en aandoeningen van hart en vaten, en het aantal gevallen van verschillende vormen van kanker verlaagt, met inbegrip van borst-, colon-, prostaat-, ovarium-, long- en alvleesklierkanker (Holick, 2004; Ingraham et al., 2008). Gedacht wordt dat een gemiddeld dieet op zichzelf waarschijnlijk onvoldoende vitamine D bevat om deze voordelen te realiseren, dus is in dit geval een beetje zonneschijn gunstig.

Later in dit hoofdstuk zullen we ook ingaan op de gunstige effecten van matig alcoholgebruik.

> **longitudinale studies**
> Onderzoeken die de evolutie van een variabele gedurende een bepaalde tijdsspanne volgen.
>
> **epidemiologisch onderzoek**
> Wetenschappelijke studie van het vóórkomen en de verspreiding van ziekten binnen en tussen populaties.

Voor onderzoek naar verbanden tussen gedrag en gezondheid zijn **longitudinale studies** nodig. Het onderzoek van Alameda County is daarvan een voorbeeld (zie Belloc en Breslow, 1972; Breslow, 1983); dit is een groot **epidemiologisch onderzoek** waarbij gegevens werden verzameld in 1965, 1973, 1985, 1988, 1994 en ten slotte in 1999. Bij deze studie werden 6.928 volwassenen (ouder dan twintig) die aan het begin van de studie allemaal gezond waren gedurende meer dan dertig jaar gevolgd.

Door mensen die een ziekte kregen en mensen die gezond bleven te vergelijken op basis van verschillende variabelen, kwamen belangrijke factoren over gezondheid en levensduur aan het licht. Deze factoren worden ook wel de 'zeven van Alameda' genoemd:
- zeven tot acht uur per nacht slapen;
- niet roken;
- niet meer dan één tot twee alcoholische drankjes per dag nuttigen;
- regelmatig bewegen;
- niet eten tussen maaltijden door;
- ontbijten;
- niet meer dan tien procent overgewicht hebben.

Mannen en vrouwen die zes van de zeven bovengenoemde gedragingen vertoonden, leefden uiteindelijk respectievelijk zeven en elf jaar langer dan mensen die minder dan zes van deze gedragingen uitvoerden, hoewel bij latere heranalyses geen relatie werd gevonden tussen de mortaliteit en niet snacken respectievelijk niet ontbijten. Over het algemeen werden mensen zich door de bevindingen van Alameda bewuster van het verband tussen persoonlijke levensstijl en ziekte. De vele publicaties (zie Housman en Dorman, 2005 voor een chronologisch overzicht van het onderzoek en de resultaten daarvan) concludeerden ook dat de voordelen van het uitvoeren van deze activiteiten multiplicatief en cumulatief waren, met andere woorden: niet roken en actief zijn verleende meer dan tweemaal het voordeel van slechts één van deze gedragingen en bovendien – hoe langer deze 'immunogene' (gezondheidsbevorderende) gedragingen werden volgehouden, hoe groter de voordelen voor de gezondheid en levensduur (Breslow en Enstrom, 1980).

Veel epidemiologische en klinische onderzoeken hebben verbanden vastgesteld tussen specifiek gedrag en het ontstaan van ernstige ziekten zoals hartaandoeningen of kanker. Als we mensen willen behoeden voor riskant gedrag, moeten we ook de psychologische en sociale factoren begrijpen die ten grondslag liggen aan het aanleren en in stand houden van riskant gedrag, of aan het vermijden van gezondheidsbevorderend of preventief gedrag. Dergelijke onderzoeken worden meestal door gezondheidspsychologen en sociaal psychologen uitgevoerd, en hoewel ze in dit hoofdstuk en in hoofdstuk 4 wel worden aangestipt, komen ze in hoofdstuk 5 uitgebreider aan de orde.

Ongezond gedrag 53

Foto: Gastuner/123rf.com (Pearson Asset Library)

3.1.1 Ongezond gedrag

Het bericht van de directeur van de Wereldgezondheidsorganisatie (WHO) bij de lancering van het *World Health Report* (WHO, 2002) was grimmig, maar duidelijk:

> Op veel manieren is de wereld tegenwoordig veiliger geworden. Veiliger voor wat ooit dodelijke of ongeneeslijke ziekten waren. Gevrijwaard van dagelijkse gevaren, van ziekten die worden overgedragen via water of voedsel. Veiliger met betrekking tot gevaarlijke producten, tot ongelukken thuis, op het werk of in ziekenhuizen. Maar in veel andere opzichten is de wereld gevaarlijker geworden. Velen van ons leven gevaarlijk zonder dat we ons daarvan bewust zijn.

Dit rapport van de Wereldgezondheidsorganisatie volgde na een grootschalig wereldwijd onderzoek naar gezondheidsrisico's. Hoewel specifieke risico's per werelddeel kunnen verschillen (bijvoorbeeld ondergewicht door voedselschaarste in veel Afrikaanse landen tegenover overgewicht door overconsumptie in het Westen), zijn er ook veel gemeenschappelijke factoren zoals het risico van tabak roken.

De Wereldgezondheidsorganisatie (WHO, 2009) beschrijft, op basis van gegevens uit 2004, dat acht risicofactoren – alcoholgebruik, gebruik van tabak, hoge bloeddruk, hoge queteletindex, hoog cholesterolgehalte, hoog bloedsuikergehalte, geringe consumptie van fruit en groenten, en lichamelijke inactiviteit – verantwoordelijk zijn voor 61 procent van het aantal sterfgevallen aan hart- en vaatziekten. In combinatie zijn deze factoren verantwoordelijk voor meer dan driekwart van de ischemische hartaandoeningen, wereldwijd de belangrijkste doodsoorzaak. Breder gedefinieerd zijn hart- en vaatziekten (waaronder hartaandoeningen, hartaanvallen, herseninfarcten) verantwoordelijk voor 36 procent van alle sterfgevallen in de lidstaten van de EU in 2010 (OECD, 2012).

In figuur 3.1 zien we het aantal doden in relatie met risicofactoren voor de gezondheid. Deze data bevatten alle leeftijdsgroepen. We zien dat de meest dominante risicofactoren te maken hebben met voeding en lifestyle (verhoogde bloeddruk, fysieke activiteit, BMI, bloedsuikergehalte en voeding), roken, lucht-

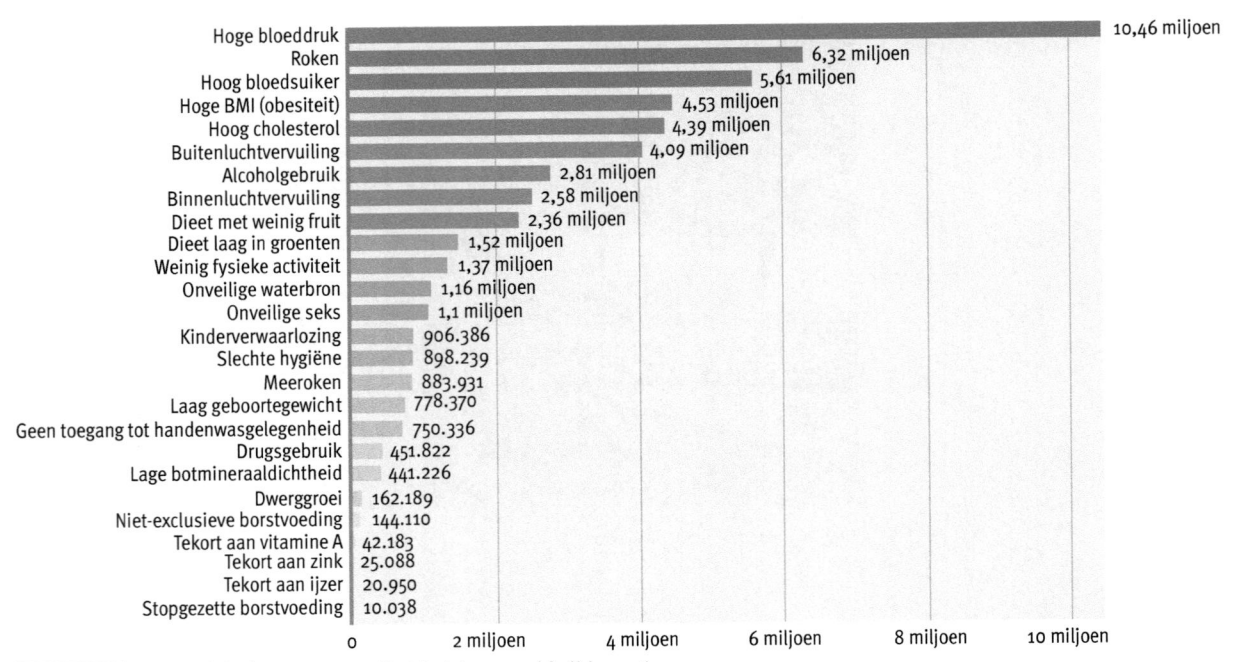

Totaal aantal jaarlijkse doden per gezondheidsrisico, mannen en vrouwen, alle leeftijden

Hoge bloeddruk	10,46 miljoen
Roken	6,32 miljoen
Hoog bloedsuiker	5,61 miljoen
Hoge BMI (obesiteit)	4,53 miljoen
Hoog cholesterol	4,39 miljoen
Buitenluchtvervuiling	4,09 miljoen
Alcoholgebruik	2,81 miljoen
Binnenluchtvervuiling	2,58 miljoen
Dieet met weinig fruit	2,36 miljoen
Dieet laag in groenten	1,52 miljoen
Weinig fysieke activiteit	1,37 miljoen
Onveilige waterbron	1,16 miljoen
Onveilige seks	1,1 miljoen
Kinderverwaarlozing	906.386
Slechte hygiëne	898.239
Meeroken	883.931
Laag geboortegewicht	778.370
Geen toegang tot handenwasgelegenheid	750.336
Drugsgebruik	451.822
Lage botmineraaldichtheid	441.226
Dwerggroei	162.189
Niet-exclusieve borstvoeding	144.110
Tekort aan vitamine A	42.183
Tekort aan zink	25.088
Tekort aan ijzer	20.950
Stopgezette borstvoeding	10.038

FIGUUR 3.1 Aantal doden per gezondheidsrisico wereldwijd, 2016
Bron: Richie en Roser, 2018

vervuiling (binnen en buiten), omgevingsfactoren met inbegrip van schoon water en sanitaire voorzieningen en veilige seks (voor de preventie van hiv).

Deze risicofactoren variëren significant per land. In gebieden met een hoog inkomen zijn de risicofactoren eerder te vinden op het gebied van voeding, roken en het gebruik van alcohol. Andere factoren zoals schoon water, sanitaire voorzieningen en kinderverwaarlozing zijn daar eerder laag. In lage-inkomenslanden, zoals Sierra Leone, zijn de risicofactoren: kinderverwaarlozing, gebrek aan schoon water, slechte sanitaire voorzieningen en geen goed hygiënisch gedrag (Richie en Roser, 'Our World in Data', 2018).

Om dit hoofdstuk beknopt te houden, worden niet alle tien risico's hier behandeld, hoewel aan sommige ervan gigantisch veel mensen overlijden. Zo overlijden jaarlijks ruim twee miljoen kinderen in lage-inkomenslanden aan de gevolgen van ondergewicht, terwijl in landen met (middel)hoge inkomens, zoals Noord-Amerika en Europa, jaarlijks bijna twee miljoen mensen overlijden aan obesitasgerelateerde aandoeningen (gebaseerd op cijfers uit 2004). Deze risico's bieden zonder meer stof tot nadenken, maar we moeten nu eenmaal een keuze maken. In dit hoofdstuk gaan we daarom dieper in op aandoeningen waaraan in hoge-inkomenslanden veel mensen sterven en gedrag dat de gezondheid negatief beïnvloedt:

- *hart- en vaatziekten*: roken, een cholesterolrijk dieet volgen, gebrek aan lichaamsbeweging;
- *kanker*: roken, alcoholgebruik, gebruik van bepaalde voeding, seksueel gedrag;
- *herseninfarct*: roken, een cholesterolrijk dieet volgen, alcoholgebruik;
- *longontsteking, griep*: roken, gebrek aan vaccinatie;
- *hiv/aids*: onveilig vrijen.

Met uitzondering van hiv/aids komen deze ziekten bij volwassenen en ouderen vaker voor dan bij jongeren. Gezien de wereldwijde groei van het aantal ouderen

Overzicht van 1 gebied: Vlaams Gewest

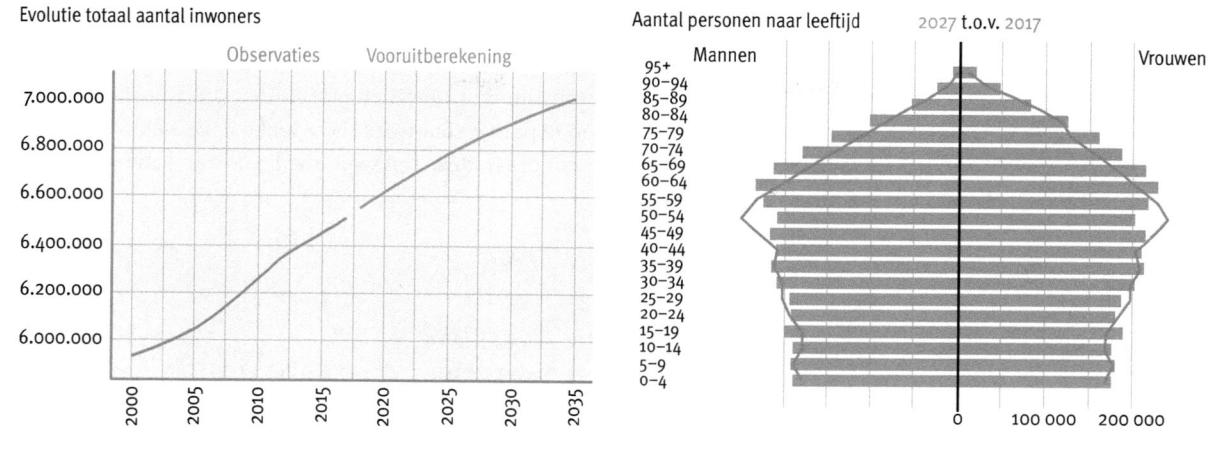

FIGUUR 3.2 Bevolkingspiramide Vlaanderen 2017-2027
Bron: *Statistiek Vlaanderen. Vlaamse gemeentelijke demografische vooruitzichten 2018-2035*. In: www.statistiekvlaanderen.be, geraadpleegd november 2018

zal de prevalentie van deze ziekten in onze maatschappij de komende jaren waarschijnlijk verder toenemen en een aanzienlijke druk op de gezondheidszorg leggen. Om dit punt nader te illustreren: in 1950 was ongeveer vijf procent van de wereldbevolking ouder dan zestig jaar in 2012 was dit toegenomen naar 11,11 procent (over de hele wereld waren ongeveer 810 miljoen mensen ouder dan zestig; UN *Department of Economic and Social Affairs*, 2012). Naar schatting zal de wereldbevolking in 2050 voor twintig procent bestaan uit mensen ouder dan zestig jaar en waarschijnlijk neemt het aantal mensen ouder dan tachtig jaar (de 'oudste ouderen') toe van elf procent in 1940 en veertien procent in 2012 tot twintig procent in 2050. Voor de Europese lidstaten geldt dat in 2009 de levensverwachting bij de geboorte voor mannen tussen de 67,5 en 79,8 jaar lag. Voor vrouwen was de levensverwachting tussen de 77,4 en 85 jaar.

In België konden mannen bij de geboorte verwachten dat ze gemiddeld 65 gezonde jaren zouden leven. Met **gezonde jaren** wordt bedoeld: jaren zonder noemenswaardige beperkingen, ziekten of handicaps. Voor Nederlandse mannen was dit 68 jaar. Vrouwen in België hadden gemiddeld 67 gezonde jaren voor de boeg, vrouwen in Nederland 64 jaar. Voor allemaal gold dat ze vanaf hun 65e nog gemiddeld tien gezonde jaren tegoed hadden.

gezonde jaren
Jaren zonder noemenswaardige beperkingen, ziekten of handicaps.

De wereldwijde stijging van het aantal ouderen gaat ook in Nederland en Vlaanderen niet ongemerkt voorbij. Op de website van het CBS kan men de jaarlijkse prognoses voor Nederland volgen. Op de website van Statistiek Vlaanderen.be is een applicatie opgenomen waarin je voor verschillende demografische parameters de voorziene evolutie kunt vinden (*Statistiek Vlaanderen. Vlaamse gemeentelijke demografische vooruitzichten, 2018-2035*). In het algemeen is de conclusie duidelijk: de bevolking zal blijven groeien, het aantal 65-plussers zal sterk toenemen en de actieve bevolking zal sterk dalen. Figuur 3.2 toont de bevolkingspiramide voor Vlaanderen in 2017 en de prognose voor 2027. De implicaties van dergelijke statistieken voor de gezondheidszorg en de sociale zorg zijn duidelijk, evenals de noodzaak van gezondheidsbevordering voor ouderen.

3.2 Roken, drinken en gebruik van illegale drugs

In figuur 3.3 zie je de last van een slechte gezondheid die in elk geval in de Europese Unie kan worden toegeschreven aan gedrag of aan gedragsgere-

DALYs, disability-adjusted life years (levensjaren gecorrigeerd voor beperkingen, of DALY's) Een door de WHO ontwikkelde maat voor de totale last die ontstaat door ziekten. De DALY meet niet alleen het aantal mensen dat vroegtijdig sterft door ziekte, maar ook het aantal jaren dat mensen leven met beperkingen door ziekte. Mortaliteit en morbiditeit worden dus beide meegenomen in één index: in formule DALY = YLL (Years of Life Lost) + YLD (Years Lived with Disabilities).

lateerde aandoeningen. De gegevens hebben betrekking op **DALYs** – *disability-adjusted life years* (levensjaren gecorrigeerd voor beperkingen), ofwel het aantal jaren dat verloren is gegaan door ziekte of beperkingen en door vroegtijdig overlijden; hierbij zijn mortaliteit en morbiditeit dus in één cijfer gecombineerd. In de volgende paragrafen wordt een deel van de belangrijkste risicogedragingen onderzocht die in deze tijd voor alle leeftijden van belang zijn.

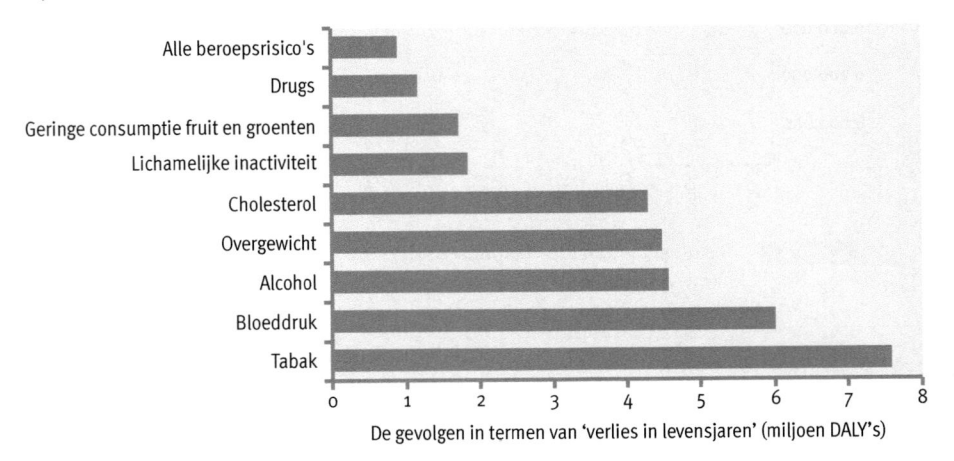

FIGUUR 3.3 De gevolgen in termen van 'verlies in levensjaren' (DALY's) van bepaalde gedragingen
Bron: Anderson en Baumberg, 2006

Roken en alcoholconsumptie zijn wereldwijd de voornaamste risico's voor overlijdens en ziekten (Lim *et al.*, 2013) en samen met drugsgebruik is het gebruik ervan zeer verslavend en ligt het ten grondslag aan negatieve sociale gevolgen.

3.2.1 Prevalentie van roken, drinken en het gebruik van illegale drugs

Wereldwijd veroorzaken de volgende gedragingen een aanzienlijke ziektelast, met inbegrip van lichamelijke morbiditeit en overlijden. Het wekt misschien geen verbazing dat er zoveel onderzoek naar dit gedrag is gedaan en dat het gezondheidsbeleid zoveel richtlijnen en aanbevelingen heeft voortgebracht.

Roken
Na cafeïne en alcohol is nicotine in onze maatschappij tegenwoordig de meestgebruikte psychoactieve stof. Hoewel rookgedrag veel negatieve publiciteit krijgt, omdat het gepaard gaat met een hoog sterftecijfer, is nicotine wettelijk toegestaan. De verkoop van rookwaren (sigaretten, e-sigaretten, sigaren) levert tabaksfabrikanten en regeringen door middel van accijnzen veel geld op (accijnzen zitten overigens ook op alcohol).
In figuur 3.4 zien we dat het aantal Nederlandse scholieren dat rookt beduidend is afgenomen in de periode van 1992 tot 2015. Na 1999 is een duidelijke daling te zien van scholieren die ooit hebben gerookt (van 54 procent in 1999, naar 44 procent in 2003. In 2007 en 2011 zet de daling geleidelijk door naar 33 procent om in 2015 weer sterker te dalen, naar 23 procent). Het percentage jongeren dat ervaring heeft met roken is daarmee in 2015 bijna gehalveerd vergeleken met 2003 en figuur 3.5 laat zien dat deze evolutie ook zichtbaar is bij volwassenen. In deze periode daalde het aantal dagelijkse rokers van 32,1 tot 19,4 procent en er is ook een duidelijke daling van het aantal sigaretten dat rokers per dag consumeren (volksgezondheidenzorg.info, 2016).

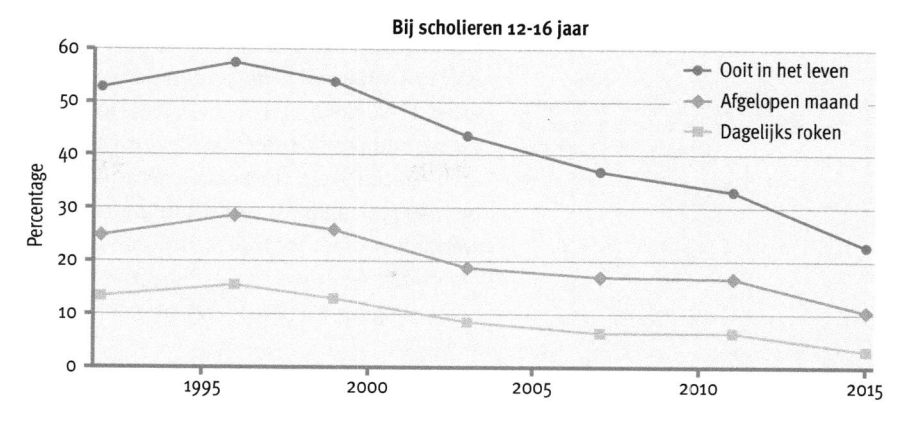

FIGUUR 3.4 Trend in rookgedrag onder scholieren in Nederland, 1992-2015
Bron: volksgezondheidenzorg.info, 2016, geraadpleegd februari 2019

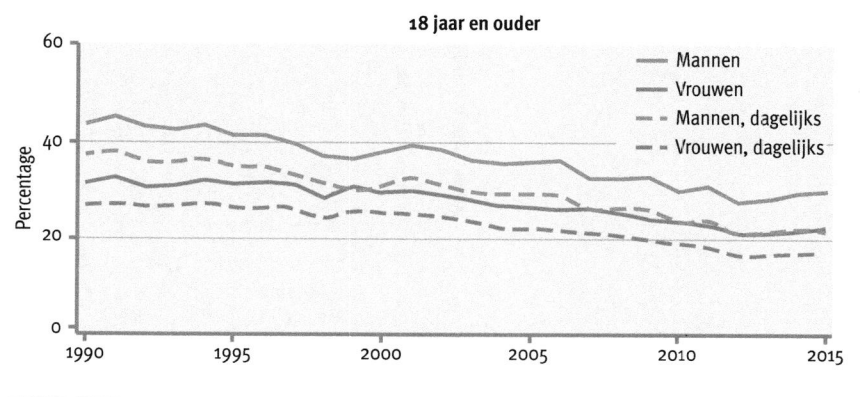

FIGUUR 3.5 Trend in rookgedrag onder volwassenen in Nederland, 1990-2015
Bron: volksgezondheidenzorg.info, 2016, geraadpleegd februari 2019

De positieve gevolgen van het afnemend rookgedrag zijn bijvoorbeeld al zichtbaar in het aantal nieuwe gevallen van longkanker in Nederland. In de periode 1990-2017 is dat aantal nieuwe gevallen onder mannen met bijna de helft gedaald. Het aantal nieuwe gevallen van longkanker daalt al vanaf het midden van de jaren tachtig van de vorige eeuw (www.volksgezondheidenzorg.info). Bewezen is inmiddels dat stoppen met roken gunstig is voor de gezondheid: onderzoek ter preventie van kanker van de American Cancer Society toonde een significante daling van de **leeftijdspecifieke mortaliteit** van ex-rokers in vergelijking met mensen die nog steeds roken. Dit voordeel doet zich voor bij mensen ouder dan zestig en zelfs bij mensen die op de leeftijd van 70-74 stopten met roken.

Ouderen zijn soms moeilijk te overtuigen omdat zij veel door het roken ondervonden klachten toeschrijven aan het ouder worden en omdat ze vaak sterk verslaafd zijn (zowel psychisch als lichamelijk). Desondanks hebben interventies waarbij leeftijdsrelevante risicoinformatie en ondersteuning worden gecombineerd waarschijnlijk net zoveel kans van slagen als bij jongere populaties.

leeftijdspecifieke mortaliteit
Meestal uitgedrukt in het aantal sterfgevallen per 100.000 per jaar, afhankelijk van bepaalde leeftijdsgroepen: bijvoorbeeld het aantal sterfgevallen aan kanker in 2001 onder mensen van 45-54 vergeleken met het aantal bij de leeftijdsgroep 55-64.

Wat denk je zelf?

In de tekst wordt gesproken over prevalentie en incidentie. Hoe definieer je deze begrippen in je eigen woorden?

psychoactieve stof
Stof of substantie die uitwerking heeft op de psyche. Deze stoffen hebben dus invloed op het gedrag of de beleving van de gebruiker.

Alcohol

Alcohol (ethanol) is de 'op één na meest gebruikte **psychoactieve stof** in de wereld (na cafeïne)' (Julien, 1996). In westerse culturen wordt het beschouwd als wezenlijk onderdeel van levensgebeurtenissen als bruiloften, verjaardagen en begrafenissen. Het sociale gebruik van alcohol is wijdverbreid. Hoewel het meestal geldt als een stimulerend middel, onderdrukt alcohol in feite de werking van het centrale zenuwstelsel. Het Vlaams expertisecentrum voor alcohol, illegale drugs, psychoactieve medicatie, gokken en gamen (VAD, 2017) geeft in figuur 3.6 een overzicht van het gebruik van alcoholische dranken in België.

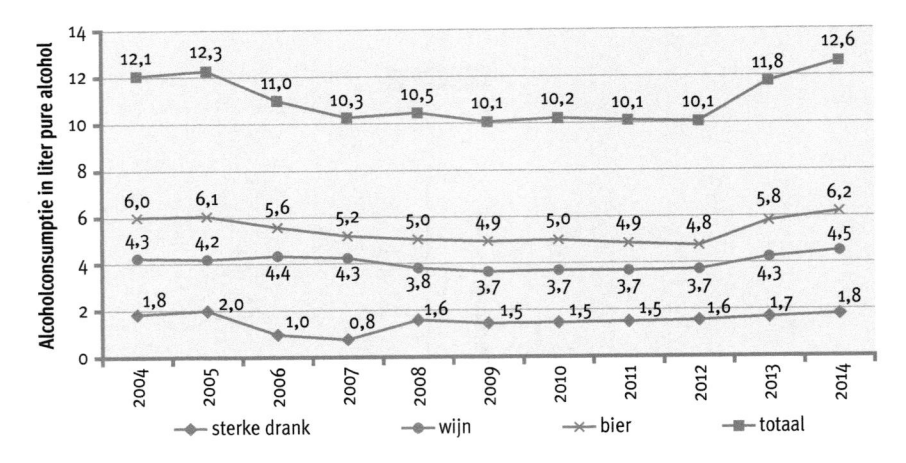

FIGUUR 3.6 Gebruik van alcohol (liter/jaar) per persoon in België
Bron: VAD, 2017

Per jaar wordt in België per persoon gemiddeld 12,7 liter alcohol in diverse vormen gebruikt. Omgezet naar glazen per week is dit ongeveer tien glazen per week. Dit aantal is al een tiental jaar min of meer stabiel. De leeftijdsgroep tussen 55 en 64 jaar zijn de grootste gebruikers en het gemiddeld verbruik bij vrouwen is lager dan bij mannen (VAD, 2017).

Helaas is er wel een hoge mate van overmatig verbruik. Volksgezondheidszorg.info (2017) schat dat er bij gemiddeld negen procent van de volwassenen in Nederland sprake is van overmatig verbruik, zoals is te zien in figuur 3.7.

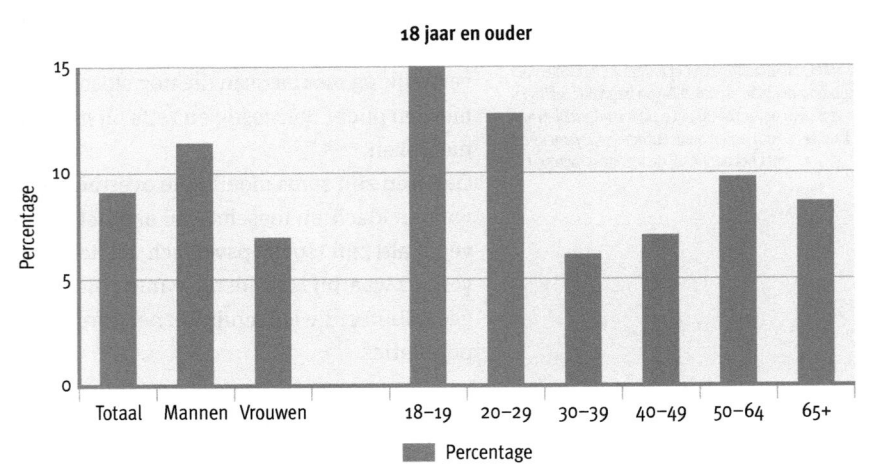

FIGUUR 3.7 Overmatige drinkers in Nederland, 2017
Bron: volksgezondenzorg.info, 2017, geraadpleegd februari 2019

Van de totale bevolking in Nederland van boven de achttien jaar drinkt 40,1 procent geen alcohol of maximaal één glas per dag: 29,3 procent van de mannen en 50,6 procent van de vrouwen. In 2017 dronk in Nederland 9,2 procent van de mensen ouder dan achttien overmatig alcohol: 11,5 procent van de mannen en 7 procent van de vrouwen. **Overmatig drinken** betekent meer dan 21 glazen alcohol per week drinken (mannen), of meer dan veertien glazen per week (vrouwen). Overmatig drinken komt het meest voor bij jongvolwassenen onder de dertig en het minst bij dertigers.

overmatig drinken
Voor mannen betekent dit meer dan 21 glazen alcohol per week; voor vrouwen meer dan 14 glazen per week.

In Nederland wordt per hoofd van de bevolking (let op: vanaf nul jaar) per jaar zeven liter pure alcohol geconsumeerd. Gemiddeld gaat het om 3,4 liter pure alcohol uit bier, 2,5 liter uit wijn en 1,1 liter uit gedistilleerde drank. Deze cijfers zijn gebaseerd op de verkoopcijfers van alcohol in 2016 (volksgezondheidenzorg.info, 2017).

Vanaf 1 januari 2014 is een aantal maatregelen uitgevaardigd om het gebruik van alcohol bij minderjarigen in te perken – en kennelijk met succes. Tussen 2011 en 2015 is het aantal scholieren van twaalf tot en met zestien jaar dat ooit alcohol heeft gedronken fors gedaald, van 66 naar 45 procent. Het aantal scholieren dat ooit alcohol heeft gedronken, blijkt tussen 2011 en 2015 te zijn gedaald in alle leeftijdscategorieën (12 t/m 16 jaar). Deze daling was voor het eerst óók zichtbaar bij de zestienjarigen (Trimbos Instituut, 2016).

Aanbevelingen wat betreft alcoholgebruik

Veel landen hebben specifieke nationale richtlijnen omtrent de 'standaardeenheid' alcohol en richtlijnen omtrent het maximale aantal 'grammen per dag'. De 'eenheid' (grammen alcohol) varieert, evenals de aanbevolen wekelijkse limiet voor mannen en vrouwen. Landen die geen nationale richtlijnen hebben volgen over het algemeen de richtlijnen voor verstandig drinken van de Wereldgezondheidsorganisatie:

- vrouwen zouden maximaal gemiddeld niet meer dan twee drankjes per dag mogen drinken;
- voor mannen geldt dat zij niet meer dan gemiddeld drie drankjes per dag mogen drinken;
- het is verstandig om nooit meer dan vier drankjes te drinken;
- het drinken van alcohol wordt ontraden in bepaalde situaties, zoals bij het autorijden, bij zwangerschap of in bepaalde werksituaties;
- het is verstandig minimaal een dag per week niet te drinken.

De definitie van wat 'overmatig gebruik' is wordt strakker. In Vlaanderen werd die richtlijn in 2016 aangescherpt tot maximaal tien glazen per week (VAD, 2017). In Nederland formuleert de Gezondheidsraad (2015) het volgende advies: 'Drink geen alcohol of in ieder geval niet meer dan één glas per dag'.

Figuur 3.8 laat zien dat het drinkgedrag van een groot aantal mensen in de verschillende leeftijdsgroepen boven deze 'objectieve' norm ligt (VAD, 2017). Maar men kan het drinkgedrag ook meer subjectief beoordelen. Daarvoor gebruikt men onder andere de CAGE-lijst (VAD, 2017). Het acroniem CAGE is samengesteld uit de eerste letters van de woorden 'Cut Down, Annoyed, Guilty en Eye-opener'. De CAGE-test omvat de volgende vragen:

- Hebt u weleens het gevoel gehad het alcoholgebruik te moeten minderen? (cut down)
- Hebt u zich ooit weleens vervelend of geïrriteerd gevoeld over opmerkingen van anderen over uw drankgebruik? (annoyed)

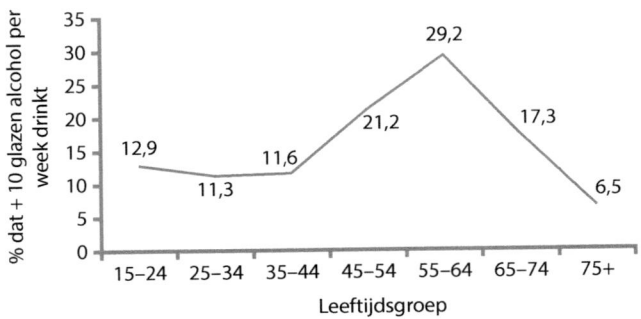

FIGUUR 3.8 Bevolking van 15 jaar of ouder die meer dan tien glazen per week drinkt
Bron: Vlaams Gewest in 2013; VAD, 2017

- Hebt u zich ooit schuldig gevoeld over iets wat u gedaan heeft toen u had gedronken? (guilty)
- Hebt u ooit 's ochtends alcohol gedronken om u rustiger te voelen of om minder last te hebben van trillende handen of misselijkheid? (eye-opener)

Wie op twee of meer vragen positief scoort, heeft mogelijk een alcoholprobleem.

Drugsgebruik

Omdat er een enorme toename is aan Nieuwe Psychoactieve Stoffen (NPS), is door de bomen het bos niet meer te zien. Momenteel zijn in Europa meer dan 600 NPS gesignaleerd, naast de reeds bestaande 250 klassieke **drugs** die opgenomen zijn in de VN-verdragen. Om het overzicht te behouden, heeft het Vlaams Expertisecentrum Alcohol en andere Drugs (VAD) een nieuw model ontworpen om drugs in te delen, zie figuur 3.9 (VAD, 2018).

Jarenlang werden drugs vooral ingedeeld naar hun werking: stimulerende of oppeppende werking, verdovend of met een hallucinogene werking. Dit nieuwe model deelt deze stoffen in volgens hun kenmerken en effecten. Het zogeheten drugswiel bevat zeven categorieën van drugs. Er werden drie nieuwe categorieën toegevoegd: de empathogenen, de dissociatieven en de cannabinoïden.

> **drugs**
> Omvatten illegale stoffen, maar ook legaal verkrijgbare middelen die op andere dan de bedoelde wijze worden gebruikt, bijvoorbeeld lijm snuiven, valium injecteren.

TABEL 3.1 Het gebruik van nicotine, alcohol en drugs (cannabis en andere) in Nederland in 2017
Bron: CBS, 2017

Kenmerken personen	Rookgedrag, 12 jaar of ouder	Rokers	Meeroken		Alcoholgebruik, 12 jaar of ouder	Drinkers		Drugsgebruik, 12 jaar of ouder	Drugsgebruik anders dan cannabis
	Rookstatus Rokers	Dagelijkse rokers onder bevolking	Zware rokers onder bevolking	1 uur per dag of meer	Drinkstatus Drinkers	Zware drinkers onder bevolking	Overmatige drinkers onder bevolking	Cannabisgebruik Afgelopen jaar	Afgelopen jaar
	%								
Totaal personen	21,7	16,1	3,3	7,4	75,5	8,6	8,6	7,1	4,1
Geslacht: Mannen	25,3	18,7	4,0	8,0	79,5	10,5	10,6	9,4	5,1
Geslacht: Vrouwen	18,1	13,6	2,7	6,9	71,6	6,8	6,7	4,8	3,0
Leeftijd: 0 tot 12 jaar				1,7					
Leeftijd: 12 tot 18 jaar	6,8	6,2	0,8	6,8	30,9	4,3	2,0	6,2	1,4
Leeftijd: 18 jaar of ouder	23,1	17,2	3,6	8,4	79,5	9,0	9,2	7,2	4,3

Het Drugwiel
Een nieuw model voor productinformatie

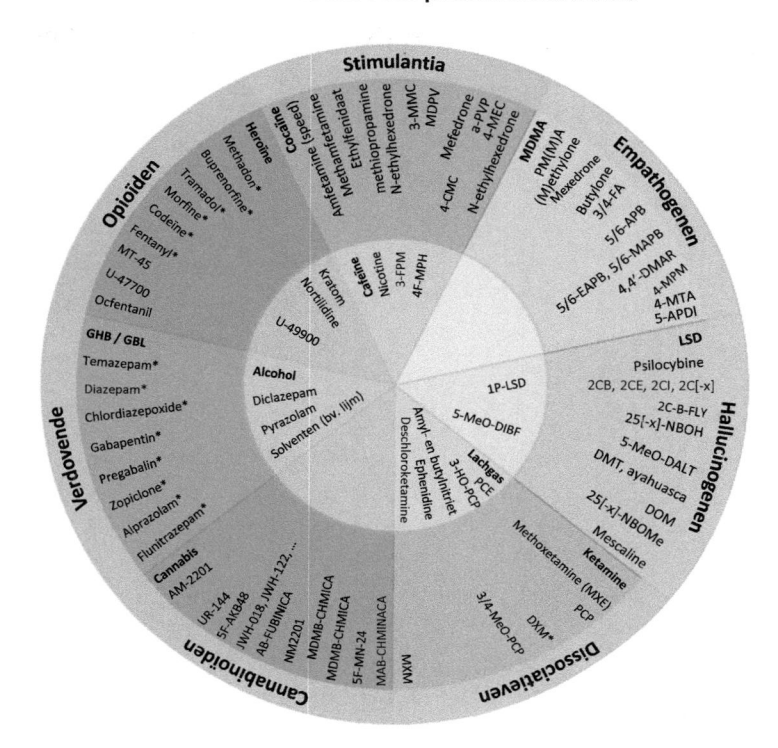

The Drugs Wheel by Mark Adley is licensed under a Creative Commons Attribution-NonCommercial-ShareAlike 4.0 International License. Based on a work at www.thedrugswheel.com. For further licensing details visit www.thedrugswheel.com

DrugWatch
Designed in collaboration with DrugWatch.
An informal association of charities, organisations and individuals who share an interest in establishing a robust early warning system in the UK for all types of drugs.

Stoffen in de binnenste ring zijn legaal. Stoffen in de buitenring zijn illegaal of zijn voorschriftplichtig*.
Aangepast aan de Belgische context door VAD en WIV op 17/01/2018.

FIGUUR 3.9 Het drugwiel: een nieuw model om drugs in te delen
Bron: VAD, 2018

De categorie van de verdovende drugs werd opgesplitst in opioïden en verdovende middelen. Daarnaast bevat het drugswiel een binnen- en een buitenring. In de buitenring staan stoffen die illegaal zijn of waarvoor men een doktersvoorschrift nodig heeft (deze laatste stoffen zijn aangeduid met een *). De binnenring omvat stoffen die legaal zijn omdat ze voorlopig niet zijn opgenomen in de internationale VN-verdragen of in de (Belgische) drugwetten. Ten slotte werd ook een effectenwiel ontwikkeld dat per categorie een overzicht geeft van de meest voorkomende effecten (figuur 3.10).

In tabel 3.1 vind je een overzicht van het gebruik van nicotine, alcohol en drugs (cannabis en andere) in Nederland in 2017.

Volgens Rosiers (2017) is cannabis de meestgebruikte illegale drug onder adolescenten. 4,6 procent van alle leerlingen in Vlaanderen heeft ooit cannabis geprobeerd, tegenover 3,5 procent dat ooit een andere illegale drug dan cannabis heeft geprobeerd. In 2016 gebruikte 10,8 procent cannabis. Cannabis wordt hoofdzakelijk zo nu en dan gebruikt: 8,1 procent van de jongeren gebruikt zo nu en dan cannabis en 2,6 procent gebruikt het regelmatig. In totaal gaf 5,2 procent van de jongeren aan cannabis in de maand voor de bevraging te hebben gebruikt. Als we de trend van de laatste tien jaar bekijken, is het 'ooitgebruik' vrij significant afgenomen, maar blijft het percentage regelmatige gebruikers relatief constant. Interessant is ook dat de subjectieve beschikbaarheid van cannabis (het gevoel

Het Drugwiel
Een nieuw model voor productinformatie

Effecten per categorie

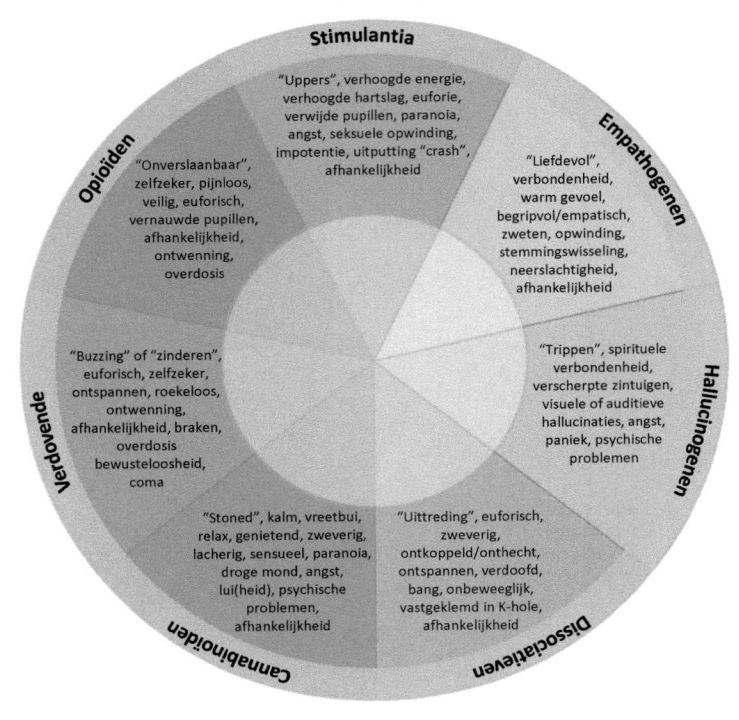

Stimulantia: "Uppers", verhoogde energie, verhoogde hartslag, euforie, verwijde pupillen, paranoia, angst, seksuele opwinding, impotentie, uitputting "crash", afhankelijkheid

Empathogenen: "Liefdevol", verbondenheid, warm gevoel, begripvol/empatisch, zweten, opwinding, stemmingswisseling, neerslachtigheid, afhankelijkheid

Opioïden: "Onverslaanbaar", zelfzeker, pijnloos, veilig, euforisch, vernauwde pupillen, afhankelijkheid, ontwenning, overdosis

Hallucinogenen: "Trippen", spirituele verbondenheid, verscherpte zintuigen, visuele of auditieve hallucinaties, angst, paniek, psychische problemen

Verdovende: "Buzzing" of "zinderen", euforisch, zelfzeker, ontspannen, roekeloos, ontwenning, afhankelijkheid, braken, overdosis bewusteloosheid, coma

Dissociatieven: "Uittreding", euforisch, zweverig, ontkoppeld/onthecht, ontspannen, verdoofd, bang, onbeweeglijk, vastgeklemd in K-hole, afhankelijkheid

Cannabinoïden: "Stoned", kalm, vreetbui, relax, genietend, zweverig, lacherig, sensueel, paranoia, droge mond, angst, lui(heid), psychische problemen, afhankelijkheid

The Drugs Wheel by Mark Adley is licensed under a Creative Commons Attribution-NonCommercial-ShareAlike 4.0 International License. Based on a work at www.thedrugswheel.com. For further licensing details visit www.thedrugswheel.com.

DrugWatch
Designed in collaboration with DrugWatch. An informal association of charities, organisations and individuals who share an interest in establishing a robust early warning system in the UK for all types of drugs.

Vertaald door VAD en WIV op 21/12/2016.

FIGUUR 3.10 Het drugwiel per categorie van effecten
Bron: VAD, 2018

dat je dit product al dan niet gemakkelijk kunt verkrijgen) bijna gehalveerd is in de laatste tien jaar.

Op populatieniveau zou veertien procent van de Vlaamse bevolking tussen vijftien en 64 ooit geëxperimenteerd hebben met cannabis en het regelmatig gebruik zou op vier procent zitten (VAD, 2017). In 2017 gaf 7,2 procent van de Nederlanders van achttien jaar en ouder aan in het afgelopen jaar cannabis te hebben gebruikt: 9,6 procent van de mannen en 4,8 procent van de vrouwen. Dit percentage is het hoogst bij jongeren van achttien tot en met 24 jaar. Vervolgens neemt het cannabisgebruik af met het ouder worden. In 2017 gaf in totaal 4,5 procent van de Nederlanders van achttien jaar en ouder aan in *de afgelopen maand* cannabis te hebben gebruikt (volksgezondheidenzorg.info, 2017, geraadpleegd februari 2019). Volgens Volksgezondheidzorg.info telde Nederland in 2012 ongeveer 1,3 probleemgebruikers van opiaten per duizend personen van vijftien tot en met 64 jaar. Dit komt overeen met ongeveer 14.000 personen (Cruts *et al.*, 2013); van hen is 86 procent man en veertien procent vrouw. De beschikbare schattingen maken meestal geen duidelijk onderscheid tussen probleemgebruikers van opiaten en andere harddrugs. Probleemgebruikers van opiaten gebruiken ook vaak crack. Betrouwbare schattingen van het totale aantal probleemgebruikers van cocaïne, ecstasy, amfetamine en GHB ontbreken. Wel suggereren meerdere bronnen dat het aantal probleemgebruikers van GHB de afgelopen jaren is gestegen (Van Laar en Van Ooyen-Houben, 2014).

3.2.2 Negatieve gezondheidseffecten

Roken

Roken is zeer schadelijk voor de gezondheid. De Wereldgezondheidsorganisatie (WHO, 2018) vat het samen in een aantal zeer ontnuchterende statements:
- Tabak doodt ongeveer de helft van zijn gebruikers.
- Tabak doodt meer dan zeven miljoen mensen elk jaar; iets minder dan één miljoen is gestorven door passief roken ofwel het inademen van tabaksrook uit de omgeving.
- Ongeveer tachtig procent van de 1,1 miljard rokers leeft in landen met een lage tot gemiddelde inkomenssituatie.

Tabaksproducten bevatten carcinogene teersoorten en koolstofmonoxide, die verantwoordelijk zijn voor circa dertig procent van de gevallen van hart- en vaatziekten, 75 procent van de tumoren (negentig procent van de gevallen van longkanker) en tachtig procent van de gevallen van **chronische obstructieve vernauwing van de luchtwegen.**

chronische obstructieve vernauwing van de luchtwegen (COPD: chronic obstructive pulmonary disease)
Een hardnekkige blokkade van de luchtwegen die gepaard gaat met combinaties van chronische bronchitis, aandoeningen van de kleine luchtwegen, astma en emfyseem.

Door koolstofmonoxide neemt de hoeveelheid zuurstof in het bloed af, waardoor er minder zuurstof naar de hartspier gaat terwijl nicotine het hart juist harder laat werken, doordat de bloeddruk wordt verhoogd en de hartslag wordt versneld. Samen veroorzaken deze stoffen een vernauwing van de slagaders en vergroten ze de kans op trombose (vorming van bloedstolsels). Teer beschadigt het ademhalingsstelsel doordat de longen erdoor verstopt raken; dit is een belangrijke factor bij de veelvoorkomende chronische obstructieve longziekte (COPD, bijvoorbeeld emfyseem) (Julien, 1996). Alles bij elkaar is er onweerlegbaar bewijsmateriaal voor de negatieve effecten van het roken. Bovendien is het bewijs voor de negatieve effecten van passief roken gedurende het laatste decennium toegenomen, waarbij een verband is aangetoond tussen beroepsmatige blootstelling aan rook en een significant toegenomen risico voor het ontwikkelen van uiteenlopende ziekten, waaronder longkanker en hart- en vaatziekten (US DHHS, 2006). Gedacht wordt dat passief roken verantwoordelijk is voor 25 procent van de sterfgevallen aan longkanker onder niet-rokers. **Passief roken** brengt ook risico met zich mee voor ongeboren baby's; hoewel veel vrouwen stoppen tijdens de zwangerschap, doen velen dat ook niet.

passief roken
Het inademen van omgevingstabaksrook. Dit is sigarettenrook direct afkomstig van andermans sigaretten, pijpen of sigaren (de 'hoofdstroom') in combinatie met de door de roker uitgeademde rook (de 'zijstroom').

Zoals al gesteld, sterft de helft van de personen die blijft roken aan het roken. Maar roken verlaagt niet alleen de levensverwachting van rokers, het vermindert ook de levenskwaliteit. Ter Weijde en Croes (2015) stellen dat de gemiddelde levensverwachting met tien jaar daalt bij jarenlang, onafgebroken roken. Tabakstop.be visualiseert dit in figuur 3.11.

Alcohol

In verschillende Europese landen en elders op de wereld is er een aanzienlijke variatie met betrekking tot de hoeveelheid alcohol die wordt geconsumeerd (WHO, 2002). Ook is er een aanzienlijk verschil in het totale percentage sterfgevallen aan levercirrose dat aan alcoholische levercirrose wordt toegeschreven. Zo werd van alle Finse mannen die tussen 1987 en 1995 overleden aan levercirrose maar liefst negentig procent toegeschreven aan alcoholgerelateerde levercirrose, tegenover 56 procent bij de Franse mannen, 45 procent bij Britse mannen, 33 procent bij Ierse mannen en tien procent bij de Spaanse mannen. Bij een verge-

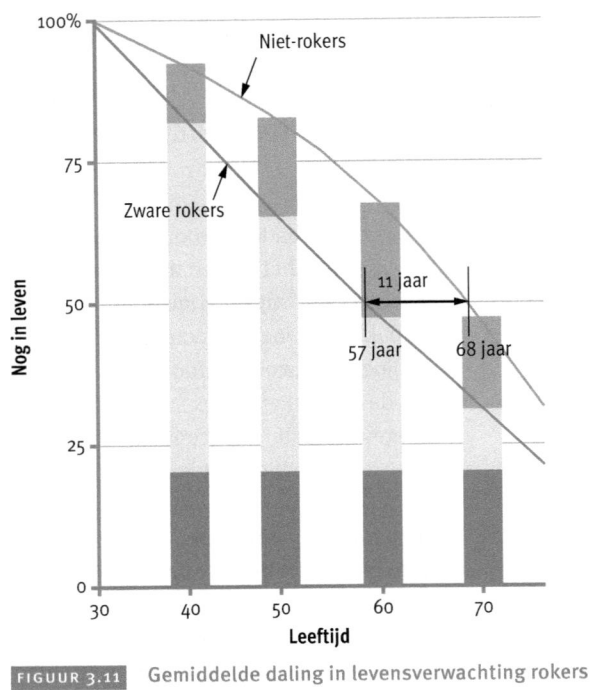

FIGUUR 3.11 Gemiddelde daling in levensverwachting rokers
Bron: www.tabakstop.be, geraadpleegd februari 2019

lijking van 35 Europese landen, vertonen kinderen in het Verenigd Koninkrijk helaas nog altijd de hoogste percentages alcoholgebruik en bingedrinking (Hibell et al., 2012).

Levercirrose is niet de enige alcoholgerelateerde doodsoorzaak. Alcoholgerelateerde schade is in de Europese Unie verantwoordelijk voor meer dan vijftien procent van alle gezondheidsproblemen en vroegtijdige sterfgevallen bij mannen en circa vier procent bij vrouwen. Schadelijk en riskant alcoholgebruik is ook (mede)verantwoordelijk voor een aanzienlijk aantal alcoholgerelateerde verkeersdoden op de Europese wegen en voor andere maatschappelijke gevolgen, zoals geweld, voetbalvandalisme, misdaad, gezinsproblemen en sociale uitsluiting, evenals lage arbeidsproductiviteit (Nederlands Instituut voor Alcoholbeleid, 2019).

Bij primaire sterfte gaat het om een dodelijke overdosis en sterfte aan alcoholgerelateerde ziekten, zoals slokdarm- en keelkanker, verslaving, chronische leveraandoening en cirrose. Bij secundaire sterfte gaat het bijvoorbeeld om dodelijke ongelukken onder invloed van alcohol. De totale alcoholsterfte is de optelsom van de **primaire** en de **secundaire alcoholsterfte**.

> primaire en secundaire alcoholsterfte
> De totale alcoholsterfte is de optelsom van de primaire en de secundaire alcoholsterfte. Bij de primaire sterfte gaat het om een dodelijke overdosis en sterfte aan alcoholgerelateerde ziekten. Bij de secundaire sterfte gaat het bijvoorbeeld om dodelijke ongelukken onder invloed van alcohol.

Volgens de Jellinek Kliniek (www.jellinekkliniek.nl) stierven in 2014 882 en in 2013 844 mensen in Nederland door alcohol als primaire doodsoorzaak. De oorzaken waren in percentages: 17 procent schadelijk gebruik, 22 procent afhankelijkheid en 46 procent leverziekten. Volgens het Trimbos Instituut (in www.alcoholinfo.nl) schommelde de totale alcoholsterfte tussen 2005 en 2012 rond een gemiddelde van 1.722 gevallen per jaar; ongeveer de helft van deze overlijdens zijn primair.

Terwijl de sterfgevallen te wijten aan alcohol in Nederland vrij stabiel blijven, rond ongeveer 700 doden met een primair alcoholgerelateerde oorzaak (Volksgezondheidszorg.info, z.d.), is in het Verenigd Koninkrijk sprake van een geleidelijke toename van het jaarlijks aantal alcoholgerelateerde sterfgevallen sinds het begin van de jaren negentig van de vorige eeuw. Dit komt neer op een verdubbeling van het aantal sterfgevallen tussen 1991 en 2007 (ONS, 2010). Mannen hebben twee keer zoveel kans om te overlijden aan algemeen gedefinieerde alcoholgerelateerde oorzaken dan vrouwen. Uit nationale onderzoeken komen aanwijzingen naar voren dat circa een derde van de mannen en een kwart van de vrouwen de nationale alcoholrichtlijnen overschrijden.

Onder jongeren gaat zwaar of regelmatig drinken gepaard met daaropvolgende lichamelijke of geestelijke gezondheidsproblemen. Zwaar drankgebruik wordt ook in verband gebracht met gedragsproblemen en slechte schoolprestaties (Viner en Taylor, 2007). Vrijwel dagelijks maken de media melding van asociaal gedrag als gevolg van **bingedrinking**. Hoewel bingedrinking onder mensen jonger dan 25 vaker voorkomt dan bij ouderen, zijn de sociale problemen als gevolg van drinken zeker niet tot deze leeftijdsgroep beperkt. Een opiniepeiling van YouGov onder 2.221 volwassenen, aangevraagd door de *British Society of Gastroenterology* in 2010 en waarover in de media in februari 2011 verslag werd gedaan, wijst op een groot aantal negatieve sociale consequenties van drinkgedrag (verlies van relaties, agressie, huiselijk geweld, werkverzuim) en van persoonlijke verwondingen: bijvoorbeeld 27 procent van de jongeren tussen achttien en 24 jaar en 31 procent van de mensen tussen 25 en 34 jaar meldden dat zij zichzelf hadden verwond (met inbegrip van ongelukken tijdens het autorijden of bedienen van machines) terwijl ze dronken waren.

Ook is gebleken dat een relatie bestaat tussen alcoholgebruik en een gebrekkige beoordeling wat betreft (vroege) seksuele activiteit en onveilig vrijen (Wellings *et al.*, 2001; Conner *et al.*, 2008) met als mogelijk gevolg tienerzwangerschappen of seksueel overdraagbare aandoeningen (Hingson *et al.*, 2003). 'Dronkenschap' wordt vaak genoemd als reden om de eerste keer seks te hebben in de tienerjaren (bijvoorbeeld Wellings *et al.*, 2001). Afgezien van het risico op soa's of zwangerschap kan middelengebruik onder tieners op de lange termijn andere aanzienlijke problemen veroorzaken: het middelengebruik kan escaleren en gepaard gaan met probleemgedrag (Collado *et al.*, 2014). Het veranderen van risicogedrag onder pubers is vaak problematisch, doordat dit gedrag onderhevig is aan complexe invloeden. Er zijn echter enkele aanwijzingen dat interventies die zich richten op zaken betreffende het gevoel voor eigenwaarde, alvorens de 'gedragsproblemen' aan te pakken, met inbegrip van seks op jeugdige leeftijd, roken en alcohol drinken, meer succes hebben dan programma's waarin dit niet gebeurt. Onder jongvolwassenen van de leeftijd van hogeschool- of universiteitsstudenten is drinken voornamelijk een vorm van sociaal gedrag dat, als het in overmaat gebeurt, ook in verband wordt gebracht met slechte academische prestaties, afgebroken relaties, niet geplande en/of onveilige seksuele activiteit. Brits onderzoek heeft aangetoond dat het alcoholgebruik van veel studenten boven de veiligheidsnorm ligt. Ook werd de bevinding gedaan dat studenten prototypische niet-drinkers minder gunstig beoordeelden dan prototypische drinkers. Zo werd vaak geoordeeld dat niet-drinkers minder gezellig waren. Dergelijke bevindingen suggereren dat alcohol drinken in de studentencultuur nog altijd als 'normaal' wordt gezien, hoewel het ontwikkelen van een positievere attitude tegenover gezond gedrag bevorderlijk zou zijn. Overmatig drinken in één bepaalde context betekent echter niet dat iemand 'overgaat' naar een alcoholverslaving of naar het gebruik van andere middelen.

Er zijn ook aanwijzingen dat matige alcoholconsumptie de gezondheid kan beschermen, waarbij een J-vormige relatie is gevonden tussen de alcoholconsumptie en het risico op aandoeningen van de kransslagaders. Dit betekent dat onthouding een groter risico zou opleveren dan matig drinken, hoewel minder groot dan het risico dat door zwaar drinken wordt veroorzaakt (Doll *et al.*, 1994; BHF, 2012). Deze verbazingwekkende bevinding is zowel uit cross-sectionele als

---

bingedrinking
Het drinken van vijf glazen alcohol of meer tijdens een enkele gelegenheid. In de VS definieert men bingedrinking als het stijgen van het bloedalcoholgehalte tot 0,8 promille of meer. Als een man zes glazen drinkt in twee uur, bereikt hij dit promillage.

uit prospectieve studies naar voren gekomen. Het lijkt erop dat matige alcoholconsumptie de concentratie van *low-density*-lipoproteïnen (LDL's) in het bloed verlaagt. Een hoge concentratie LDL-cholesterol is een bekende risicofactor voor hart- en vaatziekten. De relatie tussen alcohol en aandoeningen van de kransslagaders, herseninfarct en diabetes mellitus is in feite gunstig wanneer een geringe tot matige hoeveelheid alcohol wordt gedronken en het drinkpatroon geen *binges* omvat, aldus het *World Health Report* (WHO, 2002a); mogelijk wordt de mortaliteit hierdoor zelfs enigszins verlaagd (Klatsky, 2008). Er bestaan ook aanwijzingen dat matig drinken bij vrouwen meer bescherming (tegen aandoeningen van de kransslagaders) oplevert dan bij mannen (WHO, 2002a).

Uit studies onder niet-drinkers, bij wie het risico op hart- en vaatziekten hoger was dan gemiddeld, kunnen we echter niet concluderen dat niet drinken een extra risico vormt. Niet-drinkers hebben er mogelijk voor gekozen geen alcohol te drinken omdat ze al een slechte gezondheid hadden of omdat ze tot een bepaalde religieuze of etnische groep behoren waar alcoholgebruik is verboden; door deze factoren worden andere 'oorzaken' van hart- en vaatziekten mogelijk versluierd. Het is daarom veiliger te concluderen dat zwaar drinken negatieve effecten op de gezondheid heeft die in de loop van de tijd toenemen, evenredig aan het gebruik; dat matig drinken het risico op gezondheidsproblemen waarschijnlijk niet verhoogt en feitelijk zelfs een bescherming kan bieden tegen hart- en vaatziekten (hoewel dit beschermende effect niet werkt bij mensen die roken); en dat de effecten van helemaal niet drinken nader dienen te worden onderzocht.

Bingedrinking onder jongeren is een toenemende zorg.
Foto: Stockbroker / 123rf.com (Pearson Asset Library)

Een positief aspect van alcohol zou kunnen zijn dat een matige inname van rode wijn wel in verband wordt gebracht met een daling van het aantal sterfgevallen aan hart- en vaatziekten. Rode wijn is afkomstig van rode druiven die veel verschillende polyfenolen bevatten, zoals flavonol (bijvoorbeeld German en Walzem, 2000; Wollin en Jones, 2001). Het lijkt erop dat deze stoffen – afkomstig van vruchten en groenten, maar ook van thee en gember – de slagaders beschermen tegen de schadelijke effecten van grote hoeveelheden serumcholesterol in de bloedsomloop, doordat ze oxidatiereacties afremmen. Daardoor zouden ze bescherming kunnen bieden tegen aandoeningen van de kransslagaders (Engler en Engler, 2006). Recent werd verondersteld dat polyfenolen uit rode wijn ook gunstig zouden kunnen zijn bij het afremmen van de **carcinogenese**, als gevolg van hun antioxidatieve of anti-inflammatoire eigenschappen. Bovendien kunnen polyfenolen tumorgroei remmen door de groei van gemuteerde cellen te onderdrukken of door apoptose (celdood) te induceren. Bij studies in het laboratorium en bij proefdieren (bijvoorbeeld Briviba *et al.*, 2002) is aangetoond dat polyfenolen die uit rode wijn waren geïsoleerd, de groei van uiteenlopende coloncarcinoomcellen weliswaar remde maar borstkankercellen niet. Resultaten van deze aard moeten natuurlijk zorgvuldig en herhaaldelijk worden gecontroleerd voordat gezondheidsaanbevelingen kunnen volgen.

> carcinogenese
> Het proces waarmee normale cellen kankercellen worden.

Patiënten die bij hun huisarts komen omdat ze zich zorgen maken over de hart- en vaatziekten in hun familie, krijgen meestal niet te horen dat ze hun alcoholconsumptie van licht tot matig moeten verhogen; waarschijnlijk zullen ze het advies krijgen een mager dieet te volgen, en toch is de beschermende werking van beide maatregelen vergelijkbaar. De noodzaak tot nader onderzoek onder menselijke proefpersonen met een nauwgezette controle over andere bijdragende factoren blijft bestaan. Het zal enkele jaren duren voordat aanwijzingen over de effecten van het drinken van rode wijn op mensen die al kanker hebben, duidelijk worden. Het bewijs in relatie tot aandoeningen van de kransslagaders is echter al ouder en het lijkt erop dat een matige inname van alcohol, en niet alleen van rode wijn, een beschermend effect heeft op de gezondheid.

Sleutelwoorden bij de bespreking van de voordelen van drinken zijn 'matige inname van alcohol'. Zware alcoholconsumptie heeft negatieve gezondheidseffecten en, zoals al is beschreven, ook uiteenlopende negatieve sociale consequenties.

Middelengebruik/drugsgebruik

In 2012 werden in de populatie wereldwijd in de leeftijd van tussen de 15-64 jaar ongeveer veertig sterfgevallen per miljoen toegeschreven aan drugsgebruik, wat lager was dan in 2011 (Verenigde Naties, 2014). De cijfers met betrekking tot de prevalentie van drugsgebruik zijn klein in vergelijking tot de prevalentie van alcohol of tabak. Toch kan alleen al het noemen van illegaal drugsgebruik (sommige op legale wijze verkregen, bijvoorbeeld valium, sommige niet, bijvoorbeeld heroïne) angst wekken bij ouders, docenten, politie, regering en bij jongeren zelf. Dit wordt echter niet ondersteund door de statistieken, althans voor de gevolgen voor gezondheid en ziekte.

De wijze van gebruik heeft, mogelijk meer nog dan de stof zelf, mensen ertoe gebracht bepaalde vormen van drugsgebruik – het injecteren van drugs – in verband te brengen met ernstige ziekten zoals hiv en hepatitis C. Naar schatting injecteren wereldwijd ongeveer 12,7 miljoen mensen drugs – een spreiding van 8,9 tot 22,4 miljoen, afhankelijk van het rapport – van wie ongeveer dertien procent een hiv-diagnose heeft (spreiding van 0,9 tot 4,8 miljoen) en meer dan de helft hepatitis C (Aceijas en Rhodes, 2007; Mathers *et al.*, 2008; United Nations Office on Drugs Crime, 2014).

3.2.3 Waarom beginnen mensen met het gebruik van potentieel verslavende stoffen?

Met roken, drinken en middelengebruik wordt meestal tijdens de jeugd begonnen. Er is een aanzienlijk aantal jonge mensen dat rookt, waardoor schade aan longen en luchtwegen wordt opgelopen, of dat drinkt, waardoor de kans op leverbeschadiging groter wordt. Als gevolg daarvan zullen velen in de toekomst ernstige gezondheidsproblemen en sociale problemen krijgen. Het is al lang bekend dat een groter risico bestaat op longkanker bij mensen die tijdens de jeugd met roken beginnen (circa 66 procent van de rokers begint voor het achttiende levensjaar, veertig procent voor het zestiende levensjaar (volksgezondheidenzorg.info, 2012)) in vergelijking met mensen die tijdens het volwassen leven beginnen (ongeveer een derde van de rokers begint feitelijk met roken tijdens de vroege volwassenheid (boven het negentiende jaar)).

Cultuur en sociaal beleid zijn bijzonder belangrijk bij het voorspellen van individueel gedrag, ook als het gaat om het gebruik van alcohol, tabak en illegale drugs. Kijk bijvoorbeeld eens naar Finland, waar de eerdere strenge wetgeving ten aanzien van de verkoop en het gebruik van alcohol in het midden van de jaren zeventig van de vorige eeuw werd versoepeld, waarna het aantal sterfgevallen aan cirrose in de jaren tachtig en negentig van de vorige eeuw toenam. In het Verenigd Koninkrijk worden de effecten van het rookverbod van 2006 op het stoppen en beginnen met roken ook in de loop van de tijd onderzocht en recent bewijs voor een daling van de prevalentie van roken wordt ten dele aan deze wetswijziging toegeschreven.

Er zijn sociaaleconomische correlaten en voorspellers voor het beginnen met riskant gezondheidsgedrag; deze worden soms 'distale factoren' of 'macrofactoren' genoemd (bijvoorbeeld Tjora *et al.*, 2011). Er zijn veel, sterk uiteenlopende redenen waarom jonge mensen gewoonlijk beginnen met roken, alcohol drinken of met drugsgebruik. De redenen die voor elk van deze gedragingen worden gegeven, vertonen een aanzienlijke mate van overlap. We behandelen hier alleen de belangrijkste bekende factoren.

- *Erfelijkheid.* Met betrekking tot roken bestaan er aanwijzingen voor genetische factoren en de receptoren voor en het transport van de neurotransmitter dopamine. Deze neurotransmitter is betrokken bij het beginnen met roken en mogelijk ook bij het doorgaan ermee. Het is echter onwaarschijnlijk dat erfelijke invloeden helemaal op zichzelf functioneren (Munaf en Johnstone, 2008).
- *Nieuwsgierigheid.* Een vaak genoemde reden om die eerste borrel te drinken, of de eerste sigaret of de eerste joint (cannabis) te roken is nieuwsgierigheid (Morrison en Plant, 1991; Hecimovic *et al.*, 2014). Willen weten 'hoe het smaakt', 'hoe het voelt'; dit gebeurt meestal wanneer anderen over het gedrag hebben gesproken of wanneer de betrokkene anderen tijdens dit gedrag heeft gezien.
- *Modellering, sociaal leren en bekrachtiging.* Gezinsgedrag en -dynamica zijn belangrijke socialisatieprocessen, met suggesties dat het observeren van dergelijk gedrag bij de ouders de *preparedness* van hun kinderen ten opzichte van het gedrag verhoogt, doordat een positieve houding tegenover het gedrag wordt gevestigd en mogelijk doordat het risico in de beleving van het kind wordt verkleind (Tjora *et al.*, 2011). Voeg hierbij de aanwezigheid van rokende of drinkende leeftijdgenoten en dan wordt de kans dat deze *preparedness* in een handeling wordt omgezet, nog groter. Kinderen met groepsgenoten (feitelijke vrienden of zelfs eenvoudigweg gewenste vrienden, oudere broers en zussen of ouders) die roken of alcohol drinken hebben meer kans om dergelijk gedrag te imiteren dan kinderen die niet aan dergelijke voorbeelden zijn blootgesteld (bijvoorbeeld Mercken *et al.*, 2007, 2011; Johnston *et al.*, 2009). Broers en zusters die zich met dergelijk gedrag bezighouden, hebben misschien nog wel meer invloed dan leeftijdgenoten, hoewel invloed van leeftijdgenoten ook

nogal sterk is, hetzij door imitatie of door vermeende of feitelijke groepsdruk.
- *Sociale druk.* Sociale druk of groepsdruk, waarbij roken of drinken positief wordt aangemoedigd (met inbegrip van de representatie in de media/op tv) en door de reacties van belangrijke anderen wordt bekrachtigd, wordt vaak genoemd als reden om te beginnen met risicovol gedrag dat de gezondheid in gevaar kan brengen; dit vormt een reflectie van ofwel sociale beïnvloeding of van een invloed waaraan iemand zich conformeert. Denscombe (2001) meldde echter dat jongeren in de leeftijd van vijftien tot zestien jaar het idee verwierpen dat 'groepsdruk' verantwoordelijk was voor het beginnen met roken; zij zagen het gedrag liever als iets waarvoor ze zelf hadden gekozen. Dit komt overeen met het idee dat beginnen met roken is verbonden met het streven naar reputatie en status. Als motief voor cannabisgebruik wordt vaak socialisatie genoemd, al dan niet met overduidelijke druk (bijvoorbeeld Hecimovic *et al.*, 2014).
- *Image en reputatie* zijn belangrijk tijdens de puberteit en 'erbij willen horen', beschouwd worden als gezellig (voor drinkgedrag misschien meer dan met roken) en het hebben van status binnen de sociale groep worden belangrijk gevonden voor het sociaal functioneren (Snow en Bruce, 2003; Stewart-Knox *et al.*, 2005). Mogelijk spelen geslachtsverschillen hier een rol. Michell en Amos (1997) ontdekten bijvoorbeeld dat jonge mannen dubbelzinniger waren dan vrouwen over roken, mogelijk omdat hun 'status' in de pikorde door fitheid wordt bepaald, terwijl een hoge status voor meisjes was verbonden met cool en geraffineerd of opstandig lijken en voor sommigen wordt dit misschien bereikt door te roken. Pubers en adolescenten in de leeftijd van twaalf tot 22 jaar uit gezinnen met een geringe mate van cohesie roken en drinken vaker (Bourdeaudhuij, 1997; Bourdeaudhuij en Van Oost, 1998) en hoewel nader bewijs uit longitudinaal onderzoek nodig is, is het mogelijk dat de invloed van leeftijdgenoten toeneemt daar waar relaties met de ouders of gezinsleden zwakker zijn.
- *Zelfbeeld en eigenwaarde.* Bij de bestudering van adolescente meisjes is gewezen op het belang van het zelfbeeld (ofwel het concept van wat iemand 'is') en van de eigenwaarde (ofwel het concept van iemands 'waarde' of 'betekenis') voor de vraag of iemand al dan niet risicogedrag gaat vertonen. Bovendien suggereren sommige theoretici dat adolescent gedrag voor een aanzienlijk deel wordt gemotiveerd door de noodzaak zichzelf op zodanige wijze aan anderen te presenteren (voornamelijk leeftijdgenoten) dat de reputatie van de betrokkene en diens sociale identiteit worden versterkt (Emler, 1984). In sommige sociale groepen zal risicovol gedrag nodig zijn voor de 'reputatie' die de betrokkene helpt in die sociale groep te 'passen' (Odgers *et al.*, 1996; Snow en Bruce, 2003). Snow en Bruce (2003) ontdekten dat vrouwelijke rokers minder zelfvertrouwen hadden, zich minder geliefd voelden door hun familie en een geringer lichamelijk en sociaal zelfbeeld hadden, terwijl het zelfbeeld ten opzichte van hun leeftijdgenoten, ofwel wat volgens hen hun leeftijdgenoten van hen dachten, niet verschilde van dat van niet-rokers. Evenzo kunnen een gering gevoel van eigenwaarde en een negatief zelfbeeld een rol spelen waar het gaat om zwanger worden als tiener, omdat tienermoeders vaker een geschiedenis hebben van disfunctionele relaties en van sociale en financiële druk.
- *Gewichtsbeheersing.* Vastgesteld is dat gewichtsbeheersing voor jonge meisjes vaker een reden is om te beginnen met roken en ermee door te gaan dan voor jonge mannen (bijvoorbeeld French *et al.*, 1994; Crisp *et al.*, 1999), hoewel

mannen niet immuun zijn voor deze strategie (Fulkerson en French, 2003). In het Amerikaanse onderzoek van Fulkerson en French noemden mannelijke inheemse Amerikanen en Amerikanen met een Aziatische migratieachtergrond gewichtsbeheersing vaker als reden voor het roken dan mannen uit andere etnische groepen. Dit benadrukt de noodzaak om rekening te houden met culturele en geslachtsvariaties bij het onderzoeken of vergelijken van landelijke statistieken. Alcohol is daarentegen calorierijk en kan bijdragen aan gewichtstoename. Deze factor wordt dus niet genoemd als reden om te beginnen, maar hij kan wel worden genoemd als reden om te stoppen.

- *Neiging tot risico's nemen.* Gebleken is dat roken, alcoholgebruik door minderjarigen en het eerste gebruik van een illegale drug, meestal cannabis, veel voorkomt bij diegenen die zich bezighouden met een breder scala risicovol of probleemgedrag, zoals spijbelen en kruimeldiefstallen (Johnston *et al.*, 2009). Verschillende karaktertrekken die op ontremming zijn gebaseerd, zijn in verband gebracht met risico's nemen wat betreft middelengebruik (bijvoorbeeld Stautz en Cooper, 2013).
- *Gezondheidscognities.* Veel rokers, drinkers en middelengebruikers melden dat ze stressverlichting, angstreductie of andere voordelen van het gedrag verwachten. Gebruikers hebben ook vaak 'onrealistisch optimistische' aannamen omtrent de mogelijkheid het gedrag onder controle te houden en negatieve gevolgen voor de gezondheid te vermijden; bijvoorbeeld 'drinken zal me zelfvertrouwen geven', 'door cannabisgebruik zal mijn angst afnemen', of 'ik rook niet zoveel (tabak, cannabis) als anderen, dus zal het mijn gezondheid niet negatief beïnvloeden'.
- *Stress.* Stress wordt vaak genoemd als oorzaak waardoor het gebruik van zowel legale als illegale middelen wordt voortgezet (zie verderop) en er zijn aanwijzingen dat stress een rol speelt bij het beginnen met roken. In een longitudinale studie van 2.600 Australische adolescenten bevestigden Byrne en Mazanov (2003) hun hypothese dat adolescenten die bij de nulmeting niet rookten en in een tussengelegen jaar stress ondervonden, een grotere kans hadden te gaan roken dan niet-gestreste niet-rokers. Interessant was dat voor jongens beginnen met roken slechts in geringe mate was geassocieerd met een hogere mate van stress door het naar school gaan, terwijl voor meisjes beginnen met roken geassocieerd werd met een hoge mate van stress door schoolbezoek, gezinsconflicten, ouderlijk toezicht en vermeende irrelevantie van de opleiding. Deze stressoren maakten ook onderscheid tussen meisjes die begonnen met roken en diegenen die niet gingen roken. De *National Longitudinal Study of Adolescent Health* heeft bovendien gewezen op een rol van depressieve symptomatologie bij het beginnen met roken (McCaffery *et al.*, 2008).
- De richting van de effecten van economische tegenspoed op het middelengebruik onder langdurig werklozen is een onderwerp van veel onderzoek geweest. Sommige longitudinale studies maakten melding van verminderd roken en alcoholgebruik wanneer de financiën beperkt zijn, maar de meesten rapporteren het omgekeerde (zie het onderzoek van Henkel, 2011). Gebleken is dat een lage sociaaleconomische status van de ouders positief is gecorreleerd met het beginnen met roken bij hun puberkinderen (Tjora *et al.*, 2011). Gevoegd bij de complexiteit van invloeden op alcoholgebruik heeft een recent Amerikaans onderzoek met behulp van de grote datasets van het *Framingham Heart Study Offspring Cohort* van 1971-2008 ontdekt dat werkloosheid meer invloed had op het alcoholverbruik van vrouwen dan

Foto: Tudor Photography / Pearson Education Ltd (Pearson Asset Library)

van mannen, zelfs als de mannelijke partner werkloos was en niet de vrouw zelf (Arcaya *et al.*, 2014).

3.2.4 Ongezond gedrag voortzetten en verslaving

Hoewel gemeld is (EC, 2008) dat 55 miljoen volwassenen in de EU meer drinken dan volgens de richtlijn wordt aanbevolen, zal slechts een klein aantal mensen verslaafd raken aan alcohol (mogelijk één op tien). Dit stelt vraagtekens bij de theorie van het afhankelijkheidsmodel, de belangrijkste theorie op dit gebied. Het is niet juist dat alle alcoholgerelateerde problemen ontstaan vanuit een situatie van verslaving; in feite is dat bij de meerderheid van de problemen niet het geval. Bovendien zijn de redenen om door te gaan met roken, drinken of het gebruik van andere drugs niet noodzakelijkerwijs hetzelfde als de redenen om te beginnen. Patronen van het gedrag zelf kunnen in de loop van de tijd veranderen en dus kunnen de invloeden erop eveneens veranderen. Terwijl sommige van de oorspronkelijke redenen voor een gedraging kunnen blijven bestaan, bijvoorbeeld roken of drinken ter ontspanning, kunnen andere factoren, waaronder afhankelijkheid, ontstaan, zodat dit gedrag in stand blijft. In tegenstelling tot het roken van tabak drinken de meeste mensen niet dagelijks alcohol. Bij onderzoek is getracht onderscheid te maken tussen mensen met een veilig drinkpatroon en degenen die een drankprobleem ontwikkelen. De belangrijkste onderzochte aspecten zijn:

- Erfelijkheid en familiegeschiedenis: kinderen van probleemdrinkers hebben een grotere kans om probleemdrinker te worden dan kinderen van niet-probleemdrinkers (bijvoorbeeld Heather en Robertson, 1997). Er is onvoldoende bewijs dat overeenkomst in drankpatroon tussen ouders en kinderen ook op socialisatie zouden kunnen berusten, hoewel aanwijzingen voor erfelijkheid tot op zekere hoogte door studies onder adoptiekinderen worden ondersteund.
- De aanwezigheid van bepaalde psychopathologie, bijvoorbeeld stemmingsstoornissen of risicofactoren van de persoonlijkheid zoals een angstige **predispositie**, sensatie zoeken of neiging tot risicovol gedrag (bijvoorbeeld Hittner en Swickert, 2006; Khantzian, 2003; Woicik *et al.*, 2009; Zuckerman *et al.*, 1978; Zuckerman en Kuhlman, 2000), hoewel de invloed van de persoonlijkheid onvolledig is en in de loop van de tijd verandert (Morrison, 2003).

predispositie
Erfelijke aanleg of voorbeschiktheid voor het krijgen van een aandoening of ziekte.

- De ervaringen van het sociale leren: volgens de theorie over het sociaal leren wordt misbruik of afhankelijkheid van alcohol beschouwd als een sociaal verworven en aangeleerd gedrag dat is bekrachtigd (interne of externe, lichamelijke, sociale of emotionele beloningen). Verslaving kan ontstaan door het herhaald streven naar de plezierige effecten van de stof zelf of naar het vermijden van de negatieve effecten van ontwenning (bijvoorbeeld Wise, 1998).

Wat roken betreft, lukt het echter maar heel weinig mensen om slechts incidenteel of alleen in bepaalde sociale situaties te roken. Het verslavende karakter van roken is het gevolg van de biologisch verslavende eigenschappen van tabak. Het actieve bestanddeel is het alkaloïd nicotine, dat als een opwekkende stof werkt voor de hersenen, 'beloningsroutes' activeert, waarbij de neurotransmitter dopamine in de hersenen betrokken is. Dopamine is vervolgens betrokken bij de afgifte van onze natuurlijke opiaten, de bèta-**endorfinen**. Daardoor blijft de behoefte om herhaaldelijk nicotine op te nemen in stand om 'ontwenningssymptomen' te vermijden (Jarvis, 2004).

Lichamelijke afhankelijkheid van een drug, legaal of illegaal, ontstaat wanneer iemand een tolerantie ontwikkelt tegen de effecten ervan, waardoor een grotere consumptie nodig is om hetzelfde effect te bereiken of om de ontwenningseffecten te vermijden die volgen wanneer de concentratie van de stof in het bloed daalt.

Deze onthouding manifesteert zich in de vorm van lichamelijke symptomen – bijvoorbeeld hunkering, slapeloosheid, transpireren, toegenomen eetlust (West, 1992) – en in psychologische symptomen, zoals angst, rusteloosheid en prikkelbaarheid. Op deze manier kan middelengebruik zichzelf gaan bekrachtigen wanneer mensen deze symptomen proberen te vermijden. Sommige mensen melden dat ze terugvallen tijdens een periode waarin ze probeerden met een stof te stoppen, in een bewuste poging om de symptomen weg te nemen; deze symptomen zijn niet alleen voor henzelf pijnlijk, maar ook voor de mensen in hun omgeving. Het hervatten van het gedrag biedt dan op zichzelf bekrachtiging, doordat verdere ontwenningssymptomen worden vermeden, waardoor een vicieuze cirkel ontstaat.

Door patronen van zwaar alcoholgebruik tijdens de late jeugd en de vroege volwassenheid ontstaat vaak een patroon van zwaar drinken tijdens de volwassenheid. Alcoholgerelateerde gezondheidsproblemen stapelen zich daardoor op zodat later aandoeningen als levercirrose kunnen ontstaan, meestal tijdens de middelbare leeftijd. Het mag niet worden aangenomen dat zwaar drinken of probleemdrinken vaker voorkomt bij lager opgeleiden of bij mensen met een lagere sociaaleconomische status, omdat de aanwijzingen in dit opzicht zeer gemengd zijn. Gebleken is dat hoger opgeleiden vaker verschillende vormen van riskant gedrag vertonen, maar dat ze zich minder vaak tot probleemdrinkers ontwikkelen (bijvoorbeeld Caldwell et al., 2008). Bij een recente studie (Huerta en Borgonovi, 2010) waarbij gebruik werd gemaakt van een grote steekproef van circa 10.000 mensen van 34 jaar op het moment van het onderzoek (allemaal ontleend aan de *British Cohort Study*, een steekproef van iedereen die in een bepaalde week in 1970 is geboren), werd echter ontdekt dat een hoger opleidingsniveau gepaard ging met een grotere kans op dagelijkse alcoholconsumptie en met probleemdrinken, vooral onder vrouwen. Dit is echter een heel specifiek cohort van mensen rond de 35 jaar en dus kunnen we uit dergelijke resultaten niet afleiden dat op andere leeftijden deze relaties niet bestaan, bijvoorbeeld bij tieners, of dat er geen relatie is met andere vormen van drinken, zoals

---

endorfinen
Van nature voorkomende, op opiaten lijkende stoffen die in de hersenen en het ruggenmerg worden afgegeven. Ze verminderen het pijngevoel en kunnen gevoelens van ontspanning of genot teweegbrengen. In verband gebracht met de zogenoemde *runner's high*.

lichamelijke afhankelijkheid
Ontstaat wanneer iemand een tolerantie ontwikkelt tegen de effecten van een drug, legaal of illegaal, waardoor een grotere consumptie nodig is om hetzelfde effect te bereiken of om de ontwenningseffecten te vermijden die volgen wanneer de concentratie van de stof in het bloed daalt.

bingedrinking. Meer onlangs bevestigde de British Heart Foundation (2012) een relatie tussen de sociaaleconomische status en zowel zwaar drinken als meer drinken dan de aanbevolen richtlijn, waarbij mannen en vrouwen in managementberoepen of geschoolde beroepen dit gedrag vaker vertonen dan mensen in 'middenklassenberoepen' of 'routineberoepen' en mensen die 'handenarbeid' verrichten. De beschikbaarheid van alcohol in relatie tot het besteedbaar inkomen is ook een belangrijke overweging.

Gebleken is dat probleemdrinken onder ouderen wordt beïnvloed door de lichamelijke gezondheid, de toegang tot sociale gelegenheden en de financiële status, waarbij onder welgestelden meer drankproblemen voorkomen dan bij mensen met minder geld (Health and Social Care Information Centre, 2013). Voor sommige mensen kan een toename van de alcoholconsumptie voor een deel aan eenzaamheid, rouw of lichamelijke ziekte worden toegeschreven (bijvoorbeeld Atkinson, 1994).

Ondanks duidelijke aanwijzingen voor lichamelijke verslaving aan nicotine en andere drugs, waaronder opiaten, maken mensen die doorgaan met het gebruik van dergelijke stoffen meestal ook melding van psychologische redenen om door te gaan, zoals:

- genot of plezier als gevolg van het gedrag; de effecten van de drug versterken een positieve houding tegenover de stof;
- 'eenvoudigweg een gewoonte' (dit kan een reflectie zijn van psychologische en/of lichamelijke afhankelijkheid: gewoontevorming vormt een belangrijke barrière bij gedragsverandering);
- een vorm van zelfmedicatie voor stress, een methode van coping/angstbeheersing; stress wordt in verband gebracht met het handhaven van middelengebruik onder volwassenen, maar er is weinig onderzoek gedaan naar dit verband tijdens de adolescentie, hoewel er, zoals hierboven is beschreven, aanwijzingen bestaan dat stress in relatie staat tot beginnen met roken;
- een gebrek aan vertrouwen in het vermogen met het gedrag te stoppen.

Cox en Klinger (2004) beschrijven een 'motivationeel model van middelengebruik' dat is gebaseerd op consistente bevindingen dat mensen over middelengebruik niet noodzakelijkerwijs een rationeel besluit nemen, maar dat hierbij een complexe reeks motivationele en emotionele componenten is betrokken en dat dit ook afhangt van de beloningen en stimulansen die het gedrag oplevert. Iemand die nadenkt over roken, drinken of drugsgebruik doet dit bijvoorbeeld misschien in relatie tot andere aspecten van zijn leven, die al dan niet bevredigend kunnen zijn. Mensen zonder motivatie tot gezonde levensdoelen of zonder motivatie om te trachten deze te verwezenlijken, zullen hun middelengebruik waarschijnlijk niet als probleem zien en zullen minder vertrouwen hebben dat ze in staat zijn het gedrag te veranderen. Het gebruik van drugs leidt niet altijd tot afhankelijkheid, net zoals roken of regelmatig alcoholgebruik niet altijd tot verslaving hoeft te leiden. Een voorbeeld hiervan is het recreatief gebruik van MDMA, dat meestal niet tot afhankelijkheid leidt, hoewel er wel gezondheidsrisico's aan het gebruik zijn verbonden. Het is ook niet zo dat iedereen die illegale drugs gebruikt daardoor tot diefstal of gewelddadig gedrag overgaat. Waarom wekt drugsgebruik dan zoveel negatieve gevoelens op? Dit kan deels worden verklaard door de perceptie van dergelijk drugsgebruik dat wordt gedreven door een van twee modellen: een afhankelijkheidsmodel waarbij gedacht wordt dat drugsgebruikers verslaafd zijn, mogelijk ziek zijn en geen controle meer hebben; of een crimineel model waarbij ze worden gezien als onverantwoordelijk, delinquent en zelfs als gevaarlijk. Deze standpunten zijn van invloed geweest op de wijze waarop afhankelijkheid werd behandeld en op de behandelingen die werden aangeboden aan mensen die wilden stoppen.

3.2.5 Stopgedrag

Zelfs mensen die tussen het vijftigste en zestigste levensjaar stoppen met roken, kunnen het risico op longkanker of andere aan roken gerelateerde aandoeningen of beperkingen, zoals chronische obstructieve longziekten, hart- en vaatziekten of herseninfarct (Bratzler *et al.*, 2002), grotendeels vermijden. Een man kan gemiddeld vijf levensjaren winnen als hij op het 55ste levensjaar stopt (gebaseerd op vijftig jaar vervolgstudie van een steekproef van Britse mannelijke artsen, Doll *et al.*, 2004). Beter nog is het om op het dertigste levensjaar te stoppen: dan wordt het risico op longkanker met meer dan negentig procent verkleind (Peto *et al.*, 2000) en worden circa tien levensjaren gewonnen (Doll *et al.*, 2004). Terwijl de kans dat oudere rokers stoppen kleiner is, zijn er aanwijzingen dat ze vaker succesvol stoppen (bijvoorbeeld Ferguson *et al.*, 2005).

Pogingen om mensen bij het stoppen met roken te helpen, worden door het algemene publiek meestal gunstig bezien. De meeste rokers melden in feite zelf dat ze met roken willen stoppen. Gebleken is dat mensen met een hogere sociaaleconomische status vaker stoppen met roken (waarmee de verwachting dat het roken onder mensen met een lagere sociaaleconomische status zal afnemen wanneer de sigarettenprijs wordt verhoogd, uit de wereld wordt geholpen). Bovendien hebben mensen met een hoger opleidingsniveau een betere kans van slagen als ze stoppen (Ferguson *et al.*, 2005).

Dit kan mogelijk direct worden toegeschreven aan een hoger kennisniveau en meer inzicht in de mogelijke gevolgen voor de gezondheid of mogelijk hebben mensen uit de hogere sociaaleconomische groepen die stoppen, minder rokende kennissen en vrienden dan niet-stoppers. Verschillende studies hebben uitgewezen dat rokersnetwerken sterker aan het stoppen zijn gerelateerd dan opvattingen over de gezondheid, waarbij het gemakkelijker is om te stoppen als je geen deel uitmaakt van een rokersnetwerk (bijvoorbeeld Rose *et al.*, 1996). Barrières voor het stoppen, zoals voor sommigen de angst voor gewichtstoename (Pisinger en Jorgensen, 2007; Schofield *et al.*, 2007) worden in hoofdstuk 5 besproken.

> **Wat denk je zelf?**
>
> 'Roken is dodelijk.' Deze waarschuwing prijkt al jaren prominent op elk pakje sigaretten en shag. Wat vind je van het idee om er confronterende foto's bij te zetten, zoals van zwarte longen of grote tumoren? Denk jij dat dit invloed heeft op het al of niet beginnen met roken, of dat het mensen aanzet tot stoppen met roken?

3.2.6 Gedachten over het behandelen van verslaving

Verslavingsproblemen en de mening van de maatschappij over mensen met deze problemen zijn in de loop der tijd veranderd. Rond alcohol en opiaten is het perspectief vanaf de zeventiende en achttiende eeuw verschoven: destijds werd deze afhankelijkheid gezien als immoreel gedrag van zwakke individuen die niet in staat waren tot persoonlijke controle over het gebruik. In de negentiende eeuw werd verslaving beschouwd als het gedrag van passieve slachtoffers van een duivelse en krachtige stof. Volgens het eerdere 'morele' standpunt was het individu verantwoordelijk voor zijn gedrag en daarom bestond de behandeling volgens de heersende ethiek uit straf. Volgens het latere standpunt had het individu minder controle over zijn gedrag en als zodanig werd het verbod op alcoholverkoop (zoals in de Verenigde Staten) beschouwd als een passende maatschappelijke reactie en de 'slachtoffers' die 'bezweken', werden behandeld. De medische behandeling van individuen met alcoholproblemen markeert het begin van verslaving als een ziekteconcept, waarbij het middel als het probleem werd beschouwd.

Aan het begin van de twintigste eeuw was wel duidelijk dat de drooglegging was mislukt en werd het model van alcoholisme zodanig ontwikkeld dat de verantwoordelijkheid opnieuw bij het individu kwam te liggen. In 1960 beschreef de Amerikaanse onderzoeker op het gebied van het alcoholisme dr. E.M. Jellinek alcoholisme als een ziekte, maar hij hield rekening met de aard van het middel en de eigenschappen van de persoon die het gebruikte. Hoewel werd aangenomen dat de meerderheid alcohol zonder enig schadelijk gevolg kon gebruiken, ontwikkelde een minderheid van de gebruikers een alcoholverslaving. Ingezien werd dat deze personen een genetische aanleg en psychologische 'zwakheden' hadden. Verslaving werd beschouwd als een verworven, permanente staat van zijn, waarover de betrokkene alleen door middel van ontwenning opnieuw controle kon krijgen. De behandeling vormde een reflectie hiervan. De zelfhulporganisatie *Alcoholics Anonymous*, die in 1935 is opgericht, had bijvoorbeeld als primair doel mensen te helpen voor de rest van hun leven niet meer te drinken. In de psychologie van het begin van de twintigste eeuw leidde de opkomst van het **behaviorisme** echter tot nieuwe behandelmethoden voor mensen met verslavingsproblemen; deze methoden berustten op de principes van **theorieën over sociaal leren** en **conditioneren**. Volgens deze perspectieven is gedrag het gevolg van leren en van de bekrachtiging die op alle gedragingen volgt. Overmatig alcoholgebruik kan volgens deze theorieën bijvoorbeeld worden 'afgeleerd' door het toepassen van behavioristische principes op de behandeling. Een dergelijke behandeling zou erop gericht zijn de *cues* te identificeren die de patiënt tot het gebruik van alcohol of drugs aanzetten en op het type bekrachtiging dat individuen voor dit gedrag verkrijgen. Daarom worden bij deze benaderingen het individu, zijn gedrag en de sociale omgeving in aanmerking genomen. In het Verenigd Koninkrijk en elders in Europa wordt ontwenning tegenwoordig beschouwd als één mogelijk behandelingsresultaat. Er zijn andere wenselijke behandelingsresultaten zoals gecontroleerd drinken of behandelingen met opiaatvervangers (bijvoorbeeld methadonprogramma's). Bij gecontroleerd drinken worden mensen gestimuleerd om hun gebruik tot bepaalde gelegenheden/settings/tijden van de dag te beperken of over te schakelen op alternatieven met een lager alcoholgehalte (Heather en Robertson, 1997).

Inspanningen voor gezondheidsbevordering hebben derhalve twee doelstellingen: **primaire preventie** met betrekking tot het informeren van kinderen omtrent de risico's van roken, drinken en drugsgebruik en over 'veilige' niveaus van gebruik en secundaire preventie wat betreft het gedrag van diegenen die al afhankelijk zijn.

Ongeacht of het gebruik wordt beïnvloed door persoonlijkheid, cognitieve ontwikkeling, gedragsnormen van leeftijdgenoten, reactie op stress of op verkrijgbaarheid en ongeacht of het gebruik wordt gemotiveerd door de wens te ontsnappen aan negatieve gedachten, emoties of situaties, als we willen voorkómen dat mensen beginnen met drugsgebruik, moet dit op dezelfde wijze worden aangepakt als bij alcoholgebruik of roken. Als het gaat om vermindering van het gebruik onder regelmatige gebruikers, zullen er echter voor een minderheid, evenals bij alcohol, problemen opdoemen van lichamelijke en psychologische afhankelijkheid die moeten worden aangepakt. De behandeling van

---

behaviorisme
De aanname dat de psychologie het bestuderen is van waarneembaar gedrag, waardoor het gedrag centraal staat en niet de mentale processen.

theorie van sociaal leren
Een theorie die is gebaseerd op de aanname dat het gedrag wordt gevormd door een combinatie van verwachte en gewaardeerde resultaten. Bekrachtiging is een belangrijke voorspeller van toekomstig gedrag.

conditioneringstheorie
De theorie dat gedrag direct wordt beïnvloed door de gevolgen ervan, positief zowel als negatief.

primaire preventie
Interventie die is gericht op het veranderen van risicofactoren voorafgaand aan het ontstaan van een ziekte.

alcoholverslaving kan in hoge mate gelijk zijn aan de behandeling van verslaving aan opiaten, althans wat betreft cognitieve of motivationele therapie en de sociale invloeden daarop (zie Orford, 2001 voor een bespreking van veelvoorkomende thema's die 'overmatige hunkering' ondersteunen). Wat wél verschilt, zijn de reacties van mensen op de betrokken personen en op de wijze waarop zij door de gezondheidszorg en de sociale hulpverlening zijn behandeld. Bovendien komen de gebruikers in contact met het juridische systeem, doordat het gebruik van bepaalde middelen verboden is. Mogelijk krijgen ze een gevangenisstraf met alle consequenties van dien. Het is niet het doel van dit boek om iets anders te doen dan voor de lezer de vraag omtrent het maatschappelijk oordeel aan de orde te stellen. Het is de moeite waard na te denken over de vraag of er meer aandacht en middelen zouden moeten worden vrijgemaakt voor gedragingen die aanzienlijk vaker voorkomen en veel schadelijker zijn, zoals alcoholmisbruik en het roken van tabak.

3.3 Onbeschermd seksueel gedrag

In tegenstelling tot de andere gedragingen die in dit hoofdstuk zijn beschreven, is seks geen individuele gedraging, maar gedrag dat optreedt in de context van een interactie tussen twee personen. Seks is in wezen 'sociaal' gedrag (hoewel alcohol drinken ook als 'sociaal' gedrag kan worden beschouwd, is de feitelijke fysieke daad van het drinken iets van het individu). Daardoor worden onderzoekers die seksuele praktijken en de invloeden daarop bestuderen en gezondheidsvoorlichters die proberen veiliger seksuele praktijken zoals condoomgebruik te bevorderen, met speciale problemen geconfronteerd. Het is echter van belang met deze voorlichtingsprogramma's door te gaan, gezien de bevindingen van een *Cochrane Review*. Bij dit onderzoek werd bewezen dat condoomgebruik effectief is voor het verminderen van de heteroseksuele overdracht van hiv (Weller en Davis-Beaty, 2007). Geconcludeerd werd dat consequent condoomgebruik (gedefinieerd als gebruik voor alle keren van vaginale gemeenschap met penetratie) leidde tot een reductie van de incidentie van hiv van tachtig procent.

3.3.1 Negatieve effecten van onveilig vrijen op de gezondheid

Behalve ongewenste zwangerschap brengt onveilig vrijen nog andere risico's met zich mee: **seksueel overdraagbare aandoeningen (soa's)**. Seksueel gedrag als risico op ziekte krijgt steeds meer aandacht sinds de ontdekking van het humaan immunodeficiëntievirus (hiv) rond 1980 en de erkenning dat de daardoor veroorzaakte ziekte aids zowel in heteroseksuele als homoseksuele populaties voorkomt (en tevens bij drugsgebruikers die hun naalden delen).

UNAIDS (2017) rapporteert dat het aantal hiv-infecties bij volwassenen in 2016 wereldwijd stabiliseerde op een niveau van 1,9 miljoen nieuwe infecties tussen 2010 en 2015. In 2017 herzag UNAIDS deze cijfers; men ging nu uit van een daling van elf procent tussen 2010 en 2016. Deze cijfers werden voor het grootste deel bepaald door de afname van achttien procent in nieuwe hiv-infecties in oostelijk en zuidelijk Afrika. Figuur 3.12 laat zien dat het overgrote deel van de hiv-epidemie het oosten en zuiden van Afrika getroffen heeft.

> seksueel overdraagbare aandoeningen (soa's)
> Seksueel overdraagbare aandoeningen - afgekort: soa's – zijn infectieziekten die je kunt krijgen door onbeschermd seksueel contact met iemand die besmet is.

ONDERZOEK IN DE PRAKTIJK

E-sigaretten

Systemen voor de elektronische afgifte van nicotine, zogenoemde e-sigaretten, zijn sinds 2003 verkrijgbaar. Ze worden op de markt gebracht als veilige producten die iemand het gevoel van roken geven, zonder de bekende negatieve gevolgen voor de gezondheid. Weten we echter wel zeker of dit een geldig verkoopargument is? Bij een analyse van de prevalentie van het gebruik onder jongvolwassen Amerikanen in de leeftijd van 18-25 jaar over een periode van vijf jaar bleek een significante toename van het zelfgerapporteerde gebruik van e-sigaretten gedurende de laatste maanden, van zes procent van 2009-2010 tot 19 procent in 2010 en 11 tot 41 procent in 2013 (Ramo et al., 2015). Hoewel e-sigaretten, zoals deze studie aantoonde, vaak worden gebruikt als hulpmiddel bij het stoppen, weten we eenvoudigweg nog niet definitief of ze op de lange termijn succesvol zijn en/of beter dan alternatieve methoden zoals nicotinepleisters of -kauwgum (een recente meta-analyse suggereert van niet, Grana et al., 2014).

Bij een ander onderzoek van 76 studies (Pisinger en Døssing, 2014) wordt melding gemaakt van potentiële bezorgdheid over de samenstelling van de damp (waaronder carcinogene verbindingen, hoewel in een lagere concentratie dan in echte sigaretten, en andere stoffen en ultrafijne schadelijke metaaldeeltjes zoals nikkel). Ook waren er twintig meldingen van nadelige gezondheidseffecten, waaronder ademhalingsproblemen, zelfs na kortdurend gebruik, hoewel geen betrouwbare conclusies konden worden getrokken omdat sommige deelnemers melding maakten van gunstige effecten van het gebruik op het cognitief functioneren en zelfs op de ademhaling. Veel van de bekeken studies hadden echter methodologische tekortkomingen; ze werden door fabrikanten van e-sigaretten uitgevoerd, zodat er sprake kan zijn van een aanzienlijke belangenverstrengeling. Onnodig te zeggen dat voor dit gedrag monitoring en evaluatie op lange termijn nodig zijn. Het duurt misschien nog wel vele jaren voordat we de volledige voordelen (of de effectiviteit bij het stoppen met roken) en de risico's kennen. Hoewel de gezondheidsrisico's waarschijnlijk significant geringer zijn dan die van het roken van conventionele tabak, concluderen de auteurs dat 'elektronische sigaretten niet bepaald als onschadelijk kunnen worden beschouwd', vooral voor mensen die eerder nooit hadden gerookt, een populatie die dringend verdere bestudering behoeft voordat we conclusies kunnen trekken over de vraag of e-sigaretten de 'poort openen' naar conventioneel roken. Een verhaal dat gedurende de komende jaren zal worden vervolgd.

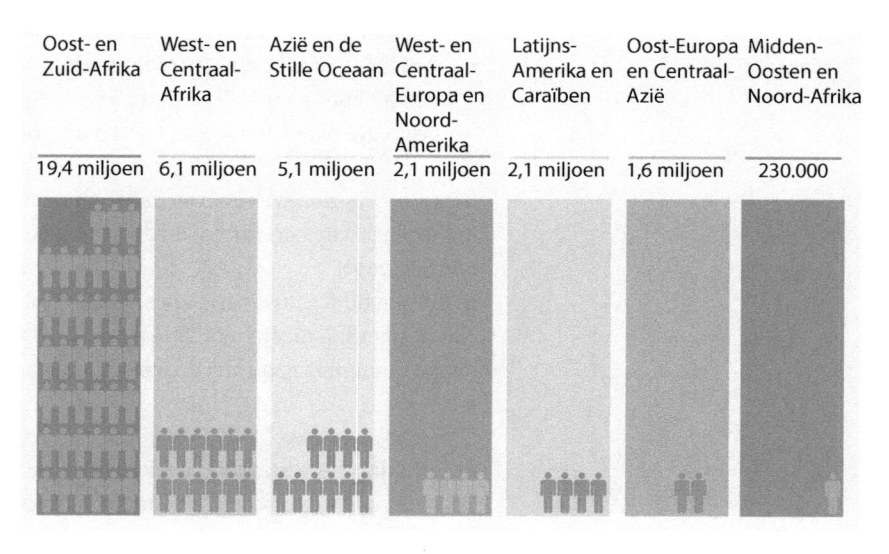

Oost- en Zuid-Afrika	West- en Centraal-Afrika	Azië en de Stille Oceaan	West- en Centraal-Europa en Noord-Amerika	Latijns-Amerika en Caraïben	Oost-Europa en Centraal-Azië	Midden-Oosten en Noord-Afrika
19,4 miljoen	6,1 miljoen	5,1 miljoen	2,1 miljoen	2,1 miljoen	1,6 miljoen	230.000

FIGUUR 3.12 Aantal mensen met hiv in 2016
Bron: https://www.avert.org (UNAIDS Data, 2017), geraadpleegd februari 2019

Terwijl er een duidelijke afname is in het oosten en zuiden van Afrika, is dit in andere delen van de wereld helaas niet altijd het geval, zoals figuur 3.13

aantoont. Vooral in Oost-Europa en Centraal-Azië is er sprake van een verontrustende toename van zestig procent.

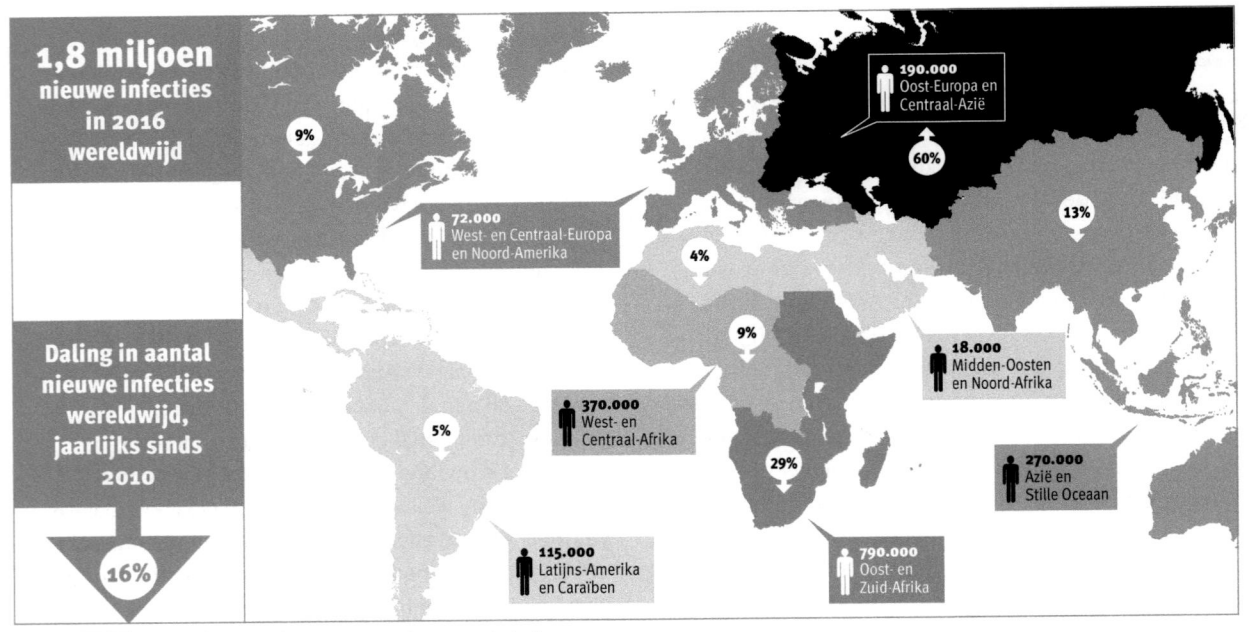

FIGUUR 3.13 Nieuwe hiv-infecties in 2016 en trend sinds 2010
Bron: www.avert.org (UNAIDS, 2017)

De daling van het aantal sterfgevallen wordt toegeschreven aan betere preventie en aan antiretrovirale behandelingen. Gelukkig is het aantal mensen dat behandeld wordt met antiretrovirale middelen drastisch toegenomen. In 2016 is een belangrijk mijlpaal behaald in de zin dat nu meer dan de helft van de met hiv geïnfecteerde mensen adequate behandeling ontvangt (UNAIDS, 2017).

Er zijn vier manieren waarop het hiv-virus kan worden overgedragen (www.avert.org):
- onbeschermde vaginale, orale (zeer klein risico) of anale seks;
- delen van niet-gesteriliseerde spuiten;
- van moeder naar baby tijdens de zwangerschap, geboorte of borstvoeding;
- besmette bloedtransfusie, transplantaties of andere medische handelingen.

In figuur 3.14 zien we een overzicht van de transmissie van nieuwe hiv-diagnoses in Europa, in de periode 2006-2015 (European Centre for Disease Prevention and Control, 2015).

In Europa blijft transmissie via seksueel contact tussen mannen een grote bron van besmetting die licht blijft toenemen. Besmetting via heteroseksuele seks neemt daarentegen af. Het gedeelte 'onbekende oorzaken' neemt ondertussen toe.

Chlamydia, HPV en andere soa's

Seksueel overdraagbare aandoeningen of soa's zijn infecties die je kunt oplopen door seksueel contact. Soa's kunnen veroorzaakt worden door bacteriën, virussen, schimmels of parasieten. Chlamydia, gonorroe en syfilis worden het meest geregistreerd. Deze drie soa's zijn goed behandelbaar. Een groeiende reden tot zorg is de toename van het aantal soa's en genitale wratten in Nederland en Vlaanderen. Onder de mensen die zich op seksueel overdraagbare aandoeningen laten testen, is chlamydia de meest voorkomende soa in Nederland (www.

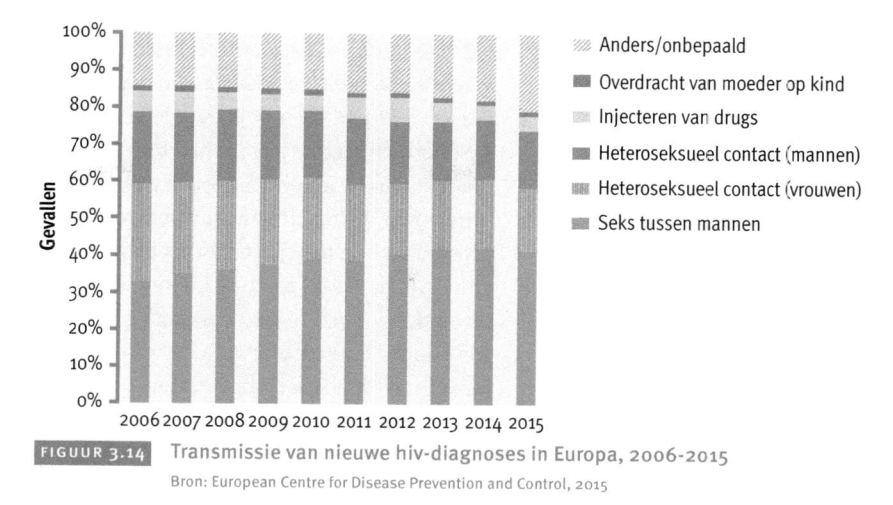

FIGUUR 3.14 Transmissie van nieuwe hiv-diagnoses in Europa, 2006-2015
Bron: European Centre for Disease Prevention and Control, 2015

volksgezondheidsenzorg.info) en Vlaanderen. Chlamydia is een te genezen aandoening en is ook de meest vermijdbare oorzaak van onvruchtbaarheid. In 2016 kregen in Nederland 20.698 mensen de diagnose chlamydia binnen de Centra Seksuele Gezondheid; de toename was vooral sterk onder heteroseksuele mannen en vrouwen. In Vlaanderen en België (www.sensoa.be) zie je eenzelfde trend. Dit is zorgwekkend te noemen, gezien het feit dat chlamydia gemakkelijk kan worden voorkomen door condooms te gebruiken.

Een subgroep van een virusfamilie die **humaan papillomavirus** of **HPV** (HPV) wordt genoemd, is in verband gebracht met de abnormale weefsel- en celgroei bij genitale wratten en baarmoederhalskanker. De virussen die een groot risico met zich meebrengen, HPV-16 en HPV-18, veroorzaken samen meer dan zeventig procent van de gevallen van plaveiselcelcarcinoom (een tumor die zich ontwikkelt in platte cellen aan het buitenste oppervlak van de cervix (baarmoederhals)) en circa vijftig procent van de gevallen van adenocarcinoom (kanker die ontstaat in de kliercellen die de cervix bekleden). Circa 95 procent van de gevallen van baarmoederhalskanker ontstaat in de plaveiselcellen en ongeveer vijf procent is een adenocarcinoom.

Er zijn ook typen HPV's met een laag risico. Zij veroorzaken geen baarmoederhalskanker, maar wel genitale wratten, die erg hinderlijk kunnen zijn. HPV kan al worden overgedragen door één vrijpartij met een besmette persoon, maar is verder niet besmettelijk. D'Souza, McNeel & Fakhry (2017) vonden dat naarmate mensen meer partners hadden gehad waarmee ze orale seks bedreven, de kans op besmetting met HPV hoger was. Mensen met minstens tien orale-sekspartners liepen 11,1 procent risico op HPV, met vijf tot negen orale-sekspartners 3,3 procent, met twee tot vier partners 2,5 procent en met één partner 1,1 procent. Van alle mensen met een HPV-besmetting in mond- of keelholte ontwikkelen naar schatting 2 op 1.000 vrouwen en 7 op 1.000 mannen kanker in mond- of keelholte, wat nog steeds extreem weinig is.

Hoewel condoomgebruik het infectierisico verlaagt, 'leeft' HPV in de hele schaamstreek. Daarom is een condoom alleen niet genoeg om overdracht te voorkomen. HPV komt verbijsterend veel voor en om die reden is de ontdekking van een vaccin tegen die HPV-typen die verantwoordelijk zijn voor zeventig procent van alle gevallen van baarmoederhalskanker (maar niet tegen genitale wratten) geroemd als een belangrijke uitvinding voor de gezondheidszorg. Zowel in Vlaanderen als in Nederland wordt dit vaccin gratis aangeboden aan meisjes van dertien en veertien jaar.

---

humaan papillomavirus (HPV)
Het betreft een familie van meer dan honderd virussen, waarvan dertig typen genitale wratten kunnen veroorzaken en seksueel overdraagbaar zijn. De meeste genitale HPV-typen komen en gaan in de loop van enkele jaren, maar sommige virussen kunnen het risico op baarmoederhalskanker aanzienlijk verhogen.

3.3.2 Het gebruik van condooms

Twisk en Meijer (2017) hebben in een grootschalig onderzoek bij Nederlandse jongeren (jonger dan 25 jaar) gekeken naar de mate waarin jongeren zich beschermen tegen soa's en hiv door het gebruiken van condooms. Ruim zeventig procent van de jongeren gebruikte een condoom bij de eerste geslachtsgemeenschap. Met de laatste sekspartner worden condooms minder gebruikt. Twintig procent van de meisjes en 29 procent van de jongens gebruikte altijd condooms met de laatste sekspartner. Bij jongens is dit minder dan in 2012. Ongeveer een op de drie jongeren geeft aan dat ze met de laatste sekspartner in het begin wel condooms gebruikten, maar dat ze hier later mee gestopt zijn. Bij oudere jongeren is deze groep nog groter. Tachtig procent van de jongeren die gestopt zijn met het gebruik van condooms geeft aan dat ze dit samen met de laatste sekspartner hebben besloten. De belangrijkste redenen voor jongeren om geen condooms (meer) te gebruiken, zijn het gebruik van een ander anticonceptiemiddel, het vertrouwen in elkaar en dat het met condoom minder lekker is. Bijna een kwart van de jongeren zonder partner die niet altijd condooms gebruikten met de laatste sekspartner, geeft aan dat ze er niet aan gedacht hebben om condooms te gebruiken of dat ze te veel gedronken hadden. Waar bij de eerste keer geslachtsgemeenschap ruim zeven op de tien jongeren een condoom gebruiken, wordt bij latere seksuele contacten vaker het condoom achterwege gelaten. Bij losse contacten is het condoomgebruik opvallend laag. Ruim vier op de tien jongeren voor wie de laatste partner een onenightstand was, geeft aan hierbij geen condooms te hebben gebruikt.

Barrières voor condoomgebruik

Twisk en Meijer (2017) geven ook aan dat bij gebruik van alcohol het condoomgebruik bij jongeren afneemt. De ontremmende effecten van alcohol spelen hierbij ongetwijfeld een rol. Om condooms te gebruiken moet je ze uiteraard ter beschikking hebben. Volgens Twisk en Meijer (2017) worden ze meestal aangeschaft in een stenen winkel, ondanks dat twee van de vijf jongens en bijna de helft van de meisjes het kopen van condooms als gênant beoordeelt. Daarnaast geeft 35 procent van de jongeren aan het (helemaal) eens te zijn met de stelling 'als je condooms bij je hebt, ben je uit op seks'. Dat kan voor sommigen een belemmering zijn om daadwerkelijk condooms bij zich te dragen. Verder hebben zij gevonden dat niet-gelovige jongens en jongens die een beetje christelijk zijn, vaker condooms bij zich hebben dan jongens die islamitisch of streng christelijk zijn. Daarnaast kopen jongens die geen relatie hebben vaker condooms. Bij meisjes spelen religie en het wel of niet hebben van een relatie nauwelijks een rol. Met betrekking tot vrouwen en hiv-preventie is gebleken dat vele interpersoonlijke, intrapersoonlijke, culturele en contextuele factoren op elkaar inwerken en van invloed zijn op de vraag of een vrouw zich in staat voelt het gebruik van condooms bij seksuele ontmoetingen te reguleren (zie Bury *et al.*, 1992; Sanderson en Jemmot, 1996). Vrouwen delen in het algemeen dezelfde negatieve attitudes over condoomgebruik die onder jonge mannen worden gevonden (bijvoorbeeld dat de spontaniteit van het gedrag of het seksuele genot door condoomgebruik afneemt). Ook blijkt dat ze een onrealistisch optimistische inschatting maken van hun persoonlijke risico op infectie met hiv of een andere soa (Bryan *et al.*, 1996, 1997; Hobfoll *et al.*, 1994). Onderzoek heeft echter ook uitgewezen dat vrouwen te maken hebben met bijkomende barrières als het gaat om condoomgebruik. Enkele voorbeelden hiervan zijn:

- verwacht bezwaar van de man bij voorstel een condoom te gebruiken (omdat gemeend wordt dat vrijen met condoom minder plezierig is);

- problemen bij het ter sprake brengen van het condoomgebruik, verlegenheid;
- de angst dat het voorstel een condoom te gebruiken de indruk wekt dat zijzelf of haar partner met hiv of een andere soa is besmet;
- gebrek aan zelfredzaamheid of handigheid met betrekking tot het gebruiken van een condoom.

Deze barrières weerspiegelen niet alleen de eigen aannamen over de gezondheid, ze laten ook zien dat seksueel gedrag een complexe interpersoonlijke interactie is. Het bespreekbaar maken van seksueel gedrag is voor veel mensen nog altijd een precaire zaak. Daarnaast is hygiënisch seksueel gedrag helaas nog niet even vanzelfsprekend als handen wassen voor het eten.

Voor veiliger seksueel gedrag zijn dus interventies op verschillende niveaus nodig, die niet alleen zijn gericht op individuele opvattingen over gezondheid maar ook op interpersoonlijke communicatie- en onderhandelingsvaardigheden.

3.4 Ongezond voedingspatroon

Wat we eten is belangrijk voor onze gezondheid op de lange termijn. Er bestaat een directe relatie tussen voeding en hart- en vaatziekten en voeding en kanker. Indirect kent ongezond eten ook gezondheidsrisico's door het overgewicht dat het kan veroorzaken, een onderwerp waarop we later in dit hoofdstuk terugkomen.

Het risico op kanker als gevolg van het dieet is opvallend groot. Hoewel veel sterfgevallen door kanker (circa dertig procent: bijvoorbeeld Doll en Peto, 1981) worden toegeschreven aan roken, zijn er aanwijzingen dat 35 procent het gevolg is van een onverstandig dieet. En dan met name van een vetrijk dieet, veel zout en weinig vezels (American Cancer Society, 2012). Het *World Health Report* uit 2002 schrijft meer dan zeven procent van de ziektelast in de wereld toe aan een verhoogde queteletindex (BMI); gedacht wordt dat ongeveer een derde van het aantal hartaanvallen en herseninfarcten en meer dan zestig procent van het aantal gevallen van hoge bloeddruk door overgewicht wordt veroorzaakt. Abdominale obesitas, oftewel een zwaarlijvige buikomtrek ('appelvorm'), is een belangrijke factor bij hartaanvallen, meer dan de queteletindex (BMI).

obesitas
Een medische aandoening waarbij zich zoveel lichaamsvet heeft opgehoopt dat dit een negatief effect kan hebben op de gezondheid.

Problemen als gevolg van overgewicht en **obesitas** zijn significant toegenomen, zowel bij kinderen als bij volwassenen. Ongeveer een kwart van de volwassenen in veel West-Europese landen en de Verenigde Staten is obees en meer dan zestig procent heeft overgewicht. Gedrag bestaande uit ongezond eten of overeten en niet bewegen speelt een cruciale rol bij deze 'epidemie'.

3.4.1 Vetopname en cholesterol

Gebleken is dat overmatige vetconsumptie betrokken is bij aandoeningen van de kransslagaders en bij hartaanvallen (Yusuf *et al.*, 2004) en in mindere mate bij kanker, vooral van de dikke darm, testikels en borsten (Freedman *et al.*, 2008). In hoofdstuk 8 worden de relevante biologische en chemische processen besproken. Cholesterol is een lipide (vet) dat in onze eigen lichaamscellen aanwezig is. Het zorgt voor de productie van steroïdhormonen en is betrokken bij de vorming van gal, dat nodig is voor de spijsvertering. De normale concentratie kan door een vetrijk dieet worden verhoogd (en ook door andere factoren, zoals veroudering). Hoewel er geen perfecte correlatie is tussen cholesterol in de voeding en serum-

cholesterol, zijn ze gerelateerd. Om die reden is cholesterol van belang voor gezondheidspsychologen die zich met gedragsverandering bezighouden!
Vet voedsel, met vooral veel verzadigde vetten (zoals sommige dierlijke producten en sommige plantaardige oliën), bevat cholesterol, een vetachtige stof die lipoproteïnen bevat die in dichtheid verschillen. De zogenoemde *low-density* lipoproteïnen (lagedichtheid-lipoproteïnen (LDL's)), kunnen, als ze in de bloedsomloop aanwezig zijn, leiden tot de vorming van plaques in de slagaders. Cholesterol dat door LDL's wordt vervoerd, noemen we daarom 'slecht cholesterol'. LDL lijkt te zijn betrokken bij atherosclerose (zie verderop). 'Goed cholesterol' wordt getransporteerd door *high-density* lipoproteïnen (HDL's), die de omzetting en verwijdering van LDL's door de lever lijken te bevorderen. Gezond zijn voedingsmiddelen met meervoudig onverzadigde vetten, die gemakkelijker in het lichaam kunnen worden afgebroken dan verzadigde vetten, of voedingsmiddelen zoals vette vis, die Omega-3-vetzuren bevatten, en waarvan is aangetoond dat ze de concentratie HDL-cholesterol in het bloed verhogen. Wat belangrijk lijkt te zijn voor de gezondheid, is een lage ratio van totaal cholesterol (HDL + LDL + 20 procent of minder triglyceriden van lagere dichtheid) tot HDL. De gewenste ratio is kleiner is dan 4,5:1. Bij een dergelijk niveau wordt gedacht dat mensen een kleiner risico op hartaandoeningen hebben. Het wordt echter nog steeds als belangrijk beschouwd om de feitelijke LDL-concentraties zo laag mogelijk te houden, vooral bij mensen met andere risicofactoren voor hartaandoeningen zoals hoge bloeddruk, familiale voorgeschiedenis of roken.

Wat zijn de gezondheidsrisico's van overmatige vetconsumptie? Door een teveel aan LDL-cholesterol in het bloed kunnen plaques (vetachtige lagen) op de slagaderwanden (**atherosclerose**) ontstaan, waardoor de bloedtoevoer naar het hart wordt beperkt. De aandoening **arteriosclerose** ontstaat als de slagaderwanden door de gestegen bloeddruk hun elasticiteit verliezen en harder worden; daardoor kunnen het hart en de bloedvaten tijdens inspanning niet de verhoogde bloedtoevoer leveren die nodig is als het energieverbruik van het lichaam stijgt. Deze ziekten van de slagaders worden samen hart- en vaatziekten genoemd; ze vormen een belangrijke risicofactor voor angina pectoris, een pijnlijk verschijnsel waarbij de slagader geblokkeerd raakt, zodat de zuurstoftoevoer van het hartspierweefsel afneemt.

Een doelstelling van gezondheidsinterventies is een vermindering van de vetinname, niet alleen vanwege de effecten op het lichaamsgewicht maar ook vanwege het verband met hart- en vaatziekten. Veel studies tonen dit verband aan. Met inbegrip van drie grote prospectieve onderzoeken – de MRFIT-studie van 69.205 mannen die gedurende zestien jaar werden gevolgd; de CHA-studie van 11.017 mannen gedurende 25 jaar; de PG-studie van 1.266 mannen gedurende 34 jaar – waarbij melding werd gemaakt van een significante lineaire relatie tussen het cholesterolniveau bij de nulmeting en overlijden aan hartaandoeningen, herseninfarct of algemene mortaliteit (Stamler *et al.*, 2000).

Tien procent minder serumcholesterol (cholesterolgehalte van het bloed) leidt na vijf jaar tot een daling van 54 procent van hart- en vaatziekten in het veertigste levensjaar, een daling van 27 procent op zestigjarige leeftijd en een afname van negentien procent in het tachtigste levensjaar (Law *et al.*, 1994; Navas-Nacher *et al.*, 2001). Dit geringere verband bij oudere volwassenen is een relatief consistent resultaat en het kan erop wijzen dat mensen ouder dan 65 zich misschien minder zorgen hoeven maken over hun totale cholesterolconcentratie (Navas-Nacher *et al.*, 2001). Ondertussen is er ook enige correlatie gevonden tussen het aantal sterfgevallen aan borstkanker en vetconsumptie. In landen met een hoge vetconsumptie (bijvoorbeeld het Verenigd Koninkrijk, Nederland, de Verenigde Staten) is het

---

atherosclerose
Vorming van vettige plaques in de slagaders.

arteriosclerose
Verlies van elasticiteit en verharding van de slagaders.

aantal sterfgevallen aan borstkanker hoger dan in landen met een geringere vetconsumptie (bijvoorbeeld Japan, de Filippijnen). Betrouwbare gegevens over een samenhang tussen hoge vetconsumptie en sterftecijfers ten gevolge van borstkanker en van prostaatkanker zijn echter nog beperkt (zie bijvoorbeeld Löf et al., 2007; Crowe et al., 2008).

Aan de hand van deze en andere gegevens worden in veel landen beleidsdocumenten opgesteld met richtlijnen voor gezonde voeding en voedingsdoelstellingen.

3.4.2 Zoutinname

Een van die (preventieve) voedingsdoelstellingen is het beperken van de zoutinname. Het eten van veel zout (natriumchloride), dat voor een groot deel het gevolg is van een toenemend gebruik van bewerkt voedsel, speelt een rol bij hoge bloeddruk oftewel hypertensie. De nadelige effecten van een grote zoutinname op de bloeddruk lijken zelfs te blijven bestaan als het niveau van lichamelijke activiteit, het lichaamsgewicht en ander gezondheidsgedrag onder controle zijn en daarom is geprobeerd de inname via voorlichtingsprogramma's te verminderen. In 2002 is een onderzoek gedaan (literatuuronderzoek en meta-analyse) naar de invloed van het verlagen van de zoutinname bij volwassenen. Van degenen met een hoge bloeddruk werden sommigen wel, anderen niet behandeld (Hooper et al., 2002). De resultaten waren enigszins gemengd in de zin dat minder zout leidde tot een lagere **systolische** en **diastolische bloeddruk**, maar er geen verband werd gevonden tussen de mate van daling en de verminderde hoeveelheid zout, net zomin als tussen de vermindering van zoutinname en het aantal sterfgevallen aan hart- en vaatziekten. Dat laatste kwam naar voren uit vervolgstudies die uiteenliepen van zeven maanden tot zeven jaar en waarbij het aantal sterfgevallen over de interventie- en de controlegroep gelijk was verdeeld. De onderzoekers concludeerden daarom dat interventies die waren gericht op zoutinname slechts een beperkt voordeel voor de gezondheid opleverden. Ondanks dit weinig overtuigende onderzoeksresultaat bestaan er kwantitatieve richtlijnen voor de aanbevolen zoutinname. Hoge zoutinname betekent meer dan zes gram per dag voor volwassenen, voor kinderen (van zeven tot veertien jaar) meer dan vijf gram per dag (British Medical Association (BMA), 2003a). Hoewel het misschien moeilijk is om de afzonderlijke gezondheidsvoordelen van een dieet met een gereduceerd zoutgehalte vast te stellen wanneer mensen worden onderzocht die hun algemene dieet veranderen, groeit de bewustwording van de noodzaak om vanaf de vroege jeugd op de zoutinname te letten.

systolische bloeddruk
De maximale druk van het bloed op de slagaderwanden die zich voordoet aan het einde van de samentrekking van de linkerkamer (gemeten in relatie tot de diastolische bloeddruk).

diastolische bloeddruk
De minimale druk van het bloed op de wanden van de slagaders in de periode tussen twee hartslagen (gemeten in relatie tot de systolische bloeddruk).

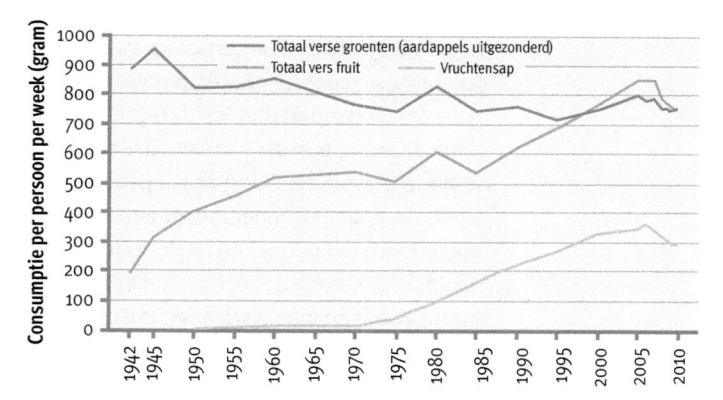

FIGUUR 3.15 Consumptie van vers fruit en groenten bij volwassenen van zestien jaar en ouder in het Verenigd Koninkrijk, 1942-2010

Bron: *Coronary Heart Disease Statistics: A Compendium of Health Statistics*, 2012 edition, © British Heart Foundation, 2012

3.5 Overgewicht

Hoewel obesitas op zichzelf geen vorm van gedrag is, ontstaat het door een combinatie van een ontoereikend dieet en een gebrek aan lichaamsbeweging (Haslam en James, 2005); deze beide gezondheidsgedragingen zijn het thema van dit en van het volgende hoofdstuk. Er is een wereldwijde bezorgdheid over de toenemende prevalentie van obesitas tot epidemische proporties en de invloed daarvan op de morbiditeit (met inbegrip van lichamelijke beperkingen en uiteenlopende aandoeningen) en mortaliteit.

3.5.1 Hoe wordt overgewicht gedefinieerd?

TABEL 3.2 Internationale categorieën in lichaamsgewicht voor volwassenen naar BMI
Bron: WHO, 2017

CATEGORIE	GRENSWAARDEN
Ondergewicht	<18,5
Ernstig ondergewicht	<16,0
Gemiddeld ondergewicht	16,0 – 16,99
Matig ondergewicht	17,0 – 18,49
Gezond gewicht	18,50 – 24,99
Overgewicht	≥ 25,0
Matig overgewicht	25,0 – 29,99
Ernstig overgewicht (obesitas)	≥ 30,0
Niveau 1	30,0 – 34,9
Niveau 2	35,0 – 39,9
Niveau 3	≥ 40,0

Het gewicht van iemand (in kilogram) gedeeld door het kwadraat van zijn lengte (in meters) geeft de body mass index in kg/m². De BMI is ingedeeld in de categorieën ondergewicht, overgewicht en obesitas. Voor het meten van overgewicht bij jongeren gelden leeftijdspecifieke grenswaarden van de BMI. Deze grenswaarden zijn lager dan bij volwassenen en zijn per leeftijdsjaar en voor jongens en meisjes apart vastgesteld. Overgewicht wordt meestal bepaald aan de hand van de BMI (body mass index), ook wel queteletindex genoemd. Bij de BMI wordt echter geen rekening gehouden met leeftijd, geslacht, lichaamsbouw of mate van gespierdheid; daarom mag deze index alleen als richtlijn worden gebruikt als met al deze andere factoren rekening wordt gehouden.

Niet alleen de BMI moet in aanmerking worden genomen; gebleken is dat de omtrek van het middel en de verhouding tussen de omvang van het middel en de omvang van de heupen en het vet dat rond het onderlichaam is afgezet, de implicaties van overgewicht en obesitas verder verhogen, vooral bij wat vaak een 'appelvormig' figuur wordt genoemd. Deze implicaties zijn: hartaanvallen voor mannen (Smith *et al.*, 2005) en vrouwen (Iribarren *et al.*, 2006); diabetes type 2 en algehele mortaliteit voor vrouwen (Hu, 2003) en voor sommige vormen van kanker voor beide geslachten (Williams en Hord, 2005).

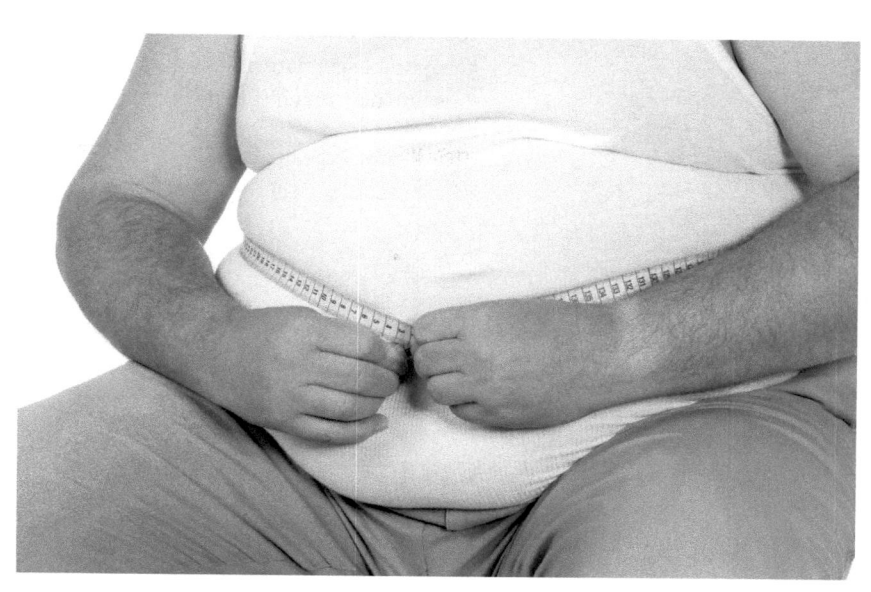

Foto: PeJo / Shutterstock (Pearson Asset Library)

3.5.2 Negatieve gevolgen van overgewicht

In paragraaf 3.1.1 merkten we op dat ondergewicht wereldwijd de meest voorkomende doodsoorzaak is. Desondanks lopen steeds meer mensen – vooral in het Westen – het risico op het tegenovergestelde probleem: overgewicht. Overgewicht is een belangrijke risicofactor voor een reeks lichamelijke aandoeningen, waaronder hypertensie, hart- en vaataandoeningen, diabetes type 2, osteoartritis, pijn in de onderrug en sommige vormen van kanker. Het relatieve risico op ziekte lijkt recht evenredig te zijn aan het percentage overgewicht van het individu, hoewel het bewijs voor deze lineaire relatie niet consistent is.

Bij een meta-analyse, gepubliceerd in het *Journal of the American Medical Association* (Flegal et al., 2013), werd uit een overzicht van 97 studiedatasets van 2,8 miljoen personen geconcludeerd dat er een verhoogd overlijdensrisico bestond (door het berekenen van *hazard ratio's* (HR) in verhouding tot normaal gewicht) voor mensen met obesitas klasse 2 en klasse 3 (gecombineerde HR 1,29), maar niet voor diegenen die overgewicht (HR 0,94) hadden of als obesitas klasse 1 (HR 0,95) waren geclassificeerd. In feite was licht overgewicht geassocieerd met een lager risico voor mortaliteit dan 'normaal' gewicht. Hoewel deze bevindingen alleen op de BMI waren gebaseerd en niet op de gewichtsverdeling, zijn ze belangrijk. Ze leiden tot een academische discussie over de potentiële gezondheidsvoordelen van licht overgewicht. Uit het longitudinale onderzoek naar hartaandoeningen in de Framingham Heart Study (in Wilson et al., 2002) blijkt daarentegen een relatie te bestaan tussen langdurig overgewicht (twee tot drie decennia) en mortaliteit. Volgens deze gegevens veroorzaakt overgewicht een enigszins groter risico dan een 'normaal' gewicht. In beide studies bestaat echter een J-vormige curve die ons ook herinnert aan de risico's van ondergewicht.

Overgewicht speelt ook een rol bij psychologische klachten, zoals een gering gevoel van eigenwaarde en sociaal isolement (British Medical Association, 2003a; Strauss, 2000), mogelijk doordat de betrokkene zich gestigmatiseerd voelt (British Medical Association, 2003a; Strauss, 2000; Ogden en Clementi,

2011). Overgewicht hebben als kind wordt in verband gebracht met een geringere gezondheidsgerelateerde kwaliteit van leven (Williams *et al.*, 2005) en zelfs met vroegere mortaliteit (Bjørge *et al.*, 2008).

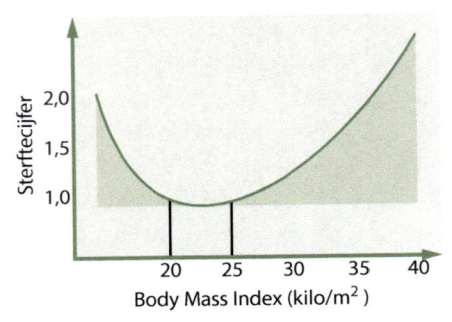

FIGUUR 3.16 De relatie tussen body mass index en mortaliteit op 23-jarige leeftijd (follow-upstudie Framingham Heart Study)
Bron: Wilson *et al.*, 2002

Prevalentie van overgewicht

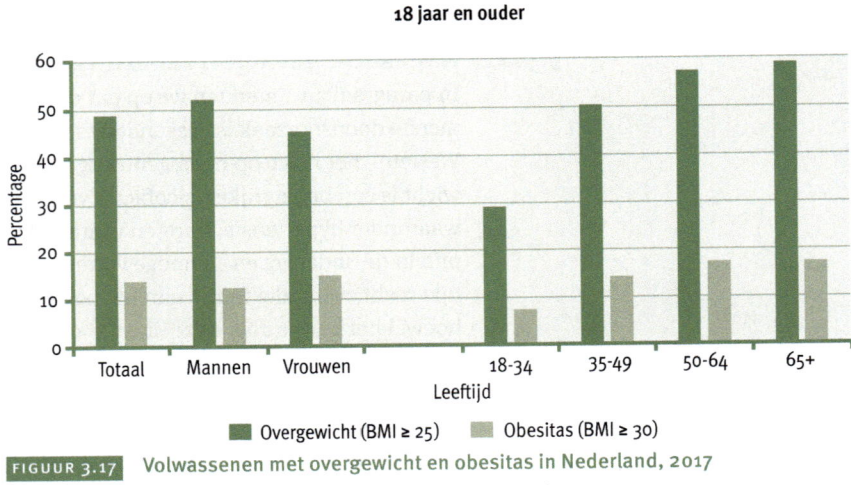

FIGUUR 3.17 Volwassenen met overgewicht en obesitas in Nederland, 2017
Bron: volkgezondheidenzorg.info, geraadpleegd 30 januari 2019

In 2017 had 48,7 procent van de Nederlanders van achttien jaar en ouder overgewicht. Overgewicht komt vaker voor bij mannen dan bij vrouwen. Bij obesitas is dat andersom: meer vrouwen hebben obesitas dan mannen. In totaal heeft 13,9 procent van de Nederlanders van achttien jaar en ouder obesitas. Overgewicht neemt toe met de leeftijd. Deze cijfers zijn gebaseerd op zelfrapportage van lengte en gewicht (volksgezondheidenzorg, 2017).

In 1990 had één op de drie volwassen Nederlanders (33 procent) naar eigen zeggen overgewicht. Sindsdien is het aantal Nederlanders met overgewicht sterk gestegen tot bijna de helft van alle volwassenen (49,3 procent) in 2015. Het percentage mensen met obesitas, eveneens naar eigen zeggen, is in dezelfde periode bijna verdrievoudigd van 5,5 tot 16 procent. De laatste jaren is de stijging afgevlakt (volksgezondheidszorg.info).

De Europese Commissie (1999) schat dat 31 procent van de volwassen bevolking van de Europese Unie overgewicht heeft, waarbij nog eens tien procent een gewicht heeft dat als klinisch obees wordt omschreven (BMI > 30 kg/m²). Uit de

Ongezond gedrag 87

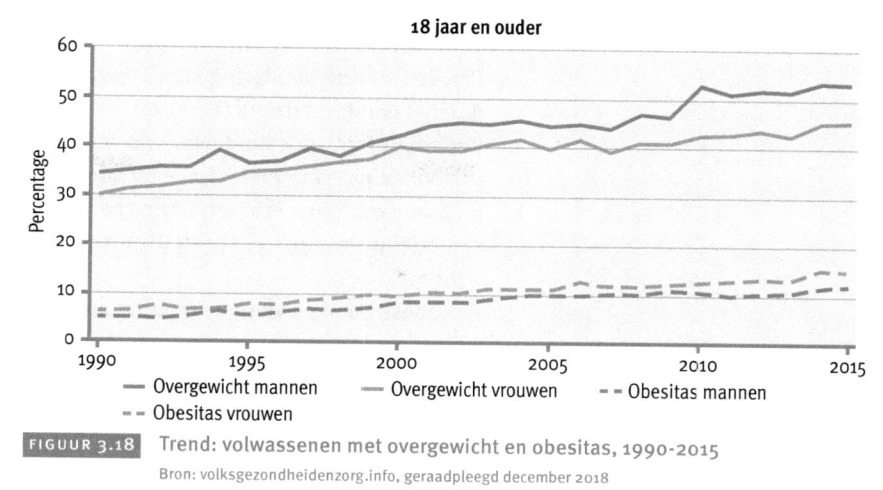

FIGUUR 3.18 Trend: volwassenen met overgewicht en obesitas, 1990-2015
Bron: volksgezondheidenzorg.info, geraadpleegd december 2018

verzamelde epidemiologische gegevens van de Wereldgezondheidsorganisatie blijkt dat de frequentie van obesitas in delen van Noord-Amerika, Australië, Azië en China, en binnen het Verenigd Koninkrijk gedurende de laatste drie decennia is verdrievoudigd.

Het is alarmerend dat overgewicht is geïdentificeerd als de *meest voorkomende aandoening bij kinderen* in Europa (International Obesity Taskforce and European Association for the Study of Obesity, 2002). Obesitas komt voor onder alle leeftijdgroepen maar bij jongere populaties betreffen de specifieke zorgen de vroege implicaties van obesitas voor de psychologische gezondheid en de psychosociale ontwikkeling. Bij ouderen, zoals bij volwassenen van middelbare leeftijd en ouder, worden vooral de effecten op de lichamelijke gezondheid zichtbaar. Voor jonge vrouwen kon een lagere sociaaleconomische status worden gerelateerd aan een toegenomen overgewicht terwijl dit niet gold voor mannen. Obese kinderen groeien veelal op tot obese volwassenen en om kinderen daarvoor te behoeden moeten interventies vroeg beginnen (Magarey *et al.*, 2003). Interventies kunnen alleen succesvol zijn als allereerst wordt begrepen welke factoren aan het ontstaan van obesitas zijn gerelateerd. Hiertoe hebben onderzoekers de invloeden op voedselkeuze, inname en vooral het gedrag van te veel eten bestudeerd. Deze factoren maken deel uit van de theorie van het sociaal leren, bijvoorbeeld de sterke invloed van het gedrag of de mededelingen van belangrijke anderen – leeftijdgenoten, ouders, de media – of van theorieën over associatief leren, waarbij voedselkeuze en eetgedrag zijn geassocieerd met het ontvangen van intrinsieke of extrinsieke beloningen of **bekrachtigers**, bijvoorbeeld het plezier dat hoort bij eten met familie en vrienden, of de vermeende stressreductie die wordt verkregen uit 'troosteten'. Naast het beschouwen van deze ontwikkelingstheorieën die op sociaal leren en modelleren zijn gericht, hebben gezondheidspsychologen ook cognitieve theorieën toegepast op gedragsverandering met betrekking tot overeten (zie hoofdstuk 5). Het komt ook voor dat vrouwen met een normaal gewicht minder willen wegen. Daarmee nemen ze het idee van 'dunner is beter' over dat in veel berichten in de media als normaal wordt gepresenteerd (Wardle en Johnson, 2002). Desondanks hebben we voornamelijk te maken met een obesitasepidemie en mensen met overgewicht worden met het vermeende 'ideaal' vergeleken en vervolgens veroordeeld.

Obesitas heeft een sterke relatie met ziekte, maar als we de invloeden bekijken, zul je zien dat deze niet alleen het gevolg zijn van overeten.

<small>**bekrachtigers**
Factoren die belonen of die een positieve reactie vormen na een specifieke handeling of reeks handelingen (positieve bekrachtiger) of waardoor de verwijdering of vermijding van een ongewenste toestand of reactie mogelijk wordt (negatieve bekrachtiger).</small>

3.5.3 Oorzaken van overgewicht

Een eenvoudige verklaring voor overgewicht is dat de energie-inname groter is dan het energieverbruik (Pinel, 2003). Bij tweelingenonderzoeken en studies onder geadopteerde kinderen (van wie het gewicht meer overeenkomst vertoonde met hun biologische moeder dan met hun adoptiemoeder, zie Meyer en Stunkard, 1993; Price en Gottesman, 1991) bleek echter ook dat overgewicht een erfelijke component heeft die meestal tot een van de volgende drie typen behoort:

- Obese mensen worden geboren met een groter aantal vetcellen; hiervoor is beperkt bewijs. Iemand van gemiddeld gewicht en mensen met lichte obesitas hebben gemiddeld 25 tot 35 miljoen vetcellen. Bij iemand met ernstige obesitas neemt het aantal cellen aanzienlijk toe en worden ook nieuwe vetcellen gevormd.
- Obese mensen erven een lagere stofwisselingssnelheid. Zij hebben derhalve een tragere verbranding, zodat ze minder calorieën nodig hebben om te overleven. Als ze dit echter niet weten en 'normaal' eten, neemt hun gewicht toe. Onderzoeksresultaten wijzen echter uit dat niet alle obese mensen een lagere stofwisselingssnelheid hebben dan vergelijkbare dunne mensen, dus deze veelvoorkomende verklaring lijkt ongegrond.
- Obese mensen hebben mogelijk te weinig van een hormoon dat verantwoordelijk is voor hun eetlustregulatie of -controle dan wel gebrek aan controle; dit is waarschijnlijk een secundaire factor.

Deze laatste verklaring heeft sinds de jaren vijftig van de vorige eeuw veel aandacht gekregen toen een genmutatie werd vastgesteld bij bepaalde laboratoriummuizen die een sterke mate van obesitas hadden ontwikkeld (Coleman, 1979). Toen dit gemuteerde gen vervolgens werd gekloond, werd ontdekt dat het alleen in vetcellen tot expressie kwam en dat het codeerde voor een eiwithormoon dat leptine wordt genoemd (Zhang *et al.*, 1994). Leptine wordt door vetweefsel (adipeus weefsel) geproduceerd en het is een van de verschillende signalen naar de hypothalamus in het centrale zenuwstelsel die een rol spelen bij de regulering van het gewicht. Een lage leptineconcentratie suggereert een geringe vetopslag; dit is een signaal voor het organisme dat het moet eten, om de vetvoorraad aan te vullen die nodig is als energievoorziening.

Bij onderzoek is echter gebleken dat er niet bij alle mensen met obesitas soortgelijke genetische mutaties plaatsvinden. Het verhogen van het leptinegehalte via injecties heeft het eetgedrag of het lichaamsvet van mensen met obesitas niet consistent verminderd. Korter geleden is baanbrekend onderzoek verricht waarbij de effecten van gezamenlijke FTO-genvarianten (vetmassa en obesitas bij elkaar) op de BMI, het gewicht, de omtrek van het middel en het lichaamsvet werden aangetoond (bijvoorbeeld Frayling *et al.*, 2007). Dit onderzoek heeft voorlopige aanwijzingen opgeleverd dat de genetische aanleg voor obesitas door inspannende lichamelijke activiteit zou kunnen worden verminderd of zelfs teniet gedaan (Rampersaud *et al.*, 2008). Bij een ander onderzoekstraject is vastgesteld dat serotonine, een neurotransmitter, direct is betrokken bij het gevoel van verzadiging (de toestand waarbij geen honger meer wordt gevoeld). De resultaten van vroege dierexperimenten waarbij de effecten van het toedienen van een serotonine-**agonist** op honger werden vastgesteld, zijn bij de mens bevestigd. Bij deze experimenten induceerde de toediening van serotonine-agonisten aan het lichaam een gevoel van verzadiging waardoor de frequentie van de voedselinname en de hoeveelheid geconsumeerd voedsel afnamen, evenals het lichaamsgewicht (Halford en Blundell, 2000).

---

agonist
Een middel dat de effecten van neurotransmitters nabootst, zoals de serotonine-agonist fluoxetine, en verzadiging induceert (het hongergevoel vermindert).

Deze onderzoeksrichtingen zijn veelbelovend voor toekomstige interventies, het is echter waarschijnlijk dat dergelijke verklaringen onvolledig zijn. Vermoedelijk is de recente stijging in de ontwikkelde landen echter sterker gerelateerd aan omgevingsfactoren, zoals levenswijze en gedragspatronen, dan aan een toegenomen genetische aanleg. Mensen brengen steeds meer tijd binnenshuis door. Door zittende bezigheden als televisiekijken, gamen en computeren zal iemands metabolisme trager verlopen, zodat het lichaam de energiereserves langzamer verbruikt. Gebrek aan lichamelijke activiteit in combinatie met overeten, of het eten van de verkeerde soorten voedsel gaat gepaard met obesitas en het is onduidelijk wat de primaire causale factor is.

Mensen eten om verschillende redenen en het is mogelijk dat obese mensen in dit opzicht van niet-obese mensen verschillen. Voor velen gaat eten met positieve prikkels gepaard, zoals de intrinsieke beloning van de smaak (intern sensorisch eten) en met extrinsieke beloningen zoals het plezier van sociaal eten (Pinel *et al.*, 2000). Er bestaan verschillende eetstijlen (Van Strien *et al.*, 1986). Sommige mensen gaan eten wanneer ze voedsel of voedselcues waarnemen (extern eten), of eenvoudigweg wanneer het lichaam opmerkt dat het honger heeft (intern eten); anderen eten wanneer ze zich vervelen, of wanneer ze geïrriteerd of gestrest zijn (emotioneel eten). Er zijn aanwijzingen dat obese mensen en mensen die overeten, meer op externe cues reageren, minder door interne hongerprikkels worden geleid en mogelijk vaker emotioneel eten (Snoek *et al.*, 2007; Van Strien *et al.*, 2007; O'Connor *et al.*, 2008). Bij het eten in gestreste toestand lijkt het erop dat niet alleen meer wordt gegeten maar dat ook een ander type voedsel wordt gekozen – vaak voedsel met een hoog suiker- of vetgehalte (Oliver *et al.*, 2000). Bovendien kan het type eetgedrag verschillen, afhankelijk van de aard van de stressor (O'Connor *et al.*, 2008). Bij effectieve interventies met het doel onze omgeving – die wel als 'obesogeen' wordt omschreven – en ons gedrag gezonder te maken, moet daarom rekening worden gehouden met een complex geheel van factoren. Interventies om de lichamelijke activiteit te verhogen, de andere grote factor bij het verminderen van obesitas, staan eveneens hoog op de volksgezondheidsagenda.

Een laatste gedachte over overgewicht

Een waarschuwing wordt ontleend aan het BMA-rapport (2003a) waaraan eerder werd gerefereerd. Als individu en als maatschappij moeten we ons niet overmatig concentreren op het gewicht van individuele kinderen; terwijl obesitas toeneemt, nemen ook extreem dieetgedrag en eetstoornissen in aantal toe. Uit onderzoeken is gebleken dat de ontevredenheid over het eigen lichaam onder kinderen en pubers groeit, vooral bij meisjes (zie Ricciardelli en McCabe, 2001; Schur *et al.*, 2000). Als de ontevredenheid over het eigen lichaam gepaard gaat met een streng dieet, kan dit leiden tot eetstoornissen (zie Patton *et al.*, 1990).

SAMENVATTING

3.1 Wat is gezondheidsbevorderend gedrag
- Gezondheidsbevorderend gedrag is gedrag waarvan is gebleken dat het de gezondheidstoestand ten goede komt, al dan niet met het vooropgezette doel de gezondheid te beschermen, te bevorderen of te handhaven.
- We maken een onderscheid tussen 'gedragsmatige pathogenen' (gedragingen die schadelijk zijn voor de gezondheid) en 'gedragsmatige immunogenen' (gedragingen die de gezondheid bevorderen).

3.2 Roken, drinken en het gebruik van illegale drugs
- Gedragsmatige pathogenen omvatten gedragingen zoals ongezond eten, overmatig alcoholgebruik, roken en onveilig vrijen.
- Gedragsmatige immunogenen omvatten gedragingen zoals sporten, een evenwichtig dieet, gezondheidscontroles en vaccinaties.

3.3 Onbeschermd seksueel gedrag
- In de westerse wereld wordt de daling van het aantal hiv-sterfgevallen toegeschreven aan betere preventie en aan antiretrovirale behandelingen.
- Er is een groeiende reden tot zorg over de toename van het aantal soa's en genitale wratten in Nederland en Vlaanderen. Condooms worden niet alleen gebruikt als een voorbehoedsmiddel maar ook als bescherming tegen seksueel overdraagbare ziekten.

3.4 Ongezond voedingspatroon
- Er is een relatie tussen een 'ongezond voedingspatroon' en kanker.
- Overdreven vetinname en een te hoge cholesterolspiegel hebben onder andere een verband met hart- en vaatziekten.
- Het wetenschappelijk onderzoek geeft weinig bewijs voor een verband tussen een beperking van de zoutinname en gezondheidsvoordelen.

3.5 Overgewicht
- De Body Mass Index is de universele maat voor (over)gewicht. Overgewicht komt veel voor en is in de meeste culturen stijgend.
- Er is een duidelijk verband tussen overgewicht en diverse aandoeningen, zoals diabetes, hoge bloeddruk, hart- en vaatziekten.

HOOFDSTUK 4
GEZOND GEDRAG

4.1 Compliantiegedrag
4.1.1 Definitie
4.1.2 Zijn mensen therapietrouw?
4.1.3 Waarom volgen mensen medische aanbevelingen en behandelingen niet op?

4.2 Gezonde voeding
4.2.1 De gezondheidsvoordelen van het eten van fruit en groente
4.2.2 Aanbevelingen voor gezonde voeding
4.2.3 Hoe gezond eten de Belgen en Nederlanders?
4.2.4 Voedselvoorkeuren

4.3 Lichaamsbeweging
4.3.1 Aanbevelingen voor lichaamsbeweging
4.3.2 Wat zijn de gunstige lichamelijke effecten van lichaamsbeweging?
4.3.3 De psychologische voordelen van lichaamsbeweging
4.3.4 Waarom sporten mensen?

4.4 Gezondheidsscreening
4.4.1 Screening op risicofactoren
4.4.2 Ziektedetectiescreening
4.4.3 De kosten en baten van screening
4.4.4 Beslissingen nemen over screening
4.4.5 Zelfonderzoek
4.4.6 Deelname aan screeningsprogramma's

4.5 Vaccinatie
4.5.1 Het doel van vaccinatie
4.5.2 Voor- en nadelen van immunisatie

LEERDOELEN

Aan het einde van dit hoofdstuk kun je beschrijven en uitleggen:
- welk gedrag gezondheid bevordert of beschermt;
- wat het belang is van gezond eetgedrag, lichaamsbeweging, medische controles en vaccinatie voor de gezondheid gedurende het leven;
- hoe verscheiden en complex het invoeren en handhaven van gezond gedrag is.

HEEFT JE MANIER VAN LEVEN INVLOED OP DE GEZONDHEID VAN JE GENEN?

Het BBC-nieuws van 3 december 2014 bevatte de volgende kop: 'Mediterraan dieet houdt mensen genetisch jong'. Al geruime tijd wordt een mediterraan dieet in verband gebracht met een verlaging van het risico op hart- en vaatziekten en op bepaalde vormen van kanker. Ook weten we dat de gezondheid wordt beschermd door lichamelijke activiteit en sporten. Deze relaties worden in dit hoofdstuk beschreven, maar wat zijn de precieze werkingsmechanismen? Welke processen resulteren in gedragingen die op ziekte van invloed zijn? Voor het beantwoorden van dergelijke vragen is wetenschappelijk onderzoek gedaan naar humane biologie, biochemie en fysiologie. Er komen nu enkele antwoorden naar voren die terug te voeren zijn op de elementaire bouwblokken van het leven – ons DNA.

De krantenkop en het bericht dat volgde, waren gebaseerd op een goed uitgevoerd onderzoek onder vijfduizend verpleegkundigen uit Boston die gedurende een periode van tien jaar werden gevolgd. De bevindingen die in het *British Medical Journal* werden gepubliceerd, doen vermoeden dat een gezond en evenwichtig mediterraan dieet met onder andere veel vers fruit en verse groenten, vis en wit vlees is gerelateerd aan langere en gezondere telomeren, kleine 'dopjes' aan het uiteinde van onze chromosomen waarin ons DNA ligt opgeslagen. Aangenomen wordt dat uiteenlopende ziekten en algehele veroudering het gevolg kunnen zijn van het korter of zwakker worden van de telomeren. Voeding kan een rol spelen bij het korter en zwakker worden van de telomeren.

Omdat de huidige onderzoeksresultaten vaak zijn gebaseerd op observationeel onderzoek, blijft het nodig verdere gecontroleerde studies uit te voeren.

In dit boek hebben we routes beschreven waarlangs gedrag fysiologische veranderingen veroorzaakt, bijvoorbeeld door roken en het verharden van de slagaders, en het risico op hartaandoeningen toeneemt. Nu zouden we ook de genetische gezondheid in ons onderzoeksgebied moeten opnemen. De wetenschappelijke vooruitgang op het gebied van de genetische fysiologie gaat echter te ver voor dit psychologieleerboek, hopelijk wekt dit hoofdstuk je belangstelling om verder te lezen over de wijze waarop deze relaties ontstaan.

HOOFDSTUKOVERZICHT

Gedrag is gerelateerd aan gezondheid. Niet al ons gedrag heeft een schadelijk effect op onze gezondheid; veel gedragingen bevorderen de gezondheid juist en beschermen ons tegen ziekten. Gedragingen die de gezondheid bevorderen, worden 'gedragsmatige immunogenen' genoemd. In dit hoofdstuk bespreken we een aantal van deze gedragsmatige immunogenen, waaronder medicatie- of therapietrouw, gezonde voeding, sporten, medische controles en vaccinatie. Het wetenschappelijke bewijs voor de gezondheidswinst van deze gedragingen wordt besproken en we vermelden een aantal nationale richtlijnen met betrekking tot het uitvoeren van deze gedragingen. Er komen uiteenlopende invloeden op het beginnen of handhaven van gezondheidsbevorderend gedrag aan bod.

In een maatschappij waar veel chronische aandoeningen voorkomen en waar de bevolking veroudert, wordt het steeds belangrijker om positieve stappen te ondernemen in de richting van gezond leven en gezond ouder worden. Berichtgeving in de media en campagnes voor de volksgezondheid hebben als doel mensen bewuster te maken van de gunstige effecten van bepaalde gedragingen op de gezondheid. Het is echter belangrijk te onthouden dat het gedrag van mensen niet altijd primair als doel heeft de gezondheid te beschermen of het risico op ziekte te beperken. Ze sporten bijvoorbeeld voor het plezier of om sociale redenen. Voor een gezondheidspsycholoog is het belangrijk niet alleen inzicht te hebben in de gevolgen van bepaalde gedragingen voor de gezondheid maar

Gezond gedrag 93

ook in de vele psychosociale factoren die op de uitvoering van invloed zijn. Individueel gedrag kan de gezondheid zowel ondermijnen als beschermen en in stand houden.

We beginnen dit hoofdstuk met een onderzoek naar gedrag rond therapietrouw en richten ons op therapietrouw ten aanzien van medicatie en behandelingen. Deze principes zijn ook relevant voor het volhouden van gedrag dat in het vorige hoofdstuk is behandeld (bijvoorbeeld stoppen met roken) of dat elders in dit hoofdstuk wordt besproken (bijvoorbeeld gezond eten, lichaamsbeweging).

4.1 Compliantiegedrag

Wanneer je ziek bent zoek je vaak een arts op. Hopelijk vindt deze wat er aan de hand is en op basis van de diagnose zul je meestal geneesmiddelen voorgeschreven krijgen en adviezen om snel beter te worden. Die medicijnen moet je uiteraard wel volgens de richtlijnen innemen en je doet er goed aan alle raadgevingen van je (para)medicus plichtsgetrouw op te volgen. Helaas is dit vaak niet het geval.

4.1.1 Definitie

In medische, farmacologische en psychologische literatuur kom je de termen 'compliantie', 'concordantie' en 'therapietrouw' tegen. Deze termen bestrijken alle handelingen vanaf het verkrijgen van een recept, het afhalen van de geneesmiddelen tot aan het innemen ervan op de juiste wijze. De termen beslaan ook alle zelfstandig uitgevoerde therapeutische gedragingen zoals revalidatieoefeningen in overeenstemming met medische adviezen. Hoewel deze termen vaak door elkaar worden gebruikt, suggereren ze een verschillende relatie tussen patiënt en zorgverlener, zoals we met de korte onderstaande definities illustreren.

- *Compliantie*: wordt meestal in de medische literatuur gebruikt. Met deze term wordt bedoeld dat de patiënt de aanwijzingen van de arts opvolgt. Nietnakomen kan als eigenzinnig of zelfs incompetent worden geïnterpreteerd.
- *Adherentie*: deze term betekent dat iemand zich houdt aan, of samenwerkt met adviezen omtrent medicatie (of veranderingen van levenswijze, of gedragingen) (NICE, 2009a) in een meer gelijkwaardige relatie tussen arts en patiënt (DiMatteo *et al.*, 2012; Vrijens *et al.*, 2012). Therapietrouw wordt beschouwd als gedrag en als een proces dat wordt beïnvloed door individuele omstandigheden en omgevingsfactoren, zoals de praktijk voor gezondheidszorg en systeeminvloeden.
- *Concordantie*: onder concordantie wordt verstaan een gezamenlijk bereikte overeenkomst tussen arts en patiënt omtrent de juiste behandeling, nadat de patiënt volledig is geïnformeerd omtrent de voor- en nadelen van deze specifieke behandeling.

therapietrouw
Alle handelingen vanaf het verkrijgen van een recept, het afhalen van de geneesmiddelen tot aan het innemen ervan op de juiste wijze. Therapietrouw omvat ook alle zelfstandig uitgevoerde therapeutische gedragingen zoals revalidatieoefeningen in overeenstemming met medische adviezen.

De definitie van de Wereldgezondheidsorganisatie van **therapietrouw** is veranderd. Aanvankelijk luidde deze als volgt: 'de mate waarin het gedrag van de patiënt overeenkomt met het klinische voorschrift'. Dit suggereerde eerder een toevallige overeenkomst dan afgesproken gedrag. In de huidige omschrijving wordt de nadruk gelegd op partnerschap inzake therapietrouw. De nieuwe definitie luidt: 'de mate waarin het gedrag van de patiënt overeenstemt met de afgesproken aanbeveling van een zorgverlener' (WHO, 2009).

4.1.2 Zijn mensen therapietrouw?

Hippocrates (400 voor Christus) merkte als eerste op dat patiënten geneesmiddelen niet volgens voorschrift innamen en dat ze zelfs klaagden als ze niet beter leken te worden. Recenter schatte de Wereldgezondheidsorganisatie dat ongeveer de helft van alle geneesmiddelen die voor chronische aandoeningen worden voorgeschreven, niet volgens voorschrift wordt ingenomen en, over alle aandoeningen bekeken, acuut en chronisch, leeft circa een kwart van de patiënten de voorschriften niet na. De percentages therapietrouw variëren, afhankelijk van veel factoren (DiMatteo, 2004a). Bij DiMatteo's meta-analyse van gegevens van 569 verschillende steekproeven werden enkele overeenkomsten gevonden tussen verschillende aandoeningen: de therapietrouw bij mensen met hart- en vaatziekten bedroeg gemiddeld 77 procent, ongeveer gelijk aan het innemen van essentiële immunosuppressiva bij volwassen orgaantransplantatiepatiënten, waarbij werd ontdekt dat 22,6 procent de voorschriften *niet* naleefde (Dew et al., 2007). Er werd echter variatie gevonden onder vele andere aandoeningen, voor een deel toegeschreven aan de complexiteit van de behandeling (aantal, hoeveelheid, type toediening, tijdstip van inname etc.) en individuele overtuigingen omtrent de ernst van de aandoening, evenals de feitelijke ernst van de ziekte en vele andere factoren die we later in dit hoofdstuk zullen behandelen.

De nadelen van therapieontrouw

Patiënten erkennen zelf de kosten van het niet naleven van voorschriften. Annema *et al.* (2009) beschreven bijvoorbeeld dat een derde van de patiënten met hartfalen melding maakte van een verbetering van het naleven van hun behandelregime als belangrijkste factor om heropname in het ziekenhuis te voorkomen. Er zijn waarschijnlijk maar weinig patiënten die de feitelijke financiële kosten van slechte therapietrouw beseffen. Het is moeilijk vast te stellen welke verdere kosten kunnen worden gekoppeld aan therapieontrouw bij aanbevolen gedragsveranderingen na ziekte, zoals veranderingen van dieet of stoppen met roken na een hartaanval.

4.1.3 Waarom volgen mensen medische aanbevelingen en behandelingen niet op?

Er zijn veel, sterk uiteenlopende redenen voor therapietrouw en/of therapieontrouw, die als volgt worden ingedeeld (Sabaté, 2003):

- *Patiëntgerelateerde factoren*: bijvoorbeeld cultuur, leeftijd, persoonlijkheid, kennis, persoonlijke en culturele aannamen, houding tegenover ziekte en geneesmiddelen, overtuigingen omtrent **zelfeffectiviteit**.
- *Aandoeningsgerelateerde factoren*: bijvoorbeeld type symptoom, vermeende ernst (*niet* feitelijke ernst, DiMatteo et al., 2007), aan- of afwezigheid van pijn, aanwezigheid van comorbiditeit, prognose.
- *Behandelingsgerelateerde factoren*: bijvoorbeeld het aantal, het type, het tijdstip, de frequentie en de duur van de dosering van de geneesmiddelen, aanwezigheid en ernst van bijwerkingen, kosten.
- *Sociaaleconomische factoren*: (laag) opleidingsniveau, kosten van de behandeling (is ook gerelateerd aan sociaaleconomische ongelijkheden bijvoorbeeld als gevolg van etniciteit), toegang tot een apotheek, sociaal isolement.
- *Systeemgerelateerde factoren*: communicatie met de arts wat betreft geneesmiddelen, noodzaak of functie, aanwezigheid van traditionele aannamen en systemen omtrent genezing.

Voor de meeste mensen zal therapieontrouw worden beïnvloed door een combinatie van de bovenstaande factoren: niet alle therapieontrouw vindt met opzet plaats en niet alle gebrek aan therapietrouw brengt dezelfde gezondheidsrisico's met zich mee. Bij onderzoek wordt meestal onderscheid gemaakt tussen opzet-

---

zelfeffectiviteit
Technische term van Bandura, vergelijkbaar met zelfvertrouwen, soms zelfredzaamheid genoemd. De aanname dat iemand in bepaalde omstandigheden bepaald gedrag kan uitvoeren.

telijk niet naleven (bijvoorbeeld 'ik neem mijn pillen niet langer in omdat ik er misselijk van werd/omdat ze te duur zijn') en onopzettelijk niet naleven (bijvoorbeeld 'als ik het druk heb, vergeet ik soms een dosis in te nemen'), omdat deze waarschijnlijk verschillende voorspellers hebben (Holmes *et al.*, 2014; Morrison *et al.*, 2015).

Gedacht wordt dat invloeden op de therapietrouw kunnen uiteenlopen vanaf het microniveau, zoals de persoonlijkheid – bijvoorbeeld het verband tussen neuroticisme en het gebrek aan therapietrouw van medicatie bij ouderen (Jerant *et al.*, 2011) – tot aan het macro- en mesoniveau, bijvoorbeeld de cultuur en sociale systemen. Bij een groot deel van het onderzoek zijn individuele kenmerken zoals leeftijd en sociale klasse geïdentificeerd, evenals psychologische kenmerken zoals attitude en verwachtingen die aan een gebrek aan therapietrouw zijn gerelateerd. Er zijn echter maar weinig studies waarbij de bredere 'structurele' invloeden op therapietrouw zijn onderzocht, zoals sociale, culturele, economische en politieke invloeden. Er is weinig onderzoek naar therapieontrouw in niet-westerse populaties. Om het belang van invloeden op structureel- en systeemniveau te illustreren, beschrijven Kagee en Deport (2010) barrières tegen de therapietrouw bij antiretrovirale therapie (ART, een behandeling die het aantal sterfgevallen aan aids aanzienlijk kan verminderen, maar die alleen effectief is als ze volledig is en de middelen op de juiste wijze worden ingenomen). Invloeden van **micro-** (de onmiddellijke omgeving van de patiënt, gezin, school, werk), **macro-** (de culturele en politieke context) en **mesosystemen** (sociale instellingen zoals systemen voor gezondheidszorg, transportsystemen, plaatselijke economie) werden vastgesteld tijdens kwalitatieve interviews met tien belangenbehartigers van patiënten.

> **microsysteem**
> De onmiddellijke omgeving van de patiënt: gezin, school, werk.
>
> **macrosysteem**
> De culturele en politieke context.
>
> **mesosysteem**
> Het interactieveld tussen de verschillende microsystemen.

4.2 Gezonde voeding

Zoals in hoofdstuk 3 werd beschreven, speelt wat we eten een belangrijke rol bij een goede gezondheid en het voorkomen van ziekten op de lange termijn. Gebleken is dat voeding direct en indirect verband houdt met bepaalde ziekten. Vetinname houdt bijvoorbeeld direct verband met verschillende hart- en vaatziekten via uiteenlopende fysiologische mechanismen. Daarnaast is er een indirecte relatie tussen vetinname en ziekten, vanwege het effect op de gewichtsbeheersing en in het bijzonder op overgewicht. De Wereldgezondheidsorganisatie (WHO, 2018) stelt dat fruit en groenten zeer belangrijke componenten zijn van een gezond voedingspatroon. Tekort aan groenten en fruit heeft een duidelijk verband met slechte gezondheid en niet-infectieziekten. In 2013 waren ongeveer 5,2 miljoen sterfgevallen wereldwijd toe te schrijven aan een gebrekkige opname van fruit en groenten in het dieet.

Meer fruit en groenten in het dagelijks voedingspatroon reduceert het risico op sommige *non-communicable diseases* (NCD, ofwel niet-overdraagbare aandoeningen) met inbegrip van cardiovasculaire aandoeningen en sommige soorten kanker. Er is iets minder wetenschappelijk bewijs dat een gezond voedingspatroon – weinig vet, suikers en zout en veel fruit en groenten – zou kunnen helpen bij het reduceren van gewichtstoename, wat op zich een risicofactor is.

Het hoeft daarom geen verbazing te wekken dat verschillende landen en medische autoriteiten richtlijnen hebben opgesteld over gezonde voeding en dat onderzoekers zich inspannen om factoren te identificeren die het gemakkelijker maken om deze richtlijnen in ons dagelijks leven in te passen. Daarom ook het advies van de Wereldgezondheidsorganisatie (WHO, 2018) om per dag een minimum van vierhonderd gram fruit en groenten te gebruiken en de inname van vet, suiker en zout te beperken. Dit om de algemene gezondheid te verbeteren en het risico op sommige NCD's te reduceren.

4.2.1 De gezondheidsvoordelen van het eten van fruit en groente

antioxidant
Aangetoond is dat oxidatie van 'slecht' of LDL-cholesterol belangrijk is bij het ontstaan van vetafzettingen in de slagaders. Antioxidanten zijn chemische bestanddelen (polyfenolen) van sommige voedingsmiddelen (bijvoorbeeld rode wijn), waarvan gedacht wordt dat ze het oxidatieproces remmen.

Fruit en groente bevatten onder andere vitaminen, foliumzuur, **antioxidanten** (bijvoorbeeld bètacaroteen of lycopeen in het rode pigment van tomaten, polyfenolen in rode druiven) en vezels. Al deze stoffen dragen bij aan een gezond lichaam. Ze kunnen ook bescherming bieden tegen bepaalde vormen van kanker (bijvoorbeeld maag- en darmkanker), hart- en vaatziekten en herseninfarcten. Bij een grootschalig onderzoek (450.000 tot 500.000 deelnemers!) en meta-analyse van gegevens van prospectieve onderzoeken werd bijvoorbeeld beperkt bewijs gevonden van de voordelen van consumptie van fruit en groente voor het risico op kanker, terwijl het sterfterisico in het algemeen en het risico op hart- en vaatziekten significant werden verlaagd door een grotere consumptie van fruit en groente (Wang *et al.*, 2014). Van wezenlijk belang is dat op basis van het onderzoek melding wordt gemaakt van een dosis-responsrelatie, waarbij het risico op mortaliteit ten gevolge van hart- en vaatziekten per additionele portie fruit en groente daalt, tot aan een drempel van circa vijf porties per dag, waarna geen verdere risicoafname werd waargenomen.

Dergelijke aanwijzingen uit grootschalig onderzoek stellen vraagtekens bij eerdere rapporten over de relatie tussen de consumptie van fruit en groente en het risico op sommige vormen van kanker (bijvoorbeeld Marmot *et al.*, 2007). In 2005 schatten Lock en collega's dat wereldwijd de incidentie van sommige vormen van kanker, zoals slokdarm- en maagkanker, aanzienlijk zou afnemen als mensen de aanbevolen hoeveelheid fruit en groenten aten. In tegenstelling tot de boven beschreven resultaten van Wang, rapporteerde een landelijke representatieve studie over de dataset van de *Health Survey for England* van meer dan 65.000 volwassenen ouder dan 35 (Oyebode *et al.*, 2013), een afgenomen risico op kanker, evenals een afgenomen risico op ziekten in het algemeen en op hart- en vaatziekten in het bijzonder, dankzij het effect van fruit- en groenteconsumptie van wel zeven porties per dag. Deze studie corrigeert op juiste wijze voor veel risicofactoren zoals leeftijd, alcoholconsumptie en mate van lichamelijke activiteit, maar helaas niet voor roken, een bekend risico voor deze doodsoorzaken. Het is echter een nationaal representatieve steekproef, in tegenstelling tot veel andere databases, die zijn deelnemers vooral wierf onder diegenen die gebruikmaakten van de gezondheidszorg en die zich mogelijk wat meer bewust waren van gezondheidskwesties.

Het is echter ook mogelijk dat een nationale variatie optreedt, afhankelijk van andere leefstijlfactoren. Als fruit en groente bijvoorbeeld met een mediterraan dieet worden *gecombineerd* – weinig vet, verse groenten, meer vis, minder vlees – kan er een sterkere relatie bestaan tussen de consumptie van fruit en groente en een lager ziekterisico. Dit werd ontdekt binnen het Griekse cohort van het EPIC-onderzoek (Trichopoulou *et al.*, 2009), terwijl de gecombineerde gegevens van tien landen een zwakke relatie vertoonden (Wang *et al.*, 2014).

meta-analyse
Een bespreking en herhaalde analyse van eerder verzamelde groepen gegevens die zodanig worden gecombineerd dat grote steekproeven met een groot statistisch onderscheidingsvermogen ontstaan, opdat betrouwbare conclusies kunnen worden getrokken omtrent specifieke effecten. Op basis van een meta-analyse kan een uitspraak worden gedaan over grotere hoeveelheden gegevens, waardoor de betrouwbaarheid van de uitspraak toeneemt. Ook kan op basis van een meta-analyse een uitspraak worden gedaan over de kwaliteit van de geanalyseerde onderzoeken.

ischemische hartaandoening
Een hartaandoening die wordt veroorzaakt door een beperkte bloedtoevoer naar het hart.

Aanvullend bewijs voor de gunstige effecten zijn afkomstig van een grote **meta-analyse** van de gegevens van 124.706 mannen en vrouwen, waarbij de incidentie van kanker onder vegetariërs significant lager was dan onder niet-vegetariërs, evenals de sterftecijfers ten gevolge van **ischemische hartaandoeningen** (Huang *et al.*, 2012). Het percentage rokers en drinkers onder vegetariërs blijkt ook geringer dan onder niet-vegetariërs – risicogedragingen waarvoor in de analyses niet altijd werd gecorrigeerd. Het is van groot belang dat deze en andere gedragingen met risico's voor de gezondheid in aanmerking worden genomen wanneer subpopulaties worden vergeleken, omdat elangrijke verschillen tussen steekproeven kunnen bestaan die een deel van de geclaimde gezondheidsverschillen mogelijk kunnen verklaren. Uit dergelijke resultaten mag je echter niet concluderen dat vegetarisme tegen deze aandoeningen beschermt (Katz en Meller, 2014).

Toch zijn, over het geheel genomen, de onderzoeksuitkomsten tamelijk consistent wat betreft het nut van fruit- en groenteconsumptie voor de gezondheid (bijvoorbeeld Katz en Meller, 2014). De gevonden voordelen worden toegeschreven aan de aanwezigheid van antioxidanten, zogenoemde polyfenolen zoals de flavonoïden (met name flavonol) en, in het geval van tomaten, lycopeen (waarvan bij het koken meer vrijkomt dan wanneer ze rauw worden gegeten).

In relatie tot het verkleinde risico op aandoeningen van de kransslagaders, kunnen de effecten van een gezond dieet met veel fruit en groente ook indirect werken via de effecten op het gewicht. Er blijft een noodzaak voor verdere gecontroleerde voedingstrials om vast te stellen welke nuttige effecten worden gerealiseerd en op welke wijze dit gebeurt (Dauchet *et al.*, 2009; Katz en Meller, 2014).

4.2.2 Aanbevelingen voor gezonde voeding

De overheden in België en Nederland spannen zich in om gezonde voeding voor hun bevolking te promoten. Het Nederlandse Voedingscentrum vindt gezond eten uiteraard belangrijk en spant zich in om dit te bevorderen. Deze instantie promoot de 'schijf van vijf' (voedingscentrum.nl, 2016).

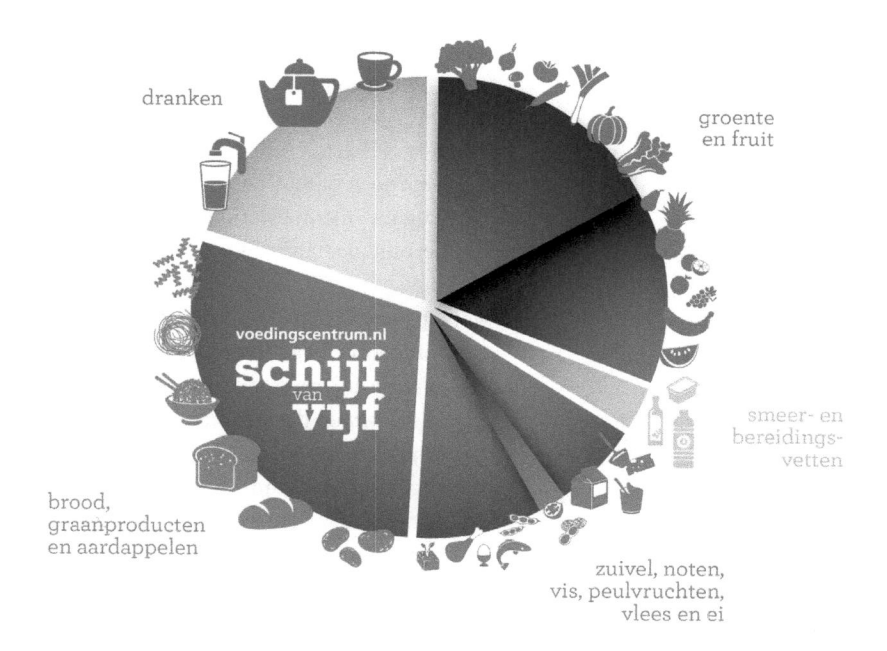

FIGUUR 4.1 De schijf van vijf
Bron: Voedingscentrum, 2016

Je basisdieet zou moeten bestaan uit: groenten en fruit; smeer- en bereidingsvetten; vis, peulvruchten, vlees, ei, noten en zuivel; brood, graanproducten en aardappelen; dranken. Op de website van het Voedingscentrum staat ook een filmpje met uitleg over de 'schijf van vijf' en je kunt zelfs een app downloaden met gezonde recepten.

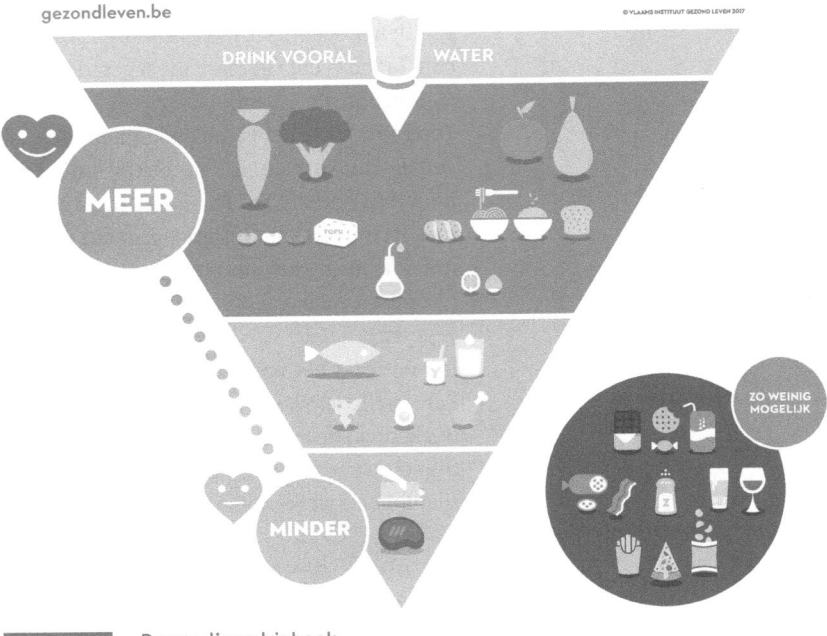

FIGUUR 4.2 De voedingsdriehoek
Bron: Vlaams Instituut Gezond Leven, 2017

Ook het Vlaams Instituut Gezond Leven promoot een gezond eetschema: de nieuwe 'voedingsdriehoek'. Er worden drie uitgangspunten geformuleerd om gezonder te eten (Vlaams Instituut Gezond Leven, 2017):
1. Eet in verhouding meer voeding van plantaardige dan van dierlijke oorsprong.
2. Geef de voorkeur aan weinig of niet-bewerkte voeding en eet zo weinig mogelijk ultrabewerkte voeding.
3. Vermijd overconsumptie en voedselverspilling.

Volgens het Vlaams Instituut Gezond Leven is het voor een gezond leven cruciaal om voldoende water te drinken. Dit krijgt voorrang op alles. De voedingsmiddelen in de donkergroene zone zijn van plantaardige oorsprong en hebben een gunstig effect op de gezondheid: groente en fruit, volle granen, aardappelen, peulvruchten, noten en zaden, plantaardige oliën en andere vetstoffen rijk aan onverzadigde vetzuren.
De lichtgroene zone bevat voedingsmiddelen van dierlijke oorsprong met een gunstig, neutraal of onvoldoende bewezen effect op de gezondheid. Het gaat om vis, yoghurt, melk, kaas, eieren en gevogelte. Ook hier luidt de aanbeveling te kiezen voor de weinig of niet-bewerkte variant.
De onderste, oranje zone bevat voedingsmiddelen van dierlijke of plantaardige oorsprong met mogelijk een ongunstig effect op de gezondheid: rood vlees, boter, kokos- en palmolie (vetstoffen rijk aan verzadigde vetzuren). Deze producten bevatten nog wel enkele nuttige voedingsstoffen, zoals ijzer in rood vlees en in vetoplosbare vitaminen in boter.
Helemaal buiten de voedingsdriehoek is nog een rode zone van ultrabewerkte producten. Hieraan is heel wat suiker, vet en/of zout toegevoegd en er is een ongunstig gezondheidseffect van aangetoond. Deze voedingsmiddelen kunnen van zowel dierlijke als plantaardige oorsprong zijn: bereide vleeswaren, fris-

drank, alcohol, snoep, snacks, gebak, fastfood enzovoort. Deze producten zijn eigenlijk overbodig in een gezond voedingspatroon. Het beste is dus om te proberen ze niet te vaak en niet te veel te eten.

4.2.3 Hoe gezond eten de Belgen en Nederlanders?

Het Rijksinstituut voor Volksgezondheid en Milieu (RIVM, 2017) en het Wetenschappelijk Instituut voor Volksgezondheid in België (De Ridder *et al.*, 2016) peilen met regelmaat het voedingspatroon en de kwaliteit van de gezondheid van de bevolking. In het algemeen is er sprake van een licht positieve tendens op weg naar echt gezonde voeding. Op basis van de aanbevelingen van de actieve voedingsdriehoek kunnen we stellen dat de consumptie van eieren, noten, zaden en smeer- en bereidingsvet in overeenstemming is met de aanbevelingen. De consumptie van water, brood en vervangingsproducten (bijvoorbeeld bruin brood, volkoren ontbijtgranen en havermout), aardappelen en vervangingsproducten (zoals volkoren pasta, volkoren rijst en quinoa), groenten, fruit, melkproducten en calciumverrijkte vervangingsproducten, vis en plantaardige alternatieven voor vlees (bijvoorbeeld peulvruchten en vegetarische producten, zoals tofu en tempeh) ligt te laag en zou dus verhoogd moeten worden.
De consumptie van suikervrije dranken (light frisdranken, koffie en thee), kaas, vlees en de restgroep (dranken met suiker, alcoholische dranken, koekjes, cake, zoetwaren enzovoort) ligt te hoog en zou dus verlaagd moeten worden. Er konden in vergelijking met 2004 enkele positieve ontwikkelingen worden waargenomen zoals een gestegen consumptie van water en een gedaalde consumptie van suikervrije dranken en smeer- en bereidingsvet. In vergelijking met 2004 is de consumptie van brood en vervangingsproducten echter gedaald, wat als een negatieve ontwikkeling kan worden beschouwd.
Volgens het Rijksinstituut voor Volksgezondheid en Milieu (RIVM, 2017) zijn de meeste Nederlanders gezond en stijgt de levensverwachting. Tegelijkertijd heeft de helft van de Nederlanders overgewicht; in groepen met een lagere sociaaleconomische status ligt dit percentage nog hoger. Ook eten negen van de tien mensen te weinig groente en fruit en is bijna dertig procent van het eten van dierlijke oorsprong. Het voedingspatroon van een gemiddelde Nederlander leidt niet alleen tot gezondheidsverlies, maar vormt ook een grote belasting voor het milieu.

4.2.4 Voedselvoorkeuren

Hoewel voedselvoorkeuren een biologische basis hebben, worden ze ook in belangrijke mate bepaald door sociale en culturele factoren (Pfeifer, 2009). Ouders spelen een belangrijke rol bij eetpatronen, voedselkeuzen en vrijetijdsbesteding van hun kinderen, omdat ouders de regels en richtlijnen opstellen omtrent passend gedrag van de kinderen en een voorbeeldfunctie hebben. Kindgerichte voedingspraktijken, waaronder redeneren en prijzen, lieten een positieve correlatie zien met de consumptie van fruit en groenten in tegenstelling tot oudergerichte voedingspraktijken zoals waarschuwen of lichamelijk vechten om een kind deze soorten voedsel te laten eten (Vereecken *et al.*, 2010).
Voedselvoorkeuren worden meestal aangeleerd via socialisatie binnen het gezin, waarbij het voedsel dat de ouders eten vaak bepalend is voor de toekomstige voorkeur van het kind wat betreft:
- *bereidingswijze*: bijvoorbeeld zelfgemaakt en vers versus kant-en-klaar en bewerkt;
- *producten*: bijvoorbeeld vetrijk versus mager, biologisch versus niet-biologisch;
- *smaak*: gekruid versus neutraal, zoet versus zuur;

WAT LEERT ONDERZOEK ONS?

Beschermen vitaminen ons tegen ziekte?

Uit onderzoek blijkt dat een tekort aan vitamine A, C en E, bètacaroteen en foliumzuur in het dieet een rol speelt bij het ontstaan van hart- en vaatziekten. Daarnaast lijkt een geringe inname van bètacaroteen verband te houden met het ontstaan van kanker. Bètacaroteen is een vorm van vitamine A die wordt aangetroffen in de celwand van wortels en zoete aardappels. Tegenwoordig weten we dat deze vitamine gemakkelijker beschikbaar komt wanneer de groenten worden gekookt dan wanneer ze rauw worden gegeten. Dat heeft te maken met de antioxidante eigenschappen van deze vitaminen – ze reduceren namelijk de aanwezigheid van metabolieten in de stofwisseling, die celschade kunnen veroorzaken. Bovendien hebben vitamine C en E ontstekingsremmende eigenschappen en zowel ontsteking als oxidatie wordt geassocieerd met een achteruitgang van de cognitieve vermogens, waardoor bijvoorbeeld dementie kan verergeren.

Deze resultaten wekken logischerwijs de belangstelling van de media en het publiek. Het innemen van vitaminepreparaten om de gezondheid te beschermen heeft in de Verenigde Staten en Europa inmiddels een hoge vlucht genomen. De handel in vitaminen is een groeiende bedrijfstak.

De vraag is echter of vitaminesupplementen werken, en zo ja, of ze dat op dezelfde manier doen als vitaminen in voedingsmiddelen. Om de eerste vraag te beantwoorden heeft de United States Preventive Services Task Force – USPSTF, een groep deskundigen die onderzoeksresultaten onderzoekt om adequate gezondheidsadviezen te kunnen geven – twee grootschalige meta-analyses uitgevoerd van gepubliceerde onderzoeken naar vitaminesupplementen tussen 1966 en 2001. Bij de eerste analyse was gekeken naar hart- en vaatziekten (USPSTF, 2003), bij de tweede naar borst-, long-, darm- en prostaatkanker (Morris en Carson, 2003). Geconcludeerd werd dat zelfs goed opgezette trials geen verband aantoonden tussen vitaminepreparaten en het latere al dan niet ontstaan van ziekten. Zorgelijk is dat de auteurs ondanks het ontbreken van dit verband melding maakten van 'overtuigend bewijs' dat bètacaroteensupplementen bij rokers juist waren gerelateerd aan een toegenomen risico op longkanker, gevolgd door overlijden. Bardia *et al.* (2008) concludeerden echter bij hun bespreking van twaalf gerandomiseerde trials (negen van hoge methodologische kwaliteit, waaraan in totaal 104.196 personen hadden deelgenomen) dat dit bewijs voor mortaliteit beperkt is, omdat niet bij alle trials de sterftecijfers waren geanalyseerd aan de hand van de vraag of de deelnemers aan hun steekproef rookten of niet.

De onderzoeken waarbij een verband was gevonden tussen vitaminesupplementen en een verminderd risico op ziekte, bleken vaak van slechte kwaliteit te zijn. **Observationele studies** waarbij een relatie werd vermeld tussen een geringere incidentie van borstkanker en de inname van vitamine A werden bijvoorbeeld over het algemeen niet gecorrigeerd voor andere relevante gedragingen, zoals het algemene dieet of de mate van lichamelijke activiteit. Op soortgelijke wijze was bewijsmateriaal voor een afname van het risico op kanker aan de dikke darm, als gevolg van het innemen van foliumzuursupplementen, bijvoorbeeld gebaseerd op retrospectieve rapporten van degenen die de ziekte al dan niet kregen, en niet op een langdurig prospectief, longitudinaal onderzoek van mensen die aanvankelijk gezond waren.

Bij het opstellen van aanbevelingen voor vitaminegebruik concludeerde de USPSTF dat er weinig bewijs was dat vitaminen schadelijk zijn voor de gezondheid, met uitzondering van bètacaroteen bij rokers. Evenmin werd doorslaggevend bewijs gevonden omtrent de voordelen van vitaminesupplementen bij hartaandoeningen of kanker. De onderzoekers concludeerden dat gezonde vitaminerijke voeding de belangrijkste factor is en niet de supplementen.

Nader onderzoek is echter gerechtvaardigd. Zoals Bardia opmerkt, bestaan deze vitaminen uit verschillende antioxidanten en ook uit micro- en macronutriënten; bovendien hebben studies zich tot dusver gericht op verschillende verbindingen die in verschillende hoeveelheden werden ingenomen en niet op de interacties tussen de samenstellende stoffen (bijvoorbeeld tussen seleen en lycopeen).

Bewijs dat vitamine C- en E-supplementen de cognitieve achteruitgang remmen is erg voorlopig. Goed opgezet, gerandomiseerd vervolgonderzoek is dus nodig (Haan, 2003). Uit het schaarse bewijsmateriaal blijkt wel dat vitamine C en E de welbespraaktheid en het geheugen van gezonde oudere vrouwen gunstig beïnvloeden. Deze voordelen werden alleen gevonden als deze vitaminen samen werden ingenomen (Grodstein *et al.*, 2003). Deze effecten zijn bemoedigend en moeten verder worden onderzocht, juist omdat cognitieve achteruitgang en dementie in onze maatschappij door de vergrijzing steeds vaker zullen voorkomen.

Recentere aanwijzingen zijn echter minder bemoedigend. Plassman *et al.* (2010) onderzochten 127 observatiestudies, 22 gerandomiseerde, gecontroleerde trials en 16 systematische beoordelingen ten aanzien van uiteenlopende factoren gerelateerd aan cognitieve achteruitgang, waaronder de hier besproken voedingsfactoren. Ze vonden onvoldoende bewijs om een dergelijke relatie te ondersteunen, hoewel nutritionele gegevens bij slechts zeven van deze studies waren onderzocht. Het is mogelijk dat de effecten tot bepaalde populaties zijn beperkt. Bij vrouwen die al aan hart- en vaatziekten leden of risicofactoren voor deze aandoening hadden, was er gedurende een periode van vijf jaar geen verandering van de cognitieve vermogens door een algehele suppletie met antioxidanten. Bij een subgroep met een geringe inname was er echter wél een effect van de inname van vitamine C of bètacaroteen (Kang *et al.*, 2009). Gezien het feit dat cognitieve achteruitgang en dementie in een vergrijzende maatschappij steeds meer voorkomen, is nauwgezet en gericht onderzoek bij populaties met een kleinere variatie gerechtvaardigd. Over het geheel genomen ondersteunt huidig onderzoek niet langer het innemen van suppletie met antioxidanten, behalve misschien wanneer de natuurlijke voedselbronnen deze stoffen in onvoldoende mate bevatten. Het eten van een gezond dieet waarbij de voedingsmiddelen deze vitaminen bevatten en het behoud van een gezond lichaamsgewicht zijn belangrijker voor het verkleinen van het ziekterisico dan vertrouwen op supplementen.

observationele studies
Onderzoeksstudies waarbij de effecten van een interventie (of behandeling) worden onderzocht zonder vergelijking met een controlegroep en daardoor zijn dergelijke studies beperkter in hun conclusies dan gerandomiseerde, gecontroleerde studies.

- *textuur*: bijvoorbeeld zacht versus knapperig, mals versus stevig;
- *ingrediënten*: bijvoorbeeld rood en wit vlees, groente, fruit, granen, peulvruchten en koolhydraten.

In Nederland zijn een paar jaar geleden de resultaten bekendgemaakt van een onderzoek naar het verstrekken van fruit aan kinderen op basisscholen. Daaruit bleek dat kinderen na dit stimuleringsproject meer fruit en groente aten en minder vaak een ongezonde snack namen (Tak *et al.*, 2009).

4.3 Lichaamsbeweging

De Wereldgezondheidsorganisatie (WHO, 2018) vat de stand van zaken wat betreft gezondheid en lichaamsbeweging als volgt samen:
- Onvoldoende lichaamsbeweging is een van de voornaamste risicofactoren voor de gezondheid wereldwijd.
- Onvoldoende lichaamsbeweging is een sleutelfactor wat betreft het risico op NCD's (non-communicable diseases) zoals hart- en vaatziekten, kanker en diabetes.
- Lichaamsbeweging heeft betekenisvolle gezondheidseffecten en draagt bij aan de preventie van NCD's.
- Wereldwijd heeft één op vier volwassenen te weinig lichaamsbeweging.

De algemeen heersende mening is dat regelmatige lichaamsbeweging goed is voor de gezondheid en dat hierdoor het risico op hart- en vaatziekten, diabetes type 2 en overgewicht afneemt, evenals het risico op bepaalde vormen van kanker, zoals borstkanker en maag- en darmkanker. Als gevolg daarvan hebben de meeste landen richtlijnen over wat wordt beschouwd als de juiste hoeveelheid lichaamsbeweging die nodig is om gezondheidsvoordelen te realiseren.

4.3.1 Aanbevelingen voor lichaamsbeweging

Ondanks de duidelijke voordelen van lichaamsbeweging, zoals ook gepromoot door volksgezondheids- en mediacampagnes, is het aantal mensen dat volgens de richtlijnen voldoende beweegt in sommige delen van de westerse wereld nog steeds gering. Figuur 4.3 illustreert dit voor Nederland.

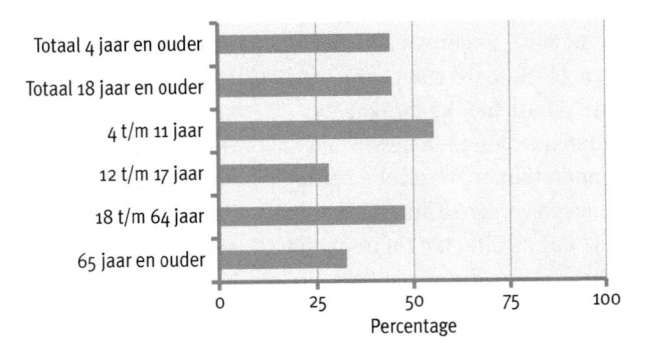

Bijna de helft van de 18- t/m 64-jarige Nederlanders voldoet aan de Beweegrichtlijnen 2017. Voor de groep 65-plussers is dit ongeveer een derde. Nederlandse kinderen van 4 t/m 11 jaar halen deze het vaakst, namelijk 55%. Voor Nederlandse jongeren van 12 t/m 17 jaar ligt dit percentage lager: 28% voldoet aan de nieuwe richtlijnen.

Of aan de richtlijnen/normen wordt voldaan, is vastgesteld met een vragenlijst waarin naar de onderstaande activiteiten is gevraagd:
- lopen en fietsen naar school en/of werk;
- lichamelijke activiteiten op school en/of werk;
- huishoudelijke activiteiten;
- vrije tijd: fietsen, tuinieren, klussen, sporten, zwemles en buitenspelen.

FIGUUR 4.3 Percentage personen in Nederland dat voldoet aan de beweegrichtlijnen, 2017
Bron: volksgezondheidenzorg.info, geraadpleegd november 2018

De Wereldgezondheidsorganisatie (WHO, 2010) geeft een goede synthese van aanbevolen fysieke activiteit voor drie leeftijdsgroepen: 5-17 jaar; 18-64 jaar en 65 jaar en ouder. Voor de groep van vijf tot zeventien jaar moet er ruimte zijn voor beweging in spel en spelen, sport, zich verplaatsen, ontspanning, lichamelijke opvoeding of meer systematische oefening. Dit in de context van dagelijkse, familiale en sociale activiteiten. De Wereldgezondheidsorganisatie formuleert de volgende aanbevelingen voor het verbeteren van de musculaire (spieren) en cardiovasculaire fitheid en de gezondheid van de botten en mogelijke symptomen van angst en depressie te reduceren:

1. Kinderen en adolescenten uit deze groep zouden dagelijks op zijn minst zestig minuten van matig of intense **aerobische activiteit** moeten doen.
2. Meer dan zestig minuten per dag bewegen zal bijkomende positieve gezondheidseffecten hebben.
3. De meerderheid van de bewegingsactiviteiten zou aerobisch moeten zijn. Ook moeten er meer intensieve activiteiten gedaan worden, met inbegrip van spier- en beenderstelsel bevorderende activiteiten, ten minste drie maal per week.

aerobische activiteit
Een bewegingsactiviteit met een lagere intensiteit (bijvoorbeeld hardlopen of wandelen) waarbij de energie voornamelijk uit de opname van zuurstof (ademhaling) geleverd wordt.

Voor de groep van achttien tot 64 jaar beveelt men aan ruimte te voorzien voor fysieke activiteit zowel in vrije tijd, verplaatsingen (fietsen of wandelen), werk en bezigheid, huishoudelijke taken, sport en spel en geplande oefening en training. Dit in de context van dagelijkse, familiale en sociale activiteiten.
De Wereldgezondheidsorganisatie doet de volgende aanbevelingen om de musculaire en cardiovasculaire fitheid en de gezondheid van de botten te verbeteren en het risico op NCD's en depressie te reduceren:

1. Volwassenen in deze groep zouden op zijn minst 150 minuten van matig aerobische acctiviteit per week moeten doen, of 75 minuten van intense

aerobische activiteit of een evenwaardige combinatie van matig en intensieve fysieke activiteit.
2. Deze aerobische activiteit moet minimaal tien minuten worden volgehouden.
3. Voor bijkomende positieve gezondheidseffecten kan de matige aerobische activiteit worden verhoogd tot driehonderd minuten per week of 150 minuten voor meer intense activiteit per week of een combinatie van beide.
4. Spierversterkende oefeningen voor de voornaamste spiergroepen zou men twee of meer dagen per week moeten doen.

Over het algemeen is het advies voor iemand die voorheen niet actief was, het bewegingsniveau geleidelijk op te voeren en geen drastische veranderingen aan te brengen in de frequentie of de intensiteit van de lichaamsbeweging.
Voor de groep vanaf 65 jaar beveelt men aan ruimte te voorzien voor fysieke activiteit zowel in vrije tijd, verplaatsingen (fietsen of wandelen), werk (indien de persoon nog werkzaam is) en bezigheid, huishoudelijke taken, sport en spel en geplande oefening en training. Dit in de context van dagelijkse, familiale en sociale activiteiten.
De Wereldgezondheidsorganisatie heeft het bestaande onderzoek bekeken en doet onderstaande aanbeveling om de musculaire en cardiovasculaire fitheid en de gezondheid van het beenderstelsel te verbeteren en het risico op NCD's, depressie en cognitieve achteruitgang te reduceren:
1. Volwassenen in de groep boven 65 jaar zouden op zijn minst 150 minuten van matig aerobische activiteit of 75 minuten van intense aerobische activiteit of een evenwaardige combinatie van matig en intensieve fysieke activiteit per week moeten doen.
2. Deze aerobische activiteit moet minimaal tien minuten worden volgehouden.
3. Voor bijkomende positieve gezondheidseffecten kan de matige aerobische activiteit worden opgevoerd tot driehonderd minuten per week of 150 minuten voor meer intense activiteit per week of een combinatie van beide.
4. Personen met een slechtere mobiliteit zouden drie dagen per week fysieke activiteit en oefeningen moeten ondernemen om het evenwicht te verbeteren en aan valpreventie te doen.
5. Spierversterkende oefeningen voor de voornaamste spiergroepen zou men twee of meer dagen per week moeten doen.
6. In het geval dat personen uit deze leeftijdsgroep door hun gezondheidstoestand deze aanbevelingen niet kunnen uitvoeren, is het aan te bevelen dat ze fysiek zo actief als mogelijk zijn.

Wel wordt mensen die gezondheidsklachten hebben en meer willen bewegen aangeraden eerst een arts te raadplegen.

Hoeveelheid lichaamsbeweging
Er zijn aanwijzingen dat de mate van activiteit in de jeugd van invloed is op de gezondheid en het ziekterisico in het volwassen leven. Er moet wel meer longitudinaal onderzoek worden gedaan om het mechanisme waarlangs deze effecten optreden te bevestigen (Hallal *et al.*, 2006; Mattocks *et al.*, 2008). Het is mogelijk dat actieve kinderen tijdens het volwassen leven actief blijven, maar het is ook mogelijk dat de levensstijl van actieve jongeren op andere (gezonde) manieren verschilt van minder actieve jongeren wanneer ze ouder worden; ongeacht welke verklaring juist is, het kan zeker geen kwaad vroeg met gezond gedrag te beginnen.

Het Rijksinstituut voor Volksgezondheid en Milieu heeft op verzoek van de Gezondheidsraad berekend welk percentage van de Nederlanders voldoet aan de Beweegrichtlijnen 2017 (zie figuur 4.3). Volgens de eerste cijfers betreft dit 44 procent van de Nederlandse bevolking van vier jaar en ouder. Dit is een redelijk stabiel gegeven. Alle cijfers zijn gebaseerd op gegevens van de Gezondheidsenquête/Leefstijlmonitor 2016 (CBS i.s.m. RIVM).

Onvoldoende fysieke activiteit is door de Wereldgezondheidsorganisatie gedefinieerd als minder dan 150 minuten per week van matige fysieke activiteit of minder dan 75 minuten van intensieve fysieke activiteit.

> **Wat denk je zelf?**
>
> Je hebt nu heel wat informatie over de hoeveelheid lichaamsbeweging die nodig is om gezond te blijven en ook over ideale voeding. Hoe ga jijzelf om met deze adviezen?

4.3.2 Wat zijn de gunstige lichamelijke effecten van lichaamsbeweging?

We gebruiken de term 'lichaamsbeweging' hier in brede zin, en rekenen hiertoe zowel geplande lichamelijke activiteit, zoals zwemmen of naar de sportschool gaan voor een bewegingsklas, alsook eenvoudige lichaamsbeweging bij dagelijkse activiteiten, zoals boodschappen doen of de hond uitlaten. De meeste onderzoeken op dit gebied zijn gericht op de aanwezigheid van doelgerichte lichaamsbeweging. Lichaamsbeweging hoeft echter niet gestructureerd en formeel te zijn: uit een meta-analyse van gerandomiseerde, gecontroleerde trials is duidelijk bewijs naar voren gekomen dat eenvoudig regelmatig wandelen het risico op hart- en vaatziekten kan verminderen, vooral onder oudere mensen (Murphy *et al.*, 2007). Bij een longitudinaal onderzoek onder oudere mannen (61-81 jaar) ontdekte men dat het sterftecijfer over een periode van twaalf jaar bij mensen die meer dan drie kilometer per dag wandelden half zo hoog was als dat van de mannen die minder dan drie kilometer per dag wandelden (Hakim *et al.*, 1998).

Lichaamsbeweging biedt ook bescherming tegen osteoporose, afname van de botdichtheid door verlies van calcium. Bij deze aandoening worden de botten brozer, neemt de botsterkte af en stijgt het risico op fracturen. Naar schatting loopt in het Verenigd Koninkrijk elke twee minuten iemand een botfractuur op als gevolg van osteoporose; één op de twee vrouwen en één op de vijf mannen ouder dan vijftig jaar heeft deze aandoening. Regelmatige lichaamsbeweging, vooral duurtraining of wandelen en dansen, is van belang voor het handhaven van een maximale botdichtheid, zodat botverlies en fracturen worden voorkomen. Lichaamsbeweging is dus niet alleen belangrijk voor de botontwikkeling bij jongeren maar ook voor het handhaven van een maximale botdichtheid tijdens het volwassen leven. Additionele voordelen voor spierkracht, coördinatie en evenwicht kunnen via **weerstandstraining** worden verkregen. Dit is goed voor ouderen, aangezien het risico op een valpartij, met een botbreuk als gevolg, daardoor kleiner wordt.

Regelmatige lichaamsbeweging in het algemeen verkleint dus het risico op uiteenlopende aandoeningen. Zodra een verband tussen specifiek gedrag en gezondheid is vastgesteld, is het belangrijk te achterhalen hoe dit verband precies werkt. In het geval van hart- en vaatziekten lijkt het erop dat het hart door regelmatige lichaamsbeweging sterker wordt en dat de efficiëntie van het hart en de ademhalingsorganen toeneemt.

---

weerstandstraining
Korte periodes van fysieke inspanningen afgewisseld met recuperatie om het anaerobe energiesysteem te testen.

Gezond gedrag

Lichaamsbeweging verkleint niet alleen het risico op ziekte, maar heeft ook voordelen voor mensen die al een aandoening hebben. Door beweging worden spierkracht en spierfunctie bijvoorbeeld vergroot en kan de kwaliteit van leven verbeteren. Ook neemt vermoeidheid af, evenals de bijwerkingen van behandelingen tegen kanker (Cramp en Daniel, 2008; Perna et al., 2008). Bij patiënten met het chronisch vermoeidheidssyndroom neemt het gevoel van uitputting af. Zoals bij de meeste gezonde mensen is er ook bij klinische populaties een reeks factoren met behulp waarvan kan worden voorspeld of zij zich zullen bezighouden met voldoende lichamelijke activiteit om daarvan de voordelen te verkrijgen. Lichaamsbeweging helpt dus het evenwicht tussen energie-inname en energieverbruik te handhaven en het beschermt de lichamelijke gezondheid op uiteenlopende manieren. In relatie tot de verkleining van het risico op hart- en vaatziekten, diabetes type 2 en bepaalde vormen van kanker, blijkt een **dosis-responsrelatie** te bestaan, waarbij de gezondheidswinst groter is naarmate er meer wordt gesport (qua frequentie en intensiteit). Een waarschuwing met betrekking tot dit verband tussen dosis en respons is echter op zijn plaats: extreme afhankelijkheid van lichaamsbeweging wordt soms geassocieerd met een gebrekkig lichaamsbeeld en met andere **compulsieve stoornissen** zoals eetstoornissen (bijvoorbeeld Hamer en Karageorghis, 2007; Cook en Hausenblas, 2008) en er bestaat ook een risico op verwonding en op beschadiging van het bewegingsapparaat.

dosis-responsrelatie
De relatie tussen de dosering van een bepaald product en zijn effecten. Dit is niet voor iedereen hetzelfde; lichaamsbeweging bijvoorbeeld zou zorgen dat de effecten van een bepaalde dosis groter zijn.

compulsieve stoornis
Een psychische stoornis gekenmerkt door overmatige en storende dwanghandelingen en -gedachten.

4.3.3 De psychologische voordelen van lichaamsbeweging

Lichaamsbeweging en stemming

Bij een meta-analyse van gegevens van 23 gerandomiseerde, gecontroleerde trials waarbij lichaamsbeweging werd aangeboden als interventie voor patiënten met depressie (in vergelijking met een controle-interventie of geen behandeling), bleek dat er grote klinische winst was wat betreft vermindering van de depressieve symptomen. Het is echter belangrijk op te merken dat dit effect afnam tot een matig en niet-significant effect bij een meta-analyse van de drie meest uitgebreide studies. In deze studies had lichaamsbeweging geen beter resultaat dan cognitieve therapieën (Mead et al., 2009), waardoor de noodzaak werd benadrukt eerder conclusies te verbinden aan goed gecontroleerde, prospectieve studies dan aan enkelvoudige correlationele studies.

Ook onder niet-klinische populaties is regelmatige lichaamsbeweging in verband gebracht met een vermindering van angst en depressie, een verbeterd gevoel van eigenwaarde en een beter lichaamsbeeld (Hausenblas en Fallon, 2006; Lox et al., 2006). Eenmalige cardiofitness of training met beperkte frequentie lijkt ook gunstig wat betreft stemmingsverbetering, een verbeterd gevoel van eigenwaarde en **prosociaal gedrag** (Biddle et al., 2000; Lox et al., 2006).

prosociaal gedrag
Gedrag dat door de maatschappij positief wordt gewaardeerd en dat positieve sociale gevolgen heeft.

opiaten
Producten afgeleid van opium. De belangrijkste opiaten zijn morfine, codeïne, heroïne.

catecholaminen
Chemische stoffen die als neurotransmitters in de hersenen werken; voorbeelden zijn adrenaline en noradrenaline.

noradrenaline
Deze catecholamine is een neurotransmitter die zich in de hersenen bevindt en in het sympathische zenuwstelsel. Het sympathische zenuwstelsel is het deel van het autonome zenuwstelsel dat betrokken is bij het mobiliseren van energie om de arousal te activeren en te handhaven (bijvoorbeeld versnelde hartslag). Wordt ook wel norepinefrine genoemd.

adrenaline
Een neurotransmitter en hormoon dat door het bijniermerg wordt afgegeven en dat de fysiologische activiteit van het lichaam verhoogt, zoals stimulering van het hart en een toename van de bloeddruk en de stofwisselingsnelheid. Wordt ook wel epinefrine genoemd.

Psychologische voordelen van lichaamsbeweging worden toegeschreven aan verschillende biologische mechanismen, waaronder:
- afgifte van lichaamseigen, natuurlijke **opiaten** aan het bloed; deze stoffen geven een natuurlijke 'kick' en werken pijnstillend (Duclos et al., 2003);
- stimulatie van de afgifte van **catecholaminen** zoals **noradrenaline** en **adrenaline**; deze stoffen helpen bij het omgaan met stress;
- spierontspanning, waardoor stress afneemt.

Waarschijnlijk is de relatie tussen lichaamsbeweging en stemming echter complexer dan deze biologische mechanismen suggereren. Er bestaat bewijs dat te veel intense lichaamsbeweging juist een negatief effect heeft op de stemming

(Brewer, Manos, McDevitt *et al.*, 2000). Dit is verder onderzocht door Hall, Ekkekakis en Petruzzello *et al.* (2002) die de affectieve respons van dertig vrijwilligers onderzochten op een toenemende intensiteit van lichaamsbeweging.

Zij ontdekten dat intensieve lichaamsbeweging niet alleen een negatieve stemming veroorzaakt, maar ook dat het tijdstip waarop de stemming werd beoordeeld (beoordeling voor en na het sporten, vergeleken bij herhaalde beoordeling tijdens het sporten) hierbij van invloed is. Studies waarbij de stemming voor het sporten wordt bepaald en daarna opnieuw, nadat de betrokkene van het sporten is hersteld, meldden over het algemeen positieve affectieve responsen.

Ekkekakis *et al.* (2008) herhaalden deze interessante resultaten en breidden ze uit. Zij suggereerden dat methodologische factoren een rol spelen bij de vraag of sporten al dan niet gepaard gaat met een positieve stemming. Dit is belangrijk, omdat hierdoor wordt benadrukt dat onderzoekers moeten nadenken over het tijdstip van de beoordeling; ook moeten ze er rekening mee houden dat iemands beleving in de loop van het sporten kan veranderen, doordat lichaamsbeweging nu eenmaal enige tijd duurt. Stemming is een complex verschijnsel.

Bovendien spelen mogelijk ook andere factoren een rol. Lichaamsbeweging kan cognitieve afleiding bieden of feitelijke eliminatie van lichamelijke problemen en als zodanig kan het een middel zijn om met stress om te gaan. Tijdens het sporten concentreren sporters zich misschien op aspecten van de lichamelijke inspanning of op de hartslagmonitor, ze kunnen zichzelf afleiden door naar muziek te luisteren of een vakantie te plannen of ze gebruiken de tijd misschien om huidige stressoren of eisen te overdenken en hun reactie daarop te plannen. Voor anderen, vooral voor vrouwen, speelt de sociale steun die wordt verkregen door met vrienden te sporten, een belangrijke rol (Molloy *et al.*, 2010).

Bij sommige mensen kunnen het zelfbeeld en het gevoel voor eigenwaarde worden verbeterd doordat lichaamsbeweging bijdraagt aan gewichtsverlies en algemene fitheid. Ongeacht of dit terecht is, we leven in een maatschappij waar mensen met een slank figuur positiever worden beoordeeld (zowel door anderen als door onszelf) dan mensen die als te zwaar of niet fit worden gezien. Bij de meta-analyse van Mead en collega's (2009) werd echter geen significante lineaire relatie ontdekt tussen de duur van de lichaamsbeweging en de afname van de depressie (oftewel, ze ontdekten niet dat een langduriger programma voor lichaamsbeweging een sterkere afname van de depressie veroorzaakte) en bij de helft van de geanalyseerde trials was de stemming niet aan lichamelijke fitheid gerelateerd. Dit is een tegenargument tegen de conclusie dat de stemming vooruitgaat bij toegenomen fitheid. De steekproeven in deze meta-analyse voldeden echter allemaal aan de criteria van de diagnose depressie en deze bevindingen mogen dus niet worden gegeneraliseerd tot mensen zonder deze symptomen.

Lichaamsbeweging en cognitief functioneren

Lichaamsbeweging kan nuttige psychologische effecten hebben voor mensen die last hebben van cognitieve achteruitgang als gevolg van ouder worden of van dementie. Cotman en Engesser-Cesar (2002) meldden dat lichamelijke activiteit was gerelateerd aan een afname van de leeftijdgerelateerde achteruitgang van neuronale functies en de degeneratie die ten grondslag ligt aan bepaalde soorten cognitieve achteruitgang die vaak gepaard gaat met de ziekte van Alzheimer, zoals geheugen- en concentratieverlies. Lichamelijke activiteit kan enkele aspecten van het cognitief functioneren verbeteren die belangrijk zijn voor de taken van het dagelijks leven (BHF, National Centre for Physical Activity and Health, 2007). Deze verbetering zou het gevolg zijn van neuroprotectieve effecten

Foto: Solis Images / Shutterstock (Pearson Asset Library)

van lichamelijke activiteit, hoewel het bewijs hiervoor relatief nieuw is. Cognitieve stoornissen worden gedefinieerd als cognitieve achteruitgang ten opzichte van de leeftijd en het opleidingsniveau van de betrokkene. Bij het onderzoeken van aanwijzingen voor de effecten van lichaamsbeweging op mensen met lichte cognitieve stoornissen, concluderen Barber en collega's bijvoorbeeld dat er vanuit anatomisch onderzoek met MRI-scans van de hersenen enig bewijs bestaat voor de neurobiologische en vasculaire processen die aan lichaamsbeweging worden toegeschreven (toegenomen doorbloeding van de hersenen). Ook is er redelijk bewijs vanuit studies van de algemene populatie waarbij de cognitieve achteruitgang van actieve mensen wordt vergeleken met die van niet-actieve mensen en ten slotte is er bemoedigend, maar tot nog toe beperkt, bewijs vanuit gerandomiseerde, gecontroleerde trials van interventies omtrent lichamelijke activiteit (Barber *et al.*, 2012).

Samengevat, algemeen wordt aangenomen dat regelmatige, maar niet excessieve lichamelijke activiteit gunstig is voor de lichamelijke en psychologische gezondheid en mogelijk indirect zelfs voor de overleving.

4.3.4 Waarom sporten mensen?

Enkele van de meestgenoemde redenen waarom mensen sporten zijn:
- lichamelijke fitheid;
- gewicht verliezen/figuur veranderen;
- gezond worden of blijven;
- zelfbeeld en stemming verbeteren;
- stressreductie;
- sociale activiteit.

Hieruit mag echter niet worden geconcludeerd dat bij de mensen die níet sporten geen sprake is van de hierboven genoemde wensen en doelstellingen. Er bestaan immers veel barrières om te gaan sporten, zelfs als tegelijkertijd werd gemeld dat men bijvoorbeeld wilde afvallen. Mogelijke barrières zijn:
- tijdgebrek;
- kosten;
- gebrek aan toegang tot de juiste faciliteiten en apparatuur;
- gêne;

- gebrek aan zelfvertrouwen;
- gebrek aan een sportmaatje.

Bij onderzoek zijn veelvoorkomende clusters van redenen vastgesteld op basis waarvan mensen ervoor kiezen al dan niet te sporten. Het is echter nog niet duidelijk in hoeverre dit bewijsmateriaal momenteel wordt gebruikt als basis voor interventieprogramma's (bijvoorbeeld Brunton *et al.*, 2003). Drukke wegen, verkeersopstoppingen, autobestuurders die niet aan fietsers gewend zijn en een gebrek aan fietspaden vormen bijvoorbeeld omgevingsbarrières om op de fiets naar het werk te gaan; deze versterken de al aanwezige barrières voor lichaamsbeweging (bijvoorbeeld Timperio *et al.*, 2006). Toch hebben maar weinig landen hun steden voldoende aangepast. Bij steekproeven onder ouderen bleek dat ouderen die een positievere kijk hebben op ouder worden en op de betekenis daarvan, door de jaren heen regelmatiger en vaker wandelen. Dit gold voor volwassenen in de leeftijd van 65 tot 85 jaar die door Wurm en collega's zijn bestudeerd (Wurm *et al.*, 2010). Toch blijven we nog steeds negatieve stereotypen omtrent veroudering tegenkomen. Het is belangrijk dat er verschillen zijn gevonden in de overtuigingen en attitudes tegenover lichaamsbeweging tussen degenen die actief zijn en degenen die niet actief zijn.

Er zijn ook aanwijzingen dat de activiteit van de ouders tijdens de voorschoolse jaren van een kind van invloed is op de daaropvolgende activiteit van het kind (Hinkley *et al.*, 2008); activiteit van de ouders heeft een gering effect op een grotere activiteit van het kind op de leeftijd van elf tot twaalf (Mattocks *et al.*, 2008). In deze leeftijdseffect neemt de impact van ouders op hun kinderen af en neemt de invloed van leeftijdsgenoten toe (Sallis *et al.*, 2000; Heitzler *et al.*, 2006). Dergelijke bevindingen suggereren dat ouders een voorbeeldfunctie hebben en bieden enige ruimte voor ouderlijke interventie bij jongere kinderen, met een andere benadering voor adolescenten.

Het is duidelijk dat de energie om te sporten (Arroyave *et al.*, 2008), de motivatie en overtuigingen over zelfeffectiviteit ten aanzien van lichaamsbeweging (Gilliam en Schwebel, 2013) verminderd kunnen zijn wanneer er sprake is van een aandoening als kanker of van medische behandelingen met bijwerkingen.

4.4 Gezondheidsscreening

In de geïndustrialiseerde wereld vormt screening een steeds groter deel van de preventieve geneeskunde. Genetisch onderzoek zal waarschijnlijk ethische vragen oproepen in de eenentwintigste eeuw. Medische controles brengen zo hun problemen met zich mee, zoals we hieronder zullen beschrijven. Medische controles hebben ruwweg twee doelstellingen, die allebei implicaties hebben voor de betrokkenen:
- het identificeren van risicofactoren voor ziekte, zodat een gedragsverandering of levensstijlverandering kan worden teweeggebracht, of in het geval van genetisch risico, mogelijk tot profylactische chirurgie;
- het opsporen van vroege, asymptomatische tekenen van ziekten, wat er mogelijk toe leidt dat de betrokkene regelmatig medicatie moet innemen of nadere onderzoeken moet ondergaan.

4.4.1 Screening op risicofactoren

Deze vorm van controles zijn bedoeld om in te schatten hoeveel risico iemand (en diens nakomelingen in het geval van erfelijkheidsonderzoek) loopt op een

bepaalde ziekte, om advies en informatie te kunnen bieden of om nader onderzoek en een behandeling te kunnen plannen. Voorbeelden zijn onder meer:
- tests op het risico op hart- en vaatziekten (bepaling en registratie van cholesterol en bloeddruk);
- oogonderzoeken om te testen op diabetes, staar of verziendheid;
- genetisch onderzoek om te bepalen of iemand drager is van het gen voor de ziekte van Huntington of van het gen voor borst- of dikkedarmkanker;
- prenataal genetisch onderzoek;
- prenatale screening: bijvoorbeeld de NIPT (niet-invasieve prenatale)-test.

Het belang van primaire interventie blijkt uit programma's – onder specifieke bevolkingsgroepen of bijvoorbeeld op het werk – waarbij de bloeddruk en het cholesterolgehalte worden gemeten, in combinatie met een onderzoek naar hartaandoeningen in de familie en een beoordeling van de leefwijze. Dit genereert een indicatie van algehele kwetsbaarheid of een persoonlijke 'risicoscore' om vroegtijdig te overlijden. Indien nodig kunnen preventieve maatregelen worden voorgesteld, zoals een verandering van het dieet of stoppen met roken. Screening is alleen van openbaar (maatschappelijk) belang en van individueel belang als degenen van wie is vastgesteld dat ze risico lopen op een toekomstige ziekte, hun gedrag zouden veranderen. In latere hoofdstukken zal duidelijk worden dat het voorspellen van gedragsverandering zeer complex is; daardoor zijn er veel problemen bij interventies om het risicogedrag van mensen te veranderen.

Genetisch onderzoek

Verschillende ziekten hebben een genetische component: taaislijmziekte is bijvoorbeeld het gevolg van een mutatie van één enkel gen: het syndroom van Down is het gevolg van een chromosomale afwijking. Ook diabetes type 1 en sommige vormen van borst- en eierstokkanker zijn genetisch bepaald. De laatste twee aandoeningen hebben een multifactoriële oorzaak, doordat de genetische schade zowel een verworven oorzaak kan hebben (voeding bijvoorbeeld) als overgeërfd kan zijn. Door middel van genetisch onderzoek is het mogelijk om vast te stellen of iemand drager is van ziekteverwekkende genen, bijvoorbeeld voor borstkanker (de genen BRCA1 en BRCA2) (zie Sivell *et al.* 2007) of voor overgewicht (bijvoorbeeld het gen MC4R); deze kennis komt voort uit programma's voor wetenschappelijk onderzoek zoals het *Human Genome Project* (dat in 2003 eindigde). Door dit project is screening mogelijk controversiëler geworden. De mutaties BRCA1 of BRCA2, genen die verantwoordelijk zijn voor borst- en eierstokkanker, zijn aanwezig bij respectievelijk circa 45 tot 65 procent en zeventien tot 39 procent van de patiënten met een erfelijke aanleg voor de aandoening (National Cancer Institute, 2009). Toch zijn dergelijke **genmutaties** in feite relatief zeldzaam in de populatie. Ze zijn slechts verantwoordelijk voor vier tot vijf procent van alle gevallen van borstkanker.

genmutatie
Een blijvende verandering in de DNA-sequentie (volgorde) waaruit het gen is opgebouwd.

Wanneer dit wordt vergeleken met het risico gedurende het hele leven voor mensen zonder deze genen, hebben dragers van deze genen in twaalf procent van de gevallen van borstkanker en bij 1,4 procent van de gevallen van eierstokkanker een significant groter risico (National Cancer Institute, SEER Cancer Statistics Review, 1975-2005, op 20 april 2009 geraadpleegd via http://seer.cancer.gov/csr/1975_2005/index.html).

Bij een onderzoek van studies van specifieke genetische tests bleek dat zestig tot tachtig procent van de bevolking wel degelijk sterk in dergelijke onderzoeken was geïnteresseerd. Bovendien werd ontdekt bij het systematische onderzoek van achttien studies van Ropka *et al.* (2006), naar feitelijke beslissingen om al dan niet mee te doen aan bevolkingsonderzoek, evenals bij veertig hypothetische studies (naar de intentie), dat de feitelijke deelname net iets geringer was dan de hypothetische deelname (59 procent tegenover 66 procent). Bij een Australische studie werd belangstelling voor genetisch onderzoek naar colorectale kanker onder driehonderd Asjkenazische Joden onderzocht. Deze populatie heeft een groter risico op deze multifactoriële aandoening. Bij dit onderzoek werd ontdekt dat 94 procent aan de predictieve test zou deelnemen; de meerderheid daarvan zou deze beslissing nemen vanuit de wens informatie voor hun familie te verkrijgen, evenals vanuit de wens het eigen risico op kanker te verminderen door de levensstijl te wijzigen (Warner *et al.*, 2005). Resultaten zoals deze tonen aan dat de belangstelling voor genetisch onderzoek in de loop van de tijd is toegenomen, en in feite groot is. Dit was misschien te verwachten, gezien het grote risico dat dragers van dergelijke genen lopen.

Sivell en zijn collega's (2007) beschreven gerandomiseerde, gecontroleerde trials over de invloed van genetisch risico-onderzoek bij kanker en maakten een samenvatting van de voortgang van de **genetica** gedurende het afgelopen decennium. De wetenschap stopt echter nooit en verdere ontwikkelingen in genetisch onderzoek naar de vatbaarheid voor kanker vinden plaats. Ontwikkelingen in nieuwe technologie, waarbij verschillende susceptibiliteitsgenen (vatbaarheidsgenen) tegelijkertijd kunnen worden getest (zogenoemde multiplextesten), staan in de aandacht (Domchek *et al.*, 2013) en bieden boeiende perspectieven voor nieuwe screeningsmogelijkheden.

> **genetica**
> Erfelijkheidsleer: wetenschap die erfelijkheid probeert te beschrijven en verklaren.

4.4.2 Ziektedetectiescreening

Screenen met het oogmerk van ziektedetectie is gebaseerd op een biomedisch model. Volgens dit model kan de behandeling van een aandoening beginnen voor het begin of de verergering van de ziekte door afwijkingen in het functioneren van cellen of organen zo vroeg mogelijk op te sporen. Dit is in feite **secundaire preventie**, doordat een specifieke screeningstest wordt aangeboden aan personen van wie is vastgesteld dat ze een matig tot hoog risico hebben op een bepaalde aandoening ten gevolge van hun familiegeschiedenis, of, bij sommige vormen van bevolkingsonderzoek, door de leeftijd. De bekendste voorbeelden hiervan zijn:

- screenen op borstkanker (**mammografie**);
- screenen op baarmoederhalskanker (**uitstrijkje**);
- prenatale screening, bijvoorbeeld op het syndroom van Down of spina bifida (open ruggetje);
- screening op botdichtheid.

> **secundaire preventie**
> De vroege opsporing van ziekten of afwijkingen bij personen die ziek zijn, een verhoogd risico lopen of een bepaalde genetische aanleg hebben. De ziekte kan daardoor eerder worden behandeld, zodat deze eerder geneest of niet erger wordt.

> **mammografie**
> Een procedure met een lage dosis röntgenstraling waarbij beeldmateriaal van de borsten wordt gemaakt. Het röntgenbeeld kan worden gebruikt om tumoren in een vroeg stadium op te sporen.

> **uitstrijkje**
> Cellen die van de baarmoederhals zijn afgenomen om te onderzoeken of er celveranderingen zijn die op een risico op kanker kunnen duiden.

Programma's voor bevolkingsonderzoek voor borst- en baarmoederhalskanker zijn gebaseerd op het feit dat de incidentie van deze aandoeningen hoog is. Hoewel baarmoederhalskanker minder vaak voorkomt dan borstkanker (wat de op acht na meest voorkomende vorm van kanker bij vrouwen is), kan vroeg worden begonnen met de behandeling, wanneer de ziekte in een pre-invasieve of vroeg-invasieve fase wordt ontdekt. Daardoor neemt de mortaliteit als gevolg van deze aandoening significant af. De Vlaamse overheid spoort alle vrouwen van vijftig tot en met 69 jaar ertoe aan om elke twee jaar een screeningsmammografie te laten maken en betaalt alle kosten terug (https://borstkanker.bevolkingsonderzoek.be/). Vrouwen van 25 t/m 64 jaar krijgen ook de gelegenheid om elke drie jaar een uitstrijkje te laten maken. Het onderzoek van het uitstrijkje is meestal gratis. Je betaalt alleen de consultatie bij je huisarts of gynaecoloog (https://baarmoederhalskanker.bevolkingsonderzoek.be/). In Nederland krijgen vrouwen vanaf dertig tot zestig jaar iedere vijf jaar de gelegenheid om een uitstrijkje te laten maken, dat eerst onderzocht wordt op de aanwezigheid van het HPV-virus. Pas als dit virus aanwezig is, wordt hetzelfde uitstrijkje direct beoordeeld op afwijkende cellen. Verder krijgen vrouwen tussen vijftig en 75 jaar om de twee jaar een uitnodiging voor een mammografie (www.rivm.nl).

In het Verenigd Koninkrijk, bijvoorbeeld, wordt een mammografie alleen aangeboden aan vrouwen van vijftig tot zeventig jaar (tenzij bij een jongere vrouw een risico wordt vastgesteld) en van degenen die worden gescreend, blijkt minder dan één procent kanker in een vroeg stadium te hebben. Dit kan op zichzelf de sterftecijfers als gevolg van deze aandoening al significant omlaag brengen (Hakama *et al.*, 2008; Sarkeala *et al.*, 2008). Bij de studie van Sarkeala bleek dat het aantal sterfgevallen door borstkanker met 22 procent was afgenomen onder de Finse vrouwen die voor een mammografie waren uitgenodigd, in vergelijking met vrouwen die niet waren uitgenodigd. Het screenen van jongere vrouwen lijkt echter minder effectief (en daarom ook minder kosteneffectief). Deels doordat de incidentie van borstkanker in deze populatie geringer is en ook doordat de grotere dichtheid van het borstweefsel het moeilijker maakt om knobbeltjes op te sporen. Baarmoederhalskanker is de meest voorkomende vorm van kanker bij vrouwen jonger dan 35. Er wordt om die reden gepleit voor regelmatige uitstrijkjes vanaf de vroege volwassenheid. Het sterftecijfer als gevolg van onbehandelde kanker van de baarmoederhals is hoog (circa veertig procent).

De Stichting Kankerregister (kankerregister.org/) registreerde in 2015 in België 8.366 nieuwe gevallen van prostaatkanker. Het is een typische ouderdomsziekte: de gemiddelde leeftijd bij diagnose is 69 jaar. Bij mannen is prostaatkanker de meest voorkomende vorm van kanker met een risico van circa 1:9 gerekend over het hele leven; hierbij komt het merendeel (75 procent) van de gevallen in het Verenigd Koninkrijk voor bij mannen ouder dan 65 jaar. Als prostaatkanker vroeg wordt vastgesteld, kan het worden behandeld. Screening is mogelijk in de vorm van een rectaal onderzoek met de vingers, hetgeen ongemakkelijk kan zijn, en ook door middel van een minder invasieve methode: de PSA-test. Deze test onderzoekt de concentratie en de dichtheid van een eiwit dat door de prostaat wordt gevormd en aan het bloed wordt afgegeven, het zogeheten prostaatspecifiek antigeen (PSA). Na het ontstaan van prostaatkanker neemt de concentratie van PSA in het bloed toe. Er is echter een brede variatie in de normwaarde voor PSA en de test heeft een geringe **gevoeligheid** (in circa vijftien procent van de gevallen waarin kanker aanwezig is, wordt deze niet gedetecteerd) en **specificiteit** (circa twee derde van de mannen bij wie de PSA-concentratie is verhoogd, heeft geen prostaatkanker maar een andere aandoening die ook op PSA van invloed is).

In Vlaanderen en Nederland organiseert de overheid geen systematische opsporing van prostaatkanker. De reden is dat volgens de huidige stand van onderzoek de voordelen van een systematische opsporing door middel van een PSA-test niet opwegen tegen de nadelen.

Screening voor hiv – het virus dat leidt tot de ontwikkeling van aids – wordt niet standaard beschikbaar gesteld op uitnodiging van een gezondheidsinstantie, zoals het geval is bij bijvoorbeeld het bevolkingsonderzoek naar borstkanker, maar wordt daarentegen meestal aangevraagd door mensen die denken dat ze het virus mogelijk hebben opgelopen. In bepaalde populaties, bijvoorbeeld prostituees, wordt hiv-screening actief aangemoedigd; hetzelfde geldt voor screening van zwangere vrouwen. Screening voor hiv neemt een tussenpositie in tussen screening voor risicodetectie als vorm van primaire preventie, mogelijk om een gedragsverandering te bevorderen enerzijds en ziektedetectie anderzijds om

---

gevoeligheid (van een test)
De kans dat een test correct positief of correct negatief is; een gevoelige test heeft bijvoorbeeld een succespercentage van 95 procent bij het detecteren van een ziekte onder patiënten van wie bekend is dat ze die ziekte hebben en een kans van 95 procent dat geen ziekte wordt gedetecteerd bij gezonde personen. Een test met een hoge gevoeligheid heeft weinig valsnegatieve uitslagen.

specificiteit (van een test)
De kans dat een test weinig valspositieve en weinig valsnegatieve resultaten zal opleveren. Dat wil zeggen: geen positief resultaat oplevert in een negatief geval en omgekeerd. Een test met een hoge specificiteit heeft weinig valspositieve uitslagen.

vroege secundaire preventie van de ziekte via antiretrovirale middelen (HAART, *highly active antiretroviral therapy*, combinatietherapie) mogelijk te maken. Bij deze therapie dient een complex medicatieregime te worden gevolgd om het virus en de ontwikkeling tot aids te onderdrukken.

In een poging de voordelen van screening in kaart te brengen, zowel voor het individu als voor de maatschappij als geheel, hebben sommige onderzoekers criteria voor effectieve screeningsprogramma's opgesteld.

Een mammografie laten maken: een routine-ervaring voor vrouwen boven de 50?
Foto: Shutterstock (Pearson Asset Library)

Criteria voor het opzetten van screeningsprogramma's

In de loop van de tijd zijn er kwaliteitscriteria ontwikkeld, ontleend aan gerandomiseerde, gecontroleerde trials (zie Holland en Stewart, 2005), voordat aanbevelingen omtrent bevolkingsonderzoek worden gedaan. De algemene criteria zijn:

- De onderzochte aandoening dient een belangrijk gezondheidsprobleem te zijn: dat wil zeggen prevalent en/of ernstig.
- De onderzochte aandoening dient in een vroeg stadium herkenbaar te zijn of in het geval van het screenen op risicofactoren een duidelijk nut te hebben voor het vaststellen van vermijdbare risico's.
- Vroege behandeling van de aandoening dient duidelijke voordelen voor het individu te hebben in vergelijking met behandeling in een later stadium (bijvoorbeeld gereduceerde mortaliteit).
- Er dient een geschikte test met een goede mate van gevoeligheid en specificiteit beschikbaar te zijn om vast te stellen of iemand de aandoening heeft of in de toekomst mogelijk zal krijgen.
- De test moet voor de algehele bevolking ethisch aanvaardbaar zijn.
- Er dienen adequate faciliteiten voor diagnose en behandeling aanwezig te zijn.
- Er moet overeenstemming bestaan omtrent de screeningsfrequentie en vervolgonderzoeken of -behandelingen.
- De baten (voor het individu en voor de volksgezondheid) moeten opwegen tegen de kosten (voor het individu en voor de overheid).
- Informatie op basis van bewijs aangaande de potentiële consequenties van testen: alle mogelijke verdere onderzoeken of behandelingen zouden

aan potentiële deelnemers moeten worden uitgelegd, opdat zij een geïnformeerde keuze kunnen maken omtrent deelname aan de screening.
- De doelgroepen waarop de screening is gericht, moeten geïdentificeerd zijn.

4.4.3 De kosten en baten van screening

Terwijl screeningsprogramma's voor de detectie van zowel ziekten als van risicofactoren zijn uitgebreid, blijft het de vraag of er evenveel voordelen zijn voor het individu dat aan screening deelneemt als voor de maatschappij als geheel. Daarnaast werpen sommige bevindingen de vraag op of de voordelen van screening wel opwegen tegen de kosten. Leidt screening tot gedragsverandering, zodat het individu een kleiner ziekterisico heeft, of tot vervroeging van de behandeling, waardoor de dreiging van verergering van de ziekte wordt weggenomen of verminderd? Zijn de financiële kosten van de implementatie van grootschalige screeningsprogramma's gerechtvaardigd? Bovendien leveren screeningsresultaten niet altijd duidelijke antwoorden op.

Marteau en Kinmouth (2002) suggereerden dat de effecten van screening op het individu niet voldoende in aanmerking worden genomen. De publieksinformatie bij de uitnodiging is veelal kort en legt de nadruk op de voordelen in plaats van op de nadelen. De auteurs merken op dat individuen alleen in staat zijn een werkelijk weloverwogen keuze te maken als zij ook worden geïnformeerd over de negatieve gevolgen en de beperkte voordelen van sommige behandelingen (als deze al beschikbaar zijn). Dit kan sommigen er mogelijk wel van weerhouden

TABEL 4.1 Screening op baarmoederhalskanker, percentage vrouwen in de leeftijd van 20 t/m 69, 2000-2010

LAND	2000	2010
Oostenrijk	n/a	81,5
Duitsland	n/a	78,7
Verenigd Koninkrijk	82,0	78,5
Zweden	78,2	78,4
Zwitserland	75,5	74,9
Frankrijk	n/a	71,1
Finland	70,3	69,8
Griekenland	n/a	69,7
Polen	n/a	69,1
Spanje	n/a	68,5
Denemarken	n/a	66,3
Nederland	65,6	66,1
België	58,6	63,2
Malta	n/a	58,0
Tsjechië	33,3	51,8
Bulgarije	n/a	46,8
Italië	n/a	40,0
Hongarije	28,4	23,7

om deel te nemen aan de screening, terwijl ze baat zouden hebben bij vroege detectie en behandeling. Daardoor ontstaat een dilemma voor screeningsdeskundigen die de deelname aan bevolkingsonderzoek en de winst voor de volksgezondheid willen maximaliseren. Europese statistieken laten ook een landelijke variatie zien in de percentages deelname aan screening, zoals in tabel 4.1 is te zien met betrekking tot screening op baarmoederhalskanker. Daarbij moet echter worden opgemerkt dat de hoogste deelnamepercentages aan screening voor baarmoederhalskanker zich in die landen niet vertaalt in een betere vijfjaarsoverleving. In het Verenigd Koninkrijk en in Oostenrijk is de deelname aan de screening bijvoorbeeld groter dan in Nederland en België, maar de vijfjaarsoverleving is in deze landen lager. Dit werpt vragen op over het nut van screening, maar ook over de beschikbaarheid en de effectiviteit van behandeling in de verschillende landen.

In het geval van genetische tests, bijvoorbeeld bij de ziekte van Huntington (een ziekte die tijdens de volwassenheid ontstaat), kan feitelijk niets worden gedaan om het risico op de ziekte te verkleinen. Daarom twijfelen sommige mensen aan de waarde van deze screening, die niet verder strekt dan dat het individu wordt voorbereid op zijn toekomst. Sommige mensen die drager zijn van het gen BRCA1 of BRCA2 voor borstkanker, kiezen daarentegen voor preventieve chirurgie – dat wil zeggen: borstamputatie – zodat de ziekte zich niet kan manifesteren (Kauff *et al.*, 2002; Lerman *et al.*, 2000). In deze groep bestaan aanwijzingen voor psychologisch voordeel (Braithwaite *et al.*, 2004). Hamilton *et al.* (2009) onderzochten aanwijzingen voor negatieve psychologische gevolgen van testen op BRCA1 en BRCA2 bij studies waarbij de mate van stress op uiteenlopende tijdstippen na het genetisch onderzoek werd bepaald. Zij ontdekten dat de mate van stress bij mensen bij wie was bevestigd dat zij drager waren in vergelijking met niet-dragers aanvankelijk toenam. In de loop van de tijd keerde het niveau van stress echter tot de beginwaarde terug. Dit resultaat is consistent in vele studies en wijst op een nuleffect van het testen op de langere termijn. Gemelde voordelen van screening hadden betrekking op toegenomen kennis van de opties voor surveillance of voor profylactische chirurgie en een afname van de onzekerheid (Lim *et al.*, 2004). Andere onderzoekers hebben gesuggereerd dat een positief resultaat omtrent het genetisch risico leidt tot aanzienlijke gevoelens van hopeloosheid wat betreft de toekomstige gezondheid; deze gevoelens kunnen jarenlang aanhouden (Meiser, 2005; Bennett *et al.*, 2008, 2010).

Gezinsleden en partners worden eveneens beïnvloed door het vaststellen van een genetisch risico, doordat zij dan mogelijk ook moeten worden getest of doordat zij de verantwoordelijkheid delen zodra is vastgesteld dat er een risico voor nakomelingen bestaat. De resultaten van een systematisch onderzoek van de reactie van mannelijke partners op het risico op eierstok- of borstkanker suggereren bijvoorbeeld dat het proces aanzienlijke stress veroorzaakt bij de partners van vrouwen bij wie is vastgesteld dat zij drager zijn van een mutatie. Dit was echter niet alleen te wijten aan het resultaat zelf, maar aan de bredere relatie en aan factoren rond de communicatie (Sherman *et al.*, 2010).

In tegenstelling tot de verwachtingen, wordt de betrokkene niet altijd gerustgesteld wanneer het testresultaat negatief is (Bennett *et al.*, 2008; Geirdal *et al.*, 2005; Michie *et al.*, 2003), mogelijk doordat de test zelf de patiënt meer bewust maakt of doordat de genetisch consulent vervolgens moet uitleggen dat er andere, onidentificeerbare risico's aanwezig kunnen zijn, waaronder tot nu toe onbekende genen waarvan de patiënt drager is (Ropka *et al.*, 2006). Ook kunnen er andere risicofactoren zijn die inherent zijn aan het individuele gezondheidsgedrag of aan obesitas, wat betekent dat ze niet mogen denken dat ze geen enkel risico lopen.

Wat betreft bredere screening voor ziektedetectie, bijvoorbeeld mammografie, lijkt enige nervositeit aan de procedure zelf vooraf te gaan, vooral als de vrouw zelf denkt dat ze een hoog risico loopt (Absetz et al., 2003; Montgomery en McCrone, 2010). Zelfs na een negatief resultaat kan deze nervositeit er feitelijk toe leiden dat de betrokkene niet aan een volgend onderzoek deelneemt. Van de vrouwen die werden gescreend voor een vermoeden van borstkanker en die tijdens de screeningsfase blijk gaven van stress, hadden degenen die een gunstig resultaat hadden ontvangen later minder zorgen over hun risico. Dit was een verbetering voor toekomstige screening, terwijl bij mensen met de diagnose borstkanker gold dat hun stress als risico werd beschouwd voor hun behandelingsresultaat (Montgomery en McCrone, 2010).

> **Wat denk je zelf?**
>
> Zoals uit uit de tekst blijkt, is bij draagsters van de BRCA1- en BRCA2-genen sprake van een zeer verhoogde kans op borst- en/of eierstokkanker. Er zijn dan twee opties: preventieve amputatie of intensieve follow-up. Waar zou jij voor kiezen: follow-up of amputatie, en waarom?

4.4.4 Beslissingen nemen over screening

Griffith *et al.* (2009) onderzochten of gezonde volwassenen interesse hadden in een genetische test voor borstkanker of dat zij van plan waren deel te nemen aan een dergelijke test op basis van de vermeende voor- en nadelen daarvan. Het nemen van beslissingen op deze manier wordt soms **effectmaximalisatie** genoemd. Dit betekent dat wordt aangenomen dat iemand de voor- en nadelen van een keuze afweegt en dan de optie kiest die hem hetzij het grootste vermeende voordeel oplevert, hetzij het geringste aantal ongewenste gevolgen. Om te onderzoeken of effectmaximalisatie al dan niet optreedt, werd bij deze experimentele studie het begrip van genetisch onderzoek onder 142 studenten gemanipuleerd door hun op drie verschillende manieren informatie te geven over deze test (uitsluitend positieve informatie; positieve gevolgd door negatieve informatie; negatieve gevolgd door positieve informatie). Dit werd vergeleken met een controlegroep die informatie kreeg die geen betrekking had op beslissingen omtrent genetisch onderzoek. Overtuigingen over de voor- en nadelen van testen en de geuite belangstelling voor een test en de kans dat ook aan de test werd deelgenomen, werden voor en na de manipulatie onderzocht. In alle drie de informatiegroepen had de experimentele informatie invloed op de verhouding van voor- tegenover nadelen en op de gemelde belangstelling voor en de kans op testen. Er was echter een niet-significante relatie tussen de gewogen ratio van voor- en nadelen en de scores voor belangstelling na de manipulatie en voor waarschijnlijke deelname. Dit wijst erop dat geen effectmaximalisatie optrad en dat in modellen voor besluitvorming meer elementen moeten worden opgenomen dan de voor- en nadelen van gedrag. Dit komt terug in de vele modellen voor gedrag en gezondheidsgedrag waarvan gezondheidspsychologen gebruikmaken.

In een grootschalig onderzoek naar de informatie op websites van (inter)nationale organisaties over een mammografie voor borstkankerscreening bleek de informatie vaak onevenwichtig en gekleurd ten gunste van deelname: men bood weinig informatie over valspositieve en valsnegatieve resultaten of over zaken

---

effectmaximalisatie
De voor- en nadelen van een keuze afwegen en dan de optie kiezen die hetzij het grootste vermeende voordeel oplevert, hetzij het geringste aantal ongewenste gevolgen.

als overdiagnose en overbehandeling. Weinig websites wezen daarnaast op het beperkte bewijsmateriaal rond een lager risico op mortaliteit na screening (wat sowieso slechts een vermindering zou zijn van circa 0,1 procent bij het relatieve risico op borstkanker over een periode van tien jaar). Doordat de voordelen van screening overdreven worden en/of de nadelige gevolgen gebagatelliseerd, krijgen mensen dus vaak geen volledige informatie. En terwijl de meeste mensen het screeningsproces en de resultaten ervan kunnen verwerken, zijn de emotionele en gedragsmatige gevolgen voor sommige mensen aanzienlijk (Anderson *et al.*, 2007).

Screening, voor welke risicofactor of ziekte ook, is niet verplicht. Het algemeen lage aantal deelnemers aan screening speelt een belangrijke rol bij de vraag of mensen later een ziekte zullen krijgen die ze mogelijk hadden kunnen voorkomen of waarvoor ze het risico hadden kunnen verkleinen. Tot dusver hebben we screeningsprogramma's beschreven waarvoor individuen op een afspraak moeten verschijnen; bij andere vormen van screening kunnen individuen het onderzoek echter zelf uitvoeren.

4.4.5 Zelfonderzoek

Meestal wordt zelfonderzoek gepropageerd en bestudeerd in relatie tot de vroege detectie van borstkanker, hoewel zelfonderzoek van de teelballen en de huid tegenwoordig ook meer aandacht krijgt. Er is in feite enige controverse over het nut van zelfonderzoek van de borsten voor het terugdringen van de mortaliteit. Eén studie die bijdraagt aan deze controverse, is een groot gerandomiseerd onderzoek dat in Sjanghai in China is uitgevoerd (Thomas *et al.*, 2002). Bij deze studie met een enorme steekproef van vrouwelijke fabrieksarbeiders van dertig jaar of ouder (266.064 vrouwen) werd aan de ene groep zelfonderzoek van de borsten aangeleerd en aan de andere groep niet. Onderzocht werd of een geringere mortaliteit aan kanker werd aangetroffen bij degenen aan wie zelfonderzoek was geleerd en die gedurende de jaren één tot vijf ten minste twee maal per jaar werden gevolgd, waarbij ze eraan werden herinnerd met het zelfonderzoek door te gaan. Gedurende een vervolgstudie van tien jaar werden nauwgezet diverse gegevens verzameld, waaronder verslagen over knobbeltjes in de borsten die waren aangetroffen, verwijzing naar het ziekenhuis en medische bevestiging of er een tumor aanwezig was en in welke fase van uitzaaiing. Alle beoordelingen waren 'blind' ten aanzien van de vraag of de vrouw deel uitmaakte van de controlegroep of van de interventiegroep. De analyses werden ook voor andere bekende risicofactoren voor borstkanker gecorrigeerd. De informatie over zelfonderzoek van de borsten had geen effect op de overleving. In beide groepen kreeg een gelijk percentage vrouwen borstkanker en een even groot percentage overleed aan de gevolgen daarvan (0,10 procent).

Wat verder bijdraagt aan de controverse over de waarde van zelfonderzoek van de borsten is dat de vrouwen in de interventiegroep meer knobbeltjes detecteerden, waarvan een groter aantal onschuldig (goedaardig) bleek. De kosten van bezoeken aan zorgverleners en biopsieën voor deze patiënten waren aanzienlijk; dit vormt een ander argument tegen het adviseren van zelfonderzoek van de borsten. Eén beperking van deze overigens nauwgezette studie is dat gegevens over de specifieke frequentie van het zelfonderzoek ontbreken; derhalve zegt deze studie mogelijk meer over de gebrekkige voorlichting over zelfonderzoek dan over een gebrekkige uitvoering van dit onderzoek. Deze en andere studies worden echter aangehaald als basis voor informatie waarop veranderingen van de nationale richtlijnen zijn gebaseerd, zodat zelfonderzoek niet langer alleen in Australië wordt aanbevolen (Cancer Council Australia, 2004).

Bij mannen is teelbalkanker de meest voorkomende vorm van kanker en de tweede doodsoorzaak in de leeftijdsgroep van vijftien tot 35 jaar. Als teelbalkanker vroeg wordt ontdekt, is het in 95 tot honderd procent van de gevallen mogelijk de ziekte te overleven; meer dan vijftig procent van de patiënten komt echter pas bij de arts als het behandelbare stadium voorbij is. Gebleken is dat mannen in het algemeen minder bereid zijn aan bevolkingsonderzoek voor kanker deel te nemen, hoewel ze dezelfde opvattingen over de effectiviteit van screening hebben als vrouwen (Davis *et al.*, 2012).

Ondanks de toenemende incidentie van huidkanker is er toch een algemene perceptie binnen de samenleving dat blootstelling aan zonlicht als gezond beschouwd wordt en dit is in voorkomende gevallen ook juist (bijvoorbeeld het positieve effect van zonlicht op welbevinden en stemming, op aanmaak van vitamine D en botversteviging). Dit vormt een uitdaging voor gezondheidsvoorlichters die het verband tussen blootstelling aan zonlicht en maligne melanomen vooral bij mensen met blond haar, een lichte huid en blauwe ogen onder de aandacht willen brengen om beschermend gedrag op jonge leeftijd te bevorderen (zoals het gebruik van zonnebrandcrèmes en het vermijden van de zonnebank). Er zijn ook aanwijzingen voor sekseverschillen omtrent zonnebaadgedrag. Schotse vrouwelijke adolescenten vertoonden bijvoorbeeld vaker riskant gedrag (bijvoorbeeld zonnebaden/verbranden) dan hun mannelijke leeftijdgenoten, ondanks dat ze meldden dat ze beter waren geïnformeerd over het risico op huidkanker. De jonge vrouwen hadden ook vaker overtuigingen ten gunste van bruin worden: zij voelden zich beter, gezonder en aantrekkelijker als ze een kleurtje hadden (Kyle *et al.*, 2014).

4.4.6 Deelname aan screeningsprogramma's

De psychologie, en met name de gezondheidspsychologie en sociale psychologie, houdt zich ook bezig met voorspellende factoren voor deelname aan screeningsprogramma's. Voorbeelden van deze factoren zijn individuele attitudes en opvattingen over ziekten, over medische controles en over preventief gedrag. Hoewel door de toegenomen beschikbaarheid meer mensen deelnemen aan screeningsprogramma's en/of bevolkingsonderzoeken, blijft hun aantal te laag met het oog op reductie van ziekten op maatschappelijke schaal.

Factoren gerelateerd aan screeningsgedrag

Uiteenlopende factoren bepalen of mensen al dan niet deelnemen aan screenings of zelfonderzoek, waaronder:
- lager opleidingsniveau en lager inkomen;
- leeftijd (jongere mensen nemen bijvoorbeeld meestal geen deel aan screenings op risicofactoren voor aandoeningen);
- gebrek aan kennis over de aandoening;
- gebrek aan kennis over het doel van de screening;
- gebrek aan kennis over de mogelijke resultaten van de screening;
- verlegenheid met het oog op de benodigde procedures;
- angst dat er 'iets slechts' zal worden ontdekt;
- angst voor pijn of ongemak tijdens de procedure;
- gebrek aan zelfvertrouwen om het zelfonderzoek juist uit te voeren.

Ropka *et al.* (2006) verrichtten een systematisch onderzoek van studies over de deelname aan genetisch onderzoek voor borstkanker en ontdekten dat de feitelijke deelname bij verscheidene van de studies hoger was bij oudere, ongetrouwde vrouwen met een persoonlijke of familiegeschiedenis van kanker, hoewel de bevindingen niet unaniem waren.

Wat betreft het gedrag ten aanzien van zelfonderzoek bleek dat er in het algemeen weinig kennis was over teelbalkanker en de praktijk van zelfonderzoek. Uit onderzoek blijkt dat zelfonderzoek meestal niet regelmatig gebeurt. Zorgelijk is dat onderzoek van Steadman en Quine (2004) bevestigde dat jongvolwassen mannen maar weinig kennis hebben over teelbalkanker, en over de mogelijke voordelen van zelfonderzoek met betrekking tot deze ziekte. Zelfonderzoek bleek meestal niet regelmatig te gebeuren. Verder toonden zij aan dat een eenvoudige interventie, waarbij deelnemers moesten opschrijven en zich voorstellen wanneer, waar en op welke wijze ze hun teelballen zelf tijdens de komende drie weken zouden onderzoeken, een significant hoog percentage van de deelnemers aanzette tot zelfonderzoek. Het bleek dus in dit geval relatief gemakkelijk om het gedrag van de deelnemers te wijzigen, hoewel een langdurige vervolgstudie nuttig zou zijn om te controleren of het zelfonderzoek ook werd voortgezet. Deze interventie, het maken van actieplannen, heet in de gezondheidspsychologie een 'implementatie-intentie'. Dit concept wordt in hoofdstuk 5 verder besproken.

4.5 Vaccinatie

Het beleid ten aanzien van de volksgezondheid is vaccinaties te bieden die langdurige bescherming geven tegen specifieke ziekten zonder nadelige gevolgen voor het individu. De kosten van het vaccinatieprogramma moeten daarbij worden gecompenseerd door het vermijden van de kosten van behandeling van de ziekte als er geen vaccinatie zou worden aangeboden.

4.5.1 Het doel van vaccinatie

antigeen
Uniek eiwit op het oppervlak van een ziekteverwekker; hierdoor kan het afweerstelsel die ziekteverwekker als lichaamsvreemd herkennen en antistoffen ertegen aanmaken. Bij vaccinaties worden speciaal bereide virussen of bacteriën in het lichaam gebracht die de specifieke antigenen van een bepaalde ziekte bevatten.

Vaccinatie is de oudste vorm van immunisatie; iemand wordt immuun gemaakt door een kleine hoeveelheid van een **antigeen** in het lichaam te brengen. Dit kan zowel oraal, intramusculair (in de spier geïnjecteerd) of intradermaal (in de huid geïnjecteerd) gebeuren, waardoor de vorming van antistoffen wordt gestimuleerd. Bij sommige vaccinaties, zoals die tegen het polio, mazelen, de bof en rodehond worden levende ziekteverwekkers gebruikt, terwijl men bij andere vaccinaties gebruikmaakt van inactief gemaakte ziekteverwekkers, zoals bij vaccinaties tegen hepatitis B. Hoewel immunisatie beschikbaar is voor verschillende bevolkingsgroepen, zoals griepinjecties voor ouderen, ligt de nadruk op de preventie van kinderziekten.

Alle lidstaten van de EU hebben vaccinatieprogramma's voor kinderen ingevoerd die als zeer kosteneffectief worden beschouwd. Wanneer de meerderheid zich tegen infectieziekten laat immuniseren, is dit gunstig voor de maatschappij als geheel zodra 'groepsimmuniteit' wordt bereikt.

Specialisten in de volksgezondheid beschouwen vaccins als veilig en succesvol. In ontwikkelde landen wordt vaccinatie tegen infectieziekten genoemd als oorzaak dat ziekten die in vorige eeuwen grootschalige morbiditeit en mortaliteit veroorzaakten, zoals pokken, difterie en polio, nu vrijwel zijn uitgeroeid. In figuur 4.5 zie je het effect van vaccinatie op het voorkomen van diverse infectieziekten in Nederland. Het Europese Centrum voor Ziektebestrijding meldt echter dat Europa niet heeft voldaan aan de doelstelling om in 2010 mazelen te elimineren. Bovendien is het percentage gevaccineerden buiten Europa en in ontwikkelingslanden nog variabeler. Er is een toenemende bezorgdheid dat sommige ziekten, zoals kinkhoest en mazelen, opnieuw kunnen opkomen, doordat het aantal vaccinaties geringer is dan het **verzadigingsniveau** van deze ziekten.

verzadigingsniveau
Het niveau van vaccinatie tegen een bepaalde infectie in een populatie zodanig dat deze ziekte niet meer zal voorkomen.

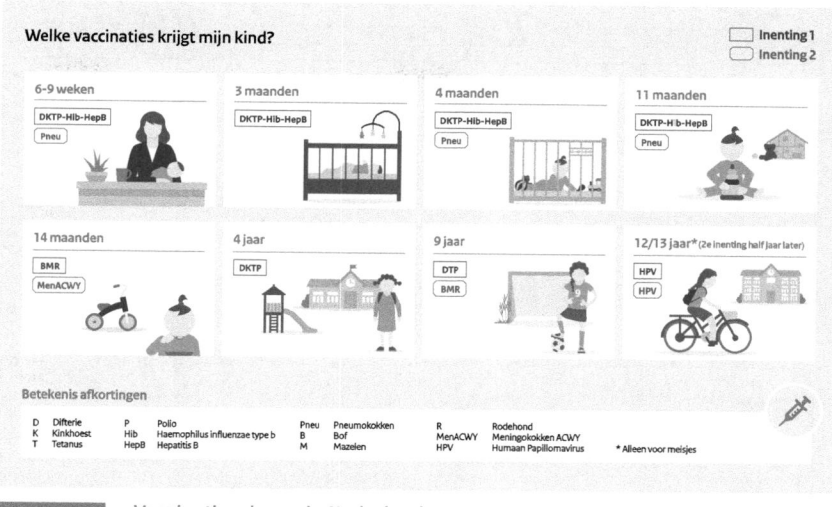

FIGUUR 4.4 Vaccinatieschema in Nederland
Bron: rijksvaccinatieprogramma.nl, geraadpleegd januari 2019

Er is een nieuw vaccin op de markt gebracht gericht op een subgroep van een groep virussen die bij elkaar bekendstaan als het humaan papillomavirus (HPV). Dit virus is aanwezig in 70 tot 95 procent van de gevallen van baarmoederhalskanker (Kuper et al., 2000; OECD, 2012), hoewel slechts een klein percentage van de HPV-infecties zich tot kanker ontwikkelt. De ontdekking van een vaccin tegen deze typen HPV werd in 2006 aangekondigd als een belangrijke ontdekking voor de volksgezondheid, nadat bij klinische trials was gebleken dat het vaccin zowel bij volwassenen als bij kinderen effectief was, met een effectiviteit van negentig procent bij mensen die nog geen infectie hadden opgelopen (Lo, 2006, 2007; Steinbrook, 2006). Het vaccin wordt sinds 2009 aangeboden aan meisjes van twaalf/dertien jaar (begin van het secundair onderwijs) in Vlaanderen en Nederland. In het vaccin zitten eiwitverbindingen die lijken op delen van het HPV-virus, maar die geen HPV-infectie veroorzaken. Het menselijk afweersysteem maakt afweerstoffen tegen deze eiwitverbindingen. Deze afweerstoffen zorgen ervoor dat men na vaccinatie geen HPV-besmetting meer kan oplopen. Bescherming kan alleen worden verwacht tegen de typen die in het vaccin zitten. Er zijn tot nu toe meer dan 200 miljoen mensen mee gevaccineerd. In 2013 werd de HPV-vaccinatie in 45 landen opgenomen in het nationale vaccinatieprogramma. In steeds meer landen worden ook jongens gevaccineerd vanuit het vaccinatieprogramma, zoals nu al het geval is in de Verenigde Staten, Oostenrijk, Australië en Canada (rivm.nl).

4.5.2 Voor- en nadelen van immunisatie

Gedurende de vorige eeuw zijn de grootschalige voordelen van jeugdvaccinatieprogramma's duidelijk geworden. Het komt nog maar zelden voor dat kinderen in de westerse wereld overlijden aan mazelen, difterie of polio. Hetzelfde geldt voor steeds meer ontwikkelingslanden waar vaccinatieprogramma's worden gestimuleerd. Hoewel soms is gebleken dat sociaaleconomische variabelen zoals het opleidingsniveau van invloed zijn op de deelname aan vaccinatieprogramma's wordt dit niet bij alle studies gemeld (Lamden en Gemmell, 2008).

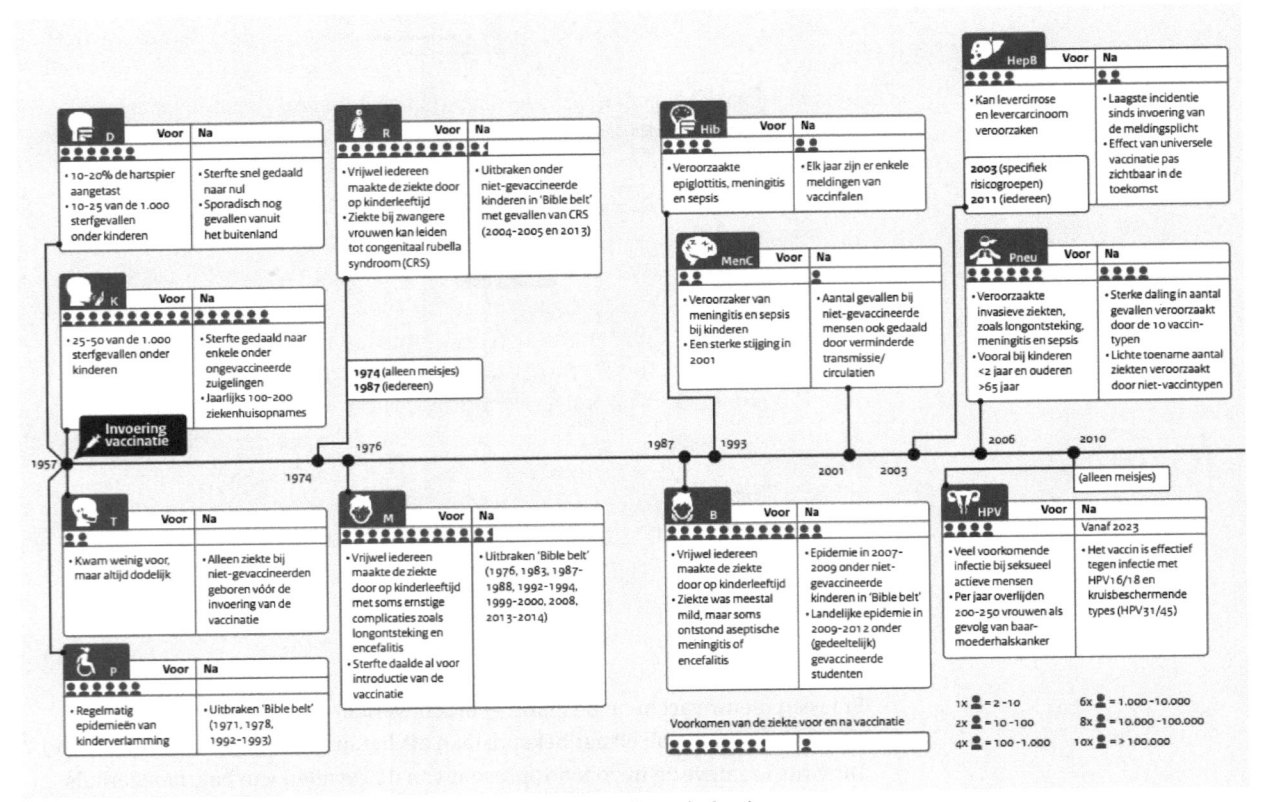

FIGUUR 4.5 Het effect van vaccinatie op diverse infectieziekten in Nederland
Bron: volksgezondheidenzorg.info, geraadpleegd januari 2019

SAMENVATTING

- Uiteenlopende gedragingen worden vaak beschreven als 'gedragsmatige immunogenen': gedrag dat de gezondheid van de betrokkene beschermt of verbetert. Er zijn duidelijke bewijzen voor een verband tussen gezonde voeding, lichamelijke activiteit, therapietrouw en het treffen van preventieve maatregelen, zoals deelname aan screening of immunisatie. Bovendien is het ontbreken van 'immunogenen' of een lage concentratie daarvan schadelijk voor de gezondheid, zoals blijkt uit de bijdrage van een geringe mate van lichamelijke activiteit aan de obesitascijfers wereldwijd.
- Gegeven het overtuigende bewijs van een verband tussen gedrag en ziekte, zou je verwachten dat de meeste mensen zich zo gedragen dat ze hun gezondheid beschermen. Dit wordt echter niet door de statistische gegevens ondersteund. Het wordt steeds duidelijker dat complexe invloeden op het gezondheidsgedrag inwerken.

4.1 Compliantiegedrag
- Therapietrouw bestrijkt alle handelingen vanaf het verkrijgen van een recept, het afhalen van de geneesmiddelen tot aan het op de juiste wijze innemen ervan. Ook omvat therapietrouw alle zelfstandig uitgevoerde therapeutische gedragingen, zoals revalidatieoefeningen in overeenstemming met medische adviezen.
- Therapietrouw is een belangrijke factor voor het slagen van een behandeling. Voor de meeste mensen zal therapieontrouw worden beïnvloed door een combinatie van factoren.

4.2 Gezonde voeding
- Meer fruit en groenten in het dagelijks voedingspatroon reduceert het risico op sommige *non-communicable diseases* (niet-overdraagbare aandoeningen), met inbegrip van cardiovasculaire aandoeningen en sommige soorten kanker.
- Er zijn nieuwe adviezen wat betreft gezonde voeding. Voor een gezond leven is het cruciaal om voldoende water te drinken. De basisvoedingsmiddelen met een gunstig effect op de gezondheid zijn van plantaardige oorsprong: groente en fruit, granen, aardappelen, peulvruchten, noten en zaden, plantaardige oliën en andere vetstoffen rijk aan onverzadigde vetzuren.

4.3 Lichaamsbeweging

- Onvoldoende lichaamsbeweging is een van de voornaamste risicofactoren voor de gezondheid wereldwijd.
- De Wereldgezondheidsorganisatie geeft duidelijke en leeftijdsspecifieke bewegingsadviezen.
- Algemeen wordt aangenomen dat regelmatige, maar niet excessieve lichamelijke activiteit gunstig is voor de lichamelijke en psychische gezondheid.

4.4 Gezondheidsscreening

- In de geïndustrialiseerde wereld vormt screening een steeds groter deel van de preventieve geneeskunde.
- Verschillende ziekten hebben een genetische component. Screeningsmethoden naar genetische 'markers' nemen exponentieel toe, maar roepen ook ethische vragen op.
- In westerse culturen is er ook veel aandacht voor ziektedectiescreening. Dit laat toe om diverse ziekten in een vroeg stadium te ontdekken of te voorspellen.
- Zelfonderzoek is een ander middel om eventuele ziekten op te sporen. Het nut van zelfonderzoek bij bepaalde aandoeningen is omstreden, omdat er veel valspositieve signalen zijn.
- Grootschalige vaccinatieprogramma's worden algemeen als heel kosteneffectief beschouwd. Door een bepaald verzadigingsniveau te bereiken kunnen bepaalde ziekten uit de populatie verdwijnen.

HOOFDSTUK 5
MODELLEN VOOR HET VOORSPELLEN VAN GEZONDHEIDSGEDRAG

5.1	**Distale invloeden op gezondheidsgedrag**		**5.3**	**Sociale en cognitieve modellen van gedragsverandering**
5.1.1	Demografische invloeden			
5.1.2	Persoonlijkheidskenmerken		5.3.1	Sociaal cognitieve theorie
5.1.3	Zelfbeschikkingstheorie		5.3.2	Het *health belief*-model
5.2	**Modellen van gezondheidsgedrag**		**5.4**	**Modellen voor gefaseerde gedragsverandering**
5.2.1	Attitudes		5.4.1	Het transtheoretische model (TTM)
5.2.2	Risico-inschatting en onrealistisch optimisme		5.4.2	Het *health action process approach*-model (HAPA)
5.2.3	Zelfeffectiviteit (*self-efficacy*)			

LEERDOELEN

Aan het einde van dit hoofdstuk kun je beschrijven en uitleggen:
- hoe sociale en cognitieve factoren van invloed zijn op gezond of risicovol gedrag;
- wat de belangrijkste psychosociale modellen zijn van gezond gedrag en van veranderingen van het gezondheidsgedrag;
- wat de verschillen zijn tussen continue of statische modellen en modellen die opgedeeld zijn in verschillende stadia van gedragsverandering;
- welke sociale en cognitieve factoren gezondheidsgedrag en veranderingen hierin voorspellen.

VACCINATIES TEGEN HPV GEEN AANMOEDIGING VOOR RISKANT SEKSUEEL GEDRAG

Lancet Oncology, 7 februari 2014

Toen de Britse regering een vaccinatieprogramma invoerde als bescherming tegen infectie met het humaan papillomavirus (HPV), waarvan bekend is dat het circa zeventig procent van de gevallen van baarmoederhalskanker veroorzaakt, ontstond algemene bezorgdheid onder artsen en ouders dat vaccinatie van tienermeisjes zou worden beschouwd als een soort algemene bescherming tegen andere soa's (seksueel overdraagbare infecties). Gevreesd werd dat zij seksueel actiever zouden worden en dat hun blootstelling aan risico daardoor zou toenemen.

Het nieuwsbericht uit de *Lancet* accentueert de resultaten die zijn verkregen in het vakblad *Pediatrics* onder 339 meisjes en vrouwen van 13 tot 21, van wie sommigen op het moment van de vaccinatie seksueel ervaren waren en anderen niet (Mayhew *et al.*, 2014). Onder degenen zonder seksuele ervaring bestond geen verband tussen risicoperceptie na de vaccinatie en het beginnen van seksueel gedrag in de daaropvolgende zes maanden; bij degenen met seksuele ervaring was er geen toename van het aantal seksuele partners, ook niet van het condoomgebruik. Als werd gekeken naar verschillende leeftijdsgroepen, kwam naar voren dat vrouwen zonder seksuele ervaring in de leeftijd van zestien tot 21 met een onterecht geringe perceptie van het risico op andere soa's, na de vaccinatie in feite *minder* vaak seksueel actief werden. De bevindingen van deze studie dat overtuigingen omtrent HPV-vaccinatie geen significante invloed hebben op het gedrag, weerleggen de bezorgdheid over deze vaccinatie en mogelijke barrières daartegen. Opgemerkt moet echter worden dat meer werk nodig is om de vraag over aannamen en gedrag te beantwoorden bij diegenen die ervoor hadden gekozen niet te worden gevaccineerd. Deze steekproef bestond namelijk uit mensen die wél voor vaccinatie hadden gekozen. In dit en in volgende hoofdstukken zullen we laten zien dat het menselijk gedrag, met inbegrip van seksueel gedrag, niet aan slechts één invloed onderhevig is, maar aan vele persoonlijke en sociale invloeden.

HOOFDSTUKOVERZICHT

In dit hoofdstuk komen de belangrijkste theorieën aan bod die gezondheidsgedrag kunnen voorspellen en verklaren. Persoonlijkheid, overtuigingen en attituden spelen een belangrijke rol bij het motiveren van gedrag, evenals onze doelen en intenties, sociale omstandigheden en sociale normen. De belangrijkste psychologische modellen en hun onderdelen worden beschreven en bekritiseerd, waarbij gebruik wordt gemaakt van aanwijzingen die deel uitmaken van uiteenlopende gezondheidsgedragingen. Empirische studies op populatieniveau hebben belangrijke invloeden vastgesteld, die aanknopingspunten bieden voor gezondheidsbevordering en gezondheidsvoorlichting.

5.1 Distale invloeden op gezondheidsgedrag

Eén manier om voorspellende factoren voor gezondheidsgedrag te bestuderen, is door deze factoren onder te verdelen in **distaal** (verder weg gelegen) en **proximaal** (dichtbij). Voorbeelden van distale invloeden op gezondheidsgedrag zijn sociaaleconomische status, etniciteit, geslacht en persoonlijkheidskenmerken. Proximale invloeden op gezondheidsgedrag zijn specifieke opvattingen en attitudes rond gedragingen die de gezondheid in gevaar brengen of bevorderen.

De verdeling tussen distale en proximale factoren is willekeurig, maar is bedoeld als weerspiegeling van het feit dat bepaalde distale invloeden, zoals sociaaleconomische status, indirect op het gedrag inwerken. Dit komt doordat deze invloeden een effect hebben op andere, meer proximale factoren, zoals iemands attitudes, overtuigingen en doelstellingen. Deze proximale factoren **mediëren** dus mogelijk het effect van de sociaaleconomische status op de gezondheid. Om dit nader te illustreren, is er redelijk consistent bewijs dat mensen met een lagere sociaaleconomische status gemiddeld meer drinken, meer roken, minder sporten en minder gezond eten dan mensen met een hogere sociaaleconomische status. Deze gegevens verklaren echter niet waaróm dit het geval is. Uit onderzoek blijkt dat de sociale klasse bepalend is voor de gezondheidspercepties die iemand heeft die vervolgens op het gedrag van invloed kunnen zijn. Deze percepties of overtuigingen houden duidelijk verband met het gedrag en zijn daarmee redelijk proximaal. Ze vormen een makkelijker doel voor interventie dan de vrij statische of distale kenmerken van een bepaalde sociale status. De opvattingen die iemand heeft, kunnen wel de effecten van meer distale invloeden mediëren en deze hypothese kan statistisch worden getest.

Een andere term die je kunt tegenkomen in stukken over relaties tussen variabelen, is moderatie. **Moderatorvariabelen** verklaren de voorwaarden waaronder een relatie bestaat, bijvoorbeeld de relatie tussen een potentiële voorspeller (zoals sociaaleconomische status) en een uitkomst (bijvoorbeeld deelname aan screening) kunnen variëren afhankelijk van de mogelijke waarden voor een andere variabele (bijvoorbeeld man/vrouw, onder 65/boven 66). Bij alle modellen in dit hoofdstuk wordt rekening gehouden met de rol van deze distale invloeden. De mate waarin bij elk model de specifieke relaties tussen deze en meer proximaal gesitueerde factoren wordt verondersteld of getest, verschilt. Voordat we de modellen bespreken, presenteren we daarom een deel van het bewijs met betrekking tot de specifieke distale invloeden van demografische kenmerken zoals leeftijd, geslacht en persoonlijkheid.

5.1.1 Demografische invloeden

Slechte gewoonten als roken en alcoholconsumptie ontstaan vaak door gedragspatronen in de jeugd of vroege volwassenheid. Volgens de Global Youth Tobacco Survey Collaborative Group (2002) begon bijvoorbeeld de meerderheid van de rokers als tiener met roken. In Vlaanderen is de gemiddelde leeftijd waarop jongeren voor het eerst een sigaret roken 14,6 jaar. Dat is een kleine daling tegenover de vorige meting, deze beginleeftijd is al vijf schooljaren stabiel: de beginleeftijd blijft schommelen tussen veertien en vijftien jaar. Terwijl tabak in België aan jongeren vanaf zestien jaar mag worden verkocht (VAD, 14 maart 2017).

De puberteit is een belangrijke periode als het gaat om het ontwikkelen van gezondheidsgedrag. Pubers beginnen meestal naar zelfstandigheid (onafhankelijkheid) te streven, waardoor ze zelf beslissingen over hun gezondheid gaan nemen, bijvoorbeeld al dan niet roken, drinken of tandenpoetsen. Invloeden op besluitvormingsprocessen, attitudes en gedrag veranderen bovendien tijdens

---

distaal
Ver weg van het centrum van het lichaam.

proximaal
Dicht bij het centrum van het lichaam.

mediëren/mediatorvariabele
Een mediatorvariabele is een variabele die als het ware tussen twee andere variabelen in staat. Er is bijvoorbeeld een verband tussen a en c, maar dit verband kan (deels) worden verklaard doordat a invloed heeft op b, en b weer invloed op c. We zeggen dan dat b medieert tussen a en c. Individuele opvattingen kunnen bijvoorbeeld de effecten van de sekse op het gedrag mediëren; sekse-effecten zijn dan indirect.

moderator/moderatorvariabele
Moderatorvariabelen verklaren de omstandigheden waaronder een relatie tussen twee andere variabelen kan bestaan, de relatie tussen individuele overtuigingen en gedrag kan bijvoorbeeld verschillen, afhankelijk van geslacht of gezondheidstoestand.

deze jaren; pubers hechten in het algemeen meer geloof aan de opvattingen van leeftijdsgenoten dan aan het advies van ouders of docenten (Hendry en Kloep, 2002). Sommige pubers zullen risicovol gedrag gaan vertonen, deels als verzet tegen het gezag, omdat het cool of wereldwijs is (Michell en Amos, 1997). Onderzoek heeft aangetoond dat sekse kan samenhangen met gezond dan wel riskant gedrag. Waarom is dit zo? Gezondheidsperceptie en de betekenis die we aan gezondheid geven, bieden een gedeeltelijke verklaring. Mannen lijken risicovol gedrag te vertonen – bijvoorbeeld veel alcohol drinken of geen arts bezoeken – als uiting van mannelijkheid (Visser en Smith, 2007). Omgekeerd kunnen mannen om dezelfde redenen zich juist gezondheidsbevorderend gedragen, zoals veel sporten (Steffen *et al.*, 2006). Onderzoek door Visser en Smith (2007) maakt de verbanden tussen riskant gedrag en mannelijkheid duidelijk en laat zien hoe de verminderde mannelijke uitstraling die voortkomt uit een geringere alcoholconsumptie kan worden gecompenseerd door andere factoren, zoals sportief succes. Hieronder volgen enkele citaten uit hun onderzoek, afkomstig van mannen tussen 18 en 21 jaar, waarin deze opvatting terugkomt:

> *... echt van die iconen van mannelijkheid die de stad in gaan om te zuipen en dan gaan vechten. Ze kunnen elke vrouw krijgen, weet je; ze worden gezien als ... de echte kerels, snap je.*

> *... omdat ik beter was dan de meeste andere spelers, oefenden ze geen druk op me uit om te drinken, want ... weet je, ik kon tegen ze zeggen: 'Dat kun je wel schudden', of zoiets. Maar ik heb ook vrienden die niet zoveel spelervaring hadden als ik met hockey, maar puur om goed te liggen in de groep, denk ik, vonden ze dat ze wel moesten [drinken].*

Een andere invloed op het gedrag die niet voortdurend wordt geoperationaliseerd of getest in studies van veranderingen van gezondheidsgedrag, hoewel deze meestal wel in een schematische representatie van de modellen wordt opgenomen, is die van de persoonlijkheid.

5.1.2 Persoonlijkheidskenmerken

Persoonlijkheidskenmerken zijn karakteristieke gevoelens, denkwijzen en gedragingen die de ene mens van de andere onderscheiden. Hier vermelden we de twee belangrijkste modellen met betrekking tot gezondheidsgedrag.

Driefactorenmodel van Eysenck
Eysenck onderscheidt drie bipolaire dimensies van de persoonlijkheid:
1. *extraversie* (open, sociale aard) en de tegenpool *introversie* (gesloten, solitaire aard);
2. *neuroticisme* (angstige, zorgelijke aard, beheerst door schuldgevoel) tegenover *emotionele stabiliteit* (ontspannen, tevreden aard);
3. *psychoticisme* (egocentrische, agressieve, antisociale aard) tegenover *zelfbeheersing* (vriendelijke, voorkomende, gezonde aard).

Volgens Eysenck (1979, 1991) komt iemands persoonlijkheid tot uiting in de individuele scores op deze drie dimensies; het ene individu kan bijvoorbeeld hoog scoren op neuroticisme en extraversie, maar laag op psychoticisme, terwijl iemand anders hoog kan scoren op neuroticisme en laag op extraversie en psychoticisme. Onderzoek toonde aan dat het driefactorenmodel valide en duurzame persoonlijkheidsfactoren bevat (Kline, 1993). Er bestaat echter een ander model, dat vaak het vijffactorenmodel wordt genoemd, oftewel *The Big Five* (McCrae en Costa, 1987, 1990). Bij dit model, dat in de gezondheidspsychologie de meeste aandacht heeft gekregen, onderscheidt men vijf primaire dimensies van de persoonlijkheid. Het vijffactorenmodel van McCrae en Costa (*The Big Five*):

1. openheid voor nieuwe ervaringen;
2. conscentieusheid;
3. extraversie;
4. aangenaam in de omgang;
5. neuroticisme.

(NB: Het acroniem **OCEAN** wordt veel gebruikt.)

Deze persoonlijkheidskenmerken zijn gevalideerd in verschillende culturen (met uitzondering van nauwgezetheid) en op verschillende leeftijden vanaf veertien jaar (McCrae *et al.*, 2000). Ze worden daarom als relatief stabiel beschouwd. Er is melding gemaakt van veel relaties tussen deze persoonlijkheidstrekken en de gezondheid (zie het overzicht van Vollrath uit 2006); er is echter minder aandacht besteed aan de vraag of individuele gedragingen deze relatie mediëren. Er bestaat een flinke hoeveelheid bewijs voor de stelling dat riskant (ongezond) gedrag vaker voorkomt onder mensen die hoog scoren op extraversie, en minder riskant gedrag vaker voorkomt onder hen die hoger scoren op inschikkelijkheid en nauwgezetheid (zie bijvoorbeeld Nicholson *et al.*, 2005). Dergelijke verbanden bestaan ook voor gezonde gedragingen. Magee en Heaven (2011) ontdekten bijvoorbeeld dat extraversie onder Australische volwassenen een voorspellende factor was voor gewichtstoename gedurende twee jaar. Nauwgezetheid gaat meestal gepaard met gezond gedrag (zie Bogg en Roberts, 2004 voor een meta-analyse), terwijl neuroticisme vaak naar ongezond gedrag neigt (Goldberg en Strycker, 2002). Hieronder valt ook kieskauwen en alles weigeren wat niet zeer vertrouwd is: (**neofobie** voor eten), zoals blijkt uit een steekproef van 451 Schotse kinderen tussen de elf en vijftien jaar (MacNicol *et al.*, 2003).

In ogenschijnlijke tegenspraak tot deze negatieve invloed van neuroticisme, gaat deze persoonlijkheidstrek ook gepaard met een hoog gebruik van de gezondheidszorg. Sterk neurotische individuen hebben meer (negatieve) aandacht voor hun eigen lichaamsfuncties; ook benoemen zij die vaker als 'symptomen' van een ziekte dan mensen met een lagere score op neuroticisme (Jerram en Coleman, 1999; zie ook hoofdstuk 8). Friedman (2003) concludeerde echter dat er geen consistent bewijs is voor de aanname dat mensen die hoog scoren op neuroticisme zich gezonder of minder schadelijk gedragen dan mensen die laag scoren op neuroticisme en dat er gezonde neurotici kunnen bestaan evenals ongezonde neurotici. Dit suggereert dat persoonlijkheidskenmerken als neuroticisme op zichzelf onvoldoende verklaring bieden voor gezond of risicovol gedrag.

Andere aspecten van de persoonlijkheid

Een ander, vaak onderzocht aspect van de persoonlijkheid is de gegeneraliseerde **locus of control (LoC)** (Rotter, 1996). Rotter dacht aanvankelijk dat mensen een interne LoC hadden (dat ze de verantwoordelijkheid voor gebeurtenissen in zichzelf plaatsen en denken dat hun handelingen van invloed zijn op de resultaten) of een externe locus of control (waarbij ze de verantwoordelijkheid voor gebeurtenissen aan externe factoren toeschrijven). Gedacht werd dat een gevoel van interne controle adaptief was, doordat mensen geloven dat ze enige controle over hun leven kunnen uitoefenen. Hiervoor bestaat enig bewijs: werkende volwassenen met een sterke interne locus of control beleefden hun baan bijvoorbeeld

---

neofobie
Een hardnekkige en chronische angst voor alles wat nieuw is (bijvoorbeeld plaatsen, gebeurtenissen, mensen, voorwerpen, eten).

locus of control (LoC)
Een persoonlijkheidskenmerk dat onderscheid kan maken tussen mensen die de verantwoordelijkheid voor gebeurtenissen aan zichzelf toeschrijven (mensen met een interne LoC) of aan externe factoren (mensen met een externe LoC).

positiever en maakten melding van een grotere bevrediging van hun werk (Judge *et al.*, 2000).

Op basis daarvan ontwikkelden Kenneth Wallston en collega's (Wallston, Wallston en De Vellis, 1978) een LoC-schaal voor opvattingen over de gezondheid, de MHLC (multidimensional **health locus of control**). Hierbij werden drie onafhankelijke dimensies onderscheiden:

> **health locus of control**
> De perceptie dat iemands gezondheid afhangt van persoonlijke controle, van gezaghebbende anderen zoals medisch personeel, of van externe factoren zoals het noodlot of toeval.

1. *Intern*: bij een hoge score op deze schaal is het individu de belangrijkste determinant voor de gezondheidstoestand. Interne opvattingen gaan gepaard met een hoge mate van gezond gedrag en met het construct zelfeffectiviteit van Bandura (zie verderop in dit hoofdstuk).
2. *Extern/toeval*: bij een hoge score op deze schaal hangt de gezondheid van het individu af van externe factoren, zoals geluk, het noodlot of toeval.
3. *Gezaghebbende anderen*: bij een hoge score op deze schaal wordt de gezondheid bepaald door gezaghebbende anderen, zoals artsen en gezondheidsvoorlichters.

Wallston betoogde dat deze dimensies pas relevant worden als iemand waarde hecht aan de eigen gezondheid. Dit weerspiegelt de theoretische ondersteuning van locus of control, namelijk sociaal leren of de sociaal-cognitieve theorie (Bandura, 1986), waarbij een individu handelt met het oog op de gewenste resultaten. Als individuen geen waarde hechten aan de eigen gezondheid, is de kans klein dat ze zich gezond zullen gedragen (zelfs als ze wel het gevoel hebben dat ze controle over hun gezondheid hebben), omdat gezondheid voor hen geen hoge prioriteit heeft (zie Wallston en Smith, 1994).

Ook de banden met de maatschappij kunnen belangrijk zijn voor de waarde die mensen hechten aan gedragsverandering. Zo vonden Van der Helm *et al.* (2009) een sterk verband tussen een interne locus of control en een hogere behandelmotivatie van criminele jongeren met ernstige gedragsstoornissen. Armitage stelde daarom dat de invloed van de locus of control-opvattingen op het eigen gedrag nader dient te worden onderzocht. Hoewel deze discussie betrekkelijk nieuw is, suggereert ze dat interventies met het doel opvattingen over de specifieke vermeende controle over het gedrag te versterken, het effectiefst zijn als ze gericht zijn op mensen met een interne locus of control. Individuen met een interne *health locus of control*, of zelfs een *health locus of control* (HLC, gezondheids*locus of control*) van gezaghebbende anderen die waarde hechten aan hun gezondheid, gedragen zich daardoor vaker op zodanige wijze dat de gezondheid wordt beschermd. Aannamen van invloedrijke anderen kunnen iemand echter afremmen actief verantwoordelijkheid voor het gedrag te nemen, wanneer dergelijke mensen te veel vertrouwen op een medische oplossing.

Bewezen is dat dergelijke gegeneraliseerde LoC-dimensies matige, of zelfs zwakke voorspellers van gedrag zijn. Bij een grootschalig onderzoek van meer dan 13.000 gezonde individuen werd bijvoorbeeld ontdekt dat positief gezondheidsgedrag zwak was gecorreleerd aan een sterkere interne controle en zelfs nog zwakker was gerelateerd aan aannames over zwakkere externe controle of controle bij gezaghebbende anderen (Norman *et al.*, 1998). Doordat de resultaten consequent matig zijn, zijn onderzoekers hun aandacht gaan richten op meer gedragsmatig specifieke en meer proximale constructs, zoals **vermeende gedragsmatige controle** (zie de theorie van gepland gedrag) en **zelfeffectiviteit** (Bandura, 1977 en zie het *health action process approach*-model (HAPA, procesmodel voor gezondheidsactie)). Armitage (2003) heeft gesuggereerd dat aannamen over dispositionele of generieke controle in feite van invloed

> **vermeende gedragsmatige controle**
> Iemands geloof in persoonlijke controle over een bepaalde specifieke handeling of gedrag.

> **zelfeffectiviteit**
> Technische term van Bandura, vergelijkbaar met zelfvertrouwen, soms zelfredzaamheid genoemd. De aanname dat iemand in bepaalde omstandigheden bepaald gedrag kan uitvoeren.

zouden kunnen zijn op deze aannamen over specifiekere proximale controle. Hij concludeerde dit op basis van zijn bevindingen dat aannamen over gegeneraliseerde interne controle onafhankelijke voorspellers waren voor de relatie tussen vermeende gedragsmatige controle en intentie. Met andere woorden, de mate waarin aannamen over vermeende gedragsmatige controle de intentie kon verklaren, was het grootst onder die individuen met een sterke gegeneraliseerde interne LoC. Dergelijke bevindingen suggereren dat interventies die zijn gericht op het versterken van aannamen over specifieke vermeende gedragscontrole, mogelijk beter werken als ze worden gericht op mensen met een interne locus of control.

Een nadere aanwijzing dat persoonlijkheidskenmerken van invloed zijn op proximale voorspellers van gedrag, is onder meer de bevinding dat mensen met de overtuiging dat ze een geringe persoonlijke controle over de genezing van huidkanker hadden, ook een hoger vermeend risico / kans hadden op het ontwikkelen van huidkanker, maar tegelijkertijd een geringere intentie hadden om zich met preventie bezig te houden. Cameron (2008) suggereerde dat dit een weerspiegeling kan zijn van de achterliggende persoonlijkheid, zoals **dispositioneel pessimisme** of angst, aangezien bij andere studies is ontdekt dat deze van invloed zijn op overtuigingen over kwetsbaarheid (bijvoorbeeld Gerend *et al.*, 2004).

> **dispositioneel pessimisme**
> Een overwegend negatieve kijk op het leven en de neiging om negatieve resultaten te verwachten (in tegenstelling tot dispositioneel optimisme).

Over het geheel genomen vormen de bevindingen die in deze paragraaf zijn benadrukt, een ondersteuning voor suggesties dat de relatie tussen persoonlijkheid en gezondheidsgedrag nadere bestudering verdient (O'Connor, 2014). Eén reden waarom gezondheidspsychologen relatief minder aandacht hebben besteed aan voorspellers van gedrag op basis van de persoonlijkheid dan aan cognitieve, emotionele of zelfs sociale factoren, is misschien dat de persoonlijkheid als vaststaand en onveranderlijk wordt beschouwd (zoals de definitie van **persoonlijkheidstrek** suggereert). Hoewel dit in principe juist is, worden de overtuigingen waarop cognitieve interventies zijn gericht, door de persoonlijkheid gevormd. Op deze wijze draagt de persoonlijkheid bij aan het geheel.

> **persoonlijkheidstrek**
> Een gedragskenmerk dat bij een individu hoort en dat uiterlijk waarneembaar is. Volgens de theorie voorspellen persoonlijkheidstrekken ons handelen.

5.1.3 Zelfbeschikkingstheorie

Een aanvulling op de voorspellende waarde van persoonlijkheidsfactoren is het onderzoek van de wijze waarop persoonlijkheidstrekken de motivatie voor het uitvoeren van gedrag beïnvloeden. De **zelfbeschikkingstheorie** (Deci en Ryan, 2000) maakt onderscheid tussen intrinsieke en extrinsieke motivatie. In het eerste geval is iemand gemotiveerd zich op een bepaalde manier te gedragen vanwege de inherente persoonlijke bevrediging of beloning die dit gedrag teweegbrengt, zoals gevoelens van toegenomen competentie, autonomie of verwantschap met anderen. Extrinsiek gemotiveerd gedrag komt daarentegen voort uit vermeende, extern gesitueerde beloningen zoals de behoefte aan de goedkeuring van groepsgenoten. Toen Ingledew en Ferguson (2007) deze theorie onderzochten in relatie tot veilig vrijen bij studenten, ontdekten ze dat studenten die hoog scoorden op meegaandheid of consciëntieusheid, intrinsieke, autonome motivaties hadden of motivaties in verband met zelfbeschikking om veilig te vrijen (bijvoorbeeld 'Persoonlijk zou ik veilig vrijen, omdat... ik zelf geloof dat het beter is voor mijn gezondheid') veeleer dan extrinsieke, externe of gecontroleerde motivaties (bijvoorbeeld 'Persoonlijk zou ik veilig vrijen, omdat... ik druk voel van anderen). Nadere aanwijzingen voor een relatie tussen persoonlijkheids- en gedragsmotieven worden geleverd door Cooper *et al.* (2000), die ontdekten dat neurotische mensen dronken om een negatieve stemming te verminderen, terwijl extraverte mensen dronken om hun positieve stemming te versterken. Dergelijke

> **zelfbeschikkingstheorie**
> Deze theorie bestudeert de mate waarin gedrag vanuit het zelf gemotiveerd is (ofwel door intrinsieke factoren) en door de kernbehoeften autonomie, competentie en psychologische verwantschap wordt beïnvloed.

studies leveren nuttige bijdragen aan een onderzoeksgebied waar nog altijd een beperkt inzicht is in de wijze waarop de persoonlijkheid zijn effecten op gezondheidsgedrag uitoefent en uiteindelijk op de gezondheid.

Sociale invloeden

Mensen leven van origine in groepsverband en zijn sociale wezens. Ons gedrag is het resultaat van veel verschillende invloeden: de cultuur en de omgeving waarin we worden geboren; de dagelijkse cultuur waarin we leven en werken; de groepen en individuen met wie we omgaan en onze eigen persoonlijke emoties, opvattingen, waarden en attitudes. We leren van onze positieve en negatieve ervaringen, maar we leren ook indirect, via blootstelling aan en observatie van het gedrag en de ervaringen van anderen. Er bestaat een subjectieve sociale norm die een impliciete of expliciete goedkeuring van bepaald gedrag suggereert.

Bij een vier jaar durend onderzoek (Choi *et al.*, 2003) onder bijna tienduizend Amerikaanse middelbareschoolleerlingen ontdekte men dat 37 procent van de niet-rokers op de middelbare school tijdens de vervolgopleiding alsnog was gaan roken; 25 procent van de aanvankelijk 'experimentele' rokers was vaker gaan roken. Het rookgedrag van de overige leerlingen was hetzelfde gebleven. Er waren duidelijke verschillen ten aanzien van de factoren die verklaarden waarom voor het eerst met roken werd begonnen en waarom men zich ontwikkelde van experimenteel roker (gedefinieerd als onregelmatig, sociaal, kortetermijn) naar regelmatig roker. Degenen die met roken begonnen, waren over het algemeen witte, opstandige leerlingen die niet graag naar school gaan en die een sterkere mate van ouderlijke goedkeuring voor het roken ervoeren. Degenen die vaker gingen roken, meenden vaker dat hun leeftijdsgenoten het roken goedkeurden en dachten vaker dat roken veilig was. Bovendien had vermeende goedkeuring van de ouders (en een eventueel voorbeeld in de vorm van eveneens rokende ouders) meer invloed op het beginnen met roken dan op het blijven roken. Ook bij alcoholgebruik zien we dat het voorbeeld van ouders vooral belangrijk is voor het beginnen met alcoholgebruik en de invloed van leeftijdsgenoten vooral voor de verdere ontwikkeling van alcoholgebruik of -misbruik. Alhoewel het alcoholgebruik van Nederlandse en Belgische tieners gemiddeld is in vergelijking met andere Europese jongeren, scoort Nederland met name bij het comazuipen, vaak in groepsverband, hoger dan gemiddeld (European School Survey Project on Alcohol and Other Drugs, 2009; ESPAD, 2011). Gebleken is dat hogeschool- en universiteitsstudenten op soortgelijke wijze aannamen doen over wat 'normaal' alcoholgebruik vormt, en daardoor kunnen sommigen probleemdrinken als normaal beoordelen, terwijl het niet normaal is (Perkins *et al.*, 2005). Deze aannamen omtrent wat belangrijke anderen doen, worden wel **descriptieve normen** genoemd; ze verschillen van normen die voorschrijven hoe anderen willen dat jij je in een bepaalde situatie gedraagt; deze laatste worden wel **injunctieve normen** genoemd (Aronson *et al.*, 2005; Stok *et al.*, 2014).

Wat betreft riskant gezondheidsgedrag zijn er vele informatiebronnen waaraan iemand wordt blootgesteld. Sommige bronnen ontmoedigen risicovol gedrag, andere moedigen het juist aan: televisiespotjes die de negatieve gevolgen van roken illustreren; een oudere broer, zus of ouder die gezond lijkt ondanks overmatig drinken; een les op school over hoe je 'nee' kunt zeggen als je voor het eerst een sigaret of drugs krijgt aangeboden; een vriend die rookt en die je vertelt dat roken cool is. Er is consistent bewijs waaruit blijkt dat de geloofwaardigheid van de bron, de overeenkomst met de betreffende boodschapper en zelfs zijn/haar aantrekkelijkheid van invloed zijn op gedragsverandering (zie Petty en Cacioppo, 1986, 1996). Er zijn ook aanwijzingen dat we verschillend reageren op

---

descriptieve normen
Percepties van welk gedrag populair is (datgene wat we doen).

injunctieve normen
Normen die beschrijven wat gedaan zou moeten worden.

overtuigende berichten, afhankelijk van de vraag of de bron als een getalsmatige minderheid wordt gezien of als een meerderheid. Mogelijk gaan we een bericht beter onderzoeken als het door een meerderheid wordt onderschreven, zelfs als de aanbeveling tegen ons eigen belang ingaat (Martin en Hewstone, 2003). Zoals we hieronder gaan bespreken, vormt attitudeverandering echter slechts een deel van het verhaal.

Doelstellingen en zelfregulatie van gedrag

Gedrag wordt over het algemeen gezien als doelgericht. Ingledew en McDonagh (1998) hebben aangetoond dat gezondheidsgedrag functies van **coping** vervult (dit kan worden beschouwd als doel van het gedrag op korte termijn): voor sommige mensen kan roken bijvoorbeeld de functie hebben om met stress om te gaan. Deze auteurs identificeerden vijf copingfuncties die waren gerelateerd aan gezondheidsgedrag:
- probleemoplossing;
- zich beter voelen;
- vermijding;
- pauze;
- preventie.

coping
Manieren om met moeilijke (bijvoorbeeld rouw, verlies) gebeurtenissen om te gaan.

Daarom is de implicatie dat bij interventies die zijn bedoeld om ongezond gedrag te reduceren, rekening moet worden gehouden met copingfuncties en met doelen die het persoonlijke gedrag voor elke individuele mens vervult – het zijn deze doelen die het gedrag motiveren.

Zelfregulatie – de cognitieve en gedragsmatige processen waardoor mensen hun reacties leiden, controleren, wijzigen of aanpassen – stelt een individu in staat om zijn doelstellingen te bereiken, oftewel de gewenste resultaten te behalen of een ongewenste afloop van gebeurtenissen te voorkomen. Doelen helpen ons onze aandacht en onze inspanningen te richten. Meer gewaardeerde en specifiekere doelstellingen leiden tot een grotere en langer volgehouden inspanning dan algemene 'doe je best'-doelstellingen (Locke en Latham 2002, 2004). Het stellen van doelen is nauw verwant aan technieken voor gedragsverandering die door Abraham en Michie (2008) worden bepleit, waarbij de SMART-formulering (*specific*, *measurable*, *attainable*, *realistic* en *timely*) van doelen een kernelement is. Bij veel studies wordt SMART gebruikt: het doel moet: specifiek, meetbaar, haalbaar, realistisch en tijdgebonden zijn.

zelfregulatie
Het proces waarbij mensen hun gedrag, hun gedachten en emoties registreren en bijsturen om een zeker evenwicht of een gevoel van normaal functioneren te behouden.

Als we met succes een doelgerichte activiteit willen organiseren en uitvoeren – met andere woorden, als we onze intenties willen realiseren – is cognitieve regulering nodig (het controleren of wijzigen van onze gedachten) evenals emotieregulering (het controleren of wijzigen van onze emoties) (Mann et al., 2013). Een gebrek aan zelfbeheersing (bijvoorbeeld na het drinken van te veel alcohol) kan leiden tot risicovol gedrag (Magar et al., 2008). Er zijn enkele aanwijzingen dat vrouwen meer gebruikmaken van deze vorm van zelfregulering dan mannen, bijvoorbeeld waar het gaat om het plannen van deelname aan sportactiviteiten (Hankonen et al., 2010) en om gezond eten (Renner et al., 2008). Aandachtscontrole wordt gedefinieerd als de mate waarin iemand zich kan richten op activiteiten en doelstellingen en kan vermijden dat hij wordt afgeleid door concurrerende doelstellingen, eisen, of door negatieve, opkomende emoties (zoals angst om te falen) die het bereiken van het doel in de weg zouden kunnen staan. Onder aandachtscontrole valt ook de mate waarin iemand in staat is terug te keren naar doelgerichte activiteit nadat een verstoring voorbij is of wanneer deze is opgelost (bijvoorbeeld Luszczynska et al., 2004). Merk op dat dit verschilt van actiecontrole die betrekking heeft op zelfregulering van gedrag, oftewel op handelen (Sniehotta *et al.*, 2005). Als techniek voor gedragsverandering zou het aanmoedigingen van aandachtscontrole bijvoorbeeld kunnen worden vertaald in beweringen zoals 'Wanneer je aandrang voelt om te roken, richt je aandacht dan op andere dingen die zich rondom jou afspelen, in plaats van op je verlangen naar een sigaret.'

Bij het denken over ons doelgerichte gedrag in bredere zin stelt de existentiële theorie (Frankl, 1946/2006) dat individuen in staat moeten zijn betekenis in hun leven te vinden omdat ze anders geen geestelijke gezondheid of zelfs geluk kunnen realiseren (Diener en Seligman, 2002; Diener *et al.*, 2009). Mensen ontlenen een gevoel van betekenis of doel in het leven aan het bereiken van hun doeleinden en aan het gevoel dat hun activiteiten de moeite waard zijn. Een zwak gevoel van betekenis of doelgerichtheid in het leven wordt wel in verband gebracht met een grotere kans op risicogedragingen zoals roken (Konkolÿ Thege *et al.*, 2009) en alcohol drinken (Marsh *et al.*, 2003).

In het volgende deel van dit hoofdstuk bespreken we uiteenlopende psychologische theorieën en modellen die zijn ontwikkeld in een poging om gezondheidsgedrag te verklaren en daarmee te voorspellen.

5.2 Modellen van gezondheidsgedrag

Door het aannemen van gezonde gewoonten verkleinen we alleen het statistisch risico op een slechte gezondheid. Het garandeert niet dat we een lang en gezond leven zullen leiden. Bovendien zal onderzoek van het menselijk gedrag en de motieven daarvoor nooit een volledige verklaring bieden voor de enorme variatie in de gezondheid van mensen. Dit heeft twee redenen. Ten eerste is het gedrag niet de enige factor die ziekte veroorzaakt. Ten tweede zijn mensen en de invloeden daarop, inconsistent. Bijvoorbeeld:

- Verschillende gezonde gedragingen worden door verschillende externe factoren gereguleerd. Mogelijk wordt roken bijvoorbeeld sociaal afgekeurd, terwijl sporten misschien sociaal wordt ondersteund. Sigaretten zijn echter gemakkelijk verkrijgbaar, maar mogelijk is er voor sport onvoldoende tijd of is de toegang tot sportfaciliteiten beperkt.
- De houding tegenover gedrag varieert binnen en tussen individuen. Binnen hetzelfde individu kan gedrag door verschillende verwachtingen worden gemotiveerd: mensen roken bijvoorbeeld om zich te ontspannen, sporten om het uiterlijk te verbeteren en drinken voor de gezelligheid.
- Individuele verschillen worden gedeeltelijk verklaard door de levensfase: een tiener kan bijvoorbeeld willen afvallen omdat het in de mode is, terwijl een man van middelbare leeftijd op dieet is om een tweede hartaanval te voorkomen.
- Motiverende factoren kunnen in de loop der tijd veranderen. Alcohol drinken kan bijvoorbeeld voor je zestiende een vorm van rebellie zijn, maar kan later worden beschouwd als noodzakelijk voor sociale interactie.
- Prikkels en barrières voor gedrag worden door de context beïnvloed: in aanwezigheid van ouders of collega's drinkt men bijvoorbeeld gewoonlijk minder alcohol dan onder leeftijdsgenoten.

Gezien dit voorbehoud kunnen we feitelijk alleen hopen een gedeeltelijke verklaring van gedrag te geven (sociaal, cognitief en gedragsmatig) en van de ziekten die daar mogelijk uit voortkomen. Het verzamelde bewijs kan materiaal leveren voor interventies die ernaar streven de kans op ziekten te verkleinen of ziekten bij bepaalde individuen te voorkomen, zelfs als we waarschijnlijk niet in alle gevallen zullen slagen! Vroege theorieën over de redenen waarom we ons gedrag veranderen, waren gebaseerd op de simplistische, impliciete aanname dat:

Informatie ⇢ Attitudeverandering ⇢ Gedragsverandering

Deze aanname bleek naïef te zijn. Hoewel veel vroegere en sommige huidige campagnes over gezondheidseducatie nog steeds van deze simplistische aanname uitgaan, zijn er aanwijzingen dat de zaken veel complexer zijn. In patiëntenpopulaties of bij het algemene publiek is ook gebleken dat het hebben van informatie of kennis, bijvoorbeeld over de waarde van cholesterolarme voeding of over de gezondheidsrisico's van zonnebaden, niet noodzakelijkerwijs gepaard gaat met een gezonde attitude tegenover het gedrag (bijvoorbeeld Ruiter en Kok, 2005; Kyle et al., 2014). Bij de in hoofdstuk 4 aangehaalde studie van Kyle, onder ruim tweeduizend adolescenten, werd bijvoorbeeld ontdekt dat vrouwen een positievere houding hadden tegenover zonnebaden en dit ook vaker deden, hoewel ze beter bekend waren met het verband tussen blootstelling aan de zon en huidkanker dan mannen. Voor motivatie tot gedragsverandering is meer nodig dan informatie en kennis over bedreiging van de gezondheid. Attitudes en risicopercepties spelen een belangrijke rol, zoals je zult zien aan de modellen die in de volgende paragrafen worden gepresenteerd.

5.2.1 Attitudes

Wat is een attitude? Eagly en Chaiken (1993) beschouwden attitudes als de gezond-verstandrepresentaties die mensen eropna houden in relatie tot objecten, mensen en gebeurtenissen (Eagly en Chaiken, 1933). Vroege theoretici beschreven attitudes als één enkele component op basis van de affectieve evaluatie van een object/gebeurtenis – ofwel je houdt van iets/iemand, of niet (bijvoorbeeld Thurstone, 1928). Anderen presenteerden een tweecomponentenmodel dat attitude definieert als een stabiele psychologische bereidheid die van invloed is op evaluatieve beoordelingen (Allport, 1935). Vanaf de jaren zestig van de vorige eeuw is er sprake van een groeiende consensus over wat nu een attitude is. Dit wordt weergegeven in een driecomponentenmodel, waarbij attituden als relatief duurzaam en generaliseerbaar worden beschouwd. Ze bestaan uit drie onderling gerelateerde componenten: cognities (gedachten, waarden, normen en verwachtingen), emoties (gevoelens) en gedragingen (of intenties):

1. *Cognities*: opvattingen over het object van de attitude, bijvoorbeeld: 'roken is een goede manier om stress te verlichten'; 'roken is een teken van zwakheid'.
2. *Emoties*: gevoelens jegens het object van de attitude, bijvoorbeeld: 'roken is weerzinwekkend/prettig'.
3. *Gedragingen*: handelingen (of voorgenomen handelingen) ten opzichte van het object van de attitude, bijvoorbeeld: 'ik ga niet roken'.

Vroeger dachten theoretici dat de drie componenten onderling consistent waren en dat het gedrag daaruit met grote waarschijnlijkheid kon worden voorspeld. Empirisch bewijs voor een direct verband tussen attituden en gedrag bleek echter moeilijk te vinden. Zelfs als attitudes negatiever worden ten aanzien van gedrag dat riskant is voor de gezondheid, hoeft dit niet te worden gevolgd door een toename van het vermeend persoonlijk risico; ook hoeft er geen gedragsverandering te volgen (bijvoorbeeld Ruiter en Kok, 2005; Kyle et al., 2014). Voor een deel komt dit doordat een individu er uiteenlopende, soms tegenstrijdige attituden opna kan houden, afhankelijk van de sociale context en van vele andere factoren. Iemand kan bijvoorbeeld genieten van de smaak van een taartje en zich tegelijkertijd zorgen maken over zijn/haar gezondheid of gewicht, omdat het een caloriebom is. Deze tegenstrijdige gedachten kunnen een zogenoemde dissonantie teweegbrengen die veel mensen zullen proberen op te lossen door hun gedachten met elkaar in overeenstemming te brengen.

Bij sommige individuen blijft echter een dissonantie tussen attituden en gedrag bestaan, bijvoorbeeld bij zogenoemde dissonante rokers of zonnebankgebruikers, die blijven roken of onder de zonnebank blijven gaan ondanks hun negatieve attituden tegenover deze gedragingen. Het conflict tussen attituden en gedrag wordt wel **ambivalentie** genoemd; iemands motivatie om te veranderen wordt mogelijk ondermijnd door ambivalente attituden of tegenstrijdige doelstellingen. Attitudes op zichzelf zijn dus onvoldoende om gedrag te veranderen. Bovendien heeft het meten van expliciete attitudes geleid tot de kritiek dat hiermee een **sociale wenselijkheidsbias** zou worden gecreëerd: zullen mensen melden dat ze een positieve attitude hebben ten opzichte van gedragingen waarvan ze weten dat die sociaal negatief worden bekeken, bijvoorbeeld drugsgebruik of, steeds meer, roken? Dankzij technologische ontwikkelingen voor het testen van de reactietijd kan tegenwoordig de **impliciete attitude** worden gemeten, ofwel attitudes die onbedoeld worden geactiveerd in reactie op de feitelijke of symbolische aanwezigheid van een attitudeobject (stimulus); in dit geval is dus geen cognitieve inspanning van expliciete attitudes nodig (Fishbein en Ajzen, 2010). Dit effect kan bijvoorbeeld worden bereikt via de experimentele presentatie van beelden van verschillende gezichten of lichamen of kleuren of verschillende soorten voedsel, waarbij de snelheid waarmee individuen deze door de computer gepresenteerde beelden kunnen categoriseren volgens attitudecriteria zoals 'goed/slecht', 'aantrekkelijk/onaantrekkelijk', 'lekker/niet lekker' als maat wordt gebruikt. Van deze tests wordt gebruikgemaakt in de sociale en cognitieve psychologie – bijvoorbeeld bij studies van raciale vooroordelen met de impliciete associatietest van Greenwald *et al.*, 1998. Eén voordeel van impliciete attitudes is dat wordt gedacht dat ze in mindere mate door een sociale wenselijkheidsbias worden beïnvloed. Maar omdat ze niet onder onze bewuste controle staan, zijn ze waarschijnlijk ook moeilijker te veranderen (Wilson *et al.*, 2000; Fazio en Olson, 2003). Daarom is het op dit moment onduidelijk of hun beoordeling van nut zal zijn voor de ontwikkeling van interventies voor veranderingen van het gezondheidsgedrag.

Veel factoren kunnen vormgeven aan aanvankelijke attitudes of deze veranderen of er vraagtekens bij zetten, ervoor zorgen dat ze worden genegeerd of de kans vergroten dat ze worden gewijzigd. Een belangrijke invloed op de attitude is de persoonlijke relevantie en het vermeende risico.

> **Wat denk je zelf?**
>
> In bovenstaand attitudemodel heb je drie componenten: cognities, emoties en gedrag(sintenties), die niet noodzakelijk in overeenstemming zijn (dissonantie). Geef eens een uitgewerkt voorbeeld van zo'n mogelijke dissonantie uit je eigen leven.

5.2.2 Risico-inschatting en onrealistisch optimisme

Mensen vertonen riskant of ongezond gedrag vaak omdat ze denken dat zijzelf geen risico lopen of omdat ze hun eigen risico onderschatten. Er bestaan aanwij-

---

ambivalentie
De gelijktijdige aanwezigheid van positieve en negatieve beoordelingen van een attitudeobject, die zowel cognitief als emotioneel kunnen zijn.

sociale wenselijkheidsbias
De neiging om vragen over zichzelf of het eigen gedrag te beantwoorden op een wijze waarvan wordt gedacht dat die waarschijnlijk sociale goedkeuring ondervindt (of de goedkeuring van de interviewer).

impliciete attitude
Attitudes die onbedoeld worden geactiveerd in reactie op de feitelijke of symbolische aanwezigheid van een attitudeobject (stimulus) en waarvoor daarom geen cognitieve inspanning nodig is zoals bij expliciete attitudes.

zingen dat mensen informatie verwerken op de manier die het best past bij de wijze waarop zij zichzelf zien (Good en Abraham, 2007; Wright, 2010).

Sommige mensen hanteren niet-accurate risicopercepties. Bijvoorbeeld een idee als 'X rookt veel meer dan ik en hij heeft geen kanker, dus zal ik het ook wel niet krijgen'. Weinstein (1984) noemde deze vertekende risicoperceptie, die naar zijn bevindingen veel voorkwam, **onrealistisch optimisme**. Onrealistisch, omdat het voor de hand ligt dat niet iedereén een laag risico kan hebben. Weinstein merkte op dat individuen zich zo met elkaar vergelijken dat zij er zelf het gunstigst bij afsteken. Dit principe noemde hij 'vergelijkende bias voor optimisme' (Weinstein en Klein, 1996; Weinstein, 2003), bijvoorbeeld in relatie tot het risico op hiv, 'misschien vergeet ik soms een condoom te gebruiken, maar ik gebruik ze tenminste vaker dan mijn vrienden'. Weinstein ontdekte ook dat mensen bij deze beoordelingen meer nadruk leggen op het negatieve gedrag van leeftijdsgenoten dan op het positieve gedrag. Deze selectieve aandacht leidt tot onderschatting van het eigen risico.

Weinstein (1987) identificeerde vier factoren voor onrealistisch optimisme:
1. een gebrek aan persoonlijke ervaring met het desbetreffende gedrag of probleem;
2. de opvatting dat het probleem door individuele handelingen kan worden voorkomen;
3. de opvatting dat het onwaarschijnlijk is dat het probleem zich in de toekomst zal voordoen als dit nog niet eerder is gebeurd; bijvoorbeeld: 'ik heb jaren gerookt en ik ben prima gezond, dus waarom zou dit nu veranderen?';
4. de opvatting dat het probleem zelden voorkomt, dus dat de kans klein is dat het bij het individu optreedt. Bijvoorbeeld 'kanker is vrij zeldzaam in verhouding tot het aantal rokers, dus het is niet erg waarschijnlijk dat ik het zal krijgen'.

Er bestaan aanwijzingen dat onrealistisch optimisme gepaard gaat met een sterker geloof in controle over gebeurtenissen (bijvoorbeeld 'ik loop minder risico dan anderen, omdat ik weet wanneer ik moet stoppen met drinken') en dat dergelijke opvattingen weer samenhangen met risicoreducerend gedrag (Hoorens en Buunk, 1993; Weinstein, 1987). Schwarzer (1994) suggereert echter juist dat de relatie tussen dergelijk optimisme en gedrag waarschijnlijk negatief is, omdat individuen risico's onderschatten en derhalve geen voorzorgsmaatregelen nemen om bepaalde gebeurtenissen te voorkomen. Het is nog steeds noodzakelijk om de feitelijke relatie tussen deze begrippen en gezondheidsgedrag nader te onderzoeken. Binnen de gezondheidspsychologie worden risicopercepties vaak gedefinieerd (en beoordeeld) als individueel gegenereerde cognities, dat wil zeggen de mate waarin iemand denkt dat hij zelf een mogelijk risico loopt (zie bijvoorbeeld het *health belief*-model (gezondheidsopvattingenmodel) in paragraaf 5.3.2). Risicopercepties worden echter ook beïnvloed door de actuele sociale en culturele context: als iemand bijvoorbeeld het risico op tuberculose hoog zou inschatten terwijl die persoon woont en werkt op het gezonde platteland van Friesland, is dit onrealistisch pessimisme, terwijl dezelfde risicotaxatie realistisch is als deze persoon regelmatig reist naar landen waar de incidentie van tuberculose hoog is. De massamedia zijn ook een primaire bron van informatie over gezondheid en daarmee samenhangende gedragingen en risico's, ongeacht of daarin de wetenschappelijke gegevens op juiste wijze zijn weergegeven of niet Als we willen dat interventies voor het veranderen van opvattingen een optimaal effect hebben, is het belangrijk de context te onderzoeken waarin opvattingen ontstaan, aanhang krijgen en daarna in populariteit afnemen.

---

onrealistisch optimisme
Ook wel 'bias voor optimisme' genoemd, waarbij iemand denkt dat hij minder kans heeft dan vergelijkbare anderen om een ziekte te krijgen of een negatieve gebeurtenis mee te maken. Onrealistisch optimisme is waarschijnlijk verwant aan een gebrek aan voorstelbaarheid van gebeurtenissen; we schatten de kans dat ons ernstige gebeurtenissen overkomen minder groot in dan dat ons positieve gebeurtenissen overkomen. Waarschijnlijk is dit een adaptieve eigenschap van onze linkerhersenhelft; te veel pessimisme kan immers verlammend werken.

5.2.3 Zelfeffectiviteit (*self-efficacy*)

zelfeffectiviteit (*self-efficacy*)
Het geloof dat iemand in een gegeven omstandigheid in staat is tot bepaald gedrag.

resultaatverwachting
Het resultaat dat wordt verwacht als gevolg van bepaald gedrag, bijvoorbeeld fitter worden door te sporten.

Het begrip **zelfeffectiviteit** is 'het geloof in het eigen vermogen tot het organiseren en realiseren van de bronnen van handeling die nodig zijn om toekomstige situaties aan te sturen' (Bandura, 1986). Wanneer iemand aanneemt dat hij in staat is tot een toekomstige handeling (bijvoorbeeld gewichtsverlies), zal dit waarschijnlijk tot andere cognitieve en emotionele activiteiten leiden, zoals het stellen van hoge persoonlijke doelen (vijf kilo verliezen in plaats van twee kilo), positieve **resultaatverwachtingen** en verminderde nervositeit. Deze cognities en emoties zijn op hun beurt van invloed op handelingen zoals anders gaan eten en lichaamsbeweging, die nodig zijn om het doel te bereiken. Zoals Bandura (1997: 24) stelt: 'Omdat mensen denken dat resultaten afhankelijk zijn van de adequaatheid van hun handelingen en omdat ze deze resultaten belangrijk vinden, vertrouwen ze op aannamen omtrent de doeltreffendheid wanneer ze een beslissing nemen over de te volgen handelwijze en over de tijdsperiode waarin ze deze handelwijze zullen volgen.' Aannamen over zelfeffectiviteit bevorderen het doorzettingsvermogen. Succes bij het verwezenlijken van een doel bevordert het gevoel van zelfeffectiviteit (Bandura, 1997) en stimuleert om doelen te bereiken (Schwarzer, 1992). In situaties waarin competentie van iemands eigen gedrag niet of minder sterk aan het resultaat is gerelateerd (een hersenbeschadiging zal bijvoorbeeld grotendeels afhangen van de mate van neurologische beschadiging), vormt de zelfeffectiviteit een minder goede voorspellende factor voor het resultaat. Zelfeffectiviteit is een voorspellende factor voor gezondheidsgedrag, omdat het van invloed is op veranderingen van persoonlijk gedrag en het volhouden van deze veranderingen (bijvoorbeeld het voorspellen van de therapietrouw in negen Europese landen, zie Morrison *et al.*, 2015) en gedragsverandering (Eccles *et al.*, 2012), hoewel dit op zichzelf niet voldoende is. De effecten worden gemodereerd door verwachtingen over de resultaten en door de waarde die wordt gehecht aan het gedragsmatige doel (French, 2013).

Hoewel niet alle invloeden op het gezondheidsgedrag psychologisch zijn, hebben gezondheidspsychologen en sociaalpsychologen theoretische modellen ontwikkeld om te onderzoeken welke combinatie van factoren kunnen worden gebruikt om uiteenlopende gedragingen empirisch te verklaren. De belangrijkste modellen die tegenwoordig op gedragsverandering worden toegepast (initiatie, volhouden of stoppen) worden hieronder vermeld.

5.3 Sociale en cognitieve modellen van gedragsverandering

Sociale cognitie is een brede term waarmee wordt beschreven hoe mensen informatie coderen, verwerken, interpreteren, onthouden en vervolgens van deze informatie leren en deze in sociale interacties toepassen om inzicht te krijgen in het gedrag van anderen en om de wereld waarin zij functioneren, te begrijpen. Sociale cognitie vormt ons oordeel (met inbegrip van vooroordelen en stereotypen), attitudes en reacties en deze kunnen op hun beurt weer bepalend zijn voor ons gedrag.

5.3.1 Sociaal cognitieve theorie

Volgens Bandura (1977, 1986) wordt gedrag bepaald door drie typen individuele verwachtingen:
- situatie-uitkomsten: verwachtingen waarbij een persoon een situatie in verband brengt met een resultaat, bijvoorbeeld roken met een hartaanval;

Modellen voor het voorspellen van gezondheidsgedrag **137**

- resultaatverwachtingen: bijvoorbeeld aannemen dat stoppen met roken het risico op een hartaanval zou verkleinen;
- opvattingen omtrent zelfeffectiviteit: bijvoorbeeld de mate waarin de betrokkene gelooft dat hij met roken kan stoppen.

sociaal cognitieve theorie
Een model van sociale kennis en gedrag waarbij de nadruk ligt op de verklarende rol van cognitieve factoren (bijvoorbeeld opvattingen en attitudes).

Volgens de **sociaal cognitieve theorie** kunnen deze verwachtingen al dan niet een blijvende stimulans vormen voor verandering: als het resultaat van een verandering van de voeding bijvoorbeeld gewichtsverlies is, kan dit een stimulans vormen voor een blijvende gedragsverandering; als het gewicht echter gelijk blijft, wordt de gedragsverandering mogelijk ondermijnd. De sociaal cognitieve theorie bestudeert ook de facilitatoren en barrières voor gedragsverandering, zoals sociale ondersteuning en omgevingsfactoren.

Dit is nader door Maddux (2009) omschreven als 'wat ik geloof, kan ik met mijn vaardigheden onder bepaalde omstandigheden realiseren' en deze aannamen omtrent zelfeffectiviteit zijn opgenomen in verschillende van de kernmodellen voor gedrag die verderop worden beschreven. Bandura benadrukt interventies die zijn gebaseerd op het bieden van ervaringen van beheersing of modellering van successen om de zelfeffectiviteit te bevorderen.

5.3.2 Het *health belief*-model

Een van de eerste en bekendste modellen voor gedragsverandering die nog worden gebruikt, is het *health belief*-model oftewel: HBM (Rosenstock, 1974; Becker, 1974; Strecher, *et al.*, 1997). Volgens het HBM is gezondheidsgedrag afhankelijk van demografische factoren, zoals sociaaleconomische status, sekse, leeftijd en overtuigingen die ontstaan na een bepaalde interne of externe *cue* tot handelen.

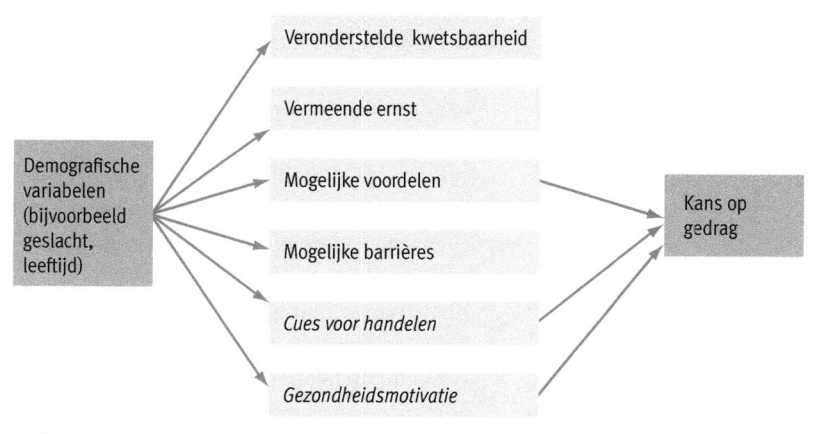

FIGUUR 5.1 Het *health belief*-model (het oorspronkelijke model plus toevoegingen in cursief)

- Veronderstelde kwetsbaarheid:
  - Ik denk dat overgewicht een bijdrage levert aan hart- en vaatziekten, dat zijn ernstige aandoeningen: *vermeende ernst*.
  - Ik denk dat ik te zwaar ben: mogelijke *kwetsbaarheid*.
- Gedragsevaluatie:
  - Als ik afval, zal mijn gezondheid vooruitgaan: *mogelijke voordelen* (van verandering).
  - Het veranderen van mijn kook- en eetgewoonten, terwijl ik tegelijkertijd voor een gezin moet zorgen, zal moeilijk zijn en misschien ook duurder: *verwachte barrières* (voor verandering).

- Cues voor handelen (toegevoegd in 1975; Becker en Maiman):
  - Ik maak me zorgen naar aanleiding van dat televisieprogramma van laatst over de gezondheidsrisico's van overgewicht (*extern*).
  - Ik ben vaak kortademig bij inspanning, dus misschien moet ik eens over lijnen gaan denken (*intern*).
- Gezondheidsmotivatie (toegevoegd in 1977; Becker, *et al.*):
  - Het is belangrijk voor mij om mijn gezondheid in stand te houden.

Het HBM wordt nog steeds breed toegepast op interventies voor uiteenlopende gedragingen.

Het HBM en preventief gedrag

Het HBM voorspelt dat preventief gedrag ontstaat wanneer mensen ervan overtuigd zijn dat ze onderhevig zijn aan ernstige bedreigingen van de gezondheid; ook komt dit gedrag voort uit de overtuiging dat de vermeende voordelen van het gedrag opwegen tegen alle denkbare barrières voor dit gedrag. Bovendien zullen een interne of externe *cue* voor handelen, gemotiveerd door gezondheidswinst en het vertrouwen dat je het gedrag in kwestie zult kunnen uitvoeren, er in combinatie toe leiden dat de kans op dit gedrag wordt verhoogd. Maar is dit ook het geval? In het voorbeeld van zelfonderzoek van de borsten bestaan er aanwijzingen dat veel mensen dit onderzoek helemaal niet doen; het percentage therapietrouw is laag en het onderzoek wordt minder vaak uitgevoerd naarmate men ouder wordt, hoewel de incidentie van borstkanker met het ouder worden toeneemt. Met behulp van het HBM werd onderzocht waarom dit het geval zou kunnen zijn. Bij dit onderzoek bleek dat een hoge correlatie te bestaan tussen de vermeende voordelen van het zelfonderzoek en een gering aantal barrières voor het uitvoeren ervan enerzijds, en de intentie tot zelfonderzoek en het feitelijke zelfonderzoek anderzijds. Ook de vermeende ernst van borstkanker, de vermeende vatbaarheid en een hoge motivatie voor gezond gedrag (bijvoorbeeld het opzoeken van gezondheidsinformatie en in het algemeen zich bezighouden met gezondheidsbevorderende activiteiten) zijn betrouwbare voorspellers gebleken (bijvoorbeeld Ashton *et al.*, 2001). Dit ondersteunt de noodzaak de gezondheidsmotivatie te beoordelen in plaats van aan te nemen dat iedereen evenveel waarde hecht aan gezondheid en even gemotiveerd is daarnaar te streven.

Het is waarschijnlijk dat ouders in het algemeen gemotiveerd zijn om de gezondheid van hun kind te bevorderen; mogelijk is dit echter onvoldoende als het aankomt op het nemen van beslissingen over vaccinaties (Painter *et al.*, 2010, 2011). Hoewel vermeende voordelen van vaccinatie van het kind in de leeftijd van 24 tot 35 maanden bijvoorbeeld gepaard gingen met een grotere deelname van de ouders aan een groot nationaal immunisatieonderzoek dat in de Verenigde Staten werd uitgevoerd, daalde de deelname onder de ouders die meenden dat er sterkere bijwerkingen waren en die een slechte relatie hadden met hun arts (Smith *et al.*, 2011).

Subjectieve barrières gaan meestal gepaard met een geringe mate van preventief gedrag, zoals geringe therapietrouw (Holmes *et al.*, 2014) of weinig flossen van het gebit (Buglar *et al.*, 2010). Norman en Brain (2005) ontdekten specifieker dat geringe emotionele barrières en geringe barrières met betrekking tot zelfeffectiviteit voorspellend waren voor zelfonderzoek van de borsten.

Ondanks de relatieve consistentie van bevindingen met betrekking tot vermeende barrières en het niet uitvoeren van het gedrag in kwestie, is het wegnemen van barrières niet altijd voldoende om het gedrag te stimuleren.

Bijvoorbeeld een leefstijlinterventie waarbij de vermeende barrières voor lichaamsbeweging onder oudere paren met hoge bloeddruk werden gereduceerd, was niet voorspellend voor het beginnen of volhouden van lichaamsbeweging (Burke et al., 2007). Onderdelen van het HBM en het belang daarvan voor mensen voor het verklaren van het gedrag kunnen door etniciteit worden beïnvloed. Bij een Amerikaanse studie (Chen et al., 2007) werd bijvoorbeeld ontdekt dat deelname aan griepvaccinatie in de hele steekproef sterk was gerelateerd aan opvattingen over de ernst van griep en over de persoonlijke vatbaarheid. Onder Afro-Amerikaanse en Amerikaanse volwassenen met een Europese migratieachtergrond vertoonden deze factoren echter een veel sterkere relatie dan onder Amerikanen met een hispanic migratieachtergrond die sterker werden beïnvloed door vermeende barrières voor vaccinatie.

Het HBM en risicogedrag

In relatie tot die onderdelen van het HBM waarmee een afname van risicogedrag zoals roken kan worden voorspeld of een toename van het condoomgebruik om hiv-infectie te voorkomen, zou je veronderstellen dat een positieve gedragsverandering optreedt wanneer de vermeende voordelen van verandering opwegen tegen de vermeende voordelen van doorgaan met risico's nemen; de aanwijzingen hiervoor zijn echter gemengd. Met betrekking tot roken wordt dit waarschijnlijk veroorzaakt doordat roken een verslavende gedraging is en dat de impuls om te roken zich kan voordoen onafhankelijk van onze bewuste cognitieve inspanningen (Hofmann et al., 2007), waardoor onze modellen niet op dezelfde manier werken (Vangeli en West, 2008). Met betrekking tot veilig vrijen ontdekten Abraham et al. (1996) dat HBM-variabelen niet significant voorspellend waren voor consequent condoomgebruik onder seksueel actieve adolescenten wanneer in het onderzoek was gecorrigeerd voor een meetvariabele voor eerder condoomgebruik. Tegenwoordig wordt bij de opzet van onderzoeken die gebruikmaken van het HBM of van de andere modellen die in dit hoofdstuk worden beschreven, een meetvariabele voor eerder gedrag opgenomen.

Beperkingen van het HBM

De onderdelen van het HBM lijken relevanter te zijn voor het voorspellen van preventieve gezondheidsgedragingen dan voor het reduceren van gedrag dat een risico voor de gezondheid met zich meebrengt. Andere beperkingen zijn onder meer:

- In oudere studies was geen beoordeling van *cues* voor handelen en gezondheidsmotivatie opgenomen; tegenwoordig weten we dat deze *cues* belangrijk zijn.
- Het HBM kan de rol van bedreiging overschatten, gezien de bevindingen dat vermeende vatbaarheid geen consequente voorspeller is voor verandering van gezondheidsgedrag. Bij informatie over gezondheidsbevordering moet geen overmatig gebruik worden gemaakt van het opwekken van angst, omdat dit contraproductief kan zijn voor gedragsveranderingen (Albarracín et al., 2005), vooral onder diegenen die geen mogelijkheden hebben om te veranderen (bijvoorbeeld Ruiter en Kok, 2006).
- Het HBM houdt maar beperkt rekening met sociale invloeden of met de context waarin gedrag plaatsvindt: er is bijvoorbeeld meer dan één persoon aanwezig wanneer iemand condoomgebruik overweegt.
- Het HBM houdt geen rekening met de vraag of de betrokkene zich in staat voelt het gewenste gedrag of de gewenste gedragsverandering te initiëren; dit betekent dat de vermeende gedragscontrole of overtuigingen rond

zelfeffectiviteit, zoals in de theorie van gepland gedrag (*theory of planned behaviour* of TPB) en het procesmodel voor gezondheidsactie (*health action process approach* of HAPA), niet in het HBM zijn opgenomen (zie verderop).
- Er is onvoldoende aandacht besteed aan de rol die wordt gespeeld door stemming of negatief affect, waarvan bijvoorbeeld is ontdekt dat dit bij vrouwen met borstkanker een negatieve invloed heeft op de lichaamsbeweging (Perna *et al.*, 2008).
- Het HBM is een statisch model, wat suggereert dat aannamen tegelijkertijd optreden. Hierin is geen ruimte voor gefaseerde of dynamische processen zoals overtuigingen die in de loop van de tijd veranderen of schommelen.

Gezien de beperkingen en recente verbeteringen van modellen voor gedragsverandering die we in dit hoofdstuk behandelen, is het misschien niet verbazingwekkend dat slechts een klein gedeelte van de variantie in gedragsverandering kan worden verklaard aan de hand van studies waarbij gebruik wordt gemaakt van onderdelen van het HBM.

Het HBM werd uitgebreid met de *protection motivation theory* (PMT, beschermingsmotivatietheorie) (Rogers, 1983; Rogers en Prentice-Dunn, 1997), zodat **responseffectiviteit**, kosten en zelfeffectiviteit aan de 'beoordelingsfactoren voor coping' werden toegevoegd – factoren waarvan zij denken dat ze van invloed zijn op gedragsverandering. Ook namen ze de emotie angst op als deel van de dreigingsbeoordeling. Doordat interacties tussen de onderdelen en de rol van sociale normen en invloeden buiten beschouwing blijven, biedt de PMT slechts een beperkte verklaring voor het menselijk handelen en derhalve werden uitgebreidere modellen aangenomen.

> responseffectiviteit
> (Inschatting van) de effectiviteit van verandering.

De *theory of planned behaviour*

Het HBM is een cognitief model van gezondheidsgedrag, ontleend aan **theorieën van subjectief verwacht nut**. Subjectief nut wil zeggen dat personen rationele beslissingen nemen en zich laten leiden door het vermeende nut van bepaalde handelingen of bepaald gedrag (Edwards, 1954). De *theory of reasoned action* of TRA (theorie van beredeneerd handelen) en de opvolger ervan, de *theory of planned behaviour* of TPB (theorie van gepland gedrag) zijn afgeleid van de theorie van de sociale cognitietheorie. Gedrag wordt door individuele cognities of attitudes bepaald, maar ook door de sociale context en door sociale percepties en resultaatverwachtingen.

Achter de ontwikkeling van deze modellen ligt de aanname dat individuen zich op een doelgerichte manier gedragen en dat de implicaties van hun acties (resultaatverwachtingen) op een beredeneerde manier worden afgewogen (niet noodzakelijkerwijs rationeel; Fishbein en Ajzen, 2010). De TPB onderzoekt en ontwikkelt de psychologische processen die een koppeling vormen tussen attitude en gedrag. In het model wordt dit bewerkstelligd door bredere sociale invloeden, geloof in persoonlijke controle over het gedrag en de noodzaak tot intentievorming te incorporeren. Gedacht wordt dat gedrag proximaal wordt bepaald door de intentie die op zijn beurt wordt beïnvloed door iemands attitude ten opzichte van het objectgedrag (aannamen omtrent resultaatverwachting, bijvoorbeeld positieve resultaatverwachting: als ik stop met roken, gaat het sporten makkelijker; negatieve resultaatverwachting: als ik stop met roken, word ik misschien dikker; en resultaatwaarde: het is belangrijk voor mij om gezonder te zijn).

Een andere invloed op gedrag is de perceptie van sociale normen en druk aangaande het gedrag (bijvoorbeeld mijn vrienden en ouders roken niet en

> theorie van subjectief verwacht nut (*subjective expected utility* of SEU)
> Een model voor besluitvorming waarbij iemand het verwachte nut (vergelijk wenselijkheid) van bepaalde handelingen en de resultaten daarvan evalueert en de handeling kiest met het hoogste SEU (verwachte nut).

subjectieve norm
Iemands overtuigingen met betrekking tot de vraag of belangrijke anderen (mensen die als referentie worden beschouwd) zouden denken dat ze een bepaalde handeling al dan niet zouden moeten uitvoeren. Een index van sociale druk, meestal afgewogen door de motivatie van de betrokkene zich aan de wensen van anderen te conformeren.

willen echt dat ik stop met roken) (wat een **subjectieve norm** wordt genoemd). De mate waarin zij zich willen conformeren of voldoen aan de voorkeuren of normen van anderen wordt *motivation to comply* (motivatie om aan de voorschriften te voldoen) genoemd (ik zou mijn ouders en vrienden graag een plezier doen). Het model stelt dat het belang van de attitudes van de betrokkene tegenover het gedrag worden afgewogen tegen de subjectieve normovertuigingen. Hierbij kan iemand met een negatieve attitude tegenover de gedragsverandering (ik houd echt niet van diëten) toch een positieve intentie ontwikkelen om te veranderen in situaties waarin diëten door de subjectieve norm wordt bevorderd en de betrokkene zich aan zijn dierbaren wil conformeren (bijvoorbeeld al mijn vrienden eten gezonder dan ik en ik zou meer op hen willen lijken).

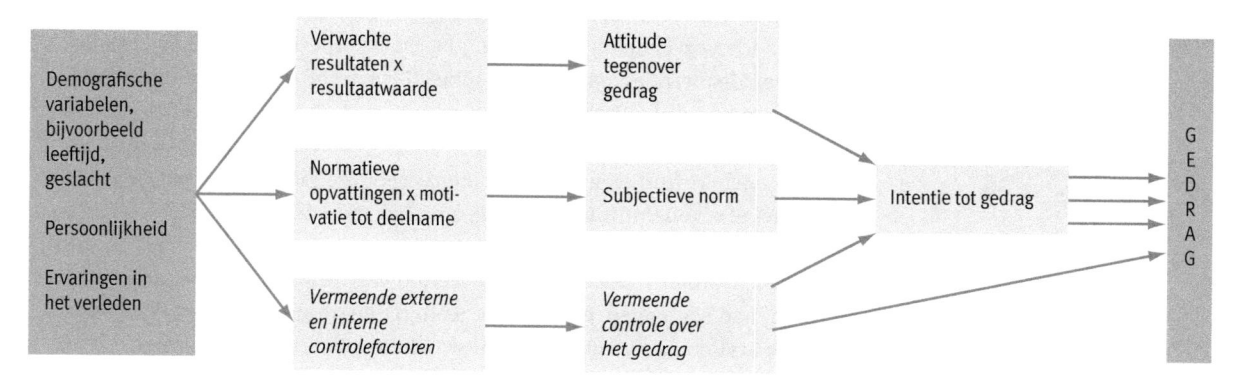

FIGUUR 5.2 De theorie van beredeneerd handelen (TRA) en de theorie van gepland gedrag (TPB) (toevoegingen aan TPB cursief)
Bron: TPB

De derde invloed op de intentie is die van de vermeende gedragscontrole, deze werd toegevoegd aan de TRA (*theory of reasoned action*, theorie van beredeneerd handelen), en zo ontstond de TPB (Ajzen, 1985, 1991; zie figuur 5.2). De theorie van gepland gedrag (TPB) is het geloof van het individu dat het in bepaalde situaties controle heeft over het eigen gedrag, zelfs bij confrontatie met bepaalde barrières (bijvoorbeeld: ik geloof dat ik borstvoeding kan geven, zelfs als ik naar het supermarktcafé ga). Volgens het model zal PBC (*perceived behavioural control*, vermeende subjectief ervaren controle over het gedrag) een directe invloed hebben op de intentie en daardoor, indirect, op het gedrag. Een directe relatie tussen PBC en gedrag wordt ook mogelijk geacht wanneer de perceptie van controle accuraat was. Dat wil zeggen dat de kans groot is dat iemand zijn dieet zal veranderen als hij meent daar controle over te hebben. Als de bereiding van het voedsel onder controle van iemand anders staat, is gedragsverandering echter minder waarschijnlijk, zelfs als een positieve intentie was gevormd (Rutter en Quine, 2002).

PBC-opvattingen worden door vele factoren beïnvloed waaronder gedrag in het verleden en successen of mislukkingen in het verleden met betrekking tot het gedrag in kwestie; hierin lijkt PBC sterk op het begrip 'zelfeffectiviteit'. Iemand die bijvoorbeeld nooit heeft geprobeerd te stoppen met roken, heeft mogelijk minder PBC dan iemand die al een keer met succes is gestopt en die er misschien van overtuigd is dat het binnen zijn macht ligt om dit opnieuw te doen.

Het is duidelijk dat dit construct een belangrijke toevoeging is. De meeste studies waarbij gebruik wordt gemaakt van de TPB, maken melding van een significante correlatie tussen PBC en intentie, hoewel de intentie een sterkere voorspeller blijft van daaropvolgend gedrag dan de PBC (Sheeran en Orbell, 1999).

De TPB en preventief gedrag

De theorie van gepland gedrag (TPB) is in talloze studies gebruikt in relatie tot zowel intentie als tot feitelijk preventief gedrag onder gezonde en ongezonde populaties en over sterk uiteenlopende gedragingen. Enkele voorbeelden zijn ontbijten (Wong en Mullan, 2009), intentie tot borstvoeding (Giles *et al.*, 2014), intenties tot het ondergaan van een chlamydiatest (Booth *et al.*, 2014), lichamelijke activiteit, therapietrouw (Morrison *et al.*, 2015) of het gedrag van moeders om hun kinderen te stimuleren tot een actieve in plaats van een zittende levensstijl (Hamilton *et al.*, 2013).

Hagger *et al.* (2001) maakten gebruik van de TPB om de intenties en het gedrag van kinderen ten aanzien van sporten te onderzoeken. Zij ontdekten dat attitudes, vermeende controle over het eigen gedrag en intentie een significante invloed hadden op lichaamsbeweging. PBC en attitude werkten beide als voorspellers van de intentie, maar met de subjectieve norm was dit niet het geval. Daarentegen was de subjectieve norm (evenals attitudes en PBC) een significante voorspeller van de intentie van Canadese adolescenten om regelmatig te gaan sporten, dagelijks fruit en groenten te eten en gedurende een periode van een maand niet te roken (Murnaghan *et al.*, 2010). Een dergelijke strijdigheid van de bevindingen aangaande de kracht van de invloed van normatieve overtuigingen, kan ten dele worden verklaard door de leeftijd van de kinderen (de Canadese steekproef had een hogere gemiddelde leeftijd dan de steekproef van Hagger (twaalf tot zestien jaar vergeleken met twaalf tot veertien jaar) en was daardoor misschien ontvankelijker voor sociale invloeden (Conner en Sparks, 2005)). Sociale beïnvloedbaarheid wordt ook aangetroffen bij kinderen met chronische aandoeningen, bijvoorbeeld bij kinderen met kanker, waar lichamelijke activiteit een belangrijk deel uitmaakt van het behoud van de gezondheid en de kwaliteit van leven. Bij een recent overzicht (Gilliam en Schwebel, 2013) werd ontdekt dat betrokkenheid van de ouders bij lichamelijke activiteit een belangrijke invloed was op de mate van lichamelijke activiteit van het kind. Voor adolescenten was daarentegen indirecte steun van de ouders via stimuleren en transport belangrijker dan directe betrokkenheid; bij hen wordt de invloed van leeftijdsgenoten belangrijker. Onder volwassenen met diabetes type 2 is de voorspelling van lichamelijke activiteit gedurende twaalf maanden vanuit componenten van de TBP significant (49 procent voor objectieve lichamelijke activiteit, 27 procent voor zelfgerapporteerde activiteit) waarbij de lichamelijke activiteit in het verleden de belangrijkste voorspellende factor was, gevolgd door de PBC en, niet verbazingwekkend, de intentie (Plotnikoff *et al.*, 2014).

Bij een onderzoek van deze relaties bij individuen met chronische aandoeningen ontdekten Eng en Martin-Ginis (2007) dat de lichamelijke activiteit in de vrije tijd van tachtig mannen en vrouwen met een chronische nierziekte, werd voorspeld door de PBC die een week eerder was bepaald. Onder adolescente overlevers van kanker werden intenties om regelmatig lichamelijk actief te zijn, voorspeld door affectieve attitudes ten opzichte van lichamelijke activiteit (bijvoorbeeld de activiteit als aangenaam-onaangenaam beoordelen) en door instrumentele attitudes (het nuttig-nutteloos vinden), maar niet door een van de andere TPB-componenten (34 procent van de variantie in totaal verklaard). Lichamelijke activiteit zelf werd verklaard door intentie (negentien procent van de variantie verklaard) en door zelfeffectiviteit (droeg nog eens tien procent bij); bij deze studie werden zowel PBC als zelfeffectiviteit beoordeeld; merk op dat de laatste significant bleek (Keats *et al.*, 2007). Dat de componenten van de TPB waarmee intentie kan worden verklaard, verschillen van de componenten die feitelijke lichamelijke beweging voorspellen, komt overeen met de bevindingen van een meta-analyse van sportgedrag onder gezonde populaties (Hagger *et al.*, 2002) en ook van studies over het deelnemen aan bevolkingsonderzoek voor baarmoederhalskanker en borstkanker. Wat dit laatste betreft, ontdekte Rutter (2000) dat intentie tot deelname aan bevolkingsonderzoek werd voorspeld door attitude, PBC en subjectieve norm, hoewel uitsluitend attitude en subjectieve norm voorspellend waren voor feitelijke deelname aan screening. Bij studies over zelfonderzoek voor borstkanker of teelbalkanker worden soortgelijke verschillen in voorspellers gemeld, maar meer longitudinale studies zijn noodzakelijk om causale relaties te bevestigen.

Bij één prospectieve, longitudinale studie van voorspellers van deelname aan borstkankeronderzoek onder duizend vrouwen werd de invloed van verschillende meetvariabelen of 'normen' onderzocht. Dit werd gedaan door individueel normatieve overtuigingen te vergelijken met modale overtuigingen (Steadman *et al.*, 2002). Over het algemeen werd de subjectieve norm beoordeeld door mensen te vragen wat volgens hen de normen en verwachtingen zijn van uiteenlopende andere mensen in relatie tot het gedrag in kwestie. Bij deze methode van ondervragen worden de betrokkenen ertoe aangezet aan veel mensen en veel invloeden te denken en werd een 'modale' aanname geanalyseerd. Hetzelfde is van toepassing op berekeningen van attitudes, omdat totalen worden gebruikt en niet de kracht en de opmerkelijkheid van individuele attitudes. Steadman en collega's betogen dat bij de modale opvattingen er één of meer sterk opmerkelijke overtuigingen zijn die voor de betrokkene van groot belang zijn en dat resultaten beter kunnen worden voorspeld wanneer dergelijke opvallende aannames worden geanalyseerd in plaats van modale aannames. De hypothesen van de auteurs werden slechts gedeeltelijk door de resultaten bevestigd. Er was geen sterkere relatie tussen individuele opvattingen en intentie of deelname aan bevolkingsonderzoek dan tussen modale opvattingen en intentie of deelname. Er was wel bewijs dat individuele aannamen bijdroegen aan de voorspelling van deelname, een resultaat dat niet werd gevonden in relatie tot modale overtuigingen omtrent subjectieve normen. Eerdere studies hadden geen melding gemaakt van een effect van de subjectieve norm op deelname aan mammografie, wat volgens de auteurs als oorzaak kan hebben 'dat een individueel gegenereerde, subjectieve norm een gevoeliger en accuratere schatting is van het werkelijke effect van normatieve druk'. Het is de moeite waard op te merken dat de gegevens van vrouwen die geen normatieve invloed op het gedrag konden identificeren, noodzakelijkerwijs uit deze studie waren uitgesloten. Deze vrouwen vormen een interessante groep die een afzonderlijk onderzoek waard is. Het is namelijk waarschijnlijk dat hun beslissingen over screening (of mogelijk ook alle andere gedragingen) op zeer persoonlijke basis worden genomen.

Hunter *et al.* (2003) onderzochten de voorspellers van intentie om de hulp van een huisarts in te roepen bij symptomen van borstkanker onder een steekproef van vrouwen uit het algemene publiek. Attitudes tegenover hulp inroepen (bijvoorbeeld 'een afspraak maken om mijn arts te zien voor een symptoom dat kanker zou kunnen zijn, zou goed/slecht, heilzaam/schadelijk, plezierig/onplezierig, wijs/dwaas, noodzakelijk/onnodig zijn) en vermeende gedragscontrole (bijvoorbeeld: 'er is niets wat ik zou kunnen doen om er zeker van te zijn dat ik hulp krijg voor een symptoom van borstkanker': mee eens-oneens (zevenpuntsschaal)) verklaarden een kleine maar significante variantie in intentie (7,1 procent). Subjectieve normen hadden geen voorspellende waarde voor de intentie om hulp te zoeken voor dergelijke symptomen. Gezien het punt hierboven over het meten van de individuele en niet de modale subjectieve opvattingen over de norm, is dit misschien niet verbazingwekkend.

> **ziekterepresentaties**
> Aannamen over een bepaalde ziekte en toestand van ongezondheid – meestal toegeschreven aan de vijf domeinen die door Leventhal zijn beschreven: identiteit, tijdlijn, oorzaak, consequenties en controle/genezing.

Het is belangrijk op te merken dat Hunter en collega's ook de percepties van deelnemers omtrent kanker onderzochten en deze variabelen in de regressieanalyse invoerden vóór de TPB-variabelen. **Ziekterepresentaties** verklaarden 22 procent van de variantie in intentie, waarna de TPB-variabelen nog eens 7,1 procent bijdroegen. Dit benadrukt het belang van het bestuderen van de individuele percepties van de ziekte waaraan het gedrag in kwestie in is gerelateerd. Bij een onderzoek van rookgedrag zouden percepties van kanker of COPD misschien vollediger in aanmerking moeten worden genomen.

Daarnaast kunnen percepties van de behandeling het gezondheidsgedrag met betrekking tot therapietrouw beïnvloeden, zoals wordt gesuggereerd in studies omtrent het geloof in de noodzaak van geneesmiddelen en zorgen omtrent het innemen ervan (bijvoorbeeld Clifford *et al.*, 2008; Morrison *et al.*, 2015). Etnische en culturele verschillen in de wijze waarop bepaalde aandoeningen worden beleefd, kunnen ook van invloed zijn op het hulpzoekend gedrag; in onze diverse samenleving mag niet worden aangenomen dat aannamen over aandoeningen of over relevante preventieve gezondheidsgedragingen voor eenieder hetzelfde zijn. Een andere gedraging waarvan wordt aangenomen dat zij preventief werkt, is vaccinatie en de TPB is in dit opzicht bij verschillende studies gebruikt. Eén voorbeeld is een studie die in het Verenigd Koninkrijk werd uitgevoerd onder 317 ouders van elf- tot twaalfjarigen. De resultaten gaven aan dat er een geringe mate van intentie was om het eigen kind tegen infectie met HPV te laten vaccineren. In deze studie was slechts 38 procent het 'zeker' eens met vaccinatie, hoewel nog eens 43 procent stelde dat ze waarschijnlijk zouden instemmen (Brabin *et al.*, 2006). Bij een recentere studie die zich richtte op het voorspellen van de intentie werd ontdekt dat het type informatie dat aan de ouders werd gepresenteerd omtrent risico's tegenover voordelen (visueel tegenover tekst), belangrijk is (Cox *et al.*, 2010). Studies waarbij de feitelijke deelname wordt onderzocht zijn echter noodzakelijk als we de inspanningen voor gezondheidsbevordering effectief willen aanpakken.

De TPB en risicogedrag

Twee verschillende voorbeelden van gedrag zullen hier worden toegelicht: roken en onveilig vrijen. Roken is in wezen individueel gedrag waarvoor slechts één persoon nodig is, terwijl voor onveilig vrijen tenminste twee mensen nodig zijn in een sociale ontmoeting of interactie. Over roken wordt vaak gesproken, maar als gedrag raakt het steeds meer gemarginaliseerd, terwijl onveilig vrijen zelden in het openbaar wordt besproken. De kans op afhankelijkheid bij roken is aanzienlijk, terwijl dit met betrekking tot seksueel gedrag zelden voorkomt (hoewel seksverslaving bestaat; zie Orford, 2001). Er zijn zoveel verschillen tussen deze gedragingen dat kan worden verwacht dat de voorspellers voor beide gedragingen verschillen.

Godin *et al.* (1992) meldde dat de frequentie van het rookgedrag gedurende een periode van zes maanden in een steekproef uit de algemene bevolking primair kon worden verklaard door opvattingen over een geringe vermeende gedragsmatige controle over het stoppen. Norman *et al.* (1999) paste de TPB toe op stoppen met roken en ontdekte dat de beste voorspeller voor de intentie tot stoppen niet alleen de vermeende gedragscontrole was, maar ook het geloof in de eigen vatbaarheid voor de negatieve gezondheidsgevolgen van doorgaan met roken. Weinig studies hebben feitelijk de TPB toegepast op stoppen met roken in de erkenning dat verslavend gedrag onderhevig is aan andere remmende en stimulerende factoren dan bij meer zelfsturende gedragingen het geval is. Desondanks is geloof in de controle over het gedrag en vooral geloof in de zelfeffectiviteit (zoals gedefinieerd in de HAPA, verderop) van groot belang gebleken. Sociale invloed komt ook voor bij studies van beginnen met roken bij kinderen waar de invloed van de ouders sterk is (Hiemstra, 2012).

Met betrekking tot riskant seksueel gedrag was het onderzoek voornamelijk gericht op het vaststellen van factoren die zijn gerelateerd aan toegenomen condoomgebruik. Een meta-analyse van studies heeft aangetoond dat eerder condoomgebruik, een positieve houding tegenover het gebruik, subjectieve normen van anderen omtrent gebruik, steun van de partner bij gebruik, zelfeffectiviteit in relatie tot het aanschaffen en gebruiken van condooms, en intenties belangrijk zijn (zie Albarracín *et al.*, 2001). Veel onderzoeken werden echter uitgevoerd onder hoogopgeleide jongvolwassen populaties (bijvoorbeeld studenten) en niet onder meer 'chaotische' populaties, zoals intraveneuze drugsgebruikers, terwijl een gedragsverandering voor hen het meest urgent is. Interessant genoeg volgt bewustzijn van het risico wanneer geen condoom wordt gebruikt (hiv, soa's), niet noodzakelijkerwijs op feitelijk riskant gedrag in de praktijk: MacKellar *et al.* (2007) ontdekten bijvoorbeeld dat jonge mannen die seks hadden met mannen, overmatig optimistisch waren omtrent hun risico op hiv. Het is ook belangrijk te onderzoeken of de seksuele partners een langdurige relatie hebben of dat het slechts om een eenmalig seksueel contact gaat. Dit is namelijk van invloed op het feitelijke en het veronderstelde risico op seksueel overdraagbare aandoeningen, evenals op de attitudes tegenover de noodzaak tot en het belang van veilig vrijen. Deze factoren zijn waarschijnlijk van invloed op de vraag of het onderwerp condoomgebruik met een potentiële partner aan de orde wordt gesteld. Gesuggereerd is wel dat voor sommige mensen het niet-gebruiken van condooms minder wordt bepaald door intentie (en daardoor impliciet door de cognitieve processen die volgens de TPB aan de intentie voorafgaan) dan door gewoonte en als zodanig zouden interventies voor het faciliteren van de ontwikkeling van veilige seks op het begin van de seksuele carrière moeten zijn gericht (vergelijk Yzer *et al.*, 2001).

Beperkingen van de TPB

De TPB onderkent niet de potentiële transactie tussen de voorspellende variabelen (attituden en subjectieve normen) en de gemeten resultaten, dat wil zeggen: intentie of gedrag. Dit is een beperking van het model omdat gedrag op zich ook attituden kan creëren. Dit onderstreept de behoefte aan prospectieve longitudinale onderzoeken die ingaan op de veranderende relaties tussen variabelen in de loop der tijd en die ervoor zorgen dat de oorzaak-gevolgrelaties worden ontward.

De aanwijzingen die een verband tussen intentie en daaropvolgend gedrag ondersteunen, zijn beperkt, doordat te veel op cross-sectionele studies werd vertrouwd. Bij een recente meta-analyse van experimentele veranderingen in de relatie tussen intentie en gedrag, althans met betrekking tot lichamelijke activiteit, werd ontdekt dat middelgrote veranderingen van de intentie slechts resulteerden in minimale veranderingen in gedrag (Rhodes en Dickau, 2012). Dit staat bekend als de 'kloof tussen intentie en gedrag'.

Als de voorspelling van gedrag vanuit TPB-variabelen significant lager is dan de voorspelling van de intentie, geeft dit sterke aanwijzingen voor de noodzaak verdere variabelen te identificeren die iemand van intentie tot actie bewegen. Zoals de meeste modellen voor gezondheidsgedragingen gaat de TPB ervan uit dat dezelfde factoren en processen het beginnen van een gedrag/gedragsverandering voorspellen als het voortzetten ervan. In feite concentreren de meeste studies zich op het beginnen van gedrag. Dit kan verklaren waarom interventies die op dergelijke bevindingen zijn gebaseerd, geen langetermijneffecten hebben op het volhouden van gedragsverandering (Van Stralen *et al.*, 2009).

Uitbreiding van de TPB
Uit een nauwgezette bestudering en evaluatie van de beperkingen van de TPB over de afgelopen vier decennia zijn verschillende andere potentiële voorspellers van gedrag naar voren gekomen, waaronder eerder gedrag, waar de *theory of planned behaviour* al naar is verwezen. Andere voorspellers zijn onder meer affectieve (emotionele) variabelen (zoals geanticipeerde spijt) en variabelen die zijn gerelateerd aan planningsprocessen die een rol spelen bij het begin van een handeling na intentievorming (bijvoorbeeld implementatie-intenties), zelfregulerende processen waaronder zelfeffectiviteit, aandachtcontrole en processen waarvan bekend is dat automatisme of gewoonte een rol spelen. Zoals door de TPB-auteurs is opgemerkt (Fishbein en Ajzen, 2010): 'omwille van de spaarzaamheid zouden additionele voorspellers met behoedzaamheid moeten worden geïntroduceerd en aan de theorie worden toegevoegd en dit alleen na zorgvuldig overleg en empirisch onderzoek'. Ze suggereren ook dat alle toevoegingen 'conceptueel onafhankelijk zouden moeten zijn van de bestaande voorspellers uit de theorie'. Gedurende de afgelopen vijftien jaar of daaromtrent zijn verschillende onderdelen naar voren gekomen als aanvulling op de verklaring van gedragsverandering.

- *Gedrag in het verleden*: waarschijnlijk is de beste voorspeller voor wat je vandaag doet, datgene wat je in het verleden hebt gedaan. Høie *et al.* (2010) ontdekte in een Noorse studie onder 357 studenten die dagelijks rookten dat 12,3 procent van de variantie in stopintenties kon worden verklaard door elementen uit de oorspronkelijke TPB. Wanneer dit werd aangevuld met gedrag in het verleden (specifieker, eerdere stoppogingen), morele normen, eigen identiteit en groepsidentiteit, kon nog eens 16,5 procent van de variantie van intenties worden verklaard.
- *Morele normen*: sommige intenties en gedragingen kunnen deels door morele normen zijn gemotiveerd, vooral gedragingen waarbij anderen direct zijn betrokken zoals condoomgebruik of dronken achter het stuur zitten (zie Evans en Norman, 2002; Armitage en Conner, 1998; Manstead, 2000).
- *Geanticipeerde spijt* (Triandis, 1977; Bell, 1982): Perugini en Bagozzi (2001) opperden dat anticiperende emoties voortkomen uit iemands overweging van de kans op het verwezenlijken (succes) of niet verwezenlijken (mislukking) van de gewenste resultaten van het gedrag. Bij studies waarbij anticiperende spijt wordt onderzocht (spijt die wordt verwacht als wordt gedacht dat een bepaalde beslissing over het gedrag in de toekomst een ongewenst resultaat heeft), is gebleken dat het voorspellen van uiteenlopende gedragingen in aanzienlijke mate kan worden voorspeld, met inbegrip van bijvoorbeeld onveilig vrijen. Anticiperende spijt (bijvoorbeeld 'ik zou echt spijt hebben als ze zwanger raakte/als ik een soa opliep') vergrootte de intentie om condooms te gebruiken (bijvoorbeeld Richard *et al.*, 1996; Van der Pligt en De Vries, 1998).
- *Zelfidentiteit*: de zelfperceptie en het etiket dat iemand zichzelf opplakt, heeft mogelijk een zeer sterke impact op de intenties, sterker dan de belangrijkste TPB-variabelen. Als iemand zichzelf als een 'groene consument' ziet, verhoogt dit bijvoorbeeld de intentie om biologische groenten te eten (Sparks en Shepherd, 1992).

Bij een meta-analyse van 24 datasets om de voorspelling van gedragsmatige intentie te onderzoeken, werd ontdekt dat het opnemen van de zelfidentiteit de verklaarde variantie met dertien procent verhoogde, wat aanzienlijk is (Rise *et al.*, 2006).

- Gedragsverandering vindt meestal plaats in een context waar sociale steun belangrijk is (Greaves *et al.*, 2011). Toch moet meer aandacht worden besteed aan het type steun dat sociale netwerken geven met betrekking tot hun sociale controle en controle op handelen (overtuigend en stimulerend tegenover kritisch en ondermijnend bijvoorbeeld) (Rook *et al.*, 2011; Sorkin *et al.*, 2014).
- *Planning*: plannen voor coping omvat anticiperen en plannen voor de wijze waarop met barrières voor gedrag moet worden omgegaan (Sniehotta *et al.*, 2005); gebleken is dat dit van belang is voor het voorspellen van gedragsveranderingen en het in stand houden daarvan. Het plannen van handelingen betekent het maken van een denkbeeldige notitie van wanneer, waar en hoe iemand van plan is een gedraging uit te voeren; bij plannen wordt meestal een implementatie-intentie gevormd (zie verderop). Gedacht wordt dat het vormen van een implementatie-intentie deel uitmaakt van het proces waarbij een intentie in actie wordt omgezet, oftewel waarbij de kloof tussen intentie en gedrag wordt overbrugd. Deze kloof wordt benadrukt door beperkingen van voorspellingen van het gedrag door TPB-studies.

De weg van voornemen tot handelen

Een van de redenen waarom mensen hun intenties niet altijd in handelingen omzetten (de 'inclined abstainers' – degenen die geneigd zijn te stoppen zoals Sheeran dit in 2002 beschreef), is dat ze geen (duidelijke) plannen hebben gemaakt over aanpak, tijdstip en plaats van actie. Gollwitzer suggereert dat individuen daarvoor moeten overschakelen van een instelling die typisch is voor de fase van de motivatie (voorafgaand aan handelen) naar een instelling die typisch is voor de implementatiefase; deze is in de uitvoeringsfase of **volitie**fase te vinden (Gollwitzer, 1993, 1999; Gollwitzer en Oettingen, 1998; Gollwitzer en Schaal, 1998). Gollwitzer beschrijft hoe mensen een specifieke als-dan-verklaring moeten opstellen, bijvoorbeeld: 'als ik uitga met mijn vrienden, dan ga ik niet drinken'; anderen geven echter de voorkeur aan een gedetailleerdere intentieverklaring omtrent het wanneer, waar en hoe, waardoor ze gebonden raken aan een bepaald tijdstip en een bepaalde plaats waarop ze hun intenties in daden gaan omzetten, en aan het toepassen van een bepaalde handelwijze hierbij.

volitie
Handeling of doen (de post-intentionele fase die in het HAPA-model van verandering van het gezondheidsgedrag wordt benadrukt).

Waar de TPB zou benadrukken hoe vast iemand van plan is om te stoppen met roken, kan diegene beter bedenken dat hij stopt met roken op zondagmorgen, thuis, met behulp van een nicotinepleister. Hoewel Ogden (2003) betoogt dat deze methode van ondervragen eerder manipulatief dan descriptief is (dat wil zeggen dat deze als interventie was bedoeld), is in de meeste studies tegenwoordig een meetvariabele voor de implementatie-intentie opgenomen. Goede implementatie-intenties maken dat mensen zich beter aan hun voornemens houden en de kans toeneemt dat ze uiteenlopende gespecificeerde gezondheidsgerelateerde doelstellingen zullen realiseren door de bedoelde handeling uit te voeren (meta-analyse van de verschillende gedragsstudies, Gollwitzer en Sheerdan, 2006; meta-analyse van studies over lichaamsbeweging, Belanger-Gravel *et al.*, 2013). In een van de eerste studies over implementatie-intentie onderzochten Orbell *et al.*, (1997) de attitudes, sociale normen, PBC en intenties van vrouwelijke studenten en personeel om gedurende de volgende maand aan zelfonderzoek van de borsten te doen en instrueerde vervolgens de helft van de steekproef een implementatie-intentie op te stellen waarin was opgenomen wanneer en waar ze dit zouden uitvoeren. Een maand later hadden degenen met de interventie waarbij een implementatie-intentie was opgesteld, een significant hoger percentage vervolgzelfonderzoek (64 procent) dan de controlegroep (veertien procent). Bij studies over uiteenlopende gezondheidsgedragingen zijn dergelijke resultaten herhaald.

Het lijkt erop dat vaak gerapporteerde barrières voor het realiseren van doelstellingen of het implementeren van voorgenomen gedrag, zoals vergeten of worden afgeleid, kunnen worden overwonnen door te zorgen dat het individu zich verbindt aan een specifieke handelwijze bij confrontatie met de omgevingsvoorwaarden die in hun implementatie-intentie zijn gespecificeerd (Rutter en Quine, 2002). Gollwitzer en Brandstätter (1997) beschrijven hoe een implementatie-intentie een mentale verbinding legt tussen de gespecificeerde situatie (bijvoorbeeld aanstaande maandag) en het gedrag (met een dieet beginnen) en suggereren dat implementatie-intenties hun effect bereiken door handelingen meer automatisch te maken, dat wil zeggen in reactie op een situationele stimulus die in de implementatie-intentie is vastgelegd. Deze reflectieve handelingscontrole is de automatische initiatie van doelgericht gedrag – een intentieactivering (Sheeran *et al.*, 2005), die een tegenstelling vormt met **deliberatieve** en **reflectieve processen** waarbij iemand misschien gaat uitstellen en denken 'wanneer zal ik dit doen'. Het is dat soort gedachten dat vaak verhindert dat intenties in handelingen worden omgezet (Mendoza *et al.*, 2010).

Gollwitzer (1999) merkt ook op dat implementatie-intenties in de loop van de tijd constant blijken te zijn, hoewel het opstellen van proximale (meer onmiddellijke) doelen leidt tot een betere verwezenlijking van de doelstellingen dan het opstellen van distale doelen (op de lange termijn). Met betrekking tot lichamelijke activiteit bijvoorbeeld werd bij een meta-analyse van 26 datasets ontdekt dat een consistent klein tot middelmatig effect van het opstellen van een implementatie-intentie op de lichamelijke activiteit niet daalde in studies met langere vervolgperioden (Belanger-Gravel *et al.*, 2013); dat wil zeggen, dat de effecten vergelijkbaar in omvang waren.

Ze ontdekten dat studenten en klinische steekproeven beter op de interventie met implementatie-intentie reageerden dan het geval was bij studies die uit de algemene bevolking waren gerekruteerd. Dergelijke resultaten hebben implicaties voor uiteenlopende groepen waar korte interventies haalbaarder zijn dan een langdurige interventie; ziekenhuispatiënten zouden bijvoorbeeld kunnen worden gestimuleerd om een implementatie-intentie op te stellen over hun revalidatie thuis, om na het ontslag het naleven van hun oefeningenregime te verbeteren (en daarmee het herstel). Sommige mensen stellen spontaan een implementatie-intentie op wanneer ze een motivationele intentie opstellen ('ik ben van plan elke ochtend na het ontbijt oefeningen te doen'); maar velen doen dat niet terwijl ze baat zouden kunnen hebben bij een dergelijke interventie. De Vet en collega's (De Vet *et al.*, 2011) wijzen er terecht op dat veel van de bewijzen voor positieve effecten van het vormen van implementatie-intenties op het gedrag afkomstig zijn uit onderzoeken waarbij individuen werden geholpen een implementatie-intentie op te stellen. Deze persoonlijke assistentie is in het echte leven niet altijd realiseerbaar, bijvoorbeeld bij het overwegen van veilige seks. Ze onderzochten de kwaliteit van de implementatie-intenties die onafhankelijk waren opgesteld door jonge alleenstaande vrouwen van zestien tot dertig jaar ten aanzien van het voorbereiden op condooms kopen en het condoom feitelijk gebruiken. Resultaten wezen uit dat implementatie-intenties van betere kwaliteit waren (voldoende volledig en nauwkeurig) met betrekking tot de voorbe-

---

deliberatieve processen
Overleg dat de bedoeling heeft om tot een besluit te leiden.

reflectieve processen
Op een eerder afstandelijke manier iets overwegen.

reiding (kopen) dan het gedrag tijdens de feitelijke seksuele activiteit. In feite waren implementatie-intenties echter niet voorspellend met betrekking tot alle voorbereidende gedragingen (kopen, in huis hebben, bespreken met potentiële partner). Hoewel de steekproef beperkingen heeft, zijn deze bevindingen nuttig om te benadrukken dat effectieve planning voor condoomgebruik complex is. In het algemeen zou ook het opstellen van implementatie-intenties voor voorbereidende handelingen moeten worden gestimuleerd en niet alleen het opstellen van implementatie-intenties voor het gedrag zelf. Dit is vergelijkbaar met de conclusies van Belanger-Gravel *et al.* (2013) met betrekking tot lichamelijke activiteit waar ze ook wijzen op de noodzaak plannen te formuleren voor barrièremanagement, bijvoorbeeld: '*Als* ik een vriend tegenkom die rookt, *dan* zal ik hem op de man af zeggen dat ik ben gestopt'. Dit wordt beschreven als 'planning voor coping'. Molloy en collega's (2010) onderzochten bijvoorbeeld voorspellers voor de lichamelijke activiteit van universitaire studenten. Ze ontdekten dat vooral vrouwen baat hadden bij sociale ondersteuning voor lichamelijke activiteit, maar dat de invloed van sociale steun voor lichamelijke activiteit daarna, ten dele door zowel PBC als door planning voor coping werd gemedieerd.

Het is echter belangrijk dat er aanwijzingen zijn dat het opstellen van een implementatie-intentie mogelijk minder effectief is bij het veranderen van gewoontegedrag (Webb *et al.*, 2009; Wood en Neale, 2009). Webb en collega's ontdekten bijvoorbeeld dat het opstellen van een implementatie-intentie *alleen* effectief was bij het reduceren van het rookgedrag onder adolescenten wanneer het om lichte tot matige rokers ging; bij zware rokers was dit niet effectief. Bij een later overzicht, specifiek voor pogingen om het verslavende gedrag te veranderen, beschreven Webb *et al.* (2010) dat voor interventies bij verslavend gedrag mogelijk meer aandacht moet worden besteed aan problemen rond zelfbeheersing. Over het algemeen hangt het bereiken van een doel samen met de waarde die aan het verwachte resultaat wordt toegekend; met het geloof dat een doel haalbaar is, dat wil zeggen: met de zelfeffectiviteit; en met feedback over gemaakte vorderingen (dit is vooral belangrijk wanneer het gaat om doelen op de lange termijn, zoals afvallen) (Locke en Latham, 2002). Tot nu toe zijn in dit hoofdstuk statische modellen of continuümmodellen besproken met aanvullende componenten. Hierbij worden overtuigingen (of groepen daarvan) gecombineerd om te proberen iemands plaats op een resultaatcontinuüm te voorspellen, bijvoorbeeld de intensiteit van de intentie of van het gedrag. We richten onze aandacht nu op fasemodellen, dat wil zeggen op modellen van gedragsverandering waarbij wordt gedacht dat individuen zich in 'discreet geordende fasen' bevinden, waarbij elke volgende fase een sterkere neiging aangeeft om het resultaat te veranderen dan de fase ervoor (Rutter en Quine, 2002).

5.4 Modellen voor gefaseerde gedragsverandering

Volgens Weinstein (Weinstein *et al.*, 1998; Weinstein en Sandman, 2002) heeft een gefaseerde theorie vier eigenschappen:
1. *Een classificatiesysteem om de fasen te definiëren*: deze classificaties zijn theoretische concepten waaraan maar weinig mensen volledig voldoen.
2. *Rangschikken van de fasen*: mensen moeten alle fasen doorlopen om het eindpunt van handelen of handhaving te bereiken, maar vaak worden fasen niet in een bepaalde volgorde doorlopen. Iemand kan bijvoorbeeld besluiten te stoppen met roken, maar dit niet (meteen) doen, of stoppen maar enige tijd later opnieuw beginnen.

3. *Veelvoorkomende barrières voor gedragsverandering waarmee mensen in dezelfde fase te maken krijgen*: kennis van deze barrières is nuttig om mensen de volgende fasen in te loodsen bijvoorbeeld wanneer een geringe zelfeffectiviteit werkte als algemene barrière om met een verandering van het dieet te beginnen, maar een gebrek aan sociale steun als barrière werkt om het dieet *vol te houden*.
4. *Verschillende barrières voor gedragsverandering in verschillende fasen*: als de factoren (bijvoorbeeld zelfeffectiviteit) die de overgang naar de volgende fase veroorzaken, hetzelfde waren, ongeacht de beginfase, zou het concept van fasen overbodig zijn. Er zijn veel aanwijzingen dat de barrières voor gedragsverandering in opeenvolgende fasen verschillend zijn.

ONDERZOEK IN DE PRAKTIJK

Het probleem van niet-reflectief handelen – goede en slechte gewoonten!

Elke ochtend word je wakker, en waarschijnlijk heb je een routine: wc, handen wassen, douchen, aankleden en naar beneden gaan voor het ontbijt. Oeps, ben je iets vergeten? Ben je vergeten je tanden te poetsen? Of heb je dit gewoontegetrouw gedaan tussen het douchen en aankleden? Als dit het geval was, ben je je er misschien nauwelijks van bewust geweest en werd de handeling opgewekt door in de spiegel te kijken bij het handen wassen en niet door een bewuste beslissing. Hoe lang duurde het? Heb je je bovengebit evenlang gepoetst als je ondergebit? De buiten- en binnenkant?

Deze simpele vragen hebben een serieus doel. Gewoonten vormen zich door herhaalde uitvoering in een relatief stabiele context die vervolgens in veel gevallen een automatische trigger wordt voor het gedrag. Bij gewoontegedragingen worden geen cognitieve reserves verbruikt, zoals bijvoorbeeld is beschreven in relatie tot attitudevorming en daardoor kunnen ze concurrerende intenties bij het bepalen van gedrag niet overstemmen. Als iets automatisch en gewoon wordt, word je je er alleen van bewust als je met de consequenties ervan wordt geconfronteerd – 'ik herinner me niet dat ik mijn tanden heb gepoetst, maar ik heb wit spul op mijn kin, dus ik moet het onbewust hebben gedaan!' (Gardner en Tang, 2014).

Zelfrapportages van gewoontegedragingen kunnen onbetrouwbaar zijn. Hoe kunnen we kenmerken van een gedraging nauwkeurig onderzoeken als deze automatisch wordt uitgevoerd en er dus geen cognitieve processen nodig zijn die voor rationeel of gemotiveerd gedrag wél noodzakelijk zijn? Verschillende recente artikelen stellen interessante alternatieven voor een meting voor. Een voorbeeld is een recente studie door Gardner en Tang aan het University College London waarbij studenten hun gedachten hardop uitspraken terwijl ze meetvariabelen over gewoonten invulden. Deze hadden betrekking op snacken, forensen met openbaar vervoer en zowel contextvrij als contextspecifiek alcoholgebruik (Gardner en Tang, 2014). In totaal 90 procent van de deelnemers aan deze noodzakelijkerwijs kleine, kwalitatieve studie (N = 20) gaf aan dat ze minstens één probleem hadden bij het beantwoorden van de vragen. Deze problemen hadden te maken met het herinneren van gedrag of van de cues voor dit gedrag of met of met het feit dat deelnemers niet goed meer wisten of het gedrag automatisch was uitgevoerd en dus de vragen hierover niet met zekerheid konden beantwoorden. Daardoor worden vraagtekens gezet bij de geldigheid en het nut van het meten van gewoonten.

Waarom is dit van belang? En als je een 'slechte' gewoonte hebt? Ingrijpen om 'automatische' negatieve gezondheidsgedragingen te reduceren, zoals die sigaret die je gedachteloos opsteekt terwijl je wacht tot het water kookt of wanneer je de telefoon opneemt, zijn mogelijk niet geschikt voor interventies wanneer degenen die de gedragingen uitvoeren het moeilijk vinden om de kenmerken van hun gedragingen of cues nauwkeurig te vermelden. Als we gezonde gewoontegedragingen willen stimuleren (bijvoorbeeld routinematig sporten) en ongezonde gewoontegedragingen (zoals roken) willen terugdringen, moeten we een beter inzicht krijgen in de wijze waarop deze gedragingen worden gereguleerd. Een gebrekkig inzicht in deze regulering kan verklaren waardoor de belangrijke modellen die in dit hoofdstuk worden beschreven, minder goed werken dan volgens de theorie was voorspeld wanneer het om gewoonten gaat – goede of slechte! Deze modellen worden namelijk stuk voor stuk ondersteund door de aanname van bewust besef en cognitieve inspanning.

5.4.1 Het transtheoretische model (TTM)

Het transtheoretische model werd ontwikkeld door Prochaska en Di Clemente (1984) om een intentionele gedragsverandering te verklaren. In Nederland en Vlaanderen wordt het TTM-model ook gebruikt. Het neemt in Nederland zelfs een prominente plaats in binnen de GGZ-richtlijnen, de reclassering en de jeugdzorg (Hermanns, 2005). Van Binsbergen (2003) heeft het model toegepast om motivatie voor gedragsverandering bij criminele jongeren te onderzoeken. Zij heeft de vragenlijst van Prochaska en Di Clemente vertaald en gevalideerd voor de Nederlandse praktijk, waarna deze ook gebruikt is bij autistische jongeren en jongeren met ernstige gedragsproblemen (Van der Helm et al., 2009).

Het transtheoretische model berust op twee aannamen:
1. mensen maken veranderingsfasen door;
2. bij elke veranderingsfase spelen verschillende processen een rol, dus voldoet het aan verschillende criteria van Weinstein.

Veranderingsfasen

De veranderingsfasen van het TTM zijn fasen van motivationele bereidheid en worden hieronder aan de hand van voedingsgedrag uiteengezet:
- *Precontemplatie*: iemand is nog niet van plan zijn of haar gedrag te veranderen; op dit moment is de betrokkene niet van mening dat hij/zij een gewichtsprobleem heeft en is niet van plan zijn/haar eetgewoonten te veranderen in de komende zes maanden.
- *Contemplatie*: er is sprake van een plan om binnen de komende zes maanden het gedrag te veranderen. Er is sprake van een bewustwording dat gewichtsverlies nodig is, en van een overweging het eetpatroon te veranderen. Dit komt bijvoorbeeld tot uitdrukking in uitspraken als: 'Ik denk dat ik een beetje moet afvallen, maar nu nog niet'.
- *Voorbereiding*: iemand is klaar voor verandering en stelt doelen, zoals een begindatum voor het dieet (binnen drie maanden). Deze fase bestaat onder meer uit gedachten en handelingen en het maken van specifieke plannen voor verandering.
- *Handelen*: er is sprake van een waarneembare gedragsverandering. Iemand begint bijvoorbeeld fruit te eten in plaats van koekjes.
- *In stand houden*: de gedragsverandering is blijvend. Iemand houdt het veranderde voedingspatroon vol en biedt weerstand aan verleidingen.

Hoewel de bovenstaande fasen het meest worden genoemd, zijn er nog twee andere:
- *Beëindiging*: de gedragsverandering is zo lang volgehouden dat de betrokkene geen verleiding meer voelt om terug te vallen in zijn oude gedrag; hij gelooft in zijn zelfeffectiviteit en denkt dat de gedragsverandering blijvend is.
- *Terugvallen*: Di Clemente en Velicer (1997) erkennen dat terugvallen (naar een vorige fase) veel voorkomt. Een terugval kan in elke fase plaatsvinden, dit is dus geen afzonderlijke fase die alleen aan het einde van de cyclus kan worden aangetroffen als alternatief voor beëindiging.

De overgang van de ene fase naar de andere verloopt meestal niet soepel. Sommige mensen vallen bijvoorbeeld van voorbereiding terug naar contemplatie en blijven daarin soms maanden of jaren zitten voordat ze opnieuw in de voorbereidingsfase terechtkomen en tot handelen overgaan. Anderen lukt het niet de gedragsverandering in stand te houden. In het TTM is dus de mogelijkheid opgenomen dat mensen van de ene fase naar een andere terugkeren en daarom wordt het soms een spiraalvormig model genoemd (zie Prochaska *et al.*, 1992). We gaan ervan uit dat de eerste twee fasen worden bepaald door intentie of motivatie; in de voorbereidingsfase draait het om intentionele en gedragsmatige (volitionele) criteria, terwijl de fasen van handelen en in stand houden volledig gedragsmatig zijn (Prochaska en Marcus, 1994).

Om inzicht te krijgen in het verloop door de fasen, beschrijft het model de psychologische processen waarvan wordt aangenomen dat ze tijdens de verschillende fasen van belang zijn (sommige van deze processen spelen tijdens meer dan één fase een rol). Voorbeelden van deze processen zijn het zoeken naar sociale steun, het vermijden van omgevingen waarin het gedrag wordt getriggerd en ook emotionele en cognitieve processen als herbeoordeling van het zelf of bevordering van het bewustzijn. Deze en andere processen vormen het doel van interventiepogingen om mensen ten eerste mensen te motiveren tot verandering en de verschillende fasen te laten doormaken, met het oog op een effectieve en duurzame gedragsverandering.

Tijdens de precontemplatiefase is de kans groot dat mensen een en ander ontkennen of weinig geloof hebben in zelfeffectiviteit (in verband met de verandering) en bestaan er diverse barrières voor verandering.

- Tijdens de contemplatiefase neemt de kans toe dat mensen op zoek gaan naar informatie en dat de barrières voor gedragsverandering kleiner worden; ook zien ze een groter voordeel van de gedragsverandering, hoewel ze hun kwetsbaarheid voor de betrokken gezondheidsbedreiging mogelijk nog steeds onderschatten.
- Tijdens de voorbereidingsfase formuleren mensen hun doelstellingen en prioriteiten en gaan sommige concrete plannen maken (vergelijkbaar met de intentie tot implementatie, die eerder is beschreven) en kleine gedragsveranderingen aanbrengen (bijvoorbeeld lid worden van een sportschool). Sommigen stellen een onrealistisch doel of onderschatten hun slaagkansen. Motivatie en zelfeffectiviteit zijn zeker in deze fase noodzakelijk, anders wordt er geen actie ondernomen.
- Tijdens de handelingsfase is een realistisch doel nodig om de gedragsverandering vol te houden. Sociale ondersteuning voor de gedragsverandering is ook belangrijk.
- Veel individuen slagen er uiteindelijk niet in de gedragsverandering vol te houden en vallen terug in een eerdere fase. Het volhouden van de gedragsverandering kan door zelfreflectie en bevestiging worden gestimuleerd.

Ook de perceptie van barrières voor en voordelen van de gedragsverandering verschilt tijdens de verschillende fasen, bijvoorbeeld vermeende gedragscontrole en attitudes ten opzichte van lichaamsbeweging (Lorentzen *et al.*, 2007), resultaatverwachtingen en verwachte affectieve gevolgen (Dunton en Vaughan, 2008) en de perceptie van barrières en voordelen, ofwel de voor- en nadelen. Bij een meta-analyse van de voor- en nadelen met betrekking tot 48 verschillende gedragingen werd bijvoorbeeld ontdekt dat er in de actiefase meer voordelen waren dan in de precontemplatiefase en minder nadelen in de actiefase dan in de contemplatiefase (Hall en Rossi, 2008). Iemand in de contemplatiefase zal zich eerder op de voor- en nadelen van verandering richten, waarbij de barrières zwaarder kunnen wegen dan de voordelen (bijvoorbeeld: 'zelfs als ik op de lange termijn gezonder word, zal ik waarschijnlijk aankomen als ik stop met roken'). Iemand in de voorbereidingsfase concentreert zich daarentegen meer op de voordelen van de gedragsverandering dan op de barrières (bijvoorbeeld: 'zelfs als ik op korte termijn aankom, zal het de moeite waard zijn om me gezonder voelen'). Het relatieve gewicht van de voor- en nadelen van een bepaalde gedraging wordt het **beslissingsbalans** genoemd. Gedacht wordt dat deze factor, evenals de zelfeffectiviteit, de relatie tussen de veranderingsprocessen en de progressie door de fasen medieert (vergelijk Prochaska en Velicer, 1997).

> **beslissingsbalans**
> Het relatieve gewicht van de voordelen van een bepaalde gedraging afwegen ten opzichte van de nadelen.

Het TTM en gedragsvergadering

De Vet en collega's (2007) vergeleken of een eerder beschreven statische modelvariabele van intentie (TPB) meer of minder predictief was voor de fruitinname (handeling) dan de veranderingsfase en in werkelijkheid was het resultaat van de intentie beter. Er bestaat echter veel ondersteuning voor interventies gebaseerd op fasemodellen (Dijkstra et al., 2006; Armitage, 2009). Studies van deelname aan lichamelijke activiteit bijvoorbeeld, zowel onder de algemene bevolking als onder patiëntenpopulaties, ondersteunen het TTM.

Cox et al. (2003) voerden een longitudinaal onderzoek uit naar sporten onder Australische vrouwen van veertig tot 65 jaar met een zittend leven. De interventie vond plaats in een sportcentrum of thuis; gestreefd werd naar een matig of intensief niveau van lichaamsbeweging. Bij het onderzoek werd de veranderingsfase beoordeeld en de rol van zelfeffectiviteit en het beslissingsevenwicht. Achttien maanden na de interventie werden de vrouwen opnieuw onderzocht. De toename van de zelfeffectiviteit bleek in overeenstemming met de bereikte veranderingsfase (dit betekent dat de zelfeffectiviteit toenam naarmate de fasen werden doorlopen in de richting van handelen); deze toename leek van belang te zijn terwijl bevindingen over het beslissingsevenwicht niet doorslaggevend waren. Soortgelijke ondersteuning voor het TTM is afkomstig uit een studie onder volwassenen met diabetes type 1 of type 2, waarbij bleek dat de progressie met betrekking tot lichamelijke activiteit via veranderingsstadia was gerelateerd aan het geloof in zelfeffectiviteit, en aan de boven beschreven gedragsprocessen.

Beperkingen van het TTM

Bij verschillende studies is de vraag gesteld of deze veranderingsprocessen in werkelijkheid nuttige voorspellers van verandering zijn. Segan et al. (2002) onderzochten bijvoorbeeld de veranderingen in specifieke gedragsmatige en empirische processen, zelfeffectiviteit en beslissingsevenwicht onder 193 individuen die zich aan het voorbereiden waren om te stoppen met roken en die bezig waren met de overgang naar de handelingsfase. De resultaten suggereerden dat enkele veranderingen in TTM-processen voortkwamen uit de overgang tot handelen en er niet aan voorafgingen. Voorbeelden van deze veranderingen waren een toename van het situationele vertrouwen en een tegenovergestelde conditionering (waarbij positief gedrag in de plaats komt van roken). De belangrijkste resultaten voor het effect van gedragsmatige en empirische processen werden niet vermeld, ook al beweert het TTM dat deze als katalysator voor verandering werken. Daarnaast bleek dat zelfeffectiviteit geen voorspellende factor was voor het slagen of mislukken van de stoppoging, hoewel deze eigenschap wél was gerelateerd aan het doen van een poging tot stoppen. Evenals bij de studie van Cox over het voorspellen van lichaamsbeweging die hierboven is beschreven, was de beslissingsbalans geen voorspellende factor voor gedragsverandering. Hoewel het een betrekkelijk kleine studie was, hebben deze resultaten verdere vraagtekens gezet bij de validiteit van de fasen en de processen van het TTM als model voor verandering, terwijl ze tegelijkertijd de centrale rol van de zelfeffectiviteit versterkten. Zelfeffectiviteit staat centraal bij het volgende model dat we bespreken, het HAPA.

Andere beperkingen zijn:
- Prochaska en Di Clemente onderscheidden mensen in de contemplatiefase van degenen in de voorbereidingsfase (dat wil zeggen mensen die aan de verandering denken, maar niet in het komende halfjaar tegenover mensen die denken over veranderen binnen de komende drie maanden); er is echter weinig empirisch bewijs dat deze groepen verschillen qua attitudes of intenties (zie Godin *et al.*, 2004; Kraft *et al.*, 1999). Dit heeft implicaties voor de waarschijnlijke effectiviteit van interventies die op de fase zijn afgestemd (Herzog, 2008).
- Na de ontdekking dat gedrag in het verleden een sterke voorspellende factor vormt voor pogingen tot gedragsveranderingen, zijn er vraagtekens gezet bij het nut van fasen waarin de bereidheid of intentie tot verandering de belangrijkste factoren zijn, (Sutton, 1996). Godin *et al.* (2004) hebben als alternatief een model gepresenteerd waarin gedrag uit het recente verleden zodanig met toekomstige intenties wordt gecombineerd dat vier clusters van individuen ontstaan met verschillende kenmerken wat betreft het huidige gedrag en de toekomstige intentie tot lichaamsbeweging. Deze auteurs ontdekten dat attitudes en vermeende controle over het gedrag met betrekking tot de bereidheid te gaan sporten, sterker zijn gerelateerd aan de clusters dan aan de fasen uit het TTM, die geen rekening houden met het verleden. Bij interventies moet dus zowel de intentie als het huidige of recente gedrag worden beoordeeld.
    - De validiteit van vijf onafhankelijke fasen is in twijfel getrokken, doordat volgens bepaalde gegevens niet alle deelnemers bij één specifieke fase konden worden ingedeeld (bijvoorbeeld Budd en Rollnick, 1996). Misschien is een continue variabele van bereidheid nuttiger dan afzonderlijke fasen van bereidheid (Sutton, 2000).
    - Het TTM houdt onvoldoende rekening met de sociale aspecten van veel gezondheidsgedrag (Marks *et al.*, 2000).
    - Het TTM houdt er geen rekening mee dat sommige mensen misschien nog nooit van het gedrag of het probleem in kwestie hebben gehoord. Dit komt veel voor bij een zeldzame of nieuwe ziekte, zoals bij het begin van hiv/aids of de gekkekoeienziekte; of wanneer het risico verband houdt met nieuw gedrag, zoals het gebruik van een mobiele telefoon, of met pas vastgestelde risicofactoren, zoals het humaan papillomavirus (zie hoofdstuk 4). Dit wordt onderkend in het minder vaak gehanteerde model van het initiëren van voorzorgsmaatregelen (*precaution adoption process model*, ofwel PAPM) (Weinstein, 1988; Weinstein en Sandman 1992) dat we hieronder kort toelichten.

Enkele van de genoemde beperkingen van het TTM zijn in interventiestudies getest, waarbij een nadruk op de veranderingsprocessen niet consistent heeft geresulteerd in de geanticipeerde progressie door de verschillende fasen. Een systematisch overzicht van de bevindingen van 37 gecontroleerde interventiestudies heeft slechts een beperkte ondersteuning opgeleverd voor interventies die op de verschillende fasen zijn afgestemd (Bridle *et al.*, 2005). Dit heeft geleid tot een oproep niet door te gaan met interventies die op het TTM zijn gebaseerd (bijvoorbeeld Sutton, 2005; West, 2005). Andere studies bieden echter nog steeds ondersteuning (Dijkstra *et al.*, 2006; Hall en Rossi, 2008).

Het *precaution adoption process*-model (PAPM)
Het gefaseerde *precaution adoption process*-model (Weinstein *et al.*, 1998; Weinstein en Sandman, 1992) werd ontwikkeld voor een beter begrip van bewuste

Modellen voor het voorspellen van gezondheidsgedrag

TABEL 5.1 Fasen in het transtheoretische model (TTM) en het model van het initiëren van voorzorgsmaatregelen (PAPM)

FASE	TRANSTHEORETISCH MODEL (TTM)	MODEL VAN HET INITIËREN VAN VOORZORGSMAATREGELEN (PAPM)
1	Precontemplatie	Niet bewust van probleem
2	Contemplatie	Niet betrokken
3	Voorbereiden	Overweegt al dan niet te handelen
4	Handelen	Besluit niet te handelen (verlaat het model)
5	In stand houden	Besluit te handelen (overgang naar volgende fase(n))
6		Handelen
7		In stand houden

handelingen die worden ondernomen om gezondheidsrisico's te verminderen. Het model heeft zeven fasen en accentueert belangrijke omissies in het TTM (en in andere modellen), zoals te zien is in tabel 5.1. Volgens het PAPM-model doorlopen mensen de fasen in een bepaalde volgorde, maar net als bij het TTM is er geen tijdslimiet waarbinnen de handelingsfase wordt bereikt. Het belangrijkste verschil tussen dit model en het TTM is dat bij het PAPM meer aandacht wordt besteed aan de mensen die zich in de prehandelingsfasen bevinden.

- *Fase 1*: iemand is zich niet bewust van het gezondheidsrisico van bepaalde gedragingen; er is geen kennis en daarom geen intentie om het gedrag te veranderen (bijvoorbeeld niet op de hoogte zijn van de manier waarop hiv wordt overgedragen).
- *Fase 2*: in deze fase is iemand zich bewust geworden van de risico's van bepaalde gedragingen, maar meent dat hij onvoldoende gevaar loopt ('Ik weet dat roken verschillende ziekten kan veroorzaken, maar ik rook zo weinig dat ik geen risico loop'). Dit wordt beschouwd als een 'bias voor optimisme' en bracht Weinstein ertoe het begrip 'onrealistisch optimisme' te ontwikkelen (zie paragraaf 5.2.1 en 5.2.2). Iemand in deze fase wordt ook wel 'ongeëngageerd' genoemd.
- *Fase 3*: een overwegingsfase, verwant aan de precontemplatiefase uit het TTM. Iemand in deze fase is bezig om consequenties aan zijn/haar overwegingen te verbinden. Zoveel dingen strijden om onze beperkte tijd en aandacht dat er wel een heleboel kennis over een risico moet worden opgedaan alvorens iemand op basis hiervan tot actie overgaat. Er kunnen drie verschillende beslissingen worden genomen: ze kunnen in fase 3 blijven, of één van twee tegenovergestelde beslissingen nemen, waardoor ze hetzij in fase 4 of in 5 terechtkomen.
- *Fase 4*: erkent dat sommige mensen actief besluiten niet te handelen, hoewel de vermeende bedreiging en kwetsbaarheid van de gezondheid mogelijk hoog zijn. Dit verschilt sterk van een situatie waarin iemand een intentie tot handelen heeft, terwijl hij niet daadwerkelijk handelt. Deze mensen gaan mogelijk niet verder vooruit of doen dit op een later tijdstip.
- *Fase 5*: deze fase van beslissen tot handelen is vergelijkbaar met de voorbereidingsfase uit het TTM. Er zijn belangrijke verschillen tussen mensen die vastbesloten zijn tot handelen over te gaan en mensen die twijfelen (fase 3). Degenen in fase 3 staan mogelijk meer open voor informatie en overtuiging dan degenen met een definitief standpunt (zoals in fase 4 of fase 5). Zoals eerder is opgemerkt, het uiten van een intentie tot handelen betekent niet dat iemand ook daadwerkelijk zal gaan handelen. Vermeende gezondheids-

risico's zijn in deze fase noodzakelijk om de persoon te motiveren om te handelen. De overgang van fase 5 naar fase 6 gaat gepaard met de overgang van motivatie tot volitie.
- *Fase 6*: de handelingsfase, wanneer iemand datgene heeft geïnitieerd wat noodzakelijk is om het gezondheidsrisico te verminderen.
- *Fase 7*: deze uiteindelijke fase, waarin het gaat om het volhouden van de gedragsverandering, is in het PAPM niet altijd relevant. In tegenstelling tot stoppen met roken, zijn sommige processen immers niet van lange duur, bijvoorbeeld beslissen zich al dan niet te laten vaccineren of een screening op borstkanker te ondergaan.

Weinstein heeft het PAPM toegepast op onderzoek naar woningen met radon, een onzichtbaar, reukloos, radioactief gas dat in bepaalde gebieden van nature in de bodem zit. Het gas komt het huis binnen via scheuren in de fundering en, hoewel vrij onbekend, is het na roken de belangrijkste oorzaak van longkanker (Weinstein en Sandman, 2002). Dit vermeende gezondheidsrisico bleek cruciaal bij de overgang van fase 3 (proberen te beslissen of de woning onderzocht moest worden) naar fase 5 (beslissen dat de woning onderzocht moest worden). Een bij de fase passende interventie (zoals interventies die op het TTM zijn gebaseerd) was minder succesvol om deelnemers in fase 5 die hadden besloten te handelen daadwerkelijk tot actie te laten overgaan (bijvoorbeeld een testkit kopen voor het testen van radon in het huis). Dit type interventie had meer succes om besluiteloze deelnemers ertoe te brengen een beslissing tot handelen te nemen (niet noodzakelijkerwijs te bewegen tot handelen). Deelnemers die een van deze bij de fase passende interventies kregen, deden het echter significant beter dan controledeelnemers (Weinstein *et al.*, 1998). Dit ondersteunt het bieden van afgestemde interventies.

Beperkingen van het PAPM
Het PAPM is minder uitgebreid getest dan het TTM, hoewel beide modellen onvoldoende longitudinaal zijn onderzocht. Het PAPM stimuleert echter tot verder denken. Om het probleem van bewustzijn en processen voorafgaand aan de beslissing te omvatten, moet het model worden uitgebreid, zodanig dat ook de onderwerpen bewustzijn en voorbereidende processen voor de beslissing worden opgenomen.

5.4.2 Het *health action process approach*-model (HAPA)

Het HAPA is een hybride model dat zowel statische als gefaseerde kwaliteiten heeft. In het *health action process approach*-model of HAPA-model (procesmodel voor gezondheidsactie) wordt rekening gehouden met het probleem van de fasen; het model is een poging de kloof tussen intentie en gedrag te overbruggen, vooral door zelfeffectiviteit en actieplannen te benadrukken (Schwarzer, 1992), factoren die geen deel uitmaken van het TPB of de PMT (Schwarzer, 1992; Schwarzer *et al.*, 2008). Het HAPA-model is invloedrijk geweest, omdat het suggereert dat het overnemen, de initiatie en het in stand houden van gezondheidsgedrag moet worden beschouwd als een proces dat ten minste bestaat uit een pre-intentionele motivatiefase en een postintentionele volitiefase (waar een bewuste keuze wordt gemaakt of beslissing wordt genomen) die tot het feitelijke gedrag leidt(zie figuur 5.3). Schwarzer (2001) verdeelde zelfregulatieprocessen verder in achtereenvolgens: planning, initiatie, onderhoud, terugvalmanagement en losmaking. Het model is alleen in de eerste drie van deze aspecten het best getest.

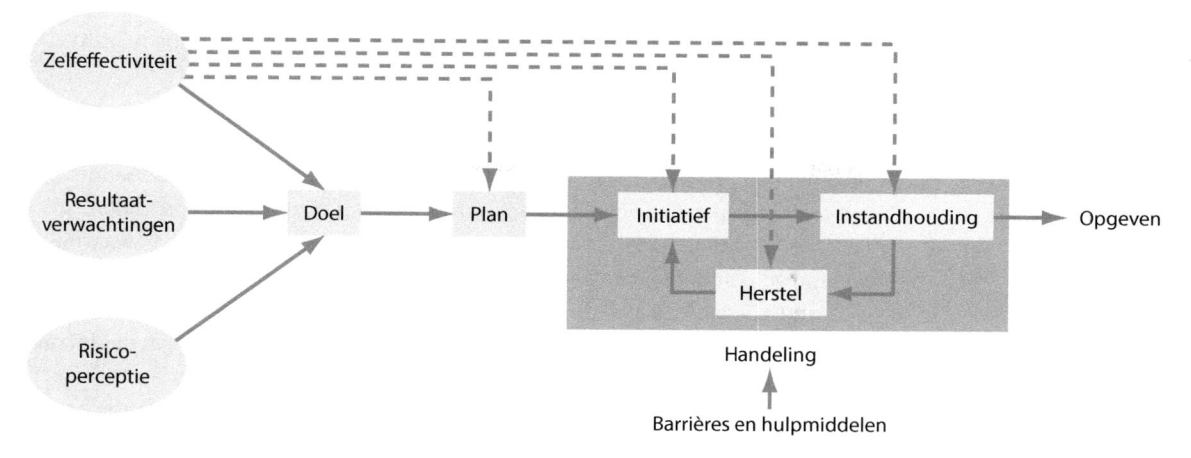

FIGUUR 5.3 Het *health action process approach*-model of HAPA-model (procesmodel voor gezondheidsactie)
Bron: Schwarzer, 1992

Motivatiefase

Zoals we bij eerdere modellen, zoals de TPB, al hebben gezien, formuleren individuen een intentie tot het nemen van een voorzorgsmaatregel (bijvoorbeeld een condoom gebruiken bij geslachtsgemeenschap) of tot het veranderen van een risicovolle gedraging (bijvoorbeeld stoppen met roken); deze intentie is de resultante van verschillende attitudes, cognities en sociale factoren. Volgens het HAPA-model zijn zelfeffectiviteit en resultaatverwachtingen hierbij belangrijke voorspellende factoren (zoals ook is gebleken uit onderzoeken naar de TPB en vermeende controle over het gedrag). Percepties omtrent de ernst van de bedreiging en de persoonlijke kwetsbaarheid (vermeend risico) worden als een distale invloed op het feitelijke gedrag beschouwd; deze spelen alleen een rol tijdens de motivatiefase en zijn waarschijnlijk van beperkt belang voor sommige gedragingen zoals de inname van groenten en fruit (Schwarzer *et al.*, 2007). Wat betreft de volgorde van zelfeffectiviteit en resultaatverwachtingen gaan de laatste soms aan het eerste vooraf: mensen kunnen bijvoorbeeld eerst denken aan de gevolgen van een bepaalde handeling, voordat ze gaan overwegen of ze in staat zijn om te doen wat nodig is. Onder omstandigheden waarin mensen geen eerdere ervaringen hebben met het gedrag dat ze overwegen, suggereren de onderzoekers bovendien dat resultaatverwachtingen mogelijk een sterkere invloed op het gedrag hebben dan opvattingen omtrent zelfeffectiviteit. Tijdens de motivatiefasen wordt intentie beschouwd als een doelintentie, bijvoorbeeld: 'Ik wil stoppen met roken om gezonder te worden.' Schwarzer postuleert ook fasespecifieke opvattingen over zelfeffectiviteit, consistent met de bevindingen van Bandura (1997) waarbij zelfeffectiviteit tijdens de motivationele fase 'taak/pre-actie-zelfeffectiviteit' wordt genoemd: bijvoorbeeld: 'Ik kan een gezond dieet volgen, ook al moet ik mijn leefwijze daarvoor een beetje aanpassen.' In deze fase is het belangrijk dat iemand een succesvol resultaat visualiseert en vertrouwen heeft in het eigen vermogen dit resultaat te verwezenlijken.

Volitiefase (bewuste keuze maken)

Zodra een intentie is geformuleerd, moet volgens het HAPA-model een proces van planning plaatsvinden om de intentie in handelen om te zetten. Gedacht wordt dat dergelijke volitionele processen vooral belangrijk zijn in de context van complexe gedragingen waarbij meervoudige barrières kunnen worden verwacht. Vermeende barrières bij de inname van groenten en fruit zijn bijvoorbeeld dat het gedrag met hoge frequentie moet worden uitgevoerd om voordelen te verkrijgen en verder de kosten, toegankelijkheid, bereiding enzovoort (bijvoorbeeld Adriaanse et al., 2011).

Hiertoe is het eerder beschreven concept van Gollwitzer omtrent de implementatie van intenties (Gollwitzer, 1999; Gollwitzer en Oettingen, 2000) in het model opgenomen. Via vragen naar het wanneer, waar en hoe, verandert de doelintentie in een specifiek actieplan. Schwarzer stelt dat bij deze fase een ander soort zelfeffectiviteit een rol speelt: die van zelfeffectiviteit tot *initiatief*, waarbij iemand gelooft dat hij in staat is het initiatief te nemen wanneer de geplande omstandigheden zich voordoen (als de ochtend waarop iemand heeft gepland met roken te stoppen aanbreekt, moet hij of zij op dat moment geloven dat hij of zij in staat is om op dat moment te stoppen met roken).

Zodra de handeling is geïnitieerd, moet de betrokkene vervolgens proberen het nieuwe, gezondere gedrag vol te houden; aangenomen wordt dat in deze fase zelfeffectiviteit tot coping (of instandhouding) belangrijk is voor het succes (wat bijvoorbeeld tot uiting komt in een uitspraak als: 'Ik moet dit dieet volhouden, zelfs als het in het begin moeilijk is'). Deze vorm van zelfeffectiviteit is een geloof in het eigen vermogen om barrières te overwinnen en verleidingen te weerstaan (zoals met een verjaardag worden geconfronteerd) en is verwant aan de processen van zelfeffectiviteit die eerder in dit hoofdstuk zijn beschreven. Dergelijke overtuigingen versterken waarschijnlijk de veerkracht, de positieve coping (zoals een beroep doen op sociale steun) en een groter uithoudingsvermogen.

Als de betrokkene, zoals vaak gebeurt, een terugslag krijgt en voor een verleiding bezwijkt – zoals vaak wordt gemeld in het geval van verslavingen – voorspelt het HAPA-model dat zelfeffectiviteit tot *herstel* noodzakelijk is om de betrokkene weer op het rechte spoor te krijgen (Renner en Schwarzer, 2003).

Ondersteuning voor de rol van zelfeffectiviteit tijdens verschillende fasen van gedragsverandering werd gevonden tijdens een longitudinale studie van zelfonderzoek van de borsten onder 418 vrouwen. Pre-actionele zelfeffectiviteit en positieve resultaatverwachtingen (maar niet risicoperceptie) waren significante voorspellers van (doel)intentie. Overtuigingen over zelfeffectiviteit waren ook voorspellers voor planning. Met betrekking tot feitelijk gedrag wat betreft zelfonderzoek bij het vervolgonderzoek twaalf tot vijftien weken later, was planning, in overeenstemming met de hypothese, sterk voorspellend, waarbij onderhoud en herstel van zelfeffectiviteit ook een hogere frequentie van het gedrag voorspelden (Luszczynska en Schwarzer, 2003). Hoewel het misschien verbazingwekkend is dat risicoperceptie ten aanzien van borstkanker niet predictief was voor de intentie of het gedrag, is het mogelijk dat risicopercepties de deelnemers hadden beïnvloed *voordat* ze voor de studie werden beoordeeld, en dat daardoor de effecten op de HAPA-variabelen al voorbij waren. Het is altijd moeilijk bij onderzoek om een absolute nulmeting voor de meetvariabele vast te stellen en dergelijke resultaten zouden niet als bewijs moeten worden genomen dat risicopercepties niet belangrijk zijn – het verzamelde bewijs wijst anders uit.

Verder longitudinaal bewijs voor het belang van fasespecifieke zelfeffectiviteit is gevonden onder mensen die revalideren na een hartaanval en die zich aan een programma van revalidatieoefeningen moeten houden (Sniehotta et al., 2005; Schwarzer et al., 2008). Bij deze studies was het geloof in het eigen vermogen activiteit te hervatten na een organisch defect of ziekte een significante voorspeller van planning en van feitelijk gedrag. Deze proximale voorspellers openen wegen naar heel andere interventies dan degene die zich op risicoperceptie richten; deze blijken meestal niet significant te zijn in studies waarvan bij het HAPA gebruik wordt gemaakt. Bevindingen van studies met het HAPA hebben een grote bijdrage aan het vakgebied geleverd waarbij volitionele processen steeds meer aandacht kregen.

Voorbereiden op gezond eten door de juiste aankopen te doen zal de kans op handelen vergroten.

Foto: Stockbroker / 123rf.com (Pearson Asset Library)

Beperkingen van het HAPA

Renner *et al.* (2007) ontdekten dat het HAPA een betere voorspelling gaf voor het gedrag van mensen van middelbare leeftijd en ouder dan voor dat van jongere mensen. Meer inzicht in de overgang van volitie naar handeling is nodig en dit is inderdaad de focus van veel werk geweest (bijvoorbeeld Gollwitzer en Sheeran, 2006; Schwarzer en Luszczynska, 2008; Rhodes en de Bruijn, 2013). Volitionele processen met betrekking tot planning van handelen, planning van coping en handelingscontrole hebben aanzienlijke empirische ondersteuning gekregen. De Vries en collega's (2006) beschrijven deze als proximale postmotivationele determinanten (bijvoorbeeld actieplanning en -controle, doel vaststellen, planning voor coping en controle, implementatie-intenties). Opnieuw is onvoldoende aandacht besteed aan niet-bewuste processen.

De noodzaak zelfeffectiviteitsprocessen te bestuderen

De modellen die in dit hoofdstuk zijn beschreven, verschillen in sommige aspecten, maar hebben een gezamenlijk doel – het bevorderen van ons inzicht in verbanden: voorspellers van gedragingen die aan de gezondheid zijn gerelateerd, in positieve of in negatieve zin. Onderzoekers bestuderen steeds vaker sociocognitieve modellen van gezondheidsgedrag binnen een breder kader van gedragsmatige (en emotionele) zelfeffectiviteit, ofwel datgene wat we doelbewust, reflectief en bewust doen om doelstellingen te realiseren of gewenste resultaten te bereiken (Hofmann *et al.*, 2008 zoals geciteerd in Sutton, 2010; Hagger *et al.*, 2009; Hagger, 2010). Voor zelfeffectiviteit is zelfbeheersing nodig en er bestaat waarschijnlijk veel individuele variatie voor deze eigenschappen (Cameron en Leventhal, 2003). Zoals we in dit hoofdstuk hebben beschreven, zijn nieuwere constructies zoals actiecontrole, implementatie-intenties en gedragsmonitoring buitengewoon relevant. Een voorbeeld van onderzoek dat een zelfeffectiviteitsperspectief inneemt met betrekking tot verandering van gezondheidsgedrag, is onder meer het gedrag dat door Hall en Fong (2007) is beschreven als 'temporele zelfeffectiviteit'. Daarbij is gebleken dat dynamische veranderingen van zelfreguleringsgedachten en -emoties het gedrag beïnvloeden (zie ook het commentaar dat is gepubliceerd in een speciale uitgave van *Health Psychology Review*, september 2010). Bij een latere ontwikkeling bespreken Hagger *et al.* (2010a) een krachtmodel van het falen van de zelfeffectiviteit (dat is wanneer iemand er niet in slaagt een beoogde verandering teweeg te brengen of wanneer hij na een verandering terugvalt). Het is mogelijk dat voor gedragingen waarvoor dagelijks onderhoud nodig is, zoals gereduceerde vetinname of toegenomen inname van fruit en groente, zelfmonitoring van het gedrag in functie van de doelstellingen steeds belangrijker wordt om terugval te vermijden.

SAMENVATTING

5.1 Distale invloeden op gezondheidsgedrag

- Gezondheidsgedrag staat onder invloed van vele proximale en distale factoren. Cultuur, leeftijd, geslacht (demografische invloeden) zijn belangrijk, maar ook persoonlijkheidskenmerken.
- De twee belangrijkste modellen die veel belang hechten aan persoonlijkheidsvariabelen zijn het driefactorenmodel van Eysenck en theorieën die veel belang hechten aan Health Locus of Control.
- Een aanvulling op de voorspellende waarde van persoonlijkheidsfactoren is de zelfbeschikkingstheorie: het onderzoek van de wijze waarop persoonlijkheidstrekken de motivatie voor het uitvoeren van gedrag beïnvloeden.

5.2 Modellen van gezondheidsgedrag

- Vroege theorieën over de redenen waarom we ons gedrag veranderen, waren gebaseerd op de simplistische, impliciete aanname dat: informatie leidt tot attitudeverandering die leidt tot gedragsverandering. Deze aanname bleek naïef te zijn.
- Attitude is een moeilijk te definiëren begrip. Men neemt aan dat een attitude bestaat uit drie componenten: cognities, emoties en gedragingen (of intenties). Empirisch bewijs voor een direct verband tussen attituden en gedrag bleek echter moeilijk te vinden.
- Aan de basis van riskant of ongezond gedrag ligt vaak een onrealistisch optimisme.
- Zelfeffectiviteit (Bandura) is 'het geloof in het eigen vermogen tot het organiseren en realiseren van handelingen die nodig zijn om toekomstige situaties aan te sturen' en heeft een positieve invloed op het stellen van gezondheidsbevorderend gedrag.

5.3 Sociale en cognitieve modellen van gedragsverandering

- De sociaal cognitieve theorie is gebaseerd op de theorie van Bandura. Volgens Bandura wordt gedrag bepaald door drie typen individuele verwachtingen: situatie-uitkomsten, resultaatverwachtingen en opvattingen omtrent zelfeffectiviteit. Dit zijn bepalende elementen voor gezondheidsbevorderend gedrag.
- Volgens het HBM (*health belief*-model) is gezondheidsgedrag afhankelijk van demografische factoren, zoals sociale klasse, sekse, leeftijd en overtuigingen die ontstaan na bepaalde interne of externe cues tot handelen.
- De TRA (*theory of reasoned action*) en diens opvolger, de TPB (*theory of planned behaviour*), zijn afgeleid van de theorie van de sociale cognitie. Gedrag wordt door individuele cognities of attitudes bepaald, maar ook door de sociale context en door sociale percepties en resultaatverwachtingen.
- De TPB is een cognitief model van gezondheidsgedrag, ontleend aan theorieën over subjectief nut. Subjectief nut wil zeggen dat individuen rationele beslissingen nemen en zich laten leiden door het vermeende nut van bepaalde handelingen of bepaald gedrag.

5.4 Modellen voor gefaseerde gedragsverandering

- Het *transtheoretische model* werd ontwikkeld door Prochaska en Di Clemente ter verklaring van een intentionele gedragsverandering. Het berust op twee aannamen: mensen maken veranderingsfasen door en bij elke veranderingsfase spelen verschillende processen een rol. Het model voldoet dus aan verschillende criteria van Weinstein.
- Het HAPA (*health action process approach*-model) houdt rekening met het probleem van de fasen; het model is een poging de 'kloof tussen intentie en gedrag' te overbruggen, vooral door zelfeffectiviteit en actieplannen te benadrukken. Het is invloedrijk geweest, omdat het suggereert dat het overnemen, de initiatie en het in stand houden van gezondheidsgedrag moet worden beschouwd als een proces dat ten minste bestaat uit een pre-intentionele motivatiefase en een postintentionele volitiefase (waar een bewuste keuze wordt gemaakt of beslissing wordt genomen) die tot het feitelijke gedrag leidt.

Foto: Juice Images 202 / Alamy

HOOFDSTUK 6
GEDRAGSVERANDERING: MECHANISMEN EN METHODEN

6.1 Het ontwikkelen van interventies voor de volksgezondheid

6.2 Strategieën om risicogedrag te veranderen
6.2.1 Motiveren tot verandering
6.2.2 Gedrag veranderen
6.2.3 De juiste toepassing

LEERDOELEN

Aan het einde van dit hoofdstuk kun je beschrijven en uitleggen:
- hoe de doelstellingen van programma's voor volksgezondheid worden ontworpen;
- welke strategieën worden toegepast om de motivatie tot verandering te versterken;
- welke strategieën worden toegepast om gedragsverandering teweeg te brengen;
- het tijdstip en de wijze waarop deze interventies het best kunnen worden toegepast.

GEZONDHEIDSEDUCATIE WERKT NIET!

Artsen melden dat veel programma's voor gezondheidseducatie geen invloed hebben op gedragingen zoals veilig vrijen, roken en polikliniekbezoek. Het wordt nog erger als wordt ingespeeld op angst. Veel strategieën van de overheid of van diensten voor de volksgezondheid die zijn bedoeld om ons gedrag te veranderen, bevatten een impliciete aanname. Deze aanname luidt dat de kans groot is dat we gaan doen wat we moeten doen als ons wordt vertéld wat we moeten doen. Vooral, zo wordt gedacht, wanneer de informatie een enigszins zorgwekkende gezondheidsboodschap bevat.
Toch is er overvloedig bewijs dat eenvoudige feitelijke of angstwekkende informatie niet werkt. Een voorbeeld van deze mislukking is te vinden in de herhaalde informatiecampagnes over aids, de preventie van aids en angstwekkende (zelfs afschrikwekkende) video's met beelden van dood en verdoemenis als gevolg van onbeschermde seks die aan het einde van de jaren tachtig van de vorige eeuw op televisie werden uitgezonden. Uit gerapporteerde meetvariabelen van condoomgebruik gedurende deze tijd bleek dat deze programma's geen enkele verandering teweeg hadden gebracht. Het publiek leek totaal ongevoelig voor de potentieel catastrofale gevolgen van aids en bleef hardnekkig vasthouden aan de oude gedragingen. Het is duidelijk dat relevante informatie nodig is om een verandering te realiseren, maar er zijn veel andere factoren die bijdragen aan de waarschijnlijkheid van veranderingen. Gebleken is echter dat de kans klein is dat een aanzienlijke verandering optreedt als gevolg van de eenvoudige herhaling van gezondheidsinformatie (angstwekkend of anderszins), ongeacht hoe accuraat deze informatie is.

HOOFDSTUKOVERZICHT

In dit hoofdstuk wordt een reeks strategieën uiteengezet die zijn ontwikkeld om te motiveren tot het veranderen van gezondheidsgerelateerde gedragingen en deze veranderingen te ondersteunen zowel op individueel niveau als op het niveau van de hele bevolking. Het begint met het onderzoeken van het proces waarbij gezondheidsdeskundigen overwegen bij welke gedragsverandering hele groepen of de individuen uit die groepen baat hebben en hoe deze kunnen worden ondersteund door het gebruiken of versterken van hulpmiddelen uit die groep. Daarna wordt bekeken hoe op individueel niveau tot verandering kan worden gemotiveerd en hoe de processen waaruit de gedragsverandering bestaat, kunnen worden ondersteund.

6.1 Het ontwikkelen van interventies voor de volksgezondheid

Interventies voor de volksgezondheid zijn opgezet om gezondheidsgedragingen in populaties te veranderen. De technieken voor gedragsverandering die worden toegepast, moeten daarom uiteenlopen van breed toegankelijke benaderingen zoals de massamedia tot kleinere, gerichtere interventies die zich op individuele behoeften richten. Ondanks hun ogenschijnlijke verschillen hebben deze benaderingen veel gemeen. Nieuwe vaardigheden kunnen bijvoorbeeld worden aangeleerd via de massamedia of door een persoonlijke aanpak in een één-op-één setting, met dezelfde principes van het werken met modellen en het belonen van de juiste verandering. Voordat een interventie wordt ontwikkeld, moeten de betrokkenen bepalen op welke gedragingen ze zich gaan richten en hoe dit het best kan worden uitgevoerd.

Het bekendste raamwerk voor het nemen van dit soort beslissingen wordt het *precede-proceed*-model genoemd (Green en Kreuter, 2005). Bij het *precede*-element worden uiteenlopende psychosociale variabelen vastgesteld die het doel van elk van de interventies zouden kunnen zijn:

- *Predisponerende factoren*: kennis, attitudes, overtuigingen, persoonlijke voorkeuren, bestaande vaardigheden en zelfeffectiviteit in relatie tot de gewenste gedragsverandering.
- *Faciliterende factoren*: kenmerken van de omgeving die gedragsverandering kunnen faciliteren en de vaardigheden of hulpmiddelen die nodig zijn om de gewenste verandering te realiseren. Dit zijn onder meer omgevingsfactoren die een gedragsverandering zouden kunnen faciliteren, bijvoorbeeld de beschikbaarheid en toegankelijkheid van hulpbronnen of diensten, zoals sportfaciliteiten, kookcursussen of crèches, zodat jonge ouders kunnen sporten.
- *Versterkende factoren*: factoren die de gewenste gedragsverandering belonen of bekrachtigen, met inbegrip van sociale steun, economische beloningen en sociale normen.

Bij het *precede*-model worden ook alle politieke en sociale invloeden en de omgevingsinvloeden in aanmerking genomen die een gedragsverandering kunnen faciliteren, met inbegrip van beleidsveranderingen rond gezondheid, onderwijs en sociale zaken. Dit wordt in vijf fasen geïmplementeerd:

- *Fase 1: sociale diagnose*
  Planners verkrijgen inzicht in de gezondheidsproblemen die van invloed zijn op de kwaliteit van leven van een gemeenschap en de leden daarvan, hun sterke en zwakke punten, hulpmiddelen en bereidheid tot verandering. Dit inzicht kan voortkomen uit gemeenschapsforums, focusgroepen, vragenlijsten en/of interviews. Als het model volledig is geïmplementeerd, worden lokale mensen betrokken bij het planningsproces, waardoor de planners in staat zijn de problemen vanuit het perspectief van de groep te bekijken.

> **epidemiologie**
> De wetenschappelijke studie van het vóórkomen en de verspreiding van ziekten binnen en tussen populaties.

- *Fase 2: diagnose op basis van **epidemiologie**, gedrag en omgeving*
  Epidemiologische beoordeling bestaat uit identificatie en beoordeling van gezondheidsproblemen die specifiek zijn voor de groep en de gedragsmatige en omgevingsinvloeden die aan die groep zijn gerelateerd. Hierbij kunnen uiteenlopende factoren betrokken zijn. Slechte voeding kan zijn gerelateerd aan slechte kookvaardigheden, geringe kennis van voedingsleer, sociale normen die het gebruik van snacks en kant-en-klaarmaaltijden ondersteunen enzovoort. Een omgevingsdiagnose omvat een analyse van sociale en fysieke omgevingsfactoren die aan de doelgedragingen zouden kunnen worden gekoppeld. De voedselkeuze kan bijvoorbeeld zijn beïnvloed door opleiding of door problemen (fysiek of economisch) bij het verkrijgen van gezond voedsel. Voor deze interventies zijn misschien beleidsveranderingen nodig.
- *Fase 3: onderwijskundige en ecologische diagnose*
  Deze fase omvat het prioritiseren van de gedragingen die bij fase 2 zijn geïdentificeerd en het bepalen van de wijze waarop deze gedragingen kunnen worden veranderd. Ook wordt vastgesteld welke predisponerende, faciliterende en bekrachtigende factoren relevant zijn. De vermoedelijke invloed van gedragsveranderingen wordt eveneens bestudeerd en onderzocht wordt hoe waarschijnlijk het is dat veranderingen zullen worden aangebracht en in welke mate de strategieën voor verandering voor de doelgroep acceptabel zijn.

- *Fase 4: overheids- en beleidsdiagnose*
  Deze fase is ingebouwd om er zeker van te zijn dat het programma consistent is met het beleid van de organisatie waarvan het deel uitmaakt en dat het wil aanpakken.
- *Fase 5: programma-implementatie*
  De *proceed*-fase is precies dat: de implementatie van de geplande interventie waarbij drie momenten in het proces worden geëvalueerd:
  - *Proces*: deed het programma datgene waarvoor het was bedoeld?
  - *Effect*: welk effect had de interventie op de doelgedragingen/uitkomsten?
  - *Uitkomst*: welke langetermijneffecten op de gezondheid werden gerealiseerd?

Het kiezen van een stopdatum en ritueel afstand doen van alle sigaretten kan een goed begin zijn om met roken te stoppen.

Foto: Shutterstock.com / Rob Byron

Wat denk je zelf?

Voor we echt aan een bespreking beginnen van gedragsveranderingsprogramma's kan er misschien eens nagedacht worden hoe je het zelf zou doen. Stel je de volgene situatie voor. In de gebouwen van je campus mag niet gerookt wordt. Er is wel een plaats waar alle rokers samenklitten, namelijk de uitgang naar de parkeerplaats. Je moet je door dat groepje wringen om naar buiten te gaan, je ergert je aan de rook en aan het tapijt van peukjes op deze plaats. Welke strategie zou je ontwikkelen om iets aan deze toestand te doen?

6.2 Strategieën om risicogedrag te veranderen

Waar het *precede*-proces niet in detail rekening mee houdt, zijn de optimale interventies om verandering in elk van de domeinen teweeg te brengen. Hoe vergroten we de motivatie, veranderen we overtuigingen en attitudes, stimuleren we mensen om naar een gewenst doel toe te werken enzovoort? Op deze punten gaan we ons nu richten.

Een manier om dit onderwerp aan te pakken is door de psychologische toestand te onderzoeken van de personen waarop een bepaald beïnvloedingsprogramma is gericht. Eén nuttig model vanuit dit perspectief is het gefaseerde verandermodel van Prochaska en Di Clemente (1986). Bij dit model werd een reeks van vijf fasen geïdentificeerd die iemand kan doormaken als hij een verandering overweegt:

1. *pre-contemplatie*: overweegt geen verandering;
2. *contemplatie*: overweegt verandering, maar zonder gedachten over de exacte aard of de wijze waarop deze kan worden verwezenlijkt;
3. *voorbereiding*: plant hoe de verandering te verwezenlijken;
4. *verandering*: is actief bezig met verandering;
5. *onderhoud of terugval*: houdt de verandering vol (gedurende langer dan zes maanden) of valt terug.

Prochaska en Di Clemente merkten op dat de factoren waardoor iemand van de ene fase naar een andere kan overgaan – en sommige mensen vallen terug naar een eerdere fase of slaan fasen over – enorm kunnen verschillen. Een roker kan bijvoorbeeld van precontemplatie naar contemplatie overgaan doordat hij een longinfectie heeft gekregen, op voorbereiding en handelen overgaan na het lezen van een boek over stoppen met roken, en terugvallen na een avondje stappen met vrienden. Daarom probeert het model niet te specificeren wat deze factoren zijn, erkend wordt alleen dat ze bestaan en dat ze de overgang van de ene naar de andere fase kunnen bewerkstelligen.

Fasemodellen zijn nuttig geweest vanuit het perspectief van interventies, doordat bij deze modellen de vraag wordt gesteld welk type interventie het best in de verschillende fasen kan worden uitgevoerd. Het model van Prochaska en Di Clemente heeft in ieder geval één ding duidelijk gemaakt: het heeft weinig zin om mensen te laten zien hóé ze verandering kunnen bewerkstelligen als ze zich in de precontemplatiefase bevinden, en dit geldt soms ook als ze zich in de contemplatiefase bevinden. De kans is namelijk klein dat die mensen reeds voldoende gemotiveerd zijn om hun gedrag te veranderen. Wie zich in de plannings- of actiefase bevindt, is daarentegen meestal gemotiveerder en wél bereid om zich te verdiepen in de strategie.

6.2.1 Motiveren tot verandering

Informatieverstrekking

Een ogenschijnlijk eenvoudige benadering van het verhogen van de motivatie tot verandering bestaat uit het bieden van informatie. Als mensen niet op de hoogte zijn van de voordelen van verandering, is de kans klein dat ze gemotiveerd zijn om te proberen een verandering aan te brengen. De logica is duidelijk. Hoewel duidelijke informatie van nut kan zijn als het om iets volkomen nieuws gaat, de informatie niet in tegenspraak is met eerdere inzichten in problemen, de informatie bijzonder relevant is voor de betrokkene en de verandering relatief gemakkelijk kan worden uitgevoerd. Helaas voldoet gezondheidsgerelateerde informatie zelden aan al deze criteria. En zelfs als dit wel zo is, is het goed mogelijk dat er geen effect is op het gedrag. Vroege informatiefilms over het risico op infectie met hiv en hoe dit tegen te gaan, hadden opmerkelijk weinig effect op het seksuele gedrag, ondanks dat de berichten absoluut nieuw waren, zeer bedreigend en het gedrag dat nodig was om het infectierisico te beperken, (ogenschijnlijk) eenvoudig kon worden geïmplementeerd.

Redenen voor deze mislukkingen zijn complex en omvatten sociale, psychologische en situationele factoren. Veel mannen en vrouwen die gewend waren aan onbeschermde seks, vonden onderhandelen over condoomgebruik, evenals het feitelijke gebruik complex en gênant. Complexere culturele factoren zijn onder meer het positief omarmen van risico in seksuele relaties en de betekenis van condoomgebruik binnen een seksuele relatie. Gemeld is dat bepaalde hiv-positieve vrouwen een condoom gebruikten bij seks met incidentele partners, maar niet met hun vaste partner, omdat dit werd beschouwd als teken van gebrek aan vertrouwen en zou leiden tot een vermindering van het genot voor de partner.

Het is duidelijk dat het stimuleren van gedragsverandering in minder kritieke omstandigheden eveneens aanzienlijke problemen oplevert, ook als de informatie niet nieuw of dramatisch is (gezond eten, stoppen met roken). Om deze reden is een aantal specifieke strategieën toegepast bij pogingen om de motivatie te beïnvloeden, zowel op individueel niveau als op het niveau van de bevolking. Veel informationele benaderingen bieden informatie over de negatieve gevolgen van gedrag dat de gezondheid bedreigt: beschadigde longen, obesitas enzovoort. Maar een bredere reeks invloeden kan ook in ogenschouw worden genomen bij alle informatie die de bedoeling heeft de motivatie tot verandering te verhogen. Informatie over het gemak van gedragsverandering en relevante normen kunnen ook van waarde zijn. De NICE-richtlijnen voor gedragsverandering (2014) identificeerden bijvoorbeeld verschillende manieren om informatie te presenteren om meer rokers tot stoppen te motiveren. De belangrijkste boodschappen zouden van invloed moeten zijn op:

- *resultaatverwachtingen*: door roken sterven mensen gemiddeld acht jaar eerder dan gemiddeld;
- *persoonlijke relevantie*: als je met roken zou stoppen, zou je zes jaar aan je levensduur kunnen toevoegen en gedurende die tijd zou je fitter zijn;
- *positieve attitude*: het leven is goed en de moeite waard. Het is beter om fit te zijn als je ouder wordt dan dat je niet langer in staat ben dingen te doen die je graag zou willen doen;
- *zelfeffectiviteit*: je bent er eerder in geslaagd te stoppen. Met wat steun is er geen enkele reden waarom je nu de verandering niet zou kunnen volhouden;
- *descriptieve normen*: ongeveer dertig procent van de mensen van jouw leeftijd is met succes gestopt met roken;
- *subjectieve normen*: je partner en je kinderen zullen het op prijs stellen als je met roken zou stoppen;
- *persoonlijke en morele normen*: roken is asociaal en je wilt niet dat je kinderen beginnen met roken.

Het *elaboration likelihood*-model

Zelfs deze goed doordachte informatie heeft misschien minder invloed dan optimaal is. Hoe intelligent de informatieve boodschap ook is, toch kan ze worden genegeerd of uitgefilterd. Bij één benadering die bijzonder relevant is voor de massamedia, het zogenoemde *elaboration likelihood*-model (ELM) (Petty en Cacioppo, 1986; zie figuur 6.1) worden deze problemen erkend en wordt nagedacht over manieren om deze te kunnen omzeilen. Het model suggereert dat pogingen om mensen die niet in een bepaald onderwerp zijn geïnteresseerd, met rationele argumenten te motiveren, niet werken. Deze pogingen zullen evenmin slagen als de argumenten voor verandering zwak zijn. Alleen diegenen met een tevoren bestaande belangstelling voor het onderwerp zullen waarschijnlijk aandacht besteden aan dergelijke informatie en er misschien naar handelen. In het jargon van Petty en Cacioppo is de kans groter dat individuen berichten

'centraal verwerken' als ze 'gemotiveerd zijn een argument te ontvangen' wanneer:
- dit argument congruent is met bestaande overtuigingen;
- dit argument persoonlijke relevantie voor hen heeft;
- ontvangers de intellectuele capaciteit hebben de boodschap te begrijpen.

Een dergelijke verwerking bestaat uit evaluatie van argumenten, beoordeling van conclusies en hun integratie in bestaande overtuigingsstructuren. Volgens het ELM is elke attitudeverandering die voortkomt uit dergelijke deliberatieve processen waarschijnlijk blijvend en voorspellend voor gedrag. Maar hoe is het met die individuen die minder gemotiveerd zijn om zich voor logische argumenten open te stellen? Volgens het ELM is beïnvloeding hier minder betrouwbaar, maar nog altijd mogelijk. Het model suggereert dat dit kan worden bewerkstelligd door wat wordt genoemd 'perifere verwerking'.

Dit heeft een grote kans als mensen:
- niet gemotiveerd zijn om een argument te ontvangen;
- geringe betrokkenheid hebben bij het onderwerp;
- incongruente opvattingen hebben.

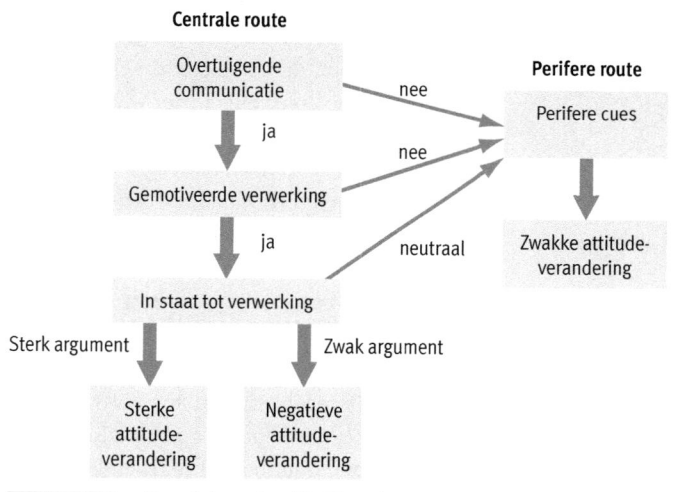

FIGUUR 6.1 Het *elaboration likelihood*-model van overtuigende communicatie

Perifere verwerking omvat het maximaliseren van de geloofwaardigheid en de aantrekkelijkheid van de bron van de boodschap met indirecte *cues* en indirecte informatie. Pogingen om vrouwen van middelbare leeftijd te beïnvloeden om te gaan sporten kunnen bijvoorbeeld bestaan uit een technische boodschap over de gezondheidswinst die kan worden behaald door te sporten (de centrale route), maar kan ook beelden omvatten die met lichaamsbeweging worden geassocieerd en die aantrekkelijk zullen zijn voor de doelgroep, zoals vriendschappen sluiten tijdens het beoefenen van lichte sport met leuke kleren in de sportschool (de perifere route). Op soortgelijke wijze kan het belang van een boodschap door een ouder iemand worden benadrukt, zoals een hoogleraar geneeskunde, die de informatie presenteert.

Een aantal televisiereclames gericht op rokers vormt een goed voorbeeld van deze benadering. In deze reclames zag je echte mensen die ernstige, aan roken gerelateerde aandoeningen hadden – aan de kijkers werd verteld dat een van hen kort na het filmen overleed. Ze spraken over de nadelige effecten van het jarenlange roken. De film was in zwart-wit en op de beelden zag je de mensen op een stoel zitten tegen een heel sobere achtergrond. Het bericht was dat roken dodelijk is en de perifere *cues* die met het beeld waren geassocieerd, waren somber en mistroostig. Het was geen aansporing voor de kijker om te gaan roken. Natuurlijk is één gevaar van deze negatieve afschildering dat kijkers het te deprimerend vinden en zich eenvoudig losmaken van de reclames – hetzij mentaal, door over iets anders te gaan denken, of fysiek, door naar een andere zender over te schakelen (zie de bespreking van appelleren aan angst in de volgende paragraaf). Om een dergelijk resultaat te vermijden stelt het *precede*-model dat het noodzakelijk is mediacampagnes te ontwikkelen die op degelijke psychologische theorieën zijn gebaseerd en ook om een testproces op te nemen, waarbij de aard van de interventies met de doelgroep wordt besproken. Dit zou bijvoorbeeld kunnen worden gerealiseerd door gebruik te maken van focusgroepen om het eindproduct beter op het publiek af te stemmen.

Het gebruik van angst

Een tweede mogelijke benadering om de invloed van massamedia en interpersoonlijke communicatie te versterken, is het gebruik van angstwekkende berichten. Veel gezondheidsdeskundigen beschouwen dit als een belangrijke strategie om tot verandering te motiveren en deze benadering is populair gebleken onder gezondheidsbevorderaars, politici en mensen die bij de massamedia zijn betrokken, met inbegrip van de ontvangers van de boodschap. Biener *et al.* (2000) ontdekten bijvoorbeeld dat het algemene publiek dacht dat angstwekkende reclames effectiever waren dan humoristische. Ondanks deze steun is gebleken dat een hoog niveau van dreiging relatief ineffectief is bij het teweegbrengen van gedragsverandering.

De *protection motivation theory* (beschermingsmotivatietheorie) van R.W. Rogers (1983) biedt een verklaring voor deze resultaten. Deze theorie suggereert dat individuen op informatie reageren op adaptieve of op maladaptieve wijze, afhankelijk van hun beoordeling van zowel dreiging als van hun eigen vermogen die dreiging te minimaliseren (de eigen beoordeling van de zelfeffectiviteit). De theorie suggereert dat een individu de grootste kans heeft zich op adaptieve wijze te gedragen in reactie op een angstwekkende gezondheidsboodschap als hij bewijs heeft dat het aannemen van bepaalde gedragingen de dreiging zal reduceren en als hij gelooft dat hij deze gedragingen kan uitvoeren. Deze benadering is verder ontwikkeld door het *extended parallel proces*-model van Witte, waarin wordt gesteld dat individuen die worden bedreigd één van twee handelwijzen zullen vertonen: gevaarbeheersing of angstbeheersing. Gevaarbeheersing omvat het verkleinen van de bedreiging, meestal door zich actief op oplossingen te richten. Bij angstbeheersing wordt getracht de perceptie van het risico te verkleinen, vaak door niet over de bedreiging na te denken. Om de keuze te maken voor gevaarbeheersing moet iemand ervan overtuigd zijn dat een effectieve reactie beschikbaar is (responseffectiviteit) en dat hij in staat is deze respons te vertonen (zelfeffectiviteit). Als niet voor gevaarbeheersing is gekozen, dan wordt angstbeheersing de belangrijkste strategie voor coping. In deze context bestaat angstbeheersing uit het negeren van de boodschap, omdat deze te overweldigend is; de gezondheidsbedreiging blijft in dat geval bestaan. Mensen kunnen de televisie uitzetten of proberen ergens niet aan te denken enzovoort. Elke interventie die angstbeheersing triggert, maakt de kans dat mensen over verandering gaan nadenken, mogelijk nog kleiner dan voorheen, omdat hun onmiddellijke reactie er één wordt van vermijding.

Deze beide theorieën suggereren dat de meest overtuigende berichten:
- enige mate van angst opwekken: 'onveilig vrijen verhoogt je risico op het krijgen van hiv';

- een gevoel van ernst vergroten als geen verandering wordt aangebracht: 'hiv is een ernstige aandoening';
- het vermogen van het individu benadrukken om de gevreesde uitkomst te voorkomen (effectiviteit): 'hier zijn enkele seksuele technieken die veiliger zijn en die je kunt toepassen om je risico om hiv te krijgen, te verkleinen'.

Framing van informatie

Een minder bedreigende benadering voor het ontwikkelen van gezondheidsinformatie omvat het *framen* van de boodschap. Gezondheidsberichten kunnen op positieve wijze worden geframed (waarbij de positieve resultaten worden benadrukt die met handelen gepaard gaan) of op negatieve wijze (waarbij negatieve resultaten worden benadrukt die gepaard gaan met niet handelen). Stoppen met roken kan bijvoorbeeld positief worden geframed door het benadrukken van de winst om beter te kunnen sporten, er beter uit te zien en lekkerder te ruiken, of negatief door de nadruk te leggen op de negatieve gevolgen zoals overlijden aan kanker of andere longaandoeningen. Het gebruik van zonnebrandcrème kan worden beïnvloed door berichten die ertoe aanzetten zonnebrandcrème te gebruiken voor het behoud van een gezonde huid of om het risico op huidkanker te verkleinen.

Negatieve framing komt vaak dicht in de buurt van het angst opwekken dat in de vorige paragraaf is besproken, en dat niet onverdeeld effectief is gebleken. Zowel positieve als negatieve framing van informatie zijn op verschillende momenten effectief gebleken. Helaas is geen van beide benaderingen altijd effectief en welke benadering optimaal is, zal afhangen van het gedrag in kwestie en van de doelgroep. Om deze reden kan het noodzakelijk zijn dat vroege versies van de interventie worden getest voordat deze wordt geïmplementeerd. Zoals bij elke interventie is enige mate van voorbereidend werk nodig.

Foto: 123rf.com (Pearson Asset Library)

Motiverende gespreksvoering

De effectiefste vorm van overtuiging bij persoonlijke interventies st: als **motiverende gespreksvoering** (Miller en Rollnick, 2002). Het do interventie is het versterken van de motivatie om een gedragsveranden.

motiverende gespreksvoering
Een aanpak, ontwikkeld door Miller en Rollnick, die tot doel heeft om de motivatie tot gedragsverandering te versterken.

overwegen, niet om te laten zien hoe men moet veranderen. Alleen als het bij het interview lukt om de motivatie tot een verandering op te wekken, kan worden overdacht hoe deze verandering kan worden verwezenlijkt, ongeacht het type interventie.

Motiverende gespreksvoering is ontwikkeld om mensen alle mogelijke ambivalenties omtrent gedragsverandering te helpen onderzoeken en oplossen (Miller en Rollnick, 2002). Deze benadering veronderstelt dat mensen zowel positieve als negatieve overtuigingen en attitudes hebben omtrent een gedragsverandering wanneer zij met de noodzaak tot verandering worden geconfronteerd. Voorafgaand aan het gesprek overheersen waarschijnlijk de negatieve gedachten, want anders zou de betrokkene actief hulp zoeken om verandering te bewerkstelligen. Toch is het doel van het gesprek om beide soorten overtuigingen en attitudes ter sprake te brengen en ze expliciet te maken ('ik weet dat roken slecht is voor mijn gezondheid', 'ik vind roken lekker' enzovoort). Zo komt de betrokkene in een toestand van **cognitieve dissonantie** terecht (Festinger, 1957). Dit wordt opgelost door één reeks overtuigingen te verwerpen ten gunste van de andere, wat een gedragsverandering tot gevolg kan hebben. Wanneer iemand besluit het gedrag te veranderen, richt de interventie zich vervolgens op het maken van een plan hoe deze gedragsverandering te bewerkstelligen. Mensen die de mogelijkheid tot verandering daarentegen blijven verwerpen, zullen hun deelname aan programma's voor gedragsverandering waarschijnlijk staken.

De motiverende gespreksvoering is bewust niet confronterend. Miller en Rollnick beschouwen hun methode als een filosofie om individuele gedragsverandering te ondersteunen en niet om een individu tegen de eigen wensen in te overtuigen. Toch kunnen enkele belangrijke strategieën worden geïdentificeerd. Belangrijke vragen tijdens het gesprek zijn:

- Wat zijn voordelen van uw huidige gedrag voor uzelf en uw omgeving?
- Wat zijn nadelen van uw huidige gedrag voor uzelf en uw omgeving?

De eerste vraag wekt misschien verbazing, maar is toch belangrijk, omdat die erkent dat het huidige gedrag de betrokkene iets oplevert; zo kan de mogelijke weerstand tegen het gesprek worden verminderd. Zodra de betrokkene de voor- en nadelen van het huidige gedrag heeft overdacht, vat de therapeut ze samen, zodanig dat de dissonantie tussen beide punten wordt benadrukt. Zodra dit is teruggekoppeld, wordt hem gevraagd welk gevoel hij hierbij heeft. Pas als hij enige belangstelling voor verandering laat blijken, komt aan de orde op welke wijze de gedragsverandering kan worden bewerkstelligd.

Sinds de oorspronkelijke opzet is het motivationele interviewproces verder ontwikkeld (Miller en Rollnick, 2012). Het proces omvat nu een sterk element van geplande gedragsverandering, ongeveer zoals in de volgende paragraaf door Egan is weergegeven. In het motivationele interviewproces zijn ook een aantal aanvullende strategieën ontwikkeld voor het motiveren tot verandering. Daardoor wordt deze interventie een meer expliciet proces tot overtuiging. Strategieën zijn onder meer:

- Overdenken van de nadelen van de status-quo:
  - Welke zorgen heb je over je huidige situatie?
  - Waarom denk je dat je iets aan je bloeddruk moet doen?
  - Welke problemen of rompslomp heb je ervaren in relatie tot je drugsgebruik?
  - Welke aspecten van je drankgebruik zouden jij of anderen als reden tot zorg kunnen zien?
  - Wat denk je dat er zal gebeuren als je niets verandert?

---

cognitieve dissonantie
Een toestand waarin tegenstrijdige of inconsistente cognities een toestand van spanning of ongemak (dissonantie) teweegbrengen. Mensen zijn daardoor gemotiveerd om de dissonantie te verminderen, vaak door één reeks overtuigingen te verwerpen ten gunste van de andere. Dit gegeven wordt gebruikt in de motiverende gespreksvoering.

- Overdenken van de voordelen van verandering:
  - Hoe zou je het vinden als de dingen anders waren?
  - Wat zouden de voordelen zijn van afvallen?
  - Hoe zou je willen dat je leven er over vijf jaar uitziet?
  - Als je deze verandering onmiddellijk als bij toverslag zou kunnen verwezenlijken, welke verbetering zou dit dan voor jou betekenen?
  - Wat zijn volgens jou de belangrijkste redenen voor een verandering? Wat zouden de voordelen zijn van het realiseren van deze verandering?
- De intentie tot verandering opwekken:
  - Ik zie dat je op dit moment het gevoel hebt dat je vastzit. Wat moet er veranderen?
  - Hoe belangrijk is dit voor jou? Hoe graag wil je dit doen?
  - Welke van de keuzes die ik heb genoemd, past volgens jou het beste bij je?
  - Als we nu even niet over het 'hoe' nadenken, wat zou je dan willen dat er gebeurde?
  - Dus wat ben je van plan te gaan doen?
- Optimisme opwekken ten aanzien van verandering:
  - Waardoor denk je dat je zou kunnen veranderen als je daartoe zou besluiten?
  - Wat zou volgens jou werken, als je besloot te veranderen?
  - Wanneer heb je ooit eerder in je leven een grote verandering als deze aangebracht en hoe heb je dat toen gedaan?
  - Hoeveel vertrouwen heb je dat je deze verandering kunt verwezenlijken?
  - Welke persoonlijke sterke punten heb je die je zullen helpen slagen?
  - Wie zou jou nuttige ondersteuning kunnen geven bij het verwezenlijken van deze verandering?

Wat denk je zelf?

Ongetwijfeld heb je zelf ook gedrag waarin je verandering wilt brengen. Kies een doelgedrag en schrijf een motiverend gesprek met jezelf uit.

6.2.2 Gedrag veranderen

Als we de indeling in fasen van het veranderingsmodel volgen, zou elke interventie iedereen die tot gedragsverandering is gemotiveerd, moeten helpen zich te concentreren op het verwezenlijken van de gewenste veranderingen. Dit is niet altijd gemakkelijk. Hoe vindt een fulltime werkende gescheiden vrouw met twee kinderen de tijd om te sporten of om gezond te koken? Hoe stopt een verslaafde roker met roken? Sommige veranderingen, zoals het overstappen van volle naar halfvolle melk, zijn gemakkelijk uit te voeren. Maar ingewikkelder gedragingen die in drukke en veeleisende levens zijn ingebed, zijn misschien veel moeilijker te veranderen zelfs als we daartoe gemotiveerd zijn. Naar schatting heeft circa zeventig procent van de rokers tijdens een willekeurige periode van één jaar ten minste één keer geprobeerd te stoppen met roken. Zulke mensen er eenvoudig toe aanzetten te veranderen heeft waarschijnlijk weinig nut. Ze hebben het al geprobeerd en het is mislukt.

De redenen dat veranderen mislukt, kunnen complex zijn en liggen zowel binnen als buiten het individu. Ze kunnen het gevolg zijn van wisselende motivatie, gebrek aan kennis over de wijze waarop de verandering moet worden gerealiseerd, obstakels voor verandering die misschien moeilijk te overwinnen zijn enzovoort. Daarom ondersteunen de beste methoden voor gedragsverandering het individu bij het oplossen van deze problemen.

Probleemoplossende aanpak

Probleemoplossingsgerichte interventies richten zich op de manier waarop verandering tot stand komt. Deze interventies slaan dan ook het best aan bij mensen die al bereid zijn een gedragsverandering te overwegen, maar hulp nodig hebben om te bepalen hoe ze dat het beste zouden kunnen aanpakken. De meest heldere benadering voor **probleemoplossingsgerichte therapie** tot nu toe is ontwikkeld door Gerard Egan (zie Egan, 2006). Zijn theorie is soms best complex maar heeft een elegant en eenvoudig basaal raamwerk. Cruciaal daarin is een juiste analyse van het probleem. Pas daarna kan er immers een geschikte oplossing voor worden bedacht. Volgens Egan is het niet de taak van de therapeut om de problemen van de cliënt op te lossen. In plaats daarvan moet hij proberen het eigen vermogen van de betrokkene te mobiliseren om problemen nauwkeurig te identificeren en via strategieën op te lossen. Probleemoplossingsgerichte therapie (waar counseling onder valt) is specifiek gericht op bepaalde problemen en op het hier en nu. De therapie kent drie duidelijk onderscheiden fasen:

1. *probleemverkenning en -verheldering*: een gedetailleerde en grondige verkenning van de problemen en het opbreken van 'algemene onoplosbare problemen' in zorgvuldig afgebakende oplosbare elementen;
2. *formulering van een doel*: vaststellen wat de betrokkene wil veranderen en dat hoofddoel uitwerken via duidelijke, door gedrag bepaalde en haalbare doelen (of subdoelen);
3. *facilitatie van handeling*: samen met de betrokkene plannen en strategieën ontwikkelen om deze doelen te realiseren.

Sommige mensen hoeven misschien niet alle fasen van het counselingproces te doorlopen. Sommigen zijn in staat alle fasen in één sessie te doorlopen, anderen hebben daar verscheidene sessies voor nodig. Het is in ieder geval belangrijk alle fasen in de juiste volgorde en grondig te doorlopen. Door heen en weer te schieten van de ene fase naar de andere en weer terug, ontstaat slechts verwarring, zowel voor de therapeut als voor de cliënt.

Stoppen met roken probleemoplossend aangepakt

Hoewel het misschien niet expliciet wordt gesteld, kennen veel programma's voor gedragsverandering elementen van probleemidentificatie en -oplossing. Dit kan worden geïllustreerd via stoppen met roken. Roken wordt door twee processen gestuurd:

1. een geconditioneerde reactie op *cues* in de omgeving – de telefoon opnemen, een kop koffie drinken enzovoort; de zogenoemde gewoontesigaret;
2. een lichamelijke behoefte aan nicotine – om de concentratie nicotine aan te vullen en onthoudingsverschijnselen te voorkomen.

Nicotine is een buitengewoon verslavend middel. Het werkt in op het **acetylcholine**systeem, dat samen met andere stoffen bepalend is voor het concentratieniveau en voor de activering van de hersenen en de spieractiviteit in het lichaam. De werking van nicotine kent twee fasen: kort en scherp inhaleren verhoogt de activiteit van dit systeem, doordat de nicotine zich aan de acetylcholinereceptoren bindt en de neuronen activeert. Daardoor neemt de alertheid toe. Lang inhaleren leidt er daarentegen toe dat de nicotine in de **postsynaptische acetyl-**

---

probleemoplossingsgerichte therapie
Een therapiebenadering die is ontwikkeld door Gerard Egan. Probleemanalyse en samenwerking tussen therapeut en cliënt staan hierbij centraal.

acetylcholine
Een neurotransmitter die via het uiteinde van zenuwcellen impulsen overdraagt aan het parasympathisch zenuwstelsel (dat deel van het autonome zenuwstelsel dat het lichaam tot rust brengt en voor herstel zorgt).

postsynaptische acetylcholinereceptoren
De verbinding tussen twee zenuwen wordt synaps genoemd. Bij zenuwactiviteit stuurt het uiteinde van de eerste zenuw (presynaptisch) chemische boodschapperstofjes, zoals acetylcholine, naar de tweede zenuw. Deze ontvangt de boodschappers aan de andere kant van de synaps. Afhankelijk van welke boodschappers op dit postsynaptisch gebied worden ontvangen blijft de tweede zenuw in rusttoestand, of geeft een impuls.

cholinereceptoren achterblijft, wat een gevoel van ontspanning teweegbrengt. Iemand die stopt met roken krijgt derhalve te maken met:
- het verlies van een krachtig middel om de stemming en het aandachtsniveau te veranderen;
- onthoudingsverschijnselen als gevolg van lichamelijke afhankelijkheid van nicotine;
- de drang om te roken door *cues* uit de omgeving.

De beste programma's voor het stoppen met roken richten zich op elk van deze problemen. De meeste programma's schrijven voor om na een stopdag meteen volledig met roken te stoppen. Daarna zal de betrokkene hunkeren naar een sigaret als gevolg van onthoudingsverschijnselen of van *cues* die met roken waren geassocieerd. De onthoudingsverschijnselen zijn het hevigst gedurende de eerste twee tot drie dagen na het stoppen. Na twee tot drie weken nemen ze af. Het risico op terugval is dan ook direct na het stoppen het grootst en wordt versterkt door het onmiddellijke psychologische en fysiologische ongemak. Veel programma's bereiden rokers op deze problemen voor. Rokers moeten daarin de specifieke problemen identificeren waarmee ze te maken denken te krijgen als ze stoppen en hiervoor individuele strategieën bedenken (zie ook tabel 6.1). Deze strategieën zijn bijvoorbeeld gericht op:
- hoe om te gaan met *cues* tot roken – helemaal vermijden of een manier bedenken om de verleiding te weerstaan;
- hoe de hunkering te weerstaan als deze zich voordoet;
- hoe met onthoudingsverschijnselen om te gaan.

Een strategie voor onthoudingsverschijnselen kan bestaan uit een behandeling met nicotinevervangers (*nicotine replacement therapy* of NRT), in de vorm van nicotinekauwgom of nicotinepleisters (transdermaal systeem). Nicotinevervangers

TABEL 6.1 Enkele hulpstrategieën voor rokers onmiddellijk na het stoppen

VERMIJDINGSSTRATEGIEËN	COPINGSTRATEGIEËN
Tijdens de koffiepauze bij niet-rokende collega's gaan zitten	Als je de aandrang voelt om te roken, richt dan je aandacht op wat er om je heen gebeurt, niét op het verlangen naar een sigaret
Drink iets anders dan koffie tijdens de koffiepauze – om je routine te doorbreken en niet automatisch een sigaret op te steken	Zoek in gedachten naar afleiding, tel bijvoorbeeld met zeven tegelijk terug vanaf 100
Ga een eindje wandelen in plaats van roken	Denk aan je redenen om te stoppen, visualiseer ze op een kaart en kijk daar af en toe naar
Neem suikervrije kauwgom of snoepjes op momenten waarop je normaal zou roken	
Berg bijvoorbeeld asbakken op zodat ze niet meer in het zicht staan	
Probeer bezig te blijven, zodat je geen tijd om te denken aan een sigaret	
MAAK HET MOEILIJK OM TE ROKEN	**COGNITIEVE HERFORMULERING**
Zorg dat je geen geld bij je hebt, zodat je geen sigaretten kunt kopen	De akelige ontwenningsverschijnselen zijn tekenen van herstel
Ga niet langs de winkel waar je altijd je sigaretten kocht	

golden aanvankelijk als een belangrijke doorbraak, die psychologische interventie bij het stoppen met roken overbodig zou maken. Dit bleek onjuist. De meeste fabrikanten raden tegenwoordig aan om NRT te combineren met strategieën voor probleemoplossing, een aanbeveling die duidelijk gesteund wordt door onderzoek.

Het uitvoeren van plannen en intenties
Een eenvoudiger, maar potentieel zeer effectieve benadering voor gedragsverandering bestaat eenvoudig uit het plannen van de verandering. Volgens Gollwitzer (1999) lukt het ons vaak niet doelintenties in doelverwezenlijking om te zetten. Dit kan zich om een aantal redenen voordoen:
- Niet beginnen: de betrokkene herinnert zich niet dat hij zou beginnen, hij grijpt de gelegenheid tot handelen niet aan of bedenkt zich op het kritieke moment.
- Ontspoord raken bij het streven naar het doel: het individu raakt ontspoord door verleidelijke stimuli, omdat het moeilijk wordt gevonden de gebruikelijke gedragsresponsen te onderdrukken of door de invloed van een negatieve stemming of de verwachting van een negatieve stemming wanneer de verandering zou worden doorgevoerd.

Om deze obstakels te overwinnen, kan een betrekkelijk eenvoudige procedure worden toegepast, die van de zogenoemde implementatie-intenties. Deze omvat een als-dan-benadering: '*Als* ik merk dat ik me verveel en honger heb, *dan* ga ik iets actiefs zoeken om te doen'. Het ideaal is dat de handeling wordt gespecificeerd met betrekking tot het wanneer, waar en hoe. De eenvoudige premisse van deze benadering is dat dit proces zal leiden tot een geestelijke associatie tussen representaties van gespecificeerde *cues* (een verveeld gevoel) en het paraat hebben van een middel om een doel te bereiken (boeiende activiteiten ondernemen in plaats van eten). Deze gedragingen zullen telkens worden geactiveerd wanneer de *cue* zich voordoet.

Het ontwikkelen van geschikte implementaties is in de praktijk eenvoudig, vooral voor eenmalige, eenvoudige gedragingen. Sheeran en Orbell (2000) suggereerden het volgende implementatieplan om de deelname aan bevolkingsonderzoek voor baarmoederhalskanker te bevorderen: 'Als het [tijd en plaats] is, ga ik [een afspraak maken, bijvoorbeeld telefonisch]!' Uitgebreidere als-dan-koppelingen kunnen worden opgesteld als deel van het veranderen van ingewikkelder gedragingen: 'Als ik aandrang krijg thuis te gaan roken, ga ik een spelletje op de Xbox spelen om mijn gedachten af te leiden'; 'Als een vriend mij een sigaret aanbiedt...' enzovoort. Het opstellen van deze als-dan-associaties kan leiden tot het initiëren van doelgerichte gedragingen, kan deze gedragingen in de loop van de tijd stabiliseren en het individu afschermen van alternatieven en obstakels. Hier zijn enkele kenmerkende implementatie-intenties, gekoppeld aan potentiële problemen die ze proberen te bestrijden:
- *Niet beginnen.* Op vrijdag om acht uur 's morgens ga ik op de fiets naar mijn werk.
- *Het missen van gelegenheden.* Zodra ik van de dokter hoor, ga ik mijn gezondheidscontrole boeken.
- *Aanvankelijke tegenzin.* Als het zaterdag tien uur is, ga ik vijf gezonde maaltijden bereiden om tijdens de week te eten.
- *Ongewilde aandacht.* Als ik begin te denken aan snacken uit verveling, ga ik mijn aandacht op andere bezigheden richten.
- *Stoppen met het oude.* Als ik de trap zie, vertel ik mezelf hoe goed ik me voel als ik de trap oploop – en ga ik de trap op.

Verandering modelleren

Probleemoplossingsgerichte en 'op planning gebaseerde' interventies kunnen mensen dus helpen om een veranderingsstrategie te maken en te bepalen wanneer dergelijke veranderingen kunnen worden verwezenlijkt. Het verwezenlijken van een verandering kan echter ook dan nog moeilijk zijn, vooral voor mensen die de benodigde vaardigheden of het zelfvertrouwen missen. Egan merkte op dat het misschien nodig is om mensen de vaardigheden aan te leren om de sociale normen waaruit dergelijk gedrag voortkomt te veranderen. Dergelijke vaardigheden of gepaste attituden kunnen worden geleerd via het observeren van anderen die deze vaardigheden al beheersen, een proces dat indirect leren heet. Bandura's sociaal cognitieve theorie (zie hoofdstuk 5) stelt daarnaast dat zowel de vaardigheden als het vertrouwen in het vermogen om te veranderen (zelfeffectiviteit of *self-efficacy*) kunnen worden vergroot via een aantal eenvoudige ingrepen, onder meer door indirect leren, maar ook via opdrachten in een gestructureerd programma en door actieve overtuiging (Bandura, 1977). Bandura identificeert drie basismodellen van observationeel leren:

- Een levend model, waarbij een bestaand individu een gedraging demonstreert of uitvoert.
- Een model met verbale instructies die bestaan uit beschrijvingen en verklaringen van een gedraging.
- Een symbolisch model dat bestaat uit werkelijke of fictieve karakters die gedragingen laten zien in boeken, films, televisieprogramma's of op internet.

Het succes van leren door observatie van anderen hangt af van een aantal factoren. Het werkt het best wanneer deze anderen lijken op degene die de vaardigheid wil aanleren. Men kan gebruikmaken van wat Bandura 'modellen voor coping' noemde; hierbij demonstreren de mensen die worden geobserveerd een vaardigheid of ander gedrag zodanig dat de waarnemer niet het gevoel krijgt dat het hem nooit zal lukken. Het geeft hun juist het vertrouwen dat zij dit ook kunnen verwezenlijken ('als zij het kunnen, kan ik het ook'). Bij complexe vaardigheden kan het gedrag ook worden geleerd door te kijken hoe de 'modellen' leren en vooruitgang boeken.

Een verdere bijdrage aan probleemoplossing of op implementatie gebaseerde strategieën is het oefenen van nieuwe gedragingen. Hierbij kunnen oplossingen voor problemen evenals de vaardigheden die nodig zijn om veranderingen te bewerkstelligen, worden uitgewerkt en onderwezen in een informatieprogramma. Daardoor nemen zowel de vaardigheden als de zelfeffectiviteit toe. Bijvoorbeeld vaardigheden als koken, condooms kopen en over het gebruik ervan onderhandelen of de vaardigheden die nodig zijn om een aangeboden sigaret te weigeren, kunnen allemaal worden aangeleerd en geoefend. Voor het ontwikkelen van vaardigheden voor gebruik in de 'echte wereld' kunnen verschillende benaderingen worden gepland en gerepeteerd. Daarbij zou in onderwijssituaties of tijdens counselingsessies feedback moeten worden gegeven.

Voorbeelden geven van verandering heeft het voordeel dat het op afstand kan worden gedaan, via het gebruik van massamedia, via andere grote interventies of op meer individueel niveau.

Cognitieve interventies

De interventies die we tot nu toe hebben besproken, zijn gedragsinterventies, omdat het gedrag er direct door wordt beïnvloed. Ze kunnen weliswaar leiden tot een cognitieve verandering, maar dit is een indirect effect. Bij cognitieve

Fietsen kan leuk en gezond zijn, maar alleen in een veilige en schone omgeving.
Foto: Warren Goldswain / Shutterstock (Pearson Asset Library)

strategieën proberen we daarentegen cognities direct te veranderen, in het bijzonder die cognities die iemand tot schadelijk gedrag aanzetten of gedragsveranderingen belemmeren (zie ook de bespreking van de principes van stressmanagement in hoofdstuk 12). Vanuit het perspectief van de gezondheidspsychologie zijn verschillende categorieën van relevante cognities geïdentificeerd, waaronder attitudes tegenover het gedrag en relevante sociale normen (Ajzen, 1985); overtuigingen over de voor- en nadelen van ziektepreventie en gedragsverandering (Becker, 1974); verwachtingen rond zelfeffectiviteit (Bandura, 2001) en overtuigingen over een ziekte of aandoening en het vermogen daarmee om te gaan (Leventhal *et al.*, 1984; zie hoofdstuk 9).

De noodzaak cognities te veranderen is gebaseerd op de premisse dat het individuen mogelijk aan relevante informatie ontbreekt of dat zij vertekende of onjuiste overtuigingen hebben ontwikkeld over een relevant onderwerp en dat bovendien het veranderen van deze overtuigingen zal resulteren in geschikter (en gezonder) gedrag. De eenvoudigste vorm van interventie kan bestaan uit het bieden van de juiste informatie, vooral als iemand wordt geconfronteerd met een nieuwe bedreiging voor de gezondheid of niet op de hoogte is van informatie die tot de juiste gedragsverandering kan aanzetten. Dergelijke informatie is waarschijnlijk optimaal als deze zich richt op factoren waarvan bekend is dat ze van invloed zijn op gezondheidsgerelateerde gedragingen. De informatie kan individuen inlichten over de aard van het persoonlijk risico en kan hen laten zien hoe zij hun gedrag kunnen veranderen enzovoort. Deze benadering is eerder in dit hoofdstuk besproken.

Er zijn complexe interventies nodig om misplaatste overtuigingen die in de loop van de tijd vorm hebben gekregen te veranderen. Overtuigingen die aanzetten tot middelengebruik of -misbruik zijn bijvoorbeeld 'ik ben niet in staat naar een feestje te gaan zonder een borrel' of 'ik word spraakzamer door alcohol te drinken'. Aan het begin van een geschiedenis van drugsgebruik hebben positieve overtuigingen zoals 'het is leuk om high te worden' misschien de overhand. Naarmate de betrokkene meer verslaafd raakt, kunnen afhankelijke overtuigingen gaan overheersen: 'ik heb een borrel nodig om de dag door te komen'. Cognitieve interventies kunnen van nut zijn in gevallen waarin de gedragsverandering door dergelijke gedachten wordt belemmerd.

Het centrale idee bij elke cognitieve interventie is dat de overtuigingen omtrent ziekte, gezondheid, gebeurtenissen in het verleden of in de toekomst enzovoort, *hypothetisch* zijn. Dat wil zeggen dat sommige veronderstellingen juist kunnen zijn, en andere onjuist. Soms schieten maladaptieve overtuigingen iemand gemakkelijk te binnen ('ik heb een glas whisky nodig om dit aan te kunnen'), wat de kans vergroot dat ze voor waar worden aangenomen. Alternatieve gedachten ('nou, misschien kan ik het ook wel zonder') worden dan niet meer overwogen. Cognitieve therapie leert de cliënt om alle overtuigingen als hypothesen te behandelen en niet als feiten; de cliënt moet vervolgens proberen de situatie op een andere manier te bekijken en er anders op te reageren op basis van deze nieuwe denkwijze ('ik kon dit soort situaties vroeger ook aan zonder te drinken, misschien lukt dat deze keer ook wel'). Een van de methoden die in cognitieve therapie gebruikt worden, is de **socratische dialoog**, ofwel geleide ontdekking (Beck, 1976). De therapeut identificeert in dat geval de overtuigingen van de cliënt over een bepaald onderwerp en stelt ze ter discussie. Dat moet de cliënt helpen om verstoorde denkpatronen op te sporen die de problemen verergeren. Hij wordt vervolgens gestimuleerd om andere informatiebronnen te overwegen en te beoordelen, waaruit de geldigheid of ongeldigheid van zijn overtuigingen blijkt. Zodra de cliënt dat tijdens de therapiesessies kan, is het de bedoeling dat hij deze automatische gedachten ook in de praktijk probeert te identificeren en ter discussie te stellen, en de gedachten die aanzetten tot ongewenst gedrag vervangt door gedachten die gewenst gedrag ondersteunen.

Een voorbeeld hiervan is onderstaand fragment uit een sessie, vrij naar Beck, Wight, Newman *et al.* (1993). Zij pasten een techniek toe die ook wel bekendstaat als de techniek van het uitdagen. Deze techniek is bedoeld om de kern van de overtuigingen van een individu ter discussie te stellen. In dit geval gaat het om veronderstellingen over drinken:

socratische dialoog
Een gesprek waarbij men probeert de gesprekspartner zélf tot nadenken te brengen, vooral door vragen te stellen en zijn/haar uitspraken te toetsen op hun geldigheid. Uiteraard geïnspireerd door de Griekse filosoof Socrates.

Therapeut: *Je hebt sterk het gevoel dat je het nodig hebt je te ontspannen met alcohol als je naar een feestje gaat. Waarom kun je er niet nuchter naartoe?*
John: *Ik zou me vervelen en ik zou geen leuk gezelschap zijn.*
Therapeut: *Wat zou dat voor gevolgen hebben?*
John: *Nou, mensen zouden niet met me praten.*
Therapeut: *En wat zouden daar de gevolgen van zijn?*
John: *Ik wil dat mensen me aardig vinden. Mijn baan hangt ervan af. Als ik mensen op een feestje niet kan amuseren, ben ik niet goed in mijn werk.*
Therapeut: *En wat gebeurt er als dat het geval is?*
John: *Nou, ik denk dat ik mijn baan dan kwijtraak!*
Therapeut: *Dus je raakt je baan kwijt als je niet langer dronken wordt op feestjes?*
John: *Nou, als je het zo stelt, heb ik de dingen in mijn hoofd misschien een beetje overdreven.*

Hier is de techniek van het uitdagen toegepast om de belangrijkste overtuigingen van de cliënt te identificeren en om hem ertoe aan te zetten opnieuw na te denken over de geldigheid van deze overtuigingen.

Een tweede strategie bestaat uit huiswerkopdrachten waardoor vraagtekens worden gezet bij alle ongewenste cognitieve overtuigingen die iemand heeft. Wanneer iemand (zoals John uit bovenstaande dialoog) bijvoorbeeld aanneemt dat hij niet naar een feestje kan gaan zonder te drinken, krijgt deze persoon als huiswerk mee: nuchter blijven op een feestje – wat direct indruist tegen zijn overtuiging dat hij alcohol moet drinken om leuk gezelschap te zijn (en de overdreven onderliggende overtuiging dat hij ontslagen wordt als hij nuchter blijft).

Het mag duidelijk zijn dat dergelijke opdrachten wel haalbaar moeten zijn voor de cliënt. Als iemand probeert een opdracht te vervullen die te moeilijk is en dit mislukt, kunnen de oude overtuigingen hierdoor in stand worden gehouden of zelfs sterker worden. Opdrachten moeten daarom zorgvuldig worden gekozen, en de cliënt moet er zelf ook achter staan. Wanneer de cliënt slaagt in de opdracht, kunnen cognitieve en duurzame gedragsveranderingen ontstaan.

De omgeving veranderen

Bijna alle tot nu toe besproken interventies omvatten pogingen om het gedrag van het individu te veranderen via directe interactie met de doelgroep. Gezondheidsgedragingen vinden echter plaats in een sociale en een economische context. De voedselkeuze van het individu wordt vaak beperkt door de gezinsdynamiek, kinderen gaan misschien steigeren als ze worden gevraagd veel groenten te eten, partners willen misschien niet vleesloos eten enzovoort. De mate van lichaamsbeweging die we realistisch gezien kunnen uitvoeren, wordt mogelijk bepaald door onze economische situatie: kunnen we ons het lidmaatschap van de sportschool veroorloven, hoe lang is onze werkweek enzovoort? Dit kan ook worden bepaald door de omgeving waarin we leven. Fietsen in de binnenstad van Brussel kan bijvoorbeeld een heel andere ervaring zijn dan fietsen op het platteland; mensen kunnen angstig worden als ze joggen dicht bij drukke wegen met gebrekkige straatverlichting enzovoort.

Vanwege het grote aantal mensen dat last heeft van deze problemen, kunnen beperkingen voor gedragsverandering als gevolg van sociale en economische omstandigheden en veroorzaakt door de omgeving, een doel voor verandering worden. Het *health belief*-model (HBM, model van gezondheidsgeloof) (Becker et al., 1977), dat ook in paragraaf 5.3.2 werd behandeld, wijst eenvoudig de weg naar belangrijke omgevingsfactoren die kunnen worden beïnvloed om mensen tot gedragsveranderingen aan te zetten. In het bijzonder suggereert het model dat een omgeving die tot gezond gedrag stimuleert, aan de volgende voorwaarden moet voldoen:

- *cues* bieden voor gezonde gedragingen of *cues* voor ongezond gedrag wegnemen, bijvoorbeeld bordjes die mensen eraan herinneren de trappen te gebruiken, voedingsinformatie op voedselverpakkingen, verwijderen van sigarettenadvertenties uit winkels;
- de kosten en barrières minimaliseren die met het uitvoeren van gezonde gedragingen zijn geassocieerd; bijvoorbeeld zorgen voor meer openbare recreatiegebieden, goedkoop sportschoollidmaatschap, veilige fietspaden aanleggen, gezond voedsel verkopen dicht bij achterstandswijken;
- de kosten maximaliseren voor gedragingen die schadelijk zijn voor de gezondheid, bijvoorbeeld de accijns op alcohol en sigaretten verhogen, roken in openbare ruimten verbieden, de afstand tussen de verkoopplaatsen van alcohol vergroten.

Bekendheid geven aan gedragsverandering

Bij een belangrijke benadering die is toegepast om nieuwe gedragingen onder het algemene publiek te verspreiden, wordt gebruikgemaakt van individuen of groepen binnen de bevolking om de bedoelde veranderingen, zoals gezond eten, stoppen met roken enzovoort, actief te bevorderen. Dit is gebaseerd op een theorie over de verspreiding van nieuwe gedragingen door de maatschappij die bekend staat als 'diffusie van innovaties' (Rogers, 1983), zie figuur 6.2. Hierbij verdeelde Rogers de populatie aan de hand van hun reacties op innovatie en hun invloed op het gedrag van anderen:

- *Innovatoren*: een kleine groep mensen, meestal met een hoge status. Zij zoeken en vinden ideeën in een uiteenlopende reeks bronnen en zijn bereid en in staat nieuwe ideeën die ze daaruit hebben verkregen, te testen. Deze groep is relatief geïsoleerd van de bredere bevolking. Ze brengen echter innovaties naar een groep met een breder contact met de algemene bevolking en met een bredere invloed, de zogenoemde *early adopters* (mensen die al vroeg overstappen).
- *Early adopters*: deze grotere groep mensen heeft een bredere invloedssfeer dan de innovatoren. Ze worden vaak opinieleiders – nu ook *influencers* – genoemd. Mensen die mogelijk de overstap willen maken, kijken naar deze groep voor informatie over een innovatie en zij dienen als rolmodel voor de bredere bevolking. Het overnemen van een innovatie door deze groep is een voorwaarde voor de acceptatie door die bredere bevolking.
- *Vroege meerderheid*: deze groep neemt ideeën vrij vroeg over, maar heeft niet de macht om de bredere bevolking te beïnvloeden.
- *Late meerderheid*: deze mensen nemen de innovatie pas over als zij door de vroege meerderheid is overgenomen. Ze zijn een tamelijk voorzichtige groep en zullen een innovatie waarschijnlijk alleen overnemen nadat zij terdege door de vorige groepen is getest.
- *Achterblijvers*: deze groep is de laatste die de innovatie overneemt; mogelijk neemt deze groep de innovatie nooit over.

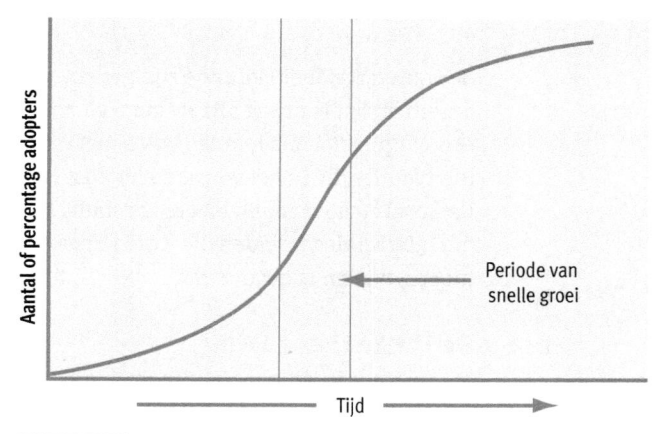

FIGUUR 6.2 De mate waarin innovaties worden aangenomen: een S-vormige tijdscurve

Rogers noemde ook een aantal kenmerken van innovaties die van invloed kunnen zijn op de kans van overname door elk van de groepen:
- Het voordeel ten opzichte van andere gedragingen: hoe groter het voordeel, hoe groter de kans dat de innovatie wordt overgenomen.
- De mate waarin de innovatie verenigbaar is met de waarden en normen van het sociale systeem dat deze probeert te beïnvloeden: als de innovatie te radicaal is, zal zij worden verworpen.
- Gemak van participatie: als de innovatie gemakkelijk kan worden ingevoerd, is de kans groter dat zij wordt overgenomen dan wanneer het moeilijk is de innovatie te begrijpen of eraan deel te nemen.
- Bewijs van de effectiviteit: hoe duidelijker de effectiviteit van een interventie zichtbaar is, hoe groter de kans dat deze wordt overgenomen.

Het model heeft een aantal implicaties voor de actieve verspreiding van gezondheidsbevorderende gedragingen bij interventies ten behoeve van de volksgezondheid. Het suggereert belangrijke doelgroepen tot wie informatiecampagnes voor

> **ONDERZOEK IN DE PRAKTIJK**
>
> ## Motivatie tot verandering
>
> Er is tegenwoordig een hele groep mensen betrokken bij het aanbieden van en opleiden in motivationele interviews. Zogenoemde *minters* (leden van het *Motivational Interview Network of Trainers*) propageren de voordelen van het motivationele interview. Er zijn ook veel YouTube-filmpjes beschikbaar waarmee geïnteresseerden zich deze vaardigheden op meer informele wijze eigen kunnen maken. Dit is waarschijnlijk het meest geconcentreerde trainingsprogramma van alle enkelvoudige interventiestrategieën die ooit zijn ontwikkeld.
>
> In het programma zijn tegenwoordig niet alleen motivationele aspecten opgenomen, maar ook enkele klassieke probleemgerichte vaardigheden van Egan. Vanaf de oorsprong als eenvoudige, eenmalige strategie voor motivatieverandering heeft het programma een hele ontwikkeling doorgemaakt. Als zodanig kan dit model zorgen voor deskundigheidsbevordering van een hele groep gezondheidsdeskundigen. Het probleem voor zorgverleners voor wie deze deskundigen werken, is tijd vrij te maken om deze interventiestrategieën op de juiste wijze toe te passen. Consulttijden die gezondheidsdeskundigen voor hun cliënten hebben, zijn vaak niet lang genoeg voor de effectieve (en waarschijnlijk rendabele) toepassing van deze counselingvaardigheden. Het systeem waarin gezondheidsdeskundigen werken, moet nog steeds een inhaalslag maken om het potentieel voor verandering te realiseren dat kan worden bereikt door deze (en andere) benaderingen voor gedragsverandering. Als deze twee niet samenwerken, zal de zorg voor mensen met een aandoening die aan de levensstijl is gerelateerd of voor mensen die risico lopen op een dergelijke aandoening, waarschijnlijk niet optimaal zijn.

de volksgezondheid kunnen zijn gericht. *Early adopters* kunnen worden geïdentificeerd en het is nuttig alle reclame voor innovaties op hen te richten. *Early adopters* of opinieleiders kunnen ook actief worden betrokken bij een interventie. Bij interventies die in het volgende hoofdstuk worden besproken, zijn bijvoorbeeld homoseksuele mannen met enige status in hun plaatselijke dorp actief geworven om interventies te leiden die waren opgezet om het condoomgebruik onder hun groepsgenoten te bevorderen.

6.2.3 De juiste toepassing

Tot nu toe is in dit hoofdstuk een aantal door de theorie aangestuurde benaderingen voor gedragsverandering geschetst. Deze benaderingen werken echter alleen als de theorie correct wordt toegepast. Nogal logisch, zou je kunnen zeggen. Maar niet alle, of zelfs niet de meeste programma's voor gedragsverandering doen dit op het moment. Een reden hiervoor is dat veel mensen die interventies voor gedragsverandering ontwikkelen, niet vertrouwd zijn met de relevante theorieën of deze niet in hun interventies opnemen. Een andere reden is dat inzicht in het onderzoek naar de effectiviteit van interventies vaak wordt belemmerd doordat de toegepaste interventie niet gedetailleerd genoeg wordt beschreven. Termen als 'psycho-educatief programma' of 'motivationeel programma', die vaak in rapporten over interventies worden gebruikt, geven de lezer weinig informatie en staan het inzicht in de veranderingsmechanismen in de weg. Om deze beide problemen aan te pakken zijn er onlangs oproepen geweest om een lijst op te stellen van interventiebenaderingen die bij het ontwikkelen van interventies voor gedragsverandering moeten worden overwogen. In paragraaf 6.2.1 van dit hoofdstuk is al verwezen naar de richtlijnen voor gedragsverandering van NICE. Een voorbeeld van het gebruik van dit type richtlijn is verstrekt door Michie *et al.* (2012), die de optimale benadering voor het stimuleren van stoppen met roken heel gedetailleerd heeft geanalyseerd. Zoals gezegd, zou de geboden informatie onder meer gegevens moeten bevatten over

de gevolgen van het gedrag in het algemeen, over de gevolgen van het gedrag voor het individu, over de waardering van de gedragsverandering door anderen en normatieve informatie over het gedrag van anderen.
Probleemgerichte benaderingen zijn onder meer:
- Doelstelling opstellen
  - Het vaststellen van een doel van de gedragsverandering: ik stop met roken als dit pakje op is.
  - Het vaststellen van niet-gedragsmatige doelstellingen: ik raak niet langer buiten adem als ik ren om de bus te halen.
- Actieplanning
  - Dit is meestal gekoppeld aan het stellen van een doel en omvat het ontwikkelen van een plan hoe dit doel te bereiken. Dit plan zou minimaal een als-dan-bewering moeten bevatten: als ik de aandrang krijg om te roken, dan ga ik wat fruit eten.
- Barrièreplanning/probleemoplossing
  - Als deel van het plan wordt aandacht besteed aan de wijze waarop met problemen of barrières moet worden omgegaan. Deze kunnen in specifieke situaties concurrerende doelstellingen vormen: ik zorg dat ik geen geld bij me heb, dus zelfs als ik in de verleiding kom om te roken, is dat onmogelijk. Ik zal mijn vrienden vragen mij geen sigaret te geven, hoe wanhopig ik ook ben.
- Gefaseerde taken opstellen
  - Een omvangrijke doelstelling in kleinere, haalbare taken opdelen: ik ga elke dag gedurende één week vijf sigaretten minder roken.
- Onmiddellijke toetsing van gedragsmatige doelstellingen
  - Omvat het regelmatig overzien van en de reflectie op het bereiken van gedragsmatige doelen.
- Onmiddellijke toetsing van resultaten van de doelen
  - Omvat het regelmatig overzien van en de reflectie op het verwezenlijken van de doelstellingen.
- Onmiddellijke beloningen volgend op inspanning of progressie in de richting van het gewenste gedrag
  - Deze kunnen bestaan uit zelfbeloning (een traktatie voor succesvol minderen met roken) of uit lof of beloningen van een gezondheidsdeskundige.
- Onmiddellijke beloningen volgend op succesvol gedrag
  - Deze kunnen bestaan uit zelfbeloning (een traktatie voor succesvol stoppen met roken) of uit lof of beloningen van een gezondheidsdeskundige.

Zoals je ziet, zijn interventies enorm gedetailleerd opgesplitst en beschreven. Hiermee zouden onderzoekers in staat moeten zijn te bepalen welke elementen van de interventies het nuttigst zijn en mensen die interventies ontwikkelen, kunnen met deze beschrijving controleren of ze alle mogelijke actieve interventies hebben opgenomen. Een combinatie van planning met het *precede*-model in combinatie met de toepassing van **taxonomieën** voor gedragsverandering zou ervoor moeten zorgen dat toekomstige interventies, ongeacht of deze op personen of op hele populaties zijn gericht, effectiever zijn dan de tot nu toe toegepaste interventies.

> **taxonomie**
> Hiërarchische ordening, bijvoorbeeld van doelstellingen of prioriteiten.

SAMENVATTING

6.1 Het ontwikkelen van interventies voor de volksgezondheid

- *Het precede-proceed*-model biedt een sterk raamwerk voor de ontwikkeling van programma's voor de volksgezondheid. Belangrijke stadia voor deze ontwikkeling zijn onder meer: sociale diagnose, epidemiologische en gedragsmatige diagnose, en omgevingsdiagnose; onderwijskundige en ecologische diagnose en programma-implementatie.
- Een aantal benaderingen kan worden toegepast om tot gedragsverandering te motiveren:
  - verstrekken van informatie: idealiter gebaseerd rond theoretisch aangestuurde modellen voor gedragsverandering en richtlijnen zoals door NICE ontwikkeld;
  - de centrale en perifere routes van het *elaboration likelihood*-model;
  - geschikte *framing* van de informatie: gebaseerd op 'teststudies' om vast te stellen wat de optimale framing voor een specifieke interventie is;
  - motivationeel interviewen.

6.2 Strategieën om risicogedrag te veranderen

Op soortgelijke wijze kan een aantal benaderingen worden toegepast om gedrag te veranderen:

- *Motiverende gespreksvoering*: het doel is een versterking van de motivatie om een gedragsverandering te overwegen.
- *Probleemoplossingsgerichte therapie*: richt zich op de manier waarop verandering tot stand komt; slaat het best aan bij mensen die al bereid zijn een gedragsverandering te overwegen, maar hulp nodig hebben om de aanpak daarvan te bepalen.
- *Implementatie-intenties*: mensen aanmoedigen om plannen voor gedragsverandering te maken. Deze plannen kunnen de gedragsverandering zelf bevorderen.
- *Modelleren en oefenen met verandering*: beide technieken kunnen de cliënt vaardigheden aanreiken en de overtuiging versterken dat hij in staat zal zijn om te veranderen (de zelfeffectiviteit wordt vergroot).
- *Cognitief-gedragsmatige benadering*: hierbij worden cognities aangepakt die verhinderen dat iemand het gedrag verandert; een gestructureerde benadering voor het teweegbrengen van gedragsverandering.
  - Elk van deze benaderingen wordt afzonderlijk toegepast of in combinatie met andere, afhankelijk van de aard en omvang van de problemen.
  - Bij een derde benadering voor gedragsverandering wordt een beroep gedaan op de omgeving om gedragsverandering te faciliteren of te belonen, en om gedragingen af te remmen die schadelijk zijn voor de gezondheid.
  - Een deel van de verandering kan op natuurlijke wijze door de maatschappij filteren, de 'diffusie van innovatie'. Dit proces kan worden gefaciliteerd door gebruik te maken van *early adopters*, opinieleiders die de juiste gedragsverandering bepleiten.

HOOFDSTUK 7
PREVENTIE VAN GEZONDHEIDSPROBLEMEN

7.1	**Werken met personen**	**7.4**	**Programma's voor gezondheidsbevordering**
7.1.1	Screeningsprogramma's voor risicofactoren	7.4.1	Interventieprogramma's voor de gemeenschap
7.1.2	Motivationeel interview	7.4.2	Het risico op hiv-infectie verminderen
7.1.3	Probleemgerichte benaderingen	7.4.3	Gezondheidsbevordering op het werk
		7.4.4	Interventies op school
7.2	**Het gebruik van massamedia**	7.4.5	Werken met peers
7.2.1	De boodschap verfijnen (het ELM-model)		
7.2.2	Gebruikmaken van angst	**7.5**	**Het gebruik van nieuwe technologie**
7.2.3	Informatie inkaderen (framing)		
7.2.4	Afstemmen op het publiek		
7.3	**Omgevingsinvloeden**		
7.3.1	*Cues* tot handelen		
7.3.2	De kosten voor gezond gedrag minimaliseren		
7.3.3	De kosten voor ongezond gedrag verhogen		

LEERDOELEN

Aan het einde van dit hoofdstuk kun je beschrijven en uitleggen:
- wat individueel gebaseerde interventies inhouden, inclusief screeningsprogramma's voor risicofactoren, interventies op basis van het motivationele interview, en probleemgerichte benaderingen;
- hoe massamedia kunnen worden ingezet, zoals met framing van informatie, het richten op specifieke delen van de populatie en gebruikmaken van angst;
- wat ruimtelijke interventies inhouden, waaronder sterke *cues* voor handelen, het minimaliseren van de kosten van gezond gedrag en verhogen van de kosten van ongezond gedrag;
- wat de resultaten zijn van interventies gericht op hart- en vaatziekten en op seksuele gezondheid;
- welke interventies op school mogelijk zijn;
- hoe nieuwe technologieën ingezet kunnen worden.

AN APPLE A DAY KEEPS THE DOCTOR AWAY / SNOEP GEZOND, EET EEN APPEL

Het is niet bewezen dat het gunstig is voor je gezondheid als je dagelijks een appel eet, maar dagelijks vijf porties groenten en fruit eten is dat mogelijk wel. De titel van dit kader richt zich echter op een belangrijk punt in de moderne gezondheidszorg. In het rapport *The Growing Danger of Non-Communicable Diseases: Acting Now to Reverse Course* (Het groeiende gevaar van niet-overdraagbare aandoeningen: Nu handelen om het tij te keren) concludeert de Wereldbank dat Afrika, Oost-Europa en Azië te maken krijgen met een alarmerende toename van de aantallen chronisch zieken als gevolg van een ongezonde leefstijl. De Wereldbank suggereert dat deze prevalentie nog eens zou kunnen stijgen van op dit moment 51 procent – al hoog – naar een alarmerende 72 procent van alle sterfgevallen als er niets aan wordt gedaan. Meer dan een derde van deze sterfgevallen is te voorkomen door de juiste aanpassingen aan de leefstijl. Aan leefstijl gerelateerde ziekten, en in het bijzonder diabetes type 2 en verschillende manifestaties van aandoeningen van de kransslagaders en van hypertensie, brengen niet alleen een enorme financiële last met zich mee, maar ook een persoonlijke last. Deze kosten kunnen alleen worden verlaagd door omvangrijke leefstijlveranderingen onder ogenschijnlijk gezonde mensen.

HOOFDSTUKOVERZICHT

Het vorige hoofdstuk identificeerde een aantal strategieën voor gedragsverandering die kunnen worden toegepast bij interventies voor ziektepreventie. In dit hoofdstuk wordt de effectiviteit onderzocht van uiteenlopende interventies die zijn ontwikkeld om het gezondheidsrisico te verminderen van gedragingen die schadelijk zijn voor de gezondheid, zoals roken, een gebrekkig dieet en weinig lichaamsbeweging. We onderzoeken zowel interventies waarbij direct met personen wordt gewerkt als interventies die op gehele populaties zijn gericht. In dit hoofdstuk wordt ook de angst bestudeerd die gepaard kan gaan met sommige programma's voor risicoverlaging en hoe dit probleem binnen de context van dergelijke programma's kan worden aangepakt.

7.1 Werken met personen

Bij individueel gerichte volksgezondheidsinterventies wordt vaak gewerkt met mensen van wie is vastgesteld dat ze risico lopen op ziekten. Geprobeerd wordt alle gedragingen die schadelijk zijn voor de gezondheid te veranderen. De meest basale benadering voor het motiveren en faciliteren van dit type gedragsverandering bestaat eenvoudigweg uit het informeren van mensen over hun risico op ziekte. Bij deze benadering wordt ervan uitgegaan dat bekendheid met het risico op een ziekte de juiste gedragsverandering teweeg zal brengen wanneer eenmaal is vastgesteld dat iemand een verhoogd risico op die ziekte heeft. De meest voorkomende context waarbij deze benadering is toegepast, is het bevolkingsonderzoek voor het risico op aandoeningen van de kransslagaders als gevolg van een hoog cholesterolgehalte, hoge bloeddruk of van gedragsmatige risicofactoren zoals roken of weinig lichaamsbeweging.

7.1.1 Screeningsprogramma's voor risicofactoren

Veel van de vroege screeningsprogramma's voor aandoeningen van de kransslagaders werden in de jaren negentig van de vorige eeuw in het Verenigd Koninkrijk ingesteld. Het bekendste programma was misschien wel dat van de OXCHECK *Study Group* (1994). Bij dit programma werden alle volwassenen in deelnemende huisartsenpraktijken rond Oxford die hun arts om wat voor reden ook bezochten, uitgenodigd voor een 'gezondheidscheck' die door een verpleegkundige werd uitgevoerd. Hierbij werd een interview afgenomen om risicogedragingen te identificeren en verder werden de bloeddruk en het cholesterolgehalte gemeten. Waar dit van toepassing was, kregen deelnemers het advies met roken te stoppen, een cholesterolarm dieet te volgen en/of meer aan lichaamsbeweging te doen of ze kregen een medische behandeling voor hypertensie of voor een hoog cholesterolgehalte. Bij het vervolgonderzoek na een jaar was de bloeddruk van de deelnemers lager dan bij de mensen die niet aan het screeningsprogramma hadden deelgenomen; hetzelfde gold voor het cholesterolgehalte van de vrouwen, maar niet van de mannen. Er waren geen verschillen tussen de groepen wat betreft het roken of de queteletindex.

Bij het vervolgonderzoek na drie jaar waren het cholesterolgehalte, de systolische bloeddruk en de queteletindex van de mannen en vrouwen die hadden deelgenomen aan het programma lager dan bij de controlegroep. Beide groepen bleven evenveel roken. Ondanks deze winst en de winst bij sommige andere studies (bijvoorbeeld Finkelstein *et al.*, 2006) werd niet bij alle studies na de screening een gedragsverandering ontdekt. Zelfs als deze veranderingen wel optraden, was het effect op de gezondheid klein. Zo klein zelfs dat bij een meta-analyse na screening en na counseling voor aandoeningen van de kransslagaders geen gezondheidswinst op lange termijn werd ontdekt. In 55 studies en gegevens van meer dan 139.000 personen waren de risico's op een hartaanval bij degenen die wel een screeningsprogramma voor primaire preventie hadden doorlopen, even groot als bij degenen die dat niet hadden gedaan (Ebrahim *et al.*, 2011).

Specifiekere interventies hebben misschien meer winst opgeleverd. Uit het overzicht van Stead *et al.* van relevante literatuur bleek bijvoorbeeld dat het aantal mensen dat zonder interventie stopte met roken, jaarlijks circa twee tot drie procent bedroeg en dat dit nog eens met één tot drie procent kon worden verhoogd door adviezen van een arts om te stoppen. Hoewel dit een relatief klein verschil is, kan het gezondheidseffect van deze aanpak aanzienlijk zijn als dit wordt berekend over de duizenden rokers die een dergelijk advies zouden kunnen ontvangen. Natuurlijk werkt dit type interventie alleen als artsen feitelijk de stimulans bieden om te stoppen met roken, maar dit is misschien niet altijd het geval. Unrod *et al.* (2007) ontdekten dat het grootste deel van hun steekproef van huisartsen hun patiënten niet actief stimuleerden om met roken te stoppen, noch eenvoudige richtlijnen volgden om dit te realiseren. Als deze artsen echter specifieke training kregen in technieken om met roken te stoppen en hun patiënten een brochure van één pagina gaven met suggesties voor gepersonaliseerde strategieën om te stoppen met roken, maten ze stoppercentages van twaalf procent onder de interventiegroep en van acht procent onder degenen die een standaardadvies hadden gekregen om te stoppen.

7.1.2 Motivationeel interview

Een meer doordachte benadering om aan te zetten tot gedragsverandering, vooral voor mensen met een geringe motivatie of in de precontemplatiefase van de verandering, bestaat uit het motivationele interview. Deze technieken werden aanvankelijk gebruikt om mensen te helpen die problemen hadden met drugsmisbruik, maar meer onlangs is deze aanpak ook bij een reeks andere gedragingen toegepast. Wat het roken betreft, hebben Lai et al. (2010) een meta-analyse uitgevoerd. Hierbij vergeleken ze de effectiviteit van het motivationele interview met die van een kort advies. De meta-analyse wees uit dat het stoppercentage 25 procent hoger was bij degenen die een interventie met een motivationeel interview hadden ontvangen. De benadering was het gunstigst als ze door eerstelijnsartsen werd gegeven: zij bereikten na een motivationeel interview een drie maal zo hoog stoppercentage als bij een eenvoudig advies of zonder interventie.

Ten aanzien van andere gedragingen – de inname van fruit en groenten en de mate van lichaamsbeweging onder oudere volwassenen (ouder dan 66 jaar) – onderzochten Campbell *et al.* (2009) de effectiviteit van geschreven informatie enerzijds en informatie in combinatie met een kort motivationeel telefonisch contact anderzijds in twee groepen. De ene groep bestond uit mensen die kanker hadden overleefd en de andere uit mensen zonder aanwijzingen voor ziekte. Ze ontdekten dat de gecombineerde interventie effectiever was dan eenvoudig informatie verstrekken voor wat betreft het faciliteren van veranderingen van de voeding, maar alleen in de gezonde groep. De interventie had geen invloed op de mate van lichaamsbeweging. Dawson *et al.* (2014) ontdekten ook beperkte effecten van een eenmalig motivationeel interview. In hun studie namen kinderen van vier tot acht jaar deel aan een programma voor gezondheidsscreening, waarna hun ouders ofwel feedback kregen over de gevolgen voor de gezondheid van het gewicht van hun kind via een eenvoudig 'stoplicht' als visueel hulpmiddel ofwel een motivationeel interview dat was bedoeld om hun deelname te stimuleren aan een gezinsprogramma voor hun kind om af te vallen. Beide interventies waren even effectief.

De relatief bescheiden winst die bij deze studies werd gemeld, kan worden toegeschreven aan het feit dat de interventie niet op de juiste deelnemers was gericht. Bij geen van beide groepen waren de deelnemers bijvoorbeeld geïdentificeerd als mensen met een geringe mate van motivatie.

Een benadering om de effectiviteit van het motivationele interview te verhogen is geweest dit in complexe veranderingsprogramma's te integreren. Resnicow *et al.* (2001) onderzochten bijvoorbeeld het effect van het *Eat for Life*-programma dat onder Afro-Amerikaanse kerkgangers werd uitgevoerd. Ze vergeleken het effect van twee interventies die waren bedoeld om de inname van fruit en groenten in de doelgroep te verhogen. Deze interventies bestonden hetzij uit een zelfhulpinterventie met een telefoongesprek om deelname aan het programma te stimuleren of uit deze benadering in combinatie met drie telefoongesprekken met motivationele interviewtechnieken. Bij het vervolgonderzoek één jaar later aten de deelnemers van de tweede groep meer fruit en groenten dan degenen die alleen aan de zelfhulpgroep hadden deelgenomen, maar zij aten op hun beurt meer dan een controlegroep zonder interventie. De integratie van het motivationele interview of soortgelijke technieken in complexere interventieprogramma's lijkt eveneens bij te dragen aan de effectiviteit van het programma.

7.1.3 Probleemgerichte benaderingen

In hoofdstuk 6 werd betoogd dat probleemgerichte interventies waarschijnlijk effectiever zijn dan interventies waarbij alleen informatie wordt geboden. Verbazingwekkend genoeg zijn er maar weinig studies geweest waarbij een interventie die alleen uit informatieverstrekking bestond, werd vergeleken met een interventie waarbij mensen werden uitgenodigd actief na te denken over de wijze waarop ze hun gedrag wilden veranderen.

De sociaalcognitieve modellen van de *health action process approach* (HAPA, procesmodel voor gezondheidsactie; Schwarzer en Renner, 2000) en de implementatie-intenties (Gollwitzer en Schaal, 1998) vormen een basis voor een benadering die mensen ertoe heeft aangezet te plannen wanneer, hoe of onder welke omstandigheden zij het gedrag van hun keuze gaan uitvoeren. In beide modellen is planning geïdentificeerd als een belangrijke determinant van gedragsverandering. Sommige interventies hebben zich gericht op relatief eenvoudige gedragsveranderingen of op veranderingen op korte termijn. De Nooijer *et al.* (2006) hebben ontdekt dat het opschrijven van plannen om gedurende een week een extra portie fruit per dag te eten, resulteerde in een grotere inname van fruit dan bij een groep zonder behandeling het geval was. Conner en Higgins (2010) ontdekten dat het opstellen van implementatieplannen bij adolescenten, resulteerde in een groter percentage mensen die met roken stopten dan zonder interventie het geval was. Luszczynska *et al.* (2007) ontdekten bovendien dat deze plannen de effectiviteit van een programma voor gewichtsverlies voor obese vrouwen significant verhoogden. Vrouwen die een standaard commercieel programma voor gewichtsverlies volgden, bereikten een gewichtsverlies van 2,1 kg gedurende een periode van twee maanden, terwijl degenen die een interventie met implementatieplan kregen, in dezelfde periode een gewichtsverlies van 4,2 kg verwezenlijkten. Gratton *et al.* (2007) ontdekten dat een interventie op basis van implementatieplannen even effectief was als een interventie die was opgezet om de motivatie van kinderen voor het eten van groente en fruit te bevorderen.

Angstreductie

Een van de barrières voor het deelnemen aan screening voor het risico op een aandoening is angst voor het resultaat: wat zal er worden ontdekt? Wil ik dat echt weten? Angst kan mensen ervan weerhouden aan een screeningsprogramma deel te nemen (Ackerson en Preston, 2009), maar screening kan ook angst teweegbrengen. Een vroeg voorbeeld van hoe gemakkelijk angst rond de gezondheid kan worden opgewekt, vinden we in de resultaten van Stoate (1989). Hij meldde dat circa een derde van de mannen die deelnamen aan een screeningsprogramma voor de detectie van hoge bloeddruk, bij het eerste onderzoek een enigszins verhoogde bloeddruk had; bij daarna volgende metingen was de bloeddruk normaal en de deelnemers meldden dat ze in de volgende maanden flink veel angst over hun gezondheid hadden. Deze angst werd gevonden bij uiteenlopende latere screeningsprogramma's, zelfs als de screening had uitgewezen dat de betrokkenen geen of een gering hoger risico hadden op ziekte (bijvoorbeeld Bolejko *et al.*, 2013; Korfage *et al.*, 2014).

Helaas krijgt deze angst pas nu de aandacht die hij verdient. De beste benadering om deze te reduceren kan bestaan uit het aanleren van vaardigheden voor coping of voor angstbeheersing. Phelps *et al.* (2005) ontdekten bijvoorbeeld dat het aanbieden van een brochure aan vrouwen die een test ondergingen voor hun genetische risico op borstkanker, voldoende was om hen tijdens het risicobeoordelingsproces te helpen met angst die ze mogelijk hadden. De brochure bevatte eenvoudige afleidingstechnieken om hen te helpen omgaan met hun ongerustheid.

7.2 Het gebruik van massamedia

De psychologie kan ook een grote bijdrage leveren aan initiatieven voor de volksgezondheid die zich via de massamedia op hele populaties richten. Bij de eerste mediacampagnes gebruikte men een 'injectiemodel', uitgaande van een stabiele koppeling tussen kennis, attitudes en gedrag. Men verwachtte dat door injectie van de juiste informatie de attitudes van de ontvangers zouden veranderen, wat vervolgens hun gedrag zou beïnvloeden. Deze benadering, onder meer ontwikkeld door McGuire (1985), zou succes hebben als de informatie overtuigend is en afkomstig van geschikte bronnen. Het is niet gemakkelijk deze elementen te definiëren. Wat voor de ene persoon overtuigend is, hoeft dat voor een ander niet te zijn. Een geschikte bron is bijvoorbeeld een deskundige, een kennis, een neutraal individu of iemand die duidelijk bij het probleem is betrokken, zoals een arts die gezondheidsinformatie verstrekt. Een nog invloedrijker informatiebron is mogelijk iemand die een bepaalde aandoening zelf heeft of de beoogde gedragsverandering zelf al heeft gerealiseerd. Iemand van 34 jaar die uitlegt dat hij longkanker heeft gekregen van roken, heeft om die reden meer impact dan wanneer een arts die persoonlijk geen ervaring heeft met longkanker de risico's van roken opsomt. Scollay *et al.* (1992) rapporteerden in hun onderzoek dat wanneer iemand die hiv-positief is een lezing voor leerlingen houdt over de risico's van onveilig vrijen, dit bij de leerlingen leidt tot een grotere toename van de kennis, minder riskante attitudes en veiliger gedragsintenties dan wanneer een neutrale bron dat doet. Hoewel mediacampagnes populair zijn, is het niet vanzelfsprekend dat ze tot gedragsverandering leiden, of dat de doelgroep de campagne zelfs maar opmerkt. Geïsoleerde gezondheidscampagnes hebben weinig effect. Wakefield *et al.* (2010) stellen dat de kans op gedragsverandering het grootst is wanneer mediacampagnes één element vormen van een multimodale interventie of als het doelgedrag een eenmalige of episodische gedraging is, zoals het deelnemen aan een vaccinatieprogramma of het bezoeken van een kliniek voor bevolkingsonderzoek. Herhaalde mediacampagnes lijken echter wel van invloed te zijn op attitudes en gedrag. Eén voorbeeld hiervan is te vinden in media-advertenties tegen roken in de Verenigde Staten waar gedurende een groot aantal jaren consequent een antirookcampagne is gevoerd. Een dergelijke campagne heeft twee belangrijke doelstellingen: ten eerste te worden opgemerkt en ten tweede beïnvloeding van kennis, attitudes en gedrag. De programma's lijken beide doelstellingen te hebben verwezenlijkt (Bala *et al.*, 2008). In Massachusetts had meer dan de helft van de bevolking gedurende een periode van drie jaar minstens één maal per week één of meer antirookadvertenties gezien (Biener *et al.*, 2000). Blootstelling aan advertenties tegen roken met deze frequentie ging gepaard met een toename van de vermeende schadelijkheid van het roken en met sterkere intenties om niet te roken (Emery *et al.*, 2007). Dit heeft ook invloed op het percentage rokers. McVey en Stapleton (2000) berekenden dat een Britse advertentiecampagne van achttien maanden tegen roken erin resulteerde dat er 1,2 procent minder werd gerookt. Belangrijke resultaten werden gemeld van programma's die specifiek zijn gericht op jonge mensen en die de advertenties in een complexere interventie plaatsten. Zucker *et al.* (2000) meldden dat hun Amerikaanse *truth campaign* (waarheidscampagne, antirookmarketing) die bestond uit 'informatie in school, handhaving, een jongerenorganisatie van school, op de gemeenschap gebaseerde organisaties en [...] een agressief, goed gefinancierd advertentieprogramma tegen roken' resulteerde in een afname van negentien procent van het roken onder middelbarescholieren en een afname van acht procent onder hogeschoolstudenten. Het lijkt erop dat de mate van blootstelling een grote invloed heeft op het effect.

Ondanks of misschien wel juist vanwege deze successen hebben degenen die gebruikmaken van de media om gedrag te beïnvloeden, een aantal methoden overgenomen om de effectiviteit van dergelijke campagnes te maximaliseren, waaronder:

- het verfijnen van de communicatie om het effect ervan op attitudes te maximaliseren;
- het gebruikmaken van angst en agressieve boodschappen;
- het inkaderen van informatie (framing);
- specifiek afstemmen van de interventies.

7.2.1 De boodschap verfijnen (het *elaboration likelihood*-model)

Het in hoofdstuk 6 besproken ELM-model (zie ook figuur 6.1 in hoofdstuk 6) is in onderzoeken meerdere malen tegen het licht gehouden. Daaruit bleek dat een attitudeverandering bij mensen die betrekkelijk ongemotiveerd zijn om over bepaalde problemen na te denken, kan worden gefaciliteerd door zorgvuldig gekozen perifere *cues*; ook neemt de effectiviteit van boodschappen toe door centrale verwerking met perifere *cues* te combineren (zie Agostinelli en Grube, 2002). Of deze attitudeveranderingen echter ook tot een gedragsverandering leidden, is minder duidelijk. Misschien is de werkelijke beperking van het ELM en van andere modellen voor attitudeverandering dat ze methoden suggereren voor het maximaliseren van attitudeveranderingen, maar of die ook in handelingen worden omgezet, hangt af van veel verschillende factoren.

7.2.2 Gebruikmaken van angst

Er zijn goede theoretische en empirische redenen die suggereren dat interventies die uitsluitend zijn gebaseerd op het opwekken van angst waarschijnlijk weinig nut hebben. Dat bleek ook uit de eerste pogingen van de regeringen van het Verenigd Koninkrijk en Australië om mensen na de eerste gevallen van aids minder riskant seksueel gedrag te laten vertonen. In beide landen werd gebruikgemaakt van berichten met veel angstige *cues*, waaronder beelden van het beitelen van het woord aids in een grafsteen (in het Verenigd Koninkrijk) en van een bowlingbaan in de hemel waarop Magere Hein gezinnen en kinderen omkegelde (in Australië).

Deze beelden gingen vergezeld van onheilspellende berichten die mensen ertoe moesten aanzetten veilig te vrijen, om zo hiv-infectie te vermijden. Met latere op angst gebaseerde boodschappen is het ook niet gelukt de juiste gedragverandering teweeg te brengen. Integendeel, de kans bestaat zelfs dat ze de gevoelens van schaamte en scepsis tegenover de benoemde problemen versterken (Slavin *et al.*, 2007).

Wanneer gebruik wordt gemaakt van berichten die op angst zijn gebaseerd, moeten ze vergezeld gaan van eenvoudige, gemakkelijk toegankelijke strategieën voor angstreductie. Een eenvoudig voorbeeld hiervan is te vinden in waarschuwingen over het risico op huidkanker op Australische stranden in combinatie met de verkrijgbaarheid van gratis zonnebrandcrème.

Witte en Allen (2000) concluderen dat een angstwekkend bericht of *fear appeal* met hoge dreiging vergezeld zou moeten gaan van een bijzonder effectieve boodschap, omdat naarmate de opgewekte angst heviger is, de kans op sterke defensieve angstresponsen toeneemt – met als resultaat volharding in het oude gedrag in plaats van een gedragsverandering. Verdere nuancerende gegevens zijn afkomstig uit Earl en Albarracins (2007) meta-analyse van hiv-specifieke *fear appeals* onder honderdvijftig behandelgroepen. Het ontvangen van bedreigende argumenten verhoogde weliswaar de risicoperceptie van onveilig vrijen, maar dat ging ten koste van kennis over hiv en leidde niet tot meer condoomgebruik. Het verminderen van angst door hiv-specifieke counseling en screening verlaagde de risicoperceptie van onveilig vrijen, en bevorderde de kennis over hiv en het condoomgebruik. Subtieler was dat Brengman *et al.* (2010) ontdekten dat verschillende groepen individuen verschillend reageerden op verschillende elementen van op angst gebaseerde berichten die waren bedoeld om de lichaamsbeweging van zittende werknemers te bevorderen. Eén groep was gevoelig voor een beroep op dreiging en op zelfredzaamheid, één op dreiging alleen en één op zelfredzaamheid alleen.

7.2.3 Informatie inkaderen (framing)

Een minder bedreigende benadering van gezondheidsboodschappen heeft te maken met inkadering (framing) van de boodschap. Gezondheidsinformatie kan in positieve termen worden geformuleerd (waarbij positieve resultaten worden benadrukt die gepaard gaan met preventie) of in negatieve termen, waarbij de nadruk ligt op de negatieve gevolgen als men het gedrag niet verandert. Aanwijzingen die de toepassing van positieve framing ondersteunen, worden bijvoorbeeld geïllustreerd door een studie waarvan door Bigman *et al.* (2010) melding werd gemaakt. Zij ontdekten dat deze benadering in vergelijking met negatief geframede berichten resulteerde in een verschil van veertig procent van de vermeende effectiviteit van het vaccin tegen het HPV-virus. Bovendien was de kans dat ze de publieke beschikbaarheid van het vaccin ondersteunen, groter bij deelnemers die het positief geframede bericht te zien hadden gekregen. Gerend en Shepherd (2007) constateerden daarentegen dat negatief geformuleerde boodschappen de intentie bij jonge vrouwen om een HPV-prik te halen, meer versterkten dan positief geformuleerde boodschappen. Dat gold echter alleen voor degenen die meerdere bedpartners hadden en niet altijd condooms gebruikten. Tot slot zagen Consedine *et al.* (2007) in de deelname aan een borstonderzoek geen effect terug van de positieve of negatieve formulering die gebruikt was om vrouwen ertoe aan te zetten aan het onderzoek deel te nemen. Al met al blijkt dat we geen duidelijk oordeel kunnen vellen over het type formulering dat op bepaalde populaties van invloed zal zijn. Het is dus telkens nodig om een interventie te testen voordat deze op het grote publiek wordt toegepast. Deze conclusies werden ondersteund door een aantal meta-analyses waarbij niet-significante verschillen zijn gevonden wat betreft de effectiviteit van benaderingen voor het veranderen van uiteenlopende gedragingen zoals veilig vrijen, de preventie van huidkanker of het gedrag ten aanzien van voeding (bijvoorbeeld O'Keefe en Jensen, 2007) ongeacht of de benadering als verlies of als winst was geframed.

7.2.4 Afstemmen op het publiek

Eerdere pogingen om gedrag via de massamedia te beïnvloeden waren vaak op de gehele bevolking gericht. Dit betekende dat het bericht erg algemeen werd geformuleerd, waardoor het voor geen van de ontvangers veel relevantie had. Onder andere bij campagnes die seksueel gedrag probeerden te beïnvloeden was dit het geval. De oudste pogingen om veilig vrijen te bevorderen waren, zoals hierboven al opgemerkt, gebaseerd op angst en richtten zich op de hele bevolking, dus tegelijkertijd op mensen van middelbare leeftijd, niet-seksueel actieve weduwen en weduwnaars en jonge, seksueel actieve homoseksuele mannen met wisselende contacten. Deze aanpak zaaide onnodig angst onder mensen voor wie hiv/aids weinig directe relevantie had. Ook het taalgebruik en het advies waren vaak niet goed afgestemd op de groepen voor wie de informatie het meest relevant was. Tegenwoordig worden mediaberichten over seksueel gedrag veel zorgvuldiger afgestemd en worden ze in de taal van de diverse doelgroepen gesteld, zodat ze veel effectiever zijn.

Afstemming op de doelgroep komt de effectiviteit van de boodschap ten goede. Deze afstemming kan zich bijvoorbeeld richten op het gedrag, de leeftijd, het geslacht en/of de sociaaleconomische status van de doelgroep, factoren die waarschijnlijk stuk voor stuk de impact van elke willekeurige boodschap beïnvloeden (Flynn et al., 2007). Bethune en Lewis (2009) trachtten de deelname aan het bevolkingsonderzoek voor baarmoederhalskanker van Maorivrouwen te verhogen. Zij maakten gebruik van focusgroepen met vooraanstaande vrouwen en andere belangrijke informanten om vast te stellen welke berichten waarschijnlijk invloed op hun gedrag zouden hebben. De interventie werkte en resulteerde in een toename van de deelname aan het bevolkingsonderzoek van zeven tot dertien procent gedurende een periode van één jaar. De relatieve kosteneffectiviteit van deze interventie is duidelijk. Een eenvoudig voorbeeld van afstemming op sociale kenmerken is de poster van Sensoa. Sommigen kunnen deze poster als vulgair beoordelen, maar hij past in het profiel van een bepaalde doelgroep.

Het publiek kan ook worden geselecteerd op grond van psychologische kenmerken, bijvoorbeeld de motivatie om een gedragsverandering te overwegen. Een interessant onderzoek waarover Griffin-Blake en DeJoy (2006) rapporteerden, vergeleek een interventie die op de veranderingsfase was afgestemd met een sociaal-cognitieve interventie gericht op zelfeffectiviteit, resultaatverwachtingen en tevredenheid over de doelstelling (zie hoofdstuk 5). Beide specifieke interventies bleken even effectief te zijn in het verhogen van de lichaamsbeweging in hun doelgroep (medewerkers van een onderwijsinstelling).

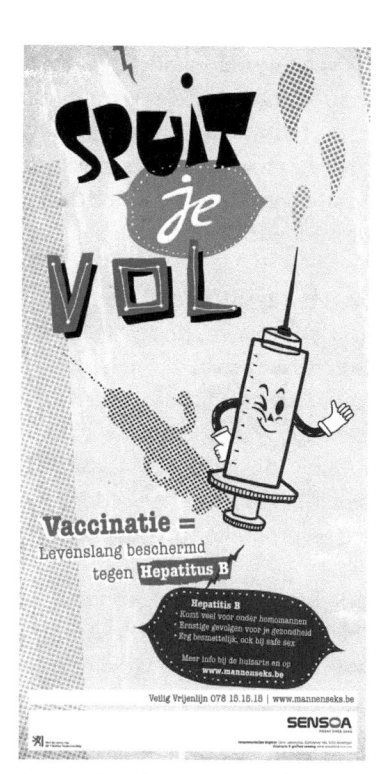

Een voorbeeld van een grappige brochure met gezondheidsinformatie voor homoseksuele mannen; in de brochure worden mannen gestimuleerd om drie vaccinaties tegen hepatitis B te ondergaan; bedacht door Sensoa.

Bron: Sensoa

7.3 Omgevingsinvloeden

Gedrag en gedragsverandering vinden niet in een isolement plaats. Het *health belief*-model (Becker et al., 1977) biedt eenvoudige richtlijnen voor belangrijke omgevingsfactoren. Een omgeving die gezond gedrag stimuleert, dient:
- *cues* tot gezond handelen te bieden of *cues* tot ongezond gedrag te vermijden;
- gezond gedrag mogelijk te maken door eventuele kosten en barrières te minimaliseren;
- de kosten te verhogen van gedrag dat schadelijk is voor de gezondheid.

7.3.1 *Cues* tot handelen

Twee belangrijke gebieden waar *cues* zijn toegepast om ongezond gedrag te doen afnemen of gezondheidsbevorderend gedrag te laten toenemen, bestaan uit informatie die wordt aangeboden op het moment van aankoop: gezondheidswaarschuwingen op sigarettenpakjes en voedingsinformatie op verpakkingen zijn daar voorbeelden van. Mogelijk zijn ze van enig nut, hoewel ze het bestaande gedrag eerder lijken te bekrachtigen dan dat ze aanzetten tot een gedragsverandering.

Dit komt mogelijk door een gebrekkig inzicht van mensen in de onderwerpen in kwestie en/of doordat dergelijke *cues* niet erg opvallend zijn. Cowburn en Stockley (2005) rapporteerden na een literatuuronderzoek dat veel mensen, vooral degenen uit de lagere inkomensgroepen, de voedingsinformatie op verpakkingen van levensmiddelen niet begrepen en/of er geen interesse in toonden. Bij een Zuid-Afrikaanse studie (Jacobs *et al.*, 2010) werd bijvoorbeeld gemeld dat verreweg de meerderheid van de respondenten van de onderzoeksenquête alleen lette op de uiterste houdbaarheidsdatum van levensmiddelen. Voedingsinformatie werd veel minder belangrijk gevonden: de deelnemers vonden smaak en prijs belangrijker dan voedingswaarde. Daarbij begrepen veel deelnemers de verstrekte informatie niet en konden ze deze dus ook niet gebruiken om een gezondheidsgerelateerde beslissing te nemen. Op soortgelijke wijze ontdekten Krukowski *et al.* (2006) dat iets minder dan de helft van hun steekproef van Amerikaanse middelbareschoolscholieren naar voedseletiketten keek of zei dat ze de informatie van voedseletiketten niet zou gebruiken, ook al was deze beschikbaar. Het is mogelijk dat de informatie die op voedselverpakkingen staat voor de meeste mensen te ingewikkeld is om de juiste gedragingen op te roepen: eenvoudiger berichten (vetarm, hoog vezelgehalte enzovoort) zijn mogelijk effectiever.

Een groot deel van de literatuur over sigarettenreclames is verouderd, doordat reclame voor roken steeds meer wordt verboden en doordat in veel landen het uiterlijk van de sigarettenpakjes is veranderd. Het is echter een goed voorbeeld van wat in andere landen en in een andere context al of niet werkt.

In Nederland zijn de waarschuwingen op de pakjes en in de reclames al een aantal jaren fors uitvergroot. Een belangrijk effect kan ook worden verkregen door expliciete beelden te gebruiken in plaats van geschreven tekst (Thrasher *et al.*, 2007). De trend waarbij sigaretten in sommige landen alleen in een sobere standaardverpakking mogen worden verkocht, lijkt eveneens een nuttig effect op te leveren. De relatief recente invoering betekent dat de gevolgen voor de gezondheid nog niet kunnen worden bepaald. De aantrekkingskracht van sigaretten lijkt er echter door te zijn verminderd. In december 2012 werden in Australië bijvoorbeeld saaie, olijfgroene pakjes met grote, expliciete gezondheidswaarschuwingen geïntroduceerd. Brose *et al.* (2014) ontdekten dat deze verpakkingen minder aantrekkelijk waren en in mindere mate zouden motiveren tot de aankoop van sigaretten dan de eerdere pakjes. Bovendien werden rokers die deze pakjes gebruikten, als minder aantrekkelijk beschouwd. Op soortgelijke wijze ontdekten Moodie en Mackintosh (2013) dat rokers de gezondheidswaarschuwing vaker lazen, minder rookten en dat de kans groter was dat ze over stoppen gingen denken dan voorheen.

Cues die mensen helpen herinneren aan gezondheidsbevorderend gedrag kunnen ook waardevol zijn. Een eenvoudig voorbeeld hiervan zijn posters die mensen wijzen op de trap in plaats van op de lift of roltrap. Webb en Eves (2007) concludeerden dat dergelijke posters in een winkelcentrum bijna tot een verdubbeling leidden van het gebruik van de trap. Hetzelfde onderzoeksteam (Eves *et al.*, 2006) ontdekte dat mensen met overgewicht vaker op dit soort *cues* reageerden dan mensen van gemiddeld gewicht – en dat het dus een eenvoudige maar doeltreffende manier was om de conditie onder deze groep te verbeteren. Deze mensen kunnen ook als rolmodel optreden en anderen aanmoedigen de trap te nemen in plaats van de lift, terwijl de kans groter is dat degenen die de trap al namen, daarmee doorgaan (bijvoorbeeld Webb *et al.*, 2011).

Cues uit de omgeving kunnen niet alleen werken als een stimulans voor gezond gedrag, maar ook juist aanzetten tot ongezond gedrag. Zo is aangetoond dat frequente blootstelling aan relevante reclame de vermeende prevalentie van het roken verhoogt (Burton *et al.*, 2010) evenals het rookgedrag (Sargent *et al.*, 2000) en de alcoholconsumptie (Hurtz *et al.*, 2007) onder jonge mensen stimuleert. Daarom heeft men in verschillende landen met succes geprobeerd om reclame voor tabak en alcohol in de media via wetgeving te beperken. De effectiviteit van deze aanpak lijkt echter wel van land tot land te verschillen. Quentin *et al.* (2007) rapporteerden dat een totaalverbod op tabaksreclame zeer gemengde resultaten oplevert. Van de achttien studies uit verschillende landen die ze in hun literatuuronderzoek betrokken, lieten slechts tien een significante daling van het rookgedrag zien; twee onderzoeken wezen uit dat een gedeeltelijk reclameverbod weinig of geen effect had.

Reclame-uitingen vormen echter niet de enige media-invloed op gezondheidsgedrag; sommige reclame-uitingen zijn mogelijk minder bevorderlijk voor de gewenste gedragsverandering. Gebleken is bijvoorbeeld dat de afschildering van alcoholconsumptie in films, muziekvideo's en soapseries onder jonge mensen het beginnen met en de progressie van het drinkgedrag beïnvloedt (Koorderman *et al.*, 2012). Het netto-effect van deze beelden en boodschappen is dat alle reclames voor gezond gedrag concurreren met een achtergrond van complexe en invloedrijke processen. Daarom zou elke winst moeten worden toegejuicht.

7.3.2 De kosten voor gezond gedrag minimaliseren

Onze leefomgeving kan een positieve of negatieve invloed hebben op de mate waarin we ons gezond gedragen. Slechte straatverlichting, drukke straten en veel vervuiling kan bewoners van binnensteden er bijvoorbeeld van weerhouden om te gaan hardlopen of fietsen. Een ander voorbeeld: wanneer winkels die gezond voedsel verkopen zich op grote afstand van een woonwijk bevinden, maken de bewoners meer gebruik van de plaatselijke winkels met minder gezonde voedingsmiddelen. Het veiliger maken van de omgeving zodat gezonde activiteiten worden bevorderd, is een taak voor overheden. Een dergelijke omgeving zou de veiligheid moeten bevorderen, kansen voor sociale integratie moeten bieden en de bevolking controle moeten geven over belangrijke aspecten van hun leven. Studies hebben aangetoond dat manipulaties van de omgeving die waren bedoeld om de kosten van sport te minimaliseren, tot een belangrijke verandering kunnen leiden.

Wen *et al.* (2002) maakten melding van een programma dat was bedoeld om vrouwen in een voorstad van Sydney te laten sporten. Het programma was gericht op vrouwen in de leeftijd van twintig tot vijftig en omvatte een marketingcampagne en het creëren van meer mogelijkheden tot deelname aan lichaamsbeweging. De marketing bestond uit het opzetten van groepswandelingen en oprichten van wandelgroepen en klassen voor lichaamsbeweging in de wijk. Leden van de stadsdeelraad werden uitgenodigd bij de projectgroep om het project meer bekendheid te geven bij de leden van de deelraad en om ervoor te zorgen dat het project paste binnen de sociale plannen en de plannen voor ruimtelijke ordening van de deelraad. Uit telefonische enquêtes voor en na het project bleek dat in de plaatselijke bevolking het aantal sedentaire vrouwen met 6,4 procent was afgenomen. Ook was er meer inzet bij de stadsraad om lichaamsbeweging te bevorderen. Over het geheel genomen lijken programma's, zoals die voor het opzetten en verbeteren van fietspaden, afzonderlijk of in combinatie met

WAT LEERT ONDERZOEK ONS?

De bingedrinking-epidemie

Hoewel het alcoholgebruik in de gehele populatie iets is afgenomen, komt bingedrinking in veel landen vaak voor, vooral onder jonge mensen. In het Verenigd Koninkrijk, Nieuw-Zeeland, Australië en in een gebied dat de *wodka-belt* wordt genoemd – Rusland en andere landen waar wodka de voornaamste drank is – wordt bijvoorbeeld melding gemaakt van dit verschijnsel. In Zuid-Amerika en in het zuiden van Europa komt het minder voor. De oorzaken van dit gedrag zijn nog niet helemaal duidelijk, maar op grote schaal wordt erkend dat een aantal factoren aan dit verschijnsel bijdraagt, zoals de beschikbaarheid van goedkope alcohol in supermarkten, clubs en kroegen en het gebruik om staand te drinken.

De drinkcultuur veroorzaakt aanzienlijke persoonlijke schade en heeft daarbij een groot economisch en sociaal effect op de gemeenschappen waar een dergelijke cultuur heerst. Sommige steden hebben het politietoezicht vergroot in reactie op de sociale problemen. Andere steden hebben cafés gedwongen om aan de kosten van dergelijk toezicht bij te dragen. Eén Franse stad voerde deze benadering nog verder door. Ze kochten de cafés! De stad Renne in Bretagne heeft twee cafés in het stadscentrum gekocht en heeft een ervan tot een dvd-winkel verbouwd en het andere tot een restaurant, met de bedoeling het alcoholgebruik in het centrum te verminderen. De tijd zal leren of dit een effect heeft op het gebruik van alcohol, maar één ding is zeker: het is een tamelijk kordate benadering van de gezondheidsbevordering!

---

fietsinitiatieven die de aandacht trekken, er in veel landen toe te leiden dat er iets meer werd gefietst (Yang *et al.*, 2010).

De drempels voor gezond gedrag zijn ook bestudeerd bij programma's voor spuitomruil, bedoeld om de verspreiding van hiv en hepatitis onder intraveneuze drugsgebruikers tegen te gaan. Kerr *et al.* (2010) maakten bijvoorbeeld melding van een afname van het aantal malen dat naalden werden geleend. Onder respondenten in een steekproef van 1.228 intraveneuze drugsgebruikers in British Columbia in Canada daalde dit aantal van twintig naar negen procent. Dit ging gepaard met een aanzienlijke daling van het risico op besmetting met hiv. Deze afname van het delen van naalden is dus gerelateerd aan een afname van het risico op ziekteoverdracht. Bramson *et al.* (2015) maakten bijvoorbeeld melding van significant lagere percentages van infectie met hiv onder intraveneuze drugsgebruikers in gebieden van de Verenigde Staten waar ze toegang hadden tot programma's voor spuitomruil dan in gebieden waar dergelijke programma's niet bestonden.

7.3.3 De kosten voor ongezond gedrag verhogen

Ongezond gedrag kan moeilijker worden gemaakt door economische maatregelen zoals het verhogen van de prijzen. Op dit moment beperken deze maatregelen zich vooral tot accijnzen op tabak en alcohol. Het is bewezen dat de prijs van alcohol van invloed is op het drankgebruik hoewel de invloed ervan groter is onder matige dan onder zware drinkers. Toch heeft zelfs bij de eerste groep de prijs een gering effect op het verbruik (Wagenaar *et al.*, 2009).

Drooglegging wordt door sommigen als wenselijk gezien, anderen roepen op tot minder strikte maatregelen. Eén benadering bestaat uit het beperken van het aantal verkooppunten voor drugs zoals alcohol. Daardoor zouden mensen verder moeten reizen en zich meer moeten inspannen om alcohol te kopen en zou het aantal reclame-uitingen (bijvoorbeeld in etalages) afnemen. Connor *et al.* (2010) ontdekten dat deze benadering een bescheiden effect opleverde: een grotere geografische verspreiding van verkooppunten voor alcohol in Nieuw-Zeeland ging gepaard met minder bingedrinking en minder alcoholgerelateerde schade; er was geen verband tussen de dichtheid van de verkooppunten en de frequentie van 'verstandig' drinken.

Het verruimen van de beschikbaarheid, zoals in Zweden gebeurde toen slijterijen ook op zaterdag geopend werden, kan echter leiden tot een toename van de consumptie (Norström en Skog, 2005).

Een directe vorm van controle op roken was de introductie van rookvrije werkplaatsen en horeca. Hierdoor wordt in openbare ruimtes beduidend minder gerookt dan vroeger – wat invloed kan hebben op het rookgedrag elders. Heloma en Jaakalo (2003) ontdekten dat meeroken onder niet-rokers daalde, terwijl de prevalentie van het roken op het werk slechts van dertig naar 25 procent afnam na een landelijk rookverbod op het werk. Naar aanleiding van een algemeen rookverbod in Noorse restaurants en cafés signaleerden Braverman *et al.* (2007) een significante daling in de prevalentie van de dagelijkse rookconsumptie (ook van horecamedewerkers), in het aantal sigaretten van mensen die bleven roken op het werk.

De verscherping van het antirookbeleid heeft sinds 1 juni 2009 in Nederland ook positieve gevolgen gehad, zo blijkt uit onderzoek van de Universiteit van Maastricht (Nagelhout *et al.*, 2009): in restaurants wordt sinds de invoering van de rookvrije horeca minder gerookt dan in cafés. Nederlandse rokers die vóór het rookverbod aangaven wekelijks naar cafés te gaan, deden na de invoering vaker een stoppoging en zijn ook vaker succesvol gestopt. Uit het onderzoek kwam naar voren: 'Vaak wordt gedacht dat een rookverbod in openbare gelegenheden leidt tot een verplaatsing van het rookgedrag naar de thuissituatie. Uit buitenlands onderzoek blijkt echter dat dit niet het geval is. Ook Nederlandse rokers zijn gemiddeld niet meer sigaretten in hun huis gaan roken dan vóór de invoering van de rookvrije horeca.'

Ook in België is sinds 2011 een algemeen rookverbod in de horeca van kracht. De politiek schrijft de daling van het aantal verkochte sigaretten en van het gemiddeld aantal gerookte sigaretten per persoon mede hieraan toe.

Nog bemoedigender zijn gegevens die erop wijzen dat zulke verboden een positieve impact op de gezondheid hebben. Hoewel ze geen hard bewijs leveren voor een verband tussen verminderd roken en vermindering van ziekten, toont een aantal onderzoeken aan dat het aantal ziekenhuisopnamen naar aanleiding van een myocardinfarct zowel in de Verenigde Staten (bijvoorbeeld Juster *et al.*, 2007) als in Europa (Barone-Adesi *et al.*, 2006) na het rookverbod is gedaald. Het is van bijzonder belang dat het aantal aan roken gerelateerde aandoeningen lijkt af te nemen, bijvoorbeeld bij barpersoneel dat de effecten van roken direct ondervindt (bijvoorbeeld Larsson *et al.*, 2008), en zelfs bij degenen die indirect door het roken worden beïnvloed. Been *et al.* (2014) onderzochten bijvoorbeeld elf recente studies naar de effecten van meeroken (passief roken) bij kinderen en ontdekten een significante afname van het aantal vroeggeboorten, van het aantal kinderen met een laag geboortegewicht en van het aantal gevallen van astma; deze afname kon direct aan het rookverbod worden toegeschreven.

7.4 Programma's voor gezondheidsbevordering

Tot dusver hebben we enkele globale benaderingen voor gedragsveranderingen bij grote populaties bekeken en enkele van de achterliggende principes waardoor deze veranderingen worden onderbouwd. In de volgende paragrafen bekijken we hoe deze en enkele andere benaderingen worden toegepast op gehele populaties en op meer specifieke doelgroepen. We bespreken een aantal verschillende benaderingen die zijn toegepast om het gedrag van verschillende doelgroepen te veranderen, de theoretische modellen waarop de interventies zijn gebaseerd, en de effectiviteit ervan.

Manieren om sporten goedkoop en gemakkelijk toegankelijk te maken, kunnen zowel de gezondheid bevorderen als goed zijn voor het milieu.
Foto: Miscellaneoustock / Alamy Stock Photo

7.4.1 Interventieprogramma's voor de gemeenschap

Enkele van de vroegste gezondheidsprogramma's voor volwassenen (in steden) hadden als doel risicofactoren voor hart- en vaatziekten te beperken: roken, weinig lichaamsbeweging, hoge vetconsumptie en hoge bloeddruk. In het eerste programma, het zogenoemde *Stanford Three Towns*-project (Farquhar *et al.*, 1977), werden drie steden in Californië in de Verenigde Staten op verschillende manieren benaderd.

De eerste stad kreeg geen interventie. In de tweede stad werd een mediacampagne opgezet die zich richtte op gedrag dat verband houdt met hart- en vaatziekten. Deze campagne leek sterk op het later ontworpen, gefaseerde veranderingsmodel (Prochaska en Di Clemente, 1984). Eerst werden mensen erop geattendeerd om hun gedrag te veranderen (een relatief nieuw verschijnsel rond 1970). Daarna kregen ze te zien hóé ze hun gedrag konden veranderen. Er werden bijvoorbeeld televisieprogramma's uitgezonden over mensen in groepstherapie die wilden stoppen met roken en een film over het koken van gezonde maaltijden. Deze programma's waren gebaseerd op de theorie over sociaal leren (Bandura, 1977) en richtten zich op het aanleren van vaardigheden en het vergroten van het zelfvertrouwen om het gedrag (blijvend) te veranderen. Vervolgens werden er programma's uitgezonden waarin mensen eraan werden herinnerd de gedragsveranderingen vol te houden, met beelden van mensen die genoten van de voordelen van de gedragsverandering, zoals een gezin dat zich te goed deed aan een gezonde picknick (met een potentieel effect op attitudes en vermeende sociale normen). In de derde stad kreeg een groep mensen met bijzonder hoge risico's op hart- en vaatziekten samen met hun partners individuele voorlichting over gedragsverandering en werd hun gevraagd deze kennis via hun sociale netwerk te verspreiden. Deze mensen kregen de rol van opinieleiders. Het was ook de bedoeling om zo de motivatie om het gedrag te veranderen te vergroten – zowel van mensen met een groot risico op hart- en vaatziekten als van de bevolking als geheel.

Zo ontstonden drie interventieniveaus, waarbij het verwachte effect op elk volgende niveau verder toenam (zie tabel 7.1). De verwachte uitkomsten werden ook gevonden.

Aan het einde van het programma, dat een jaar duurde, bleek uit registraties van de risicofactoren voor hart- en vaatziekten, zoals een hoge bloeddruk, roken en een hoog cholesterolgehalte, dat de gemiddelde risicoscores in de stad zonder interventie feitelijk stegen, terwijl deze significant afnamen in de stad met de mediacampagne en nog sterker afnamen in de stad met de individuele voorlichting. Nog een jaar later waren de risicoscores in de beide interventiesteden nog steeds significant lager dan die in de controlestad, hoewel de scores in de stad die alleen media-interventie had ontvangen nog steeds afnamen, zodat er geen verschil meer was tussen de twee interventiesteden (Farquhar *et al.*, 1990a).

TABEL 7.1 De drie niveaus van interventie in het *Stanford Three Towns*-project

BENADERING	BESTANDDELEN	VERWACHT EFFECT
Voortdurende gezondheidscampagne	'vergelijkingsstad' zonder interventie	+/-
Mediacampagne van één jaar	Fase 1: mensen alert maken Fase 2: verandering modelleren Fase 3: modelleren voortgezette verandering	+
Mediacampagne + interventie bij hoge risicogroep	Media als invloed in combinatie met verspreiding van kennis door ervaringsdeskundigen	++

Het Europese equivalent van dit programma werd in Noord-Karelië in Finland uitgevoerd (Puska *et al.*, 1985). Het vijf jaar durende programma verschilde enigszins van het programma van Stanford, doordat hier behalve de mediabenadering ook de omgevingsfactoren werden gemanipuleerd: plaatselijke fabrikanten van vleeswaren en slagers werden ertoe aangezet om de verkoop van magere producten te stimuleren, er werd reclame gemaakt voor restaurants waar niet werd gerookt enzovoort. Het project gold als een succes, vanwege de reductie van een aantal risicofactoren voor hart- en vaatziekten, met inbegrip van hoge bloeddruk, een hoog cholesterolgehalte, en roken onder mannen. In het laatste artikel over dit project bleek echter dat deze reductie niet groter was dan die in een controlegebied dat geen interventie had ontvangen.

Dit ogenschijnlijke gebrek aan succes heeft zich helaas bij een aantal latere grootschalige interventies herhaald. Bij een tweede onderzoek dat rond Stanford werd uitgevoerd, het zogenoemde *Five City*-project (Farquhar *et al.*, 1990b), werd de eerdere mediabenadering gecombineerd met meer voorlichting in de gemeenschap en met omgevingsinterventies, zoals het stimuleren van plaatselijke winkels en restaurants om gezonde voedingsmiddelen aan te bieden (vergelijkbaar met de interventie in Karelië). Het publiek in het interventiegebied vertoonde in de vroege stadia van de interventie een verlaging van het cholesterolgehalte, een verbetering van de lichamelijke conditie en minder overgewicht. Aan het einde van de interventie hadden de mensen in het interventiegebied echter alleen nog gemiddeld een lagere bloeddruk en rookten ze minder. Roken is misschien wel het belangrijkste risicogedrag, doordat het aan zo veel andere ziekten is gerelateerd. De interventie kan dus als een bescheiden

> **cross-sectioneel onderzoek**
> Onderzoek waarbij men twee of meerdere representatieve steekproeven vergelijkt. Deze steekproeven kunnen verschillen naar bijvoorbeeld leeftijd, afkomst of andere parameters.

succes worden beschouwd. Helaas werden er bij een reeks **cross-sectionele onderzoeken**, waarbij de controle- en interventiegebieden gedurende enige tijd werden vergeleken, geen verschillen geconstateerd op het gebied van rookgedrag en de aanwezigheid van andere risicofactoren voor hart- en vaatziekten tijdens de gehele duur van het programma. Hierdoor worden inmiddels vraagtekens geplaatst bij het succes van dit soort interventies.

Het merendeel van de informatie over hart- en vaatziekten wordt tegenwoordig waarschijnlijk geboden door de massamedia als deel van de algemene berichtgeving: discussies over gezonde voeding, onderwerpen als gezondheid van mannen enzovoort. Daarom is het voor programma's voor de volksgezondheid steeds moeilijker om een zodanige bijdrage aan deze informatie te leveren dat dit leidt tot een belangrijke vermindering van het risico op aandoeningen van de kransslagaders. Het is echter merkwaardig dat dezelfde positieve resultaten worden gevonden als bij het oorspronkelijke *Stanford Three Towns*-project wanneer groepsinterventies worden uitgevoerd in landen met een relatief korte of beperkte ervaring met programma's voor de volksgezondheid.

7.4.2 Het risico op hiv-infectie verminderen

In vergelijking met interventies gericht op hart- en vaatziekten lijken de interventies gericht op hiv en aids iets meer succes te hebben gehad (Merzel en D'Afflitti, 2003), zowel in hoge-inkomenslanden (Simoni *et al.*, 2011) als in lage-inkomenslanden (Medley *et al.*, 2009). Johnson *et al.* (2008) meldden bijvoorbeeld een reductie van veertig tot 54 procent van de meetvariabelen voor de frequentie van onbeschermde seks na interventies op gemeenschapsniveau die op homoseksuele mannen waren gericht.

Veel van deze positieve resultaten worden bereikt via *peer*-voorlichting (voorlichting door groepsgenoten); een methode die met succes over de hele wereld is toegepast. Opinieleiders en andere mensen uit specifieke groepen vormen vaak een belangrijk onderdeel van het programma. Bij deze benadering wordt gebruikgemaakt van de theorie van sociaal leren: bepaalde mensen functioneren als een bijzonder sterk rolmodel voor verandering. Deze rolmodellen geven een boodschap meer betekenis en laten zien dat verandering mogelijk is. Bij een van de eerste studies die van deze benadering gebruikmaakte, trachtten Kelly *et al.* (1992) het veilig vrijen onder bezoekers van homocafés in drie kleine steden in het zuiden van de Verenigde Staten te bevorderen. Ze identificeerden en rekruteerden belangrijke personen in deze cafés en trainden hen om met de bezoekers te spreken over onderwerpen als verandering van risicogedrag en om relevante literatuur over gezondheidseducatie te verspreiden. Na deze interventie daalde de frequentie van zeer riskant seksueel gedrag met vijftien tot 29 procent.

In een grotere gemeenschapstrial die door hetzelfde team in acht Amerikaanse steden werd uitgevoerd (Kelly *et al.*, 1997), daalde de frequentie van onbeschermde anale seks van 32 naar twintig procent onder de mannen in de interventiegroep die homocafés bezochten, in tegenstelling tot een stijging van twee procent bij mannen in de controlesteden. Amirkhanian *et al.* (2005) ontdekten dat deze benadering naar Oost-Europa kon worden overgeplant, en onderzochten het effect in Rusland en Bulgarije met resultaten die vergelijkbaar waren met die in de Verenigde Staten. Bovendien is gebleken dat het riskante seksuele gedrag ook afnam door een meer formele vorm van counseling door groepsgenoten in klinieken na een formele verwijzing (McKirnan *et al.*, 2010).

Merzel en D'Afflitti (2003) merkten op dat de preventieprogramma's voor hiv/aids duidelijk meer succes hadden dan de programma's voor aandoeningen van de kransslagaders. Waarom dit het geval zou zijn, is onduidelijk. Misschien is het opvallendste verschil tussen de interventies wel het inzetten van groepsgenoten bij de mensen die bij hiv-preventie waren betrokken; werken *met* specifieke groepen mensen in plaats van verandering van buitenaf proberen op te leggen. Dit is mogelijk een essentiële factor geweest.

In Nederland deden Van Kesteren, Hospers en Kok (2005) van de Universiteit Maastricht onderzoek naar de effecten van een vergelijkbare campagne van de voormalige Schorerstichting. Op basis van literatuuronderzoek en eigen onderzoek kwamen zij tot de volgende conclusies:

- Het promoten van veiliger seks alleen is niet voldoende. Een hiv-preventieve interventie zou ook recht moeten doen aan de impact van hiv en de behandeling op de kwaliteit van leven. Hoewel seksueel functioneren een integraal aspect vormt van de kwaliteit van leven, wordt dit vaak genegeerd in interventies die zich richten op het bevorderen van de kwaliteit van leven bij mensen met hiv.
- De redenen voor onbeschermde anale seks zijn complex. Een interventie van seksueel risicogedrag die een analyse met behulp van een stap-voor-stapbenadering mogelijk maakt, lijkt dan ook van groot belang.
- De sociale omgeving speelt een belangrijke rol bij de instandhouding van seksueel risicogedrag. Hiv-positieve MSM (mannen die seks hebben met mannen) rapporteren een onduidelijke sociale norm met betrekking tot condoomgebruik bij anale seks. Als het gaat om losse sekscontacten geven hiv-positieve MSM aan dat andere MSM niet altijd condooms gebruiken bij anale seks, en dat zij druk ervaren om te participeren in onbeschermde seks. Maar ook binnen vaste relaties is druk om te participeren in onbeschermde seks een belangrijke determinant van seksueel risicogedrag. Het bevorderen van sociale steun voor condoomgebruik bij anale seks lijkt dan ook van groot belang.
- Hiv-positieve MSM worden geconfronteerd met hiv-gerelateerd stigma. Aangezien stigmatisering van hiv een barrière kan vormen voor het zoeken van hulp, onthulling en veiliger seks, werd de reductie van het stigma rondom hiv beschouwd als een belangrijke, maar minder haalbare, doelstelling binnen het project.

Merzel en D'Afflitti speculeerden dat een tweede oorzaak van de verschillen tussen de interventies ligt in het natuurlijke verloop van de ziekten. Hart- en vaatziekten ontstaan veelal in de loop der tijd en er is geen opvallende toename van het risico als gevolg van een bepaalde handeling – 'één reep chocolade kan geen kwaad'. Het is daarom gemakkelijk om het risico te bagatelliseren en gedragsverandering uit te stellen. Er zijn maar weinig onveilige seksuele contacten nodig om hiv te krijgen en de gevolgen kunnen desastreus zijn, dus is de noodzaak tot gedragsverandering daarbij veel groter dan bij hart- en vaatziekten.

Hoewel het mogelijk is interventies binnen dezelfde cultuur te vergelijken, mogen we niet vergeten dat aids een wereldwijd probleem is. Gezien de ernstige situatie in zuidelijk Afrika zijn interventies vooral daar van groot belang. Galavotti, Pappas-DeLuca en Lansky *et al.* (2001) beschreven een model dat bekendstaat als *Modeling and Reinforcement to Combat HIV* (MARCH), dat specifiek voor lage-inkomenslanden is ontwikkeld. Dit interventiemodel heeft twee belangrijke onderdelen:

1. gebruik van de media;
2. plaatselijke invloeden van verandering.

Bij deze interventie werd gebruikgemaakt van de media om via 'infotainment' rolmodellen te laten zien en tegelijkertijd informatie te geven over de gewenste verandering en door voorbeelden te geven van de noodzakelijke veranderingen van seksueel gedrag. Ook werden televisieseries gebruikt voor informatieverstrekking, want bij deze series raakt de kijker emotioneel betrokken bij de handeling op het scherm. Gedacht werd dat hierdoor de persoonlijke relevantie zou toenemen, waardoor meer zou worden gekeken. Interpersoonlijke steun omvatte het volgende: creëren van kleinschalig informatiemateriaal zoals flyers waarop rolmodellen waren afgebeeld die verschillende stadia van gedragsverandering voor belangrijk risicogedrag doormaakten; het mobiliseren van leden van de betrokken gemeenschap om informatiemateriaal te verspreiden en preventieboodschappen te versterken en de toegenomen verkrijgbaarheid van condooms en kits met ontsmettingsmiddelen voor intraveneuze drugsgebruikers.

Bij een onderzoek naar de effectiviteit daarvan zond Radio Tanzania bijvoorbeeld een vervolghoorspel uit met de titel *Twende Na Wakati* (*Laten we met de tijd meegaan*) (Vaughan, Rogers, Singhal et al., 2000). Dit hoorspel werd gedurende twee jaar tweemaal per week uitgezonden met als doel de seksuele gezondheid van de luisteraars en gezinsplanning te bevorderen, en hiv-infectie te voorkomen. Vergeleken met een gebied in Tanzania waar men ten tijde van het onderzoek geen nationale radio kon ontvangen, voelden de overige Tanzanianen zich meer betrokken bij gezinsplanning en meldden ze dat ze vaker condooms gebruikten dan voor de uitzendingen. Bovendien bezochten ze klinieken voor gezinsplanning vaker dan de mensen in het controlegebied.

7.4.3 Gezondheidsbevordering op het werk

Veel problemen waarmee grootschalige populatie-interventies te maken krijgen, verdwijnen als de interventies zich richten op kleinere, gemakkelijker toegankelijke doelgroepen. Zo zijn er in de afgelopen decennia veel indrukwekkende programma's voor de werkvloer ontwikkeld. Waarschijnlijk komt dat mede doordat gezondheidsbevordering de verzekeringskosten van de werkende bevolking drukt en de werkgever vaak meebetaalt aan de ziektekostenverzekering van werknemers. Daardoor heeft een bedrijf er voordeel van en hetzelfde geldt voor de mensen die er werken. Interessant genoeg kunnen deze interventies ook andere voordelen hebben voor de werkgevers: Jensen (2011) concludeerde dat dieetgerelateerde interventies op de werkplek de werkefficiëntie met één tot twee procent verbeterde, doordat het ziekteverzuim afnam.

De programma's voor bedrijven richten zich op gezonde voeding, lichaamsbeweging, het verminderen van roken en stress (meestal voor hart- en vaatziekten en kanker). Omdat de werkomgeving ruim gelegenheid biedt voor interventies, gebruikt men verschillende formats, waarvan sommige buitengewoon innovatief zijn. Technieken zijn onder meer:

- screenen op risicofactoren voor ziekte;
- gezondheidsvoorlichting bieden;
- gezonde keuzes bieden, zoals gezond voedsel in kantines;
- bonussen uitloven voor gedragsverandering;
- sociale ondersteuning beïnvloeden om gedragsverandering te faciliteren;
- rookvrije ruimten en/of speciale rookruimten instellen.

Korter gezegd, kunnen deze worden beschouwd als interventies waarbij een gezonde leefstijl wordt beloond en een ongezonde bestraft. Mujtaba en Cavico (2013) hebben een ruwe schets gegeven van een reeks interventies die in de werkomgeving zijn toegepast. Ze hebben deze interventies geplaatst in de categorieën

Als op de werkplek aantrekkelijk gezond voedsel beschikbaar is, kan dit ertoe leiden dat er gezonder wordt gegeten.
Foto: CandyBox Images / Shutterstock (Pearson Asset Library)

'belonen' en 'bestraffen'. Beloningen waren onder meer: een sportruimte op het werk en/of een gratis lidmaatschap van de sportschool; het aanbieden van vetarme maaltijden in de kantine; of het leveren van een bijdrage door de werkgever aan de zorgverzekering van werknemers die een gezonde leefstijl hebben of aannemen, die markers van een goede gezondheid hebben (het juiste gewicht, laag cholesterolgehalte enzovoort), of die zich bezighouden met een gedragsprogramma om de gezondheid te verbeteren. Bestraffingen zijn onder meer: (i) hogere zorgpremies voor ongezonde werknemers, (ii) financiële 'straf' voor werknemers met een ongezonde leefstijl die niet aan gezondheidsstandaards voldoen en (iii) geen sollicitanten aannemen die roken, overgewicht hebben of anderszins ongezond zijn.

Het gebrek aan effectiviteit in de eerstelijnszorg blijkt uit het feit dat duidelijk werd dat het screenen van werknemers voor het risico op aandoeningen van de kransslagaders niet echt van nut bleek te zijn. Bij een complexere interventie bereikten Sorensen *et al.* (2010) enig succes toen ze een gepersonaliseerd programma voor informatieverstrekking gedurende vier maanden boden, inclusief telefonische counseling. Het programma had tot doel het gebruik van tabak terug te dringen en gewichtsbeheersing te bevorderen onder arbeiders met een risico op aandoeningen van de kransslagaders in zeventien Amerikaanse havens. Voordat het programma van start ging, spraken ze met een aantal focusgroepen om bepaalde problemen te identificeren die relevant waren voor de werkomgeving. Deze problemen werden vervolgens geïncorporeerd in rekruteringsmaterialen, interventieboodschappen en, waar mogelijk, in het counselingsproces. Van 542 werknemers die werden uitgenodigd om deel te nemen, stemde de helft in met deelname en zij ontvingen minimaal het eerste telefoongesprek. Bij het vervolgonderzoek tien maanden later was een aanzienlijk hoger percentage van degenen die deelnamen aan het counselingsprogramma gestopt met roken dan van degenen die niet hadden deelgenomen (39 tegenover negen procent). Bij het programma voor gewichtsbeheersing bereikten ze echter geen gelijktijdige winst. Andere, meer op de dagelijkse omgeving afgestemde programma's bleken een gemengd succes te hebben. Een van de eenvoudigste interventies op het werk is informatie verstrekken over de voedingswaarde van en het aantal calorieën in het voedsel in de kantine. Daarom heeft men een aantal complexere interventies ontwikkeld.

Het programma *Works for Women* (Campbell *et al.*, 2002) richt zich op ongeschoolde vrouwelijke arbeiders in kleine tot middelgrote bedrijven. Zij kregen informatie over gezond gedrag en suggesties over gedragsveranderingen op maat, bepaald aan de hand van vragenlijsten die voorafgaand aan de interventie werden ingevuld. Het programma stimuleerde ook collega's om de vrouwen bij hun gedragsverandering te ondersteunen. De onderzoekers vonden echter geen duurzame gedragsveranderingen op het gebied van vetinname, roken of bewegen in de interventiegroep. Het enige positieve gevolg van het programma leek een lichte stijging van de consumptie van fruit en groenten te zijn, gemeten volgens zelfrapportage.

De werkomgeving biedt verschillende mogelijkheden om gezondheidsvoorlichting en een gezonde voedselkeuze te bieden. Op het werk kan men gedrag vaak sterker beïnvloeden dan elders, bijvoorbeeld door een gedragsverandering financieel te belonen. Dit is redelijk succesvol gebleken. Glasgow *et al.* (1993) boden maandelijks prijzen aan personeelsleden die stopten met roken en die dat gedurende een jaar volhielden: negentien procent van de rokers onder het personeel nam deel aan de interventie, twintig procent van degenen die waren gestopt rookte aan het einde van het programma nog steeds niet. Hennrikus *et al.* (2002) ontdekten daarentegen dat financiële prikkels op zichzelf meer mensen ertoe aanzetten zich in te schrijven voor programma's om te stoppen met roken. Deelnemers stopten echter alleen met succes wanneer zij toegang hadden tot verdere ondersteuning zoals telefonische counseling. De werkplek kan ook een hoge mate van sociale ondersteuning bieden voor mensen die bezig zijn met een gedragsverandering.

Als we de gegevens tot nu toe samenvatten, ontdekten Leeks *et al.* (2010) dat dit type meervoudige interventie waarbij financiële prikkels met andere benaderingen worden gecombineerd, zoals informatie, groepen om te stoppen met roken en telefonische ondersteuning, meer succes hadden dan financiële prikkels alleen. Deze programma's waren rendabel voor de bedrijven waar deze projecten liepen, doordat hierdoor de kosten voor tabaksgerelateerde aandoeningen werden verlaagd.

Door het rookverbod in cafés lijken de nadelige effecten van het roken te zijn afgenomen. Op dezelfde wijze zal een rookverbod op het werk onvermijdelijk leiden tot een daling van de secundaire blootstelling aan sigarettenrook onder niet-rokers. Bovendien kan het ongemak dat gepaard gaat met het roken buiten gebouwen voor veel rokers een belemmering vormen. Dit kan van invloed zijn op de mate waarin wordt gerookt. Longo *et al.* (2001) ontdekten zeker een dergelijk effect. Zij bestudeerden drie jaar lang de rookgewoonten van werknemers in rookvrije ziekenhuizen en in ziekenhuizen waar wel mocht worden gerookt. Ze ontdekten dat in de rookvrije ziekenhuizen twee keer zo veel rokers met roken stopten als in de ziekenhuizen waar wel mocht worden gerookt.

7.4.4 Interventies op school

School herinnert ons aan traditionele lessen: passief luisteren naar de docent die informatie geeft over het onderwerp dat aan de orde is. Bij een aantal initiatieven voor de volksgezondheid is van dit type model gebruikgemaakt. James *et al.* (2007) meldden dat er na lessen over gezonde voeding en gewichtsbeheersing winst werd geboekt op korte, maar niet op lange termijn. De school biedt ook een context waarin gezondheidsdeskundigen op andere manieren toegang hebben tot studenten en een verandering kunnen bewerkstelligen. Pbert *et al.* (2006)

ontdekten bijvoorbeeld dat interventies om te stoppen met roken met hulp van schoolverpleegkundigen die met de leerlingen samenwerkten, resulteerden in grotere percentages stoppers (zelfrapportage) dan zonder interventie het geval was. School brengt ook connotaties van discipline en controle met zich mee maar of pogingen tot controle, hoe streng ook, invloed hebben op gezondheidsgedrag is zeer de vraag. Evans-Whipp *et al.* (2010) ontdekten dat schoolbeleid dat, in combinatie met een positievere strategie, een volledig rookverbod omvatte en strenge straffen uitdeelde aan leerlingen die op roken waren betrapt, in de Verenigde Staten en Australië geen invloed had op hoeveel er werd gerookt.

Op een hoger, systemisch niveau kunnen interventies met een enkelvoudig doel effectief zijn, vooral als ze zich richten op leerlingen in de vroege schoolleeftijd. In Nederland kregen leerlingen van negen tot tien jaar bij het *Schoolgruiten*-project (Moore *et al.*, 2010) twee maal per week een gratis stuk fruit of hapklare groenten (tomaten of worteltjes) tijdens de ochtendpauze (zodat dit niet concurreerde met het ongezonde voedsel waaraan kinderen vaak de voorkeur geven en dat bij de lunch beschikbaar was). Het doel van deze regelmatige blootstelling was het verhogen van de inname en bevorderen van een smaakvoorkeur voor fruit. Een jaar nadat het project was ingesteld, meldden kinderen in de interventiegroep dat ze meer groenten aten; dit gold echter niet voor hun ouders. Bij het vervolgonderzoek twee jaar later (Tak *et al.*, 2009) maakten kinderen en ouders melding van een grotere inname van fruit onder kinderen in de interventiegroep, hoewel de inname van groenten gelijk was gebleven. Aan het einde van het onderzoek waren de kinderen in de interventiegroep wel beter geïnformeerd dan die in de controlegroep.

Het Verenigd Koninkrijk is in 2006 onder leiding van de bekende kok Jamie Oliver een campagne begonnen voor gezond eten op scholen. Junkfood, snoep en calorierijke frisdranken werden in 2006 door de regering verboden. De *School Trust Food* maakte echter in juli 2009 bekend dat maar weinig kinderen door de maatregelen gezonder zijn gaan eten; een verbetering van enkele tienden van procentpunten tussen 2007 en 2009.

Deze benadering heeft een beperkt succes gehad, gedeeltelijk misschien als gevolg van de complexiteit en de beperkte invoering en implementatie op scholen waarvan men vond dat het nodig was. In Hong Kong rapporteerden Lee *et al.* (2006) dat de scholen die er het best in waren geslaagd de verschillende elementen van de gezondheidsbevordering in te voeren, verbeteringen lieten zien op het gebied van eetgewoonten en antisociaal gedrag. Van bijzonder belang was dat het plan op lagere scholen meer invloed had dan op middelbare scholen. Dit succes wordt echter niet altijd herhaald. Zo ontwikkelden Schofield *et al.* (2003) een interventie om in het reguliere onderwijs de gezondheidsrisico's van roken te behandelen. Dit ging gepaard met informatiefolders en tweewekelijkse nieuwsbrieven aan ouders, brieven aan tabaksverkopers, een rookvrij schoolbeleid, het aanwijzen van niet-rokende ouders, groepsgenoten en docenten als rolmodel, beïnvloedingsprogramma's door groepsgenoten en stimuleringsprogramma's. Vergeleken bij scholen die deze elementen niet hadden uitgevoerd, werden er over een periode van twee jaar geen verschillen in rookgedrag gemeten.

Wat denk je zelf?

Onderneemt jouw school of universiteit acties om de gezondheid van studenten te bevorderen? Zo ja, welke? Wat zouden ze nog meer kunnen doen?

7.4.5 Werken met peers

Een laatste benadering voor gezondheidsvoorlichting aan jongeren bestaat uit peer-voorlichting (voorlichting door groepsgenoten) zoals bij de sociale interventies om de verspreiding van hiv tegen te gaan, die eerder in paragraaf 7.4.2 zijn besproken. Hierbij krijgen invloedrijke leerlingen op een school een training op het gebied van roken, alcoholconsumptie of hiv/aids, zodat ze achteraf in staat zijn hun leeftijdsgenoten hierover voor te lichten. De toegepaste methoden hierbij variëren aanzienlijk: lesgeven voor een klas, informele lessen in een ongestructureerde omgeving of individuele gesprekken en counseling. Bij een onderzoek naar deze benadering bestudeerden Lotrean et al. (2010) hoe effectief door groepsgenoten geleide discussies waren tijdens hun programma voor de preventie van roken. Deze discussies hadden als doel vaardigheden aan te leren om een aangeboden sigaret te weigeren. Het programma was gericht op dertien tot veertien jaar oude Roemeense scholieren. In vergelijking met een controlegroep die de interventie niet had ontvangen, was het percentage leerlingen dat met roken begon, gedurende de negen maanden na de interventie gehalveerd (4,5 tegenover 9,5 procent).

Campbell et al. (2008) deden verslag van een meer informele benadering van educatie door groepsgenoten. Bij hun studie werd leerlingen in de leeftijd van twaalf tot dertien jaar gevraagd invloedrijke kinderen in hun sociale groep aan te wijzen. Hieruit identificeerde het interventieteam een groep kinderen die in de doelpopulatie bijzonder veel invloed hadden – sommigen van hen waren niet de eerste keuze van de docent. Vrijwilligers uit deze groep werden vervolgens twee dagen meegenomen naar een hotel, waar ze een training kregen in hun educatierol. Tijdens de training kregen ze informatie over risico's van roken voor jonge mensen en over de ecologische en economische voordelen van het niet roken. Ook werd gebruikgemaakt van rollenspelen en er werd in kleine groepen gewerkt aan het verbeteren van communicatievaardigheden, zowel wat betreft verbale en non-verbale communicatie als voor conflictoplossing.

Groepsoefeningen moesten de steun en het zelfvertrouwen onder de voorlichters vergroten evenals hun gevoel voor eigenwaarde, empathie en tact tegenover anderen en hun assertiviteit. Na de trainingsdagen werd hen gevraagd met hun vrienden en iedereen die daarvoor in aanmerking kwam, te spreken over roken, en gedurende een periode van tien weken informatie en advies te delen.

Dit model van ongecontroleerde verspreiding vormde een sterke tegenstelling met enkele van de formelere methoden die in andere programma's werden toegepast. Bij de vervolgstudies één en twee jaar later ontdekten Campbell et al. dat studenten in de controlegroep een significant grotere kans hadden om te gaan roken dan degenen die aan de interventie hadden deelgenomen; dat gold ook voor een subgroep van leerlingen van wie werd gedacht dat die een extra groot risico liepen om met roken te beginnen.

Een daaropvolgende, ongepubliceerde studie van de benadering die door Campbell et al. werd toegepast en die op alcoholconsumptie was gericht, had helaas geen enkel positief effect. Positiever was dat Cui et al. (2012) meldden dat door groepsgenoten geleide sportklassen leidden tot een afname van de tijd die zittend werd doorgebracht met meer dan twintig minuten op weekdagen en met vijftien minuten per dag tijdens het weekend; dit in vergelijking met een controlegroep. Er waren echter geen aanwijzingen dat men intensiever ging sporten. Bovendien ontving de controlegroep geen interventie. Daarom is niet duidelijk hoe effectief een interventie van niet-groepsgenoten zou zijn en hoe veel beter de door groepsgenoten geleide interventie het in vergelijking zou hebben gedaan.

7.5 Het gebruik van nieuwe technologie

Internet en de technologie van smartphones maken het eenvoudig om met grote aantallen mensen tegelijk te communiceren en deze worden dan ook vaak ingeschakeld bij gezondheidsbevordering.

Uit een analyse van de effectiviteit van internetinterventies bleek zowel het bereik wat betreft het aantal mensen voor wie de interventie potentieel toegankelijk is als de effectiviteit ervan. Schulz *et al.* (2014) maakten bijvoorbeeld melding van een studie met meer dan vijfduizend deelnemers die feedback kregen via internet over de mate waarin ze voldeden aan de Nederlandse richtlijnen voor lichaamsbeweging, groente-inname, fruitinname, alcoholgebruik en roken. Daarna ontvingen zij hetzij persoonlijk afgestemde motivationele feedback over alle relevante gedragingen, hetzij dezelfde feedback maar in een sequentiële opeenvolging waarbij één gedraging tegelijk werd aangepakt; of geen verdere interventie. De resultaten werden gepresenteerd in de vorm van een samengevatte statistiek van het gezondheidsgedrag en het bleek dat beide interventies een significante winst opleverden in vergelijking met de controlegroep; dit gold vooral voor de sequentiële benadering. Belangrijk was dat een grotere winst werd geboekt na sequentiële feedback over gedragingen die moeilijk zijn te veranderen: sigaretten roken, alcoholconsumptie.

In tegenstelling tot de vorige studie, waar het bewijs werd gebaseerd op gegevens uit zelfrapportage, baseerden Dallery *et al.* (2013) hun interventie en de uitkomst daarvan op gedragsmatig gevalideerde uitkomsten. Bij een veel kleinere studie vroegen ze deelnemers bij een online interventie voor stoppen met roken om door middel van internetvideo's te laten zien dat uit de lage concentratie koolstofdioxide in hun adem bleek dat ze geen sigaretten hadden gerookt. In hun groep met 'voorwaardelijke bekrachtiging', kregen degenen die aan dit criterium voldeden, een waardebon voor een klein geldbedrag. In de groep zonder bekrachtiging ontvingen de deelnemers dezelfde waardebon, eenvoudig als ze aan de interventie bleven deelnemen. Gevalideerde percentages mensen die tijdens de interventie waren gestopt, bedroegen respectievelijk 68 en 25 procent. Bij een vervolgonderzoek na drie en zes maanden bleef er winst, hoewel de resultaten van beide interventies even goed waren. Een andere enthousiasmerende benadering waaruit de flexibiliteit van internet blijkt, was onder meer een Australische studie waarbij mensen een foto van zichzelf fotografisch konden laten verouderen om te zien hoe ze er in de toekomst als roker en als niet-roker uit zouden zien (Burford *et al.*, 2013). Ook werd scholieren gevraagd (als deel van de interventie) video's te ontwikkelen om de gezondheid te bevorderen, zodat 'nieuwe en effectievere interventies werden bedacht om gezonde leefstijlgedragingen te bevorderen' voor opname in een website (Simmons *et al.*, 2013).

Een tweede technologie die steeds meer wordt toegepast, is sms'en. Tekstberichten kunnen worden gebruikt om mensen te herinneren aan de noodzaak tot veranderen, voor het bieden van vaardigheden en geheugensteuntjes om de verandering in te voeren en om alle gedragsveranderingen te registreren. Deze interventies zijn effectief gebleken. Bij een meta-analyse van gegevens uit negentien studies uit verschillende landen concludeerden Head *et al.* (2013) dat tekstberichten in grote lijnen succesvol waren voor het teweegbrengen van een gedragsverandering. Deze berichten waren het effectiefst voor het stoppen met roken en het bevorderen van de lichamelijke activiteit, en eveneens wanneer ze op de betrokken individuen werden afgestemd. Naughton *et al.* (2014) maakten melding van een recentere studie waarbij de voordelen van tekstberichten werden onderzocht. De vraagstelling was hierbij of gepersonaliseerde tekstberichten konden bijdragen aan de winst die was geboekt bij een interventie om te stoppen met roken vanuit de eerstelijnszorg. Interessant genoeg boekten de tekstberichten geen onmiddellijke winst, maar bij een vervolgonderzoek na zes maanden was de kans dat iemand nog steeds niet rookte onder degenen die de tekstberichten hadden ontvangen, bijna twee maal zo groot als bij degenen die alleen de groepen om te stoppen met roken hadden bijgewoond. Tegen deze tijd bedroeg het percentage stoppers in de controlegroep negen procent, terwijl in de sms-groep vijftien procent van de groep niet rookte. Om het nog nader te bestuderen vergeleken Stanczyk et al. (2014) de effecten van aangepaste video's die via internet toegankelijk waren, met afgestemde tekstberichten en met een vergelijkingsgroep die korte adviezen via standaard tekstberichten kreeg. Het negatieve scenario dat via internet toegankelijk was, was effectiever dan sms-berichten die waren afgestemd op het totaal aantal gerookte sigaretten of op het percentage mensen dat met roken was gestopt. Aangepaste video's via de computer resulteerden eveneens in een vijf maal zo grote kans om langdurig met roken te stoppen onder rokers met een geringe bereidheid om te stoppen.

Het kan verleidelijk zijn om te kiezen voor internettechnologie en de meer traditionele benaderingen links te laten liggen. Maar levert dat ook betere resultaten op? Cook et al. (2007) vergeleken de effectiviteit van een online en een gedrukte interventie om eetgewoonten te verbeteren, stress te verminderen en lichaamsbeweging te bevorderen. Het online programma bleek effectiever bij het verbeteren van het voedingspatroon dan het gedrukte materiaal, maar dat gold niet bij het verminderen van stress of het stimuleren van lichaamsbeweging. Marshall et al. (2003) maten verschil in de effectiviteit van geschreven of online programma's die waren ontwikkeld om lichaamsbeweging te bevorderen, terwijl Marks et al. (2006) constateerden dat gedrukt materiaal lichaamsbeweging effectiever stimuleerde dan internet. We moeten hierbij echter opmerken dat geen van deze programma's optimaal gebruik heeft gemaakt van internet en de interactiviteit ervan. Zo was er geen interactie tussen de gebruikers en het programma en werd er geen gebruikgemaakt van geheugensteuntjes of andere strategieën die bij moderne multimediale benaderingen kunnen worden toegepast. Complexere en meer interactieve interventies waarbij gebruik wordt gemaakt van internet, kunnen aantrekkelijker zijn en meer ontvangers aantrekken (Plotnikoff et al., 2005).

SAMENVATTING

7.1 Werken met personen
- Screening op risicofactoren kan van nut zijn voor bepaalde personen, maar er is niet gebleken dat ze het risico op ziekte op consistente wijze verkleinen. Daarbij kan screening bijdragen aan angst voor de gezondheid.
- Motivationeel interviewen is mogelijk gunstiger voor het motiveren tot verandering van gezondheidsgedrag en het volhouden van het gewijzigde gedrag, hoewel het effect niet is gegarandeerd.
- Probleemgerichte interventies zijn aanzienlijk effectiever dan interventies die alleen gezondheidsinformatie bieden.
- Screenen voor gezondheidsrisico's kan leiden tot aanzienlijke angst. Bij sommige mensen kan deze angst worden verlicht door het aanleren van eenvoudige strategieën voor coping.

7.2 Het gebruik van massamedia
- Gebleken is dat eenvoudige mediacampagnes weinig effect hebben om gedragsveranderingen teweeg te brengen. De effectiviteit kan soms worden verbeterd door de communicatie te verfijnen met behulp van theorieën zoals het *elaboration likelihood*-model, een combinatie van angst en berichten voor angstreductie; door de informatie op de juiste wijze te framen en door het publiek te segmenteren.

7.3 Omgevingsinvloeden

- Omgevingsinterventies kunnen eveneens van nut zijn. Deze kunnen *cues* voor actie bieden of *cues* voor ongezond gedrag verwijderen; gezond gedrag mogelijk maken door de kosten en de barrières van dergelijk gedrag te verlagen of de kosten van gedrag dat schadelijk is voor de gezondheid juist te verhogen.

7.4 Programma's voor gezondheidsbevordering

- Traditionele programma's voor de preventie van aandoeningen van de kransslagaders hebben slechts bescheiden gezondheidswinst opgeleverd in de bevolkingsgroepen waarop deze programma's waren gericht, tenzij ze waren gericht op relatief onwetende populaties.
- Door groepsgenoten geleide interventies zijn bij uiteenlopende gedragingen succesvoller gebleken.
- De werkplek vormt een belangrijke omgeving om verandering van gezondheidsgedrag te bevorderen en te faciliteren.

7.5 Het gebruik van nieuwe technologie

- Internet en de technologie van smartphones maken het eenvoudig om met grote aantallen mensen tegelijk te communiceren en deze worden dan ook vaak ingeschakeld bij gezondheidsbevordering.

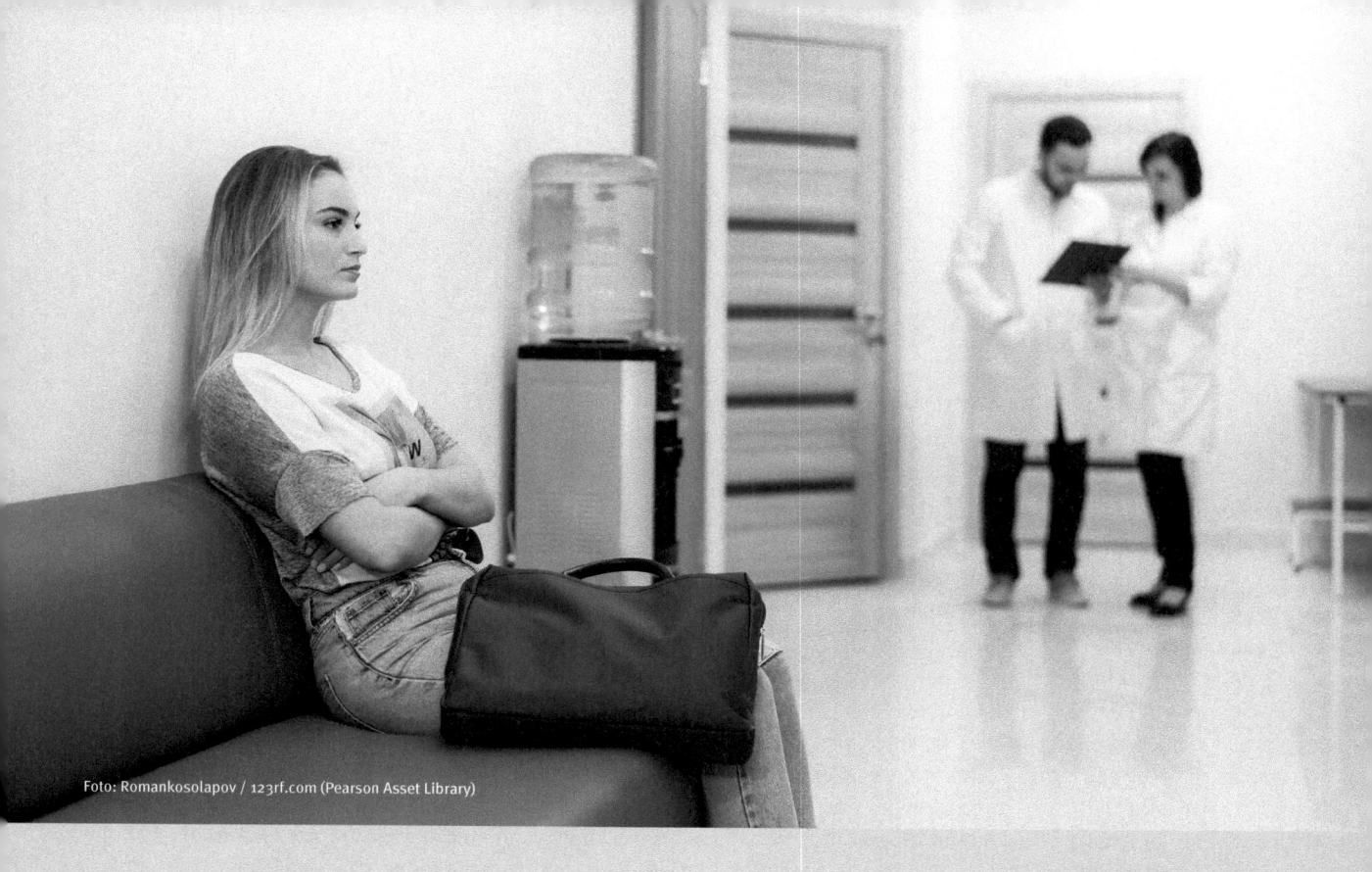

HOOFDSTUK 10
STRESS, GEZONDHEID EN ZIEKTE: THEORIE

10.1	**Concepten van stress**	**10.4**	**Het verband tussen stress en ziekte**
10.1.1	Stress als reactie op een stimulus	10.4.1	De directe route
10.1.2	Stress als een transactie	10.4.2	De indirecte routes
		10.4.3	Stress en verkoudheid
10.2	**Typen stress**	10.4.4	Stress en hart- en vaatziekten
10.2.1	Acute stress	10.4.5	Stress en kanker
10.2.2	Chronische stress	10.4.6	Stress en darmaandoeningen
		10.4.7	Stress en hiv/aids
10.3	**Stress als fysiologische reactie**		

LEERDOELEN

Aan het einde van dit hoofdstuk kun je beschrijven en uitleggen:
- hoe stress als stimulus functioneert;
- welke invloed de cognitieve beoordeling heeft;
- wat de aard en gevolgen zijn van acute en chronische stress;
- welke fysiologische processen door stress worden veroorzaakt;
- hoe stress zich bij verschillende ziekten manifesteert.

SLAAP JE ALS EEN ROOS OF HEB JE TE VEEL LAST VAN STRESS?

Waardoor komt het toch dat wanneer je naar bed gaat en je je hoofd laat rusten op dat zachte kussen, juist dat het moment is dat je hersenen aan het werk gaan met een onbewuste vastberadenheid om alle goede, maar vaker nog alle minder goede gebeurtenissen van de dag door te lopen!? En niet alleen wordt de voorbije dag doorgenomen, je brein besluit ook om alle opties voor de komende dagen door te werken. Zorgen over dingen die al gebeurd zijn – 'Waarom zei ik "dit" in plaats van "dat"?' 'Heb ik voldoende gewerkt aan mijn samenvatting vandaag?' – kunnen leiden tot overmatige zorgen over hetgeen inmiddels buiten onze macht ligt. Of je maakt je zorgen over financiële druk en of je de touwtjes wel aan elkaar kunt knopen (een van de meest gerapporteerde stressoren) – dergelijke zorgen kunnen heel wat tijd in beslag nemen aan denken, plannen en oefenen, nog vóór de gebeurtenis of uitkomst bekend is. Ondertussen tikt de klok 's nachts door. Ook piekeren over eenvoudige dingen als 'wat voor weer zal het zijn?' kan ertoe leiden dat de kleine uurtjes worden doorgebracht met je afvragen welke kleren aan te trekken. Hadden we maar een knop waarmee we onze hersenen konden uitzetten op hetzelfde moment dat we het licht uitdoen.

Het is niet ongebruikelijk dat zulke gedachten en scenario's door ons hoofd spelen terwijl we zouden moeten proberen om de weldadige minimale uren slaap te halen. Het jaarlijkse onderzoek naar stress in de Verenigde Staten van de American Psychological Association (2015) liet zien dat 25 procent van de mannen en 35 procent van de vrouwen rapporteren dat stressvolle gedachten hun slaap beïnvloeden, of het nu gaat om in slaap vallen of herhaaldelijk wakker worden in de nacht.

Slaap is essentieel voor ons cognitief, emotioneel en gedragsmatig functioneren. Vermoeid en nerveus opstaan zal je waarschijnlijk niet helpen om de dag op een optimale manier door te komen. Er zijn de gedragsmatige risico's voor jezelf, zoals uitputting, twee of drie extra kopjes koffie drinken, sigaretten roken of alcohol drinken, of kortaf zijn tegen vrienden of collega's. Ook zijn er risico's voor anderen, bijvoorbeeld doordat de slaperige persoon werk doet waarbij een specifieke vaardigheid, zoals het omgaan met machines, nodig is of verantwoordelijkheid voor het nemen van beslissingen die de gezondheid van anderen betreffen, zoals het voorschrijven van medicatie. Dus we kunnen maar beter aandacht besteden aan stress om onze slaap te verbeteren.

In dit hoofdstuk behandelen we de factoren die ertoe leiden dat gebeurtenissen als 'stressvol' worden beschreven en ervaren. Aan de orde komt de vraag hoe gedachten en beoordelingen van gebeurtenissen een scala aan negatieve gevolgen kunnen hebben voor de gezondheid en het welzijn, via effecten op copingreacties en -gedragingen, en ook op fysiologische systemen.

HOOFDSTUKOVERZICHT

Aan het begin van dit hoofdstuk komen de definities van en de belangrijkste theorieën over stress aan bod. De nadruk ligt op drie invalshoeken: stress als prikkel, stress als interactie tussen prikkel en beoordeling van het individu, en stress als biologische en fysiologische reactie. De tweede van deze bestaat uit het psychologische stressmodel, opgesteld door Richard Lazarus en zijn collega's, dat hier gedetailleerd wordt beschreven om de centrale rol van cognitieve beoordeling te illustreren. Dit gebeurt door te onderzoeken welke invloed stress op ons heeft tijdens het werk en in het dagelijks leven, en door acute en chronische stressoren te onderzoeken. In het laatste deel van het hoofdstuk vermelden we de resultaten van studies naar fysiologische processen die gepaard gaan met stress, hoe we op stress reageren en welke invloed stress en onze reacties hierop hebben op de lichamelijke gezondheid. Verschillende stressgerelateerde aandoeningen passeren de revue, waaronder kanker, hart- en vaatziekten en hiv/aids. Aan het einde van het hoofdstuk is duidelijk geworden wat de aard van stress is en via welke processen stress kan leiden tot ziekte.

10.1 Concepten van stress

stress
Een toestand van druk of belasting die ontstaat als de aanpassingsmogelijkheden in een bepaalde levenssituatie worden overschreden.

De term **stress** wordt heel veel gebruikt in verschillende betekenissen: iedereen denkt te weten wat het betekent, terwijl weinig mensen hetzelfde verstaan onder stress.

> **Wat denk je zelf?**
>
> Wat betekent stress voor jou? Waardoor voel jij je gestrest?
> Denk eens aan enkele recente gebeurtenissen die je als stressvol hebt ervaren. Hoe kwam dit? Denk tijdens het bestuderen van dit hoofdstuk af en toe terug aan je antwoorden op deze vragen.

stimulus (stressor)
Een stimulus of factor die stress kan veroorzaken.

Stress wordt meestal op een van de volgende drie manieren onderzocht: als reactie op een **stimulus (stressor)** als gebeurtenis buiten het individu; als psychologische interactie tussen een stimulus of gebeurtenis en de cognitieve en emotionele kenmerken van het individu; of als lichamelijke of biologische reactie. Dit zijn stuk voor stuk aspecten van stress. Elk van deze perspectieven en hun bijbehorende methoden hebben sterke en zwakke punten. In de volgende paragrafen worden deze nader uitgewerkt.

10.1.1 Stress als reactie op een stimulus

Wanneer stress wordt gezien als reactie op een externe stimulus , concentreren onderzoekers zich op de stressvolle gebeurtenis zelf en de externe omgeving; mensen schrijven de spanning toe aan een gebeurtenis, bijvoorbeeld verhuizen of trouwen. Onderzoekers denken dat ze de gebeurtenis en de eigenschappen ervan kunnen definiëren en objectief meten; ze labelen de gebeurtenis (bijvoorbeeld een huwelijk) en bepalen verschillende aspecten van de gebeurtenis, zoals nabijheid (bijvoorbeeld volgende week, volgend jaar). De invloed van sterk uiteenlopende stressoren op individuen of groepen zijn bestudeerd. Stressoren kunnen *catastrofale gebeurtenissen* zijn, zoals aardbevingen, overstromingen of vliegtuigongelukken of, wat vaker voorkomt, *belangrijke levensgebeurtenissen*, zoals werkloos worden, aan een nieuwe baan beginnen, trouwen of scheiden, een kind baren, iemand verliezen door overlijden of even met vakantie gaan. Al deze levensgebeurtenissen vereisen aanzienlijke aanpassingen van de betrokkenen. Levensgebeurtenissen kunnen zowel positief als negatief van aard zijn.

Theoretische benadering van levensgebeurtenissen (life events)
De belangrijkste voorstanders van deze benadering zijn Holmes en Rahe, die in 1967 hun theorie over **levensgebeurtenissen** opstelden. Zij stellen dat levensgebeurtenissen niet op zichzelf staan, maar cumulatieve effecten sorteren; dus hoe meer levensgebeurtenissen iemand heeft meegemaakt, bijvoorbeeld in het afgelopen jaar, hoe groter de kans is dat er problemen met de lichamelijke gezondheid ontstaan. Bovendien beweren ze dat specifieke typen gebeurtenissen elkaar nadelig

levensgebeurtenis
Gebeurtenis in iemands leven die als positief of als negatief kan worden ervaren (bijvoorbeeld trouwen, werkloos worden), maar waarvoor op z'n minst enige aanpassing nodig is van de betrokkene.

kunnen beïnvloeden. Door de beoordeling die aan elke levensgebeurtenis werd toegekend te middelen en de resultaten naar ernst te rangschikken, hebben Holmes en Rahe een schaal opgesteld die bekendstaat als de *social readjustment rating scale* of SSRS (sociale heraanpassingsschaal; Holmes en Rahe, 1967; zie tabel 10.1), met waarden op een schaal van 11 (kleine vergrijpen) tot 100 punten (het maximum van 100 werd toegekend aan het overlijden van een partner, wat gemiddeld naar voren kwam als de gebeurtenis die de meeste aanpassing vergde). De waarden worden *life change units* of LCU's (eenheden van levensverandering) genoemd.
In een daaropvolgend onderzoek ontdekten onderzoekers dat het risico op gezondheidsklachten toenam bij een hogere LCU-score. Lorenz *et al.* (2006) vonden bijvoorbeeld negatieve gevolgen voor de gezondheid door scheiding bij vrouwen, zowel op de korte termijn maar ook in het daaropvolgende decennium, Feldman *et al.* (2007) rapporteren gezondheidsgevolgen door stress, vooroordelen en veranderingen bij vluchtelingen in Nederland. Hierbij moet als kritische noot vermeld worden dat dit **retrospectieve onderzoeken** waren en het hier gaat over correlationele verbanden.

retrospectief onderzoek
Onderzoek waarbij de metingen of waarnemingen al verricht zijn en de onderzoeksobjecten gegeven voordat de studie ervan gebeurt.

TABEL 10.1 Representatieve levensgebeurtenissen uit de *social readjustment scale* en de bijbehorende LCU's

Bron: Overgenomen uit *Journal of Psychosomatic Research*, vol. 11/nr. 2, Thomas H. Holmes en Richard H. Rahe, 'The social readjustment rating scale', © 1967, met toestemming van Elsevier

GEBEURTENIS	LCU-BEOORDELING (1 – 100)
Overlijden van een partner	100
Echtscheiding	75
Overlijden van een nabij familielid	63
Persoonlijke verwonding of ziekte	53
Huwelijk	50
Werkloos worden	47
Pensioen	45
Seksuele problemen	39
Overlijden van een goede vriend(in)	37
Verandering van baan	36
Beslaglegging op hypotheek of lening	30
Zoon of dochter gaat uit huis	29
Bijzondere persoonlijke prestatie	28
Begin of einde opleiding	26
Problemen met baas	23
Verhuizing	20
Verandering van sociale activiteiten	18
Vakantie	13
Kerstmis	12

Beperkingen bij de meting van levensgebeurtenissen

Bij het verband tussen LCU's en een slechte gezondheid (lichamelijk en/of geestelijk) werden al snel vraagtekens gezet als gevolg van diverse beperkingen in de methodologie en steekproeven. Bijvoorbeeld:
- Veel onderzoeken die matige tot sterke associaties rapporteren tussen LCU's, gezondheid en ziekte steunden op retrospectieve beoordeling: deelnemers die al ziek waren, werd gevraagd of ze voorafgaand aan de ziekte al dan niet

een levensgebeurtenis hadden meegemaakt. We weten dat zieke mensen naar verklaringen voor hun ziekte zoeken, waaronder ook foutieve attributies van gebeurtenissen in het verleden kunnen vallen. In **studies met een prospectieve opzet** bleken de relaties tussen levensgebeurtenissen en ziekte veel zwakker of afwezig.

> prospectieve studie
> Bij prospectief onderzoek wordt eerst een steekproef van onderzoeksobjecten getrokken en worden daarop de metingen of waarnemingen gedaan.

- Items die in de vragenlijst van het onderzoek opgenomen zijn, zijn noch wereldwijd passend, noch alledaags. Bijvoorbeeld afhankelijk van de leeftijd van de deelnemer zijn veel van de genoemde gebeurtenissen niet van toepassing (bijvoorbeeld echtscheiding, een kind krijgen). Andere gebeurtenissen komen eenvoudigweg niet voldoende vaak voor en worden dus niet vaak vermeld (bijvoorbeeld verhuizen).
- Items kunnen onderling zijn vervlochten, doen elkaars effect teniet of versterken dit juist (voor een huwelijk zijn bijvoorbeeld vooral positieve aanpassingen nodig, maar dit kan samenvallen met een negatief beoordeelde verhuizing).
- Er zitten ook vage en ambivalente gebeurtenissen tussen; 'een verandering van de sociale activiteiten' kan bijvoorbeeld veel verschillende dingen betekenen, kan gemeld worden om veel verschillende redenen, van beginnen met dansen met een nieuwe partner tot het dansen opgeven door slechte gezondheid.
- Het koppelen van LCU's aan gebeurtenissen veronderstelt dat alle mensen gebeurtenissen op min of meer gelijke wijze beoordelen. Maar als psychologen weten we dat dat onwaarschijnlijk is!
- Ten slotte zijn er inconsistenties gerapporteerd tussen gebeurtenissen die als 'ernstig' worden gescoord wanneer een checklist wordt gebruikt, terwijl in een daaropvolgend interview dit niet als 'ernstig' wordt gescoord (Brown en Harris, 1989). Dit roept vragen op over de betrouwbaarheid van de SRRS. Hierop ontwikkelden Brown en Harris een zorgvuldiger benadering waarin de LEDS (*Life Events and Difficulties Scale*) in een semigestructureerd interview door een getrainde interviewer wordt uitgevoerd. De beoordelaar scoorde de gebeurtenissen op mate van ernst in termen als 'gevaar' of 'verlies' in de context van de gebeurtenis, maar zonder emotionele beïnvloeding. Deze methode voor het beoordelen van de ernst van levensgebeurtenissen heeft geleid tot een afname van de incidentie van het rapporteren van ernstige levensgebeurtenissen; dit kan een impact hebben op de gerapporteerde verbanden tussen gebeurtenissen en gezondheid (Butow *et al.*, 2000).

Ondanks de vele beperkingen in meetmethoden kunnen grote levensgebeurtenissen een impact hebben op de levens van mensen, van welke leeftijd dan ook. Bij kinderen die stressvolle levensgebeurtenissen meemaken, is bijvoorbeeld gevonden dat ze later toegenomen tekenen van angst vertonen, wat een toekomstige sociale invloed van stresservaringen suggereert (Laceulle *et al.*, 2014). Net als het aantal gebeurtenissen dat iemand meemaakt, is ook de soort gebeurtenis belangrijk. Bijvoorbeeld gezondheidsgerelateerde gebeurtenissen (zoals het krijgen van een ernstige ziekte of een operatie ondergaan) voorspelde op significante wijze de mortaliteit onder een groep van middelbare leeftijd die 17 jaar gevolgd werd, na controle voor andere risicofactoren als geslacht, BMI, systolische bloeddruk, hartinfarct en beroepssituatie, terwijl levensgebeurtenissen die niet met gezondheid te maken hebben, zoals verhuizen of scheiding niet voorspellend waren (Phillips *et al.*, 2008). Veel prospectieve longitudinale onderzoeken meten nu de frequentie en aard van levensgebeurtenissen van onderzoekspopulaties ervan uitgaand dat levensgebeurtenissen ook andere variabelen die van belang zijn kunnen beïnvloeden: bijvoorbeeld aanpassing aan een beperking kan ondermijnd worden door het optreden van andere grote veranderingen.

De levengebeurtenisbenadering van stress behandelt echter niet systematisch de vele interne en externe factoren die het verband tussen de gebeurtenis en de uitkomsten kunnen modereren. Wat betreft interne factoren, is de aandacht verschoven naar een mogelijk **omgevingssensitiviteitsgen** dat de emotionele en gedragsmatige respons van een persoon beïnvloedt bij blootstelling aan stressvolle levensgebeurtenissen (zoals scheiding van ouders en gedragsstoornis, stress op kinderleeftijd en depressie op latere leeftijd (zie Belsky en Pluess, 2009)). Hoewel dit een fascineerde onderzoekslijn is, is het nog te vroeg om conclusies te trekken en gaven recente bevindingen van een longitudinaal onderzoek van kinderen en adolescenten weinig steun voor het idee dat maten van gensensitiviteit de effecten van eerdere stressvolle levensgebeurtenissen op temperamentverandering modereren (Laceulle et al., 2014).

Daarentegen hebben de psychologische theorieën van stress geholpen om vele andere consistente interne en externe **moderatoren van de stresservaring** te identificeren.

> **omgevingssensitiviteitsgen**
> Een gen dat mogelijk de emotionele en gedragsmatige respons van een persoon beïnvloedt bij blootstelling aan stressvolle levensgebeurtenissen

> **moderatoren van de stresservaring**
> Een variabele die de relatie tussen twee andere variabelen (in dit geval de stressor en de stresservaring) beïnvloedt.

Dagelijkse ergernissen

Behalve naar grote en vaak zeldzame levensgebeurtenissen is ook onderzoek gedaan naar de stressvolle aard van dagelijkse *ergernissen*. Zo definieerden Kanner *et al.* (1981) deze ergernissen als 'irritante, frustrerende, beangstigende eisen die kenmerkend zijn voor dagelijkse interactie met de omgeving'. Zij maten de impact van zaken als te weinig geld hebben voor voedsel of kleding, dingen verliezen, overladen zijn met verantwoordelijkheden, dwaze vergissingen maken of ruzie met een partner. In tegenstelling tot grote levensgebeurtenissen is voor dagelijkse ergernissen geen grote aanpassing nodig door de persoon die ze meemaakt. We gaan ervan uit dat deze ergernissen vooral invloed hebben op iemands leven als ze frequent optraden, chronisch waren of gedurende een bepaalde periode vaak voorkwamen. Om deze hypothese te toetsen, ontwikkelden Kanner *et al.* een instrument om dagelijkse ergernissen te beoordelen. Ze ontdekten dat deze ergernissen een sterk verband vertoonden met negatieve geestelijke en lichamelijke gevolgen, zelfs als voor belangrijke levensgebeurtenissen werd gecorrigeerd. Sterkere associaties worden meestal gevonden tussen ergernissen en gezondheidsuitkomsten (waaronder ook psychische gezondheid) dan tussen grote levensgebeurtenissen en gezondheidsuitkomsten (Searle en Bennett, 2001). In dit onderzoek werd overigens meer rekening gehouden met positief beoordeelde gebeurtenissen (bijvoorbeeld ergens in slagen, een taak voltooien, het krijgen of geven van een cadeautje of compliment, lachen) dan in het onderzoek over levensgebeurtenissen.

Uit het onderzoek van Kanner bleek dat de levensfase van invloed was op hoe zowel ergernissen en meevallers werden waargenomen en gewaardeerd. Het ging dan met name om negatieve gebeurtenissen als geldzorgen, werk- en tijdsdruk en sociale ergernissen, en positieve gebeurtenissen als een goede gezondheid, tijd doorbrengen met het gezin. Kanner ontdekte ook een bijzonder sekseverschil. In tegenstelling tot mannen vertoonden vrouwen niet alleen na ergernissen stress, maar ook na positieve voorvallen . Dit wijst erop dat vrouwen door zowel positieve als negatieve veranderingen worden beïnvloed. Dergelijke bevindingen maken duidelijk dat twee personen hetzelfde aantal gebeurtenissen kunnen meemaken, ze gelijk kunnen beoordelen, terwijl ze duidelijk verschillende gezondheidsuitkomsten kunnen ervaren. Waarom zou dit zijn?

Wanneer gezondheidsuitkomsten inderdaad beïnvloed worden door grote gebeurtenissen of een opeenstapeling van kleine gebeurtenissen (bijvoorbeeld regelmatig gepest worden op school), via welke processen (psychofysiologisch of gedragsmatig) vindt dat dan plaats? Om de hoe-vraag te beantwoorden, komen we bij de fysiologische theorieën van stress uit, terwijl we om de waarom-vraag te beantwoorden sociologische verklaringen nodig hebben en psychologische theorieën van stress waaronder cognitieve beoordeling en emotie vallen.

Foto: Robert Kneschke / Shutterstock (Pearson Asset Library)

10.1.2 Stress als een transactie

Stress wordt ook gezien als een subjectieve ervaring, die door een objectieve waarnemer kan worden beschouwd als al dan niet passend bij de situatie die de reactie oproept. Of een gebeurtenis al dan niet als stressor wordt beleefd, is een kwestie van beoordeling. De belangrijkste figuur op dit onderzoeksterrein is Richard Lazarus, die met collega's (Lazarus en Launier, 1978; Lazarus en Folkman, 1984) het zogenoemde cognitieve, transactionele stressmodel opstelde (zie figuur 10.1). In vroege experimenten kwamen aanwijzingen aan het licht voor het belang van psychologische processen bij stress. Zo stelden Speisman *et al.* (1964) studenten bloot aan stressvolle films, terwijl ze zelf met behulp van een vragenlijst het stressniveau registreerden. Tegelijk maten de onderzoekers de fysiologische ***arousal*** (dat wil zeggen de hartslag en het geleidend vermogen van de huid). De studenten kregen bijvoorbeeld een gruwelijke video van tribale initiatie te zien, waarin genitale verminking voorkwam. Voor de film werden de proefpersonen verdeeld in vier groepen, die elk een andere inleiding op geluidsband te horen kregen. Een groep hoorde een intellectuele beschrijving van de rituelen vanuit een antropologisch perspectief (om een **afstandelijke reactie** op te wekken); een andere luisterde naar een lezing waarbij de pijn die de 'bereidwillige' geïnitieerden ervoeren, werd gebagatelliseerd met de nadruk op hun enthousiasme (om een **ontkenningsreactie** op te wekken); weer een andere groep luisterde naar een verhaal dat de pijn en de traumata beklemtoonde die de geïnitieerden ondergingen (om de indruk te wekken van een bedreigende situ-

---

arousal
Onder *arousal* wordt de activatietoestand van het centrale en autonome zenuwstelsel verstaan. Activatie van het centrale zenuwstelsel (met name van hersenfuncties) houdt verband met de mate van mentale alertheid of bewustzijn.

afstandelijke reactie
Het innemen van een afstandelijk, vaak wetenschappelijk standpunt over een gebeurtenis of stimulus, met als doel activering van de emoties te verminderen.

ontkenningsreactie
Het innemen van een standpunt waarbij alle negatieve implicaties van een gebeurtenis of stimulus worden ontkend. Als dit onbewust gebeurt, wordt dit als een afweermechanisme beschouwd.

atie); de controlegroep kreeg van tevoren geen informatie te horen. De distantiëring- en ontkenningsgroep (kan gezien worden als een copingreactie) vertoonden significant minder stress dan de derde groep. Lazarus besefte dat de beoordeling van situaties een rol speelt bij stressreacties. Daarom ontwikkelde hij in zijn volgende werk een theorie over stress, die uitgegroeid is tot een van de meest invloedrijke in de gezondheidspsychologie.

Volgens Lazarus is stress een gevolg van de interactie tussen iemands eigenschappen en beoordelingen, de externe of interne gebeurtenis (stressor) en de interne of externe hulpmiddelen waarover iemand beschikt. Motivationele en cognitieve variabelen worden als centraal beschouwd. Het model van Lazarus stelt dat mensen beginnen met een proces van **beoordeling** wanneer ze met een nieuwe of veranderende omgeving te maken krijgen. Van deze beoordeling bestaan twee typen: een primaire beoordeling en een secundaire beoordeling.

beoordeling
Iemands interpretatie van situaties, gebeurtenissen of gedrag.

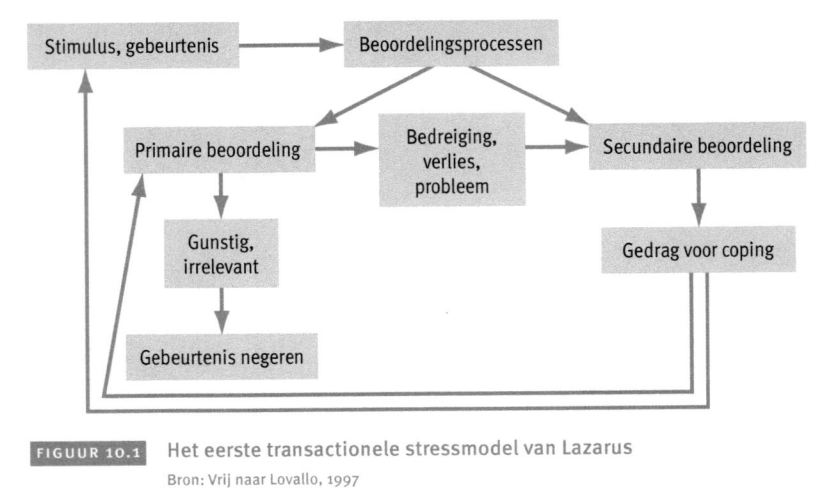

FIGUUR 10.1 Het eerste transactionele stressmodel van Lazarus
Bron: Vrij naar Lovallo, 1997

Primaire beoordelingsprocessen

primaire beoordeling
Iemand overdenkt de kwaliteit, de aard en het belang van een stimulus (stressor).

Bij een **primaire beoordeling** overdenkt iemand de kwaliteit, de aard en het belang van een stimulus. Lazarus onderscheidde drie typen stressoren: stressoren die schade berokkenen, stressoren die een bedreiging vormen en stressoren die een uitdaging vormen. Schade staat in dit geval voor schade die al heeft plaatsgevonden, dat wil zeggen een verlies of mislukking; bedreiging is de verwachting van toekomstige schade; uitdagingen zijn kansen voor persoonlijke groei of problemen waarbij de betrokkene het vertrouwen heeft dat hij ermee kan omgaan. Gebeurtenissen die niet als schadelijk, bedreigend of uitdagend worden beoordeeld, interpreteren we als goedaardige gebeurtenissen waarvoor geen verdere actie nodig is. Iemand kan zichzelf bij een primaire beoordeling de volgende vragen stellen: 'Is dit een gebeurtenis waar ik mee om moet gaan?', 'Is deze gebeurtenis relevant voor mij?', 'Is het een positieve, negatieve of neutrale gebeurtenis?', 'Als de gebeurtenis mogelijk of feitelijk negatief is, kan ze mij dan schade berokkenen of vormt ze een bedreiging?' Bij het beantwoorden van deze vragen kunnen emoties ontstaan die verschillende fysiologische reacties oproepen.

Secundaire beoordelingsprocessen

secundaire beoordeling
Iemand beoordeelt de hulpmiddelen en het vermogen om met een stressor om te gaan.

Lazarus stelde dat mensen tegelijkertijd met een primaire beoordeling een **secundaire beoordeling** uitvoeren; hierbij beoordelen ze de hulpmiddelen en het vermogen om met een stressor om te gaan (probleemgericht of emotiegericht vermogen tot coping). De vragen die iemand zichzelf hierbij stelt, zijn van het type: 'Hoe ga ik dit oplossen?' en 'Wat kan hierbij van nut zijn of waar kan ik een beroep op doen?' Hulpmiddelen kunnen intern (bijvoorbeeld kracht, karaktereigenschappen als vastberadenheid) of extern (bijvoorbeeld in de vorm van sociale ondersteuning, geld) zijn.

Stel dat je binnenkort een belangrijk examen hebt. Dan kun je daar verschillende beoordelingen over maken, bijvoorbeeld:

- 'Ik kan hier onmogelijk mee omgaan. Ik weet gewoon zeker dat ik zal zakken.' (bedreiging + geen hulpmiddelen = stress)
- 'Dit zal echt moeilijk worden. Ik ben gewoon niet zo intelligent als andere studenten.' (bedreiging + beperkte interne hulpmiddelen = stress)
- 'Ik zou het misschien kunnen halen als ik hulp krijg van mijn vrienden.' (probleem + externe hulpbronnen = minder stress)
- 'Ik heb het de vorige keer ook gehaald, het zal deze keer ook wel lukken.' (gunstig)

In het vroege werk van Lazarus stelde hij dat men stress zal ervaren indien de vermeende schade of bedreiging hoog is en het vermeende vermogen tot coping gering. Wanneer het vermeende vermogen tot coping daarentegen groot is, zal de stress minimaal zijn. Met andere woorden: stress ontstaat als de vermeende eisen niet in verhouding staan tot de beschikbare hulpmiddelen. Deze twee factoren kunnen in de loop der tijd veranderen. Het is dus belangrijk om stress te beschouwen als een dynamisch proces.

Ontwikkelingen in het model van Lazarus

Een vroege stressonderzoeker, Hans Selye (1974), maakte onderscheid tussen goede en slechte stress; tussen respectievelijk **eustress**, stress die gepaard gaat met positieve gevoelens of een toestand van gezondheid (zoals die misschien gezien wordt bij sportactiviteiten of uitvoerende kunsten, waar stress leidt tot focus of zin om te winnen), en **distress**, stress die vergezeld wordt door negatieve gevoelens en een verstoring van de lichamelijke toestand.

> **eustress**
> Stress die gepaard gaat met positieve gevoelens of een toestand van gezondheid.
>
> **distress**
> Stress die vergezeld wordt door negatieve gevoelens en een verstoring van de lichamelijke toestand.

Rond 1990 beschouwde Lazarus het stressproces in toenemende mate als onderdeel van het bredere terrein van emoties en wijzigde hij zijn theorie van de cognitieve beoordeling van stress (zie Lazarus, 1991a). Rond deze tijd werkte hij samen met een collega (Smith en Lazarus, 1993). Smith stelde voor dat de primaire beoordeling bestaat uit twee opeenvolgende evaluaties: een van *motivationele relevantie*, dus de mate waarin de gebeurtenis relevant geacht wordt voor iemands huidige doelen en verplichtingen; de ander van *motivationele congruentie*, dat wil zeggen: de mate waarin de situatie gezien wordt als congruent met de huidige doelen. Stress kwam vooral voor in situaties waar de relevantie hoog was en de congruentie laag. Dit wordt hieronder geïllustreerd:

BEOORDELING

motivationele relevantie	*motivationele congruentie*
'De voorgestelde toets is belangrijk voor mijn studie'	'Ik zou liever naar een feest gaan'
hoge relevantie	lage congruentie

Lazarus paste zijn primaire beoordeling aan door middel van een beoordeling van de *egobetrokkenheid*. Volgens deze aanpassing wekt een bedreiging van het zelfgevoel of van de sociale waardering woede op; een schending van morele codes resulteert in schuldgevoel; en elke existentiële bedreiging genereert angst.

Het vervangen van de cognitieve beoordelingen van bedreiging/uitdaging en schade/verlies door deze emotionele beoordelingen is van invloed geweest op de wijze waarop we tegenwoordig over stress denken. Voorheen werd vaak over het hoofd gezien dat een beoordeling aan emoties is gerelateerd. Als een gebeurtenis wordt beoordeeld als een bedreiging voor, of incongruent met de doelen die iemand zich stelt in het leven, is het waarschijnlijk dat dit angst oproept. Wanneer de gebeurtenis als verlies wordt beoordeeld, dan volgt daarop vaak verdriet. Er is een minder duidelijk verband tussen gebeurtenissen en de beoordelingen die aan positieve emoties zijn gekoppeld, maar deze gebeurtenissen kunnen leiden tot vreugde of hoop.

In navolging van Smith (1993) werd de secundaire beoordeling complexer; deze bestaat uit de volgende elementen:

1. *Interne/externe verantwoordelijkheid* (schuld/verdienste bij Lazarus) heeft te maken met verantwoordelijkheid voor de gebeurtenis. Men maakt hierbij onderscheid tussen woede (een ander de schuld geven) en schuldgevoel (zichzelf de schuld geven). Verdienste is minder goed bestudeerd dan schuld, maar gaat mogelijk gepaard met emoties zoals trots.
2. *Vermogen tot probleemgerichte coping* bestudeert de mate waarin de situatie als veranderbaar wordt beleefd via instrumentele (praktische, probleemgerichte) mogelijkheden voor coping. Als de situatie als veranderbaar wordt gezien, zal er hoop of optimisme zijn; als de situatie niet gezien wordt als veranderbaar, wekt dat angst en nervositeit op.
3. *Vermogen tot emotiegerichte coping* houdt zich bezig met het vermeende vermogen emotioneel gezien om te gaan met de situatie. Als een individu meent dat hij of zij hiertoe niet in staat is, gaat dit gepaard met angst, nervositeit.
4. *Toekomstige verwachting met betrekking tot verandering van de situatie* heeft te maken met de mate waarin de betrokkene denkt dat de situatie in de toekomst veranderbaar is. Als wordt gedacht dat de situatie in de toekomst onveranderbaar is, gaat dit gepaard met droefheid.

Lazarus combineerde de tweede en derde beoordeling en noemde dit eenvoudigweg 'vermogen tot coping'. Het belangrijkste element uit deze ontwikkelingen van de theorie van Lazarus is dat de aandacht niet alleen uitgaat naar emoties, maar ook naar cognities (zie tabel 10.2). Beide zijn dynamisch en interacteren voortdurend. Bovendien worden emotionele indrukken van gebeurtenissen volgens deze theorie in het geheugen opgeslagen, wat van invloed is op de wijze waarop we eenzelfde gebeurtenis bij een volgende gelegenheid zullen beoordelen.

Kritiek op het raamwerk van Lazarus

De transactionele benadering en de bijbehorende cognitieve beoordelingstheorie lijken veel voordelen te hebben. Deze aanpak sluit aan op biologische en sociale modellen: men houdt immers rekening met de rol van de stimulus, met emotionele en gedragsmatige reacties, met individuele verschillen en met de omgeving. Echter, sommigen hebben kritiek geleverd op het raamwerk van Lazarus omdat het vicieus zou zijn. De noodzaak tot coping en het vermogen tot coping zijn niet afzonderlijk gedefinieerd, waardoor het model volgens sommigen tautologisch wordt: of een gebeurtenis al dan niet belastend is, hangt af van de vermeende capaciteit tot coping, die weer afhangt van de ervaren belasting (Hobfoll, 1989). Bovendien is het nog onduidelijk of zowel primaire als secundaire beoordeling noodzakelijk is. Zohar en Dayan (1999) ontdekten bijvoorbeeld dat een positieve

TABEL 10.2 Beoordelingen, kerngerelateerde thema's en emoties
Bron: aangepast van Hulbert-Williams *et al.*, 2013

BEOORDELING COMPONENTEN	KERN-RELATIONEEL THEMA	EMOTIE
Motivationeel incongruent, motivationeel relevant, toerekenbaarheid-ander	Schuld-ander	Boosheid
Motivationeel relevant, zelftoerekenbaarheid	Zelfverwijt	Schuld
Motivationeel incongruent, motivationeel relevant, laag emotiegericht copingpotentieel	Gevaar/dreiging	Angst/vrees
Motivationeel incongruent, motivationeel relevant, laag probleemgericht copingpotentieel, lage toekomstige verwachting	Verlies, hulpeloosheid	Verdriet
Motivationele relevantie, motivationele incongruentie, probleemgericht copingpotentieel	Optimisme	Hoop/uitdaging
Motivationele congruentie	Succes	Geluk

stemming als uitkomst in hun steekproef hoofdzakelijk werd beïnvloed door het vermogen tot coping, en dus niet door de primaire beoordeling. Bovendien ontdekten ze dat stress ontstond en/of toenam wanneer het belang of de motivationele relevantie van een gebeurtenis groeide, zelfs wanneer het vermogen tot coping niet beperkt was. Toekomstig onderzoek zou zich moeten richten op de interactie tussen primaire en secundaire beoordeling en op de aanname dat stress alleen wordt ervaren wanneer de hulpmiddelen niet tegen de belasting opwegen.

Welke factoren zijn van invloed op de beoordeling?

Hoewel de aard van de stimulus kan variëren van een aanmaning vanwege een niet-betaalde rekening tot de diagnose van een levensbedreigende ziekte, zijn er kenmerken aan te wijzen die gebeurtenissen stressvol maken. Stressvolle gebeurtenissen zijn bijvoorbeeld:

- gebeurtenissen die ophanden zijn (het rijexamen is niet volgende maand maar morgen);
- gebeurtenissen die zich op een *onverwacht moment* in het leven voordoen (overlijden van de partner op het dertigste levensjaar, overlijden van een kind);
- gebeurtenissen die *onvoorspelbaar* zijn (ontslagen worden; plots overlijden);
- gebeurtenissen die *onduidelijk* zijn wat betreft:
  - persoonlijke rol (beginnen in een nieuwe baan);
  - potentieel risico of schade (een operatie ondergaan of het innemen van een nieuw geneesmiddel);
  - ongewenste gebeurtenissen (bijvoorbeeld moeten verhuizen vanwege financiële tegenslag).
- gebeurtenissen waarover de betrokkene gedragsmatig of cognitief *geen controle* lijkt te hebben (gedragsmatig of cognitief, zoals luidruchtige buren);
- gebeurtenissen die grote *levensveranderingen* met zich meebrengen (eerste kind, verhuizing).

Lekentheorieën over stress

Lekenmodellen van ziekte zijn belangrijk om te begrijpen wat gebeurt tussen symptoomperceptie en reactie. Zo is het ook als het gaat om stress, wat de leek ziet als de oorzaken en gevolgen van stress moeten we erkennen; stress als concept bestaat niet alleen in wetenschappelijk onderzoek maar ook in ons alledaagse taalgebruik. Diverse auteurs hebben deze begrippen bestudeerd in relatie tot werkstress (zie Chartered Institute of Personnel Directors, 2011; Rystedt *et al.*, 2004; Kinman en Jones, 2005; Jones *et al.*, 2006; William en Copper, 2002) en anderen hebben stress bestudeerd aan de hand van specifieke ziekten, zoals een hartaanval (zie Clark, 2003).

In het onderzoek van Clark varieerde het begrip van sociale, persoonlijke en situationele invloeden op wat werd beschouwd als stress tussen individuen, maar er was een gemeenschappelijke visie dat stress er duidelijk uitsprong als oorzaak van de hartaanval, zelfs meer dan roken en eetgewoonten! Over werkstress waren lekentheorieën op gelijkaardige wijze veelzijdig en variabel. Interessant is dat we in het onderzoek van Kinman en Jones (2005) een voorbeeld vinden dat de rang of positie in een bedrijf het verschil kan maken. Werknemers op een lager niveau dachten dat de impact van beroepsmatige stress persoonlijk was en dat gezamenlijke inspanningen van henzelf en de organisatie nodig waren om met de stress om te gaan, terwijl werknemers op managementniveau van mening waren dat de verantwoordelijkheid voor het omgaan met stress bij de individuele werknemers lag. Dergelijke lekenovertuigingen zijn belangrijk, gezien het feit dat bewijs van hun longitudinale effecten op werkstress, waaronder mentale druk (Rystedt *et al.*, 2004), en zeker de theorieën van leken over de vraag waarom de stress is opgetreden en wat de gevolgen ervan kunnen zijn, implicaties hebben voor interventies gericht op het omgaan met stress.

10.2 Typen stress

Bij het bestuderen van stress kunnen we twee belangrijke typen onderscheiden: acute en chronische stress. Chronische stress treedt pas op wanneer acute stresssituaties ertoe leiden dat er geen plaats meer is voor rust en herstel en je lichaam doorlopend in een staat van paraatheid blijft.

10.2.1 Acute stress

Bij onderzoeken naar stress die zich acuut manifesteert, wordt meestal onderscheid gemaakt tussen enerzijds stressoren die zeldzaam maar rampzalig zijn en anderzijds veelvoorkomende stressoren, zoals examens.

Rampen
Aardbevingen, orkanen en vliegtuigrampen zijn (voor ons) zeldzame gebeurtenissen waarop mensen zich niet of nauwelijks kunnen voorbereiden. Natuurrampen of technologische rampen veroorzaken intens lichamelijk en psychosociaal lijden voor de slachtoffers en vaak ook psychosociaal lijden voor de mensen die niet fysiek bij de ramp aanwezig waren, maar zich wel zorgen maken. Volgens de theorie van de omgevingsstress (Baum, 1990) is stress een gecombineerde psychologische en fysiologische reactie op belasting. Ondersteuning voor deze theorie leveren de vele psychologische en lichamelijke reacties van mensen die een natuurramp hebben overleefd. Voorbeelden hiervan zijn:
- aanvankelijke paniek;
- nervositeit;
- fobische angst;
- kwetsbaarheid;
- schuldgevoel (*survivor guilt* of overlevingsschuld);

- isolement;
- teruggetrokkenheid (waaronder sommige pogingen tot zelfdoding);
- woede en frustratie;
- interpersoonlijke problemen en huwelijksmoeilijkheden;
- desoriëntatie;
- vervreemding;
- verlies van gevoel van veiligheid;
- slaapstoornissen;
- eetstoornissen.

Overstromingen in het Verenigd Koninkrijk hebben families veel meer gekost dan alleen geld; hun huis, bezittingen en herinneringen zijn veelal verloren gegaan in de modder.
Bron: Charlie Edward / Shutterstock (Pearson Asset Library)

posttraumatische stressstoornis
Een stoornis die een reactie vormt op het meemaken van een traumatische gebeurtenis. De belangrijkste elementen zijn ongewenste zich herhalende herinneringen aan de gebeurtenis, vaak in de vorm van flashbacks, pogingen om dergelijke herinneringen te vermijden, en een algemeen toegenomen niveau van *arousal*.

De ernst en de duur van reacties op stressvolle gebeurtenissen zijn afhankelijk van de omvang van het verlies. Afgezien van de lange lijst reacties die we al gaven, herbeleven sommige mensen de gebeurtenis tijdens nachtmerries en/of *flashbacks*. Op zich behoort dit tot de normale verwerkingsreacties, maar het kan leiden tot de diagnose **posttraumatische stressstoornis** (PTSS).

Het is duidelijk dat stressoren die acuut beginnen chronische effecten kunnen hebben op het psychologisch welzijn. We moeten daarom goed bekijken welke interventies om het leed te minimaliseren effectief kunnen zijn. In het geval van overlevenden van een orkaan kunnen interventies bijvoorbeeld maximaal effect hebben als ze zijn gericht op zowel het herstel van verloren middelen (zorgen voor huisvesting, water, kleding) als op de emoties en cognities (zie zelfeffectiviteit) van de overlevenden.

Examenstress

Er is een zeker niveau van *arousal* nodig om de concentratie en het geheugen te handhaven, en te weinig of te veel *arousal* kan een nadelig effect op de prestaties hebben. Dit wordt de wet van Yerkes-Dodson genoemd, die in 1908 voor het eerst werd opgesteld (zie figuur 10.2). Een examen in een vak waarbij men veel waarde hecht aan een goed resultaat zal meer *arousal* opwekken dan een examen waarvoor dat niet geldt. Het geheim voor goede prestaties ligt erin de *arousal* te laten oplopen, zonder dat de kandidaat in de examenzaal een black-out krijgt. Examens blijken van invloed op ongezond gedrag zoals roken, snoepen, alcohol drinken, toegenomen inname van cafeïne, en te weinig bewegen. Dit werd geweten aan een storing in de zelfcontrole, vooral onder hen met beperkte studievaardigheden, zoals aangetoond werd in een onderzoek onder Australische studenten (Oaten en Cheng, 2006). Dit verband tussen stress en gedrag is een indirecte route waarlangs stress ziekte kan veroorzaken. Ook is examenstress – net als elke andere acute stressor – van invloed op lichamelijke functies zoals de hoogte van de bloeddruk. De herhaalde meting van fysieke indicaties van **stressreactiviteit** (zoals bloeddruk, zie verderop meer over fysiologische reacties) is noodzakelijk zodat onderzoekers meerdere nulmetingen hebben waarmee ze het dalen en stijgen van de bloeddruk in de loop van de tijd kunnen vergelijken terwijl het individu verschillende activiteiten verricht.

Een link tussen acute stressoren als een examen en een daadwerkelijke ziekte (Brosschot *et al.*, 2005) is naar voren gebracht naar aanleiding van bevindingen dat studenten een verhoogde prevalentie van infecties hebben tijdens examenperiodes vergeleken met perioden zonder toetsen. In deze onderzoeken worden vaak ook bloedmonsters afgenomen om immunologische markers te identificeren en bevindingen suggereren dat voor veel personen examens en de voor-

---

stressreactiviteit
De fysiologische *arousal* zoals toegenomen hartslag of bloeddruk tijdens een potentieel stressvolle gebeurtenis.

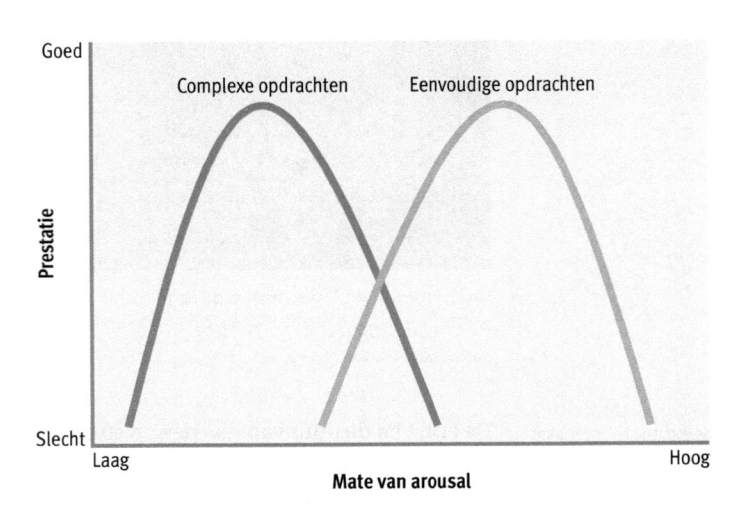

FIGUUR 10.2 De wet van Yerkes-Dodson
Bron: Rice, 1992

bereidende perioden (die vaak gepaard gaan met angst en veranderd gedrag) voldoende stressvol zijn om vatbaarheid voor ziekten te vergroten door immunosuppressieve effecten (zie Kiecolt-Glaser *et al.*, 2002; Vedhara en Irwin, 2005).

10.2.2 Chronische stress

Chronische stress treedt op wanneer acute stresssituaties ertoe leiden dat er geen plaats meer is voor rust en herstel en je lichaam doorlopend in een staat van paraatheid blijft.

Beroepsstress

De werkomgeving is heel geschikt om de chronische effecten van stress te bestuderen. Controleverlies lijkt in deze situaties een belangrijke rol te spelen bij de beleving van stress, vooral wanneer er ook hoge eisen gesteld worden. De meeste werkende mensen zullen wel eens werkstress ervaren en hoewel die stress voor velen van korte duur of beheersbaar is, is hij voor anderen chronisch en schadelijk voor de gezondheid. Stress kan bijvoorbeeld veranderingen van het eet- of slaappatroon veroorzaken, met vermoeidheid of een belasting van persoonlijke relaties tot gevolg.

Wat maakt sommige banen zo stressvol? Een mogelijke verklaring voor werkstress leveren theorieën over de **aanpassingsgraad** van de persoon aan zijn omgeving of de *goodness-of-fit* (mate van aanpassing) die door Lazarus (1991b) is beschreven. Dergelijke benaderingen suggereren dat stress ontstaat doordat de omgevingsvariabelen (belasting of draaglast) niet in verhouding staan tot de persoonlijke variabelen (reserves of draagkracht). De aanpassingsgraad wordt opgevat als dynamisch: draaglast en draagkracht kunnen veranderen in de loop der tijd. Het vroege onderzoek hiernaar heeft zich meer gericht op de werkomgeving dan op individuele verschillen tussen werknemers. Een voorbeeld bij uitstek hiervan is het *job demand-control model* of JDC (werkbelasting-controlemodel), dat door Karasek en zijn collega's is opgesteld (1979, 1981). De beroepskenmerken die stress veroorzaken, zijn volgens hen:

- belasting;
- autonomie;
- voorspelbaarheid;
- ambivalentie.

> **aanpassingsgraad**
> De reserves of draagkracht die die persoon heeft om met een bepaalde stressor om te gaan. De aanpassingsgraad wordt opgevat als dynamisch.

Elk van deze kenmerken kan aan de hand van specifieke vragen worden gemeten, zoals in tabel 10.3 is weergegeven. Men denkt dat chronische, blijvende stressoren, zoals een voortdurend overmatige werkbelasting, stress kunnen veroorzaken bij werknemers, evenals acute stressoren zoals plotselinge, onverwachte verzoeken of werkonderbrekingen, onder druk worden gezet om bepaalde beslissingen te nemen of onduidelijkheid over wat er van iemand wordt verwacht. Interessant is dat mensen zowel onder- als overbelasting als stressvol kunnen ervaren. Dit benadrukt een essentieel aspect in het onderzoek naar stress: er zijn individuele verschillen in stress, ieder individu heeft een eigen definitie van wat als stressvol wordt ervaren.

Volgens het model van Karasek bepaalt een combinatie van belasting en controle of de werknemer al dan geen stress ervaart. De combinatie van hoge belasting en weinig controle veroorzaakt meer stress dan situaties waarin zowel de belasting als de controle hoog is (Karasek en Theorell, 1990). Karaseks model is vaak getoetst en waardevol gebleken. Het lijkt erop dat belasting en controle onafhankelijke en directe effecten kunnen hebben op de uiteindelijk ervaren stress (Rafferty *et al.*, 2001).

Critici voerden aan dat een *resources*-(bronnen)component toegevoegd moest worden, dus het JD-R model (Demerouti *et al.*, 2001), waarbij bronnen kunnen bestaan uit sociale steun of aspecten van persoonlijke controle en dergelijke. Een alternatief model is het *effort/reward imbalance* (onbalans tussen moeite en beloning)-model (Siegrist *et al.*, 2004), dat beschrijft wat een individu in zijn werk 'stopt' en dat een gebrek aan erkenning of beloning van moeite stressvol kan zijn (voor een overzicht van onderzoeken die gebruikmaken van dit model, zie Van Vegchel *et al.*, 2005).

Een mogelijke uitkomst van langdurige, chronische beroepsmatige stress wordt beschreven als **burn-out** (Maslach, 1997). Burn-out lijkt op de laatste fase van het algemeen aanpassingssyndroom van Selye: dat wil zeggen, zowel mentale als fysieke uitputting (komt later aan bod). Maslach (1997) definieerde burn-out als een syndroom bestaande uit drie delen met stapsgewijs ontstaan van emotionele uitputting, depersonalisatie en verminderde persoonlijke prestaties. Later werden vijf kernsymptomen uitgelicht: uitputting, emotioneel controleverlies, cognitief controleverlies, depressieve klachten en mentale distantie (Desart, 2017). Dit kan geassocieerd zijn met zowel lichamelijke als geestelijke aandoeningen. Medisch specialisten (zie Taylor *et al.*, 2005), verpleegkundigen (zie Jones en Johnston, 2000; McVicar, 2003; Allan *et al.*, 2009) en personen die met kankerpatiënten werken (zie Isikhan *et al.*, 2004; Barnard *et al.*, 2006; Trufelli *et al.*, 2008) vertonen bijvoorbeeld een hoge incidentie van burn-out en stress. Gerelateerd aan burn-out is het concept van verzorgerdruk of -last, dat geïdentificeerd wordt onder vele individuen die als taak hebben te zorgen voor afhankelijke naasten. Echter, het is belangrijk op te merken dat niet alle onderzoeken een associatie tussen werkbelasting zelf en niveaus van burn-out hebben gevonden (zie Healy en McKay, 2000; Payne, 2001 en zie McVicar, 2003 voor een overzicht). Verschillende soorten beroepen omvatten waarschijnlijk verschillende objectieve eisen (zie Park *et al.*, 2014). Ten tweede vertonen individuele eigenschappen en copingreacties variabele associaties met werkstress (zie model Lazarus): docenten met een hogere mate van bekwaamheid rapporteren bijvoorbeeld minder stress en het lijkt erop dat ze er effectiever mee kunnen omgaan (zie Schwarzer en Hallum, 2008). Een onderzoek vond dat werkbelastingspecifieke stressfactoren sterker geassocieerd waren met stemmingsontregeling dan de copingreacties van verpleegkundigen (Healy en McKay, 2000), dit zou kunnen suggereren dat organisatorische interventies die gericht zijn op het verminderen van werkbelasting passender zijn en meer effect zullen hebben dan het richten op individuele copingstrategieën. Ten slotte, wat betreft het derde punt, is geopperd dat werkeisen waarschijnlijk emotionele uitputting voorspellen, terwijl bronnen op het werk of het gebrek eraan (dus het ervaren van weinig controle), geassocieerd worden met terugtrekken en verminderde prestaties. In een recente meta-analyse waar controle op het werk gezien werd als een bron, werd deze hypothese bevestigd (Park *et al.*, 2014).

De suggestie is gedaan dat mannen meer kunnen profiteren van werkgerelateerde interventies om stress te verminderen en welzijn te vergroten dan vrouwen, als gevolg van redelijk consistente bevindingen dat mannen minder makkelijk steun bij anderen zoeken bij stress en dat een gevoel van identiteit en zelfwaarde als gevolg van een positieve werkervaring meer in het oog springen bij mannen (World Economic Forum, 2008).

Er zijn veel factoren die de aard van de stress die ervaren wordt beïnvloeden, met persoonlijke bronvariabelen als zelfeffectiviteit en optimisme, de rang van de werknemer en toegang tot en gebruik van thuis en werkplek gebaseerde steun als moderatoren van stress en ongemak.

> **burn-out**
> Mentale en fysieke uitputting ten gevolge van chronische stress met vijf kernsymptomen: uitputting, emotioneel controleverlies, cognitief controleverlies, depressieve klachten en mentale distantie.

Hoewel rangen niet in alle beroepen even expliciet aanwezig zijn, is de impliciete hiërarchie onder het personeel en het effect hiervan op de interactie tussen personeelsleden een noodzakelijke factor in ieder onderzoek naar beroepsstress. Conflicten of pesterijen zijn sterk in verband gebracht met een significante stijging van ziekteverzuim onder medewerkers. Gezondheidsbevordering op de werkplek krijgt zowel in Nederland als in Vlaanderen veel aandacht. Arbodiensten en organisaties als het Rijksinstituut voor Volksgezondheid en Milieu (RIVM), het Centrum Gezond Leven (CGL) en het Nationaal Instituut voor Gezondheidsbevordering en Ziektepreventie (NIGZ) in Nederland, alsook Prevent en het Vlaams Instituut voor Gezondheidspromotie en Ziektepreventie (VIGeZ) in Vlaanderen houden zich hiermee bezig. Deze organisaties maken gebruik van richtlijnen van het Europees Agentschap voor veiligheid en gezondheid op het werk.

TABEL 10.3 Voorbeelden van factoren aan de hand waarvan beroepsstress wordt gemeten
Bron: Vrij naar Rice, 1992.

	NOOIT	ZELDEN	SOMS	VAAK	MEESTAL
Eisen • Mijn werk houdt nooit op • Er zijn constant deadlines • Mijn werk is heel spannend					
Controle • Ik geniet zelfstandigheid bij het uitvoeren van mijn taken • Er zijn te veel bazen					
Voorspelbaarheid • Mijn baan bestaat uit het reageren op noodsituaties • Ik ben er nooit zeker van wat van me wordt verwacht					
Ambiguïteit • Mijn baan is niet erg duidelijk omschreven • Ik weet niet goed welke taken ik moet uitvoeren					

De meest toegepaste modellen van beroepsmatige stress zijn erin geslaagd om te integreren wat individuen naar de werkplek brengen (persoonlijke eigenschappen, cognitie, moeite), hun hulpbronnen en de omgevingseigenschappen. Afhankelijk van op welke bijdragende factor men zich richt, hebben interventies verschillende doelen om te proberen stress te verminderen en ermee om te gaan. Aspecten van het individu zijn bronnen, copingstrategieën, gezondheidsbeschadigend gedrag zoals toegenomen roken en alcoholconsumptie (American Psychological Association, 2015), of het gebruik van sociale steun zijn mogelijk meer ontvankelijk voor interventies die proberen oplossingen te vinden voor thema's als controle over werk, beslissingsvrijheid, over- dan wel onderbelasting of ambiguïteit van rollen met de werknemer. Het trainen of managen van superviserend personeel kan hen echter helpen om beter te communiceren met hun werknemers, om verantwoordelijkheden te delegeren en het zelfvertrouwen van de werknemers te ondersteunen (zie de meta-analyse van Park *et al.*, 2014). Beter nog zijn gecombineerde werkplekgebaseerde interventies die zich richten op zowel de werkomgeving als de stressreacties van het individu, die goed zijn voor

10.3 Stress als fysiologische reactie

Als we stress als een fysiologische reactie beschouwen, moeten we ook biologische of fysiologische processen vinden voor de invloed van stress op het lichaam en mogelijke ziekten. Hierbij gaan we ervan uit dat stressoren mensen belasten. Deze belasting komt tot uiting in een reactie die in de natuurkunde 'overbelasting' heet. Het reactiemodel voor stress beschrijft op welke wijze individuen op (mogelijk) gevaar of zelfs op plezierige verzoeken reageren. Eerst wordt het **centraal zenuwstelsel** (CZS) geactiveerd. De sensorische informatie en de beoordeling worden gecombineerd voor het initiëren van autonome en hormonale reacties die naar de hersenschors en het limbische systeem worden teruggekoppeld. Deze structuren zijn verbonden met de hypothalamus en de hersenstam. Een van de eerste onderzoekers van stress, Walter Cannon (1932), wees op de rol van **catecholaminen** (adrenaline en noradrenaline). Dit zijn hormonen die onder invloed van het **sympathisch zenuwstelsel** door de bijnieren worden afgegeven. Ze verhogen de *arousal*, waardoor een *fight-or-flight*-reactie ontstaat. Bij confrontatie met gevaar of een bedreiging – zoals wanneer je opgejaagd wordt door een boze hond, bestaan de opties uit het aangaan van de uitdaging of ervoor vluchten – is de typische reactie er een van lichamelijke *arousal*: droge mond, versnelde hartslag en ademhaling. Het is deze *arousal* die wijst op de afgifte van adrenaline, een hormoon dat de autonome reacties versterkt (zoals zwaar ademen, een snelle hartslag) en dat de afgifte van opgeslagen brandstof bevordert. Daardoor kan energie worden vrijgemaakt, waardoor de snelle reactie van wegvluchten of het bevechten van de bedreiging mogelijk wordt. Deze fight-or-flight-reactie, zo redeneerde Cannon, was *adaptief*, omdat een snelle reactie op bedreiging mogelijk wordt gemaakt. Deze reactie is echter ook *schadelijk*, doordat het emotionele en fysiologische functioneren erdoor wordt verstoord. Als de reactie lang duurt, zou deze tot vele medische problemen kunnen leiden. Met andere woorden: in situaties van chronische of voortdurende stress is de fight-or-flight-reactie niet adaptief.

Na Cannon ontdekte een andere fysioloog, Hans Selye (1956), dat er universele en niet-specifieke reacties op stress bestaan. Dit betekende volgens hem dat uiteenlopende stimuli dezelfde fysiologische reacties oproepen, ongeacht of de prikkels plezierig of onplezierig waren en dat de fight-or-flight-reactie slechts de eerste fase van de reactie op stress vormde (zie bijvoorbeeld Selye, 1974). Het stressmodel van Selye staat bekend als het **algemeen aanpassingssyndroom**. De reactie op stress werd door Selye beschouwd als een aangeboren drift van levende organismen om een intern evenwicht, oftewel homeostase, te handhaven. Volgens zijn theorie bestond dit proces uit drie fasen:

1. *Alarmfase*: het waarnemen van een stressor is de initiële reactie die een daling van de lichamelijke afweer kan veroorzaken; aanvankelijk kunnen de bloeddruk en de hartslag dalen, maar vervolgens stijgen ze hoger dan normaal. Selye stelde dat deze *arousal* niet gedurende lange perioden kon worden gehandhaafd. Hij schreef de stressreactie toe aan activering van het systeem van hypofyse-voorkwab-bijnierschors, hoewel het precieze fysiologische proces pas enkele jaren later duidelijk werd (Pinel, 2003; Selye, 1991).

---

centraal zenuwstelsel
Gedeelte van het zenuwstelsel, bestaande uit de hersenen en het ruggenmerg.

catecholamine
Hormonen die sterk reageren op psychische belasting en hoe hiermee om te gaan (coping).

sympathisch zenuwstelsel
Het deel van het autonome zenuwstelsel dat de organen zodanig beïnvloedt dat het lichaam arbeid, waar energie voor nodig is, kan verrichten.

algemeen aanpassingssyndroom
Een reeks fysiologische reacties op langdurige stress, vanaf de alarmfase via de weerstandsfase tot de uitputtingsfase.

2. *Weerstandsfase*: het lichaam probeert zich aan een stressor aan te passen, die ondanks pogingen tot afweer tijdens tijdens de alarmfase niet is afgenomen. In vergelijking met de alarmfase neemt de *arousal* in deze fase af, maar deze is nog altijd hoger dan normaal. Selye merkte op dat deze fase van mobilisering van de afweer van het lichaam niet oneindig kon duren zonder dat het organisme vatbaarder werd voor ziekten.
3. *Uitputtingsfase*: uitputting treedt op wanneer de weerstandsfase te lang duurt, waardoor de reserves en de energie van het lichaam uitgeput raken. In deze fase neemt het vermogen om weerstand aan de stress te bieden af. Selye stelde dat de kans op 'ziekten als gevolg van aanpassing', zoals hart- en vaatziekten, artritis en astma, in deze fase toenam.

Het werk van Cannon en Selye vormde de aanzet voor een grote hoeveelheid onderzoek naar de fysiologie van stress. Een aanzienlijk deel hiervan bevestigde de niet-specifieke respons van Selye niet, aangezien bleek dat verschillende soorten stressoren verschillende fysiologische reacties oproepen. Bewijs hiervoor is vooral afkomstig van consistente resultaten van experimenten rond 1980.

Er is steeds meer bewijs voor de stelling dat negatieve én positieve gebeurtenissen fysiologische veranderingen teweegbrengen. Typische stressreacties (bijvoorbeeld sneller en dieper ademen, versnelde hartslag, transpireren of trillen) zijn niet alleen het gevolg van het systeem hypofyse-voorkwab-bijnierschors, zoals Selye dacht, maar ook van een toegenomen activiteit van de sympathische tak van het autonome zenuwstelsel (AZS). Het autonome zenuwstelsel kan in twee onderling verbonden systemen worden verdeeld: het sympathische zenuwstelsel (SZS) en het parasympathische zenuwstelsel (PZS). Deze twee delen 'verkeren in een toestand van dynamische, maar **antagonistische** spanning' (Rice, 1992). Het sympathische zenuwstelsel is betrokken bij *arousal* en energieverbruik (bijvoorbeeld tijdens een fight-or-flight-reactie), terwijl het parasympathische zenuwstelsel een rol speelt bij het verminderen van de *arousal* en bij het herstellen en bewaken van de energiereserves van het lichaam (zoals tijdens rust). Beide systemen reguleren de werking van veel interne organen, zoals het hart, en andere spieren, zoals de skeletspieren.

Aanvankelijk wordt de activiteit van deze twee systemen door de neurotransmitter **acetylcholine** gemedieerd. Acetylcholine koppelt de neuronen van de synaps bij het ruggenmerg aan de hersenstam, waarna de zenuwen vervolgens op de doelorganen werken.

Activatie van het sympathisch-adrenomedullaire systeem (SAM) leidt tot het vrijkomen van de catecholaminen adrenaline en noradrenaline uit het bijniermerg (het bijniermerg en de bijnierschors vormen de bijnierklieren). Door deze activatie kan een persoon direct op een stressor reageren, zoals de fight-or-flight-reactie die tot stand komt door adrenaline die in de bloedsomloop terechtkomt. Echter, de stressreactie die volgt op sympathische *arousal* is kortdurend en daarom volgt het endocriene (hormonale) systeem, eigenlijk het neuro-endocriene systeem (elektrisch/chemisch en hormonaal systeem), waarop reacties ontstaan. Door dit tweede systeem, het hypothalamus-hypofyse-bijnier (in het Engels afgekort als HPA)-systeem (zie figuur 10.3), kunnen onze organen hun gebruikelijke functie veranderen om een langer durende adaptatieve reactie te faciliteren op interne en externe stress. De oorsprong van dit systeem ligt ook in de hypothalamus, die het hormoon corticotropinereleasing factor (CRF) afgeeft, dat de voorste hypofyseklier die zich onder aan de hersenen bevindt, controleert door de afgifte van het adrenocorticotroophormoon (ACTH). Adrenocorticotroophormoon gaat dan naar de bijnierschors, dat vervolgens **glucocorticoïden**

---

antagonistisch
Elkaar tegenwerkend.

acetylcholine
Een neurotransmitter die ingezet wordt voor de overdracht van prikkels van de zenuwen naar de spieren.

glucocorticoïden
Steroïde-hormonen die door de bijnierschors worden geproduceerd en die effect hebben op het metabolisme van glucose.

afgeeft, vooral het hormoon cortisol, dat wordt gestimuleerd vanuit de bijnierschors.

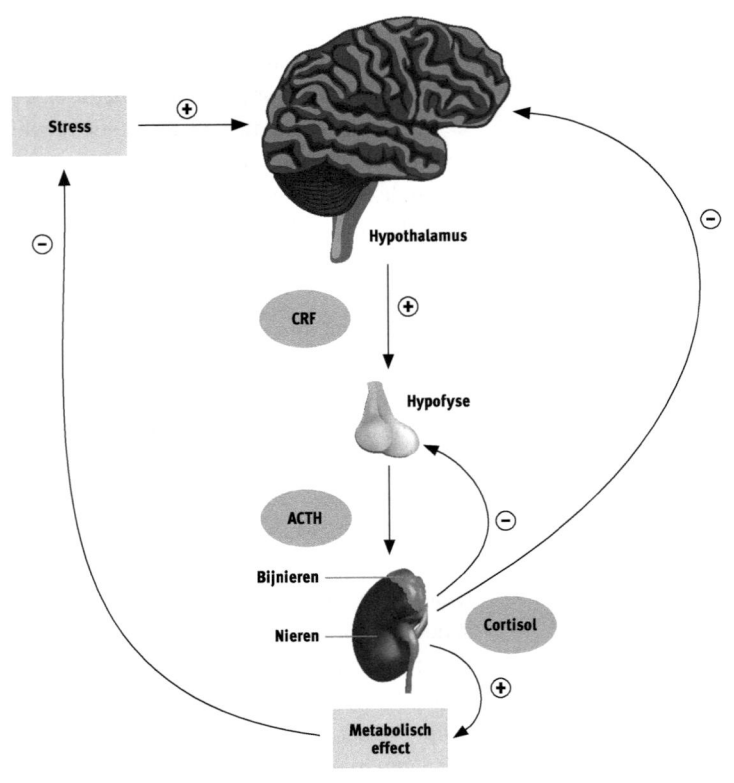

FIGUUR 10.3 Schematische weergave van de hypothalamus–hypofyse–bijnier (HPA)-as
Stimulerende en inhiberende paden zijn aangegeven met de pijlen en + of – symbolen. CRF staat voor corticotropine releasing factor en ACTH staat voor adrenocorticotroop hormoon.
Bron: Bewerkt van Lenbury en Pornsawad, 2005

HPA-systeem
De hypothalamus-hypofyse-bijnier-as reguleert onder andere de vrijstelling van cortisol en zorgt zo voor een adequate fysiologische stressreactie.

fagocyten
Een type witte bloedcellen en belangrijke component van de aangeboren immuniteit die pathogenen herkennen en uitschakelen.

lymfocyten
Een type witte bloedcellen die fungeren als specifieke afweercellen tegen indringers.

fysiologische stressreactie
De puur lichamelijke respons op een bepaalde stressor.

cortisol
Een hormoon dat gemaakt wordt in de bijnierschors, vrijkomt bij elke vorm van stress en als functie heeft het lichaam terug in evenwicht te brengen.

De laatste dertig jaar heeft het **HPA-systeem** veel aandacht van wetenschappers gekregen. Tegenwoordig weten we dat glucocorticoïden in de bloedstroom energie leveren voor de alarmfase. Dit komt doordat de glucosespiegel van het bloed door de afgifte van glucocorticoïden wordt verhoogd; uit deze glucose kan energie worden vrijgemaakt. Bijna elke cel in het menselijk lichaam bevat receptoren voor glucocorticoïden, en hormonen zoals cortisol zijn van invloed op alle belangrijke orgaansystemen in het lichaam. Cortisol remt bijvoorbeeld de opname van glucose en vet door weefselcellen, zodat meer gebruikt kan worden voor energie die onmiddellijk nodig is; het zorgt voor toename van de bloedcirculatie, het remt de immuunfunctie door het remmen van de actie van **fagocyten** en **lymfocyten**, en het remt ontstekingsredacties van beschadigd weefsel tijdens de fight-or-flight-reactie (bijvoorbeeld Kemeny, 2003). Bloedcortisolwaarden bereiken twintig tot veertig minuten na een stressor hun piek en daarom zijn deze waarden in veel onderzoeken gebruikt als indicatoren van stress.

De duur van sommige van de **fysiologische stressreacties**, zoals de afgifte van **cortisol**, bepaalt of de reacties gunstig zijn voor het organisme of niet. Langdurige afgifte van cortisol kan negatieve effecten hebben omdat de suppressie van het immuumsysteem, veroorzaakt door de toegenomen hoeveelheid cortisol in de bloedcirculatie (serum of s-cortisol), ertoe kan leiden dat een persoon vatbaarder is voor infecties. Cortisolwaarden zijn ook verhoogd in geval van slaaptekort. Interessant is ook dat er aanwijzingen zijn dat een verband bestaat tussen cortisol en verouderingsprocessen (Coburn-Litvak *et al.*, 2003). Langdurig chronisch verhoogde cortisolwaarden worden gevonden in mensen met zowel depressie als de ziekte van Cushing (McEwen, 2008).

Bekend is al wel dat langdurige afgifte van adrenaline en noradrenaline ook negatieve effecten kan hebben, waaronder onderdrukking van de cellulaire immuniteit, versnelling van de hartslag en toename van de bloeddruk, hartritmestoornissen (aritmie) en, mogelijk, hoge bloeddruk en hartaandoeningen (Fredrickson en Matthews, 1990).

Mogelijk kunnen positieve stappen gezet worden om cortisolwaarden te verminderen: Steptoe *et al.* (2005) presenteerden bijvoorbeeld bewijs voor een verband tussen positieve psychologie en lagere (dus betere) cortisolwaarden.

Sommige mensen ervaren wellicht een opeenhoping van stressfactoren, met gevolgen voor hun neuro-endocriene responsen en immuunreacties. Deze *wear and tear* als gevolg van chronische of herhaalde stress is beschreven door McEwen (2008) als *allostatic load* (ondermijnende belasting). Onze fysiologische systemen worden misschien als gevolg van herhaalde acute stressoren overbelast of gaan niet uit als het ons niet lukt om ons aan te passen aan chronische stress. Het is de stressreactie die hier de ziekte veroorzaakt, *niet* de aanvankelijke stressor, en in dit opzicht spelen psychologische en sociale factoren ook een rol. Verhoging of ontregeling van de **allostase**, door McEwen *stressed out*-zijn genoemd, kan indirect tot ziekte leiden door gedragsmatige en fysiologische reacties op deze toestand; zoals gezondheidsbeschadigend gedrag als roken, overmatig troosteten en slaapgebrek (zie Segerstrom en Miller, 2004). Dit zagen we ook in het werk van Selye (1974), als proefdieren langdurig kleine stressoren toegediend kregen, gingen ze uiteindelijk dood. Als ze de tijd kregen om te herstellen, werden ze sterker.

> **allostase**
> Het proces dat het evenwicht dat door stress verstoord is, terug tracht te herstellen.

Alles bij elkaar bieden de sympathisch-adrenomedullaire- (SAM-) en hypothalamus-hypofyse-bijnier-(HPA-)systemen totale dekking met betrekking tot de stressreactie, de ene via adrenaline voor acute reacties zoals fight-or-flight en de ander via cortisol voor langer durende reacties. Deze responsen in het autonome zenuwstelsel en het endocriene systeem werken samen om onze lichamen voor te bereiden op de eisen van de omgeving. Ons autonome zenuwstelsel werkt weliswaar achter de schermen maar de functies zijn essentieel voor basale humane responsen.

Stress en ontregeling van de immuunfunctie

Stressvolle levensgebeurtenissen worden vaak geassocieerd met een afname van of veranderingen in de immuunfunctie (zie bijvoorbeeld Ader, 2001; Dantzer en Kelley, 1989; Glaser en Kiecolt-Glaser, 2005; Salovey *et al.*, 2000). Het **immuunsysteem** is de verdediging van het lichaam tegen ziekte. Het werkt met bepaalde celtypen die ziekteverwekkers (bijvoorbeeld bacteriën, gifstoffen, virussen, parasieten) en afwijkende cellen (bijvoorbeeld tumorcellen) in bloed- en lymfevaten bestrijden. Deze bedreigingen van het lichaam (ook wel **antigenen** genoemd) worden bestreden door ofwel een algemene eerste verdedigingslijn (natuurlijke immuniteit), ofwel een specifiekere strategie (specifieke immuniteit).

> **immuunsysteem**
> Het verdedigingssysteem van een organisme met als doel zowel externe als interne ziekteverwekkers te bestrijden.

> **antigenen**
> Lichaamsvreemde stoffen die een reactie in het lichaam kunnen opwekken, waardoor het lichaam antistoffen aanmaakt die deze antigenen kunnen binden en onschadelijk kunnen maken.

Immuuncellen zijn witte bloedcellen. Deze behoren ruwweg tot twee typen: lymfocyten en fagocyten. Lymfocyten bevinden zich in het lymfestelsel, in de lymfeknopen, in de milt en in de bloedcirculatie. Fagocyten worden aangetrokken door plaatsen van infectie, doordat het weefsel chemische signaalstoffen afgeeft. Als deze cellen hun bestemming bereiken, vernietigen ze afwijkende cellen of antigenen door deze in te sluiten en te verteren. Fagocyten leveren zogenoemde niet-specifieke immuniteit, in die zin dat ze zorgen voor een algemene verdedigingslijn, terwijl lymfocyten *specifieke immuniteit* bieden die volgt op de eerste natuurlijke responsen. Ze bestaan uit T-cellen en B-cellen (geheugen- en plasmacellen). B-cellen identificeren binnendringende antigenen, zodat ze herkenbaar worden voor vernietiging. Het antigeen wordt bovendien 'onthouden'. Daardoor kan een toekomstige aanval van dezelfde ziekteverwekker snel worden herkend. Het plasma van deze cellen vormt antistoffen die in het bloed aanwezig blijven totdat de bacterie of de ziekte is verdwenen.

Natural killer-cellen of NK-cellen komen ook in plasma voor en vertragen de deling van afwijkende cellen (bijvoorbeeld bij kanker), zodat andere immuunreacties een aanval kunnen initiëren.

De werking van fagocyten en NK-cellen wordt vaak niet-specifieke immuniteit genoemd, omdat ze een algemene eerste verdedigingslijn vormen tegen sterk uiteenlopende antigenen. Specifieke immuniteit wordt daarentegen geboden door B- en T-cellen tegen specifieke antigenen waarvoor ze zijn gesensibiliseerd (zie tabel 10.4 voor een overzicht van de rollen van T- en B-cellen).

Alle celtypen, NK-, B- en T-cellen, werken samen en helpen elkaar bij het gevecht tegen infecties of de groei van afwijkende cellen.

Belangrijk voor gezondheidspsychologen is dat er een koppeling blijkt te bestaan tussen de deling van B-, T- en NK-cellen en de subjectieve beleving van stress. Met andere woorden: psychologische stress verstoort de werking van het lichaam.

TABEL 10.4 Specifieke immuniteit en celtypen

Humorale immuniteit:
B-cellen
Werken in de bloedbaan
Werken door het afgeven van antilichamen, die vervolgens het antigeen vernietigen
Bestaan uit geheugen-, killer- (NK), helper- (CD4+) en T-remmercellen

Celgemedieerde immuniteit:
T-cellen
Werken op celniveau
Bestaan uit geheugencellen
Groeien in de thymus en niet in het beenmerg zoals andere witte bloedcellen

Leeftijd en immuunfunctie

immunosenescentie
Het gegeven dat de immuunfunctie verslechtert met de leeftijd.

De immuunfunctie verslechtert met de leeftijd. Dit wordt soms **immunosenescentie** genoemd, waarbij het aangeboren systeem van een directe immuunrespons op binnendringende ziekteverwekkers en ook de langzamer werkende immuunresistentierespons afnemen (Gomez *et al.*, 2008). Er zijn aanwijzingen uit onderzoeken met dieren en met mensen waaruit de indruk ontstaat dat de functie van NK-cellen minder efficiënt wordt bij ouderen, ook al zijn deze cellen in aantal toegenomen, en de pro-inflammatoire cytokineactiviteit is ook toegenomen. Het belang van deze bevindingen ligt in het feit dat ouderen hierdoor een groter risico op infecties lopen, zoals wordt gezien in de mortaliteitscijfers van griep of in de complicaties van ontstekingen na wonden of operaties en een langzamer genezingsproces.

De cardiovasculaire reactie op stress

> **psychobiologisch**
> Met betrekking tot het geestelijk functioneren en gedrag met relatie tot andere biologische processen.

Er bestaat een redelijk consistente hoeveelheid **psychobiologisch** bewijs dat stress veranderingen kan veroorzaken in fysiologische reacties, met *arousal* van het sympathische zenuwstelsel (en deactivatie van de parasympathische respons, zie het overzicht van Brindle *et al.*, 2014), bij sommige mensen meer dan bij andere. Deze reactiviteitshypothese, waarvoor Krantz en Manuck (1984) de basis hebben gelegd, beschrijft hoe een combinatie van erfelijke en omgevingsfactoren iemand kwetsbaar kan maken voor een fysiologische reactie op stress en negatieve emoties, wat waarschijnlijk schadelijk is voor de gezondheid, vooral met het oog op hart- en vaatziekten. Reactiviteit in de vorm van perioden van verhoogde hartslag of bloeddruk kan zowel worden gemeten in laboratoriumomgevingen, waarbij mensen worden blootgesteld aan acute of herhaalde stress, als in praktijksituaties. De vraag of deze cardiovasculaire reactiviteit (CVR) verband houdt met het ontstaan van ziekten, of zelfs ziekten verergert, is van groot belang, zowel voor psychobiologen als voor psychologen (Johnston, 2007; Linden *et al.*, 2003).

Het hele proces van fysiologische *arousal*, van voorafgaand aan een gebeurtenis (dus anticipatoire responsen), tijdens (zoals gesuggereerd wordt door werk op het gebied van reactiviteit), en na, in termen van terugkerende gedachten of ruminerende responsen die fysiologische veranderingen onderhouden, verdient meer aandacht (Brosschot *et al.*, 2006). Reactiviteit, waarvan gedacht wordt dat het optreedt tijdens een gebeurtenis (een nagebootste of echte stressor), is misschien alleen een deel van het fysiologische verhaal, gezien de bevindingen dat onderactivatie ook schadelijk kan zijn (Brindle *et al.*, 2014).

Aanwijzingen voor de invloed van psychische stress op de immuunfunctie of op cardiovasculaire reactiviteit hebben wetenschappers in staat gesteld om objectieve indices van de stressreactie in combinatie met en in relatie tot subjectieve meldingen van stress te beoordelen. Zo onderzochten Burns *et al.* (2003) de invloed van kleine en grote levensgebeurtenissen op de afweerreactie tegen de griepprik onder studenten. De studenten werden vijf maanden na hun griepprik onderzocht, en deelnemers met een lage afweer hadden naar eigen zeggen sinds de griepprik significant meer levensgebeurtenissen meegemaakt dan deelnemers met een hogere afweer.

Er is ook bewijs voor fysiologische correlaten van beroepsstress (Clays *et al.*, 2007). Belangrijk is dat het erop lijkt dat extreme cardiovasculaire responsen aan beide einden van het spectrum, dus afgestompt of overdreven, een signaal geven voor systeemdisregulatie dat een negatieve impact kan hebben op gezondheid en gedragsmatige uitkomsten (Lovallo, 2011).

10.4 Het verband tussen stress en ziekte

In deze laatste paragraaf bestuderen we de rol van stress in het activeren van fysiologische systemen, met de implicaties voor het ontstaan van ziekten. Allereerst belichten we verschillende methoden om de relatie tussen stress en ziekte te bekijken.

10.4.1 De directe route

Zoals hierboven is beschreven, brengt stress fysiologische veranderingen teweeg in het immuunsysteem. Deze veranderingen kunnen tot het ontstaan van ziekte leiden, vooral wanneer de stress chronisch is (Cacioppo, Poehlmann, Kiecolt-Glaser *et al.*, 1998; Johnston, 2007; Smith *et al.*, 2003).

10.4.2 De indirecte routes

- Door gedragsmatige reacties op stress, bijvoorbeeld op het gebied van roken, ongezond eten en alcohol drinken, maken mensen zichzelf kwetsbaarder voor ziekten.
- Als gevolg van bepaalde persoonlijkheidskenmerken hebben sommige mensen een grotere kans op ziekte door de manier waarop ze reageren op stress dan andere.
- Mensen die veel stress ervaren, maken vaker gebruik van de gezondheidszorg dan mensen die weinig stress ervaren. Stress kan symptomen teweegbrengen als nervositeit, vermoeidheid, slapeloosheid en trillen. Daarvoor willen veel mensen zich laten behandelen, maar op zichzelf hoeven deze symptomen nog niet te betekenen dat iemand ziek is.

Er bestaat een zwakke relatie tussen stress en ziekte. Hieronder behandelen we een selectie van de vele ziekten waarvan een associatie met stress gevonden is.

10.4.3 Stress en verkoudheid

Diverse onderzoekers (Cohen *et al.*, 1993a, 1993b; Stone *et al.*, 1993; Cohen, 2005) hebben een reeks experimenten uitgevoerd waarbij vrijwilligers zichzelf op onnatuurlijke wijze blootstelden aan respiratoire rhinovirussen die verkoudheid veroorzaken. Daarna verbleven de deelnemers gedurende verschillende perioden in een gereguleerde omgeving om te zien of de proefpersonen die druppels met het virus hadden gekregen vaker verkouden werden of geïnfecteerd raakten dan de proefpersonen die alleen een zoutoplossing hadden gekregen. Vrijwilligers die voorafgaand aan het experiment melding hadden gemaakt van meer negatieve levensgebeurtenissen, vermeende stress, negatief affect en van gebrekkige copingvaardigheden bleken vaker verkouden te worden dan de controleproefpersonen en de experimentele groep met weinig levensstress. Dit staat bekend als een **dosis-responsrelatie**. Vermeende stress en negatief affect vormden een voorspellende factor voor infecties, terwijl negatieve levensgebeurtenissen op zichzelf geen voorspellende waarde hadden, behalve voor de kans op ziekte onder degenen die werden geïnfecteerd. Het werd ook duidelijk dat een langere duur van de gebeurtenis vaker gevolgd werd door een infectie dan ernstige maar kortdurende stress (Cohen *et al.*, 1998).

Hoewel de resultaten rond stress en vatbaarheid voor griep overwegend in laboratoriumomgevingen zijn gemeten, biedt het werk van de onderzoeksgroep van Cohen overtuigend bewijs voor de relatie tussen chronische stress en bovenste luchtweginfecties; verkoudheid en griep (Takkouche *et al.*, 2001; Marsland *et al.*, 2002). Takkouche en zijn collega's voerden een prospectief cohortonderzoek uit en constateerden, net als het laboratoriumwerk dat ervoor was gedaan, dat stressvolle levensgebeurtenissen, vermeende stress, positieve en negatieve affectiviteit allemaal verband hielden met verkoudheid.

10.4.4 Stress en hart- en vaatziekten

Hart- en vaatziekten hebben betrekking op het **cardiovasculaire** stelsel (hart en bloedvaten). Ze ontstaan in de loop der tijd door verschillende factoren, waaronder familiegeschiedenis en leefwijze. De oorzaak van veel hart- en vaatziekten is een geleidelijke vernauwing van de bloedvaten rond het hart. In situaties van acute stress leidt activering van het sympathisch zenuwstelsel tot een toename van het **hartminuutvolume** en een vernauwing van de bloedvaten, waardoor de doorstroming van het bloed afneemt en de bloeddruk toeneemt. Hierdoor kunnen de slagaderwanden beschadigd raken. Als de bloeddruk gedurende

---

dosis-responsrelatie
De relatie tussen de dosering van een bepaald product en zijn effecten. Dit is niet voor iedereen hetzelfde; lichaamsbeweging bijvoorbeeld zou zorgen dat de effecten van een bepaalde dosis groter zijn.

cardiovasculair
Gerelateerd aan het hart en de bloedvaten.

hartminuutvolume
De hoeveelheid bloed die het hart per minuut rondpompt.

langere tijd verhoogd blijft, kan iemand hoge bloeddruk (hypertensie) ontwikkelen, een aandoening die mede bijdraagt aan het ontstaan van hart- en vaatziekten.

> **vetzuren**
> De deeltjes waaruit een vet is opgebouwd, deze kunnen verzadigd of onverzadigd zijn.

Door herhaalde of chronische stress wordt ook de afgifte van **vetzuren** aan het bloed door het sympathisch zenuwstelsel bevorderd. Als vetzuren niet worden verbruikt voor het vrijmaken van energie, worden ze door de lever in cholesterol omgezet. Een toename van het cholesterolgehalte speelt een grote rol bij het dichtslibben van slagaders oftewel atheroom (de afzetting van vettige plaques op slagaderwanden); deze atherosclerose speelt een belangrijke rol bij hartaandoeningen. Doordat bij stress eveneens catecholaminen worden afgegeven, worden bovendien de bloedplaatjes (trombocyten) kleveriger, wat het risico op een stolsel (trombose) vergroot. Deze bloedplaatjes kunnen gemakkelijk aan slagaderwanden met vettige plaques blijven kleven, waardoor de doorgang verder vernauwt. Wanneer als gevolg van de verminderde doorbloeding een stolsel ontstaat, kan dit losraken en door de slagaders worden vervoerd, totdat het zo groot wordt dat er een blokkade (occlusie) ontstaat; dit leidt tot een herseninfarct (wanneer een slagader naar de hersenen is geblokkeerd) of tot een hartinfarct (wanneer een slagader naar het hart is geblokkeerd) – beide belangrijke oorzaken van mortaliteit wereldwijd.

Met betrekking tot acute coronaire syndromen zoals hartaanval en beroerte, zijn er duidelijke aanwijzingen dat stress een rol speelt in het versnellen van de gebeurtenis. Stress op het werk en thuis, financiële problemen en grote levensgebeurtenissen in het voorafgaande jaar waren bijvoorbeeld significant geassocieerd met hartaanvallen in een heel groot cross-cultureel onderzoek in 52 landen onder meer dan 11.000 personen die een hartaanval overleefden en meer dan 13.000 controles, het INTER-HEART onderzoek (Rosengren *et al.*, 2004).

Met betrekking tot hart- en vaatziekten lijkt stress bij te dragen aan gerelateerde aandoeningen zoals hoge bloeddruk, en aan roken (zie bijvoorbeeld Ming *et al.*, 2004). De cardiovasculaire reactie tijdens acute stress (de mate waarin een stressor het hart activeert, zodat de hartslag versnelt en de bloeddruk stijgt) speelt een rol bij verschillende ziekteprocessen, zoals bij cardiovasculaire aandoeningen (Smith *et al.*, 2003).

Reactiviteit is echter niet een 'ziekte' op zichzelf, maar een risicofactor (Johnston, 2007). De meeste onderzoeken naar de fysieke gevolgen van stress bij zorgverleners hebben de toegenomen vatbaarheid voor ziekten als gevolg van immuunverandering onderzocht, maar niet het daadwerkelijk ontwikkelen van ziekten. De verhoogde waarden van het pro-inflammatoire cytokine interleukine-6 dat onder zorgverleners is gevonden, betreft wel een niveau dat wordt beschouwd als een risicofactor voor cardiovasculaire aandoeningen (Kiecolt-Glaser *et al.*, 2003).

Het is nodig is om onderscheid te maken tussen de rol die stress speelt in het starten of onderhouden van bepaalde risicogedragingen die de indirecte link vormen met chronische manifestaties van cardiovasculaire aandoeningen; de rol die chronische stress speelt in de activatie van de fysiologische risicofactoren; en de rol die mogelijk gespeeld wordt door meer acute stressvolle gebeurtenissen in acute coronaire aandoeningen, zoals hartaanvallen (Johnston 2002, 2007; Strike en Steptoe, 2005; Sheps, 2007).

Er zijn enkele aanwijzingen voor de causale rol van stressreactiviteit, inflammatoire responsen en ook negatieve emoties (vooral depressie) in relatie tot acute coronaire events en cardiovasculaire aandoeningen. Een review van onderzoeken met langetermijnfollow-ups variërend van vijf tot bijna twintig jaar (Byrne en Espnes, 2008) suggereert dat de algehele bevindingen overtuigend zijn, maar dat nauwkeuriger en prospectief onderzoek nodig is.

Tot slot nog dit: net zoals reactiviteit gezien kan worden als een redelijk stabiel psychofysiologisch persoonskenmerk, is ze ook te beschouwen als een moderator, in die zin dat reactiviteit elk effect van stress op ziekte zal matigen. Verder kan stressreactiviteit zelf beïnvloed worden door andere trekken, zoals boosheid. Maar reactiviteit is een factor die niet over het hoofd moet worden gezien. Tegenwoordig weten we dat lichaam en geest één zijn, en als we hier individuele risico's of beschermende factoren aan toevoegen, kunnen we een begin maken met het begrijpen van de complexiteit van de invloeden op ziekteprocessen zoals die worden samengebracht onder de brede term 'hartziekte'.

10.4.5 Stress en kanker

Evenals hart- en vaatziekten ontstaat kanker in de meeste gevallen geleidelijk; de aandoening begint met de mutatie van cellen en overwegend niet-detecteerbare neoplasma's die zich ontwikkelen tot tumoren die zich kunnen uitzaaien. Vooral dieronderzoek heeft associaties gevonden tussen omgevingsstressoren (elektrische schokken, operatie) en verhoogde kwetsbaarheid voor het ontwikkelen van tumoren; echter, onderzoek bij mensen is schaars. Het is niet te verwachten dat stress een uniform effect heeft op alle vormen van kanker – het is zelfs niet zeker of stress enig effect heeft op kanker. Onderzoek hierover is ook moeilijk omdat er zo veel soorten kanker zijn en het maanden duurt voordat we het kunnen diagnosticeren.

Voorzichtigheid is geboden wanneer het gaat om de rol van het individu en zijn cognities, emoties en stress- of copingresponsen in de progressie van kanker, maar er is enig bewijs voor directe en indirecte effecten. Stress kan bijvoorbeeld direct van invloed zijn op mutatie van tumorcellen doordat het proces van celreparatie wordt vertraagd, mogelijk vanwege de effecten op hormonale activering en op de afgifte van glucocorticoïden, of door invloeden op de productie van lymfocyten van het immuunsysteem (zie Rosch, 1996 voor een overzicht van onderzoeken zowel bij dieren als mensen).

Omtrent levensgebeurtenissen en progressie van kanker presenteerden Palesh *et al.* (2007) gegevens van 94 vrouwen met uitgezaaide (metastatische) of terugkerende borstkanker en constateerden dat vrouwen die geen melding maakten van eerdere traumatische levensgebeurtenissen, of van minder stressvolle gebeurtenissen, een significant langere ziektevrije tussenperiode kenden dan vrouwen die traumatische of stressvolle gebeurtenissen hadden meegemaakt. In een kliniek in Londen bleek echter bij een prospectief onderzoek onder vrouwen bij wie borstkanker was vastgesteld, dat de recidive bij vrouwen die één of meer buitengewoon stressvolle gebeurtenissen hadden meegemaakt in het jaar voorafgaand aan de diagnose of in de daaropvolgende vijf jaar, niet was verhoogd (Graham *et al.*, 2002). Deze laatste bevinding is robuuster: het betreft een grote groep vrouwen, de opzet is prospectief en er werd gecontroleerd voor biologisch prognostische indicatoren zoals tumorafmetingen en de mate waarin de kanker in de lymfklieren aanwezig is.

Behalve naar stressvolle gebeurtenissen en kanker is er ook veel onderzoek gedaan naar de vraag of persoonlijkheid, copingstijl (vooral een passieve stijl die een teken is van hulpeloosheid en wanhoop) en stemming van invloed kunnen zijn op kanker. Uit dit onderzoek kwam naar voren dat er geen verbanden zijn gevonden.

10.4.6 Stress en darmaandoeningen

Twee darmaandoeningen zijn onderzocht in relatie tot stress (als een verergerende factor, niet als oorzaak). Een van die aandoeningen is *prikkelbaredarmsyn-*

droom. Dit is een aandoening van de lagere gedeelten van de dikke darm die zich kenmerkt door buikpijn en langdurige perioden van diarree of obstipatie, zonder dat er een organische ziekte is vastgesteld.

Een andere darmaandoening is de *inflammatoire darmziekte* of IBD (*inflammatory bowel disease*). Deze aandoening kan worden onderverdeeld in de ziekte van Crohn en colitis ulcerosa. Deze aandoeningen kenmerken zich door perioden met veel pijn en diarree die afwisselend verbeteren en verslechteren op een ontwrichtende manier, colitis ulcerosa uit zich met name in ontstekingen van het onderste deel van de dikke darm, terwijl de ziekte van Crohn zich overal in het spijsverteringskanaal kan voordoen. Evenals bij prikkelbaredarmsyndroom is van beide aandoeningen gedacht dat ze psychosomatisch waren. Er is echter weinig bewijs dat stress een rol speelt bij het ontstaan van de ziekte, terwijl stress de ziekte wel kan verergeren (Searle en Bennett, 2001).

Dit wordt ook gemeld door Duffy *et al.* (1991): zij constateerden dat in de loop van zes maanden de proefpersonen na stressvolle gebeurtenissen twee tot vier keer zo veel ziekte-episodes vertoonden in vergelijking met personen die geen stressvolle gebeurtenissen meldden. Echter, wanneer de auteurs het tijdsinterval tussen de gebeurtenissen en ziekteactiviteit onderzochten (dus een stressvolle gebeurtenis die voorafgaat aan ziekteactiviteit), vonden ze dat gelijktijdig optredende relaties het sterkst waren, dat betekent dat ziekteactiviteit voorspellend was voor daaropvolgende stressniveaus, en niet andersom. Zulk tweerichtingsverkeer tussen variabelen maakt het bijzonder lastig om oorzaak en gevolg te ontwarren. Er bestaat echter ander bewijs dat stress geassocieerd is met het symptoom 'opvlammingen' (Searle en Bennett, 2001).

Los daarvan kan individuele variatie in stressreacties een verklaring bieden voor de gemengde onderzoeksresultaten.

10.4.7 Stress en hiv/aids

Gedurende de afgelopen twintig jaar heeft aids zich als een belangrijke doodsoorzaak over de hele wereld verspreid. Aids (acquired immune deficiency syndrome) is een syndroom dat gekarakteriseerd wordt door opportunistische infecties en andere kwaadaardige aandoeningen, veroorzaakt door infectie met hiv-virus (humane immunodeficiëntie virus) dat in 1984 voor het eerst werd geïdentificeerd. Het virus vermenigvuldigt zich langzaam en wordt daarom ook wel een lentivirus genoemd (lenti = 'langzaam'). Het kan vele jaren duren voordat iemand die met hiv is geïnfecteerd, aids krijgt. Dit is relevant met het oog op stress.

De ziekte is niet alleen levensbedreigend, maar ook psychologisch belastend als gevolg van het sociale stigma dat eraan verbonden is. Petrak, Doyle, Smith *et al.* (2001) ontdekten dat het vertellen besmet te zijn met hiv aan familie en vrienden gepaard ging met de wens anderen niet ongerust te maken en met angst voor discriminatie. Het leven met deze ziekte is inherent stressvol en er zijn aanwijzingen dat stress een sterke rol speelt bij de progressie ervan. Hiervan is vooral sprake als modererende variabelen zoals depressie, sociale ondersteuning en copingreacties in het onderzoek worden meegenomen. De progressie van hiv tot aids blijkt sneller te verlopen bij degenen die een opeenstapeling van stressvolle levensgebeurtenissen, symptomen van een depressie en geringe sociale ondersteuning ervaren (Leserman *et al.*, 1999). In een **meta-analyse** van cognitief-gedragsmatige interventies die zich richten op negatieve emoties, werden voordelen bereikt op de individuele immuunstatus (Crepaz *et al.*, 2008), hetgeen een belangrijke bevinding is voor zorgverleners die met deze groep werken.

meta-analyse
Onderzoek waarbij de resultaten van eerder uitgevoerde onderzoeken samen worden genomen om een preciezere uitspraak te doen over een bepaald fenomeen of een bepaalde theorie.

Het is aangetoond dat stress het genezingsproces beïnvloedt.
Foto: Kamira / Shutterstock (Pearson Asset Library)

ONDERZOEK IN DE PRAKTIJK

Kan stress de wondgenezing in de weg staan?

Janice Kiecolt-Glaser en Ronald Glaser hebben jarenlang de relatie onderzocht tussen lichaam en geest, in het bijzonder tussen stress en het immuunsysteem. Terwijl dit hoofdstuk bewijs heeft geleverd voor de fysiologische routes die ten grondslag liggen aan stressresponsen, ben je wellicht niet gestopt met na te denken hoe stress jou beïnvloedt – niet alleen als het gaat om de mogelijke toename van risico op ziekten zoals hartaandoeningen, maar ook in termen van dagelijkse uitdagingen voor je gezondheid, zoals mogelijke wonden en blessures tijdens het sporten.

De Glasers hebben aangetoond dat de genezing van experimenteel aangebrachte weefselbeschadigingen bij oudere mantelzorgers (van Alzheimerpatiënten) significant langer duurde dan bij gezonde proefpersonen van gelijke leeftijd. Hoewel vertraagde wondgenezing ook het gevolg kan zijn van veroudering, werd ontdekt dat soortgelijke effecten tevens bij jongere groepen optraden onder invloed van stress. Vedhara en collega's in Bristol (2003) onderzochten de snelheid van genezing van zweren aan de voet onder zestig volwassenen met diabetes type 2. Ze vonden dat genezing vertraagd was bij personen met hoge angst, depressie of stress. Dezelfde effecten zijn ontdekt bij gezonde studenten die op twee tijdstippen een kleine experimentele huidwond kregen toegebracht: tijdens de zomervakantie en vlak voor een tentamen. De wond voor het examen had gemiddeld drie dagen langer nodig om te genezen, wat gepaard ging met een slechter functionerend immuunsysteem (Marucha et al., 1998). Broadbent et al. (2003) toonden aan, met behulp van proefpersonen die van een hernia herstelden, dat hevige stress en veel piekeren de wondgenezing ook belemmeren als de wond niet experimenteel werd toegebracht.

SAMENVATTING

10.1 Concepten van stress
- Stress bestaat uit een stimulus, een interactie tussen de gebeurtenis en het individu, en een reeks fysiologische reacties na blootstelling aan stressoren.
- Het transactionele psychologische stressmodel legt het accent op de beoordeling en de individuele beleving van stress.

10.2 Typen stress
- Verschillende gebeurtenissen kunnen als stressvol worden beoordeeld en zich uiten op acute of chronische wijze, waarop dan weer verschillend wordt gereageerd door verschillende personen.
- We hebben voorbeelden gegeven zowel van onderzoeken van beroepsmatige stress, iets wat de meesten van ons op enig moment zullen ervaren, als van chronische gezondheidsaandoeningen.

10.3 Stress als fysiologische reactie
- We hebben de verschillende fysiologische routes onderzocht, waardoor stress de gezondheidstoestand beïnvloedt.

10.4 Het verband tussen stress en ziekte
- Terwijl er enkele bewijzen zijn voor een direct effect van stress op de ontwikkeling van ziekte, zijn veel van de effecten van stress indirect, bijvoorbeeld door invloed op gedrag, of komen ze meer op de voorgrond tijdens de ziekte-ervaring, wanneer individuele verschillen in de persoonlijkheid, cognities en sociale hulpbronnen vaak belangrijk zijn voor de prognose. Deze modererende variabelen zijn het onderwerp van het volgende hoofdstuk.

HOOFDSTUK 11
OMGAAN MET STRESS

11.1 Wat is coping?
11.1.1 Stijlen van coping en strategieën voor coping
11.1.2 Functies van coping

11.2 Stress, persoonlijkheid en ziekte
11.2.1 De persoonlijkheidsdimensies van *the Big Five*
11.2.2 Optimisme en weerbaarheid
11.2.3 Type-A-gedrag en persoonlijkheid
11.2.4 Persoonlijkheidstype C
11.2.5 Persoonlijkheidstype D

11.3 Stress en cognities
11.3.1 Subjectief ervaren controle

11.4 Stress en emoties
11.4.1 Depressie en angst
11.4.2 Emotionele openheid

11.5 Sociale steun en stress
11.5.1 Definities, typen en functies van sociale steun
11.5.2 Sociale steun en mortaliteit
11.5.3 Sociale steun en ziekte
11.5.4 Welke invloed heeft sociale steun op de gezondheid?

LEERDOELEN

Aan het einde van dit hoofdstuk kun je beschrijven en uitleggen:
- welke theorieën bestaan over coping en de verschillende copingstijlen;
- wat de invloed is van persoonlijkheidskenmerken op de beoordeling van stress, coping en ziekte;
- wat de invloed is van cognities en emoties op de beoordeling van stress, coping en ziekte;
- wat de aard en functie zijn van sociale steun bij stress.

SUÏCIDE IN NEDERLAND EN BELGIË

België kent tachtig procent meer suïcides dan Nederland. Dit blijkt uit een postenenquête waaraan bijna vierduizend Belgen en Nederlanders tussen de achttien en 64 jaar deelnamen (Reynders, 2015). Toch zijn er tussen beide landen weinig verschillen in mentaal welbevinden. Er spelen dus andere factoren een rol bij het verschil in aantal suïcides. Een eerste factor is dat Nederlanders sneller hulp zoeken dan Belgen. Vooral in hulp zoeken bij gespecialiseerde zorgverleners zijn deze verschillen uitgesproken. Nederlanders zoeken ook sneller informele steun bij familie en vrienden. Belgen worstelen dan ook meer met stigma en schaamte. Meer Nederlanders zoeken hulp van een psycholoog of psychotherapeut. De huisarts verwijst er sneller door en werkt vaker samen met psychosociale zorgverleners. Psychotherapie wordt er door de verplichte basiszorgverzekering terugbetaald. Hoewel de Belg minder snel professionele hulp krijgt of zoekt, gebruikt hij evenveel medicatie als de Nederlander bij psychische problemen. Een andere factor is dat Nederlanders een betere kennis hebben van het beschikbare zorgaanbod in de eerste en tweede lijn. Nederlanders zijn daarnaast ook meer tevreden over de verkregen zorg dan Belgen.

HOOFDSTUKOVERZICHT

Het vorige hoofdstuk liet zien dat stress als een objectieve én als een subjectieve ervaring gezien kan worden. Er is ook aangetoond dat stress fysiologische en immunologische factoren kan beïnvloeden. Toch worden lang niet alle mensen ziek na stressvolle levensgebeurtenissen. Dat roept fascinerende vragen op voor gezondheidspsychologen. Welke aspecten van het individu beïnvloeden de negatieve impact van stress op de gezondheid? Is dit de stressrespons, zijn het de (hulp)bronnen of de acties voor het hanteren van stress? In dit hoofdstuk komen bevindingen aan bod die het belang van psychosociale factoren onderstrepen voor de beoordeling en de prognose van stress en de reacties daarop. Individuele verschillen in persoonlijkheid, cognities en emoties (zowel positief als negatief) hebben directe en indirecte effecten op de verwachte stress. Indirect gebeurt dit via de cognitieve en gedragsmatige reacties op de stressvolle gebeurtenis; deze reacties noemen we coping, oftewel het omgaan met belastende situaties. Ook sociale relaties en steun zijn van invloed op stress, deze beïnvloeden direct en indirect de negatieve impact van stress.

Eerder beschreven we theorieën over stress en over acute en chronische stressoren en onderzochten we het globale theoretische verband tussen stress en ziekte. Ook bepraken we onderzoeksresultaten met betrekking tot de directe routes waarlangs fysiologische en immunologische processen van invloed zijn op de relatie tussen stress en ziekte. Omdat er zoveel individuele variatie is in de reacties op stressoren, richt dit hoofdstuk zich meer op de indirecte routes, zoals persoonlijkheid, opvattingen en emoties van invloed op de relatie tussen stress en ziekte, hetzij direct, hetzij indirect via coping.

Het is onwaarschijnlijk dat er iemand is die alle stress kan vermijden en, zoals eerder beschreven, is een zekere mate van stress ook goed omdat het prestaties bevordert (eustress, Gibbons *et al.*, 2008). Echter, stress wordt meestal beschouwd als negatieve beoordelingen en emoties, die de wens oproepen een gevoel van harmonie of evenwicht in ons leven terug te brengen. Het transactionele model van stress en coping van Lazarus werd in het vorige hoofdstuk geïntroduceerd, dit benadrukt de cruciale rol van de beoordeling van gebeurtenissen. Individuele verschillen in de beoordeling van gebeurtenissen bepalen de cognitieve, emotionele en gedragsmatige reacties op deze gebeurtenissen, dus de **copingrespons**. De eerste vraag is dus: wat is coping?

> **copingrespons**
> De cognitieve, emotionele en gedragsmatige reacties op een stressor.

11.1 Wat is coping?

Hoewel er meer dan dertig definities van coping bestaan, heeft het transactionele model van Lazarus (zie figuur 11.1) de grootste impact gehad op de conceptualisering van coping. Volgens dit model ontstaat psychologische stress in een spanningsveld tussen de persoon en zijn omgeving, dat wil zeggen wanneer het individu het gevoel heeft dat zijn eigen mogelijkheden (draagkracht) niet toereikend zijn om met de eisen van de omgeving (draaglast) om te gaan (Lazarus en Folkman, 1984; Lazarus, 1993a). Mensen kunnen dan proberen de stressor te veranderen of anders te interpreteren, zodat deze minder bedreigend wordt. Deze intentionele (doelbewuste) inspanning wordt coping genoemd.

Coping is een dynamisch proces. Hierbij is een constellatie van cognities en gedrag betrokken die ontstaat uit de primaire en secundaire beoordeling van gebeurtenissen en de emoties die daaraan zijn verbonden. Op hun beurt worden onze beoordelingen beïnvloed door veel factoren, niet in het minst de mate waarin we het gevoel hebben dat de gebeurtenis interfereert met onze persoonlijke levensdoelen (Elliot et al., 2011). Coping is *alles* wat iemand doet om de invloed van een feitelijke of subjectief ervaren stressor te verminderen. Ook de emoties die beoordelingen oproepen, kunnen door coping worden gewijzigd of gereduceerd. Bovendien kan coping zich direct op de stressor richten. De stressor zal daardoor niet altijd verdwijnen, maar kan wel op de achtergrond raken, bijvoorbeeld via het aanleren van nieuwe vaardigheden om er beter mee om te gaan, door de stressor te verdragen, opnieuw te beoordelen of te minimaliseren. Coping is daarom intentioneel omdat het als doel heeft te proberen aanpassing te bereiken: het is consequent een dynamisch, aangeleerd (we leren van eerdere successen en mislukkingen op het gebied van coping) en doelbewust proces. Cohen en Lazarus (1979) hebben vijf belangrijke functies voor coping beschreven, die bijdragen aan een succesvolle aanpassing aan een stressor:

1. het effect van schadelijke externe omstandigheden verminderen;
2. tolereren van of zich aanpassen aan negatieve gebeurtenissen;
3. behouden van een positief zelfbeeld;
4. behouden van emotioneel evenwicht en het verminderen van emotionele stress;
5. behouden van een bevredigende relatie met de omgeving en met anderen.

Copingresponsen kunnen slagen in een of meerdere van deze functies, terwijl een bepaalde manier van coping niet universeel effectief of ineffectief zal zijn (Taylor en Stanton, 2008) omdat effectiviteit erg afhangt van de juiste combinatie tussen de situatie en de gekozen copingrespons.

Coping kan cognitief of gedragsmatig zijn, actief of passief. Twee van de belangrijkste indelingen worden samengevat in tabel 11.1: ten eerste de indelingen die een verschil maken tussen probleemgerichte en emotiegerichte coping en ten tweede die een verschil maken tussen aanpakgerichte coping en vermijding. Daarnaast is onder diegenen die coping bij kinderen bestuderen een onderscheid

controlecoping
Coping die werkt op de stressor of emoties opgeroepen door probleem- of emotiegerichte coping; en of uit pogingen tot aanpassing aan de stressor zoals afleiding, cognitieve herstructurering of acceptatie.

terugtrekkingscoping
Coping die bestaat uit pogingen om terug te trekken van de stressor of de emoties die ontstaan, door het gebruik van ontkenning, vermijding of wensdenken.

gemaakt tussen primaire **controlecoping** die werkt op de stressor of emoties opgeroepen door probleem- of emotiegerichte coping; en secundaire controlecoping die bestaat uit pogingen tot aanpassing aan de stressor zoals afleiding, cognitieve herstructurering of acceptatie; en **terugtrekkingscoping** die bestaat uit pogingen om terug te trekken van de stressor of de emoties die ontstaan, door het gebruik van ontkenning, vermijding of wensdenken (Compas et al., 2012; Connor-Smith et al., 2000; Miller et al., 2009; Zimmer-Gembeck en Skinner, 2011). Folkman en Lazarus (1988) onderscheiden in de veelgebruikte Ways of Coping-(copingmanieren) vragenlijst acht subschalen die de twee dimensies van de probleemgerichte en emotiegerichte coping behandelen: confronterende coping, afstand nemen, zelfcontrole, sociale steun zoeken, verantwoordelijkheid accepteren, ontsnappen-vermijding, geplande probleemoplossing en positieve herbeoordeling.

TABEL 11.1 Copingdimensies

1. Probleemgerichte coping (probleemoplossende functie), dat wil zeggen: instrumentele pogingen tot coping (cognitief en/of gedragsmatig) gericht op de stressor met als doel het verminderen van de eisen ervan of het doen toenemen van iemands bronnen. Strategieën bestaan uit: plannen hoe de stressor te veranderen of hoe te handelen om deze te controleren; onderdrukken van concurrerende activiteiten met als doel manieren te vinden om met de stressor om te gaan; zoeken van praktische of informatieve steun om de stressor te veranderen; het confronteren van de bron van de stress; of deze in bedwang houden.
+/of
   Emotiegerichte coping (emotieregulerende functie), dat wil zeggen: vooral, maar niet alleen, cognitieve pogingen tot coping gericht op het omgaan met de emotionele respons op de stressor; bijvoorbeeld positieve herbeoordeling van de stressor om er een positiever beeld van te krijgen; acceptatie; zoeken van emotionele steun; boosheid uiten; bidden.

2. Aandachts/aanpak, bewaken, waakzaam, actief; dat wil zeggen: gericht zijn op het omgaan met de bron van de stress en het probleem proberen aan te pakken door bijvoorbeeld informatie te zoeken of actieve cognitieve of gedragsmatige pogingen doen om met de stressor om te gaan (zie ook copingstijlen).
+/of
   Vermijdend, afgestompt, passief, dat wil zeggen: gericht op het vermijden of minimaliseren van de dreiging van de stressor; soms emotiegericht, soms daadwerkelijk vermijden van de situatie; bijvoorbeeld afleiding zoeken door leuke dingen te doen of door andere activiteiten te doen om niet aan de stressor te denken; terugtrekken door het gebruik van middelen.

11.1.1 Stijlen van coping en strategieën voor coping

Copingstijlen zijn niet gerelateerd aan de context of de stressor; het zijn vormen van coping die op persoonlijkheidskenmerken lijken en die mensen zich eigen maken in een moeilijke situatie. Onthoud wel: coping is dynamisch, mensen wisselen verschillende manieren van coping af omdat we leren welke coping gepast is in welke situatie. Als je nadenkt over je eigen gedrag, weet je waarschijnlijk wel of je de neiging hebt om stressoren uit de weg te gaan of juist de confrontatie op te zoeken. Een voorbeeld van een copingstijldimensie is die van 'controle versus afstomping' (Miller, 1987; Miller et al., 1987). Controlegerichte coping is een confronterende stijl; hierbij zoeken we informatie die relevant is voor de bedreiging van de gezondheid, bijvoorbeeld door vragen te stellen over behandelingen en bijwerkingen.
Zich ongevoelig maken betekent zichzelf afsluiten voor relevante informatie of afleiding zoeken (Miller, 1987; Miller, Brody en Summerton, 1987), bijvoorbeeld

door andere dingen te ondernemen. Controlegerichte coping blijkt gecorreleerd te zijn aan ziektedetectie en aan preventief gedrag (Van Zuuren en Dooper, 1999). Daarentegen werd in een overzicht van onderzoeken gevonden dat controle de kennis van een persoon van gezondheidsdreiging weliswaar deed toenemen, maar deze mensen ervoeren een lagere tevredenheid met de informatie, en een hoger risico en een hoger negatief affect (Roussi en Miller, 2014). De tegenstrijdige resultaten van controlegerichte coping die in verschillende onderzoeken zijn aangetoond, onderstrepen het belang van de context: één copingstijl is mogelijk niet 'passend' voor alle situaties. Het kiezen van situatiespecifieke copingstrategieën kan dus van groot belang zijn.

Coping kan op enig moment bestaan uit een scala aan schijnbaar tegenstrijdige strategieën. Lowe *et al.* (2000) vonden bijvoorbeeld dat in de maanden na een hartaanval, mensen tegelijkertijd passieve coping (zoals acceptatie, positieve herbeoordeling) en actieve, **probleemgerichte coping** toepasten. In dezelfde lijn vonden Macrodimitris en Endler (2001) dat zowel instrumentele als op afleiding gerichte copingstrategieën werden toegepast door mensen met diabetes.

> **probleemgerichte coping**
> Coping die erop gericht is de eisen van stressor te verminderen of de mogelijkheden om met de stressor om te gaan te vergroten.

Wat is adaptieve coping?

In het algemeen wordt aangenomen dat een probleemgerichte benadering of aandachtgerichte coping waarschijnlijker tot aanpassing leidt wanneer iets gedaan kan worden om de stressor te veranderen of controleren. De gedachten richten op aspecten van de situatie en plannen hoe om te gaan met elk aspect zou een voorbeeld van een cognitief probleemgerichte copingstrategie kunnen zijn, terwijl het zoeken van nuttige informatie over de gebeurtenis een gedragsmatige probleemgerichte copingstrategie kan zijn. Gedragsmatige voorbeelden van **emotiegerichte coping** bestaan uit het uiten en tonen van emotie of het zoeken van emotionele steun. Deze laatste strategie wordt over het algemeen gezien als adaptief.

> **emotiegerichte coping**
> Coping die erop gericht is om te gaan met de gedachten en emoties die de stressor oproept.

Responsief zijn

Volgens het copingmodel van Lazarus is het moeilijk te voorspellen welke strategieën in welke situaties adaptief zijn, omdat probleemgerichte en emotiegerichte strategieën onderling afhankelijk zijn en samen de totale copingreactie vormen (Lazarus, 1993b). Tennen *et al.* (2000) bevestigden dit in een indrukwekkend longitudinaal onderzoek onder pijnpatiënten, waarbij hun copingstrategieën dagelijks werden bepaald. Ze ontdekten dat de kans op emotiegerichte strategieën 4,4 keer zo groot was op dagen waarop ook probleemgerichte strategieën werden toegepast. Bovendien waren de pijnsymptomen van invloed op de strategieën voor coping die op dagelijkse basis werden toegepast. Wanneer de pijn op een bepaalde dag bijvoorbeeld heviger was dan de dag ervoor, nam de kans toe dat de probleemgerichte coping van de dag ervoor op die dag door emotiegerichte coping werd gevolgd. Dit toont de rol aan van beoordeling en herbeoordeling bij coping: modificaties worden aangebracht op basis van eerdere pogingen tot coping, die al dan niet succesvol waren.

Troy *et al.* (2010) belichten verder de belangrijke rol van cognitieve herbeoordeling om emoties te reguleren, dus het reguleren van de emotionele coping (zoals van streek raken of boosheid uiten) die vaak optreedt in stressvolle situaties. Zij vonden dat bij hoge, en niet bij lage, stressniveaus vrouwen met hoge cognitieve herbeoordelingsvaardigheid minder depressieve symptomen ervoeren dan zij die deze vaardigheid in mindere mate hadden. Deze individuele verschillen verklaren wellicht waarom in zeer stressvolle situaties sommige mensen zich emotioneel beter lijken aan te passen dan anderen.

Flexibiliteit van coping

Coping is sterk contextafhankelijk en meestal passen we verschillende vormen van coping tegelijkertijd toe – om adaptief te zijn moet het flexibel zijn (zie figuur 11.1). Als de stressor bijvoorbeeld bestaat uit een nieuwe baan die angst opwekt, kan de coping zich richten op de 'baan' (contact leggen met nieuwe collega's, onderzoek doen naar het bedrijf en zijn producten). De coping kan zich eveneens richten op de angst (gaan mediteren, met een vriend spreken, dronken worden). Toch is een copingstijl waarbij het probleem direct wordt aangepakt (onderzoek doen naar de nieuwe rol) niet noodzakelijkerwijs adaptiever dan coping waarbij dit niet gebeurt (vriend spreken).

Wanneer bijvoorbeeld een levensbedreigende ziekte is vastgesteld, kan emotiegerichte coping adaptiever zijn omdat bij dergelijke situaties het individu weinig controle heeft. In een overzicht van de coping van kinderen met kanker werd gevonden dat in de eerste 6 tot 12 maanden na de diagnose, aanpakcoping (een controlegeoriënteerde, probleemgerichte coping) geassocieerd was met slechtere aanpassing, terwijl het betere aanpassing voorspelde bij patiënten 5-6 jaar na hun diagnose (Aldridge en Roesch, 2007).

Coping door emotionele aanpak

Emotiegerichte coping is adaptief: positieve herbeoordeling van de reacties van een individu op een gebeurtenis (zoals 'Het had erger gekund, ik heb in ieder geval mijn best gedaan') kunnen bijvoorbeeld positieve emotie oproepen (zoals trots of tevredenheid) (Folkman en Moskowitz, 2004). Positieve emoties op hun beurt, 'verruimen' volgens Fredrickson (2001) wat een persoon wil gaan doen op dat moment, dus het vergroot de gewenste mogelijkheden en ze 'bouwen' ook bronnen op, negatieve emoties daarentegen voorkomen dat we over mogelijkheden nadenken. Deze opwaartse spiraal van positieve emoties wordt ook het '*broaden and build (verruim en bouw)-model*' van positieve emoties genoemd (Cohn en Fredrickson, 2009).

Net als positieve emoties zijn positieve copingresponsen geïdentificeerd: bijvoorbeeld vechtlust (zoals 'ik ben vastbesloten deze ziekte te overwinnen'). Gevoelens van wanhoop en hulpeloosheid ('ik heb het gevoel dat ik hier niets aan kan doen') zijn gerelateerd aan een slechtere overlevingskans onder patiënten na een herseninfarct (Lewis *et al.*, 2001). Copingresponsen als vechtlust en hulpeloosheid zijn op verschillende manieren geassocieerd met óf actief, probleemgericht

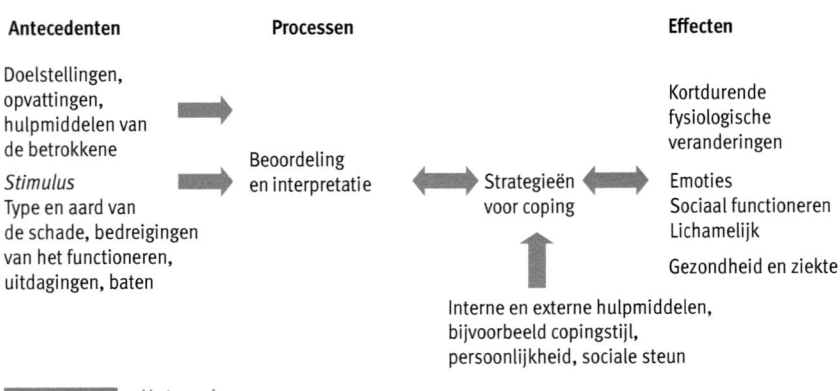

Antecedenten	Processen		Effecten
Doelstellingen, opvattingen, hulpmiddelen van de betrokkene	→		Kortdurende fysiologische veranderingen
Stimulus Type en aard van de schade, bedreigingen van het functioneren, uitdagingen, baten	→ Beoordeling en interpretatie	← → Strategieën voor coping ↑ Interne en externe hulpmiddelen, bijvoorbeeld copingstijl, persoonlijkheid, sociale steun	Emoties Sociaal functioneren Lichamelijk Gezondheid en ziekte

FIGUUR 11.1 Het copingproces
Bron: Vrij naar Lazarus, 1999

copinggedrag óf passief, **vermijdend copinggedrag**. Aangenomen werd dat vechtlust een soort realistisch optimisme en vastberadenheid weergeeft, waarbij mensen met een hoge mate van vechtlust de ziekte rechtstreeks aangaan en deze niet vermijden (Spiegel, 2001). Op grond van deze resultaten zouden interventies de prognose van ziekten kunnen verbeteren, bijvoorbeeld door de vechtlust van patiënten te verhogen en de gevoelens van hulpeloosheid te verminderen. Een belangrijke kanttekening hierbij is dat het ook juist bezwaarlijk kan zijn om patiënten te belasten met dit soort verantwoordelijkheid.

> vermijdende coping
> Een copingstijl die bestaat uit het reguleren van emotie door confrontatie met een stressvolle situatie te vermijden. Analoog aan terugtrekkingscoping.

11.1.2 Functies van coping

Copingintenties of -doelen hebben allicht invloed op de copingstrategieën in een bepaalde situatie, alsook op het succes daarvan. Er is echter nog maar weinig onderzoek gedaan naar doelen in combinatie met een specifieke copingstrategie. Waarom kiezen mensen voor een bepaald type coping? De reden houdt verband met eerdere ervaringen met copingstrategieën, maar vooral ook met de verwachte effecten van de gekozen strategie. Coping is dus een doelgericht oftewel motivationeel proces (Lazarus, 1993b). De algemene functie van coping, oftewel zich zo aanpassen dat een bepaalde gebeurtenis minder psychisch lijden veroorzaakt, brengt de inherente noodzaak met zich mee om het gevoel voor eigenwaarde en het zelfbeeld te behouden, en om goede relaties met anderen te onderhouden.

Zonder te weten waarom iemand kiest voor een specifieke copingstrategie – om minder te hoeven lijden, om meer steun te krijgen, meer interactie, minder pijn enzovoort – kunnen we niet bepalen of die strategie effectief is geweest. Bovendien maken mensen misschien gebruik van meerdere strategieën tegelijkertijd, gericht op verschillende doelen. Dat kunnen kortetermijndoelen zijn (het verzachten van pijn) maar ook langetermijndoelen (zelfstandig leren lopen, een probleem op te lossen) (Siewert *et al.*, 2013).

> **Wat denk je zelf?**
>
> Iedereen krijgt op enig moment in zijn leven met stress te maken. Denk eens aan een recente gebeurtenis die stressvol was voor jou. Welke verschillende copingstrategieën heb je toegepast om de gebeurtenis het hoofd te bieden? Wat hoopte je te bereiken met deze strategieën? Zou je enkele van de strategieën die je toepaste beschrijven als 'probleemgericht' en anderen als 'emotiegericht', of maakte je gebruik van maar een soort coping? Als je verschillende strategieën toepaste, had elk daarvan een ander doel en als dat het geval was, welke was effectief en welke niet?
> Terugkijkend op die ervaring, waren je persoonlijke achtergrond, je karakter en/of je kijk op het leven in zekere zin bepalend voor de manier waarop je op de gebeurtenis hebt gereageerd? Houd de ervaring waarover je zojuist hebt nagedacht in gedachten bij het lezen van de volgende paragrafen en vraag je af of je de invloeden op stress en coping die we beschrijven, herkent.

11.2 Stress, persoonlijkheid en ziekte

Met behulp van persoonlijkheidstrekken kunnen we gedragspatronen goed karakteriseren.

11.2.1 De persoonlijkheidsdimensies van *the Big Five*

Het model dat in gezondheidspsychologie het meest wordt toegepast, is het persoonlijkheidsmodel met vijf factoren, *the Big Five*. Het gaat om de volgende dimensies: (Costa en McCrae 1992a, 1992b):
- aangenaam in de omgang (*Agreeableness*);
- consciëntieus (*Conscientiousness*);
- extraversie (*Extraversion*);
- neuroticisme (*Neuroticism*);
- openheid voor nieuwe ervaringen (*Openness to experience*).

Deze dimensies moeten elk gezien worden als een continuüm. Zo ben je bijvoorbeeld niet honderd procent introvert, maar je bevindt je meer in die richting op de as van introvert-extravert. Deze relatief stabiele persoonlijkheidstrekken hebben invloed op individuele copingstrategieën en gezondheid (zie Vollrath, 2006; Semmer, 2006). Zorgvuldigheid en openheid blijken bijvoorbeeld beschermende factoren te zijn met betrekking tot mortaliteit (Ferguson en Bibby, 2012; Jokela *et al.*, 2013).

Er zijn diverse mogelijke modellen van de verbanden tussen persoonlijkheidsvariabelen en gezondheid en ziekte, met variërende mate van directheid:
- Persoonlijkheid kan ongezond gedrag veroorzaken, hetgeen voorspellend is voor ziekte (zoals drugsgebruik, zie figuur 11.2), waarbij er een indirect effect is op het risico op ziekte (zie Bogg en Roberts, 2004).
- Algemene persoonlijkheidsaspecten kunnen de manier beïnvloeden waarop het individu ziekte of stress beoordeelt en hanteert, waarbij er een indirect effect is op ziekteprogressie of -uitkomst (zie Penley en Tomaka, 2002; Ferguson, 2013).
- Specifieke clusters van persoonlijkheidstrekken kunnen leiden tot specifieke ziekten. Een waarschijnlijke route waardoor zulke effecten ontstaan is fysiologisch: bijvoorbeeld stressreactiviteit. Deze route is dus ook indirect.

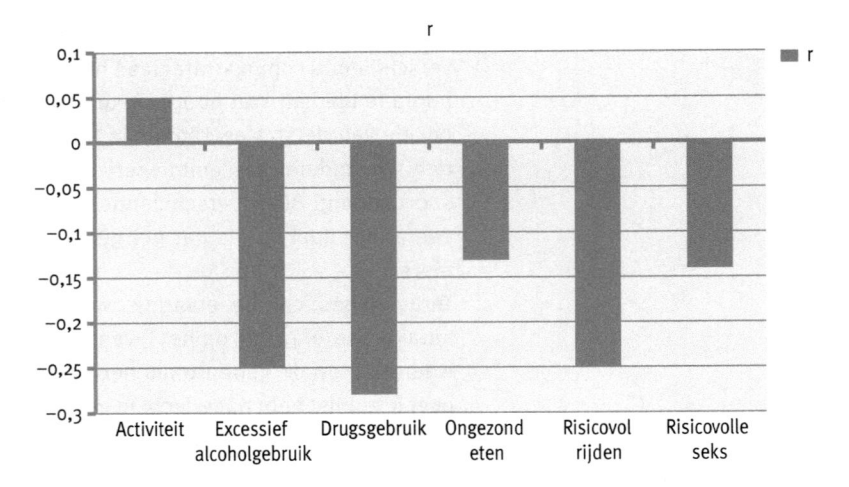

FIGUUR 11.2 Zorgvuldigheid en geselecteerde gezondheidsgedragingen

De gemiddelde correlatie tussen zorgvuldigheid en geselecteerde gezondheidsgedragingen, meta-analyse. NB: Het aantal onderzoeken en de N van de onderzoeksgroep die voor iedere gedraging geïncludeerd werd varieerden, van veertien onderzoeken naar ongezond eten (N=6,356) tot 65 onderzoeken naar overmatig alcoholgebruik (N=32,137).

Bron: Bewerkt van Bogg en Roberts, 2004

Neuroticisme

Als een van *the Big Five*, heeft neuroticisme veel aandacht gekregen vanuit de wetenschap in het kader van stress en ziekte. Het is een dimensie die gekarakteriseerd wordt door de neiging om negatieve emoties te voelen, wat zich uit in negatieve opvattingen en negatief gedrag waaronder terugtrekken of ongerustheid (Costa en McCrae, 1987; McCrae, 1990). Mensen die hoog scoren op deze dimensie, geven vaak blijk van angstige opvattingen en angstig gedrag dat niet altijd in verhouding staat tot de ernst van de situatie (Suls en Martin, 2005). Mensen die hoog scoren op de trek neuroticisme vertonen een verhoogde responsiviteit in negatieve situaties, zoals werkstress, en dat leidt op zijn beurt tot toename van de mate van conflict die ervaren wordt, hetgeen er op zijn beurt weer toe leidt dat het aantal stressvolle gebeurtenissen dat wordt gerapporteerd toeneemt (Wille *et al.*, 2013). Echter, er is enig bewijs dat neuroticisme een directe route naar negatieve gezondheidsuitkomsten heeft via immuunsuppressie door cortisolproductie (Van Eck *et al.*, 1996). Gezien het feit dat stress ook effecten op het immuunsysteem heeft, zou het kunnen zijn dat persoonlijkheid ook nog een rol speelt bij deze negatieve relatie.
Het is echter lastig om echte gebeurtenissen los te zien van subjectieve oordelen daarover, omdat de meeste onderzoeken zijn gebaseerd op zelfrapportage.
Uit onderzoek blijkt verder dat neurotische mensen meer verschillende typen copingstrategieën hanteren (misschien omdat ze vaak vruchteloos blijven zoeken naar een strategie die werkt) en dat dit vaak maladaptieve en emotiegerichte strategieën zijn (zie ook Semmer, 2006).

Zorgvuldigheid en de andere Big Five persoonlijkheidstrekken

Zorgvuldigheid (Z) wordt gedefinieerd als het hebben van een verantwoordelijk en betrouwbaar karakter, opvolgen van sociale normen, een vooruitziende blik hebben, volhardend zijn en in bezit van zelfdiscipline. Het heeft een consistent verband met positieve uitkomsten zowel op het gebied van stress als gezondheid. Zorgvuldige individuen zijn effectief in het oplossen van problemen, zoeken steun en nemen deel aan cognitief herstructurerende factoren die nuttig zijn in het verminderen van bijvoorbeeld conflicten op het werk en in de familiesfeer (Michel *et al.*, 2011). Zorgvuldigheid was geassocieerd met verminderd mortaliteitsrisico in onderzoeken met een lange follow-up (Hagger-Johnson *et al.*, 2012; Jokela *et al.*, 2013). Dit algemene effect in een scala aan populaties en culturen is opmerkelijk en kan worden toegeschreven aan redelijke robuuste associaties tussen zorgvuldigheid en positieve gezondheidsgedragingen (zie Bogg en Roberts, 2004 (zie figuur 11.2 voor een samenvatting van hun bevindingen); Nicholson *et al.*, 2005; O'Connor *et al.*, 2009: Paunonen en Ashton 2001), waaronder therapietrouw (Molloy *et al.*, 2014). Naast het beïnvloeden van gezondheidsgedragingen, maken personen met hoge mate van zorgvuldigheid gebruik van probleemgerichte coping in reactie op stress (Bartley en Roesch, 2011).
Van de andere *Big Five* persoonlijkheidstrekken, wordt vriendelijkheid over het algemeen gezien als adaptief in termen van flexibele copingresponsen op stressoren, waaronder ook het gebruik van verbindende vaardigheden om netwerken van sociale steun te bouwen, waarvan bekend is dat ze gunstig zijn voor een scala aan uitkomsten. Extraversie, de neiging om een positieve en actieve houding en gedragsmatige stijl te hebben, is in sommige opzichten positief gebleken, zoals bijvoorbeeld beoordeling, actieve coping en emotioneel welzijn (Hayes en Joseph, 2003), ondanks hypothesen was het niet significant in relatie tot werkconflicten (Wille *et al.*, 2013), en negatiever in relatie tot gedrag met een gezondheidsrisico, gezien de neiging van extraverte personen om stimulatie te zoeken.

Naast *the Big Five* zijn ook andere persoonlijkheidstrekken geïdentificeerd die 'algemene positieve effecten' op stressresponsen en gezondheid hebben, we richten onze aandacht nu op deze 'persoonlijke bron' variabelen.

11.2.2 Optimisme en weerbaarheid

Optimisme

> dispositioneel optimisme
> Een overwegend positieve levensopvatting en positieve resultaatverwachtingen.

Een 'beschermend' hulpmiddel is dat van **dispositioneel optimisme**, dat wil zeggen: een overwegend positieve levensopvatting en positieve resultaatverwachtingen. Volgens Scheier en collega's (Scheier *et al.*, 1986; Scheier en Carver, 1992) zijn dispositionele optimisten geneigd te geloven dat de gewenste resultaten mogelijk zijn; hierdoor zouden ze vaker blijk geven van effectieve en standvastige coping met stress of ziekte, waardoor de kans op een negatieve afloop ook daadwerkelijk kleiner is. Dispositioneel optimistische mensen rapporteren daarnaast bij negatieve gebeurtenissen minder vaak interne attributies ('het is mijn eigen fout'), stabiele attributies ('het is een aspect van mijn persoonlijkheid dat ik niet kan veranderen') en globale attributies ('er is niets aan te doen') dan anderen, oftewel: ze beschouwen stress vaker dan anderen als veranderbaar en specifiek en als afkomstig van externe bronnen die ze kunnen veranderen dan wel negeren. Pessimisme is aan de andere kant een gegeneraliseerd en stabiel negatief vooruitzicht met ontkenning en afstand nemen als reacties op stress. Optimisme en pessimisme worden gemeten op een continuüm, en niet als een dichotomie, zoals in de *life orientation*-test (LOT, de maat voor optimisme ontwikkeld door Schreier en Carver, 1985; zie tabel 11.2) of de LOT-R (gereviseerd, Scheier *et al.*, 1994).

TABEL 11.2 Maat voor optimisme: de *life orientation*-test

Beantwoord alle vragen zo eerlijk en nauwkeurig mogelijk. Probeer op elk van de beweringen een onafhankelijk antwoord te geven. Er zijn geen 'juiste' of 'onjuiste' antwoorden. Antwoord volgens je *eigen* gevoelens en niet op basis van hoe je denkt dat de meeste mensen zouden antwoorden. Maak gebruik van onderstaande schaal, schrijf de juiste letter in het vakje naast elke bewering.

A	B	C	D	E
IK BEN HET ER STERK MEE EENS.	IK BEN HET ER ENIGSZINS MEE EENS.	IK BEN HET ER NIET MEE EENS, NOCH MEE ONEENS.	IK BEN HET ER ENIGSZINS MEE ONEENS.	IK BEN HET ER STERK MEE ONEENS.

1	In onzekere tijden verwacht ik meestal het beste resultaat.	☐
2	Ik kan me gemakkelijk ontspannen.*	☐
3	Als er bij mij ook maar iets fout kan gaan, gaat het ook fout.	☐
4	Ik bekijk dingen altijd van de positieve kant.	☐
5	Ik ben altijd optimistisch over mijn toekomst.	☐
6	Ik houd erg van mijn vrienden.*	☐
7	Het is belangrijk voor mij om bezig te blijven.*	☐
8	Ik verwacht bijna nooit dat dingen voor mij gunstig uitpakken.	☐
9	Dingen verlopen nooit zoals ik wil.	☐
10	Ik raak niet gemakkelijk van streek.*	☐
11	Ik geloof in het spreekwoord 'na regen komt zonneschijn'.	☐
12	Ik reken er zelden op dat mij iets goeds zal overkomen.	☐

* Dit zijn 'opvullende' vragen die als functie hebben het doel van de test te verhullen.

Hoe optimistisch ben jij? Is dit glas halfleeg of halfvol?

Foto: Robnroll / Shutterstock (Pearson Asset Library)

In een meta-analyse bleek optimisme positief geassocieerd met aanpakcoping en negatief geassocieerd met vermijdingscoping (Solberg Nes en Segestrom, 2006). Optimisme is van voordeel voor zowel gezonde populaties die met stressvolle gebeurtenissen omgaan (zie Steptoe *et al.*, 2008) en patiëntpopulaties die met verschillende aspecten van hun ziekte omgaan (Fournier *et al.*, 2002).

Optimisme lijkt tot beter functioneren en gunstigere prognoses te leiden, omdat optimistische mensen positieve uitkomsten verwachten en ze gebeurtenissen beoordelen op een manier die de waarschijnlijkheid vergroot dat ze een probleemgerichte copingstrategie kiezen, en als dat geen optie is dan gebruiken ze adaptieve emotiegerichte copingstrategieën zoals positief herformuleren, humor of acceptatie (Wrosch en Scheier, 2003).

De effecten van een optimistische dispositie variëren echter, afhankelijk van context en de controleerbaarheid van de ziekte, met bewijs dat in controleerbare aandoeningen, zoals zelfmanagement van insuline-afhankelijke diabetes, dispositioneel optimisme een voordeel heeft, terwijl in minder controleerbare aandoeningen, zoals multiple sclerosis dit niet het geval is (Fournier *et al.*, 2002). Dit gezegd hebbende, was meer optimisme echter geassocieerd met daaropvolgende hogere kwaliteit van leven van vrouwen in de terminale fase van eierstokkanker (Price *et al.*, 2013). Deze bevinding suggereert misschien dat optimisme verwant is aan ontkenning in deze context, wat adaptieve voordelen heeft in een dergelijke oncontroleerbare situatie, te weten de naderende dood.

Weerbaarheid (hardiness)

Het concept weerbaarheid werd door Kobasa (1979) geïdentificeerd en getest toen hij zocht naar factoren die verklaren waarom sommige mensen ziek worden van stress en andere mensen gezond blijven. Weerbaarheid is meer een kwestie van geloof dan een aspect van persoonlijkheid. Het wordt gedefinieerd als een aspect van een persoon dat is gebaseerd op rijke, gevarieerde en bevredigende ervaringen tijdens zijn of haar jeugd, en het kan zich uiten in gevoelens van:

- *Betrokkenheid*: het gevoel van doelgerichtheid of betrokkenheid bij gebeurtenissen en activiteiten en bij mensen in het eigen leven. Men denkt dat betrokken mensen potentieel stressvolle situaties als betekenisvol en interessant beschouwen.
- *Controle*: het geloof dat je je eigen leven kunt beïnvloeden. Men denkt dat mensen met een hoge score op controle potentieel stressvolle situaties als potentieel veranderbaar zien.
- *Uitdaging*: de neiging om verandering als een normaal onderdeel van het leven te beschouwen en als iets dat positief kan zijn. Mensen met een hoge score op uitdaging zien veranderingen eerder als een gelegenheid om te groeien dan als een bedreiging.

Volgens de theorie oefenen deze factoren geen directe invloed op de gezondheid uit, maar een weerbaar persoon die al deze eigenschappen bezit is natuurlijk wel beter gewapend en beschermd tegen stress. Dankzij deze kenmerken zal hij waarschijnlijk beter in staat zijn gezond te blijven dan anderen. De beschermende effecten van weerbaarheid staan vermeld in figuur 11.3, waaruit ook blijkt dat weerbaarheid vooral effect heeft in situaties met veel stress. Verdere aanwijzingen voor dit beschermende effect rapporteerden Beasley *et al.* (2003). Behalve een directe relatie tussen weerbaarheid en verminderd psychisch lijden, bleken vrouwen de effecten van negatieve levensgebeurtenissen op de psychologische gezondheid door middel van weerbaarheid te bufferen. Voor beide geslachten was het negatieve effect van emotiegerichte coping op lijden minder bij de personen die hoog scoorden op de weerbaarheidsmaat. Echter, dergelijke crosssectionele bevindingen van buffereffecten van weerbaarheid zijn niet consistent **gerepliceerd** in prospectieve onderzoeken, waardoor sommigen concluderen dat een gebrek aan weerbaarheid belangrijk is, meer dan de aanwezigheid ervan, in termen van hoe dit beoordelingen kan beïnvloeden. Dit heeft ertoe geleid dat een gebrek aan weerbaarheid op een onderliggende neuroticismetrek kan duiden en er is zeker een verband tussen de twee (zie de review van Semmer uit 2006).

De aandacht is zich gaan richten op het concept *resilience* (veerkracht), het vermogen om 'terug te veren' bij tegenspoed, in de jaren tachtig van de vorige eeuw voor het eerst geïdentificeerd door Smith (Werner en Smith 1982, 1992). Smith identificeerde twee facetten van veerkracht; een extraverte aanleg en de vaardigheid om toegang te krijgen tot verschillende bronnen van sociale steun. Dit leidt tot de vraag of veerkracht een vaste trek is die een persoon heeft onafhankelijk van het feit of stress aanwezig is, of dat het een adaptieve reactie is die alleen optreedt in tijden van stress. Diegenen die veerkracht als een persoonlijkheidstrek zien leveren bewijs van zowel de voordelen voor de aanpassing aan stress, positieve psychologische gezondheid en gezondheidsuitkomsten (Smith, 2006), en zelfs van gezondheidsgedrag bij adolescenten (Mistry *et al.*, 2009).

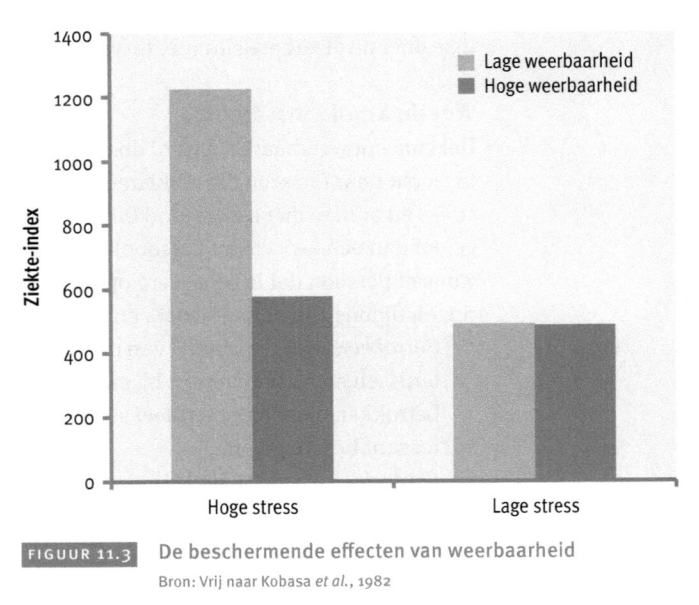

> **repliceren**
> Herhaling van een experiment om de bevindingen al dan niet te kunnen bevestigen.

FIGUUR 11.3 De beschermende effecten van weerbaarheid
Bron: Vrij naar Kobasa *et al.*, 1982

11.2.3 Type-A-gedrag en persoonlijkheid

Hart- en vaatziekten en de gevolgen daarvan (angina pectoris, hartaanvallen en dergelijke) zijn uitgebreid bestudeerd in relatie tot persoonlijkheidsvariabelen en tot emotie. De zoektocht naar een persoonlijkheid met vatbaarheid voor hart- en vaatziekten leidde tot de ontdekking van een verzameling van gedragingen dat **Type-A**-gedrag (TAB) genoemd werd (Friedman en Rosenman 1959, 1974; Rosenman 1978). Type-A-gedrag manifesteert zich in de volgende aspecten:
- competitiegeest;
- gehaast gedrag (te veel proberen te doen in te weinig tijd);
- gemakkelijk geërgerd, verhoogde vijandigheid en woede;
- ongeduldig;
- prestatiegericht gedrag;
- een krachtig spraakpatroon: snelle, luide en gespannen spraak, het inslikken van veel letters en anderen veel onderbreken.

> **persoonlijkheidstype A**
> Een persoonlijkheidstype dat zich kenmerkt door competitiegeest, gehaast gedrag (te veel proberen te doen in te weinig tijd), gemakkelijk geërgerd zijn, verhoogde vijandigheid en woede, ongeduldig zijn, prestatiegericht gedrag en een krachtig spraakpatroon.

In de jaren zestig en zeventig van de twintigste eeuw werd gevonden dat bij TAB het risico op mortaliteit door CHZ (coronaire hartziekte) en MI (myocardinfarct – hartaanval) consistent verhoogd was vergeleken met personen met een **Type-B**-gedragspatroon (het tegenovergestelde van Type-A, dus ontspannen met weinig agressieve impulsen) (Rosenman *et al.*, 1976; Haynes *et al.*, 1980). Echter later follow-up onderzoek heeft deze vroege associaties niet kunnen bevestigen (Orth-Gomér en Undén, 1990). Een meta-analyse van deze onderzoeken (Myrtek, 2001) suggereert dat tegenstrijdige bevindingen ontstaan door verschillen in uitkomst van de hartaandoening die gemeten wordt (zoals een hartaanval, overlijden door een hartaanval, pijn op de borst, vaataandoeningen), waarbij onderzoeken die positieve bevindingen rapporteren vooral gebruikmaken van *zelfgerapporteerde pijn op de borst* als indicator voor CHZ, met voor de hand liggende beperkingen. Daarnaast bleek ook veel onderzoek, waaronder dat van Rosenman, gefinancierd te zijn door de tabaksindustrie, bedoeld om de schadelijke effecten van tabak te verdoezelen (Petticrew, Lee en McKee, 2012).

> **persoonlijkheidstype B**
> Een persoonlijkheidstype dat zich kenmerkt door een ontspannen houding en gevoel, weinig haast en weinig agressieve impulsen (het tegenovergestelde van type A).

Vijandigheid en boosheid

In verschillende grootschalige onderzoeken waarin de aandacht is verlegd naar het onderzoeken van de routes waarop vijandigheid zijn effecten uitoefent, kwam vijandigheid naar voren als een belangrijke voorspellende factor voor ziekte (zie Miller *et al.*, 1996 voor een meta-analyse). Verschillende mogelijke mechanismen zijn onderzocht:

1. Vijandige mensen vertonen vaak gedrag dat gezondheidsrisico's zoals hart- en vaatziekten met zich meebrengt (waaronder roken en overmatig alcoholgebruik). De resultaten over het verband tussen vijandigheid en ziekte moeten gecorrigeerd worden voor dergelijke risicofactoren, anders zal de invloed van vijandigheid op ziekte onduidelijk blijven.
2. Vijandige individuen profiteren minder van psychosociale hulpmiddelen of interpersoonlijke steun. Daardoor zijn zij minder bestand tegen de negatieve effecten van stress (Miller *et al.*, 1996). Dit wordt ook wel een 'psychosociale kwetsbaarheidshypothese' genoemd, waarbij vijandigheid de relatie tussen stress en gezondheidsproblemen modereert (Kivimäki *et al.*, 2003).
3. Experimentele onderzoeken tonen aan dat vijandige mensen meestal sterker op stress reageren dan niet-vijandige mensen. Dit, in combinatie met het feit dat zij er minder goed tegen bestand zijn, maakt hen kwetsbaarder voor hart- en vaatziekten en zelfs voor acute gebeurtenissen als een hartaanval (Strike en Steptoe, 2005). Langdurige of herhaalde episoden van verhoogde bloeddruk kunnen schade berokkenen aan de wanden van de bloedvaten.

Er is genoeg bewijs dat vijandigheid een risicofactor vormt voor het ontstaan van hart- en vaatziekten (Hemingway en Marmot, 1999; Whiteman, 2006).
Het is gebleken dat vijandigheid zelf bestaat uit emotionele, cognitieve en gedragsmatige componenten. Boosheid als karaktertrek is de centrale emotionele component die zowel door het individu wordt ervaren als geuit door agressieve of antagonistische acties of uitingen; cognitieve componenten bestaan uit het hebben van een cynische blik op de wereld, een algemeen negatieve houding en negatieve verwachtingen (cynisme, wantrouwen en belastering) van de motieven van anderen; en gedragsmatig kunnen vijandige individuen openlijk agressief of boos lijken. Bij het onderzoeken van de routes waardoor vijandigheid de gezond-

heidstoestand beïnvloedt, komt boosheid als karaktertrek consistent naar voren. Onderzoeken naar psychosociale factoren bij een (hoge) bloeddruk bijvoorbeeld hebben consistent het verband aangetoond met boosheid, zowel met ingehouden boosheid (*anger-in*) als met uitgedrukte boosheid (*anger-out*) en interventies om vijandigheid te verminderen zijn geassocieerd met dalen van de bloeddruk (Davidson *et al.*, 2007).

11.2.4 Persoonlijkheidstype C

Na de identificatie van Type-A-gedrag ontstond de vraag of er ook een persoonlijkheidstype bestaat dat vatbaar is voor kanker. Het was Temoshok die, in een vijftien jaar durend vervolgonderzoek onder vrouwen met borstkanker, een sterk verband ontdekte tussen een passieve en hulpeloze stijl van coping en een slechte ziekteprognose (Temoshok en Fox, 1984; Temoshok, 1987). Hij beschreef deze zogenoemde **persoonlijkheidstype C** als:

- coöperatief en vergevingsgezind;
- inschikkelijk en passief;
- stoïcijns;
- subassertief en geneigd tot zelfopoffering;
- met de neiging om negatieve emoties te onderdrukken of op te kroppen, met name boosheid.

> **persoonlijkheidstype C**
> Een cluster van persoonlijkheidskenmerken dat tot uiting komt in een stoïcijnse, passieve stijl van coping, waarbij emoties niet worden geuit.

Persoonlijkheid als een factor die beoordelingen en reacties op kanker beïnvloedt is ook onderzocht in termen van uitkomsten als terugval en overleving. Over het algemeen is de steun voor de voorspellende waarden van type-C-kenmerken beperkt (Garssen 2004; Stephen *et al.*, 2007), en dit geldt ook voor onderzoeken die andere persoonlijkheidskenmerken als neuroticisme of extraversie exploreren (zie Canada *et al.*, 2005).

11.2.5 Persoonlijkheidstype D

Een ander construct dat is onderzocht in verband met het risico voor CHZ is **type-D-persoonlijkheid**, beter omschreven als een 'angstige' persoonlijkheid. Deze individuen scoren hoog op negatief affect (NA) en sociale geremdheid of inhibitie (SI of *social inhibition*: het vermijden van potentiële gevaren die gepaard gaan met sociale interactie, zoals afkeuring of het uitblijven van bekrachtiging door anderen (Denollet, 1998)). Deze individuen onderdrukken dus negatieve emoties en mijden sociaal contact. In een meta-analyse (Reich en Schatzberg, 2010) werd gevonden dat type D geassocieerd was met slechte cardiale uitkomsten bij zowel mannen als vrouwen die al een pre-existente hartaandoening hadden.

> **persoonlijkheidstype D**
> Een persoonlijkheidstype dat zich kenmerkt door een hoge mate van negatief affect en sociale geremdheid.

Een andere opmerking over het proces waarop enig effect van type-D tot stand zou kunnen komen is voorlopig bewijs betreffende **psychoneuro-immunologische responsen**, waaronder toegenomen pro-inflammatoire cytokine-activiteit. Er bestaat echter enige controversie rondom de type-D bevindingen, waarbij het niet lukt associaties aan te tonen tussen type-D en mortaliteit in een onderzoek dat een groter aantal gevallen van overlijden includeerde (Coyne *et al.*, 2011). Terwijl er redelijk goed bewijs is dat aspecten van onze persoonlijkheid de beoordeling van gebeurtenissen beïnvloeden en zelfs de cognitieve, gedragsmatige en fysiologische reacties hierop, wat kan leiden tot toegenomen risico op sommige ziekten, blijft de invloed van persoonlijkheid op ziekte-uitkomsten zoals overleving beperkt.

> **psychoneuro-immunologische respons**
> Interacties tussen de hersenen, het centrale zenuwstelsel en het immuunsysteem als reactie op een stressor.

11.3 Stress en cognities

ONDERZOEK IN DE PRAKTIJK

Positiviteit en betekenisvolle levens versus geluk door lage verwachtingen!

Het onderzoeksgebied dat we 'positieve psychologie' noemen (Folkman en Moskowitz 2000; Seligman en Csikszentmihalyi 2000; Snyder en Lopez, 2005), heeft een groei doorgemaakt. In essentie doen positief psychologen de suggestie dat we afstand moeten nemen van een focus op het negatieve (onvermogen als gevolg van ziekte, gebrek aan bronnen, negatieve gedachten en emoties) en meer bezig moeten zijn met de voordelen van gezondheid en welzijn door positief te denken en te handelen.

In toenemende mate besteedt de positieve psychologie ook aandacht aan het onderzoeken van betekenisgebaseerde coping en het zoeken naar voordelen. Het uitgangspunt is dat 'positief affect in de context van stress op zichzelf belangrijke adaptieve betekenis heeft' (Folkman en Moskowitch, 2000). Naast optimisme en hoop wordt bijvoorbeeld gedacht dat geluk en vreugde bijdragen aan wat Seligman in een speciale uitgave over positieve psychologie in *The Psychologist* (2003) 'wenselijke levens' noemt: het plezierige leven, het goede leven en het betekenisvolle leven. Een plezierig leven ontstaat doordat iemand positieve emoties nastreeft over huidige, verleden en toekomstige ervaringen. Het bestaat uit de eenvoudige pleziertjes en voldoeningen of beloningen die we uit het leven halen. Een goed leven komt voort uit 'zijn' en ook 'doen' en door betrokken te zijn bij het leven en al zijn activiteiten, om er het beste uit te halen. Een betekenisvol leven is wanneer we onze sterke kanten en vaardigheden gebruiken, zodat ook anderen daarvan kunnen profiteren.

Voelen dat het leven plezierig, goed of betekenisvol is, zou impliceren dat een persoon daardoor gelukkig is. Echter, nog maar weinig onderzoek heeft zich gericht op positieve emoties, zoals geluk, in verband met gezondheidsuitkomsten, daar subjectief 'welzijn' (wat wellicht niet helemaal hetzelfde is) als benadering wordt gebruikt (Diener *et al.*, 2009). Ryan en Deci (2001) maken onderscheid tussen 'hedonistisch' welzijn, dat zich richt op geluk, het verkrijgen van plezier en vermijden van pijn, en 'eudemonisch' welzijn, dat meer gericht is op het vinden van betekenis en zelfrealisatie. Deze laatste visie op welzijn sluit goed aan op de recente groei van interventies die gebaseerd zijn op mindfulness en compassie.

Veenhoven (2003) gelooft dat geluk een construct is dat het best gemeten kan worden door mensen simpelweg vragen te stellen, zoals: Hoe gelukkig ben je op een schaal van 0 tot 10? Wat maakt je gelukkig? Wat maakt je leven goed? Voor sommigen zal geluk een vermindering van spanning zijn, voor anderen het bereiken van een gewenst doel. Beide opvattingen geven een gevoel van tevredenheid aan. Voor anderen is geluk het resultaat van betekenisvol bijdragen aan het leven en zijn activiteiten, met de ervaring van 'flow', waardoor we nog gelukkiger worden (Csikszentmihalyi, 1997). Voor anderen is gelukkig kunnen zijn mogelijk genetisch bepaald, of op zijn minst een gevolg van persoonlijkheid. Er is bijvoorbeeld gevonden dat geluk geassocieerd wordt met extraversie (Lucas en Fujita, 2000). Denk na over je eigen leven en wat jou gelukkig maakt. Sommigen zouden zeggen dat dit je kan helpen om langer te leven, maar zolang dit nog niet bewezen is, lijkt het redelijk om aan te nemen dat het je in ieder geval niet zal schaden! Hoewel, de *Daily Telegraph* rapporteerde in augustus 2015 dat, uit een experimenteel onderzoek naar gokken door onderzoekers van de University of London (Rutledge *et al.*, 2014) de conclusie luidde dat 'de sleutel naar geluk het hebben van lage verwachtingen is'. Niet echt een positieve ontknoping, maar wellicht een kleine waarschuwing.

11.3.1 Subjectief ervaren controle

Individuen met een interne locus of control nemen verantwoordelijkheid voor wat er met hen gebeurt; ze schrijven succes toe aan hun eigen inspanningen en mislukkingen aan hun eigen luiheid. Individuen met een externe locus of control denken daarentegen dat hun leven wordt beheerst door externe krachten of toevallige omstandigheden, en dat zowel succes als mislukking waarschijnlijk een kwestie is van geluk of toeval (Rotter, 1966). Deze opvattingen zijn van invloed op het gedrag. Men denkt dat individuen met een interne locus of control efficiëntere cognitieve systemen hebben en dat ze meer energie steken in het verkrijgen van informatie waarmee ze invloed op gebeurtenissen kunnen uitoefenen dan individuen met een externe locus of control. Met andere woorden: intern georiënteerde personen maken vaker gebruik van probleemgerichte coping wanneer ze met persoonlijke of sociale stressoren worden geconfronteerd dan extern georiënteerde personen.

Henselmans et al. (2010) toonden in een longitudinaal onderzoek bij borstkankerpatiënten aan dat dreigingsbeoordelingen (primaire beoordeling) hoger waren, en secundaire beoordelingen van copingvaardigheid lager waren bij vrouwen die voor de diagnose een geringe mate van perceptie van controle over gebeurtenissen en situaties in het leven rapporteerden, en dit had een impact op het in hogere mate subjectief ervaren van lijden door deze vrouwen. Dit toont aan hoe interne bronnen/overtuigingen en beoordelingen op dynamische wijze interacteren, en suggereert ook dat een algemeen gevoel van persoonlijke controle, of **meesterschap** (zoals gemeten in dit onderzoek) beschermend werkt.

> meesterschap
> Een algemeen gevoel van persoonlijke controle.

Er bestaat een grote hoeveelheid bewijs dat een verband legt tussen locus of control en fysieke en psychische gezondheid, toegepast op de zogenoemde multidimensionale schaal voor de locus of control van Kenneth Wallston en collega's (zie Wallston et al., 1978). Met deze MHLC-schaal (*multidimensional health locus of control scale*) kan via drie subschalen worden vastgesteld in hoeverre iemand gelooft dat hij zelf dan wel externe factoren of 'invloedrijke anderen' (bijvoorbeeld vrienden, zorgverleners) verantwoordelijk zijn voor de eigen gezondheid. De vragenlijst bestaat onder meer uit stellingen als:

- 'Ik bepaal mijn eigen gezondheid' – intern.
- 'Wat ik ook doe, als het mijn lot is om ziek te worden, word ik ook ziek' – extern.
- 'Wat betreft mijn gezondheid kan ik alleen doen wat mijn arts me vertelt' – invloedrijke anderen.

Scores op deze subschalen zijn geassocieerd met een scala aan uitkomsten op het gebied van coping, emoties en gedrag (waaronder gezondheidsgedrag zelf). Johnston et al. (2004) vonden dat overtuigingen van het ervaren van controle, in significante mate voorspellend waren voor het fysieke herstel op de lange termijn, maar niet voor het emotionele herstel in termen van verminderd lijden (Johnston et al., 2004; Morrison et al., 2005). Het belang van dit soort bevindingen is dat, in tegenstelling tot neurologische beperkingen of leeftijd (beide voorspellers van uitkomst na een herseninfarct), overtuigingen over controle veranderd kunnen worden door interventies.

Er zijn aanwijzingen dat het aanmoedigen van patiënten of onderzoeksdeelnemers om hun interne controle te vergroten niet altijd populair zijn (zie Joice et al., 2010) noch adaptief, gezien het feit dat onrealistische percepties van controle mogelijk tot een onrealistisch optimisme leiden, hoewel in het midden blijft wat oorzaak is en wat gevolg: beleven optimisten subjectief ervaren controle of maakt controle juist optimistisch? Alleen prospectieve onderzoeken kunnen dit exploreren (zie bijvoorbeeld Klein en Helweg-Larsen, 2002). Bovendien kan geloof in interne controle in situaties waar dat onrealistisch is, leiden tot mislukte probleemgerichte coping. De teleurstelling over deze mislukking kan tot depressies en gevoelens van hulpeloosheid leiden. In zo'n geval is het accepteren van de realiteit dus een meer adaptieve, emotiegerichte vorm van coping (Folkman,

1984; Thompson, 1981). In tegenstelling het tot het accepteren van de afwezigheid van controle, merkt Folkman (2010) op dat een persoon door het herzien van zijn doelen een gevoel van hoop kan krijgen om nieuwe, realistischere of bereikbaardere doelen te stellen en dit kan leiden tot een gevoel van controle en meer welzijn.

Dit benadrukt het belang van de vraag wat we proberen te meten, dat wil zeggen 'Controle waarover?'

In de onderzoeksliteratuur zijn verschillende typen controle beschreven:
- *Gedragsmatig*: gedragingen die de negatieve invloed van een stressor verminderen, bijvoorbeeld gebruikmaken van bepaalde ademhalingstechnieken voorafgaand aan een tandheelkundige ingreep.
- *Cognitief*: gedachteprocessen of strategieën, bijvoorbeeld zichzelf afleiden van pijn na een operatie door zich te concentreren op een plezierige vakantie.
- *Via beslissingen*: kunnen kiezen uit verschillende opties, bijvoorbeeld plaatselijke verdoving voor het trekken van een kies (waarbij in gedachten moet worden gehouden dat de nawerking uren kan duren) of zonder verdoving (meer pijn).
- *Informationeel*: informatie zoeken over de stressor, bijvoorbeeld kennis vergaren omtrent wat, waarom, wanneer, mogelijke effecten, mogelijkheden enzovoort. Dankzij informatie kunnen mensen zich voorbereiden op een gebeurtenis.
- *Retrospectief*: controle over een gebeurtenis nadat deze heeft plaatsgevonden door te zoeken naar betekenis, bijvoorbeeld een geboortedefect toeschrijven aan een gebrekkig gen (intern).

Door elk van deze typen controle kan een gebeurtenis als minder stressvol worden ervaren, omdat de beoordeling van een stressor verandert, omdat de emotionele arousal vermindert of omdat vormen van coping worden gebruikt. Terwijl controle krijgen over de uitkomst vaak niet realistisch is, is het vinden of vasthouden van controle over sommige aspecten van een gebeurtenis of de reactie hierop over het algemeen wel gunstig (Montpetit en Bergeman, 2007). Zelfeffectiviteit en locus of control zijn de twee concepten van controle die in de gezondheidspsychologie worden toegepast. Deze concepten bestrijken verschillende fasen van het copingproces; locus of control is een beoordeling van de mate waarin iemand gelooft dat hij of zij het resultaat kan beïnvloeden, terwijl zelfeffectiviteit is gericht op de hulpmiddelen en vaardigheden die iemand meent te kunnen toepassen om de gewenste uitkomst te verwezenlijken. Bijvoorbeeld de bevinding dat academische eisen vaker beschouwd worden als uitdagingen dan als een dreiging als zelfeffectiviteit hoog is, werd gezien in vijf verschillende landelijke groepen (Luszczynska *et al.*, 2005).

Een ander controlegerelateerd construct is dat van persoonlijk meesterschap (zie 'Ik kan alles doen waar ik echt mijn best voor doe'). Sterke meesterschapovertuigingen zijn een significante voorspeller van de eigen ervaring van jeugdigheid (onafhankelijk van kalenderleeftijd), met specifieke effecten bij personen van zestig tot 69 jaar, meer dan die van veertig tot 49 en zeventi tot 79 jaar (Bergland *et al.*, 2013). Dus in plaats van een lineair verband met leeftijd, lijkt het erop dat meesterschap specifieke effecten heeft, in ieder geval met betrekking tot subjectieve of zelfervaren leeftijd, op laat-middelbare leeftijd.

Ten slotte zijn ook **causale attributies** gerelateerd aan aannamen over controle. Bij een bespreking over associaties tussen attributies van oorzaken bij sterk uiteenlopende aandoeningen (waaronder artritis, kanker, hart- en vaatziekten,

> **causale attributie**
> De oorzaak van een gebeurtenis, gevoel of handeling toeschrijven aan zichzelf, aan anderen, aan het toeval of aan een andere causale factor.

brandwonden, aids, onvruchtbaarheid, herseninfarct en miskramen) (Hall en Marteau, 2003) kwam uit tachtig procent van de onderzoeken geen verband naar voren tussen interne attributies (gedragsmatig, zichzelf de schuld geven) of externe attributies (anderen de schuld geven) en aanpassing. In feite was geen enkele specifieke attributie sterk geassocieerd met het bereiken van een betere afloop. De schuld aan zichzelf geven ('ik ben ziek geworden door iets in mijn aard dat ik niet kan veranderen') ging meestal wel met een slechtere prognose gepaard, wat past bij eerdere verslagen van associaties tussen dit soort zelfverwijt en depressie.

Hoop

Snyder en collega's (1991a) introduceerden hoop en het meten hiervan bij de onderzoeken van cognitief–motivationele processen die betrokken zijn in het verklaren van menselijk gedrag. Relevant voor het onderzoek naar stress en coping, werd **hoop** gedefinieerd als een positieve motivationele toestand die is gebaseerd op een interactief gevoel van succesvolle (a) kracht (doelgerichte determinatie) en (b) routes (het plannen van manieren om doelen te bereiken)'. Snyder zag hoop fundamenteel als de overtuiging van de persoon dat hij doelen kan stellen, plannen en bereiken; hoop benadrukt doelgericht denken en er werd gedacht dat dit zowel *trait*- en *state*-achtige aspecten had. Er is enige conceptuele overlap tussen het hoopconstruct en andere constructen, zoals dispositioneel optimisme en zelfeffectiviteit, die beiden ook geassocieerd worden met volharden bij uitdagingen en positief lichamelijk en emotioneel welzijn. Snyder *et al*. (2006) erkennen dat alle drie contructen zich op individuele 'bronnen' richten, maar wijzen erop dat het bij hoop gaat om de motivatie voor (*agency*) en route naar (*pathway*) het bereiken van doelen (resultaten). Dit terwijl het bij optimisme draait om gegeneraliseerde positieve resultaatverwachtingen die niet alleen zijn gebaseerd op agency- en pathway-denken, en zelfredzaamheid niet zozeer een gegeneraliseerde overtuiging is als wel een situationele en doelspecifieke overtuiging die afhankelijk is van diverse eventualiteiten (dat wil zeggen: 'Ik kan "a" doen, zelfs als de situatie "b" is'). In hun recente boek suggereren de collega's van Snyder (Lopez *et al*., 2014) dat zelfeffectiviteit, optimisme en hoop samen het momentum vormen voor een goed leven. Hiermee impliceren ze dat het voor interventies niet uitmaakt of deze begrippen gescheiden worden.

Voor Folkman gaat hoop niet alleen over doelen; het is motivationeel maar het staat ook in een bidirectionele en actieve relatie met coping en het gaat over emotie en het vinden van betekenis (Folkman en Moskowitz, 2000; Folkman, 2010). Wanneer mensen bijvoorbeeld geconfronteerd worden met een levensbedreigende ziekte, kunnen ze hun doelen herzien om een nieuw doel te vinden dat bereikbaarder is en deze kunnen ze vervolgens doordrenken met hoop. Hoop kan in sommige contexten religieuze of existentiële kwaliteiten hebben, bijvoorbeeld bij het omgaan met een onzekere toekomst of een veranderende realiteit na een diagnose van hiv of terminale kanker (zoals hopen rust te vinden). Of het nu dicht verbonden is met doelen, of meer algemeen gedefinieerd, het construct hoop is moeilijk empirisch te vangen. Er blijft een noodzaak voor empirisch onderzoek om vast te tellen of de meetbare aspecten van hoop 'unieke' verklaringen in termen van gezondheidsuitkomsten toevoegt, vergeleken met wat al geboden wordt door de meting van andere persoonlijke bronvariabelen zoals optimisme en persoonlijke controle.

De constructen die in dit gedeelte aan de orde komen worden vaak benoemd als het onderzoeksgebied **positieve psychologie**, dus de studie van de kracht, bronnen en vaardigheden van een persoon, en niet van de pathologie, beper-

---

hoop
Een positieve motivationele toestand die is gebaseerd op een interactief gevoel van succesvolle kracht en routes om doelen te bereiken.

positieve psychologie
De studie van de kracht, bronnen en vaardigheden van een persoon, en niet van de pathologie, beperkingen of negatieve cognities en emoties.

kingen of negatieve cognities en emoties. In het volgende gedeelte gaan we ons weer richten op de negatieve emoties die geassocieerd zijn met stressresponsen en uitkomsten.

11.4 Stress en emoties

11.4.1 Depressie en angst

De rol van depressie in het doen toenemen van de incidentie/kans op ziekte is controversieel en hangt af van de betreffende ziekte. Bij het grootschalige longitudinale Alameda County-onderzoek is geen effect gevonden van een depressieve stemming op de incidentie van hart- en vaatziekten. Bij andere onderzoeken is depressie echter met hoge bloeddruk in verband gebracht, zelfs als voor andere risicofactoren werd gecorrigeerd. Zo is bij het Framingham-hartonderzoek ontdekt dat depressie, evenals nervositeit, een voorspellende factor vormde voor hoge bloeddruk gedurende twintig jaar, zelfs als voor leeftijd, roken en overgewicht werd gecorrigeerd (Markovitz et al., 1993).

Surtees et al. (2008) vonden dat van bijna 20.000 deelnemers zonder voorgeschiedenis van cardiovasculaire aandoeningen de personen die gediagnosticeerd waren met een depressie een 2,7 keer zo grote kans hadden om te overlijden. Depressieve stemming kan een uiting zijn van een onderliggende staat van negatieve affectiviteit en het is aannemelijk dat voor sommige individuen, psychosociale risicofactoren clusteren: bijvoorbeeld stress plus vijandigheid plus depressie plus sociale isolatie vormen een gecombineerd risico. Het is ook opmerkelijk dat angst en depressie zelf met elkaar in verband staan (Suls en Bunde, 2005) en hoewel depressie vaker geassocieerd is met cardiovasculaire aandoeningen en met mortaliteit door allerlei oorzaken, speelt angst ook altijd een rol (Grossardt et al., 2009).

Het bewijs voor een rol van depressie op het ontstaan van cardiovasculaire aandoeningen is relatief consistent in vergelijking met de aanwijzingen voor emoties die geassocieerd zijn met toegenomen risico op kanker. Al met al lijken de bevindingen erop te wijzen dat, net als bij cardiovasculaire aandoeningen er meer steun is voor het feit dat depressie uitkomsten beïnvloedt en niet de etiologie (Petticrew et al., 2002).

Wanneer we de routes beschouwen waarmee depressie gezondheidsuitkomsten zou kunnen beïnvloeden, zijn er, net als bij persoonlijkheid, meerdere wegen mogelijk.

Ten eerste is aangetoond dat depressie en angst van invloed zijn op de beleving van stressvolle gebeurtenissen (gebeurtenissen worden eerder als een bedreiging beleefd dan als een uitdaging). Dat gegeven beïnvloedt de coping. Zo is **ruminatie** een stabiele copingstijl/karaktertrek, waarbij een persoon herhaaldelijk gebeurtenissen uit het verleden overdenkt en zich zorgen maakt over de toekomst (Nolen-Hoeksema et al., 2008). Ruminatie is in verband gebracht met veel 'negatieve' toestanden waaronder angst en depressie; er is aangetoond dat het negatief denken over de toekomst vererget en het draagt bij aan slechtere probleemoplossing en wordt gezien als 'stressreactief' (Robinson en Alloy, 2003). De verschillende aspecten van ruminatie die bestaan, hebben waarschijnlijk verschillende effecten: bijvoorbeeld een opzettelijke reflectieve ruminatie beoordeelt de situatie opnieuw op zoek naar voordelen en kan geassocieerd zijn met **posttraumatische groei**, terwijl je bij **levensdoelenruminatie** gebeurtenissen en verliezen van het verleden opnieuw overdenkt en je levensdoel overpeinst; **intrusieve ruminatie** treedt op wanneer ongewenste gedachten aan de nega-

---

ruminatie
Een stabiele copingstijl/karaktertrek, waarbij een persoon herhaaldelijk gebeurtenissen uit het verleden overdenkt en zich zorgen maakt over de toekomst.

posttraumatische groei
Het fenomeen dat een traumatische ervaring sommige mensen sterker en weerbaarder maakt dan ze voorheen waren.

levensdoelenruminatie
Gebeurtenissen en verliezen van het verleden opnieuw overdenken en levensdoelen overpeinzen.

intrusieve ruminatie
Ongewenste gedachten aan de negatieve gebeurtenis dringen regelmatig het bewustzijn binnen en staan in verband met negatieve emoties en copingreacties.

tieve gebeurtenis regelmatig het bewustzijn binnendringen en staat in verband met negatieve emoties en copingreacties. Brosschot *et al.* (2006) beschrijven ruminatie als voortdurende cognitie en rapporteren nog meer effect op de fysiologische stressresponsen. Ruminatie is echter ontvankelijk voor interventies (zie Segal *et al.*, 2002), bijvoorbeeld door gebruik te maken van **mindfulness** (zie Ramel *et al.*, 2004; Foley *et al.*, 2010).

> **mindfulness**
> Wetenschappelijk onderbouwde aandachtstraining die je leert bewust aandacht geven aan wat er hier en nu is (gedachten, gevoelens, lichamelijke sensaties etc.) zonder te oordelen.

De tweede route wanneer het gaat om routes waardoor depressie gezondheidsuitkomsten kan beïnvloeden is ook indirect en loopt via iemands gedrag. Gebleken is dat depressie de kans verkleint dat een patiënt gezond gedrag gaat vertonen of met ongezond gedrag zal stoppen (Huijbrechts *et al.*, 1996; Lane *et al.*, 2001). Ook komen uit onderzoeksresultaten overwegend aanwijzingen naar voren dat de therapietrouw ten aanzien van lichaamsbeweging of het innemen van geneesmiddelen onder depressieve individuen kleiner is dan onder patiënten die niet depressief zijn (zie bijvoorbeeld DiMatteo *et al.*, 2000; Wing *et al.*, 2002). Dergelijk gebrekkige therapietrouw kan mensen blootstellen aan negatieve gezondheidsuitkomsten, zoals toekomstige ziekte, slechter herstel van ziekten of zelfs mortaliteit. Ten derde kunnen er fysiologische routes bestaan waardoor depressie zijn effecten uitoefent. Een aanwijzing hiervoor is dat mensen met verhoogde depressieve symptomen maar zonder voorgeschiedenis van cardiovasculaire aandoeningen twee keer zo vaak **plaques in de carotiden** (een belangrijke risicofactor voor CHZ) hadden dan de niet-depressieve deelnemers, en deze associatie werd ook gecontroleerd voor risicofactoren bij de nulmeting (Haas *et al.*, 2005). Er is ook een verband gelegd tussen depressie en verhoogde pro-inflammatoire cytokines bij oudere mensen met kanker (Spolentini *et al.*, 2008), hetgeen een ander mogelijk mechanisme suggereert.

> **plaque in de carotiden**
> Plaque is een dikke wasachtig laag die op de wanden van bloedvaten ontstaat en de bloedcirculatie belemmert, in dit geval in de arteria carotis (halsslagader).

Ten slotte kan depressie ook interfereren met het vermogen van een persoon om sociale steun en steunende interacties te zoeken en hiervan te profiteren.

11.4.2 Emotionele openheid

Coping die de laatste jaren steeds meer aandacht krijgt, is **emotionele openheid** – het tegenovergestelde van emotionele onderdrukking of repressieve coping, die meestal een negatieve invloed op de gezondheid blijkt te hebben. Een belangrijk figuur op dit terrein is Pennebaker (zie bijvoorbeeld Pennebaker *et al.*, 1988; Pennebaker, 1993). Samen met verschillende collega's heeft hij een model voor coping ontwikkeld, waarbij gebleken is dat schrijven over iemands gevoelens betreffende een recent trauma, langetermijnvoordelen heeft in termen van vermindering van stress (Zakowski *et al.*, 2004) en immuunfunctie, inclusief wondgenezing (Pennebaker *et al.*, 1988; Petrie *et al.*, 2004; Weinman *et al.*, 2008). Een grote meta-analyse ondersteunt het potentieel van deze goedkope interventie (Frattaroli, 2006).

> **emotionele openheid**
> Een vorm van coping die het tegenovergestelde is van emotionele onderdrukking of repressieve coping en die een positieve invloed op de gezondheid heeft. Emotionele openheid ontstaat door het vermogen tot oordeelloos waarnemen van je emoties, hoe die ook zijn.

Het vertellen over emotionele ervaringen moet niet worden verward met het uiten van emoties, dat gepaard gaat met een slechtere prognose onder psychiatrische populaties. Onder mensen met lichamelijke aandoeningen genereert deze methode tegenstrijdige resultaten (zie meta-analyse door Panagopoulou *et al.*, 2002). Men denkt dat het uiten van negatieve emoties mogelijk de emoties in stand houdt, doordat er aandacht aan wordt besteed; het kan ook belemmerend werken bij het ontvangen van sociale steun (Semmer, 2006). Andere auteurs suggereren juist dat het uiten van emoties van nut is bij emotionele zelfregulering. Dat bevordert de 'verwerking' en vermindert het psychisch lijden (Niederhoffer en Pennebaker, 2005). Er zijn aanwijzingen dat de expressiestijl (antagonistische versus constructieve expressie van boosheid) beïnvloedt of de uitkomst van expressie positief of negatief is (zie Davidson *et al.*, 2000).

11.5 Sociale steun en stress

Uit onderzoek blijkt dat mensen die een sterk sociaal netwerk hebben gezonder zijn en langer leven dan mensen die sociaal zijn geïsoleerd. Deel uitmaken van een sociaal netwerk en er steun van ontvangen is voor de meeste mensen op sommige momenten in hun leven beschikbaar, maar niet altijd voor alle mensen. Maar wat verstaan we onder 'sociale steun'?

TABEL 11.3 Typen en functies van sociale steun

	VERZORGENDE	ONTVANGER
Emotionele steun	empathie verzorging betrokkenheid	geruststelling gevoel van troost en verwantschap
Ondersteuning door respect	respect bemoediging positieve vergelijking	bouwt gevoel van eigenwaarde op gevoel van competentie gewaardeerd worden
Tastbare / instrumentele steun	directe hulp financiële of praktische hulp	vermindert spanning of tobben
Steun door middel van het geven van informatie (informationele steun)	advies, suggesties feedback	communicatie zelfredzaamheid gevoel van eigenwaarde
Netwerkondersteuning	welkom heten gedeelde ervaringen	gevoel van verwantschap verbondenheid

11.5.1 Definities, typen en functies van sociale steun

Sociale steun kan werkelijk (ontvangen steun) of subjectief ervaren steun zijn. Mensen met sociale steun hebben het gevoel dat anderen hen liefhebben, verzorgen, respecteren en waarderen. Ze voelen dat ze deel uitmaken van een netwerk waarin wederzijdse verplichtingen bestaan, bijvoorbeeld in de vorm van een familie, een vriendengroep of een vereniging. Bronnen van steun kunnen uit diverse personen bestaan; van partners, familie, goede vrienden, tot collega's, zorgverleners en steungroepen.

Sociale steun bestaat uit twee elkaar beïnvloedende componenten: de structuur (dat wil zeggen de typen ondersteuning) en de functies (Uchino, 2006). Mensen kunnen echter verschillen in de mate waarin ze deelnemen aan deze netwerken. Mensen verschillen ook in hoe ze de kwaliteit van de relatie in hun sociale netwerken ervaren en hoe tevreden ze zijn over de steun die ze ontvangen (Rokach, 2011).

Een gebrek aan integratie met iemands ondersteunende bronnen wordt vaak **sociale isolatie** genoemd, wat een erkende risicofactor is voor slecht welbevinden; echter een gebrek aan tevredenheid, of betekenisvolle verbinding met iemands relaties, ongeacht hoeveel relaties die persoon heeft, is waarschijnlijk geassocieerd met 'een geestestoestand' genaamd **eenzaamheid**, zoals dit door Utz en collega's (2013) beschreven wordt. Bij het bestuderen van sociale steun, moet men zich daarom niet alleen bewust zijn van de onderlinge verbanden van de veelgebruikte termen 'sociale steun', 'sociale netwerken' en 'sociale integratie' (Gottlieb en Bergen, 2010), maar daarnaast ook de beoordeling van het individu van de steun beschouwen, omdat dit verschil maakt tussen twee kwalitatief verschillende ervaringen, de eerste alleen zijn en de tweede zich alleen/eenzaam voelen.

---

sociale isolatie
Een gebrek aan integratie met iemands ondersteunende bronnen.

eenzaamheid
Een geestestoestand die ontstaat vanuit een gebrek aan tevredenheid, of betekenisvolle verbinding met iemands relaties, ongeacht hoeveel relaties die persoon heeft.

Tabel 11.3 geeft voorbeelden van verschillende typen sociale steun met de bijbehorende functies. De steun die wordt ervaren is vaak meer een voorspeller voor uitkomst dan de feitelijk ontvangen steun, en in feite kan het maar moeten uitzoeken en niet ontvangen wat nodig is een negatieve impact hebben (E. Lawrence *et al.*, 2008).

Binnen Lazarus' stressmodel geldt sociale steun als een hulpmiddel dat invloed heeft op hoe mensen gebeurtenissen beoordelen en erop reageren. Mensen die menen veel steun te krijgen van hun omgeving zullen gebeurtenissen waarschijnlijk als minder stressvol beoordelen dan mensen die vinden dat ze niet of in mindere mate worden ondersteund. Sociale steun fungeert op die manier als buffer tegen stress. Hieronder wordt een overzicht gegeven van het bewijs van de associatie tussen sociale steun en gezondheidsuitkomsten, gevolgd door een bespreking van enkele van de waarschijnlijke mechanismen hiervan. Maar eerst is het de moeite waard om te belichten dat sociale steun verschillende patronen kan vertonen bij verschillende mensen. Er zijn bijvoorbeeld aanwijzingen dat sociaaleconomische en culturele factoren de mate waarin individuen toegang hebben tot sociale netwerken bepalen, waardoor het bieden en ontvangen van steun gefaciliteerd wordt (Chaix *et al.*, 2007; Parveen *et al.*, 2011). Een geslachtsverschil is ook gerapporteerd, waarbij gevonden werd dat vrienden het welzijn van mannen en vrouwen in dezelfde mate bevorderen, maar voor mannen had de steun van familie een sterker effect (Cable *et al.*, 2013). Hoewel de grootte van het sociale netwerk over het algemeen afneemt met de leeftijd en proportioneel meer gaat bestaan uit familie dan niet-verwante relaties, betekent dit niet automatisch dat de kwaliteit van de steun minder is (Soulsby en Bennett, 2015).

11.5.2 Sociale steun en mortaliteit

Jarenlang is geprobeerd om vast te stellen of het ontbreken van sociale steun een causale rol speelt bij mortaliteit. De conclusie uit een indrukwekkend, vijftien jaar durend vervolgonderzoek onder 2.603 volwassenen (Vogt *et al.*, 1992) luidde dat sociale 'netwerken' – gemeten aan de hand van de grootte, reikwijdte en frequentie – een sterke voorspellende factor vormden voor mortaliteit ten gevolge van ischemische hart- en vaatziekten, kanker en herseninfarct. Recenter is steun gekomen van een meta-analyse van data van 148 onderzoeken door Holt-Lunstad *et al.* (2010) waarin werd aangetoond dat mensen met adequate sociale relaties (in aantal en functie) een vijftig procent lager mortaliteitsrisico hadden dan mensen die slechte sociale relaties rapporteerden.

11.5.3 Sociale steun en ziekte

Op grond van onderzoek is erop gewezen dat sociale steun de beleving van stress kan beïnvloeden (voor een overzicht, zie Taylor, 2007). Uit een onderzoek onder patiënten met reumatische artritis is gebleken dat sociale steun van een beperkt sociaal netwerk een voorspellende factor is voor een grotere hevigheid van de ziekte drie jaar later, zelfs als voor copinggedrag werd gecorrigeerd (Evers *et al.*, 2003). Een maat voor sociale steun die gebruikt is onder groepen ouderen is de *Duke Social Support* Index (er is een 23-item-versie en een kortere elf-item-versie, zie Koenig *et al.*, 1993) die zowel tevredenheid met steun meet (zoals 'Vindt u dat uw familie en vrienden – dus de mensen die belangrijk voor u zijn – u begrijpen?') en sociale interactie (zoals 'Hoeveel keer sprak u in de afgelopen week met vrienden of familie aan de telefoon, (belde u hen of belden zij u?'). De vragenlijst werd gebruikt in een grote, (n=12.000) landelijk representatieve groep van Australische vrouwen van zeventig tot 75 jaar (the *Womens Health Australia* cohort) (Powers *et al.*, 2004) en de associatie tussen sociale steun en zowel lichamelijke als psychische gezondheid werd bevestigd. Vooral de tevredenheidsfactor was significant, meer dan de interactiefactor, wat illustratief is voor het belang van kwaliteit boven kwantiteit. Bij ouderen bij wie het verlies van sociale relaties veel voorkomt, kan het belangrijk zijn om een behoefte aan alleen zijn in balans te brengen met een behoefte aan contact met anderen.

11.5.4 Welke invloed heeft sociale steun op de gezondheid?

We hebben allemaal steun nodig. Er is voldoende bewijs dat psychisch lijden in tijden van stress vermindert door sociale steun (zie Cutrona en Russell, 1987, 1990). Bovendien kan een gebrek aan sociale steun in tijden van nood op zichzelf al erg stressvol zijn. Dit geldt vooral voor mensen die een sterke behoefte hebben aan sociale steun maar onvoldoende in de gelegenheid zijn om die te verkrijgen. Vaak betreft dit ouderen, maar ook mensen die hun huwelijkspartner hebben verloren en andere slachtoffers van plotselinge, ernstige of oncontroleerbare levensgebeurtenissen kunnen hiermee te maken krijgen (zie Balaswamy *et al.*, 2004; Stroebe *et al.*, 2005). Er is echter meer bewijs voor het nut van sociale steun voor het verminderen van stress en lijden tijdens ziekte dan er bewijs is voor het voorkomen ervan. Greenwood *et al.* (1996), kwamen na een overzicht van empirische onderzoeken tot de conclusie dat gebrekkige sociale steun een sterker effect had op de incidentie van hart- en vaatziekten dan stressvolle levensgebeurtenissen.

Er zijn twee brede hypothesen opgesteld over de wijze waarop sociale steun zou kunnen werken (Cohen, 1988):

1. *Hypothese over directe effecten*: sociale steun is gunstig en een gebrek aan sociale steun is nadelig voor de gezondheid, ongeacht de mate van stress die mensen ervaren. Veel sociale steun geeft een gevoel van verwantschap en van eigenwaarde. Dit leidt tot positieve verwachtingen en een gezondere leefwijze. Sociale steun kan ook een fysiologisch effect hebben op de gezondheid, ofwel als gevolg van een verlaging van de bloeddruk, waarvan wordt gedacht dat deze het gevolg is van een positieve beoordeling van stress en emoties, ofwel door een betere werking van hormoon- en afweerstelsel, hoewel de resultaten van onderzoek op dit terrein minder consistent zijn (zie Uchino, 2006).
2. *Bufferingshypothese*: sociale steun beschermt de betrokkene tegen negatieve effecten van hevige stress. Sociale steun werkt als buffer doordat deze steun ofwel van invloed is op de *cognitieve beoordeling* van een situatie (het individu meent dat het over effectieve hulpmiddelen beschikt om met de bedreiging om te gaan), ofwel doordat de steun de *reactie voor coping* op een stressor wijzigt (het individu gaat effectiever om met de stressor) (Cohen en Wills, 1985; Schwarzer en Leppin, 1991).

Bewijs voor een direct effect van sociale steun

Er bestaat redelijk consistent bewijs dat sociale steun gezond gedrag als niet roken en therapietrouw bevordert. Het is waarschijnlijk dat sociale steun het individu ondersteunt door bijvoorbeeld zijn zelfeffectiviteitovertuigingen te bevorderen (bijvoorbeeld bij roken, Schwarzer en Knoll, 2007). Veel onderzoeken wijzen op voordelige effecten van sociale steun voor psychosociaal welzijn bij zowel gezonde als zieke populaties. Bijvoorbeeld steun van de huwelijkspartner is gunstig voor het mentale en fysieke welzijn van de ander, hoewel sommige onderzoeken sterkere effecten voor mannelijke dan voor vrouwelijke partners laten zien (Kiecolt-Glaser en Newton, 2001), wat mogelijk een geslachtsverschil in het zoeken of bieden van de benodigde steun weergeeft, en ook in de respons erop.

Uchino (2006) bespreekt dat sociale steun leidt tot verminderde stressreactiviteit, alsook voor verbeterde neuro-endocrine en immuunreacties. Echter, dit overzicht behandelt vooral experimenteel gemanipuleerde steun en het is nodig dat we ook bewijs vanuit de 'echte wereld' bespreken.

Turner-Cobb *et al.* (2000) ontdekten dat borstkankerpatiënten die sociale steun beoordeelden als beschikbaar en nuttig, 's morgens een lagere cortisolconcentratie hadden dan patiënten die de sociale steun minder positief beoordeelden. Zoals eerder beschreven is cortisol betrokken in de remming van de regulatie van de immuunrespons en mogelijk ook in tumorgroei. Bij cognitief-gedragsmatige interventies onder borstkankerpatiënten die steun van een groep kregen, is eveneens melding gemaakt van een daling van de **cortisolconcentratie** (zie Creuss *et al.*, 2000). Een recent overzicht van sociale steun en cardiovasculaire ziekten en risico op kanker heeft ook een rol voor het immuunsysteem en biochemische processen van ontsteking belicht, waarbij ook pro-inflammatoire cytokines en interleukines betrokken zijn (Penwell en Larkin, 2010). Terwijl het bewijs niet overtuigend is, leveren dergelijke reviews toch interessante inzichten in sommige van de mogelijke mechanismen waardoor sociale steun zijn gunstige effecten op gezondheid uitoefent.

cortisolconcentratie
De hoeveelheid cortisol (stresshormoon) in het bloed.

Bewijs voor een indirect of 'bufferend' effect van sociale steun

Het effect van objectieve of subjectief ervaren sociale steun op de beoordeling van stressvolle gebeurtenissen is tot nog toe niet grondig onderzocht. Wel is er enig bewijs dat alleen al de beschikbaarheid van sociale steun bijdraagt aan positievere resultaatverwachtingen en beoordelingen van de eigen controle over de gebeurtenis. Bovendien wees een meta-analyse op een positief verband tussen percepties ten aanzien van controle over de effecten van ziekte en het zoeken van sociale steun (Hagger en Orbell, 2003).

In het algemeen geldt zoeken naar sociale steun als een actieve copingstrategie. Kyngaes *et al.* (2001) onderzochten de copingstrategieën van jonge mensen binnen twee maanden nadat bij hen kanker was vastgesteld. De proefpersonen gebruikten emotie-, beoordelings- en probleemgerichte copingstrategieën, maar het zoeken van sociale steun was in alle gevallen een van de meest voorkomende strategieën. Verschillende 'functies' van steun werden gezien, dat wil zeggen ze zochten informatie over hun ziekte en de behandeling hiervan bij zorgverleners en emotionele steun bij hun families. Het zoeken van informatie over iemands aandoening of over wat te wachten staat zodat iemand kan plannen, wordt gezien als een vorm van proactieve coping, in tegenstelling tot reactieve coping. Andere vaardigheden die **proactieve coping** weergeven zijn het stellen van doelen, organiseren en mentale stimulatie. In proactieve coping zijn de inspanningen van een persoon gericht op management van doelen, waarbij veranderde gebeurtenissen of eisen meer worden gezien als uitdagingen dan bedreigingen, en het lijkt erop dat sociale steun proactieve coping stimuleert omdat bronnen uit iemands sociale netwerk helpen om de copingstrategie te kiezen (Greenglass *et al.*, 2006).

Vanaf jonge leeftijd is sociale steun een krachtige buffer voor stressreacties.
Foto: Joy Brown / Shutterstock (Pearson Asset Library)

proactieve coping
Het proces van het anticiperen op potentiële stressoren en voorafgaand handelen om ze te voorkomen of de impact te verminderen.

Geslacht en culturele verschillen in het zoeken van steun

Geslacht wordt gezien als een robuuste voorspeller van het gebruik van sociale steun, waarbij veel empirische onderzoeken vinden dat vrouwen meer de neiging hebben om steun te zoeken en te bieden, en als gevolg daarvan rapporteren ze grotere sociale netwerken dan mannen. Taylor (2006) doet de suggestie dat vrouwelijke socialisatie een *tend and befriend*-respons in tijden van stress opwekt, waarbij het verzorgen van geliefden en zoeken en vasthouden van steunende netwerken kenmerkend copinggedrag is. Onder liefdespartners hebben mannen de neiging steun te ontvangen van hun vrouwelijke partners, terwijl vrouwelijke partners meestal steun ontvangen van vrouwelijke vrienden en familieleden (waarbij vrouwen dus ook twee keer steun bieden).

Er zijn consistente bevindingen dat er culturele verschillen bestaan in de normen van steunzoekend gedrag en in de percepties van beschikbare steun. Aziatische culturen, die een collectivistische (in plaats van een individualistische) oriëntatie hebben, zijn geneigd om geen steun te zoeken of te verwachten (Lawrence et al., 2008; Kim et al., 2009). Daarentegen gebruiken Europeanen en ook Amerikanen hun vrienden voor steun, net zoveel als, en soms meer dan hun familie (Taylor et al., 2004; Chun et al., 2007; en zie het overzicht door Parveen, 2011). In Aziatische (waaronder Chinese, Koreaanse, Japanse) bevolkingsgroepen wordt op consistente wijze gevonden dat bijvoorbeeld zorgverleners van mensen met chronische of invaliderende ziekten rapporteren dat ze significant minder sociale steun ontvangen dan de hoeveelheid die witte Amerikaanse zorgverleners rapporteren (zie Chun et al., 2007; McCabe et al., 2005; Katbamna et al., 2004). Interessant is ook dat dit verschil alleen bestaat tussen Aziaten en niet-Aziaten; Lincoln et al. (2003) vonden bijvoorbeeld dat Afro-Amerikanen meer steunden op familie dan Amerikanen met een Europese migratieachtergrond. Het verschil lijkt te liggen in het zoeken van steun, waarbij Aziatische personen moeite hebben om relaties te verstoren door over persoonlijke problemen te praten en openlijk steun te zoeken. Taylor et al. (2007) vonden dat in Aziatische culturen de perceptie **impliciete steun** van anderen te hebben acceptabeler was dan het openlijk zoeken of ontvangen van steun, omdat het niet vereist dat problemen aan anderen onthuld worden. Impliciete steun was zowel biologisch (gemeten door verminderde cortisolresponsen) als psychologisch (gemeten door verminderde stressscores) meer van nut voor Amerikaanse deelnemers met een Aziatische migratieachtergrond, en het tegenovergestelde was het geval voor Amerikaanse deelnemers met een Europese migratieachtergrond, die de voorkeur gaven aan **expliciete steun** en hiervan meer profiteerden. Een overzicht van onderzoeken naar dit belangrijke culturele verschil is te vinden in het artikel van Kim et al. (2009), waarin sterk wordt benadrukt dat culturele normen in acht genomen dienen te worden wanneer bijvoorbeeld een interventie gericht op expliciete steun wordt overwogen.

> **impliciete steun**
> Steun zonder uitdrukkelijke verwoording, stilzwijgend inbegrepen, die niet vereist dat problemen aan anderen onthuld worden.

> **expliciete steun**
> Uitdrukkelijke, openlijke steun.

Kan sociale steun slecht voor je zijn?

Overmatige zorg kan de ontvanger te afhankelijk maken van de verzorgenden en te passief omtrent het eigen herstel (zie Falconier et al., 2013). Bovendien wordt **mantelzorg** niet steeds altijd alleen maar als ondersteunend beleefd en, nog belangrijker, de geboden hulp komt niet altijd overeen met de behoeften van de patiënten. Instrumentele steun is bijvoorbeeld nuttig om een zekere controle over het eigen leven te herwinnen, emotionele steun is nuttiger als de situatie niet controleerbaar is (zie Cutrona en Russell, 1990).

> **mantelzorg**
> Langdurige en onbetaalde hulp bieden aan een zorgbehoevende door iemand uit de directe omgeving van die persoon.

Ten slotte moet een voorbehoud gemaakt worden wat betreft het onderzoek naar sociale steun. Deze onderzoeken zijn meestal voornamelijk gebaseerd op zelfrapportages omdat het om een subjectief begrip gaat. Er zijn inherente vertekeningen in het verzamelen van zelfgerapporteerde data, en het is waarschijnlijk dat individuele verschillen, zoals neuroticisme, niet alleen de percepties van het individu van de aard en mate van sociale steun die ze ontvangen hebben en ook hun tevredenheid ermee beïnvloeden. Daarnaast kunnen persoonlijkheid of emotionele toestand interfereren met sociale bronnen en daarmee de vaardigheid van een persoon om steun te verkrijgen voorkomen of bevorderen, of hiervan profiteren. Deze verstorende factoren moeten in acht genomen worden bij interventies die als doel hebben sociale steun te bevorderen.

SAMENVATTING

11.1 Wat is coping?
- Onder coping verstaan we de cognitieve, emotionele en gedragsmatige reacties op een stressor.
- Een probleemgerichte benadering of aandachtgerichte coping is adaptief wanneer iets gedaan kan worden om de stressor te veranderen of controleren.
- Voorbeelden van emotiegerichte coping zijn het uiten en tonen van emotie of het zoeken van emotionele steun. Deze wordt over het algemeen gezien als adaptief.

11.2 Stress, persoonlijkheid en ziekte
- Er zijn diverse mogelijke modellen van de verbanden tussen persoonlijkheidsvariabelen en gezondheid en ziekte, met variërende mate van directheid.
- Optimisme en weerbaarheid fungeren als buffers tegen stress en ziekte.

11.3 Stress en cognities
- Subjectief ervaren controle fungeert als buffer tegen stress.

11.4 Stress en emoties
- De rol van depressie in het doen toenemen van de incidentie/kans op ziekte is controversieel en hangt af van de betreffende ziekte.
- Er is steeds meer onderzoek naar het bufferend effect van emotionele openheid op stress.

11.5 Sociale steun en stress
- Zoeken naar sociale steun geldt als een actieve copingstrategie.
- Het wordt steeds duidelijker dat veel variabelen van invloed zijn op de relatie tussen een stressvolle gebeurtenis en de effecten daarvan. Biologische, psychologische en sociale factoren gaan hierbij hand in hand.

HOOFDSTUK 12
STRESSMANAGEMENT EN INTERVENTIES

12.1 Preventie van stress
12.1.1 Het aanleren van strategieën voor stressmanagement
12.1.2 Stressmanagement op het niveau van organisaties

12.2 Stressmanagement
12.2.1 Stresstheorie – een kort overzicht
12.2.2 Stressmanagementtraining
12.2.3 Ontspanningsvaardigheden
12.2.4 Cognitieve interventies
12.2.5 Gedragsmatige interventies

12.3 Het minimaliseren van stress in ziekenhuisomgevingen
12.3.1 Voorbereiding op een operatie
12.3.2 Voldoen aan de behoeften van de patiënt
12.3.3 Werken met kinderen en hun ouders

LEERDOELEN

Aan het einde van dit hoofdstuk kun je beschrijven en uitleggen:
- welke interventies bestaan voor het verminderen van werkstress, op populatie- en organisatieniveau;
- hoe de cognitief-behavioristische en mindfulness-aanpak van stressmanagement werken;
- welke interventies van waarde zijn om mensen te helpen om te gaan met de stress die verbonden is aan een operatie.

STRESS KOST DE NEDERLANDSE SAMENLEVING MILJARDEN

De steeds toenemende gevallen van burn-out in Nederland kosten de samenleving 20 miljard euro per jaar. Dit zijn cijfers verstrekt door de OESO (Organisatie voor Economische Samenwerking en Ontwikkeling). In Nederland werkt ongeveer 1 op de 5 mensen niet, als gevolg van stress en een burn-out. Gemiddeld kost iedere burn-out 60.000 euro.

Minder meetbaar is de impact van stress op het herstel van patiënten. In het ziekenhuis verblijven en een operatie ondergaan zijn beide inherent stressvolle gebeurtenissen; stress die van invloed kan zijn op de pijn die de patiënt ervaart, het gebruik van pijnmedicatie en zelfs op de tijd die nodig is voor het herstel na een operatie. Omgekeerd leiden eenvoudige interventies voor het verminderen van stress voorafgaand aan een operatie of patiënten de controle geven over pijnmedicatie tot een vermindering van de gebruikte pijnmedicatie en zelfs tot het verminderen van de tijd die in het ziekenhuis wordt doorgebracht.

'Stress' kan een vaag begrip zijn en inherent behoren bij de ervaring als zorgverlener of als patiënt. Stressreductie onder zowel het ziekenhuispersoneel als de patiënten kan ertoe leiden dat hun levens verbeteren en er geld wordt bespaard.

Bron: 'Stress kost de samenleving miljarden, zegt vermaard neuropsycholoog Erik Matser – volgens hem is een andere levensstijl noodzakelijk', ANP, 4 november 2018

HOOFDSTUKOVERZICHT

Een van de meest voorkomende problemen waarmee mensen bij de huisarts komen is vermoeidheid, vaak als symptoom van stress. In andere hoofdstukken komt de rol van stress bij het ontstaan van ziekte aan bod, of de manier waarop stressmanagement de stemming en de prognose van een aantal ziekten kan verbeteren en pijn kan verlichten. In dit hoofdstuk komt de vraag hoe deze veranderingen kunnen worden verwezenlijkt, vanuit verschillende invalshoeken aan de orde. Het biedt een overzicht van de basale cognitief-gedragsmatige modellen van stress, bouwt hierop verder en presenteert complexere modellen, en introduceert twee verschillende benaderingen voor behandeling.

De eerste, die bekendstaat als stressmanagementtraining, maakt gebruik van een traditionele cognitief-gedragsmatige benadering. De tweede bestaat uit een benadering die gebruikmaakt van mindfulness voor het omgaan met negatieve emoties. In dit hoofdstuk bespreken we vervolgens benaderingen die gebruikt worden om stress te verminderen bij gezonde mensen, zoals bij de algemene bevolking en in de werkomgeving. Ten slotte beschrijven we hoe stress in het ziekenhuis met behulp van relatief eenvoudige interventies kan worden geminimaliseerd bij mensen die met een specifieke stressor te maken krijgen, namelijk een chirurgische ingreep.

12.1 Preventie van stress

Valt stress te voorkomen? En zo ja, hoe doen we dat dan? Daarop tracht de volgende paragraaf een antwoord te bieden.

12.1.1 Het aanleren van strategieën voor stressmanagement

Er zijn duidelijke aanwijzingen dat stressmanagementprogramma's stressreacties binnen het individu significant kunnen verminderen en het welzijn bevorderen. Bovendien bestaat er overtuigend bewijs dat ze ingrijpen op verscheidene biologische processen waarvan bekend is dat die gevoelig zijn voor stress. Zo constateerden Storch *et al.* (2007) en Hammerfald *et al.* (2006) dat uiteenlopende programma's voor stressmanagement zowel subjectief ervaren stress verminderen als de concentratie van het stresshormoon cortisol verlagen. Er zijn ook steeds meer bewijzen dat op mindfulness gebaseerde interventies stress kunnen verminderen (Shapiro *et al.*, 2008). Nyklíček en Kuijpers (2008) vonden in een groep onderzoeksdeelnemers ook dat mindfulness effectiever was in het veranderen van mate van welzijn, ervaren stress en uitputting dan bij de controlegroep die geen behandeling kreeg. De effectiviteit van mindfulness als interventie wordt bevestigd door de bevindingen van Smith *et al.* (2008); zij vergeleken de effectiviteit van een achtweekse op mindfulness gebaseerde interventie met een tweede generatie cognitief-gedragstherapeutische interventie. De mindfulness-interventie leek effectiever te zijn en bereikte in dezelfde mate voordelen als de tweede generatie cognitief-gedragstherapeutische interventie op de kernmaten welzijn, ervaren stress en depressie, maar deed het beter op het vlak van energie en van pijn.

In de volgende paragrafen worden interventies voor stressmanagement beschreven bij gezonde mensen in een specifieke context: op de werkvloer.

12.1.2 Stressmanagement op het niveau van organisaties

Er is groeiende druk op werkgevers om het personeel vaardigheden aan te reiken voor effectief stressmanagement. In Nederland en België is dit vooral steeds belangrijker geworden doordat de overheid de veiligheidsnormen op het werk bepaalt en werkgevers wettelijk verplicht om het emotionele en lichamelijke welzijn van hun werknemers te beschermen.

In de meeste onderzoeken naar het verminderen van werkstress is er sprake van training in stressmanagement. Dat wil zeggen, men probeert deelnemers te helpen om te voldoen aan de eisen die aan hen worden gesteld. Deze inspanningen lijken effectief te zijn. In een samenvatting van de relevante data in hun meta-analyse rapporteerden Richardson en Rothstein (2008) een klein maar significant positief effect. In één onderzoek verdeelden Eriksen, Ihlebaek, Mikkelsen *et al.* (2002) een grote groep werknemers willekeurig over drie interventieomstandigheden: lichaamsbeweging, stressmanagementtraining, of een geïntegreerd gezondheidsprogramma met lichaamsbeweging en gezondheidsinformatie. Geen van de interventies beïnvloedde gezondheidsklachten, ziekteverlof of werkstress. Echter, elk van de interventies leek van invloed op het specifieke doel van de interventie. Deelnemers aan de interventie voor lichaamsbeweging vertoonden verbeteringen van de algehele gezondheid en de lichamelijke conditie, terwijl de groep die een stressmanagementtraining kreeg, meldde dat het niveau van algehele stress was afgenomen. Een vergelijkbaar resultaat werd gerapporteerd door Mino *et al.* (2006), die verbeteringen in de algemene stemming van de deelnemers constateerden nadat zij een programma voor stressmanagement hadden gevolgd. Zij ontdekten echter weinig effect van het programma op specifiek werkgerelateerde stress.

TABEL 12.1	Enkele van de bronnen van stress voor ziekenhuismedewerkers
	Bron: Bennett et al., 1999

PERSOONLIJKHEID EN EMOTIES	PATIËNTPROBLEMEN	WERKPROBLEMEN
Overbelasting (functioneren boven het niveau)	Angstige patiënten of familieleden	Ploegendiensten
Onderbelasting (functioneren onder het niveau)	'Moeilijke' patiënten of familieleden	Slechte arbeidsomstandigheden
Interacties met collega's	Patiënten die overlijden	Een te grote werkbelasting
Interacties met het management	Klachten tegen personeel	Gedwongen overwerk
Werk boven het kennisniveau		Gebrek aan sociale ondersteuning
Gebrek aan steun van het management		Ontoereikend instrumentarium

Keuzestress, financiële stress, prestatiedwang en faalangst kunnen studeren erg stressvol maken.

Foto: Pressmaster / Shutterstock (Pearson Asset Library)

Zo voerden Noblet en LaMontagne (2006) aan dat deze benadering mensen die hoog scoren op stress etiketteert als 'niet tegen de situatie opgewassen' en dat werkgevers daardoor gevrijwaard worden van het aanpakken van oorzaken van stress. Het mislukken van interventies om de werkgerelateerde stress of het ziekteverzuim te beïnvloeden, accentueert volgens hen juist de noodzaak om deze problemen rechtstreekser te beïnvloeden: door de *oorzaken* van de stress aan te pakken.

Het identificeren van de oorzaken van stress in organisaties is complexer dan het geven van cursussen over stressmanagement en heeft ingrijpender gevolgen voor een organisatie. Tabel 12.1 toont de verscheidenheid aan potentiële stressoren die de stress van ziekenhuismedewerkers kunnen beïnvloeden; sommige komen ook in andere werksituaties voor, anderen zijn uniek voor het werken in de gezondheidszorg. Het veranderen van organisatorische factoren kan een impact hebben op de stress van ziekenhuispersoneel, maar bepalen hoe en waar te interveniëren op organisatieniveau is niet makkelijk.

Werken interventies op organisatieniveau?

De effectiviteit van deze systemische benadering om stress te verminderen werd onderzocht door Montano et al. (2014) in hun meta-analyse van 39 onderzoeken naar de effectiviteit van interventies om de gezondheid van zorgverlenend personeel te verbeteren. Negentien van de 39 onderzoeken rapporteerden significante voordelen van de interventies. De interventies met meerdere doelen zoals beheersing van de werktijden en de intensiteit van het werk, de aanpak van organisatorische stressoren inclusief de mate van controle over het werk, de hiërarchie op het werk en 'materiële omstandigheden' (herrie, trillingen, **ergonomie**), waren drie keer zo effectief als interventies met beperkte doelen. Redenen voor het mislukken van interventies waren vaak organisatorische beperkingen met betrekking tot verandering, waaronder een gebrek aan enthousiasme bij het personeel om te veranderen, een groot verloop van personeel en het niet adequaat toepassen van de interventie in de werkomgeving.

ergonomie
Het aanpassen van de omgeving aan de mens om gezondheid, productiviteit, gebruiksgemak en efficiëntie te verhogen. Dit kan de werkplek, het product of de ruimte zijn.

12.2 Stressmanagement

stressmanagementtraining
Een algemene term voor interventies die zijn bedoeld om deelnemers te leren hoe ze met stress moeten omgaan.

In deze paragraaf onderzoeken we een groep interventies die samen vaak **stressmanagementtraining** worden genoemd. Ze zijn gebaseerd op cognitief-behavioristische theorieën over stress. Volgens deze theorie is stress het effect

ONDERZOEK IN DE PRAKTIJK

Verbied voetbal ... en red een leven!

Er kan een benadering van stressmanagement zijn die niet in dit hoofdstuk besproken is en die veel levens zou kunnen redden. Verbied voetbal! Of op zijn minst, verbied het kijken naar voetbal. Er zijn in toenemende mate aanwijzingen dat de hoge mate van opwinding en stress die verbonden is aan belangrijke voetbalwedstrijden tot een hartaanval kunnen leiden bij kwetsbare individuen. Wilbert-Lampen en collega's (2008) rapporteerden bijvoorbeeld in de *New England Journal of Medicine* dat drie keer zoveel Duitse mannen een hartinfarct kregen op de dagen dat Duitsland in 2008 op het WK speelde, vergeleken met de dagen dat ze niet speelden. Vrouwen hadden ook een verhoogd risico, maar minder sterk dan mannen. De piek in de tijd van opname was in de eerste twee uur na aanvang van de wedstrijd. Maar dit is geen opzichzelfstaande bevinding, en het beperkt zich niet tot Duitse fans. Gelijksoortige bevindingen werden gerapporteerd door Carroll en collega's (2002) onder Engelse fans tijdens het WK van 1998. Zij vonden dat het risico op opname in een ziekenhuis met een hartaanval met 25 procent toenam op 30 juni 1998, de dag dat het Verenigd Koninkrijk van Argentinië verloor met penalty's, en de twee dagen daarna. Nederlandse, Australische en andere fans vertoonden vergelijkbare effecten. De moraal van het verhaal? Als het verbieden van voetbal een leven kan redden, moet dit overwogen worden!

van uiteenlopende omgevingsprocessen en cognitieve processen. Stress wordt beschouwd als een negatieve emotionele en fysiologische toestand als gevolg van onze cognitieve reacties op gebeurtenissen in onze omgeving. Dat wil zeggen dat stress wordt gezien als een proces in plaats van als een effect.

12.2.1 Stresstheorie – een kort overzicht

Eerder hebben we de beoordeling van stress en transactionele theorieën erover besproken. Methoden voor stressmanagement zijn deels op deze theorieën en deels op meer klinische theorieën gebaseerd, waarvan die van Aaron Beck (1976) en Albert Ellis (1977) de twee belangrijkste zijn. Beide theorieën gaan ervan uit dat onze stemming wordt bepaald door onze cognitieve reactie op gebeurtenissen, en dus niet door de gebeurtenissen zelf. Volgens deze theorieën zijn gevoelens van verontrusting of andere negatieve emoties dan ook een gevolg van 'foutieve' of 'irrationele' gedachten (zie figuur 12.1). Stress is volgens deze theorieën, met andere woorden, vaak het resultaat van interpretaties van gebeurtenissen in de omgeving of van denkbeelden die de negatieve aspecten van deze gebeurtenissen overdrijven en/of de positieve aspecten onderbelichten.

Beck doelde hierbij op gedachten die negatieve emoties automatisch omzetten in negatieve aannamen. Deze gedachten schieten ons automatisch te binnen als eerste reactie op een bepaalde situatie, zijn vaak onlogisch en hebben zelden een basis in de realiteit. Desondanks, omdat ze zo vanzelfsprekend zijn, plaatsen we er geen vraagtekens bij en nemen we ze voor waar aan. Beck onderscheidt twee niveaus van cognitie. Oppervlakkige cognities zijn cognities waarvan we ons bewust zijn. Deze zijn toegankelijk voor ons en gemakkelijk te beschrijven. Daaronder liggen onbewuste aannamen over onzelf en de wereld, de zogenoemde **cognitieve schema's**. Deze schema's zijn van invloed op onze bewuste cognities, die weer bepalend zijn voor onze emoties, ons gedrag en de mate van fysiologische *arousal*. Stressoproepende gedachten leiden bijvoorbeeld tot een toename van de *arousal* van het sympathisch zenuwstelsel en tot gedrag dat al dan niet van nut is voor het oplossen van het probleem waarmee we worden geconfronteerd, maar ook tot gevoelens van angst. Beck identifi-

cognitieve schema's
Reeks onbewuste aannamen over de wereld en onszelf die vorm geven aan bewustere cognitieve reacties op gebeurtenissen die ons negatief beïnvloeden.

ceerde een aantal groepen gedachten die leiden tot negatieve emoties, waaronder:
- *Catastrofaal denken*: een gebeurtenis als volledig negatief beschouwen en mogelijk rampzalig: 'Dat was het dan, ik heb een hartaanval gehad, zal zeker werkloos worden en niet genoeg verdienen om de hypotheek te betalen.'
- *Overmatige generalisering*: een algemene conclusie trekken op basis van één enkel incident: 'Ik kan niet naar de bioscoop omdat ik pijn heb, weer iets dat ik niet meer kan.'
- *Arbitraire inferentie*: een conclusie trekken zonder voldoende bewijs: 'De pijn wijst erop dat ik een tumor heb, ik weet het gewoon.'
- *Selectieve abstractie*: zich concentreren op een detail dat uit zijn context wordt gerukt: 'De lector heeft twee spelfouten aangeduid in mijn paper, dus heel mijn paper is waardeloos, ik begin opnieuw.'

Een goed voorbeeld van hoe langetermijnschema's aanzetten tot stressvolle wijzen van reageren op externe gebeurtenissen wordt gegeven door Price (1988) in het cognitieve model van Type-A-gedrag. Hij concludeerde dat de schema's die ten grondslag liggen aan dit gedrag bestaan uit een gering gevoel van eigenwaarde en de opvatting dat iemand alleen de achting van anderen krijgt door zichzelf voortdurend te bewijzen als 'iemand die goed presteert' en als een competent persoon. Deze opvattingen liggen ten grondslag aan meer bewuste, competitieve, ongeduldige of vijandige gedachten.

Bewuste cognities of oppervlaktecognities gerelateerd aan type-A-gedrag zijn onder meer:
- *Ongeduldige gedachten*: 'Schiet op, we hebben niet de hele dag de tijd – ik kom nog te laat! Waarom is hij zo traag? Ben ik de enige die hier iets af moet krijgen?'
- *Vijandige gedachten*: 'Deze persoon sneed me opzettelijk de weg af! Ik zal hem wel krijgen! Waarom is iedereen zo incompetent en achterlijk?'

Dieperliggende (onbewuste) schema's geassocieerd met type-A-gedrag zijn onder meer:
- 'Ik kan geen nee zeggen op haar verzoek, want dan zal ik incompetent lijken en haar respect verliezen.'
- 'Ik moet hoe dan ook op tijd op die vergadering komen, anders denkt iedereen dat ik incompetent ben en zal ik hun respect verliezen.'
- 'Mensen respecteren je alleen om wat je voor hen doet, niet om wie je bent.'

Het is enigszins ironisch dat gedrag dat meestal gezien wordt als agressief, vol zelfvertrouwen en op zichzelf gericht eigenlijk gedreven kan worden door negatieve overtuigingen over het zelf en een laag gevoel van eigenwaarde.

12.2.2 Stressmanagementtraining

Het model van stressreactie dat hierboven is beschreven, suggereert een reeks factoren die zouden kunnen worden gewijzigd om zo de individuele stress te verminderen. Dit zijn onder meer:
- gebeurtenissen in de omgeving die de stressreactie veroorzaken of een reeks oorzaken van chronische stress;
- ongeschikte gedragsmatige, fysiologische of cognitieve reacties op de gebeurtenissen die stress veroorzaken.

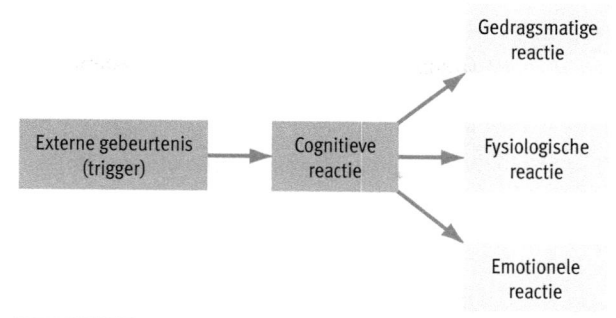

FIGUUR 12.1 Een vereenvoudigde representatie van het gebeurtenis-stress-proces dat werd opgesteld door Beck en andere cognitieve therapeuten

De meeste programma's voor stressmanagement concentreren zich op de reacties van mensen op gebeurtenissen in hun omgeving. Bij veel programma's leert men ontspanningstechnieken om het hoge niveau van *arousal* dat met stress gepaard gaat te minimaliseren. Complexere interventies proberen de cognitieve (en daarmee emotionele) reacties op gebeurtenissen te veranderen. Er zijn maar weinig programma's die zich richten op de factoren die de stressreactie in eerste instantie veroorzaken. Dit kan als een ernstige beperking worden gezien: de meest effectieve manier om stress te verminderen is immers te voorkomen dat stress ontstaat. Derhalve nemen wij in ons overzicht van stressmanagementtraining het proces op waarbij de oorzaken van stress worden geïdentificeerd en gewijzigd, naast strategieën voor het omgaan met stressvolle gedachten, gevoelens, emoties en gedragingen:

- Oorzaken kunnen via strategieën voor probleemoplossing worden geïdentificeerd en aangepast.
- Cognitieve vertekeningen kunnen via een aantal cognitieve technieken worden geïdentificeerd en gewijzigd, bijvoorbeeld via **cognitieve herstructurering**.
- Een hoge mate van spierspanning en andere tekenen van een sterke *arousal* kunnen via ontspanningstechnieken worden verminderd.
- Gedrag kan worden veranderd door het overdenken en repeteren van alternatieve gedragsmatige reacties.

cognitieve herstructurering
Een cognitieve interventie waarbij je eerst de stressvolle gedachten leert identificeren. Vervolgens worden vraagtekens bij deze gedachten gezet; men vraagt je deze gedachten als veronderstellingen te beschouwen en niet als feiten, zodat je de juistheid ervan onbevooroordeeld kan onderzoeken. Het gaat, met andere woorden, om een heroverweging van automatische negatieve of catastrofale gedachten, zodat deze beter met de werkelijkheid overeenkomen.

Oorzaken veranderen

Dit is een deel van de stressmanagementtraining dat vaak wordt verwaarloosd, mogelijk omdat er geen standaardinterventie bestaat. De oorzaken van stress verschillen uiteraard per individu en iedereen zal een andere strategie toepassen om de frequentie of ernst ervan te verminderen. Het aanpakken van oorzaken bestaat allereerst uit het identificeren van situaties waarin de stress toeneemt. Vervolgens verandert men de aard van de situatie of zorgt men dat de stressoren zich minder vaak voordoen. Een eenvoudige strategie om het stressniveau in het verkeer te verminderen is bijvoorbeeld: eerder van huis gaan.

Stress kan verschillende bronnen hebben en sommige oorzaken zijn makkelijker te veranderen dan andere. Het is vaak goed om met een relatief gemakkelijke oorzaak te beginnen en pas later, wanneer men vaardigheden of vertrouwen in het veranderen van oorzaken heeft ontwikkeld, de moeilijkere bronnen aan te pakken. Sommige veranderingen kunnen meteen worden verwezenlijkt. Andere vereisen nieuwe vaardigheden, bijvoorbeeld ontspanningsvaardigheden. In de volgende paragrafen gaan we hier nader op in. Mensen kunnen ook profiteren van leren te ontspannen of het verminderen van de frequentie of de soort van gedachten die bijdragen aan hun stress. We bespreken nu deze vaardigheden, die aan te leren zijn.

12.2.3 Ontspanningsvaardigheden

Ontspanningsvaardigheden breiden manieren van coping uit voor het individu. Dit in tegenstelling tot methoden als meditatie, die los van dagelijkse activiteiten een periode van diepe ontspanning en 'pauze' bieden. Evenals lichamelijke voordelen verhogen ontspanningsvaardigheden de feitelijke én vermeende controle over de stressreactie. Ontspanning kan ook de toegang tot kalme en constructieve gedachtenprocessen vergroten, wat de wederkerigheid van elk van de verschillende stresscomponenten weergeeft. Ontspanning kan het best via drie fasen worden aangeleerd:

1. het aanleren van elementaire ontspanningsvaardigheden;
2. het registreren van spanning in het dagelijks leven;
3. het toepassen van ontspanning in tijden van stress.

Het aanleren van ontspanningsvaardigheden

In het eerste stadium gaat het om leren ontspannen onder optimale omstandigheden, bijvoorbeeld in een comfortabele stoel in een rustige ruimte, waar geen afleiding is. Idealiter gebeurt dit onder begeleiding van een getrainde hulpverlener. Dit kan vervolgens worden voortgezet met ontspanningsoefeningen thuis, meestal met behulp van een geluidsopname van gesproken instructies. Tijdens deze fase is regelmatige oefening gedurende een periode van meerdere dagen (soms weken) belangrijk. De vaardigheden moeten namelijk een automatisme zijn geworden voordat ze in een 'praktische' context kunnen worden toegepast. De ontspanningsoefeningen die meestal worden aangeleerd, zijn gebaseerd op de techniek van Jacobson (1938), gericht op ontspanning van de diep gelegen spieren. Hierbij worden spiergroepen in het gehele lichaam beurtelings aangespannen en ontspannen. In de loop der tijd verschuift de oefening naar ontspanning zonder de spieren eerst aan te spannen of naar het ontspannen van specifieke spiergroepen, om het gebruik van ontspanning in 'real life' na te bootsen.

Tijdens het oefenen met de ontspanningsvaardigheden wordt cliënten gevraagd de mate van lichamelijke spanning gedurende de dag voortdurend te registreren. Aanvankelijk dient dit als leerproces, hierdoor kan iemand zelf ontdekken hoe gespannen hij op bepaalde tijden van de dag is en welke factoren deze spanning oproepen. Daarnaast kan deze aandacht voor lichamelijke spanning helpen om toekomstige oorzaken van stress te identificeren, zodat men weet wanneer de ontspanningsoefeningen het meest van nut zijn. Voor de registratie wordt vaak een 'spanningsdagboek' gebruikt, waarin de betrokkene met behulp van een schaal van 0 tot 100 (0 = geen spanning, 100 = de grootst mogelijke spanning) kan aangeven hoeveel spanning hij op bepaalde momenten ervaart. Dit gebeurt met regelmatige tussenpozen tijdens de gehele dag of op momenten van hevige stress. Als voorbereiding op cognitieve of gedragsmatige interventies kunnen in deze dagboeken ook de gedachten, emoties of gedragingen op zulke momenten een plaats krijgen (figuur 12.2). Als de betrokkene eenmaal gebruik begint te maken van strategieën om de stress te bestrijden, kan hij in een extra kolom tevens het niveau van spanning registreren na de ontspanningsoefening, wat hij gedaan en gedacht heeft om beter met de stress om te kunnen gaan enzovoort.

Na een periode van ontspanningsoefeningen en registratie van spanning kunnen mensen beginnen om de **ontspanningstechnieken** in het dagelijks leven te integreren. In deze fase wordt de spanning in het dagelijks leven daardoor als het goed is tot een draaglijk niveau gereduceerd. Aanvankelijk is het zaak om zo ontspannen te zijn als mogelijk en passend is in situaties van relatief weinig

ontspanningstechnieken
Vaardigheden die een ontspannen gevoel oproepen en kunnen dienen als hulpmiddel om spanning te ontladen.

TIJD	SITUATIE	SPANNING	GEDRAG	GEDACHTEN
8.32 uur	Naar het werk rijden – laat!	62	Gespannen, grijp het stuur vast Snijd andere chauffeurs af Vloek tegen stoplichten	Weer te laat! De baas zal het merken... Kom op, schiet op, ik heb niet de hele dag de tijd! Waarom duurt het zo lang voordat het licht op groen springt?!
10.00 uur	Presentatie voor collega's	75	Sprak te snel Gehaast	Het ziet er niet goed uit... waarom kan ik dit nooit goed doen? Ze denken vast dat ik gek ben. Ik voel me uitgeput!

FIGUUR 12.2 Fragment uit een stressdagboek waarin oorzaken van stress, niveaus van spanning en gerelateerde gedragingen en gedachten zijn vastgelegd

stress en daarna, naarmate de cliënt vaardiger wordt, om ook in steeds stressvoller situaties te ontspannen. Het doel is overigens niet om aan de oorzaak van de stress te ontsnappen, maar om zo ontspannen mogelijk te blijven terwijl specifieke stressoren worden afgehandeld.

12.2.4 Cognitieve interventies

Voor het veranderen van cognities worden vaak twee strategieën toegepast. De eenvoudigste, de zogenoemde zelfinstructietraining, is ontwikkeld door Meichenbaum (1985) en richt zich op bewuste cognities. Hierbij onderbreekt men de stroom van stressvolle gedachten en vervangt die door van tevoren gerepeteerde stressreducerende gedachten, de zogenoemde positieve **zelfspraak** of **zelf-geprogrammeerde instructie**. Deze gedachten behoren meestal tot twee categorieën. De eerste categorie wordt gevormd door geheugensteuntjes voor coping die de betrokkene heeft aangeleerd ('je maakt je druk, doe het rustig aan, denk eraan je te ontspannen, adem diep in en uit, ontspan je spieren'). De tweede vorm van zelfspraak werkt als geruststelling en herinnert de betrokkene eraan dat hij eerder effectief het hoofd heeft geboden aan gevoelens van stress en dat hij daartoe ook nu in staat is ('kom op, je hebt hier eerder mee te maken gehad, dat kun je opnieuw, blijf kalm, het komt wel goed'). Om ervoor te zorgen dat deze gedachten relevant zijn voor het individu en in tijden van stress daadwerkelijk worden opgeroepen, suggereerde Meichenbaum dat specifieke gedachten voor coping moesten worden gerepeteerd voordat de stressvolle gebeurtenissen plaatsvinden, hetzij tijdens een therapiesessie, hetzij enkele minuten voordat een verwachte stressor zich vermoedelijk zal voordoen.

Een complexere interventie, cognitieve herstructurering genoemd, identificeert eerst de stressvolle gedachten. Vervolgens worden vraagtekens bij deze gedachten gezet; men vraagt het individu deze gedachten als veronderstellingen te beschouwen en niet als feiten, zodat hij de juistheid ervan onbevooroordeeld kan onderzoeken. Dit kan bestaan uit het overdenken van oppervlaktecognities en cognitieve schema's. Het leren van deze vaardigheid bestaat uit een proces dat bekendstaat als de socratische methode of 'geleide ontdekking' (Beck, 1976). Hierbij identificeert de betrokkene een aantal stressopwekkende gedachten die recent zijn voorgekomen en daagt dan het waarheidsgehalte hiervan uit onder begeleiding van een therapeut. De stressvolle aannames worden uitgedaagd door het stellen van belangrijke vragen als:

- Welke bewijzen zijn er die mijn aanname bewijzen of weerleggen?
- Kan ik deze situatie op andere manieren bekijken?
- Zou het kunnen zijn dat ik een vergissing maak door de manier waarop ik denk?

zelfspraak of zelf-geprogrammeerde instructie
Tegen zichzelf spreken (hoeft niet hardop). Kan in negatieve vorm stress verergeren. In therapie leren mensen zelfspraak echter op een positieve manier te gebruiken, zodat ze kalm blijven.

Wanneer het individu dit proces kan toepassen in de therapiesessie, wordt hij aangemoedigd om het socratische proces te gebruiken in situaties waarin hij stress ervaart in het dagelijks leven.

12.2.5 Gedragsmatige interventies

Het doel van gedragsverandering is om mensen te helpen om met de oorzaken van stress om te gaan op manieren die de effectiviteit vergroten en met de oorzaak om te gaan zodat minimale stress ervaren wordt. Sommige gedragsveranderingen kunnen relatief eenvoudig zijn. Stress als gevolg van autorijden kan bijvoorbeeld afnemen door de maximumsnelheid aan te houden, door de auto op de handrem te zetten bij een stoplicht en bewust te ontspannen enzovoort. Voor andere gedragsveranderingen is meer oefening nodig; iemand die bijvoorbeeld gemakkelijk overmatig boos wordt, kan in therapie via een rollenspel meer gewenste reacties aanleren. Weer andere gedragingen moeten op het moment van de stress worden overdacht. Stressmanagementtraining kan de betrokkene leren om de respons zo te plannen dat de persoonlijke stress beperkt blijft. Een eenvoudige vuistregel hierbij is om iemand aan te moedigen om te stoppen en te plannen wat hij gaat doen, ook al duurt dit maar een paar seconden, en niet in actie te komen zonder na te denken, want dat leidt meestal tot meer en niet tot minder stress.

Stressinoculatietraining

stressinoculatietraining
Een stressreducerende interventie waarbij deelnemers leren stress te beheersen door te oefenen alvorens een stressvolle situatie in te stappen. Deelnemers leren zich te ontspannen en kalmerende zelfspraak te gebruiken. Deze methode is ontwikkeld door Donald Meichenbaum.

eerste generatie cognitief-gedragsmatige therapie
Klassieke cognitieve gedragstherapie, uitgevoerd volgens de principes van de leertheorieën, de operante conditionering en klassieke conditionering.

Meichenbaum (1985) ontwikkelde een methode die hij **stressinoculatietraining** noemde. Hierbij worden verschillende vormen van cognitieve therapie zodanig gecombineerd dat deelnemers zich op de volgende zaken kunnen concentreren:
- controleren of het gedrag past bij de omstandigheden;
- ontspannen blijven;
- zichzelf de juiste zelfspraak geven.

Bovendien moeten ze, indien mogelijk, op een specifieke stressor anticiperen, en de tijd nemen om de handelingen voorafgaand aan de gebeurtenis te oefenen. Wanneer de situatie zich daadwerkelijk voordoet, moeten ze de geplande strategieën in de praktijk brengen. Daarna moeten ze overdenken wat er is gebeurd en wat ze van de successen of mislukkingen kunnen leren, in plaats van hun reactie in het algemeen te bestempelen als een overwinning of een ramp die snel dient te worden vergeten.

De derde generatie therapieën

tweede generatie cognitief-gedragsmatige therapie
Cognitieve therapie zoals ontwikkeld door Aaron Beck en Albert Ellis, gericht op het veranderen van de inhoud van irrationele of niet-werkzame gedachten (cognities).

derde generatie cognitief-gedragsmatige therapie
Aandachts- en acceptatiegerichte gedragstherapie, met de nadruk op het anders leren hanteren van ongewenste gedachten en gevoelens.

empirische validatie
Het geldig verklaren van een methode of theorie in een reële setting.

Historisch gezien valt de stressmanagementbenadering die hierboven besproken is onder wat bekend is komen te staan als de **tweede generatie cognitief-gedragsmatige therapieën**. De theorieën en behandelingen van de eerste generatie waren gebaseerd op de conditioneringstheorieën van Pavlov en Skinner, het veranderen van cognities werd daarin niet relevant geacht om tot gedragsverandering te komen. In de tweede generatie werd gekozen voor een veel meer op cognitie gestoelde benadering, waarbij cognities werden gezien als centraal voor zowel het ontwikkelen en de behandeling van emotionele problemen. Hoewel de meeste stressmanagementinterventies nog steeds gebaseerd zijn op deze benadering, krijgen de zogenoemde **derde generatie therapieën** steeds meer **empirische validatie** en worden ze steeds meer toegepast bij de behandeling van psychische aandoeningen. De centrale kenmerken van deze benadering kunnen het best beschreven worden door de zin: 'Voel de angst, maar doe het toch maar gewoon', in combinatie met: 'Focus op het positieve.' In deze benadering wordt gekozen voor een meer gedragsmatige benadering, waarbij het doel weer verlegd wordt van het veranderen van cognities naar het direct veranderen van gedrag. Voorstanders van deze laatste benadering (zie Hayes *et al.*, 2004) stellen dat we op inadequate wijze angstig of gespannen worden door het vermijden van moeilijke of gevreesde situaties. Als gevolg daarvan leren we niet dat veel van onze angsten overdreven zijn, en dat we eigenlijk veel beter met de vermeden situatie kunnen omgaan dan we denken. Het doel van de therapie is dan ook om het individu aan te moedigen om gevreesd gedrag te vertonen en om te gaan met de emotionele en fysiologische reacties die ervaren worden terwijl dat gedaan wordt, in de veronderstelling dat door succesvolle bespreking van de situatie geleerd wordt dat er niets is om bang voor te zijn.

agorafobie
De angst voor angstsymptomen.

De behandeling van een persoon met **agorafobie** waarbij gebruikgemaakt wordt van respectievelijk tweede en derde generatie therapieën kan de contrasterende principes van de twee benaderingen illustreren. Behandeling volgens de tweede generatie therapie zou aanvankelijk bestaan uit het gebruik van de socratische dialoog (bevraging) om de catastrofale overtuigingen die iemand heeft om uit huis te gaan te identificeren en uit te dagen. Er worden copingvaardigheden zoals ontspanning en cognitief uitdagen aangeleerd om toe te passen bij het verlaten van het huis, en men volgt een gedragsmatig programma waarin stapsgewijs steeds moeilijkere situaties worden aangegaan. Hierbij wordt er gelet op het niveau van *arousal* en wordt geprobeerd dit te verminderen door middel van ontspanning. Tegelijkertijd wordt gelet op stress veroorzakende gedachten en worden deze benaderd met cognitieve uitdaging. In contrast hiermee wordt bij derde generatie therapieën niet geleerd om negatieve gedachten uit te dagen. Integendeel. Het individu leert om deze gedachten te tolereren en te begrijpen dat zulke gedachten geen macht hebben en hem niet kunnen schaden: ze worden dus niet uitgedaagd. Om dit te bereiken, kan mindfulnessmeditatie (zie hieronder) gebruikt worden om de emotionele impact te verminderen. Succes wordt gemeten door de toename van deelname aan gedragingen die voorheen vermeden of gevreesd werden.

Op mindfulness gebaseerde interventies

Mindfulness kan bereikt worden door het meditatieve proces van het richten van de aandacht op het huidige moment; zonder herinneringen aan het verleden of mogelijke voorstellingen van de toekomst. Door meditatie leert men dat gedachten maar gedachten zijn die al dan niet waar kunnen zijn. Ook kan worden geleerd om specifieke gedachten te negeren of op te merken dat ze er zijn zonder dat ze een emotionele reactie op te roepen. Bishop *et al.* (2004) stelde een tweecomponentenmodel van mindfulness voor:

- *Zelfregulering van aandacht:* dit bestaat uit het volledig gewaar zijn van de huidige ervaring: het observeren en aandacht besteden aan gedachten, gevoelens en sensaties zoals ze zich voordoen, maar deze ervaringen niet in detail doorwerken. In plaats van opgeslokt te raken in ruminerende gedachten, bestaat mindfulness uit een directe niet-veroordelende ervaring van gebeurtenissen in de geest en het lichaam zoals ze zich voordoen. Dit leidt tot een gevoel heel alert en 'levend' te zijn.
- *Een oriëntatie in de richting van de ervaring in het huidige moment die gekenmerkt wordt door nieuwsgierigheid, openheid en acceptatie:* de afwezigheid van cognitieve moeite die besteed wordt aan het doorwerken van de betekenissen en associaties die verbonden zijn aan onze ervaringen leidt ertoe dat het individu zich meer kan richten op de huidige ervaring. Mindfulness bestaat uit een directe, ongefilterde bewustwording van ervaringen, en niet uit het observeren van ervaringen door het filter van overtuigingen en aannames.

Mindfulness leren is natuurlijk niet eenvoudig en de meeste trainingen bestaan uit een aantal lessen verspreid over vele weken of maanden. Tijdens de meditatie leren deelnemers hun aandacht te richten op een specifieke fysieke stimulus zoals een foto, of een sensorische stimulus zoals het geluid van een herhalend mantra, en zich bewust te zijn van, maar niet te richten op ongewenste storende sensaties, gedachten of emoties. Dit proces kan mensen helpen om zich bewust te worden van hun gedachten maar er niet door overweldigd te raken. In plaats van het uitdagen van dergelijke gedachten leren mindfulnessbeoefenaars zich er bewust van te zijn, maar alleen als een klein onbeheerd gedeelte van hun perceptuele bewustzijn dat nog steeds vooral gericht is op de directe ervaringen van het moment.

De meest geciteerde methode van mindfulnesstraining is het op mindfulness gebaseerde stressreductieprogramma van Kabat-Zinn (zie 2013). Het programma bestaat uit een cursus van acht tot tien weken voor groepen die wekelijks ongeveer twee uur bij elkaar komen, en het bestaat uit instructie en beoefening van mindfulnessmeditatievaardigheden, het gezamenlijk bespreken van stress, coping en uit huiswerkopdrachten. Meestal wordt in de zesde week een intensieve mindfulnesssessie gehouden die een dag (zeven à acht uur) duurt. Diverse mindfulnessmeditatievaardigheden worden geïnstrueerd. De 'body scan' is bijvoorbeeld een oefening van 45 minuten waarin de aandacht op opeenvolgende lichaamsgebieden wordt gericht terwijl de deelnemer met de ogen gesloten ligt. De sensaties in elk gebied worden met aandacht geobserveerd. Tijdens zitmeditatie worden deelnemers geïnstrueerd om met gesloten ogen in een ontspannen en waakzame houding te zitten en de aandacht te richten op de sensaties van het ademhalen. Hatha yogahoudingen worden gebruikt om mindfulness van lichamelijke sensaties tijdens rustige bewegingen en strekkingen te leren. Deelnemers oefenen ook mindfulness tijdens alledaagse activiteiten zoals lopen, staan en eten. Deelnemers worden geïnstrueerd om deze vaardigheden buiten de groepsbijeenkomsten minimaal zes dagen per week 45 minuten per dag te oefenen. Audio-opnames worden vroeg in de behandeling gebruikt, maar de deelnemers worden na een paar weken aangemoedigd om zonder opnamen te oefenen.

Voor alle mindfulnessoefeningen worden de deelnemers geïnstrueerd om de aandacht te richten op het punt van observatie (zoals de ademhalen of lopen) en zich er elk moment bewust van te zijn. Wanneer emoties, sensaties of cognities omhoogkomen, worden ze op een niet-veroordelende wijze geobserveerd. Wanneer de deelnemer merkt dat zijn geest is afgedwaald naar gedachten, herinneringen of fantasieën, wordt de aard of inhoud hiervan kort opgemerkt, en dan wordt de aandacht weer gericht op het huidige moment. Zelfs veroordelende gedachten (zoals 'Dit is zonde van mijn tijd') dienen niet-veroordelend te worden geobserveerd. Een belangrijk gevolg van mindfulnessbeoefening is het besef dat de meeste sensaties, gedachten en emoties fluctueren, of voorbijgaand zijn, 'als golven in de zee'.

Mindfulness als zelfstandige interventie

Mindfulness kan een zelfstandige interventie zijn of kan worden gecombineerd met andere stressmanagementbenaderingen. Wells (2000) beargumenteerde dat emotioneel lijden het gevolg is van de beoordeling van een discrepantie tussen een werkelijke en een gewenste toestand ('Als ik hier blijf zal ik echt gestrest worden', 'Als ik ga sporten zal ik last krijgen van pijn op de borst'), en het ontwikkelen van plannen om te voorkomen of verminderen dat de discrepantie optreedt. In het geval van stress of angst (of het waargenomen gezondheidsrisico van sporten), bestaan deze plannen er meestal uit dat de situatie die deze negatieve emotionele toestanden veroorzaakt of eraan bijdraagt vermeden wordt. Dit kan de onmiddellijke discrepantie tussen angstig zijn en de gewenste staat van niet angstig zijn verminderen. Echter, voortdurende vermijding leidt ertoe dat het individu niet leert dat de gevreesde situatie niet zal resulteren in de verwachte schade. De doelen van therapie bestaan uit het aanmoedigen van deelnemers om gevreesde gedragingen of situaties stapsgewijs het hoofd te bieden, door het gebruik van vaardigheden als mindfulness om moeilijke gedachten of emoties die kunnen optreden te kunnen hanteren.

Acceptatie en Commitment Therapie

Een tweede op positieve psychologie gebaseerde benadering staat bekend als **Acceptatie en Commitment Therapie (ACT;** uitgesproken als 'act'). Volgens Hayes *et al.* (2004), is ACT een therapie die acceptatie en mindfulness gebruikt, maar ook commitment en gedragsveranderingsprocessen om meer psychologische flexibiliteit aan te leren. ACT is geworteld in radicaal behaviorisme, omdat het aanneemt dat psychologische fenomenen (gedachten, emoties, gedrag) het gevolg zijn van klassieke en operante conditioneringsprocessen. Daarnaast beschouwt ACT gedachten en gevoelens niet als sturend voor gedrag. Verandering kan bereikt worden door het veranderen van contextuele variabelen of directe gedragsverandering en niet door pogingen om interne processen te veranderen zoals cognities, emoties, sensaties enzovoort (Matthijssen, De Rooij en Bodden, 2018).

ACT leert het individu om zich bewust te zijn van voortdurende persoonlijke gebeurtenissen (gedachten), maar deze niet de acties te laten bepalen: er wordt geleerd zo veel mogelijk in het huidige moment te zijn, en gedrag te veranderen of vol te houden om waardevolle doelen te bereiken. Alle ACT-interventies zijn erop gericht om de flexibiliteit van het individu te vergroten bij situaties die hij tegenkomt. Deze flexibiliteit wordt bereikt door te focussen op vijf gerelateerde kernprocessen: acceptatie, defusie, contact met het huidige moment, waarden en toegewijde actie.

- *Acceptatie*: het jezelf toestaan om bewust te zijn van gedachten, gevoelens en lichamelijke sensaties zoals ze zich voordoen, zonder je erdoor te laten leiden. Het doel is om niet-veroordelend bewustzijn van deze gebeurtenissen te ervaren en de ervaring actief te omarmen. Therapie benadrukt dat pogingen tot inadequate controle op zichzelf stressvol zijn en leiden tot het continueren van het lijden dat iemand onder controle probeert te krijgen, 'controle is het probleem, niet de oplossing'. Acceptatie wordt door een scala aan technieken aangeleerd, waaronder mindfulness. Mensen leren door stapsgewijze oefeningen dat het mogelijk is om intense emoties of intense lichamelijke gewaarwordingen te voelen zonder dat er schade optreedt.
- *Cognitieve defusie*: mensen leren om te zien dat 'gedachten maar gedachten zijn, gevoelens maar gevoelens zijn, herinneringen herinneringen zijn en fysieke sensatie maar fysieke sensaties zijn'. Geen van deze ervaringen is inherent schadelijk. Net als in de tweede generatie cognitieve therapie wordt cliënten geleerd dat onze gedachten maar een interpretatie van de gebeurtenissen vormen, en dat er vele anderen zijn die net zo passend bij de situatie zijn. Echter, deelnemers wordt niet geleerd te proberen incorrecte gedachten te identificeren en ze te veranderen tot een 'correcte' interpretatie van de gebeurtenissen, maar om hun aanwezigheid te accepteren en ze niet proberen te veranderen of controleren.

Acceptatie en Commitment Therapie (ACT)
Een derde generatie therapie die acceptatie en mindfulness gebruikt, maar ook commitment en gedragsveranderingsprocessen om meer psychologische flexibiliteit aan te leren.

- *Contact met het huidige moment*: contact bestaat uit effectief, open en onbeschermd contact met het huidige moment. Dit proces kent twee kenmerken. Ten eerste worden deenemers getraind om te observeren en op te merken wat aanwezig is in de omgeving en in de privé-ervaring (dus hun gedachten en emoties). Ten tweede wordt ze geleerd te beschrijven en benoemen wat afwezig is zonder overmatige oordelen of evaluaties. Samen helpen ze een gevoel van 'zelf als een proces van voortdurend gewaar zijn' van gebeurtenissen en ervaringen vast te stellen. Mindfulness is een techniek waarmee dit bereikt kan worden.
- *Waarden*: de motivatie voor verandering. Om een cliënt zover te krijgen dat hij gevreesde psychologische obstakels het hoofd biedt, is het nodig om daarvoor een reden te hebben. Het doel van ACT is om niet eenvoudigweg iemand van zijn problemen af te helpen, maar om hem te helpen om een wezenlijker en zinvoller leven te op te bouwen. Dit is een centraal element van ACT. Het doel is om het individu te helpen in de richting van waardevolle levensdoelen te bewegen zonder dat dit verhinderd wordt door zorgen, emoties en andere persoonlijke gebeurtenissen.
- *Toegewijde actie*: het ontwikkelen van strategieën om gewenste doelen te bereiken. Mensen worden aangemoedigd om doelen op specifieke gebieden te stellen en vooruitgang te boeken in de richting van de doelen. Vooruitgang, of het gebrek eraan, in de richting van deze doelen wordt een centraal element van de therapie.

Strosahl *et al.* (2004) identificeerden een aantal brede strategieën om mensen te helpen veranderingen te bewerkstelligen in een van bovenstaande kernprocessen. Deze strategieën bestonden eruit:
- het individu te helpen direct contact te maken met het paradoxale effect van emotiecontrolestrategieën, dat wil zeggen hoe meer je probeert pijnlijke gedachten te vermijden, hoe meer ze ervaren worden, en het vermijden van gevreesde situaties leidt tot het voortbestaan van angst;
- een stapsgewijze en gestructureerde benadering van acceptatie als taken te gebruiken: een vorm van systematische desensitisatie waarbij deelnemers acceptatie van pijnlijke emoties (en andere factoren) leren in steeds uitdagender situaties;
- gebruik te maken van diverse interventies, waaronder mindfulness, om duidelijk te maken dat ongewenste persoonlijke ervaringen niet toxisch zijn en geaccepteerd kunnen worden zonder oordeel;
- iemand te tonen hoe weg te blijven van zorgen of ruminaties en terug te keren naar het huidige moment.

ACT is een complexe therapie die bestaat uit een aantal gedragsmatige methoden maar ook het gebruik van verhalen, metaforen en mentale oefeningen om verandering te bevorderen. Om die reden kan de benadering niet volledig behandeld worden in dit hoofdstuk. Geïnteresseerde lezers zullen het boek van Strosahl *et al.* (2004), terug te vinden in de lijst met referenties, lezenswaardig vinden. Echter, de centrale gedachte van de benadering is dat het primaire proces tot verandering het aangaan van voorheen vermeden gedrag is en het stoppen met voorheen ineffectief en problematisch gebleken copinggedrag, om te leren omgaan met het lijden of dit te verminderen door het gebruik van mindfulness, en zo te leren dat de gevreesde gevolgen niet optreden. Hiermee hebben, ondanks veel verschillen in filosofie en aanpak, de cognitieve benadering van Wells en de gedragsmatige benadering van de ACT-therapeuten veel gemeen.

> **Wat denk je zelf?**
>
> Welke ervaringen heb jij opgedaan in het omgaan met stress? Wat was voor jou een stressvolle situatie? Wat heb je vervolgens gedaan? Was jouw aanpak volledig succesvol of had je, met in je achterhoofd alles wat je nu weet, een andere benadering gekozen?

12.3 Het minimaliseren van stress in ziekenhuisomgevingen

Een operatie is een stressvolle gebeurtenis, ongeacht of die onder plaatselijke verdoving of onder volledige narcose plaatsvindt, en ongeacht de herstelperiode die erop volgt. Daarom heeft een aantal onderzoekers geprobeerd eenvoudige manieren te vinden om mensen zodanig op een operatie voor te bereiden dat het psychisch lijden binnen de perken blijft.

12.3.1 Voorbereiding op een operatie

Het hoeft geen betoog dat het angstniveau van patiënten zowel voor als na een operatie hoog kan zijn. Deze angst is onprettig voor de patiënt en kan bijdragen aan complicaties. Daardoor kan er meer pijnbestrijding nodig zijn, kan er grotere behoefte zijn aan geruststelling, zowel voor als na de operatie, en kan de opnameduur zelfs toenemen (Johnston en Vogele, 1993).

Hoewel stressmanagement onder deze omstandigheden geschikt kan zijn, hebben hulpverleners of patiënten zelden de tijd (en/of de bereidheid) om deze strategieën te onderwijzen of aan te leren (al is bij volwassenen (Montgomery *et al.*, 2007) en kinderen redelijk effectief gebruikgemaakt van hypnose, zie Liossi *et al.*, 2006)). Daarom bespreken we hieronder een andere methode om mensen te leren met deze stress om te gaan.

Aangetoond is dat mensen in potentieel stressvolle omstandigheden minder angst voelen als ze enige controle over de omstandigheden hebben (zie Lok en Bishop, 1999). Daarom hebben gezondheidspsychologen onderzocht of patiënten voor een operatie minder stress ervaren wanneer ze een zekere mate van controle over hun situatie krijgen. 'Controle' betekent in dit geval 'geïnformeerd zijn over wat er gaat gebeuren'. Hierdoor neemt de vrees voor het onbekende af. Als patiënten weten wat ze kunnen verwachten, begrijpen ze hun ervaringen beter en bezorgen die hun minder angst. Als hun bijvoorbeeld wordt verteld dat ze enige pijn zullen hebben na de operatie, zullen ze minder schrikken van die pijn en niet zo snel denken dat er iets fout is gegaan. Bij een aantal studies is de effectiviteit van twee soorten informatie voorafgaand aan een operatie onderzocht:

1. *Procedurele informatie*: aan patiënten vertellen over de gebeurtenissen die voor en na de operatie zullen plaatsvinden, zoals het geven van een voorbereidende injectie, het bijkomen in de uitslaapkamer, het infuus in de arm enzovoort.
2. *Sensorische informatie*: aan patiënten vertellen wat ze zullen voelen voor en na de operatie, bijvoorbeeld dat ze zich verward kunnen voelen als ze bijkomen uit de narcose.

Het algehele beeld is dat deze interventies meestal effectief zijn. Ze kunnen zowel angst verminderen als de uitkomsten van revalidatie bevorderen, zoals pijnmanagement, mobiliseren, meewerken aan fysiotherapie, en zelfs de ontslagdatum

coloscopie
Een kijkonderzoek van de dikke darm waarbij met een kleine chirurgische ingreep een klein stukje van de darmwand uit het colon (dikke darm) kan worden geknipt. Dit kan vervolgens worden getest op de aanwezigheid van kwaadaardige cellen of infecties.

vervroegen (zie Ong *et al.*, 2009). Ondanks een beeld dat over het algemeen positief is, zijn dergelijke interventies niet altijd succesvol. Luck *et al.* (1999) vonden bijvoorbeeld dat het tonen van een video over de procedure een week voordat patiënten een **coloscopie** kregen, leidde tot minder angst in de periode voor de procedure. In een volgend onderzoek van dezelfde procedure, vond dezelfde onderzoeksgroep echter geen voordeel (Pearson *et al.*, 2005).

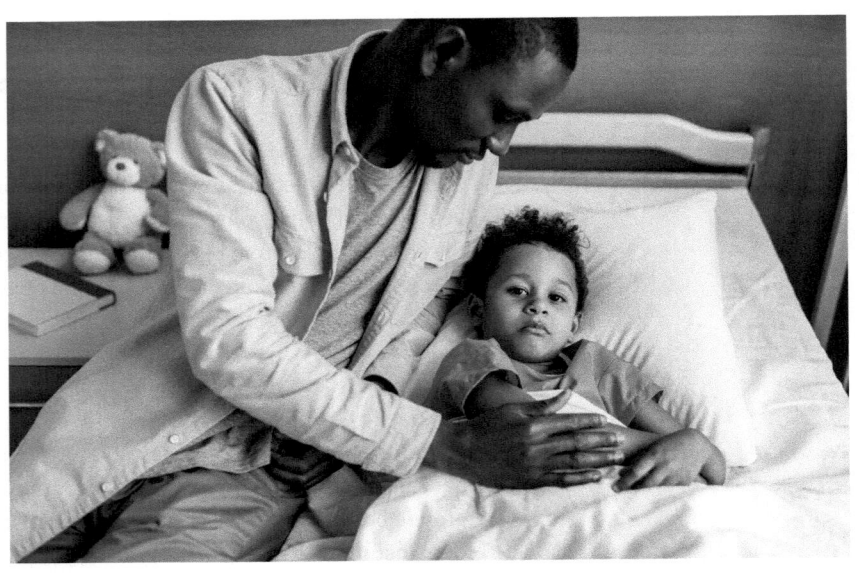

Door de kalmerende aanwezigheid van een ouder kunnen kinderen zich gemakkelijker ontspannen, zodat ze beter kunnen omgaan met de angst voor een operatie.
Foto: LightField Studios / Shutterstock (Pearson Asset Library)

12.3.2 Voldoen aan de behoeften van de patiënt

Eén verklaring voor de gemengde onderzoeksresultaten is dat het effect van dergelijke interventies relatief zwak is en niet altijd zal worden opgemerkt. Een andere verklaring kan zijn dat de interventie bij sommige mensen wel werkt en bij anderen niet.

Niet alleen het type interventie is belangrijk, het is ook van belang dat die wordt afgestemd op de eigenschappen van de individuele patiënt. Patiënten die gebruikmaken van ontwijkende coping kunnen baat hebben bij het ontvangen van weinig informatie, terwijl patiënten met copingstrategieën waarbij ze op zoek gaan naar relevante informatie wellicht veel meer informatie willen ontvangen.

Deze hypothese werd getest door Morgan *et al.* (1998), zij gaven mensen die geïdentificeerd waren als vooral 'informatiezoekers' of 'ontwijkers' óf informatie over de aard van de komende coloscopie óf geen informatie. Patiënten die informatie kregen die congruent was met hun copingstijl (dus geen informatie voor 'ontwijkers', wel informatie voor 'informatiezoekers') rapporteerden minder angst voorafgaand aan de procedure dan diegenen die incongruente informatie hadden gekregen. Ze scoorden ook lager op een maat van 'pijngedrag' die tijdens de procedure door verpleegkundig personeel werd bijgehouden, hoewel deelnemers geen verschil in pijn tijdens de procedure rapporteerden, noch verschil in het gebruik van sederende medicatie. Deze data suggereren dat:

- mensen die meestal voor probleemgerichte strategieën kiezen profiteren van informatie die hen helpt hun ervaring te begrijpen en de ervaring actief te interpreteren op basis van de gegeven informatie;

- mensen die meestal gebruikmaken van vermijdende, emotiegerichte strategieën er meer van profiteren dat hun niet verteld wordt wat ze te wachten staat, en misschien geholpen worden met strategieën die afleiding van de situatie bieden.

12.3.3 Werken met kinderen en hun ouders

Veel van het recente werk over het voorbereiden van mensen op een operatie heeft zich gericht op het helpen van kinderen en hun ouders. Onderzoeken die zich richten op kinderen hebben aangetoond dat een scala aan technieken behulpzaam kan zijn. Misschien is de eenvoudigste hiervan het simpelweg beschikbaar stellen van boeken met verhalen in afwachting van een operatie, hetgeen vooral succesvol bleek bij relatief jonge meisjes (Tunney en Boore, 2013). In een complexere interventie, verdeelden Hatava, Olsson en Lagerkranser *et al.* (2000) kinderen en hun ouders willekeurig over twee interventies om angst te verminderen voor een keel-, neus- of oor operatie (KNO-operatie). In de eerste groep kregen deelnemers twee weken van tevoren schriftelijke of mondelinge informatie van een verpleegkundige over algemene ziekenhuisregels, routines en de datum van de operatie. Dit gold als een **placebo-interventie**, aangezien de angst hierdoor nauwelijks afneemt; er is alleen een ontmoeting met de verpleegkundige die mogelijk bij de verzorging betrokken zal zijn. De tweede groep kreeg een complexere interventie die bestond uit dezelfde informatie twee weken voor de operatie, gevolgd door een bezoek aan de KNO-afdeling de dag voorafgaand aan de operatie. Tijdens dit bezoek zagen alle kinderen en ouders de anesthesist die bij de operatie aanwezig zou zijn. Hierna namen ze deel aan een groepssessie onder leiding van een verpleegkundige; ze kregen de operatiezaal te zien en mochten vast even op de operatietafel liggen. Ook zagen ze de instrumenten die gebruikt zouden worden bij de operatie en werden ze aangemoedigd ermee te spelen, om de dreiging te minimaliseren en ermee vertrouwd te raken. Daarna kregen ze via een rollenspel met een pop de ingreep te zien. Deze complexe interventie had een gunstig effect en kinderen meldden dat ze minder bang en nerveus waren voorafgaand aan de operatie. Bovendien verklaarden hun ouders dat ze tevredener waren en minder nerveus dan de ouders die deze interventie niet ontvingen.

Jay *et al.* (1995) maakten een ongebruikelijke vergelijking tussen medische en psychologische methoden om stress te verminderen bij kinderen die een **beenmergpunctie** ondergingen, een verschrikkelijk pijnlijke procedure. Het kan ook stressvol zijn voor de kinderen en de betrokken ouders. Ze vergeleken twee benaderingen om het lijden te verlichten bij een groep kinderen tussen drie en twaalf jaar. De eerste was de kinderen eenvoudigweg onder narcose te brengen tijdens de procedure. Hoewel deze benadering enige angst opriep, was hun redenering dat het minder stressvol is dan het proces mee te maken onder lokale verdoving. Ze vergeleken deze benadering met het uitvoeren van de procedure onder lokale verdoving nadat de kinderen zowel ontspanningstechnieken als cognitieve herstructurering waren geleerd als middel om de stress te beheersen. Logischerwijs werd dit op een erg eenvoudig niveau onderwezen, vooral aan de jongere kinderen. Misschien niet onverwacht, ervoeren de kinderen die training in stressmanagement hadden gekregen meer lijden dan degenen die narcose kregen aan het begin van de procedure. Echter, de scores van de ouders suggereerden dat ze de daaropvolgende dagen minder stress ervoeren. Interessant genoeg hadden noch de kinderen noch de ouders een voorkeur voor een van beide interventies. Een laatste benadering die door Liossi *et al.* gebruikt werd (2009), vergeleek de effecten van een lokale verdoving door een huidcrème alleen

---

placebo-interventie
Een interventie die een psychologische interventie nabootst, maar waarvan men niet aanneemt dat die helpt.

beenmergpunctie
Meestal uitgevoerd onder lokale verdoving door een kleine incisie in de huid te maken. Een punctienaald wordt door het bot heen geduwd en deze neemt een beetje beenmerg uit het midden van het bot. Beenmerg bestaat uit bloedplaatjes, fagocyten en lymfocyten.

of in combinatie met het gebruik van zelfhypnose waaronder suggesties zoals een doof gevoel, plaatselijke verdoving en handschoenverdoving (een pijnloos gebied met de vorm van een handschoen over een hand) voorafgaand aan een pijnlijke procedure (in dit geval bloedafname). Deze gecombineerde interventie bleek superieur op maten als angst en proceduregerelateerde pijn.

Wanneer dit onderwerp vanuit een ander perspectief benaderd wordt, kunnen zowel ouder als kind profiteren van interventies die zich op de ouders richten. Kain *et al.* (2007) vergeleken bijvoorbeeld de effectiviteit van een standaardbehandeling, alleen ouderlijke aanwezigheid voorafgaand aan de operatie, een complexe op de familie gerichte voorbereiding waaronder een training van de ouders hoe hun kind voor en tijdens het starten van de anesthesie te steunen, of orale angstdempende medicatie. Ouders die de familie-interventie ontvingen waren minder angstig dan de ouders in de andere condities. Daarnaast kregen de kinderen van deze ouders minder vaak een delirium na de operatie, hadden ze minder verdoving nodig in de uitslaapkamer en konden ze de kamer sneller verlaten dan de kinderen in de andere condities.

SAMENVATTING

12.1 Preventie van stress

- Systemische interventies die zich op hele organisaties richten, kunnen als preventieve benadering gebruikt worden.
- Individuele benaderingen, gebaseerd op specifieke therapeutische methoden, kunnen van nut zijn voor mensen met lichte stress tot sterk traumatische stress.
- Eenvoudige procedurele informatie kan waardevol zijn voor mensen die te maken krijgen met de stress van een operatie wanneer er weinig tijd (of behoefte) is om complexere interventies toe te passen.
- Het beheersen van stress op organisatieniveau kan uit verschillende methoden bestaan, afhankelijk van de stressbronnen in een onderneming. Interventies dienen allereerst de stressors in kaart te brengen en moeten zich richten op omgevingsfactoren die bijdragen aan de stress en makkelijk kunnen worden veranderd.

12.2 Stressmanagement

- Cognitieve gedragsinterventies die op het verminderen van stress zijn gericht, bestaan uit het veranderen van:
  - veroorzakers van stress, gebruikmakend van bijvoorbeeld de probleemgerichte benadering van Egan;
  - de cognitieve voorbodes van stress, via de methode van zelfinstructie en via cognitieve herstructurering van Beck en Ellis;
  - de fysiologische reactie op stress, via ontspanningstechnieken inclusief de gemodificeerde techniek van Jacobson;
  - de gedragsmatige reacties op stressvolle situaties, via de technieken voor stressinoculatie van Meichenbaum.
- Op mindfulness gebaseerde, derde generatie benaderingen van stressmanagement kiezen een ander gezichtspunt. Ze proberen niet direct cognities te veranderen, maar leren deelnemers om elke vorm van stressveroorzakende gedachten die ze hebben te erkennen, maar deze niet het doel van de aandacht te laten vormen.

12.3 Het minimaliseren van stress in ziekenhuisomgevingen

- Bij operatiestress kunnen de angst en pijn worden verminderd en de revalidatie bevorderd door informatie te bieden. Daardoor krijgen mensen inzicht in ziekenhuisprocedures en kunnen ze beter omgaan met de stress die met operaties gepaard gaat. De voordelen zijn echter wel afhankelijk van individuele verschillen in copingstijl.

HOOFDSTUK 13
DE INVLOED VAN ZIEKTE OP DE KWALITEIT VAN LEVEN

13.1 **De impact van ziekte**
13.1.1 Ziekte en vermoeidheid
13.1.2 Ziekte en negatieve emoties
13.1.3 Positieve reacties op ziekte
13.1.4 Het vinden van voordelen en posttraumatische groei

13.2 **Omgaan met ziekte**
13.2.1 Coping door ontkenning of vermijding
13.2.2 Probleemgerichte en accepterende coping
13.2.3 Religieuze coping en spiritualiteit
13.2.4 Acceptatie van ziekte

13.3 **Ziekte en kwaliteit van leven**
13.3.1 Wat is kwaliteit van leven?
13.3.2 Wat beïnvloedt de kwaliteit van leven?

13.4 **Het meten van de kwaliteit van leven**
13.4.1 Generieke versus specifieke maten van Quality of Life (QoL)
13.4.2 Geïndividualiseerde meetinstrumenten voor de kwaliteit van leven
13.4.3 Het meten van ziekte-ervaringen en uitkomsten
13.4.4 Het meten van ziekte-ervaringen en uitkomsten bij kinderen
13.4.5 Modellen van aanpassing

LEERDOELEN

Aan het einde van dit hoofdstuk kun je beschrijven en uitleggen:
- wat de fysieke en emotionele impact is van ziekte;
- welke copingreacties voorkomen bij het omgaan met ziekte;
- dat kwaliteit van leven een multidimensionaal, dynamisch en subjectief begrip is;
- dat demografische, klinische en psychosociale factoren invloed hebben op percepties op kwaliteit van leven bij ziekte;
- welke uitdagingen bestaan in het meten van de subjectieve gezondheidstoestand en kwaliteit van leven.

FYSIEKE GEZONDHEIDSPROBLEMEN HEBBEN NIET ALLEEN EEN FYSIEKE IMPACT

De essentie van de gezondheidspsychologie is het simpele feit dat we als mensen op diverse en complexe manieren reageren op het ervaren van symptomen, communicatie met zorgverleners en behandelingen. Terwijl onze individualiteit het leven interessant maakt, veroorzaakt zij ook uitdagingen voor de traditionele gezondheidszorg. Zorgverleners die ziekten behandelen, krijgen te maken met een scala aan emotionele, gedragsmatige en sociale gevolgen. Ze kunnen het gevoel hebben dat ze onvoldoende toegerust zijn om daarmee om te gaan.

Van oudsher wordt de zorgverlening van lichamelijke gezondheidsproblemen en psychologische problemen door verschillende organisaties geboden (Jacobs *et al.*, 2012). Jacobs *et al.* benoemen dat er openingen ontstaan naar geïntegreerde zorg in het Verenigd Koninkrijk met als voorbeeld pediatrische klinische psychologie, waar klinisch psychologen in toenemende mate ingebed zijn in multidisciplinaire ziekenhuisteams, bijvoorbeeld in een pediatrische pijnkliniek. Het doel van dergelijke multidisciplinaire teams gaat verder dan het behandelen van het fysieke gezondheidsprobleem om de impact te verkleinen die dit probleem heeft op de kwaliteit van leven van individuen en hun gezinnen.

Zoals in dit hoofdstuk en in hoofdstuk 14 beschreven wordt, heeft de psychosociale impact van ziekte niet alleen implicaties voor het emotionele welzijn en de kwaliteit van leven, maar ook voor de toekomstige fysieke gezondheid. Daarom moeten huidige of toekomstige gezondheidspsychologen laten zien dat ze een toegevoegde waarde kunnen bieden, door het herkennen van de psychosociale impact van ziekte en de daaruit voortvloeiende behoeften van patiënten en hun gezinnen. Gezondheidspsychologen moeten nieuwe mogelijkheden laten zien door mensen hun kracht te tonen en hen die te leren inzetten (Zegers, 2010).

HOOFDSTUKOVERZICHT

Ziekte is een dynamisch proces dat begint met het waarnemen van symptomen of een diagnose. De aandoening blijft bestaan, verdwijnt of verandert in de loop der tijd, afhankelijk van de ziektepathologie, de behandelingsmogelijkheden, en de reacties van de patiënt en de mensen in diens omgeving. We hebben in voorgaande hoofdstukken gezien dat er vele individuele en sociale factoren bestaan die van invloed zijn op de reacties op een stressvolle ervaring. In dit hoofdstuk richten we ons specifiek op ziekte als stressvolle ervaring. We beschrijven de invloed van ziekte op het emotionele welzijn en op de aanpassing aan het algemene en gezondheid gerelateerde functioneren, met andere woorden op de kwaliteit van leven. We gaan in op de factoren die percepties en de ervaring op de kwaliteit van leven beïnvloeden.

We bespreken ziektespecifieke, persoonlijke, psychologische en sociale factoren die een rol spelen in de aanpassing aan ziekte. De grote variatie van deze copingresponses door mensen en de functies van deze responsen worden beschreven. Door ons niet alleen te richten op de negatieve reacties op of uitkomsten van ziekte, zal in dit hoofdstuk ook duidelijk worden dat er ruimte is voor persoonlijke groei of het vinden van voordelen als gevolg van de ziekte-ervaring en wordt besproken hoe positieve beoordelingen en emoties de perceptie van **ziektewinst** kunnen beïnvloeden.

Gezien het subjectieve karakter van veel van de concepten die in dit hoofdstuk besproken worden, zullen we afsluiten door aandacht te besteden aan hoe ziekte-uitkomsten gemeten kunnen worden, en in het bijzonder het multidimensionale, dynamische en subjectieve concept kwaliteit van leven.

ziektewinst
Het voordeel dat iemand aan zijn ziekte ontleent. Dat kan zijn in de vorm van vrijstelling van verplichtingen, het krijgen van aandacht of materiële vergoedingen.

13.1 De impact van ziekte

Ziekte betekent voor individuen uitdagingen die in de loop der tijd kunnen veranderen, afhankelijk van de ziekte, de behandeling, de cognitieve, gedragsmatige en emotionele reacties van het individu, en de sociale en culturele context waarin de ziekte optreedt. Ziekte is een complex proces. Morse en Johnson (1991) illustreren dit door hun generieke model van emotionele en copingresponsen vanaf het begin de van de symptomen tot aan het leven met een chronische ziekte. Emotionele responsen verwijzen naar de (emotionele) reacties: zoals angst, boosheid, gelatenheid en droefheid. Copingresponsen verwijzen, zoals we eerder besproken hebben, naar het gedrag van de betrokkenen. Zij stellen dat mensen te maken krijgen met:

1. *Onzekerheid*: in deze periode probeert het individu de betekenis en ernst van de eerste symptomen te begrijpen.
2. *Ontwrichting*: dit treedt op wanneer duidelijk wordt dat het individu een echte ziekte heeft. Er wordt een crisis ervaren die gekenmerkt wordt door intense stress en een hoge mate van afhankelijkheid van zorgverleners en andere mensen die emotioneel dichtbij staan.
3. *Streven naar herstel*: in deze periode probeert het individu enige vorm van controle over de ziekte te krijgen door actieve coping.
4. *Herstel van welzijn*: in deze fase bereikt het individu een nieuw emotioneel evenwicht gebaseerd op acceptatie van de ziekte en de gevolgen ervan.

dysforie
De geneeskundige term voor een sombere of prikkelbare stemming, die soms gepaard gaat met angst of rusteloosheid.

Een vergelijkbare serie fasen van reacties op een kankerdiagnose werd voorgesteld door Holland en Gooen-Piels (2000). Aanvankelijk werden gevoelens van ongeloof, ontkenning en shock geuit. Sommigen betwijfelden de vaardigheid van de zorgverlener om een diagnose te stellen. Anderen probeerden zichzelf te verdedigen tegen de implicaties van diagnose. Hierna kwam een periode van een of twee weken durende **dysforie** waarin personen geleidelijk de realiteit van de diagnose accepteerden. In deze periode kan een belangrijke mate van lijden met symptomen als slapeloosheid, verminderde eetlust, slechte concentratie, angst en depressie optreden, maar als de informatie die over de behandeling wordt gegeven geleidelijk wordt verwerkt, kunnen hoop en optimisme aan de oppervlakte komen en het winnen van de verstorende gedachten. Hierna treedt aanpassing op en het individu ontwikkelt langetermijncopingstrategieën om het evenwicht te bewaren.

Hoewel deze twee modellen een aanpassingsproces in fasen beschrijven, zal niet iedereen soepel door deze fasen gaan of een fase van acceptatie en aanpassing bereiken. Mensen kunnen ook heen en weer bewegen tussen fasen en reacties; ze kunnen bijvoorbeeld hun doel verleggen van genezing naar 'herstel', waarin ze proberen levensvragen op te lossen en afronding te bereiken van de prestaties die ze in het leven hebben geleverd (Little en Sayers, 2004).

Gefaseerde benaderingen hebben kritiek gekregen vanwege de manier waarop ze patiënten categoriseren en verwachtingen creëren van de reacties op de ervaring van een ernstige ziekte (Crossley, 2000). Een gefaseerde benadering is vaak nuttig gebleken om begrip te hebben voor de emoties van mensen die ernstig zijn en op korte termijn gaan sterven. Even vaak doorlopen niet alle mensen niet alle fasen of in deze volgorde. Op maat gesneden zorg en begeleiding is nodig.

13.1.1 Ziekte en vermoeidheid

Er wordt geschat dat in Europa in 2015 ongeveer 35 procent van de bevolking van vijftien jaar en ouder minstens één chronische gezondheidsaandoening had. Twee van de drie ouderen heeft minimaal twee aandoeningen (WHO Europe, 2012; Gezondheid en zorg, 2018). De toename van obesitas bij kinderen is zorgwekkend en zal in de toekomst ook leiden tot een toename van de incidentie van chronische ziekten onder volwassenen. Naast de persoonlijke impact, leiden lichamelijke ziekten en de gevolgen hiervan tot aanzienlijke maatschappelijke kosten (Busse *et al.*, 2010). Interessant voor psychologen is de variatie in de fysieke en psychosociale morbiditeit geassocieerd met ziekte: de mogelijkheden en beperkingen, de ervaren kwaliteit van leven en de mate waarin een persoon in staat is onafhankelijk te functioneren en niet afhankelijk is van anderen.

Een fysiek aspect van ziekte, dat veel voorkomt bij chronische aandoeningen, is vermoeidheid: na een beroerte, na chemotherapie en na een operatie. Vermoeidheid komt met name veel voor bij neurologische aandoeningen zoals een beroerte en bij multiple sclerose (Kluger *et al.*, 2013). Naast de neurologische, immunologische, hormonale en inflammatoire processen van deze ziekte, spelen de emotionele eisen van de symptomen en de daarmee verband houdende negatieve affecten ook een rol.

Vermoeidheid kan gemeten worden door het evalueren van prestaties zoals de snelheid en kracht van fysieke bewegingen of de hoeveelheid en kwaliteit van de slaap. Zij wordt ook vaak gemeten door subjectieve verslagen of door de *fatigue assessment*-schaal (Michielsen *et al.*, 2003). Subjectieve vermoeidheid is onderzocht bij mensen met het chronisch vermoeidheidssyndroom (ME) (Moss-Morris en Chalder, 2003; Wearden *et al.*, 2012) en andere aandoeningen, waaronder kanker (zie het overzicht van Brown en Kroenke, 2009), longziekten, diabetes, coronaire hartziekten en reumatoïde artritis (Katon *et al.*, 2007). In deze onderzoeken is een relatie gevonden tussen vermoeidheid enerzijds en depressie en angst anderzijds. Inactiviteit als gevolg van vermoeidheid draagt bij aan het verergeren van de ziekte. Het kan dus een zichzelf in stand houdende cyclus worden waarbij fysiologische veranderingen, slaapstoornissen, medische onzekerheid en gebrek aan sturing interacteren en symptomen in stand houden (Moss-Morris *et al.*, 2013). In een meta-studie van het Universitair Medisch Centrum Utrecht vonden Van Vulpen *et al.* dat bij 41 procent van vrouwen met borstkanker (ernstige) vermoeidheid voorkwam en dat fysieke training positieve effecten had. Daarnaast kunnen de reacties van naasten op persisterende vermoeidheid een negatieve uitwerking hebben op de patiënt (Band *et al.*, 2015).

13.1.2 Ziekte en negatieve emoties

Het krijgen van een ziekte doorbreekt het gewone leven. Om patiënt te worden en – bij chronische ziekte – te blijven, roept heftige emoties op. In deze paragraaf bespreken we onderzoeken in het proces: van de diagnose tot het beëindigen van de behandeling.

Reacties op de diagnose

Met betrekking tot de reactie op de diagnose lijken de meeste onderzoeken zich vooral te richten op mensen die een kankerdiagnose krijgen. Negatieve emotionele reacties volgen natuurlijk ook op de diagnose van andere aandoeningen:

plots ontstane hersenschade (Gracey *et al.*, 2008), hart- en vaatziekten (Polsky *et al.*, 2005), beroerte (Morrison *et al.*, 2005), of na een positieve hiv-test (Moskowitz *et al.*, 2009). Polsky en collega's (2005) volgden bijvoorbeeld meer dan achtduizend volwassenen van 51 tot 61 gedurende zes jaar en vonden dat degenen die gediagnosticeerd waren met kanker of een hart- en vaatziekte in die periode twee maal zo vaak een depressie kregen dan mensen die een dergelijke diagnose niet kregen. Voor sommige aandoeningen verschilt de reactie van de mensen die tegenwoordig gediagnosticeerd worden mogelijk van diegenen die dezelfde diagnose jaren eerder kregen. Het krijgen van een hiv-diagnose nu is heel anders in vergelijking met toen het virus voor het eerst werd geïdentificeerd in de jaren tachtig van de twintigste eeuw, toen nog geen antiretrovirale behandeling beschikbaar was; het krijgen van een tuberculosediagnose krijgen nu is heel anders dan in de negentiende eeuw door de ontdekking van antibiotica.

Emotionele reacties op ziekte

Het is belangrijk om onderscheid te maken tussen ziekten met een acuut begin, zoals een beroerte of een hartaanval, en ziekten met een minder acute en meer geleidelijke ontwikkeling zoals kanker, multipele sclerose en dementie, omdat de snelheid waarmee het leven verandert belangrijke consequenties kan hebben.

Depressie en angst

Bij hart- en vaatziekten en een hartaanval wordt geschat dat een derde of meer van de patiënten een hoge mate van depressie zullen ervaren. Depressie en angst blijven vaak tot een jaar na ontslag uit een ziekenhuis bestaan. Nog meer dramatische veranderingen (45 procent) worden ervaren door personen met vormen van hersenschade, bijvoorbeeld traumatische hersenschade na een ongeluk, waarbij naast verliezen op cognitief, emotioneel en gedragsmatig gebied ook depressie en gegeneraliseerde angst optreden (Schwarzbold *et al.*, 2008). De algehele prevalentie van emotionele klachten bij kankerpatiënten wordt tot wel zeventig procent gerapporteerd, waarbij zowel depressie en angst aanwezig zijn bij de meerderheid van de patiënten op enig moment (zie Fallowfield *et al.*, 2001; Zabora *et al.*, 2001). Terwijl depressie minder vaak voorkomt onder 'overlevenden' van kanker (een term die over het algemeen wordt gebruikt voor de personen die meer dan vijf jaar na beëindiging van de behandeling nog leven), hebben deze mensen te maken met de onzekerheden die verbonden zijn aan overleven: mogelijke terugkeer van deze ziekte of van andere vormen van kanker, langdurige effecten van behandeling en een lagere levensverwachting, waardoor angst en zorgen aanwezig blijven (Deimling *et al.*, 2006).
Een systematisch overzicht van onderzoeken waarbij volwassenen met diabetes vergeleken werden met gezonde controlepersonen vond meer emotioneel lijden, gegeneraliseerde angststoornis en angstsymptomen bij de mensen met diabetes, waarbij angst in veertig procent van de groep met diabetes werd gezien (Grigsby *et al.*, 2002). Voor de personen die leven met deze chronische, controleerbare, mogelijk levensbedreigende ziekte, is dagelijks zelfmanagement noodzakelijk. Zelfmanagement van diabetes bestaat uit zeven domeinen (Greenhalgh *et al.*, 2011): kennis hebben van de aandoening, controle van het dieet, insuline spuiten, voetverzorging, lichamelijke beweging, het dagelijks controleren van glucosewaarden en op controleafspraken komen. Hiervoor is een aanzienlijke investering van tijd en moeite van de patiënt nodig. De emotionele en gedragsmatige taken die veroorzaakt worden door de ziekte, kunnen een eigen leven gaan leiden, en het symptoommanagement te boven gaan. Dit zou een verklaring kunnen zijn voor het grotere lijden van mensen met diabetes.

Bij ziekten waaraan een mogelijk stigma verbonden is, bijvoorbeeld mensen met hiv-infectie of aids, kan de sociale betekenis rondom de ziekte geassocieerd zijn met hogere mate van gerapporteerd lijden. Valente (2003) concludeerde dat tussen twintig en dertig procent van mensen met hiv klinisch depressief zijn. Onder vrouwen met hiv rapporteerden Morrison *et al.* (2002) niveaus van depressie en lage zelfwaardering die vier keer zou hoog waren als verwacht bij controlepersonen uit dezelfde leeftijdscategorie. Safren *et al.* (2002) gebruiken het begrip **strafovertuiging** om dit te verklaren: de straf voor 'ongepast' gedrag. Dit kan komen door een internalisatie van overtuigingen of vooroordelen over hiv en de waarschijnlijke besmettingswijzen, zoals het injecteren van drugs of onbeschermde seks.

strafovertuiging
De idee dat het krijgen van straf (bijvoorbeeld ziekte) terecht en logisch is na een naar eigen overtuiging foute leefwijze.

Bij kinderen en volwassenen is de prevalentie van depressie en angst ongeveer twee maal hoger bij chronisch ziekte vergeleken met gezonde controlepersonen (Jacobs *et al.*, 2012). Onderzoeken in de pediatrische psychologie tonen de impact van het verstoren van de routine van een kind, veranderde omgevingen (zoals hospitalisatie, het weggaan van een ouder of veranderen van school) en veranderingen in rol, functie en mogelijkheden in aspecten van het zelfgevoel en welzijn van een kind (Coyne, 2006; Gannoni en Shute, 2010; Christie en Khatun, 2012; Compas *et al.*, 2012).

'Verlies van het zelf'

Een chronische ziekte kan leiden tot een gevoel van 'verlies van het zelf'. Dit wordt verergerd door de noodzaak om een beperkt leven te leiden, door sociale isolatie door de fysieke beperkingen, door de worsteling om in de wereld te functioneren. Negatieve reacties van anderen kunnen soms leiden tot percepties dat het zelf in diskrediet is geraakt, of een individu kan zichzelf als een last voor anderen zien door het onvermogen om de gebruikelijke sociale rollen en taken te vervullen (Cloute *et al.*, 2008; Band *et al.*, 2015). Ziekte dwingt een persoon vaak om zichzelf te herdefiniëren, van een gezond persoon naar een persoon met beperkingen, en dit kan leiden tot verlaging van het gevoel van eigenwaarde. Het kan gunstig zijn een persoon te helpen om vast te houden aan zijn gevoel van identiteit van voor de ziekte en niet een identiteit aan te nemen die doordrenkt is van de ernstige of chronische ziekte. Aujoulat *et al.* (2008) beschrijft hoe **empowerment** van patiënten twee processen vereist: ten eerste kunnen vasthouden aan eerdere ideeën van het 'zelf' (identiteit en waarde, verschillende rollen) en leren om de ziekte te controleren als iets dat hier los van staat. Het voeren van de eigen regie in het ziekteproces is, onder invloed van bezuinigingen enerzijds en positieve psychologie anderzijds, speerpunt geworden van overheidsbeleid en terug te vinden in veel folders van ziekenhuizen (*Kom op voor je zorg*, 2018). Heymans (2014) stelt dat gezondheidsvaardigheden belangrijk zijn voor chronische patiënten om grip op hun leven te houden en hun waardigheid te behouden. Een ander proces is dat van 'loslaten', waarin patiënten accepteren dat ze niet alles kunnen controleren en dat ze grenzen hebben, en dat het hiervoor nodig is dat ze zich aanpassen aan de ziekte.

empowerment
Het benutten van de eigen capaciteiten en mogelijkheden om zelf de regie over het leven te houden of te krijgen.

Jones *et al.* (2011) vonden dat personen met niet-aangeboren hersenletsel, na het aanleren van gezondheidsvaardigheden, een persoonlijke verandering doormaakten. Zij ontwikkelden een sterker gevoel van zelfidentiteit, een opbouw van sterke sociale netwerk en een hogere tevredenheid met het leven.

Gerelateerd aan dit gevoel van identiteit en afscheiding van de ziekte is het begrip van **centraliteit van ziekte**, dat wil zeggen de mate waarin de persoon een ziekte in zijn zelfconcept opneemt. Helgeson en Novak (2007) vonden dat centraliteit van ziekte hoger was onder vrouwelijke adolescenten met diabetes

centraliteit van ziekte
De mate waarin een persoon een ziekte in zijn zelfconcept opneemt.

type 1 dan bij mannen. Er is geopperd dat het aannemen van hoge centraliteit van ziekte nog meer negatieve gevolgen zal hebben voor de personen bij wie een stigma aan de orde is (Fisher en Chaudoir, 2010).

Emotionele reacties op behandeling en hospitalisatie
Opname in een ziekenhuis roept emotionele reacties op: angst voor verdovingen, opzien tegen interventies waar je je opgesloten voelt (zoals MRI-scanners; Bolejko *et al.*, 2008) of interventies die pijn en ongemak geven. Bij opname dient vooraf goede informatie gegeven te worden over de procedure en mogelijkheden (Uman *et al.*, 2008; Smolderen en Vingerhoets, 2010). Angst voor een operatie is bij kinderen en volwassen groot, en er is aangetoond dat deze angst de postoperatieve uitkomsten zoals wondgenezing beïnvloedt (Rokach en Parvini, 2011). Waar behandelingen zich herhalen en langdurig zijn, zoals bij chemotherapie of dialyse, rapporteren patiënten gevoelens van anticipatoire angst en misselijkheid (Pandey *et al.*, 2006; Rosco *et al.*, 2010).

Terwijl de aanvankelijk hogere niveaus van lijden onder patiënten met de tijd afnemen naar niveaus vergelijkbaar met gezonde populaties (Burgess *et al.*, 2005), nemen de niveaus toe tijdens kritische momenten in de behandeling. Het lijden op dit punt is complex: sommige mensen zullen de ongewenste effecten van de behandeling voor lief (kunnen) nemen vanwege de voordelen van symptoomreductie en hogere overlevingskansen (Thuné-Boyle *et al.*, 2006).

Terwijl de meeste mensen die kanker krijgen ervoor kiezen om met de behandeling door te gaan, kiest een kleine minderheid voor het stoppen met de behandeling. Zelfs wanneer ze *een verhoogd risico* hebben op een ziekte, zullen sommigen afzien van behandeling. Lovegrove *et al.* (2000) vonden bijvoorbeeld dat in een groep van vrouwen met een verhoogd risico op borstkanker waar de vrouwen gevraagd werd om mee te doen aan een onderzoek met tamoxifen (een medicijn met tumorverminderende effecten in een niet-zieke borst), de helft weigerde deel te nemen. Degenen die weigerden waren jonger, vonden de informatie over tamoxifen als een mogelijk preventieve behandeling moeilijker te begrijpen dan de vrouwen die wel deelnamen. De 'weigeraars' wisten meer over risicofactoren qua levensstijl en zagen minder voordelen om het medicijn te nemen.

Tijdens alle fasen van de behandeling is communicatie essentieel om te zorgen dat de patiënt zich geïnformeerd voelt, zich goed verzorgd voelt en zich in staat voelt om zelf keuzen te maken over zijn behandeling die voldoet aan zijn behoeften en doelen (Brataas *et al.*, 2009). Uit veel onderzoeken blijkt dat patiënten goed geïnformeerd worden en dat zij het gevoel hebben zelf hun keuze voor behandeling te maken. (Morrison *et al.*, 2011).

Reacties op het einde van de behandeling
In de periode direct na de geslaagde behandeling kunnen patiënten en hun families emotionele ambivalentie ervaren. Aan de ene kant is de behandeling afgerond, aan de andere kant kan een gevoel optreden van kwetsbaarheid en zich in de steek gelaten voelen door zorgverleners en lotgenoten met wie tijdens de behandeling een band is ontstaan. Dit gevoel van 'verlating' is in diverse patiëntengroepen gerapporteerd (Costanzo *et al.*, 2007). In deze periode neemt ook een deel van de steun van vrienden en familie af en dit kan ook leiden tot psychisch lijden (Stanton *et al.*, 2005). Toegenomen lijden in deze periode is niet onvermijdelijk als de verwachtingen van de patiënt worden gereguleerd.

Een transitie van curatieve naar palliatieve behandeling is natuurlijk heel moeilijk voor patiënten. De percentages depressie onder mensen die gaan sterven zijn matig, in een overzicht van tien jaar onderzoek (Massie, 2004) varieerde dit van 12,2 tot 26 procent; maar de mate van angst is hoog. De zekerheid van de dood brengt meestal een emotionele en existentiële crisis met zich mee, met ook zorgen over het sterfproces en pijncontrole (Strang en Strang, 2002), en angst over het verlies van waardigheid (Chochinov et al., 2002).

Kübler-Ross (1969) beschreef in haar standaardwerk een gefaseerd reactief proces van sterven, met aanvankelijk shock en verdoofdheid na een terminale diagnose, gevolgd door een fase van ontkenning en een gevoel van isolatie; op dit moment kunnen mensen boos worden, anderen de schuld geven of zelfs proberen te 'onderhandelen' over doelen die ze willen bereiken voordat ze sterven. Kübler-Ross beschrijft de laatste fase als die van acceptatie. Acceptatie wordt niet altijd bereikt, waarmee zoals we al in paragraaf 13.1 bespraken, wordt benadrukt dat niet alle 'fasen' opgaan voor alle gevallen. Hinton (1999) vond bijvoorbeeld dat de helft van de kankerpatiënten in de terminale fase die in hun onderzoek gevolgd werden de dood accepteerden, terwijl achttien procent van de patiënten en 24 procent van de familieleden de dood juist minder gingen accepteren naarmate deze dichterbij kwam.

Het effect van negatieve emotionele reacties op ziekte

Depressieve mensen zetten zich minder in voor de behandeling: ze zijn bijvoorbeeld minder medicatietrouw of nemen minder vaak deel aan een revalidatieprogramma na problemen met het hart of aan een orthopedisch revalidatieprogramma (Pomp et al., 2012). Het effect van een depressieve stemming kan zich ook uiten in het nemen van risico's. Depressieve hiv-positieve homoseksuele mannen bijvoorbeeld rapporteerden twee keer zo vaak deelname aan onbeschermde anale seks met partners als niet-depressieve mannen (Rogers et al., 2003).

Depressie heeft ook een negatieve invloed op terugkeer naar werk en sociale activiteiten (Pomp et al., 2012). Er is bewijs dat depressie een belangrijke oorzaak van morbiditeit en beperkingen en zelfs van afgenomen overleving is, bijvoorbeeld na een beroerte (Pan et al., 2011). Uit een meta-analyse van zeventien onderzoeken naar de impact van emotioneel welzijn bleek een significant positieve effect op herstel onder mensen met een scala aan fysieke aandoeningen (Lamers et al., 2012).

13.1.3 Positieve reacties op ziekte

dispositionele kenmerken
Beschrijvingen van persoonlijke eigenschappen, een beschrijving van de persoonlijkheid.

Er is bewijs dat positieve **dispositionele kenmerken** en positieve beoordelingen ziekte-uitkomsten kunnen beïnvloeden, en dat ziekte zelfs ook tot positieve veranderingen kan leiden. De wetenschappelijk onderbouwde omschrijving van de dispositionele of persoonlijkheidskenmerken is de Big Five. De persoonlijkheid van een mens is te beschrijven op vijf dimensies: neuroticisme versus interne stabiliteit; extraversie versus introversie; openheid versus geslotenheid, consciëntieusheid tegenover nonchalance en vriendelijkheid versus onaangenaamheid (Widiger en Clark, 2000).

Positieve beoordelingen

Het hebben van een positieve of optimistische blik heeft een gunstige invloed bij ziekte. Optimistisch zijn kan leiden tot minder ernstige pijn en vermoeidheid bij kankerpatiënten die vanaf tien weken na het krijgen van chemotherapie gevolgd werden (Kurtz et al., 2008). Omgekeerd pasten pessimisten meer maladaptieve copingstrategieën toe, die een negatief effect hadden bij emotionele morbiditeit, bij de postoperatieve borstkankerpatiënten die onderzocht werden door Schou en collega's (2005).

Positieve emoties

Fredrickson (1998, 2001) vatte de belangrijkste voordelen van positieve emoties samen:
- bevorderen van psychologische veerkracht en effectievere probleemoplossing;
- het verjagen van negatieve emoties;
- het teweegbrengen van een opwaartse spiraal van positieve gevoelens.

Als illustratie van de voordelen van positieve emoties vonden Fredman en collega's (2006) dat ouderen met een heupfractuur die een hoge mate van positief affect hadden tijdens de ziekenhuisopname een beter functioneel herstel hadden dan de mensen met een lagere score.

13.1.4 Het vinden van voordelen en posttraumatische groei

Er wordt in toenemende mate gerapporteerd dat personen die te maken krijgen met aanzienlijke gezondheid- of levensstressoren winst van deze ervaringen ervaren. Dit wordt **posttraumatische groei** genoemd (Tedeschi en Calhoun, 2008).

> **posttraumatische groei**
> Na een traumatische gebeurtenis, waaronder ernstige ziekte, kan een persoon positieve psychologische verandering ervaren, zoals toegenomen waardering van het leven, verbeterde relaties met zichzelf en anderen, nieuwe levenswaarden en andere prioriteiten.

Er wordt over het algemeen uitgegaan van vijf domeinen van positieve verandering als gevolg van stress of een trauma:
1. verbeterde persoonlijke relaties;
2. meer waardering voor het leven;
3. een gevoel van toegenomen persoonlijke kracht;
4. een hogere mate van spiritualiteit;
5. een op waarden gebaseerde verandering in prioriteiten en doelen in het leven.

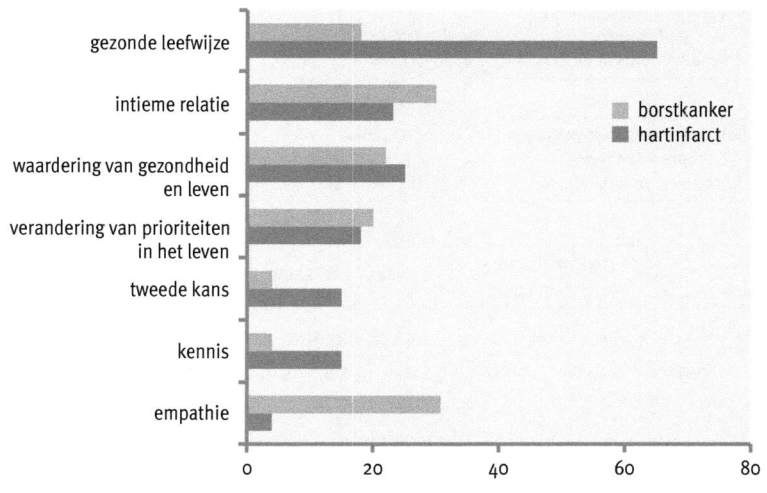

FIGUUR 13.1 Voordelen die de patiënt ervaart na borstkanker of een hartaanval
Bron: Petrie, Buick, Weinman en Booth, 1999

Gaan Tedeschi en Calhoun uit van reductie van emotionele stress, Sabiston gebruikt in haar beschrijving van de behandeling van vrouwen met borstkanker positieve psychologie en gaat uit van humor, eigen kracht en controle (figuur 13.1). De kracht van deze dimensies van groei varieert tussen onderzoeken, afhankelijk van de gebeurtenis en onderzoeksgroep. Kwantitatieve onderzoeken zijn redelijk consistent over de positieve veranderingen. Dit is bijvoorbeeld te zien bij de onderzoeken van Tomich en Helgeson (2004) voor borstkanker en Danoff-Burg en Revenson (2005) voor reumatoïde artritis.

Hoeveel komt het vinden van voordelen voor en in welke vorm uit het zich? Petrie *et al.* (1999) vonden dat zestig procent van de personen die een hartaanval of borstkanker hadden persoonlijke winst rapporteerden gedurende de eerste drie maanden na het optreden van de ziekte. De meest genoemde voordelen waren verbeterde relaties, toegenomen empathie onder vrouwen met borstkanker en een gezondere levensstijl voor mannen na een hartaanval. In een kwalitatief onderzoek bij vrouwen met borstkanker toonden Gall en Cornblatt (2002) een spiritueel aspect van groei aan: vrouwen rapporteerden een toegenomen innerlijke kracht, spiritualiteit en een gevoel van vrede, het gevoel een beter persoon te worden en aandachtiger, compassievoller en begripvoller te zijn en ze hadden meer zelfvertrouwen. Verbeterde relaties met naasten wordt ook vaak gerapporteerd (Danoff-Burg en Revenson, 2005). Dingen van het leven meer accepteren of het hebben van nauwere relaties met familie of vrienden kan inderdaad tot hogere niveaus van **kwaliteit van leven (QoL)** leiden dan die worden gerapporteerd bij gezonde individuen (Schulz en Mohamed, 2004).

> **kwaliteit van leven (QoL)**
> *Quality of Life*, ofwel: kwaliteit van leven. Dit is de evaluatie van een individu van zijn situatie, ervaringen en percepties. Het gaat om tevredenheid met het leven, met de lichamelijke en geestelijke gezondheid.

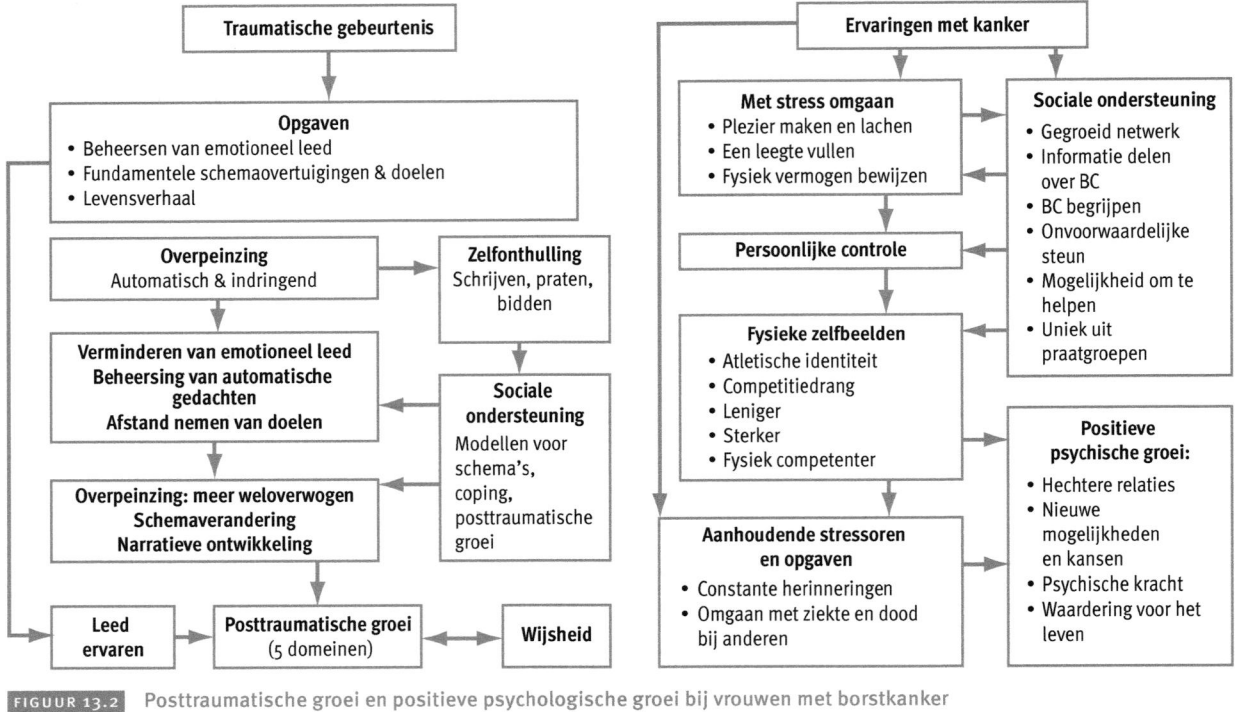

FIGUUR 13.2 Posttraumatische groei en positieve psychologische groei bij vrouwen met borstkanker
Bron: Volgens Catherine Sabiston, 2007

Voordelen bij ziekte vinden, kan gezien worden als een mogelijke voorspeller van een verbeterde stemming of betere aanpassing en wordt door sommigen ook gezien als een resultaat op zichzelf. Stanton *et al.* (2007) en DeRidder *et al.* (2008) merken in hun overzichten op dat bij jongeren vaker sprake is van het vinden van voordelen. Etniciteit en een hogere of lagere sociaaleconomische status en sekse hebben geen significant effect. Welke andere factoren kunnen het ervaren van voordelen beïnvloeden? Een prospectief onderzoek bij 105 kankerpatiënten, die één, zes en twaalf maanden na operatie werden geïnterviewd, vond dat het vinden van voordelen na twaalf maanden direct voorspeld werd door niveaus van zelfeffectiviteit (een persoonlijke bron) en sociale bronnen (de mate van ontvangen sociale steun) na een maand (Schulz en Mohamed, 2004). Zoals te zien is in figuur 13.2 (waarin de pijlen met sterren significante associaties aangeven), wanneer onderzocht wordt of coping de relatie tussen persoonlijke en externe bronnen en

De invloed van ziekte op de kwaliteit van leven **293**

accepterende coping
Het accepteren van de realiteit van een situatie en van het feit dat deze niet makkelijk kan worden veranderd.

sociale vergelijking
Het proces waarin een persoon of groep mensen zichzelf vergelijken (hun gedrag of kenmerken) met anderen.

voordelen vinden medieerde, vertoonden mensen met een hoge mate van sociale steun een grotere mate van het vinden van voordelen, ongeacht of **accepterende coping** of **sociale vergelijkende** coping werd gebruikt, waardoor het gunstige effect van zelfeffectiviteit leek te worden gemedieerd door coping (doordat de directe relatie tussen zelfeffectiviteit en voordeel vinden niet significant was).

Dit zijn belangrijke prospectieve bevindingen, omdat het meten van dergelijke variabelen retrospectief (zoals in veel onderzoeken) kan leiden tot het risico, zoals Stanton *et al.* (2007) benoemen, dat de tijd sinds de gebeurtenis de mate beïnvloedt waarin groei wordt gerapporteerd. Mensen kunnen de gebeurtenissen uit het verleden reconstrueren om te zorgen dat ze congruent zijn met hun huidige ervaringen. Voordelen vinden of het rapporteren van winst kan daarom gezien worden als een manier van coping. Optimisme is ook een factor die de gerapporteerde voordelen kan beïnvloeden, omdat we weten dat optimisten de neiging hebben om gebeurtenissen op positieve wijze te evalueren, en ook geneigd zijn tot meer probleemgerichte coping. Daarnaast is het zoeken naar betekenis door het vinden van een gevoel van orde of een doel in iemands nieuwe situatie een vorm van cognitieve herstructurering die een persoon kan helpen om te gaan met of zich aan te passen aan de uitdagingen van een ziekte (Sharpe en Curran, 2006; Park, 2010). Voordelen vinden en posttraumatische groei kunnen een integraal deel zijn van normale levenservaringen.

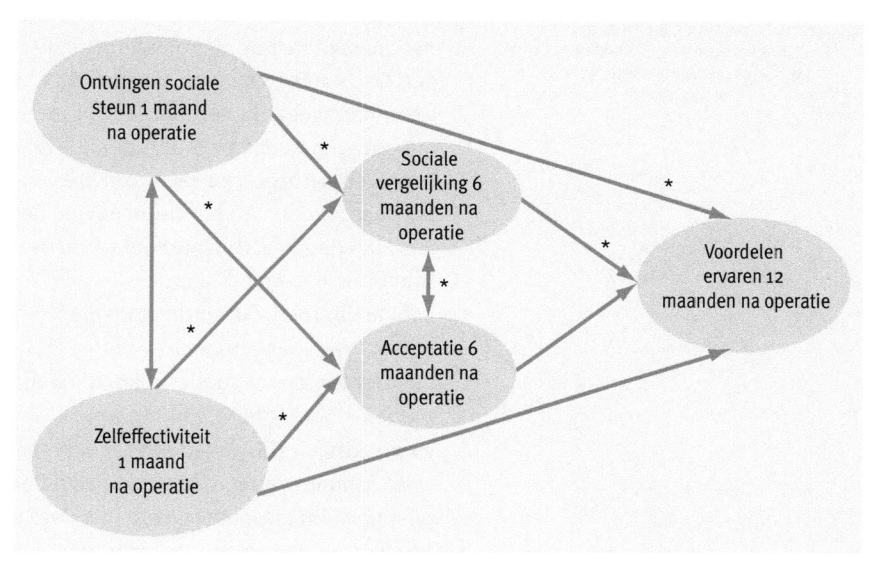

FIGUUR 13.3 De directe en indirecte effecten van interne (zelfeffectiviteit) en externe (sociale steun) bronnen op het vinden van voordelen in de twaalf maanden na operatie vanwege kanker
Bron: Bewerkt van Schulz en Mohamed, 2004

13.2 Omgaan met ziekte

crisis
Een noodsituatie waarbij het functioneren van de betrokken persoon ernstig verstoord raakt.

Je kunt ziekte beschouwen als een **crisis**, waarbij mensen te maken krijgen met mogelijke veranderingen in identiteit, locatie, rol (van onafhankelijk naar afhankelijk), en sociale steun. De copingstrategieën om om te gaan met ziekte verschillen niet van die gebruikt worden bij andere problemen waar een individu mee te maken krijgt. Ziekte zet niet aan tot het gebruik van unieke copingstrategieën. Er dient verschil gemaakt te worden tussen acute en chronische ziekte, omdat zij het individu voor andersoortige uitdagingen stelt. De geaccepteerde *cut-off* voor 'chronisch' wordt meestal gebruikt als een ziekte en symptomen meer dan zes maanden duren, of wanneer er geen behandeling mogelijk is. Sommige chronische ziekten als kanker of artritis zijn progressief, andere ziekten, zoals astma niet.

Moos en Schaefer (1984) identificeerden in hun standaardwerk drie processen die het gevolg zijn van (ernstige) ziekte:

1. *Cognitieve beoordeling*: betrokkene beoordeelt de implicaties van de ziekte op zijn leven.
2. *Adaptieve taken*: betrokkene moet ziektespecifieke taken uitvoeren zoals omgaan met de symptomen en algemene taken zoals het bewaren van emotioneel evenwicht of relaties met anderen.
3. *Copingvaardigheden*: het individu past copingstrategieën toe die gedefinieerd worden als beoordelingsgericht (zoals ontkenning of bagatellisering, positieve herbeoordeling, mentale voorbereiding/planning), probleemgericht (zoals zoeken van informatie en steun, directe actie ondernemen om met een probleem om te gaan, identificeren van alternatieve doelen en beloning) en emotiegericht (zoals stemmingsregulatie, emotionele ontlading zoals het uiten van boosheid, of passieve of berustende acceptatie).

Een volledige bespreking van cognitieve beoordelingen van stress en ziekte kan gevonden worden in de hoofdstukken 9 en 11. Hier bespreken we verder het tweede en derde proces van Moos en Schaefer. De **adaptieve taken** die nodig zijn als gevolg van een chronische ziekte bestaan uit:

- het omgaan met de symptomen van de ziekte en de mogelijkheid van pijn;
- het vasthouden van controle over de ziekte, waaronder aspecten van symptoommanagement, behandeling of preventie van progressie;
- het onderhouden van communicatieve relaties met zorgverleners;
- het tegemoet zien van een onzekere toekomst en zich hierop voorbereiden;
- het vasthouden van het zelfbeeld en mogelijk het zelfvertrouwen wanneer dat uitgedaagd is (bijvoorbeeld door veranderingen in het uiterlijk of de functionele mogelijkheden);
- het vasthouden van controle en emotioneel evenwicht over de gezondheid en het leven in het algemeen;
- het omgaan met veranderingen in relaties met familie en vrienden.

Deze uitdagingen zijn generiek voor veel verschillende aandoeningen, hoewel aspecten kunnen variëren in sterkte en detail, afhankelijk van de aandoening. Hoe een persoon kiest om te gaan met deze uitdagingen kan variëren, zoals in hoofdstuk 11 en 12 beschreven; hier richten we ons op ziektestressoren.

> **adaptieve taak**
> Als een patiënt een handeling wil verrichten dient soms een adaptieve taak uitgevoerd te worden vanwege de symptomen van de ziekte. Dit betreft naast het omgaan met de symptomen ook het omgaan met de sociale situatie.

13.2.1 Coping door ontkenning of vermijding

Een veelvoorkomende eerste reactie op een diagnose of begin van een ziekte is ontkenning. Vermijding lijkt adaptief te zijn op de korte termijn omdat het individu de dreiging zo kan bagatelliseren. Op de langere termijn interfereren ontkenning en de gerelateerde strategie van vermijding met actieve pogingen tot coping en dit kan leiden tot verhoogd lijden op de lange termijn (Stanton *et al.*, 2007). Veel onderzoeken wijzen op negatieve effecten van vermijdende coping en ontkenning, bijvoorbeeld:

- Vermijdende coping en emotiegerichte strategieën waren geassocieerd met een hogere mate van depressie dan probleemgerichte coping in een groep hiv-positieve homoseksuele mannen (Safren *et al.*, 2002).
- In een meta-analyse van onderzoeken naar coping onder mannen met prostaatkanker was vermijdende coping over het algemeen geassocieerd met slechte aanpassing (Roesch *et al.*, 2005).

- Cognitief vermijdende coping, waaronder passieve acceptatie en berusting bij vrouwen met borstkanker, was geassocieerd met een significant risico op slechte psychologische aanpassing op de lange termijn na een follow-up van drie jaar (Hack en Degner, 2004).
- Onder adolescenten met een chronische ziekte (astma, juveniele artritis, cystische fibrose, eczeem), werd positieve aanpassing voorspeld door het zoeken van sociale steun en confronterende coping; negatieve aanpassing werd voorspeld door depressieve coping (zoals passiviteit). Vermijdende coping was geen sterke voorspeller (Meijer *et al.*, 2002).
- Bij patiënten met reumatoïde artritis waren passieve en terugtrekkende strategieën geassocieerd met slechte aanpassing in de loop van de tijd (Covic *et al.*, 2003); terwijl hoge scores op de vermijding/ontkenning-pijncopingsubschaal positief gecorreleerd waren met actieve coping en positieve uitkomsten. Deze bevinding lijkt vreemd, maar is te begrijpen als we de specifieke context om om te gaan met pijn erbij betrekken (zie hoofdstuk 15).

13.2.2 Probleemgerichte en accepterende coping

Na de eerste periode volgend op het begin van ziekte leidt een probleemgerichte coping (zoals het gebruiken van sociale steun of plannen hoe om te gaan met de problemen) en accepterende coping tot een positievere aanpassing (Stanton *et al.*, 2007). Lowe *et al.* (2000) vonden dat twee maanden na een hartaanval acceptatiegerichte coping (dat wil zeggen de dingen accepteren zoals ze zijn, dingen op positieve wijze herinterpreteren) de meest voorkomende vorm van coping was in het ziekenhuis. Deze vorm werd gevolgd door probleemgerichte, emotiegerichte en, het minst voorkomend, vermijdende coping. Na zes maanden follow-up leidde accepterende coping tot een lagere mate van lijden, probleemgerichte coping was geassocieerd met een hogere mate van positieve stemming, en emotiegerichte coping was geassocieerd met verlaagde stemming. Er was een prospectief verband tussen probleemgerichte coping en een verbeterde gezondheidsuitkomst. Dit suggereert dat de moeite die gestoken wordt in veranderbare aspecten van de situatie resulteert in een verbeterde ervaren gezondheid.

Mensen gebruiken in het ziekteproces meerdere vormen van coping: emotiegericht, probleemgericht én vermijdend omdat situaties over het algemeen dynamisch en multidimensionaal zijn.

13.2.3 Religieuze coping en spiritualiteit

Mensen met religieuze overtuigingen lijken bij ziekte meer optimisme en positievere beoordelingen van hun lot te hebben (Lee *et al.*, 2006b). Waar God wordt gezien als steunend en troostend was dit sterker dan wanneer mensen God als afstandelijker en/of straffend beschouwen. Loewenthal (2007) beschreef hoe geloof in een straffende God geassocieerd was met slechtere mentale gezondheid dan geloof in een goedaardige, steunende God. Terwijl religieuze coping vaak als passief gezien wordt, is dat niet noodzakelijkerwijs het geval: kijk bijvoorbeeld naar het bezoeken van gebedsgroepen als een vorm van het zoeken van sociale steun van gelijkgestemde anderen, of het plan opvatten om anderen te helpen (Harrison *et al.*, 2001), beiden kunnen beschouwd worden als actieve coping.

In de westerse wereld zullen veel mensen zichzelf beschrijven als spiritueel, maar niet religieus (Csof *et al.*, 2009), en hoewel empirisch bewijs meestal wordt gezocht in de psychologische wetenschap, is de interesse in menselijke spiritualiteit toegenomen (Collicutt, 2011). Spiritualiteit kan vergeleken worden met religie doordat het eerder persoonlijk en individualistisch neigt te zijn en niet institutioneel of collectivistisch; meer emotiegericht dan probleemgericht; meer naar binnen dan naar buiten gericht; het is meer gericht op zelfrealisatie dan op opofferende eisen of plichten, en meer antiautoritair dan religie (zie Koenig *et al.*, 2001). Veel van de derde generatie therapieën hebben een 'spiritueel' element, zoals de op mindfulness gebaseerde oefening en meditatie. Het is dan ook logisch dat bij de positieve gezondheidsopvatting van Huber (zie ook hoofdstuk 1) de spiritueel/existentiële dimensie een belangrijk onderdeel is van haar opvatting van gezondheid (Huber, 2014). Het lijkt waarschijnlijk dat religiositeit dan wel spiritualiteit de ziekte-ervaring beïnvloeden door het vasthouden van hoop.

Foto: Kongsky / Shutterstock (Pearson Asset Library)

13.2.4 Acceptatie van ziekte

Deel van het proces van aanpassen aan ziekte is het individuele proces van evalueren van de impact op het eigen leven en dat van naasten, en de mate waarin een persoon zijn ziekte accepteert. Een actieve acceptatie wordt gezien als gunstig voor de stemming en coping van de patiënt en ook voor een aantal belangrijke gezondheidsuitkomsten zoals verminderde pijngerelateerde beperkingen (McCracken en Eccleston, 2003) en verbeterd fysiek functioneren of verbeterd welzijn, zoals dat gevonden wordt bij adolescenten met cystische fibrose (Casier *et al.*, 2011, 2013).

In een onderzoek van hartpatiënten die hartfalen hadden ervaren (Obieglo *et al.*, 2015), rapporteerden de personen met minder ziekte-acceptatie minder energie, ernstigere pijn, negatieve emotionele reacties, slaapstoornissen en beperkte mobiliteit en waren zij sociaal geïsoleerd. De positieve effecten van acceptatie op de kwaliteit van leven hebben geleid tot acceptatiebevorderende interventies.

Acceptatie van iemands ziekte of aandoening kan bemoeilijkt worden wanneer er een hoge mate van zichtbaarheid is (Rumsey en Harcourt, 2005). De reacties van anderen op het uiterlijk of op een beperking vormen een extra uitdaging, met vaak negatieve gevolgen voor het zelfvertrouwen en zelfbeeld, sociale interactie en emotioneel welzijn van de betreffende persoon.

ONDERZOEK IN DE PRAKTIJK

Behandelen of niet?

Een behandeling, bijvoorbeeld een chemokuur, heeft vaak vervelende bijwerkingen. Maar niet behandelen betekent dat de ziekte kan voortwoekeren. Wat te kiezen? Veel kankerpatiënten krijgen met dit soort beslissingen te maken. Zij worden geconfronteerd met ernstige bijwerkingen van behandelingen die mogelijk wel de levensduur verlengen, maar grote gevolgen kunnen hebben voor de kwaliteit van leven. Economische factoren worden tegenwoordig meegenomen in de discussie over wel of niet behandelen. Hierbij valt bijvoorbeeld te denken aan de behandelkosten, ziekenhuisopname, medicijngebruik en aanvullende zorg. Hoewel het de patiënt zelf is die uiteindelijk besluit over wel of niet behandelen, buigen artsen en zorgverzekeraars zich ook over de vraag of behandelen voorkeur heeft. De prognose van mortaliteit brengt minder kosten voor de gezondheidszorg met zich mee dan verlengde morbiditeit, waardoor de effectiviteit van de behandeling bij dit soort beslissingen centraal staat. Vanuit de patiënt bezien, is het ideale resultaat diens optimale functioneren, maar dit is slechts bij weinig behandelingen gegarandeerd. En als dit al het geval is, kan de behandeling zeer kostbaar zijn. Beslissingen over behandelingen worden meestal genomen door de kosten af te wegen tegen de voordelen, zoals besparingen op andere behandelingen, minder bijwerkingen, verlenging van de levensduur. Een belangrijke vraag hierbij hoort te zijn wat de patiënt zelf vindt van het gevolg van de keuze van wel/niet behandelen.

Gezondheidseconomen maken gebruik van methoden die het belang wegen en onderzoeken dat aan een bepaalde gezondheidstoestand wordt toegekend. Patiënten kan bijvoorbeeld worden gevraagd zich voor te stellen om langer te leven met een bepaalde aandoening in slechtere gezondheid, in vergelijking met leven in betere gezondheid voor een kortere periode met de zekerheid van overlijden. Bijvoorbeeld: zes maanden leven in slechte gezondheid of drie maanden in optimale gezondheid. Op basis van het antwoord kan een keuze gemaakt worden. De vraag wel/niet behandelen kan na een bepaalde periode opnieuw gesteld worden. Deze vraag dwingt individuen erover na te denken hoeveel huidige kwaliteit van leven ze bereid zijn in te ruilen voor de kwaliteit van leven na een bepaalde behandeling. De keuze van de patiënt is bij uitstek subjectief en voor de naasten niet altijd in te schatten. De vraag lijkt simpel te beantwoorden, maar is dat niet.

Van zorgprofessionals wordt grote zorgvuldigheid verwacht in hun gesprek over de afwegingen rond wel of niet behandelen. Zorgprofessionals verschillen in hun vermogen te communiceren met patiënten over dergelijke kwesties en kunnen daardoor de HRQoL (gezondheidgerelateerde QoL) van een patiënt onderschatten (Detmar *et al.*, 2000). Naast de pijnlijke vraag voor de betrokkene zelf zal de patiënt zich ook verhouden naar de wensen (en het verdriet) van de naasten. Daarnaast kan in de loop van het leven verandering komen in wat waardevol wordt gevonden. Welk belang hecht iemand aan een langer leven tot welke subjectieve prijs?

13.3 Ziekte en kwaliteit van leven

Voor het onderzoeken van het welzijn van de patiënt is het nodig dat het gezichtspunt van de patiënt verwoord wordt. Bij klinische onderzoeken is meer nodig dan studie naar symptoomreductie. De cynische kreet 'operatie geslaagd, patiënt overleden' geeft al aan dat zorgverleners verschillende behandeldoelen kunnen hebben en dat uitkomsten voor betrokkenen verschillend kunnen worden beleefd. Mensen leven door de technologische vooruitgang langer, vaker met beperkingen. Door de vooruitgang in de geneeskunde kunnen aandoeningen waar mensen voorheen aan zouden zijn overleden nu effectief behandeld worden. Boini *et al.* (2004) hebben het beknopt geformuleerd: 'Artsen hebben nu de gelegenheid jaren aan het leven toe te voegen, en ook om leven aan de jaren toe te voegen.'

13.3.1 Wat is kwaliteit van leven?

Kwaliteit van leven (QoL) kan beschreven worden als de evaluatie van een individu van zijn algehele ervaring van het leven op een zeker moment (Volksgezondheidenzorg, 2018). De term 'gezondheid gerelateerde QoL' (HRQOL) refereert aan de evaluaties van de levenservaringen en hoe deze worden beïnvloed door symptomen, ziekte, ongevallen of behandelingen. Het gaat dan over de optimale niveaus van mentale en fysieke gesteldheid, het vervullen van rollen (zoals die van ouder, verzorger of op het werk) en van sociaal functioneren en percepties van gezondheid, tevredenheid met het leven en welzijn.

Kwaliteit van leven is volgens de Wereldgezondheidsorganisatie (WHO) een breed concept dat bepaald wordt door de fysieke en mentale gezondheid van een individu, zijn mate van onafhankelijkheid, kwaliteit van sociale relaties en sociale integratie (WHO, 1993). Later zijn aan dit begrip persoonlijke, religieuze en spirituele overtuigingen toegevoegd (WHO, 1998). De Wereldgezondheidsorganisatie hanteert het generieke en cross-cultureel gevalideerde meetinstrument WHOQOL-100, dat 25 verschillende facetten van QoL onderzoekt, die gegroepeerd zijn in zes domeinen:

1. *fysieke gezondheid*: pijn en ongemak; energie en vermoeidheid, slaap en rust;
2. *psychologisch*: positieve gevoelens; eigenwaarde; denken, geheugen, leren en concentratie; lichaamsbeeld en uiterlijk; negatieve gevoelens;
3. *mate van onafhankelijkheid*: dagelijkse activiteiten (zoals zelfzorg); mobiliteit; medicatie en therapietrouw; vermogen om te werken;
4. *sociale relaties*: persoonlijke relaties; praktische sociale steun; seksuele activiteit;
5. *relatie tot de omgeving*: fysieke veiligheid en zekerheid; financiële bronnen; omgeving thuis; beschikbaarheid en kwaliteit van gezondheids-/sociale zorg; scholingsmogelijkheden; deelname aan vrije tijdsbesteding en de mogelijkheden; transport; fysieke omgeving;
6. *spiritualiteit, religie en persoonlijke overtuigingen*.

Dit instrument biedt items die bruikbaar zijn voor verschillende ziekten en populaties. Er zijn ook ziekte- en populatiespecifieke versies ontwikkeld.

13.3.2 Wat beïnvloedt de kwaliteit van leven?

Voor sommigen is het 'erger dan doodgaan' wanneer ze geliefde activiteiten door ernstige ziekte of handicap niet meer kunnen uitvoeren (Gezondheidsgids, 2017). Anderen zullen het leven hoe dan ook betekenisvol blijven vinden, ook als ze ziek of gehandicapt zijn. Niet iedereen *verwacht* goede gezondheid, en slechte gezondheid zal daardoor geen impact hebben op hun QoL. Andersom zal ziekte schadelijker zijn voor de QoL bij mensen die een goede gezondheid verwachten. Op de kwaliteit van leven zijn veel verschillende factoren van invloed:

- demografische factoren, waaronder leeftijd, etniciteit, gender en cultuur;
- de aandoening, pijn, functionele invaliditeit, neurologische beschadigingen met als gevolg motorische, emotionele of cognitieve beperkingen, sensorische of communicatieve beperkingen;
- de behandeling en de beschikbaarheid, aard, omvang en bijwerkingen ervan;
- psychosociale factoren, waaronder emoties (angst, depressie), copingstijlen, sociale context, levensdoelen en sociale ondersteuning.

Leeftijd en kwaliteit van leven

Gebleken is dat leeftijd van invloed is op de vraag welke aspecten van het leven mensen belangrijk vinden. De wetenschap wordt zich meer bewust van de unieke uitdagingen van het werken met populaties aan beide einden van het levenstraject: kinderen en mensen die aan het eind van hun leven staan.

Betreffende kinderen is het nodig begrip te hebben van de verschillende contexten die de impact van ziekte en de behandelingen op het kind kunnen mediëren (Matza *et al.*, 2004), omdat effecten van verminderde QoL in de kindertijd cumulatief kunnen zijn en latere ontwikkeling kunnen beïnvloeden (Jirojanakul *et al.*, 2003). De behandeling van kanker heeft bijvoorbeeld invloed op de aanwezigheid op school en deelname aan schoolse activiteiten die van belang zijn voor de sociale ontwikkeling van een kind (Eiser, 2004); epilepsie op jonge leeftijd kan belemmerend zijn voor het sociaal functioneren, de mate van zelfstandigheid en het onderhouden van relaties met leeftijdgenootjes. Soms belemmert het ook het gevoel van eigenwaarde en de stemming (McEwan *et al.*, 2004). Onderzoeken naar agressie of oppositioneel gedrag en gebrekkige therapietrouw zijn minder onderzocht maar hebben belangrijke implicaties voor zowel de jonge patiënt als zijn familie (Compas *et al.*, 2012).

Veranderen kinderen met chronische ziekten hun toekomstige levensverwachtingen als gevolg van een beperking in QoL in hun kindertijd? We weten dit simpelweg niet zeker. Logischerwijs zouden we verwachten dat het wel het geval is, gezien het bewijs dat negatieve ervaringen zoals sociale afwijzing in de kindertijd (een mogelijk gevolg van de non-participatie ten gevolge van sommige fysieke ziekten of beperkingen) langetermijneffecten kunnen hebben (Maddern *et al.*, 2006).

Onderzoek van Larsson *et al.* (2010) suggereert dat een vroege ervaring met ziekte leidt tot volwassen gedrag en tot een grotere waardering van het leven. Dit wordt, zoals in paragraaf 13.1.4 beschreven, posttraumatische groei (Tedeschi en Calhoun, 2004) genoemd.

Hoewel de meeste onderzoeken uitgaan van 'indirecte' verslagen van de kwaliteit van leven van jongeren, is bij verscheidene studies gebruikgemaakt van **kwalitatieve methoden** om belangrijke domeinen van de kwaliteit van leven en relevante factoren te achterhalen. Dit heeft geleid tot identificatie van een breed scala aan factoren die de kwaliteit van leven beïnvloeden.

> **kwalitatieve methoden**
> Richten zich op het beschrijven van de ervaring, overtuigingen en gedrag van een specifieke groep mensen.

Bij een onderzoek met focusgroepen onder kinderen (van zes tot twaalf jaar) met epilepsie, hing de kwaliteit van leven voornamelijk samen met het verlies van zelfstandigheid en het ervaren van dagelijkse beperkingen, met bezorgdheid over de reacties van anderen, met de behandeling door leeftijdsgenoten en met ongerustheid over bijwerkingen van de geneesmiddelen (Ronen *et al.*, 1999, geciteerd in McEwan *et al.*, 2004).

Het klinkt misschien vreemd dat de algemene kwaliteit van leven bij kinderen minder blijkt te worden beïnvloed door hun gezondheidstoestand dan door sociaaleconomische factoren (Jirojanakul *et al.*, 2003). Deze auteurs meldden dat de kwaliteit van leven onder Thaise kinderen (van vijf tot acht jaar) in belangrijke mate kon worden verklaard door het inkomen en het opleidingsniveau van de ouders.

Het effect van leeftijd op de kwaliteit van leven is geen vaststaand gegeven. Zo bleek tijdens een longitudinaal onderzoek onder patiënten (van 32 tot negentig jaar) met een herseninfarct dat leeftijd geen voorspellende factor was voor de kwaliteit van leven, in tegenstelling tot andere factoren, zoals een lichamelijke beperking of depressieve stemming. De levensfase na de pensionering, ook wel de 'derde leeftijd' genoemd, kan iemand nog volop plezier en kansen bieden, terwijl bij oudere ouderen al snel de onafhankelijkheid in het geding is door ziekte en beperkingen (Woods, 2008; Feldman, 2018).

Om gezond oud te worden is het erg belangrijk om de afhankelijkheid te minimaliseren. Langer zelfstandig functioneren verhoogt niet alleen het welbevinden en daarmee de kwaliteit van leven van ouderen, het verlaagt tegelijkertijd ook de maatschappelijke kosten van de gezondheidszorg.

Onderzoeken bij ouderen hebben gevonden dat belangrijke levensdomeinen zijn: goed fysiek functioneren, het hebben van relaties met anderen, en het vasthouden van gezondheid en sociale activiteit. Een steekproefsgewijze vergelijking van jongeren met ouderen leert dat ouderen vaker melding maken van onafhankelijkheid (of de angst deze te verliezen) als belangrijke factor (Bowling, 1995b). **Welzijn** is ook onderzocht als een subjectieve evaluatie van het globale leven van een persoon dat deels objectieve omstandigheden weergeeft, zoals iemands gezondheidsstatus, werkstatus en financiële zekerheid, relaties enzovoort. De tevredenheid met het leven verandert niet veel gedurende de volwassenheid, en neemt zelfs toe tussen de leeftijd van begin veertig tot begin zeventig (Baired *et al.*, 2010), Hoewel beperkingen in activiteiten of sociale rollen doorgaans een voorspellende factor vormen voor verminderde mentale en lichamelijke kwaliteit van leven, is dit niet altijd het geval. Meer dan de helft van de door Evandrou (2006) onderzochte ouderen met een langdurige, beperkende ziekte beoordeelden hun eigen gezondheid als goed of redelijk goed, wat nog eens duidelijk maakt dat kwaliteit van leven meer behelst dan alleen lichamelijke gezondheid en lichamelijk functioneren.

welzijn
De subjectieve evaluatie van het algehele leven van een persoon.

Door sociaal isolement wordt het risico op een slechte lichamelijke en psychische gezondheid vergroot.

Foto: Anna Lurye / Shutterstock (Pearson Asset Library)

Wat denk je zelf?

Heb je van nabij (zelf of een naaste) meegemaakt dat je een ernstige ziekte had, die op dat moment je leven beheerste. Beschrijf hoe dat was voor jou (of die ander) en wat de kwaliteit van leven was? Wat kon je (of die ander) niet meer wat je daarvoor wel kon? Hoe maakte jij of die ander dit kenbaar aan je omgeving en hoe reageerde hij of zij?
Ziekte kan de persoonlijkheid veranderen en invloed hebben op vriendschappen. Zeker als de vriendschap bestond uit het samen doen van activiteiten die door ziekte niet meer kunnen. Veel vriendschappen verwateren of worden afgebroken. Hoe loyaal ben jij?

Verwachtingen en aanpassing

Sommige mensen met chronische ziekte rapporteren een hoger dan verwachte QoL, soms zelfs niveaus die vergelijkbaar zijn met vergelijkbare gezonde controlegroepen. Een verklaring kan gevonden worden in onderzoeken naar aanpassing die suggereren dat, wanneer een situatie zonneklaar is en een permanent deel zal zijn van iemands leven (zoals overlijden, verlies van een ledemaat, een ongeneeslijke ziekte), aanpassing makkelijker en beter is dan wanneer iemand gelooft dat zijn omstandigheden tijdelijk zijn en nog kunnen veranderen. Deze paradoxale gedachte leidde tot een fascinerend onderzoek naar tevredenheid met het leven dat werd uit gevoerd door Smith *et al.* (2009). Zij vergeleken patiënten die allemaal een operatie hadden ondergaan. Een deel van de groep had een tijdelijk en omkeerbaar colostoma en de anderen hadden een permanent colostoma. Zes maanden na de operatie was er een sterke bevestiging voor de hypothese dat QoL meer toenam in de loop van de tijd bij de personen met een permanent colostoma vergeleken met de personen met een tijdelijk colostoma. De onderzoekers benadrukken de rol van cognities; vooral de verwachting van toekomstige verbetering kan paradoxaal genoeg een goede aanpassing belemmeren. De persoon wordt ervan weerhouden om zich op positieve wijze aan te passen, omdat hij zijn huidige toestand vergelijkt met een die nog bereikt kan worden. Uit dit onderzoek zou kunnen volgen dat zorgverleners in hun communicatie moeten vermijden onterecht optimistisch te zijn over verandering, omdat dit kan leiden tot valse hoop die schadelijk is voor de aanpassing van de patiënt.

Cultuur en kwaliteit van leven

Bij het vergelijken van data van onderzoeken van Chinese patiënten met westerse onderzoeksgroepen, wijzen Yan en Sellick (2004) erop dat cultuur van invloed is op de beoordeling van de kwaliteit van leven. Dit blijkt uit reacties op pijn, toepassing van traditionele versus westerse geneesmiddelen en behandelingen. Zoals Bullinger (1997) opmerkte: 'Als ziekte, zoals antropologisch onderzoek suggereert, zo sterk cultuurgebonden is, hoe zou de kwaliteit van leven dan cultuurvrij kunnen zijn?'

Aspecten van de behandeling en kwaliteit van leven

De meeste onderzoeken naar de effecten van behandelingen hebben geprobeerd te achterhalen welke invloed de behandeling op specifieke populaties heeft of welke behandelingen de sterkste effecten hebben op de kwaliteit van leven. Zo is ontdekt bij kinderen met kanker dat verschillende behandelingen verschillend scoorden op de POQOLS (*pediatric oncology quality of life scale*), een schaal voor de kwaliteit van leven in de **pediatrische oncologie** (Goodwin *et al.*, 1994). Deze door de ouders ingevulde vragenlijsten gaven zicht op hoe de behandelingen en behandelingsfasen van invloed waren op aspecten van de kwaliteit van leven van de verschillende groepen oncologische patiëntjes (Bijttebier *et al.*, 2001).

Bij veel beoordelingen van nieuwe therapieën is een indicator opgenomen voor de kwaliteit van leven, zoals symptomatologie, lichamelijk functioneren of terugkeer naar het werk. Bij weinig onderzoeken is tot nu toe een 'patiëntgericht' meetinstrument toegepast, In toenemende mate worden 'patiëntgerichte' maten gebruikt, de PROMS (*patient-reported outcome measures*) waarbij men patiënten vraagt naar de effecten die volgens henzelf belangrijk zijn voor hun kwaliteit van leven (Marshall, 2006). De PROMS wordt steeds meer toegepast, vooral in onderzoeken naar behandelingen van kanker, hoewel het feit dat het gebruik geaccepteerd wordt niet meteen betekent dat het invloed heeft op de klinische besluitvorming (Meldahl *et al.*, 2012).

Psychosociale invloeden op de kwaliteit van leven

In lichamelijk gezonde populaties gaan angstsymptomen of een angststoornis vaak gepaard met een geringere kwaliteit van leven (Mendlowicz en Stein, 2001). Ook bij mensen met een lichamelijke aandoening blijken emotionele reacties vaak van invloed te zijn op de kwaliteit van leven (Lane *et al.*, 2000).
Leventhal en Coleman (1997) stellen dat bij de kwaliteit van leven zowel de uitkomst, als het proces onderzocht dient te worden. Kwaliteit van leven wordt beïnvloed door verschillende levensdomeinen, waaronder de ervaring en percepties van ziekte, symptomen en de behandeling en het belang dat aan deze percepties gehecht wordt.
Zij betogen dat elk onderdeel (lichamelijk, emotioneel, sociaal functioneren enzovoort) afzonderlijk als mogelijke bepalende factor voor de kwaliteit van leven moet worden gezien. Een verandering van een van deze determinanten kan al een verandering van de kwaliteit van leven teweegbrengen. Dit **procesmodel** is over het algemeen geaccepteerd in psychologische onderzoeken waar meer determinanten worden gemeten, net als generieke of specifieke QoL-uitkomstmaten.

---

pediatrische oncologie
Het medische specialisme dat zich bezighoudt met kanker bij kinderen.

procesmodel
Een beschrijving van de functionele en/of logische structuur van een proces.

Een voorbeeld hiervan is afgeleid van onderzoeken naar pijn, waarvan meestal gevonden wordt dat het een sterke associatie heeft met depressieve stemming en ook met lagere QoL. Het onderzoek van Rosenfeld *et al.* (1996) bijvoorbeeld: in New York deden zij prospectief onderzoek onder meer dan vierhonderd aidspatiënten. Van de participanten meldde 63 procent gedurende de twee weken daarvoor frequente of hardnekkige pijn te hebben gevoeld. Bevestigd werd dat pijn een brede invloed op het psychosociaal functioneren heeft. Het is duidelijk dat diverse factoren meegenomen moeten worden wanneer geprobeerd wordt vast te stellen wat QoL voorspelt: de aan- of afwezigheid van pijn; de aan- of afwezigheid van depressieve stemming; de mate van sociale steun, etniciteit en andere stressoren die op de achtergrond aanwezig kunnen zijn, onafhankelijk van het ziekteproces dat onderzocht wordt.

Coping en QoL

Met betrekking tot coping wijzen Carver *et al.* (1992) erop dat vermijdende coping waarschijnlijk gunstig is voor de kwaliteit van leven in situaties waarover iemand geen controle kan uitoefenen; confronterende coping kan immers tot frustratie leiden als controle niet mogelijk is. Anderen suggereren dat in relatief onveranderbare situaties, zoals bij mensen met chronische pijn, accepterende coping of positieve herinterpretatie nodig kan zijn voor het handhaven van een goede kwaliteit van leven. Zo bleek uit onderzoek van McCracken (1998) dat de kwaliteit van leven van patiënten die hun pijn accepteerden hoger was dan van degenen die dit niet konden. Dergelijke resultaten laten zien dat de ene copingstrategie niet per se beter is dan de andere. Dat coping individueel en contextafhankelijk is en dat deze in de loop der tijd kan veranderen, afhankelijk van de eisen en de beschikbare hulpbronnen van de betrokkene.

Sociale steun en QoL

Algemeen wordt aangenomen dat sociale ondersteuning belangrijk is voor het persoonlijk welzijn, en veel onderzoeken hebben vastgesteld dat er een positieve relatie bestaat tussen sociale ondersteuning, coping en aanpassing aan chronische ziekten. De richting van de causaliteit tussen variabelen is niet altijd duidelijk. In een onderzoek onder 210 poliklinische patiënten die werden behandeld voor epilepsie, bleek bijvoorbeeld dat, ongeacht de huidige fysieke gezondheidstoestand, psychisch lijden, eenzaamheid, aanpassing en coping en vermeende stigmatisering de grootste invloed hadden op de kwaliteit van leven (Suurmeijer *et al.*, 2001). Om te onderzoeken wat oorzaak en wat gevolg is bij relaties tussen stemming, hulpmiddelen (of het gebrek daaraan, zoals in het geval van eenzaamheid), coping en ziektevariabelen zoals de kwaliteit van leven, zijn longitudinale onderzoeken nodig, waarbij in verschillende fasen gegevens worden verzameld. Alleen dan kan men verandering in de mate van ondersteuning en aanpassing, in de reacties voor coping en dergelijke bepalen. In een poging hiertoe onderzochten Burgoyne en Renwick (2004) 41 Canadese volwassenen met hiv driemaal gedurende een periode van vier jaar. Zij bekeken of veranderingen in de mantelzorg gepaard gingen met verandering van de kwaliteit van leven en probeerden daarbij oorzaken en gevolgen te onderscheiden. Enigszins in tegenstelling tot de verwachtingen bleek dat zowel het oordeel over de mantelzorg als over de kwaliteit van leven in deze vier jaar stabiel bleef, hoewel de frequentie van de mantelzorg voor veertig procent van de steekproef significant afnam. Een mogelijke verklaring kan zijn dat mensen met hiv in de loop der tijd leren te accepteren dat mensen ze gaan ontwijken en de steun die ze dan nog wel krijgen meer gaan waarderen.

Doelstellingen en kwaliteit van leven

Onderzoek naar de kwaliteit van leven wordt wel eens bekritiseerd, omdat er geen sluitend theoretisch model bestaat aan de hand waarvan het concept kwaliteit van leven kan worden ontwikkeld en getoetst. Een poging tot theorievorming is gedaan door Scheier en Carver (1992) in de zelfregulatietheorie (zie hoofdstuk 9), dat een proces van het stellen van doelen in de context van een verstoring zoals een ziekte beschrijft. Binnen het raamwerk van zelfregulering zijn de beoordeling van de gebeurtenissen, de verstoring van doelstellingen, de verwachtingen rond de prognose, de hulpbronnen en de processen voor coping allemaal tezamen van invloed op de kwaliteit van leven.

Verstoring van de doelstellingen bleek een voorspellende factor te zijn voor de ziektespecifieke kwaliteit van leven en voor een negatief affect. Boersma *et al.* (2005) ontdekten daarnaast dat verstoring van doelstellingen van een 'hogere orde', zoals het vervullen van sociale verplichtingen of plezier maken na een hartaanval, verband hield met angst, depressie en een geringe kwaliteit van leven. Mogelijk zijn doelstellingen direct en indirect van invloed op de kwaliteit van leven doordat ze de betekenis veranderen die iemand aan de ziekte toekent (Taylor, 1983, theorie van cognitieve aanpassing aan ziekte). De 'betekenis' van ziekte is 'het inzicht van een individu in de implicaties van een ziekte op het zelf, op relaties met anderen, op prioriteiten, en op toekomstige doelstellingen'. Bij onderzoek naar persoonlijke doelstellingen en het al dan niet verwezenlijken ervan, is belangrijk om beter te kunnen begrijpen waarom mensen hun kwaliteit van leven op een bepaalde manier waarderen wanneer ze gestandaardiseerde QoL-meetinstrumenten voorgelegd krijgen. Hierbij moeten we de invloed van **dissonantiereductie** niet onderschatten: als we een bepaald doel niet kunnen bereiken maken we het minder belangrijk in vergelijking met andere doelen. Dit wordt ook wel een **neerwaartse vergelijking** (*downward comparison*) genoemd.

dissonantiereductie
Als we een bepaald doel niet kunnen bereiken, maken we het minder belangrijk in vergelijking met andere doelen.

neerwaartse vergelijking
Je maakt een neerwaartse vergelijking als je je eigen situatie vergelijkt met iemand die in een ernstigere situatie verkeert.

Wat denk je zelf?

Toen Christopher Reeve, als acteur bekend als Superman, werd gevraagd: 'Welke score zou je aan de kwaliteit van je leven geven?' zat hij in een rolstoel als gevolg van een dwarslaesie. Hij antwoordde: 'Ik zou zeggen nog beter dan goed. Ik zou niet zeggen dat het uitstekend is omdat er beperkingen zijn...'

Ziekte of zelfs vanaf de nek totaal verlamd zijn leidt niet onvermijdelijk tot een slechte evaluatie van de QoL. QoL is gebaseerd op veel zaken naast de subjectieve gezondheidsfactoren, waaronder omgevingsindicatoren, zoals verkeer, vervuiling, de huizenmarkt, sociale statistieken betreffende vrijetijdsbesteding, bezit van goederen, misdaad, opleidingsniveau en werkloosheid. Ook het land waarin je woont speelt een rol. De Verenigde Naties onderzoekt regelmatig de leefsituatie in de verschillende landen. Waar leven mensen het langst en het gezondst? Volgens het Human Development Report (2017) was dit de top tien:

1. Noorwegen
2. Zwitserland
3. Australië
4. Duitsland
5. Denemarken
6. Singapore
7. Nederland

Christopher Reeve, ook bekend als Superman, scoorde zijn kwaliteit van leven als 'beter dan goed' terwijl hij in een rolstoel zat.
Foto: Richard Ellis / Alamy Stock Photo

> 8. Ierland
> 9. IJsland
> 10. Canada
>
> Wat zegt deze lijst jou? Hoe je ook denkt over ranglijsten in het algemeen (zoals lijsten van topuniversiteiten of -ziekenhuizen), op het gebied van kwaliteit van leven zijn ze mogelijk misleidend, aangezien we in dit hoofdstuk hebben laten zien dat 'kwaliteit van leven' een subjectief begrip is. Moeten we dan wel aandacht besteden aan dit soort lijsten? Zijn ze van invloed op hoe jij je leven leidt? Zijn ze puur bedoeld als munitie voor de media om op politici af te vuren? Of zijn ze een bron van reële bezorgdheid over de gezondheidszorg en maatschappelijke zorg en het milieubeleid in je eigen land?

13.4 Het meten van de kwaliteit van leven

Er zijn verschillende redenen waarom het meten van QoL een bruikbare klinische praktijk is (zie Higginson en Carr, 2001):

- *Maat om te informeren*: toegenomen begrip van de multidimensionale impact van ziekte en factoren die de impact modereren zullen (a) interventies en best practices ondersteunen, en (b) patiënten informeren over uitkomsten van behandeling of mogelijke bijwerkingen zodat ze erop voorbereid zijn, of zodat steunende bronnen klaar kunnen staan. Beschrijvende data van onderzoeken naar QoL kunnen ook gebruikt worden om patiënten en hun gezinnen te informeren over ervaringen die waarschijnlijk aan behandelingen verbonden zijn zodat gekozen kan worden uit behandelopties.
- *Maten om alternatieven te evalueren*: QoL-maten kunnen gebruikt worden als een soort klinische 'audit' om te identificeren welke interventies de beste uitkomsten hebben, voor de patiënt en de betreffende kosten. De geneeskunde gebruikt vaak het gezondheidseconomische concept van **QALY'S** (*quality-adjusted life years*, het aantal levensjaren met een goede QoL na een bepaalde interventie). Verschillende behandelingen kunnen de lengte van het leven doen toenemen en de kwaliteit ervan in wisselende mate beïnvloeden, en wanneer dit berekend wordt kunnen de wegingen vergeleken worden met de feitelijke kosten van de behandeling (dus economische waarde). QALY's kunnen medische behandelbeslissingen ondersteunen: twee behandelingen voor kanker kunnen bijvoorbeeld dezelfde voordelen met betrekking tot overleving hebben, en tegelijkertijd verschillende QoL en QALY's tijdens en na de behandeling opleveren.
- *Maten om communicatie te bevorderen*: terwijl het waarschijnlijk niet de voornaamste reden is voor het uitvoeren van QoL-metingen, kunnen dergelijke metingen zorgverleners helpen om gebieden te onderzoeken die ze anders niet hadden kunnen onderzoeken: bijvoorbeeld tevredenheid over behandeling, impact van ziekte of behandeling op gezinsinteracties, sociaal of seksueel functioneren. Een meer holistische blik op de impact van ziekte of behandeling op patiënten kan de gezondheidszorg helpen om ontvankelijk te zijn voor de individuele omstandigheden of behoeften van de patiënt.

Wat de reden ook is voor het meten van QoL, een belangrijke vraag voor onderzoekers en clinici is welk instrument of meetmethode te gebruiken.

> **QALY's**
> Quality-adjusted life years is een gezondheidseconomische concept om het aantal levensjaren met een goede QoL of kwaliteit van leven na een bepaalde interventie te berekenen.

13.4.1 Generieke versus specifieke maten van Quality of Life (QoL)

De globale domeinen van QoL die we eerder besproken hebben, hebben empirische steun gekregen De vraag blijft telkens bestaan of er bij een onderzoek voor een generieke maat van QoL gekozen moet worden of dat gekozen moet worden voor een specifieke maat voor de ziekte die wordt onderzocht. **Ziektespecifieke meetinstrumenten** zijn in toenemende mate beschikbaar waaronder voor kanker, astma, artritis en parkinson. Elk afzonderlijk meetinstrument heeft voor- en nadelen. Algemene meetinstrumenten richten zich niet op problemen die uniek zijn voor een bepaalde ziekte. Dit wordt ook wel *restriction of range* genoemd.

> **ziektespecifiek meetinstrument**
> Meet een bepaald aspect of een aantal aspecten die horen bij die ziekte. De resultaten gelden dan ook alleen voor die populatie van mensen met die ziekte.

De *European Organisation for Research and Treatment of Cancer* (EORTC) heeft een kankerspecifiek instrument ontwikkeld (de QLQ-C30), niet alleen om thema's rondom kwaliteit van leven te meten die relevant zijn voor de meeste mensen maar ook om specifieke kwesties bij kanker te kunnen beoordelen, zoals de angst voor recidive of bijwerkingen van de behandeling (Aaronson *et al.*, 2003).

Ten aanzien van hiv/aids worden zaken als testen en de testuitslag, bezorgdheid om symptomen en het meedelen van een positieve diagnose aan anderen, aan de orde gesteld in de WHOQOL-HIV, een meetinstrument dat is doorontwikkeld uit de in dit hoofdstuk eerder genoemde WHOQOL (O'Connell *et al.*, 2003). Ziektespecifieke meetinstrumenten hebben een toegevoegde waarde omdat ze dieper ingaan op de betekenis van een bepaalde ziekte voor de kwaliteit van leven. De keerzijde is dat deze meetinstrumenten het moeilijker maken om verschillende ziekten met elkaar te vergelijken. Terwijl dat wel degelijk interessant kan zijn voor degenen die bijvoorbeeld onderzoeksbudgetten moeten toewijzen of maatschappelijke ondersteunende voorzieningen moeten ontwikkelen.

13.4.2 Geïndividualiseerde meetinstrumenten voor de kwaliteit van leven

Een andere mogelijkheid voor gezondheidsonderzoekers is het gebruik van **geïndividualiseerde meetinstrumenten** voor de kwaliteit van leven. Hierbij kiezen respondenten zelf de dimensies en problemen die voor hen relevant en waardevol zijn. Niet iedereen zal gezondheid, sociaal leven of werk een hoog cijfer geven. Om te demonstreren dat QoL-scores ook verkregen kunnen worden zonder vragenlijsten te gebruiken, gebruikten Stenner *et al.* (2003) een techniek genaamd de 'Q-methode' waarin deelnemers een verzameling van 52 stellingen over QoL sorteerden in stapels afhankelijk van het belang dat ze eraan hechtten. Binnen deze stapels sorteerden ze elk item op een schaal. Deelnemers evalueren dan hun eigen Q-scores en bespreken waarom ze de items rangschikten zoals ze gedaan hebben.

> **geïndividualiseerd meetinstrument**
> Een meetinstrument ontworpen voor die persoon alleen. Resultaten van dat instrument kunnen niet gegeneraliseerd worden naar andere personen. Het instrument wordt in de regel ontworpen voor een op de persoon afgestemde diagnose of behandeling.

Deze **idiografische benadering** wordt ook gemaakt in de PGI – the *patient generated index* (Martin *et al.*, 2007). Deze vraagt mensen de vijf belangrijkste levensgebieden te noemen die aangedaan zijn door de aandoening. Deze worden dan gescoord op een schaal. Hoewel de PGI populair is, blijkt de vragenlijst niet zo valide (Llewellyn *et al.*, 2007), en vertoonden PGI-scores slechts matige reproduceerbaarheid (Witham *et al.*, 2007). Wellicht is verder werk gericht op validatie van deze maat noodzakelijk.

> **idiografische benadering**
> Bij deze benadering van de proefpersoon wordt de nadruk op de ontwikkeling van het individu en het zelfbeeld van het individu gelegd.

Geïndividualiseerde beoordelingsmethoden zijn tijdrovend en complex. Jenkinson *et al.* (2001) gebruikten technologische hulpmiddelen om de beoordeling van de kwaliteit van leven sneller, transporteerbaar en beter aangepast aan klinische situaties te maken. Zij beschrijven de zogenaamde *dynamic health assessment* (DYNHA), een (geautomatiseerde) methode voor **dynamische gezondheidsbeoordeling**. De vragen die gesteld worden uit de pool zijn afhankelijk van de eerdere antwoorden. Iedereen krijgt in principe een andere vragenlijst, passend bij de persoon. Het voordeel van deze methode is dat de beoordeling beter aansluit bij ieders unieke individuele problemen.

> **dynamische gezondheidsbeoordeling**
> Jenkinson ontwikkelde een digitale vragenlijst over gezondheidsbeoordeling gebaseerd op een pool van vragen. Welke vragen aan bod komen, is afhankelijk van de antwoorden op eerdere vragen.

13.4.3 Het meten van ziekte-ervaringen en uitkomsten

Er is een natuurlijke grens aan het aantal vragenlijsten dat aan een patiënt kan worden voorgelegd en het is belangrijk dat onderzoekers hiermee rekening houden. Daarnaast zijn niet alle onderzoeksinstrumenten even geschikt om in een klinische setting te gebruiken. Het veertig jaar oude *functional limitations profile* (Patrick en Peach, 1989) is bijvoorbeeld een goed gevalideerd en algemeen toegepast meetinstrument voor de effecten van aandoeningen. Het bestaat uit 136 items en het kost ten minste 23 minuten om deze vragenlijst in te vullen, wat in veel klinische opstellingen onhaalbaar is.

Bovendien maken bepaalde omstandigheden het moeilijk om subjectieve percepties, zoals kwaliteit van leven, te beoordelen. Vanwege een gebrekkige communicatie zijn bijvoorbeeld patiënten met afasie uitgesloten van onderzoeken waarbij gebruik wordt gemaakt van zelfrapportage (Morrison *et al.*, 2005); in dat geval worden vaak indirecte meetinstrumenten toegepast, die de nodige beperkingen hebben.

Al met al zijn er zeer veel meetinstrumenten en beoordelingsmethoden beschikbaar om de kwaliteit van leven te bepalen. Deze zijn vooral in het Engels ontwikkeld, wat betekent dat ze eerst vertaald moeten worden om ze in niet-Engelstalige landen te gebruiken. Bowden en Fox-Rushby (2003) maakten een overzicht van het vertalen van meetinstrumenten in 23 landen in Afrika, Azië, Oost-Europa, het Midden-Oosten en Zuid-Amerika, en ze concludeerden dat in dit proces de betekenis van items verloren kan gaan. Het feit dat de incidentie van ziekte en morbiditeits- en mortaliteitsuitkomsten aanzienlijk variëren tussen landen leidt tot verschillen in ziekte-ervaringen die waarschijnlijk ziekteperceppties en QoL-verwachtingen beïnvloeden. In Europa bijvoorbeeld is slecht zes procent van de mortaliteit toe te schrijven aan overdraagbare ziekten (zoals hiv, tuberculose), terwijl deze in Afrika en Zuidoost-Azië respectievelijk voor 71 en 39 procent aan de sterfte bijdragen.

De Wereldgezondheidsorganisatie richtte zich op de kwestie van culturele equivalentie door het ontwikkelen van het meetinstrument, en de daarop lijkende kankerspecifieke maat van QoL, de FACT-G (Cella *et al.*, 1993). Deze kreeg cross-culturele validatie: bijvoorbeeld in een Koreaanse groep (zie Lee *et al.*, 2004). De fysieke, emotionele en functionele welzijnsdimensies hadden goede **constructvaliditeit**; de sociale/gezinswelzijn subschaal was problematisch. Deze subschaal onderzoekt de nabijheid van vrienden en partners, het zoeken van emotionele steun van familie of vrienden, de communicatie met familieleden, het accepteren van ziekte door het gezin en het seksleven. De onderzoekers interpreteren deze bevindingen als bewijs dat Koreaanse vrouwen onderscheid maakten tussen familie en vrienden in termen van wat ze bijdroegen aan hun welzijn, waar communicatie en nabijheid van familieleden fundamenteel was, terwijl de kanker zelden werd gedeeld met vrienden. Deze gerichtheid op steun van familie, en niet van die van mensen buiten de familie, is ook gerapporteerd in Aziatische culturen (zie Parveen en Morrison, 2009; Parveen *et al.*, 2013). Met zulke invloeden moet rekening gehouden worden en het samenbrengen van data die verkregen zijn door het gebruik van multidimensionale maten in cultureel gemengde groepen moet worden vermeden.

> **constructvaliditeit**
> Een statistische term die aangeeft of we werkelijk meten wat wij willen meten.

De keuze voor een bepaald meetinstrument hangt af van het onderzoeksdoel, van de bruikbaarheid in de onderzoekssituatie en van de populatie. Dit leidt uiteindelijk tot veel heterogeniteit in de empirische literatuur. Specifieke meetinstrumenten bemoeilijken het vergelijken van verschillende studies en het vertalen van de onderzoeksresultaten naar de klinische praktijk. Terwijl sommige maten domineren, dat wil zeggen dat ze beschouwd worden als gouden-standaardmaten (zoals voor stemming, voor functie, voor QoL) en leiden tot enige mate van consistentie in meetmethoden, brengt de standaardisering van kwantitatieve meetinstrumenten het risico met zich mee dat informatie over de persoonlijke betekenis van kwaliteit van leven verloren gaat.

13.4.4 Het meten van ziekte-ervaringen en uitkomsten bij kinderen

McEwan *et al.* (2004) wezen erop dat bij het bewerken van vragenlijsten tot een versie voor kinderen, het nodig is om rekening te houden met de cognitieve mogelijkheden. Het is voor jonge kinderen moeilijk om abstracte vragen te begrijpen zoals over tevredenheid met het leven of algemeen welzijn. Volgens het gedachtegoed van Piaget, kunnen kinderen tussen vier en zes jaar al de concrete domeinen van kwaliteit van leven begrijpen (zoals pijn) terwijl begrip van de abstracte domeinen (zoals gevoelens) rond het zevende levensjaar ontstaat.

Hoewel enkele meetinstrumenten specifiek zijn ontwikkeld om de kwaliteit van leven bij kinderen te bepalen (bijvoorbeeld het *Childhood Asthma Questionnaire Form A*; French *et al.*, 1994), zijn slechts weinig van deze instrumenten gevalideerd. Kinderen en mensen met een licht verstandelijke beperking vullen de vragenlijsten vaak trouw in, ook als ze de vragen eigenlijk niet goed begrijpen. Om dit probleem te voorkomen vullen bij veel onderzoeken de ouders de vragenlijsten in namens hun kinderen (zie Bijttebier *et al.*, 2001). Dit heet een **indirecte meting**. Indirecte verslagen van ouders stroken niet met het principe dat kwaliteit van leven een persoonlijke, subjectieve opvatting is. Mogelijk hebben de ouders heel andere opvattingen dan hun kinderen (Matza *et al.*, 2004). Een onderzoek bij honderd kinderen met een congenitale hartafwijking en hun ouders ondersteunde dit verschil tussen deze kinderen en hun ouders (Krol *et al.*, 2003).

Het gebruik van meetinstrumenten die ouders of leerkrachten inschakelen ter observatie van kinderen (bijvoorbeeld de veelgebruikte *child behavior checklist* (CBCL) en de *strengths and difficulties questionnaire* (SDQ)) heeft ook nadelen. Zo kunnen de normen, waarden en verwachtingen van ouders en ook de verwachtingen van leraren de scores vertekenen (**pygmalioneffect**).

Gezien de hierboven genoemde mogelijke rapportageverschillen is niet altijd duidelijk aan wie onderzoekers hun vragen moeten richten. Een beoordeling door het kind én de ouders levert het meest complete beeld.

13.4.5 Modellen van aanpassing

Aanpassing aan ziekte vanuit een medisch gezichtspunt bijvoorbeeld zal pathologie, symptoomreductie of fysieke aanpassing betreffen. Vanuit een psychologisch gezichtspunt gaat het wellicht over emotioneel welzijn of afwezigheid van lijden, cognitieve adaptatie of psychiatrische morbiditeit. En vanuit het derde perspectief, het biopsychosociaal perspectief, gaat adaptatie waarschijnlijk over pathologie, emoties, cognities en copingresponsen, en ook over de aard en mate van sociale aanpassing of functioneren. Walker *et al.* (2004) geven een overzicht van deze drie benaderingen of **paradigma's** in relatie met aanpassing aan reumatoïde artritis. Alle drie modellen van aanpassing zijn relevant voor deze

---

indirecte meting
Een meting die via derden tot stand komt. Bijvoorbeeld ouders vullen voor kinderen in, zoals zij denken dat hun kind zal denken en voelen over de gezondheid van het kind.

pygmalioneffect
Ook wel het Rosenthal-effect genoemd, naar een belangrijk psychologisch experiment uitgevoerd door de psycholoog Robert Rosenthal aan Harvard University in 1966. Rosenthal nam intelligentietests af bij leerlingen, maar vervalste de uitkomsten willekeurig. Hij gaf de vermeende resultaten aan de leerkracht. De leerlingen die volgens de vervalste tests als 'intelligent' golden, behaalden vervolgens veel betere resultaten op school dan degenen die als 'minder intelligent' golden. Het blijkt dat de onbewuste houding van de leerkracht in kwestie bepaalde leerlingen meer bevoordeelde.

paradigma
Een paradigma in de wetenschap is een onderbouwde visie of zienswijze.

aandoening. Na een onderbouwd overzicht en kritiek hierop, concluderen Walker en collega's dat de biopsychosociale benadering het best 'past' bij de ervaring van chronische ziekte, gezien de belangrijke rol van persoonlijke kenmerken (zoals optimisme), beoordelingen (zoals controle), stemming (zoals angst) en copingresponsen in het voorspellen van symptoomervaringen en ziekte-uitkomsten.

Een veelgeciteerd voorbeeld van een biopsychosociaal model van aanpassing werd gegeven door Shelley Taylor (1983), die beargumenteerde dat het proces van aanpassing aan dreigende gebeurtenissen, of dat een ziekte is of iets anders, zich richtte op drie thema's:

- het zoeken naar betekenis in de ervaring;
- proberen een gevoel van controle of heerschappij over de ervaring te krijgen;
- moeite doen om het zelfvertrouwen te herstellen.

Dit staat bekend als een cognitief aanpassingsmodel waarin na een stressvolle gebeurtenis (uitdaging of dreiging) een persoon gemotiveerd is om de uitdagingen het hoofd te bieden en proactief te zijn in het vinden van manieren om ermee om te gaan om het evenwicht in het leven te herstellen. In tegenstelling tot de gefaseerde modellen van respons op ziekte die in dit hoofdstuk beschreven zijn, legt Taylor geen volgorde op in deze drie thema's van aanpassing, hoewel het waarschijnlijk is dat het vinden van betekenis in de ervaring helpend kan zijn in de pogingen om controle te krijgen of zelfvertrouwen te bevorderen.

Vijf gerelateerde conceptualisaties van aanpassing aan chronische ziekte zijn ook genoemd door Stanton *et al.* (2001), waar de laatste twee uitkomsten weergeven en geen cognitief-adaptieve taken of processen, en waar aanpassing meestal gedefinieerd wordt als de afwezigheid van negatieve stemmingstoestanden:

- beheersing van ziektegerelateerde adaptieve taken;
- vasthouden van functionele status;
- ervaren kwaliteit van leven in verschillende domeinen;
- afwezigheid van een psychologische stoornis;
- laag negatief affect.

Beide auteurs (Taylor en Stanton) erkennen dat aanpassing dynamisch is en dat, om het te bereiken, het vinden van betekenis in de situatie of het bereiken van een zekere mate van controle nodig is. Het vinden van betekenis impliceert een mate van acceptatie van de situatie en het zich aanpassen aan verwachtingen en doelen, waardoor het leven door kan gaan (zie Folkman en Moskowitch, 2004). Het krijgen van een realistisch gevoel van controle hoeft niet te betekenen dat er echt controle is over de ziekte. Het kan eenvoudigweg controle betekenen over sommige aspecten van de ziekte: bijvoorbeeld over symptomen, medicatie of veranderingen in voeding. Taylor beschrijft in feite hoe de betekenis, het gevoel van controle en het herstellen van zelfvertrouwen 'illusies' kunnen zijn die toch essentieel zijn om aanpassing te laten plaatsvinden.

SAMENVATTING

13.1 De impact van ziekte

- Een fysiek aspect dat veel voorkomt bij chronische aandoeningen is vermoeidheid.
- Door de verbeterde medische mogelijkheden bij ziekte zijn de perspectieven gunstiger, ook bij ernstige aandoeningen, vergeleken met vroeger. Depressie en angst komen desondanks veel voor, vooral bij levensbedreigende aandoeningen.
- Een chronische ziekte kan leiden tot het gevoel van verlies van het zelf en kan aanleiding zijn om zichzelf te herdefiniëren.
- Er zijn ook positieve reacties op ziekte mogelijk door posttraumatische groei.

13.2 Omgaan met ziekte

- Coping in de vorm van ontkenning of vermijding komt vooral voor als eerste reactie op de ziekte. In eerste instantie kan de ziekte gebagatelliseerd worden.
- In tweede instantie volgt veelal probleemgerichte en accepterende coping. Mensen met een religieuze overtuiging lijken bij ziekte meer optimisme en positievere beoordeling van het lot te hebben.
- Acceptatie van ziekte wordt gezien als gunstig voor de stemming en meer welzijn van de betrokkene en de omgeving.

13.3 Ziekte en kwaliteit van leven

- Kwaliteit van leven is de evaluatie van een individu van zijn gehele ervaring van het leven op een zeker moment. Kwaliteit van leven is bij uitstek een subjectief gegeven.
- De domeinen waarop doorgaans bij onderzoek wordt gelet zijn: lichamelijk functioneren; functioneren in bepaalde rollen; emotioneel functioneren; sociaal functioneren; omgevingsaspecten en steeds vaker: spiritueel functioneren.

- De beoordeling van de kwaliteit van leven kan bij een individu verschillen in de loop van de tijd.
- Er zijn vele variabelen die een rol spelen bij de beoordeling van de kwaliteit van leven: de ervaring van perceptie van ziekte en behandeling; het lichamelijk, emotioneel en sociaal functioneren; de (sub)culturele achtergrond, mate van sociale steun en de acceptatie daarvan en de mate waarin levensdoelen verwezenlijkt kunnen worden.

13.4 Het meten van kwaliteit van leven

- Er zijn generieke en cross-cultureel gevalideerde meetinstrumenten ontwikkeld om kwaliteit van leven te meten. De WHOQOL-100 meet 25 verschillende facetten van kwaliteit van leven. Van deze vragenlijst zijn diverse generieke meetinstrumenten ontwikkeld.
- Door de meting van kwaliteit van leven is het mogelijk om de effecten van medische en andere interventies in kaart te brengen en te evalueren.
- Voor veelvoorkomende aandoeningen zijn ziektespecifieke meetinstrumenten ontwikkeld waardoor ze dieper in kunnen gaan op de betekenis van die ziekte op de kwaliteit van leven.
- Er zijn diverse geïndividualiseerde meetinstrumenten ontwikkeld voor de meting van kwaliteit van leven. De generaliseerbaarheid is niet groot, maar kan goed helpen bij diagnose en behandeling van het individu.
- Een groot probleem bij de meting van kwaliteit van leven is dat de betrokkene een natuurlijke grens heeft aan het aantal vragenlijsten dat kan worden voorgelegd. Dat speelt met name een rol bij hele jonge kinderen. De inschatting van verzorgers hoeft niet altijd overeen te komen met wat het kind ervaart.

HOOFDSTUK 15
PIJN

15.1 De pijnbeleving
15.1.1 Typen pijn
15.1.2 De prevalentie van pijn
15.1.3 Leven met pijn

15.2 Biologische modellen voor pijn
15.2.1 Pijn in afwezigheid van pijnreceptoren
15.2.2 Pijnreceptoren die geen pijn registreren
15.2.3 Psychologische invloeden op pijn

15.3 Een psychobiologische theorie over pijn

15.4 Toekomstige inzichten in pijn – de neuromatrix

15.5 Mensen leren met pijn om te gaan
15.5.1 Het meten van pijn
15.5.2 Acute pijn
15.5.3 De behandeling van chronische pijn
15.5.4 Pijnklinieken

LEERDOELEN

Aan het einde van dit hoofdstuk kun je beschrijven en uitleggen:
- welke typen pijn bestaan;
- wat de prevalentie is van chronische pijn;
- welke psychologische factoren van invloed zijn op pijnbeleving;
- wat de poortcontroletheorie over pijn inhoudt en de theorie over de neuromatrix en pijn;
- welke gedragsmatige en cognitief-behavioristische behandelingen van acute en chronische pijn bestaan.

TWEE WEKEN KLAGEN MAG, DRIE OOK, MAAR NA VIER WEKEN WORD JE EEN ZAAG

Volgens Guy Hans, medisch directeur van het Universitair Ziekenhuis Antwerpen (UZA), maar ook anesthesist en coördinator van het Pijncentrum UZA, is de tolerantie voor de omgang met pijn veranderd. Hij constateert minder begrip. 'Vroeger werd je familiaal meer gekoesterd. Door de individualisering en hogere eisen die aan mensen worden gesteld, zien ze niet meer dat ze te veel hooi op de vork nemen, ook in de vrije tijd. We leven ook langer en we zien daardoor ook nieuwe soorten pijn ontstaan, denk aan de toename van het aantal kankerpatiënten.'

België telt 960.000 chronische-pijnpatiënten: mensen die kanker hebben overleefd, revalideren na een ongeval of kampen met onverklaarbare zenuwpijnen. Ze functioneren niet meer, hebben continu medische begeleiding nodig. Pijn is niet meer een symptoom, maar de ziekte zelf. Een vrouw zegt dat ze zoveel pijn heeft dat ze het liefst haar hand eraf zou hakken. Maar volgens haar dokter zou de pijn zelfs dan niet ophouden. Door de chronische pijn en de belemmeringen wordt de slaap belemmerd en kunnen de huishoudelijke en dagelijkse levensverrichtingen slechts met moeite vervuld worden. Haar omgeving reageert niet altijd begripvol en vindt het vervelend om ingezet te worden voor kleine klusjes. Ze wordt er zelf ook chagrijnig van. Zo vaak een dienst te vragen is niet fijn.

Voor de hulp aan mensen met chronische pijn wordt steeds vaker de psycholoog ingezet. Volgens Hans van het Pijncentrum is de medicatie in principe dezelfde als een aantal jaren geleden, maar wordt uitgegaan van een holistische aanpak. 'We proberen de pijndrempel en de weerstand te verhogen door de hersenen te trainen, bijvoorbeeld door cognitieve gedragstherapie. Maar ook ontspanningstherapie, EMDR en zelfhypnose worden ingezet. Pijn is ook een sociaal probleem. De inzet is daarom sociale integratie, ook op de arbeidsmarkt. Mensen die een zinvolle dagtaak hebben, zijn minder gefocust op de pijn en het verhoogt de levenskwaliteit. Bij het ziekenhuis is ook een arbeidspsycholoog in dienst die patiënten begeleidt in hun terugkeer naar de werkvloer. Hij gaat zelfs mee naar de bedrijven om te kijken hoe het werk kan worden aangepast.

De slaagkans bij moeilijke pijnpatiënten is dertig à veertig procent. En dan gaat het niet over een behandeling van vier of vijf maanden, maar van veel langer. En mensen die al tien jaar pijn hebben, krijg je nooit meer honderd procent pijnvrij. Wij hameren er bij alle patiënten op: leg jezelf één doel op, geen tien, en luister naar je lichaam.'

Bron: Bewerking van artikel van Ralph Clinckers en Gitte Wolput in '132 Test Gezond', geciteerd op de website van het Universitair Ziekenhuis Antwerpen, januari 2017

HOOFDSTUKOVERZICHT

Pijn komt voor bij verschillende medische aandoeningen en kan ook zonder letsel of wond optreden. Pijn komt zo vaak voor en heeft een dermate grote impact op het dagelijks leven dat we een apart hoofdstuk wijden aan de **etiologie** en behandeling ervan. In dit hoofdstuk geven we een aantal fysiologische en psychologische verklaringen voor verschillende soorten pijn. Eerst onderzoeken we de pijnbeleving: hoe worden verschillende typen pijn gedefinieerd, hoe vaak komen zij voor en hoe reageren we op acute en chronische pijn? Daarna nemen we de rol van emotie, cognities en aandacht bij pijnbeleving onder de loep. In de volgende paragraaf komt de poortcontroletheorie van pijn (*gate control theory*) over pijn aan de orde, die door Melzack en Wall is ontwikkeld; deze theorie verklaart hoe biologische en psychologische factoren samenwerken bij de pijnbeleving. Ten slotte beschrijven we een aantal psychologische interventies die worden toegepast bij de behandeling van zowel acute als chronische pijn.

Aanvullende of alternatieve behandelingen komen aan bod in hoofdstuk 16. Om het totaal aan psychologische behandelingen te overzien waarmee patiënten te maken kunnen krijgen, is het nuttig om beide hoofdstukken in samenhang te lezen.

etiologie
De leer van de oorzaken. Hier: alles wat bijdraagt aan pijn en de klachten daarover.

15.1 De pijnbeleving

Pijn is voor de meesten van ons een bekend gevoel. Het is meestal onaangenaam én functioneel: het waarschuwt ons voor potentiële lichamelijke beschadigingen. Een reflexmatige reactie bij pijn is een poging de oorzaak ervan te ontwijken en op de een of andere manier de pijn te verminderen. Pijn kan ook een signaal zijn van het begin van een ziekte. Het is een symptoom dat er vaak toe leidt dat mensen medische hulp zoeken. De waarde van pijn als waarschuwingssignaal blijkt uit de nadelen die mensen ondervinden als ze ongevoelig zijn voor pijn. Patiënten met de aandoening *congenital universal insensitivity to pain* (CUIP, aangeboren algemene ongevoeligheid voor pijn) voelen geen pijn en overlijden meestal op jonge leeftijd (Nagasako *et al.*, 2003). Dit komt doordat ze niet op ziekten reageren die waarschuwen via pijn (bijvoorbeeld een blindedarmontsteking) en doordat ze situaties die een risico voor de gezondheid vormen niet mijden. Ze kunnen zich bijvoorbeeld ernstig verbranden als ze te dicht bij een vuur gaan zitten omdat ze de waarschuwingssignalen niet ervaren.

fantoompijn
Een verschijnsel dat optreedt na amputatie van armen of benen, waarbij de patiënt het gevoel heeft dat het lichaamsdeel nog steeds aanwezig is en hij pijn ervaart in de geamputeerde ledematen.

Hoewel pijn dus van nut is om te overleven, wordt het destructief en problematisch als de pijn lang duurt. Pijn kan zo moeilijk te negeren zijn dat het leven er op den duur door wordt beheerst. Chronische pijn kan het gevolg zijn van chronische aandoeningen zoals reumatoïde artritis. Na een lichamelijke beschadiging kan de pijn soms lang aanwezig blijven. Soms voelen mensen zelfs pijn in lichaamsdelen die niet langer aanwezig zijn. Veel mensen bij wie een arm of been is geamputeerd hebben zogenoemde **fantoompijn** – soms jarenlang. Pijn kan dus ook maladaptief zijn en langdurige problemen veroorzaken voor patiënten.

15.1.1 Typen pijn

In de geneeskunde zijn verschillende typen pijn omschreven. De ISAP (International Association for the Study of Pain) omschrijft het als 'een onaangename sensorische en emotionele ervaring, die in verband wordt gebracht met bestaande of dreigende weefselbeschadigingen of wordt beschreven als weefselbeschadiging' (Williams en Craig, 2016). Loeser (1980) heeft een model gemaakt dat nog op vele opleidingen en publicaties wordt gebruikt om pijn te beschrijven:
- De eerste cirkel is de *pijnprikkel (nociceptie)*.
- De tweede cirkel representeert de *gewaarwording van pijn*.
- De derde cirkel representeert de *pijnbeleving*: hoe sterk en hoe lang ervaart men de pijn.
- De vierde cirkel representeert het *pijngedrag*: wat doet de betrokkene aan de pijn (medicijn, kenbaar maken aan anderen).

We onderscheiden bij pijn twee vormen:
- *Acute pijn*: hoewel de meeste mensen acute pijn slechts enkele minuten voelen, wordt acute pijn beschreven als pijn die korter duurt dan drie tot

FIGUUR 15.1 Het pijnmodel van Loeser

zes maanden. Soms komt acute pijn, meestal na een of andere verwonding, slechts één keer voor en verdwijnt de pijn weer zodra het beschadigde weefsel is genezen. Acute pijn kan echter ook steeds terugkeren. Aandoeningen als **migraine**, hoofdpijn of **aangezichtspijn** (trigeminusneuralgie) kunnen gepaard gaan met herhaalde perioden van pijn, die elk als acuut kunnen worden omschreven, en tegelijkertijd deel uitmaken van een langduriger aandoening.

- *Chronische pijn*: dit is pijn die langer dan drie tot zes maanden aanhoudt. Chronische pijn begint meestal met een periode van acute pijn die in de loop der tijd niet over blijkt te gaan. In deze categorie zijn er twee brede typen: (1) pijn met een duidelijke oorzaak, zoals reumatoïde artritis of een verwonding en (2) pijn zonder duidelijke oorzaak. De laatste vorm komt veel voor, zo heeft 85 procent van de gevallen van rugpijn geen bekende lichamelijke oorzaak (Deyo, 1991).

migraine
Een type hoofdpijn met symptomen als misselijkheid, braken en/of overgevoeligheid voor licht. Gaat gepaard met veranderingen van de doorbloeding van de hersenen.

aangezichtspijn
Een ontsteking van de trigeminuszenuw die een scherpe, hevige pijn in het gezicht veroorzaakt.

15.1.2 De prevalentie van pijn

Het zal niet makkelijk zijn om mensen te vinden die de afgelopen maand niet enige mate van **acute pijn** hebben ervaren. Ook chronische pijn komt echter opmerkelijk vaak voor. In Nederland gaat het om ruim twee miljoen mensen (Gezondheidsnet, 2018), in België om 960.00 mensen (Universitair Ziekenhuis Antwerpen, 2017). Zo ontdekten Currow *et al.* (2010) dat achttien procent van een steekproef uit een grote Australische gemeenschap melding maakte van een zekere mate van **chronische pijn** – en vijf procent had zoveel pijn dat dit 'in extreme mate' activiteiten in de weg zat. In een eerdere studie (Blyth *et al.*, 2003) meldde dezelfde groep als meestvoorkomende oorzaken van pijn verwondingen (38 procent), sportblessures (dertien procent) of een 'gezondheidsprobleem' (29 procent). Bijna tachtig procent van deze mensen had gedurende de zes maanden voor het onderzoek een arts geraadpleegd.

acute pijn
Pijn die korter duurt dan drie tot zes maanden.

chronische pijn
Pijn die langer dan drie tot zes maanden aanhoudt.

De cijfers in Europa variëren sterk: in een onderzoek naar de prevalentie in zeventien landen rapporteerde gemiddeld negentien procent van de mensen chronische pijn; de Spanjaarden twaalf procent, Ieren en Britten 13 procent, Nederlanders achttien procent, Belgen 23 procent, Italianen 26 procent, Noren dertig procent. Het is niet duidelijk waar deze opmerkelijke verschillen vandaan komen (Breivik *et al.*, 2006).

De hoge prevalentie van pijn is wereldwijd. Zo klaagt in heel Afrika de helft van de volwassenen over pijn in de onderrug (Louw *et al.*, 2007). Nog verontrustender is wellicht de grote hoeveelheid jongeren die ernstige pijn beleven. Rathleff *et al.* (2013), onderzochten bijvoorbeeld een steekproef uit Deense schoolkinderen tussen twaalf en negentien jaar. Twintig procent gaf aan bijna dagelijks pijn te voelen. Meer dan de helft van de leerlingen uit de steekproef rapporteerde pijn of een probleem in de onderrug; een kwart gaf aan daardoor minder goed te functioneren. De pijn lijkt het gevolg te zijn van het dragen van een zware schooltas over één schouder. Een andere manier om de prevalentie van pijn te onderzoeken, kan door te kijken naar het gebruik van pijnstillers onder de totale bevolking. Een Fins onderzoek geeft ons in dit kader enkele relevante gegevens. Turunen et al. (2005) constateerden dat in een steekproef bestaande uit mensen tussen de vijftien en 74 jaar, 8,5 procent dagelijks pijnstillers gebruikte die vrij verkrijgbaar waren en dat 13,6 procent ten minste meerdere keren per week pijnstillers nam.

Pijn is de belangrijkste reden om een arts te bezoeken; Mantyselka et al. (2001) meldden dat veertig procent van de bezoeken aan eerstelijnszorg het gevolg was van pijn. Van deze groep had 21 procent langer dan zes maanden pijn gehad, en tachtig procent meldde een beperkt lichamelijk functioneren daardoor. De pijn kwam het meest voor in de onderrug, de buik en het hoofd.

> **Wat denk je zelf?**
>
> Het blijkt dat er meer onderzoek is gedaan naar (lage) rugpijn dan naar migraine. Als we stellen dat beide soorten chronische pijn voor patiënten een vergelijkbare last betekenen, hoe verklaar je dan het verschil in onderzoeksbelangstelling? Vind je het terecht dat er verschillen bestaan tussen onderzoeksbudgetten van de verschillende ziekten?

15.1.3 Leven met pijn

Pijn kan een ernstig effect hebben op de patiënt en diens dierbaren, zelfs zodanig dat veel mensen met chronische pijn bij hun dagindeling rekening moeten houden met de pijn. Mogelijk hindert de pijn hen ook om te werken of deel te nemen aan lichamelijke of sociale activiteiten. Sommigen vinden het door de pijn zelfs moeilijk om voor zichzelf te zorgen. Dit kan een negatieve invloed hebben op sociale relaties en relatieproblemen kunnen de pijn soms weer verergeren (Leonard et al., 2006). Opgemerkt moet worden dat mensen met lichamelijk zware beroepen een groter risico hebben om pijn te beleven dan mensen met zittende beroepen – en dat de eersten het grootste risico lopen hun baan kwijt te raken als gevolg van lichamelijke beperkingen die door pijn worden veroorzaakt (Eriksen et al., 2003). In een overzicht van kwalitatieve onderzoeken naar de kwestie, benoemden Osborn en Rodham (2010) een aantal psychologische reacties op de aanwezigheid van pijn: verwarring en bezorgdheid, een gevoel dat er 'een aanval op het zelf' werd uitgevoerd, veranderingen in zelfidentiteit en sociale problemen. Er zijn duidelijk meer negatieve gevolgen dan de pijnbeleving zelf.

Het hoeft geen verbazing te wekken dat bij mensen met chronische pijn veel depressie voorkomt (Lépine en Briley, 2004). Het is echter niet altijd duidelijk wat de oorzaak en wat het gevolg is. Mensen die depressief zijn kunnen zich immers op lichamelijke symptomen of op kleine pijntjes en kwaaltjes concentreren en interpreteren deze misschien vaker als pijnlijk 'symptoom' van een ziekte dan mensen die niet depressief zijn. Dat wil zeggen dat depressie kan leiden tot grote aantallen gerapporteerde symptomen van pijn. In andere gevallen kunnen de spanningen en beperkingen van een leven met pijn een depressie veroorzaken. Er kan zelfs een *wederkerige* relatie bestaan tussen depressie en pijn. Mensen met een depressie zijn mogelijk niet goed in staat met hun pijn om te gaan, waardoor ze hun activiteiten beperken in de hoop de pijn te minimaliseren. Dit gebrek aan activiteit kan er echter toe leiden dat gewrichten en spieren stijver worden, waardoor juist meer pijn ontstaat. Hierdoor neemt hun activiteit verder af en kan de depressie verergeren. En zo blijft de vicieuze cirkel rond.

Een bijkomende factor die van invloed kan zijn op hoe mensen op pijn reageren, komt voort uit hun interactie met hun sociale omgeving. Pijn brengt kosten met zich mee. Het kan ook gepaard gaan met een aantal (vaak onbewuste) voordelen, zowel voor degene die pijn lijdt als voor de mensen in diens omgeving. Bokan *et al.* (1981) identificeerden drie soorten 'winst' of voordelige bijkomstigheden van pijn:

1. *Primaire (intrapersoonlijke) winst*: treedt op wanneer uitingen van pijn (ineenkrimpen, het vastgrijpen van pijnlijke lichaamsdelen enzovoort) ertoe leiden dat een aversieve consequentie afneemt, bijvoorbeeld doordat iemand de huishoudelijke klus die pijn veroorzaakt overneemt.
2. *Secundaire (interpersoonlijke) winst*: treedt op wanneer pijn positieve gevolgen heeft, zoals uitingen van sympathie of zorg.
3. *Tertiaire winst*: plezier of voldoening die iemand anders dan de pijnlijder ervaart als diegene de patiënt bijstaat en/of helpt.

Een andere vorm van winst kan voortkomen uit de eigen opvattingen over pijn. Als de patiënt bijvoorbeeld denkt dat bepaalde activiteiten hem of haar lichamelijke schade berokkenen, kan vermijding van die activiteiten een zekere opluchting geven, al leidt dat vaak wel tot passiviteit.

Deze verschillende soorten beloning kunnen problemen veroorzaken. Als een pijnlijdende patiënt in een omgeving verkeert waarin uitingen van pijn op een gewenste manier worden beloond en waarin degenen om hem of haar heen voldoening halen uit de zorg voor de pijnlijder, kan dit ertoe leiden dat de patiënt steeds minder doet om zichzelf te helpen.

Brena en Chapman beschreven al in 1983 vijf nadelen van een omgeving die uitingen van pijn beloont:

1. dramatisering van de klachten;
2. minder gebruik van het lichaamsdeel als gevolg van inactiviteit;
3. misbruik van geneesmiddelen door overmedicatie;
4. afhankelijkheid van anderen als gevolg van aangeleerde hulpeloosheid en verwaarloosde copingvaardigheden;
5. invaliditeit door inactiviteit.

Veel mensen gaan echter lange tijd goed om met chronische pijn zonder dat ze met dergelijke problemen te maken krijgen, en in veel omgevingen wordt activiteit gestimuleerd en pijnbeleving geminimaliseerd. Zo ontdekten Evers *et al.* (2003) dat patiënten met reumatische artritis die een goede sociale ondersteuning genoten, minder pijn hadden en lichamelijk gezien beter functioneerden dan patiënten met minder steun. Dit kan het gevolg zijn van een aantal factoren. Mensen met een goede sociale ondersteuning worden mogelijk door vrienden gestimuleerd om dingen te doen die hun lichamelijk functioneren op peil houden en voorkomen dat ze stijve gewrichten krijgen. Ook emotionele ondersteuning beïnvloedt de pijnbeleving positief. Interessant is dat patiënten met die steun tevreden zijn met hun partner, of deze nu te veel helpt of juist aanmoedigt tot onafhankelijkheid en positievere copingstrategieën (Holtzman *et al.*, 2004).

ONDERZOEK IN DE PRAKTIJK

Etniciteit en pijn

We zien heel verschillende individuele ervaringen met acute en chronische pijn. Waar sommige kinderen al huilen vóór de prik, lijken andere die kleine procedure moeiteloos te ondergaan.

Een anesthesist die in het Verenigd Koninkrijk, de Verenigde Staten en in Scandinavië had gewerkt, merkte op dat de hoeveelheid verdovingsmiddel bij dezelfde operaties uiteenliep tussen de landen. Hij merkte het Verenigd Koninkrijk als nullijn aan. Volgens zijn bevindingen wilden mensen in de Verenigde Staten graag geheel buiten bewustzijn worden gebracht en geen enkele pijn lijden. Daarom hadden ze meer van het verdovingsmiddel nodig dan mensen in het Verenigd Koninkrijk. Mensen uit Scandinavische landen verwachtten juist dat ze een redelijke hoeveelheid pijn zouden hebben na een operatie, dus hadden zij minder van het verdovingsmiddel nodig dan mensen uit het Verenigd Koninkrijk.

Behalve verschillen tussen landen zijn er bij diverse onderzoeken in de Verenigde Saten verschillen geconstateerd tussen Afro-Amerikaanse en witte Amerikanen bij pijn en pijnbeleving. Zo ontdekten Sheffield *et al.* (2000) dat Afro-Amerikaanse deelnemers aan hun onderzoek een reeks warmteprikkels als onaangenamer aanmerkten en geneigd waren hun pijn als intenser aan te merken dan witte Amerikaanse deelnemers. Overigens vertoonden ook vrouwen bij beide populaties de neiging om de prikkels als onaangenamer en intenser aan te merken dan mannen. Net zo ontdekten Riley *et al.* (2002) dat Afro-Amerikaanse patiënten met chronische pijn een significant hogere mate van onaangename pijn en emotionele reacties op pijn en pijngedrag rapporteerden dan witte patiënten. In een vergelijkbare studie meldden Green *et al.* (2003) dat Afro-Amerikanen met chronische pijn meer slaapstoornissen en depressie rapporteerden dan witte mensen met chronische pijn.

Eerder zagen we al dat aan Afro-Amerikaanse patiënten minder vaak of minder pijnstillers werden voorgeschreven. Dat kan te maken hebben met hun (vermeende) sociaaleconomische status. Vanuit de geschiedenis is gebleken dat de machtigen in de samenleving makkelijker toegang hebben tot pijnbestrijding (Morris, 1999). Morris illustreert dit aan historische voorbeelden, waarbij pijn bij krankzinnigen in de achttiende eeuw werd genegeerd. Dat gold ook voor Afro-Amerikaanse vrouwen in de negentiende eeuw. Een andere stelling van Morris was dat arbeiders geacht werden 'ruwere' zenuwen te hebben en daardoor geen pijn leden bij zwaar werk. Hogere klassen zouden om die reden niet in staat zijn tot het verrichten van zwaar werk. Nog onlangs is aangetoond dat baby's wel degelijk pijn voelen, terwijl veertig jaar geleden werd gedacht dat de pijnzenuwen van baby's nog niet volgroeid waren.

Enkele van deze 'feiten' over pijn(beleving) zijn in de loop der jaren weerlegd. Maar deze Amerikaanse onderzoeken roepen wel vragen op. De uitleg van de verschillen tussen landen en tussen etnische bevolkingsgroepen is gecompliceerd. Waarom zijn dergelijke verschillen te verwachten en wat vertellen ze ons? Zijn het biologische of erfelijke factoren? Zijn ze het gevolg van sociaalculturele factoren? Zijn ze cognitief gemedieerd? Hebben ze te maken met het gegeven dat de onderzoeken in de Verenigde Staten plaatsvonden en zou het verschil uitmaken als ze elders zouden worden herhaald met andere etnische groepen? Is er sprake van onevenwichtig onderzoek? Veel onderzoeken worden niet gepubliceerd; zijn er misschien ook onderzoeken waarbij geen verschillen aan het licht kwamen? Soms geeft onderzoek richting aan de antwoorden op vragen die we hebben. In dit geval roepen de antwoorden juist vele nieuwe vragen op.

15.2 Biologische modellen voor pijn

pijnreceptor
Het uiteinde van een zenuw dat gespecialiseerd is in het ontvangen van prikkels die schade aan het organisme kunnen toebrengen.

specificiteitstheorie
Theorie die veronderstelt specifieke receptoren voor pijn op een snelle wijze informatie doorsturen naar specifieke plaatsen in de hersenen.

Misschien is de eenvoudigste biologische theorie over pijn wel de theorie dat '**pijnreceptoren**' in de huid en elders in het lichaam bij activering informatie naar een centrum in de hersenen geleiden waar die gegevens worden verwerkt. Zodra het 'pijncentrum' is ingeschakeld, ontstaat de sensorische ervaring. Deze theorie, de zogenoemde **specificiteitstheorie**, is voor het eerst in de derde eeuw voor Christus opgesteld door Epicurus en is in de zeventiende eeuw door Descartes overgenomen. Von Frey breidde deze theorie in 1894 uit door te stellen dat onze huid drie verschillende typen zenuwen bevat, één voor aanraking, één voor warmte en één voor pijn. Deze theorieën zijn in datzelfde jaar verder uitgewerkt door Goldscheider (Norrsell *et al.*, 1999). Volgens zijn patroontheorie zouden pijngewaarwordingen alleen voorkomen als de zenuwprikkeling een bepaalde drempel overschrijdt. Lange tijd werd verondersteld dat baby's geen pijn zouden voelen omdat hun hersenen te weinig ontwikkeld zouden zijn. Verdovingsmiddelen zouden slecht zijn omdat zij de bloeddruk onverantwoord zouden verlagen. Tot 1987 (!) werden baby's onverdoofd geopereerd, totdat Kanwaljeet Anand aantoonde dat onverdoofd opereren schadelijk was op korte termijn en lijden opleverde (Anand *et al.*, 1987). Later onderzoek toonde aan dat bij feuten vanaf 22 weken het **pijncircuit** van de huid en zenuwbanen tot de hersenen functioneren (Gradin en Eriksson, 2011).

pijncircuit
Omvat het geheel van receptoren, zenuwbanen en hersenen betrokken bij het ervaren van pijn.

Elementaire biologische modellen voor pijn bleven tot ongeveer 1960 dominant. Steun hiervoor leverde de identificatie van zenuwen die gevoelig waren voor verschillende typen pijn en van zenuwbanen die van de huid naar het ruggenmerg liepen en via verbindingen met andere zenuwen naar de hersenen.

Deze theorieën hebben één eenvoudig gemeenschappelijk basisprincipe: de gewaarwording van pijn is een directe afspiegeling van een lichamelijke beschadiging. We hebben al een aantal factoren aangestipt die van invloed zijn op onze pijnbeleving. Er is gebruikgemaakt van drie andere typen onderzoeksresultaten om deze simpele biologische pijntheorieën op de proef te stellen:

1. pijn in afwezigheid van pijnreceptoren;
2. 'pijnreceptoren' die geen pijn registreren;
3. aanwijzingen voor de invloed van psychologische factoren op pijnbeleving.

15.2.1 Pijn in afwezigheid van pijnreceptoren

Het feit dat veel mensen pijn voelen in afwezigheid van pijnreceptoren is misschien wel het duidelijkste bewijs dat het hierboven genoemde basisprincipe 'pijn is een directe afspiegeling van een lichamelijke beschadiging' onjuist is, of op z'n minst onvolledig. Het meest dramatische voorbeeld om dit mee te illustreren is 'fantoompijn'. Bij fantoompijn heeft een patiënt soms buitengewoon pijnlijke gewaarwordingen in een geamputeerd arm of been. Wel zeventig procent van de patiënten ervaart een week na een amputatie fantoompijn en meer dan de helft van hen blijft die gedurende vele maanden of zelfs jaren na de operatie voelen (Dijkstra *et al.*, 2002). Zo ervaart twee jaar na de amputatie bijna een derde van de patiënten die in eerste instantie fantoompijn voelde, nog steeds aanzienlijke pijn, vaak ondanks zware medicatie (Mishra *et al.*, 2007). Interessant in dit kader is dat mensen bij wie een arm is geamputeerd een veel kleinere kans hebben op fantoompijn dan mensen die een been moeten missen. Soortgelijke ervaringen melden mensen met beschadigingen van het ruggenmerg en verlammingen.

15.2.2 Pijnreceptoren die geen pijn registreren

De vroege theorieën komen eveneens in de problemen door de ervaringen van patiënten met CUIP, *congenital universal insensitivity to pain* (aangeboren ongevoeligheid voor pijn). Sommigen van deze patiënten hebben botbreuken en verwondingen aan handen en voeten die ze niet opmerken. Ze kunnen ook beschadigingen van het hoornvlies oplopen, doordat ze hun ogen onvoldoende tegen fel zonlicht beschermen. Sommigen herkennen pijn ook niet als symptoom van een ernstige ziekte en lopen ernstige verwondingen op doordat ze niet op waarschuwingssignalen reageren (Nagasako *et al.*, 2003). Deze patiënten stellen ons dus voor het omgekeerde probleem van mensen met fantoompijn: ze nemen geen pijn waar, terwijl de pijnzenuwbanen ogenschijnlijk intact zijn.

15.2.3 Psychologische invloeden op pijn

Ontdekt is dat een aantal psychologische factoren van invloed is op de pijnbeleving. Vier van de belangrijkste zijn:

1. *Stemming*: angst en depressie verlagen de pijntolerantie, waardoor meer pijn ontstaat.
2. *Aandacht*: door je op pijn te concentreren, wordt de pijnbeleving heviger.
3. *Cognities*: verwachtingen over een toename of afname van pijn kunnen zichzelf gaan waarmaken.
4. Sociale context: de invloed van mensen om ons heen.

Stemming en pijn

Stemming is van invloed op de perceptie van pijn en andersom kan pijn iemands stemming beïnvloeden. Bewijs voor de invloed van stemming leveren studies waarin deelnemers pijn moeten beoordelen of tolereren tot ze die niet langer verdragen. Depressieve deelnemers met chronische rugpijn ervaren pijnprikkels van gelijke sterkte als pijnlijker dan mensen zonder stemmingsstoornis en kunnen pijn aanzienlijk minder lang tolereren (Pinerua-Shuhaibar et al., 1999). Ook kortdurende stemmingsveranderingen kunnen van invloed zijn op pijn. Fisher en Johnston (1996b) gaven patiënten met pijn in de onderrug een eenvoudige procedure voor **stemmingsinductie** waarbij de helft van de patiëntengroep moest spreken over nare aspecten van hun aandoening en de andere helft over positievere aspecten en over de vraag hoe ze met hun aandoening omgingen. Voor en na deze procedure kregen de deelnemers een plastic tas met daarin zoveel pakken rijst als ze dachten te kunnen dragen. Ze moesten de tas vasthouden tot het te pijnlijk werd. In vergelijking met hun prestatie aan het begin van het onderzoek, presteerden deelnemers die over de nare onderwerpen hadden gesproken (en van wie daarom werd aangenomen dat ze somber waren) minder goed dan de anderen. De deelnemers met de verbeterde stemming konden hetzelfde gewicht langer vasthouden dan aan het begin van het onderzoek. Dit was een belangrijk onderzoek, omdat het uitging van echte patiënten die werden geconfronteerd met een taak die leek op hun dagelijkse activiteiten.

Aandacht en pijn

Stemming is van invloed op de aandacht die we aan pijngewaarwordingen besteden en kan daardoor onze perceptie van pijn beïnvloeden. Depressieve of angstige mensen besteden mogelijk meer aandacht aan pijngewaarwordingen dan andere mensen, wat van grote invloed kan zijn op hun beleving van pijn. Wanneer we ons op pijn concentreren, lijkt de impact ervan toe te nemen; door ons op andere zaken te richten, lijkt de impact juist af te nemen. Veel mensen die geblesseerd raken tijdens het sporten, waarvoor inspanning en concentratie nodig is, merken bijvoorbeeld pas na de wedstrijd dat ze geblesseerd zijn. Minder anekdotisch is het bewijs dat mensen minder pijn voelen als ze onder hevige stress staan op het slagveld dan wanneer ze vergelijkbaar verwondingen oplopen in minder stressvolle situaties (Beecher, 1946). Dit kan te maken hebben met aandachtsfactoren. Op het slagveld leiden veel belangrijke zaken af van de eigen pijn. Het kan ook zijn dat de onderzochte soldaten eenvoudigweg blij waren dat ze nog leefden en dat ze dachten dat ze door hun verwonding van het slagveld zouden worden gestuurd. Burgers zouden hun verwondingen waarschijnlijk als onwelkom beschouwen en als een verstoring van hun dagelijkse activiteiten ervaren. Het draait dus niet alleen om de mate van aandacht die eraan wordt besteed. Het gaat ook om de betekenis die aan de verwonding en pijn wordt toegeschreven.

---

stemmingsinductie
Het manipuleren van een proefpersoon of patiënt om een bepaalde stemming op te roepen bij de betrokkene.

koudedruktest
Procedure waarbij deelnemers hun arm in een mengsel van water en ijs plaatsen met een temperatuur tussen de 0° C en 3° C.

aandachtsbias voor pijn
Een overgevoeligheid voor pijn, zodat signalen die anders niet gevoeld zouden worden, geïnterpreteerd worden als pijn. Het gevolg is het mijden van situaties waarin de pijn zou kunnen optreden.

Ondanks deze alternatieve verklaringen heeft meer gecontroleerd onderzoek naar de relatie tussen aandacht en pijn aangetoond dat afleiding pijn kan verminderen, terwijl meer aandacht voor pijnlijke prikkels pijn verhevigt. James en Hardardottir (2002) vroegen patiënten hun onderarm in ijswater te dompelen (buitengewoon pijnlijk, ook wel de **koudedruktest** genoemd) en zich op een computertaak of op de pijngewaarwording te concentreren. De proefpersonen die zich op de pijn richtten, konden die minder goed verdragen en trokken hun arm significant eerder terug dan de proefpersonen die waren afgeleid van de pijn doordat ze zich op de computertaak richtten.

De **aandachtsbias** kan ook verklaren waarom acute pijn zich bij sommige mensen tot chronische pijn ontwikkelt, en bij anderen niet. Vlaeyen *et al.* (1995) suggereerden dat mensen die chronische pijn ontwikkelen in afwezigheid van een duidelijke lichamelijke verwonding of ontsteking met angst op acute pijn reageren, tobben over de gevolgen en zichzelf controleren op pijngewaarwordingen die andere mensen niet opmerken. Ze gaan pijn interpreteren als een teken van een achterliggend probleem en vermijden activiteiten die pijn kunnen veroorzaken.

In een experimenteel onderzoek hiernaar vroegen Nouwen *et al.* (2006) patiënten met chronische pijn en personen zonder pijn om tijdens een koudedruktest (die dus geen verband hield met de medische oorzaak van de pijn van de chronische-pijnpatiënten) hun aandacht te richten op de pijn. De patiënten met chronische pijn rapporteerden meer pijn en trokken hun hand eerder uit het ijswater dan de deelnemers uit de controlegroep. Mensen met positieve emoties bleken het ook langer vol te houden.

Een aantal theoretische modellen is gericht op de rol van aandacht bij de beleving van pijn en de bijbehorende reacties. Een voorbeeld is de motivationele verklaring van Van Damme *et al.* (2010) voor aandachtsbias ten aanzien van pijngerelateerde prikkels. Onze evolutionaire aanleg om automatisch aandacht te besteden aan pijn gaat ten koste van aandacht voor andere doelen. Een persoon kan er bewust voor kiezen om pijnbeheersing voorrang te geven op andere doelen. Gezien ons beperkte vermogen tot aandachtverwerking, kan dit betekenen dat we dan minder aandacht besteden aan andere (levens)doelen.

Pijnbeleving is afhankelijk van de context. Boksers voelen tijdens de wedstrijd vermoedelijk minder pijn dan daarna.

Foto: Michael Preston / Alamy Stock Photo

Cognitie en pijn

Stemming kan de pijnbeleving beïnvloeden via onze gedachten over de aard en de gevolgen van pijn. Voorbeelden van deze gedachten zijn:
* attributies over de oorzaak van de pijn;
* aannamen over het verdragen van de pijn;
* aannamen over het beheersen van de pijn;
* verwachtingen over pijnstilling – het placebo-effect.

Een eenvoudig voorbeeld van hoe attributies over de oorzaak van pijn van invloed zijn op de pijnbeleving is beschreven door Cassell (1982) in een patiëntenstatus. De pijn van een patiënt kon gemakkelijk met codeïne worden bestreden wanneer deze pijn aan **ischias** werd toegeschreven, terwijl een sterker opiaat nodig was wanneer dezelfde pijn aan kanker werd toegeschreven. Walsh en Radcliffe (2002) ontdekten dat de aannamen van mensen met chronische rugpijn van invloed waren op hun bereidheid een programma voor lichaamsbeweging te volgen. De mensen die meenden dat hun pijn het gevolg was van een beschadiging van hun wervelkolom waren minder bereid om deel te nemen aan het programma dan patiënten die de pijn aan psychologische factoren toeschreven. De patiënten in de eerste groep waren bang dat hun kwaal door lichaamsbeweging zouden verergeren, waardoor hun pijn heviger zou worden. Op soortgelijke wijze ontdekten Murphy et al. (1997) dat de activiteiten van mensen met pijn in de onderrug meer door hun verwachtingen over de pijn werden beperkt dan door de daadwerkelijke pijn. Ze waren het meest beperkt wanneer de feitelijke pijn heviger was dan het pijnniveau dat ze verwachtten – vermoedelijk omdat ze deze hevigere pijn zagen als een aanwijzing voor een of ander lichamelijk mankement als gevolg van lichaamsbeweging. Een bepaalde cognitieve reactie op pijn, die catastrofaal denken wordt genoemd (bijvoorbeeld: 'Deze pijn geeft aan dat er iets ernstig mis is!') houdt consistent verband met negatieve uitkomsten, waaronder rapportage van pre-operatieve pijn (Roth et al., 2007), pijn na fysiotherapie (Hill et al., 2007) en het beperken van activiteiten als gevolg van pijn (Voerman et al., 2007). Jammer genoeg zal de pijnbeleving worden versterkt wanneer de oorzaak ervan uitermate traumatisch is en de betrokkene als gevolg daarvan veel stress of verdriet ervaart.

Mensen die hun pijn kunnen verdragen of managen, worden er minder door beperkt dan mensen die daar niet toe in staat zijn. Maly et al. (2007) ontdekten dat patiënten met artrose van de knie die ervan overtuigd waren dat ze hun pijn konden managen, meer wandelden dan mensen die daar minder van overtuigd waren. Zo ook kozen fitte fietsers die erop vertrouwden dat ze hun pijn konden beheersen of managen voor een pijnlijker training dan degenen die daar minder vertrouwen in hadden (Motl et al., 2007). Mensen met een sterke overtuiging over pijnbeheersing beleven mogelijk dus minder pijn. Jensen, Turner en Romano (2001) ontdekten dat patiënten met chronische pijn meer controle daarover hadden op het moment dat ze een programma voor pijnmanagement volgden (zonder de objectieve hoeveelheid pijn te verminderen die door de deelnemers werd ervaren). Dit ging ook gepaard met minder pijnklachten.

Experimentele onderzoeken bevestigen dit. Bij één zo'n studie verdeelden Van den Hout et al. (2000) gezonde deelnemers willekeurig in drie groepen die alle een koudedruktest ondergingen. In de voorbereidende opdracht kregen deelnemers uit de eerste groep te horen dat ze veel controle over de opdracht hadden. Deelnemers uit de tweede groep kregen te horen dat ze weinig controle over de opdracht hadden, en deelnemers uit de derde groep ontvingen geen feedback. Hoewel de aanvankelijke opdracht niet pijngerelateerd was, leek de feedback die

ischias
Pijn in de benen, veroorzaakt door irritatie van de belangrijkste zenuw in het been, de nervus ischiadicus of heupzenuw. Deze pijn ontstaat meestal op de plaatsen waar de zenuwen passeren door en tevoorschijn komen uit de onderste wervels van de wervelkolom (de lendenwervels).

de deelnemers daarbij kregen naar de koudedruktest te worden overgedragen: de deelnemers die de feedback met veel controle hadden gekregen, verdroegen de koudedruktest significant langer dan de deelnemers die feedback met weinig controle hadden gekregen.

Vermeende controle kan eveneens van invloed zijn op pijngerelateerd gedrag in patiëntenpopulaties. Bij een gedeeltelijke herhaling van het eerder beschreven onderzoek naar het effect van stemming op pijngedrag verdeelden Fisher en Johnston patiënten met chronische pijn over omstandigheden waarin hun percepties van controle over hun pijn experimenteel werden verhoogd of verlaagd. De controle werd verhoogd door patiënten te laten spreken over een gelegenheid waarbij ze veel controle over hun pijn hadden en verlaagd door hen te laten spreken over een gelegenheid waarbij ze weinig controle over hun pijn hadden. De patiënten in de groep met verhoogde controle konden een gewicht gedurende langere tijd optillen dan de patiënten in de groep met verlaagde controle.

Verwachtingen over pijnstilling: het placebo-effect

Een van de meest fascinerende verschijnselen omtrent pijn is het placebo-effect. Als je mensen met pijn een niet-werkzame pil (een pil zonder biochemische effecten) geeft zonder te vertellen dat die nep is, zal een waarschijnlijk zeer significant percentage van die mensen minder pijn voelen. Rode 'pillen' zijn in deze context overigens effectiever dan blauwe 'pillen' (Huskisson, 1974). Alleen al het ontvangen van iets wat op een behandeling lijkt, werkt gunstig, of het nu gaat om een pil, een injectie of een ander soort medicijn of interventie. Dit verschijnsel heet het placebo-effect.

placebo
Een voorgeschreven medicijn zonder werkbare stoffen. De patiënt reageert positief op het medicijn door vertrouwen in de heilzame werking.

Een **placebo** (Latijn voor 'ik zal behagen') is een niet-werkzame stof zonder farmacologische effecten. In een van talloze studies naar de impact ervan onderzochten Verdugo en Ochoa (1994) het placebo-effect na een injectie met zoutoplossing dicht bij het gebied van maximale pijn als gevolg van neuropathie. Dit is pijn die door de zenuwen zelf lijkt te worden gegenereerd en die moeilijk met conventionele pijnstillers is te bestrijden. Na deze eenvoudige interventie meldde bijna twee derde van de patiënten dat de pijn was afgenomen. Bij een soortgelijk onderzoek testten Fine et al. (1994) een placebo die werd geïnjecteerd bij patiënten met chronische pijn in de onderrug. Alle deelnemers aan het onderzoek meldden een significante afname van de pijn vanaf vijftien minuten tot een uur na de injectie; dit effect bleef maximaal enkele dagen bestaan.

Dit zijn geen ongebruikelijke resultaten. Het percentage personen dat na een placebo minstens de helft minder pijn voelt, varieert per onderzoek van zeven procent tot bijna vijftig procent, gemeten in uiteenlopende omstandigheden en tijdsperioden (McQuay en Moore, 2005). Het effect ervan blijft bovendien niet beperkt tot pijn; het kan invloed hebben op ontstekingen, het tempo waarin wonden genezen, immuunreacties op infectie en de behandeling van aandoeningen als angina, astma en depressie (Humphrey, 2002). Als er na een behandeling met een werkzaam medicijn een placebo wordt verstrekt, vertoont een patiënt mogelijk niet alleen dezelfde symptoomreductie als bij het werkzame medicijn, hij kan ook dezelfde bijwerkingen ervaren (Suchman en Ader, 1992). Er zijn twee belangrijke onderliggende mechanismen betrokken bij het placebo-effect. Het eerste mechanisme heeft te maken met een klassieke geconditioneerde reactie, die betrokken is bij immuun- en ademhalingsreacties. Een tweede mechanisme, dat vooral relevant is voor pijn, heeft te maken met onze verwachtingen van pijn of pijnverlichting (Price et al., 2008). We ervaren een afname van pijn, omdat we die afname verwachten. De logica van deze theorie (die aansluit bij verklaringen voor pijnbeleving eerder in dit hoofdstuk) zou zijn dat het manipuleren van de verwachtingen de effectiviteit van een placebobehandeling kan verhogen. In een van de weinige onderzoeken hiernaar onder vrouwen met een pijnlijke menstruatie ontdekten Fedele *et al.* (1989) echter dat herhaald gebruik van een placebo in meerdere menstruatiecycli resulteerde in een minder effectieve werking van de placebo. Net zoals positieve verwachtingen kunnen leiden tot minder pijn, kunnen negatieve verwachtingen uiteraard leiden tot meer pijn – de **noceboreactie**. Patiënten bij wie kortgeleden een ernstige ziekte is vastgesteld of die geen vertrouwen hebben in hun therapie zullen bijvoorbeeld waarschijnlijk meer pijn rapporteren dan anderen (Benedetti *et al.*, 2007). Overigens beschouwt men het placebo-effect als zo belangrijk en ingrijpend dat in de beste trials een interventie wordt vergeleken met een placeboversie waarvan de proefpersonen een even hoge effectiviteit verwachten. Eenvoudigweg een interventie vergelijken met niet-behandelen wordt niet langer gezien als een goede test van de effectiviteit van een interventie. De interventie moet significant beter presteren dan de placebo, wil ze worden gezien als een effectieve behandeling. Medische placebo's zijn relatief gemakkelijk te bereiden – meestal een pil of injectie, net als in de interventie, alleen dan zonder werkzame stof. Psychologische placebo's zijn moeilijker op te zetten. Hierbij wordt meestal ten minste evenveel tijd met de deelnemers besteed aan een 'psychologisch' overkomende handeling (zoals een niet-specifieke bespreking van een probleem) als bij de actieve therapie. Ondanks het frequente gebruik van placebo's door artsen is het wellicht verrassend (Howick, 2013) dat er weinig richtlijnen zijn voor hun klinische toepassing. Hoewel Lichtenberg *et al.* (2004) richtlijnen hebben opgesteld, blijken deze, of andere, door medische of wettelijke instanties niet formeel te zijn ingesteld. Zij stelden dat:

- de intenties van de arts goedgunstig moeten zijn: zijn of haar enige zorg moet het welzijn van de patiënt betreffen;
- de placebo, als deze wordt aangeboden, moet worden verstrekt met de bedoeling om het lijden van de patiënt te verlichten, en niet alleen om zijn of haar verdriet te sussen, te smoren of te negeren;
- als de placebo niet effectief blijkt te zijn, deze direct moet worden teruggenomen;
- de placebo niet mag worden verstrekt in plaats van een andere medicatie waarvan de arts redelijkerwijs kan aannemen dat deze effectiever is. Toediening van een placebo zou moeten worden overwogen als een patiënt ongevoelig is voor de standaardbehandeling, last heeft van bijwerkingen en een standaardbehandeling ontbreekt;
- de arts niet zou mogen aarzelen om eerlijk antwoord te geven als de patiënt vraagt naar de aard en de verwachte effecten van de aangeboden behandeling met een placebo;
- als de patiënt door de placebo wordt geholpen, het onethisch zou zijn om te stoppen met de placebo terwijl er geen effectievere behandeling beschikbaar is.

Socio-communicatie bij pijn
Pijn is een persoonlijke ervaring. Hij wordt sociaal gemaakt door onze communicatie met anderen. We hebben in dit hoofdstuk al enkele gedragsmatige voordelen besproken van communiceren over pijn. In een breder opgezet model van wat zij socio-communicatie bij pijn noemden, hebben Hadjistavropoulos *et al.* (2011) de sociale invloeden onderzocht van de beleving van en communicatie over pijn. Zij merken op dat de uitdrukking van pijn en de beleving ervan door

> **noceboreactie**
> Door een negatieve verwachting ('dit zal mij pijn doen') inderdaad meer pijn voelen.

de aanwezigheid van anderen kan worden beïnvloed. Dit kunnen we dagelijks ervaren. Zij verwijzen naar gedeelde religieuze ervaringen overal ter wereld die gepaard gaan met het welbewust toebrengen van pijn aan zichzelf, bijvoorbeeld door zelfkastijding, het doorboren van lichaamsdelen en gekruisigd rondgedragen worden op houten raamwerken, die stuk voor stuk plaatsvinden zonder enige pijnbeleving. De *gerapporteerde* pijnbeleving na het zien van andermans pijn en het vertonen van lage of hoge pijntolerantie, daarentegen, varieert per geobserveerde omstandigheid. Deze pijnrapportage kan zelfs 'echte' pijnbeleving weergeven, aangezien hiervan is aangetoond dat ze niet alleen invloed heeft op pijnrapportage en ook op activiteit in hersendelen waarvan bekend is dat ze de pijnbeleving reguleren (Jackson *et al.*, 2005).

Hadjistavropoulos *et al.* merken verder op dat de uitdrukking van pijn opzettelijk of incidenteel kan zijn. Verbale pijnrapportage gaat doorgaans gepaard met zelfbewustzijn en aandacht voor pijnbeleving. Ook biedt het de mogelijkheid tot een gewenste reactie, of dit nu een eerlijke uitdrukking van de pijn is of een geveinsde om sympathie te wekken. Non-verbale reacties zijn vaker onwillekeurig (zij kunnen ook opzettelijke boodschappen bevatten). Een gebruikelijke manier om pijn uit te drukken is door middel van onze gezichtsuitdrukking, bijvoorbeeld het fronsen van de wenkbrauwen, het dichtknijpen van onze ogen, het optrekken van onze bovenlip of het openen van onze mond. Deze reacties kunnen voorgewend zijn, al kunnen toeschouwers vaak echte van geveinsde reacties onderscheiden. Ze kunnen niet geheel worden verborgen (Hill en Craig, 2002). Het kan best zijn dat het vermogen om pijn zowel uit te drukken als te begrijpen een proces is dat in de loop der tijd is verfijnd geraakt, aangezien het duidelijk evolutionaire voordelen met zich meebrengt (Ickes en Decety, 2009).

15.3 Een psychobiologische theorie over pijn

Uit eerdere studies is gebleken dat twee processen een rol spelen bij de pijnbeleving: bij het ene proces wordt sensorische informatie geleid vanaf de plaats van de pijnprikkel, bij het andere draait het om emotionele en cognitieve processen. De **poortcontroletheorie over pijn** (*gate control theory*) die door Melzack en Wall is opgesteld (1965), neemt beide processen in aanmerking; deze theorie is dan ook tot nu toe de beste verklaring van pijn. Melzack en Wall gebruikten de analogie van een poort om de pijnbeleving te verklaren. De essentie van hun theorie is gebaseerd op twee systemen:

1. Pijnreceptoren in de huid en in organen leiden informatie over lichamelijke beschadigingen naar een reeks poorten in het ruggenmerg (zie figuur 15.2). Binnen de poorten zijn deze zenuwen verbonden met andere zenuwen, die langs het ruggenmerg lopen en informatie geleiden naar pijncentra in de hersenen.
2. Bij lichamelijk letsel ervaren we tegelijkertijd gerelateerde cognities en emoties: angst, verdriet enzovoort. Deze informatie wordt door zenuwen vanuit de hersenen langs het ruggenmerg geleid naar de poort waar de pijnsignalen binnenkomen.

De hevigheid van de pijn hangt af van de mate waarin deze twee systemen zijn geactiveerd. Door activering van de sensorische zenuwen tussen de plaats van de pijn en het ruggenmerg, wordt de poort 'geopend'. Dit activeert de zenuwen die naar de pijncentra lopen waar de gewaarwording als pijn wordt herkend – dit komt in wezen overeen met de biologische theorieën over pijn die hierboven zijn

---

poortcontroletheorie over pijn
Theorie over pijn van Melzack en Wall die een 'poort' als metafoor gebruikt voor de verschillende stoffen, waaronder endorfinen, die de pijn verminderen.

beschreven. De routes omlaag die door emotionele en cognitieve factoren worden geactiveerd, kunnen eveneens van invloed zijn op het openen en sluiten van de poort. Angstige gedachten of aandacht voor pijn openen de poort en versterken onze pijnbeleving; door kalmerende of afleidende gedachten sluit de poort. Dit voorkomt dat neurale impulsen door het ruggenmerg omhoog worden geleid naar de hersenen en vermindert de pijnbeleving. De intensiteit van de pijn die we op enig moment ervaren is een functie van deze twee processen, die elkaar soms tegenwerken en soms aanvullen.

Pijngewaarwordingen worden doorgeleid vanaf de plaats van een verwonding naar de poort in het ruggenmerg door zenuwen die nociceptoren heten. Er zijn enkele typen van dit soort zenuwen:

- A-deltavezels (type I en II):
  - reageren op lichte aanraking, mechanische en thermische prikkels. Geleiden informatie over kortdurende, scherpe pijn;
  - heel sterke schadelijke prikkels die zijn gerelateerd aan potentiële of feitelijke weefselbeschadigingen. De pijnervaring die hiermee gerelateerd is, is kort van duur.
- Polymodale C-vezels:
  - geleiden informatie over doffe, kloppende pijn die langere tijd wordt gevoeld dan bij de A-deltavezels het geval is.

Het belangrijkste verschil tussen deze A-deltavezels en polymodale C-vezels is dat ze informatie met verschillende snelheid geleiden. Daardoor bestaat onze reactie op verwonding meestal uit twee fasen:

1. Een gewaarwording van scherpe pijn, gemedieerd door **A-deltavezels**.
2. Een chronische, kloppende pijn, gemedieerd door **polymodale C-vezels**.

Een tweede groep zenuwen, de zogenoemde **A-bètavezels**, geleiden ook tactiele informatie, meestal bij zachte aanraking. Deze vezels kunnen in ons voordeel werken, aangezien ze informatie leveren die bij het ruggenmerg met de A-delta- en polymodale C-vezels concurreert. Een verwonding activeert eerst de A-deltavezels, die 'pijnsignalen' via het ruggenmerg naar de hersenen geleiden. De instinctieve reactie is wrijven over de plaats van de verwonding. Deze eenvoudige handeling vermindert de pijn, doordat het wrijven de A-bètavezels activeert. Doordat die A-bètavezels informatie sneller geleiden dan de C-vezels, bereikt deze informatie de hersenen eerder en veroorzaakt de verwonding minder pijn dan wanneer enkel de C-vezels zouden zijn geactiveerd. Vertaald in termen van Melzack en Wall sluit de pijnpoort dus door activering van de A-bètavezels na aanraking en zwakke prikkels. Door activering van A-delta- en C-vezels na pijnlijke prikkels, opent de poort.

De A- en C-vezels geleiden zoals gezegd informatie naar gebieden in het ruggenmerg, de zogenoemde *substantia gelatinosa*. Deze gebieden liggen in de gehele wervelkolom in de dorsale hoorns van het ruggenmerg (zie figuur 15.2). Hier geven zenuwimpulsen de zogenoemde stof P af, waardoor vervolgens de zogenoemde **T-vezels** (transmissievezels) worden geactiveerd die de pijngewaarwording naar de hersenen geleiden.

- Informatie van A-vezels wordt geleid naar de **thalamus** en verder naar de **cortex**, waar planning en handelingen ontstaan om zich van de bron van de pijn te verwijderen.
- Informatie van de C-vezels volgt een route naar het **limbisch systeem**, de **hypothalamus** en het **autonome zenuwstelsel**. De activiteit binnen het limbisch systeem verleent een emotionele inhoud aan de pijnbeleving,

---

A-deltavezels
Zenuwen die reageren op lichte aanraking of sterke prikkels die gekoppeld zijn aan weefselbeschadiging.

polymodale C-vezels
Zenuwen die informatie geleiden over doffe kloppende pijn, langer dan bij A-deltavezels.

A-bètavezels
Zenuwen die tactiele informatie geleiden.

T-vezels
Zenuwen die zorgen voor de geleiding naar de hersenen.

thalamus
Gedeelte van de hersenen dat de elementaire functies van de achterhersenen en middenhersenen verbindt met de hogere verwerkingscentra in de hersenschors. Reguleert de aandacht en speelt een rol bij geheugenfuncties. Het gedeelte dat met het limbisch systeem is verbonden, is betrokken bij het beleven van emoties.

cortex
Ook wel: hersenschors, verantwoordelijk voor de analyse en interpretatie van de informatie uit de rest van het lichaam. Het is de buitenste laag van de grote hersenen.

limbisch systeem
Een reeks structuren in de hersenen, vaak de 'emotionele computer' genoemd, vanwege de rol van dit systeem bij het coördineren van emoties. Het systeem koppelt sensorische informatie aan emotioneel relevant gedrag, in het bijzonder aan reacties op angst en woede.

hypothalamus
Gedeelte van de hersenen waar eetlust, seksuele opwinding en dorst worden gereguleerd. Lijkt ook de emoties enigszins aan te sturen.

autonoom zenuwstelsel
Regelt een groot aantal onbewust plaatsvindende functies, zoals ademhaling, hartslag en spijsvertering.

bijvoorbeeld in de vorm van angst of schrik. De hypothalamus reguleert de activiteit in het autonome zenuwstelsel, waardoor we snel kunnen reageren om onszelf van de schadelijke prikkel te verwijderen.

De richting van deze neurale activiteit vanuit de hypothalamus is omlaag, langs het ruggenmerg via zenuwbanen die reticulospinale vezels heten naar het **spinaal poortmechanisme**. Deze impulsen geven daar verschillende stoffen af aan de 'soep' van stoffen in de *substantia gelatinosa* (en de hersenen), waarvan de belangrijkste lichaamseigen opiaten zijn, de zogenoemde **endorfinen**. Deze sluiten de poort en verminderen de pijn. De activiteit in dit systeem wordt door een aantal factoren gemedieerd, die elk van invloed is op de afgifte van endorfinen. Dit zijn onder meer:

- *Aandacht*: door tobben of **catastroferen** worden minder endorfinen afgegeven en opent de poort, door afleiding te zoeken sluit de poort.
- *Emotionele en cognitieve factoren*: door een optimistisch en kalm gevoel over de 'betekenis' van de pijn worden meer endorfinen afgegeven en sluit de poort; door angst, tobben, woede en depressie gaat de poort open.
- *Lichamelijke factoren*: ontspanning verhoogt de afgifte van endorfinen en vermindert de pijnsensatie.

Pijnmedicatie zal de pijnpoort overigens eveneens sluiten.

> **Wat denk je zelf?**
>
> We hebben een aantal factoren geïdentificeerd die van invloed zijn op onze pijnbeleving. Herken je die factoren in je eigen pijnbeleving? Hoe reageeer jij op pijn? Mogen/moeten anderen het weten? Velen zeggen dat mannen slechter tegen pijn kunnen dan vrouwen. Klopt dat volgens jou? Mogen mannen inderdaad niet huilen?

15.4 Toekomstige inzichten in pijn – de neuromatrix

Ondanks het succes van de poortcontroletheorie kon die één belangrijk type pijn moeilijk verklaren, omdat daarbij de A- en C-vezels niet geprikkeld worden: fantoompijn. Om die reden heeft Melzack (2005) een complexere theorie over de mechanismen van pijn ontwikkeld. Aan dit model liggen drie belangrijke aannamen ten grondslag:

1. Dezelfde neurale processen die een rol spelen bij pijnperceptie in het intacte lichaam doen zich voor bij pijnperceptie in de geamputeerde arm of het geamputeerde been.
2. Alle sensaties in het lichaam, met inbegrip van pijn, zijn waarneembaar ook zonder dat noodzakelijke informatie vanuit intacte **afferente zenuwbanen** de hersenen binnenkomt.
3. Het lichaam wordt als eenheid waargenomen en herkend als het 'zelf', gescheiden van andere mensen en de omringende wereld.

Melzack betoogde dat het 'lichamelijke zelf' een groot, wijdverbreid netwerk van neuronen is dat de thalamus, hersenschors en het limbisch systeem in de hersenen verbindt. Hij noemde dit systeem de '**neuromatrix**'. Hierbinnen verwerken en integreren we pijngerelateerde informatie. Alle informatie over een pijngewaarwording (lichamelijke elementen van het letsel, emotionele reacties

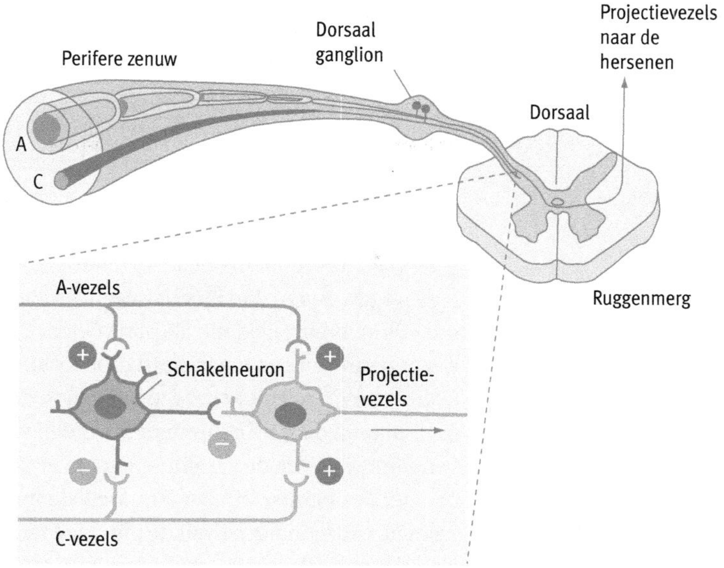

FIGUUR 15.2 De geleiding van informatie langs de A- en C-vezels naar de *substantia gelatinosa* in het ruggenmerg en omhoog naar de hersenen
Bron: Vrij naar Rosenzweig, Leiman en Breedlove, 1996

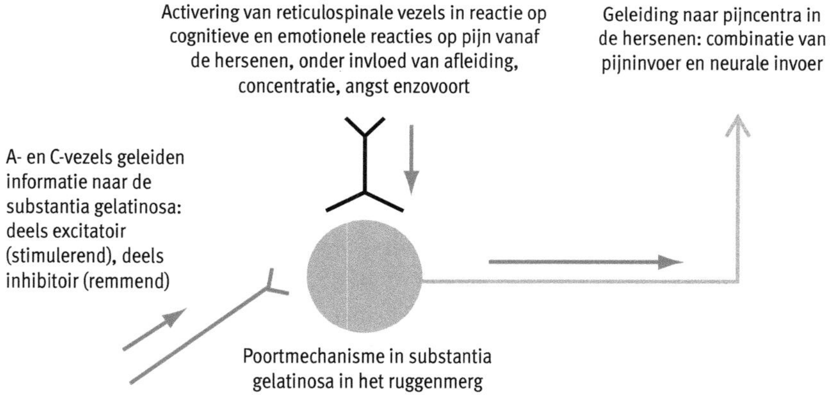

FIGUUR 15.3 Een schematische weergave van het mechanisme van de *poortcontroletheorie*
Bron: Melzack en Wall, 1965

neurosignature
Omvat alle informatie over een pijngewaarwording, de emotionele informatie en de gedragsmatige reactie.

op het letsel enzovoort) vormt gezamenlijk een '**neurosignature**' (neurale handtekening) of netwerk van informatie over een pijnprikkel en over onze emotionele reactie hierop. *Neurosignatures* bestaan uit twee elementen:

1. *de matrix lichaam-zelf*: verwerkt en integreert binnenkomende sensorische en emotionele informatie;
2. *de handelingsneuromatrix*: ontwikkelt gedragsmatige reacties in reactie op deze netwerken.

Gedragsmatige reacties op pijn kunnen alleen plaatsvinden nadat informatie over de aard van de pijn, de oorzaak en de lichamelijke en emotionele gevolgen, op z'n minst gedeeltelijk, is verwerkt en geïntegreerd. We vermijden hete voorwerpen bijvoorbeeld pas wanneer we beseffen dat ze pijn en letsel veroorzaken als we er te dicht in de buurt komen. We worden ons pas bewust van pijn nadat dit geïntegreerde netwerk van informatie wordt geprojecteerd op wat Melzack de '*sentient neural hub*' noemt (het waarnemende neurale centrum): de zetel van het bewustzijn. Hier wordt de stroom van zenuwimpulsen omgezet in een voortdurende stroom van bewustzijn.

Tot zover geeft deze theorie van Melzack nog altijd geen verklaring voor de ervaring van fantoompijn. Dat gebeurt pas als we het idee van pijn vanuit externe bronnen verruilen voor pijn die door het lichaam zelf is gegenereerd. Melzack suggereerde dat de neuromatrix zo is geprogrammeerd dat we 'aannemen' dat onze ledematen zich kunnen bewegen. Bij mensen bij wie een arm of been is geamputeerd, zendt het lichaam daarom nog altijd signalen uit om deze ledematen te bewegen. Als ze dan niet bewegen, worden sterkere en meer frequente signalen naar de spieren geleid die als pijn voelen. Onderzoeken bieden brede steun voor het bestaan van een neuromatrix. De locatie ervan in de hersenen is nog onbekend (Derbyshire, 2000). Dat gezegd hebbende, kunnen niet alle verschijnselen van fantoompijn door de neuromatrix worden verklaard. In het bijzonder kan zij niet verklaren waarom de vermindering of verdwijning van andere gewaarwordingen die met de ervaring van het fantoomledemaat verband houden niet gepaard gaan met vermindering van de pijn, hoe fantoompijn spontaan kan ophouden en waarom niet alle patiënten dit type pijn ervaren (Giummarra *et al.*, 2007).

15.5 Mensen leren met pijn om te gaan

pethidine
Een opiumderivaat dat bijvoorbeeld aan vrouwen wordt gegeven om de pijn van een bevalling te verlichten.

De eerstelijnszorg voor *acute* pijn bestaat meestal uit een behandeling met medicijnen, variërend van aspirine tot een opiumderivaat als **pethidine**. Psychologische interventies komen vaak pas in de tweede lijn aan bod. Steeds meer mensen met *chronische* pijn als gevolg van reumatoïde artritis of pijn in de onderrug leren hun pijn via een psychologische aanpak te beheersen, teneinde de pijnstillers te minimaliseren en hun kwaliteit van leven in stand te houden of zelfs te verbeteren. Evaluatie van deze interventies is belangrijk, zowel tijdens de dagelijkse zorg als in wetenschappelijk onderzoek. Voordat we gaan kijken hoe acute en chronische pijn wordt behandeld, onderzoeken we enkele complexe methoden voor het meten van pijn.

15.5.1 Het meten van pijn

De eenvoudigste manier om pijn te meten is met behulp van een lineaire, numerieke beoordelingsschaal, met een score van 0 (geen pijn) tot 100 (de hevigste pijn die je je kunt voorstellen). Deze meting kan snel en eenvoudig worden toegepast, en komt daarom veel voor in klinische settings. Een beperking is dat patiënten het vaak moeilijk vinden om pijn in een getal uit te drukken.

In een andere eenvoudige benadering moeten patiënten hun pijn uitdrukken in een reeks bijvoeglijke naamwoorden: licht, storend, ondraaglijk enzovoort. Deze schaal is voor patiënten makkelijker te begrijpen dan een numerieke schaal, omdat de patiënt vertrouwd is met de begrippen. Deze benadering heeft echter ook nadelen, omdat veel patiënten zichzelf in het midden van de schaal plaatsen. Deze methode is minder gevoelig voor subtiele verschillen in pijn dan een analoge schaal.

Een belangrijke beperking van deze twee meetinstrumenten is dat ze alleen de gewaarwording van pijn meten. We hebben echter al opgemerkt dat pijnbeleving multidimensionaal is. Bij pijnbeleving spelen, naast zintuiglijke gewaarwording, emotionele, cognitieve en gedragsmatige reacties en sensorische gewaarwordingen een rol. Bij een aantal meetinstrumenten is getracht om dit te ondervangen. De vragenlijst van McGill is hiervan misschien wel het bekendste voorbeeld (zie bijvoorbeeld Melzack, 1975). Deze is weliswaar moeilijker af te nemen

en te interpreteren dan de eenvoudige schalen, maar deze vragenlijst levert wel een multidimensionaal inzicht in de pijn op. Met behulp van de vragenlijst kunnen de volgende factoren worden vastgesteld:
- *het type pijn*: waaronder kloppende pijn, pijnscheuten, stekende pijn, krampen, knagende pijn, brandende pijn, hete en milde pijn, pijn op een vierpuntsschaal van 'geen pijn' tot 'hevige pijn';
- *de emotionele reactie*: waaronder depressie, distress, somatisatie en angst;
- *de intensiteit*: op een schaal van 'geen pijn' tot 'ergst mogelijke pijn';
- *de tijdsduur*: kort, voortdurend of fluctuerend.

Een veelgebruikte vragenlijst in ons taalgebied is de centrale sensitisatielijst (CSI) van Mayer *et al.* (2012), door Van Wilgen *et al.* vertaald (2013). De CSI heeft 25 vragen variërend van 'ik voel me 's morgens niet uitgeslapen' tot 'ik heb pijn in mijn bekkenregio'. De vragenlijst is betrouwbaar en correleert sterk met aandoeningen van het **centrale sensitisatiesyndroom**, zoals fibromyalgie, spastisch darmsyndroom, migraine en posttraumatische stress.

Hoewel deze meetinstrumenten onze beoordeling van pijn zeker verruimt, besteedt het niet overal aandacht aan. De methode meet pijn bijvoorbeeld niet in relatie tot beweging en evenmin wordt de individuele gedragsmatige reactie op pijn bekeken. In hoeverre beperkt de pijn het dagelijks leven van de patiënt? Kan de patiënt de trap oplopen of zware dingen tillen? Mogelijk moeten deze factoren allemaal afzonderlijk worden gemeten. Turk en Okifuji (1999) suggereerden dat het pijngedrag van een patiënt kan worden gemeten door te kijken naar de volgende factoren:
- *verbaal/vocalisaties*: zuchten, kreunen, klagen;
- *motorische gedragingen*: grimassen, verstoorde gang (strompelen), stijve of instabiele houding, buitengewoon trage of moeizame gang, hulp zoeken of pijnstillend gedrag;
- *medische hulpmiddelen*: beschermend voorwerp gebruiken – wandelstok, halskraag enzovoort, arts bezoeken;
- *functionele beperkingen*: rusten, verminderde activiteit.

De interventies die verderop in dit hoofdstuk aan bod komen, kunnen zich op elk van deze gedragingen richten.

15.5.2 Acute pijn

Een aantal benaderingen is toegepast om mensen te helpen met acute pijn om te gaan. Alle procedures moeten gemakkelijk aan te leren en toe te passen zijn. Daarom ligt bij de meeste methoden voor acute pijnbeheersing de nadruk op:
- de patiënt een gevoel van controle geven over de pijnbeleving en ook controle over de medische ingrepen die de pijn mogelijk veroorzaken;
- het aanleren van vaardigheden voor coping, met inbegrip van technieken voor afleiding en ontspanning;
- hypnose.

Deze en andere benaderingen zijn al eerder besproken, toen we bekeken hoe mensen het beste kunnen worden voorbereid op een operatie. Hier behandelen we deze manieren om pijn te beheersen meer in het algemeen.

Meer controle: door de patiënt aangestuurde pijnbestrijding
De pijn onmiddellijk na een verwonding of een operatie kan verergeren door de angst geen controle te hebben over de pijn. Patiënten kunnen bang zijn dat het

---

centraal sensitisatiesyndroom
Pijn zonder een directe aanleiding, waarbij de zenuwcellen pijnimpulsen afgeven, zonder dat de zenuwen aantoonbaar beschadigd zijn. Je kunt hierbij denken aan fibromyalgie, spastisch darmsyndroom, migraine en posttraumatische stress.

verplegend personeel geen tijd zal hebben om medicatie te geven als ze hevige pijn hebben, dat de pijn zo hevig zal zijn dat het type pijnstiller niet werkt enzovoort. Daarom overdrijven sommige patiënten hun pijn of vallen ze zorgverleners lastig om hun pijnstillers te geven, teneinde periodes van falende pijnbestrijding te vermijden. Dit kan leiden tot onnodige angst en een hoger gebruik van geneesmiddelen dan nodig.

Een manier om deze problemen aan te pakken, heet **door de patiënt aangestuurde pijnbestrijding**. Hierbij bepaalt de patiënt zelf hoeveel pijnstillers hij via een intraveneus infuus toegediend krijgt, hoewel er een maximum in het systeem is ingebouwd. Patiënten die dit systeem gebruiken, zullen waarschijnlijk minder angstig zijn over de pijnbestrijding, meer tevreden over de pijnbestrijding en minder pijnstilling gebruiken, doordat ze het tijdstip en de dosis zelf kunnen bepalen. Systematische besprekingen van deze benadering, die Bandolier (2003) heeft samengevat, bevestigen dit. De meeste studies concluderen dat de patiënttevredenheid groter was en dat de patiënt minder gebruikmaakte van pijnbestrijding als hij zijn pijnbestrijding zelf kon aansturen dan wanneer dit niet mogelijk was (bijvoorbeeld Momeni *et al.* 2006) voeren aan dat dit het geval is – en er is zelfs gepleit voor gebruik ervan bij drugsverslaafde patiënten, aangezien de hoeveelheid die door het systeem wordt toegediend kan worden beperkt (Mehta en Langford, 2006). Ook kinderen kunnen gebruikmaken van door de patiënt aangestuurde pijnbestrijding. Birmingham *et al.* (2003) brachten verslag uit over ruim honderd kinderen die na een operatie zelf hun pijnbestrijding aanstuurden. In negentig procent van de gevallen was deze aanpak effectief en er waren geen aanwijzingen voor toxiciteit of ernstige nadelige gevolgen. Daarmee lijkt het een veilige en effectieve behandelvorm voor een grote verscheidenheid aan mensen.

Het aanleren van copingvaardigheden

Afleiding
We hebben in dit hoofdstuk al opgemerkt dat pijn meestal verergert wanneer de patiënt zich erop concentreert, terwijl pijn door afleiding juist vermindert. Het aanleren van afleidingstechnieken lijkt daarom een eenvoudige strategie voor patiënten met acute pijn of in afwachting van een pijnlijke ingreep. Deze procedure lijkt te werken. Zo leerden Callaghan en Li (2002) vrouwen die een hysterectomie moesten ondergaan zichzelf af te leiden van angstige gedachten. Vergeleken met vrouwen die alleen informatie over de ingreep kregen, maakten ze minder melding van pijn en ervoeren ze minder psychisch lijden na de operatie. Fauerbach *et al.* (2002) concludeerde ook succes na het aanleren van afleidingstechnieken, in dit geval door middel van muziek. Dit gebeurde alleen als de patiënten zich actief concentreerden op de muziek.
Ook van meer technologisch gerichte interventies, waaronder het gebruik van virtual reality-spellen (VR-spellen), is aangetoond dat ze gedurende een aantal medische procedures de beleefde pijn verminderden (Mott *et al.*, 2008).
Een bijzondere afleiding is de inzet van virtual reality bij de behandeling van brandwonden bij militairen (Maani *et al.*, 2011): terwijl de wonden behandeld worden krijgt de patiënt een VR-bril op en verkeert in Snow World. Deze behandeling werkte beter dan morfine.

Ontspanning
Een tweede, relatief eenvoudige methode is ontspanning. Hierbij leren mensen de spieren in het gehele lichaam te ontspannen, met extra aandacht voor spieren in de buurt van de plaats die pijn veroorzaakt (zie ook hoofdstuk 11). Dit heeft

---

door de patiënt aangestuurde pijnbestrijding
Een techniek waarbij kleine doses pijnstillers, meestal opioïden, door patiënten zelf worden toegediend (meestal via een intraveneus infuus en gereguleerd door een pompje). Dit wordt vaak gebruikt voor het bestrijden van postoperatieve pijn.

een aantal voordelen. Ten eerste vermindert de methode alle spierspanning die aan de pijnbeleving kan bijdragen. Ten tweede kan ontspanning als afleiding werken, doordat de bijbehorende instructies kunnen aansporen tot het oproepen van plezierige beelden, of ten minste van andere beelden dan die van de pijnlijke situatie. Ook de concentratie die voor ontspanning nodig is, kan van de pijnlijke prikkel afleiden. Ten slotte zijn er aanwijzingen dat ontspanning de afgifte van endorfinen bevordert. Deze stoffen hebben een directe invloed op de pijnbeleving, ook als het gaat om postoperatieve pijn. Er zijn veel studies waaruit blijkt dat ontspanningsprocedures het niveau van pijn en psychisch lijden na een operatie verminderen. Renzi et al. (2000) meldden bijvoorbeeld dat patiënten die ontspanning toepasten na een ernstige darmoperatie minder pijn hadden, minder psychisch leden en beter sliepen dan een controlegroep met standaardzorg. Zo ook constateerden Friesner et al. (2007) tijdens een korte pijnlijke chirurgische ingreep (waarbij een katheter werd verwijderd die eerder tijdens een bypassoperatie in de borstkas was aangebracht) dat de combinatie van ontspanning en opiaten beter werkte dan opiaten alleen.

Hypnose
Bij hypnose suggereert een zorgverlener dat een patiënt veranderingen ondervindt van gewaarwordingen, percepties, gedachten of gedrag. Aan hypnose gaat meestal een inductieprocedure vooraf. Hoewel er veel verschillende inducties bestaan, krijgt de patiënt meestal een suggestie van ontspanning, kalmte en welzijn, inclusief instructies om zich een plezierige ervaring voor te stellen. Aangetoond is dat deze methode betrouwbaar is en een groot effect heeft op acute pijn. Lang et al. (2006) constateerden bijvoorbeeld dat zelfhypnose zowel de pijn bij als de angst voor een borstbiopsie verminderde.

Hypnose kan meer dan alleen de pijn verminderen en het lichamelijk herstel bevorderen. Ginandes et al. (2003) onderzochten de effecten van hypnose op pijn en wondgenezing na een borstoperatie. Zij verdeelden vrouwen over drie postoperatieve interventies: gewone zorg (met normale pijnstillers); sessies met een therapeut die ongestructureerde ondersteuning bood; en hypnose, waarbij de patiënten zich onder meer moesten concentreren op ontspanning en 'versnelde wondgenezing' ('stel je voor dat je wond goed geneest'). Ze maten de pijn van de vrouwen en de mate van wondgenezing één week en zeven weken na de operatie en ontdekten dat de wonden van de vrouwen in de hypnosegroep significant sneller genazen dan die van de andere vrouwen.

De voordelen van hypnose zijn niet per se voorbehouden aan volwassenen (Tomé-Pires en Miró, 2012). Liossi et al. (2006) ontdekten bij kinderen (tussen zes en zestien jaar) die een **lumbale punctie** (ruggenprik) kregen dat de combinatie van hypnose met een plaatselijke verdoving effectiever was dan verdoving alleen. De kinderen leerden zelfhypnosetechnieken op basis van beeldmateriaal, waaronder een schakelaar waarmee ze de pijnbeleving, de mate van verdoving en de beleving van gevoelloosheid in hun hand konden reguleren. Vervolgens werden zij aangemoedigd om deze aanpak tot een uur voor hun **venapunctie** te gebruiken. Degenen die de hypnose-interventie kregen, ervoeren van tevoren minder angst en hadden tijdens de procedure zelf minder pijn.

lumbale punctie
Oftewel ruggenprik, meestal bedoeld om vocht dat in de hersenen aanwezig is te onderzoeken op druk of samenstelling.

venapunctie
Het aanprikken (punctie) van een ader (vena) met een holle naald.

15.5.3 De behandeling van chronische pijn

Transcutane Elektro Neuro Stimulatie (TENS)
Voordat we dieper ingaan op psychologische interventies, kijken we eerst naar een populaire methode op basis van elektrische stimulatie van A-bètavezels.

Dit heeft als doel dat de stimulatie gaat concurreren met de pijnsignalen van pijngerelateerde zenuwen als A-deltavezels en C-vezels, wat moet leiden tot de afgifte van endorfinen. Bij Transcutane Elektro Neuro Stimulatie (TENS) gebruikt men een elektrisch apparaatje dat zo groot is als een mobiele telefoon en met kabeltjes verbonden is aan elektroden op of rondom de pijnlijke plek op de huid. Het apparaatje geeft een zwak elektrisch stroompje af en wordt meerdere keren per dag gedurende vijftien of twintig minuten gebruikt; de gebruiker stelt het zelf in. Reeve *et al.* (1996) bestudeerden het gebruik van TENS in vijftig Canadese ziekenhuizen. Men was grotendeels positief over het gebruik ervan. TENS werd destijds jaarlijks ruim 450.000 keer werd gebruikt, met name bij de behandeling van acute pijn (gebruik door 93 procent van de bestudeerde ziekenhuizen), pijn bij de bevalling en de geboorte (43 procent) en chronische pijn (96 procent).

Helaas bestaat er zo weinig nauwkeurig bewijs met betrekking tot TENS dat geen goede basis bestaat voor een oordeel over de waarde ervan en voor de rechtvaardiging van het gebruik. Als gevolg van beperkte bewijsgrond vonden Nnoaham en Kumbang (2010) dat zij geen conclusies konden trekken over de effectiviteit van TENS als standalone-behandeling voor acute pijn, terwijl Claydon *et al.* (2011) concludeerden dat er sterk bewijs was voor een *gebrek* aan effectiviteit bij alle typen pijn behalve pijn in verband met druk.

Behavioristische interventies

De eerste moderne psychologische interventie voor pijn was een behavioristische interventie, gebaseerd op operante conditionering. Dit behandelingsmodel, dat aanvankelijk door Fordyce (1976) is ontwikkeld, veronderstelt dat we de pijnbeleving van anderen niet werkelijk kunnen begrijpen; we kunnen alleen het 'pijngedrag' waarnemen. Fordyce betoogde dat dit gedrag daarom het doel van alle interventies moest zijn, in plaats van de onwaarneembare, innerlijke beleving. Volgens de theorie van operante conditionering is het mogelijk dat pijngedrag niet uitsluitend door de pijnbeleving ontstaat en wordt gereguleerd. Het kan ook door de manier waarop anderen op uitingen van pijn reageren. Pijngedrag kan subtiel zijn, zoals een lichte huivering, of evident, zoals gaan liggen of niet in staat zijn te bewegen als gevolg van ogenschijnlijk ondraaglijke pijn. Het gedrag kan worden versterkt door uitingen van sympathie, of doordat de patiënt wordt vrijgesteld van (huishoudelijk) werk, doordat hij pijnstillers krijgt enzovoort (zie Bokan *et al.*, 1981, ook eerder in dit hoofdstuk).

Het doel van behavioristische interventies is invaliditeit te verminderen door de omgevingsfactoren te veranderen die van invloed zijn op pijngedrag, zodanig dat het individu niet langer voor het pijngedrag wordt beloond. In plaats daarvan wordt niet-pijngerelateerd adaptief gedrag bekrachtigd. Hiertoe worden onder meer de volgende methoden toegepast:

- bekrachtiging van adaptief gedrag, zoals een juiste mate van lichaamsbeweging;
- ontzeggen van aandacht of andere beloningen waaruit voorheen de reactie op het pijngedrag bestond;
- op vaste tijdstippen pijnstillers verstrekken in plaats van als reactie op pijngedrag.

Zo worden nieuwe vormen van gedrag gestimuleerd en zal het oude maladaptieve gedrag geleidelijk verdwijnen. Bij deze benadering kunnen zorgverleners, de partner, vrienden en/of familieleden van de patiënt worden betrokken.

Afhankelijk van de aard van het probleem kunnen deze processen met andere interventies worden uitgebreid. In het geval van pijn in de onderrug, waarbij de rugspieren mogelijk zijn verzwakt doordat ze niet worden gebruikt, kunnen patiënten bijvoorbeeld deelnemen aan programma's voor lichaamsbeweging. Hierbij zullen patiënten eerst een aantal testen ondergaan om vast te stellen hoeveel tolerantie zij hebben voor verschillende activiteiten (waaronder tillen) en voor bepaalde bewegingen. Daarna doen ze steeds moeilijkere oefeningen op weg naar volledige mobiliteit en kracht. In elke fase van de interventie wordt succes beloond door de zorgverlener die bij het behandelingsprogramma is betrokken.

Vroegtijdige onderzoeken van deze benadering waren vaak gericht op ziektegeschiedenissen, omdat de benaderingen voor individuele gevallen uiteraard sterk verschilden. Fordyce (1976) maakte bijvoorbeeld melding van een ziekenhuispatiënt met excessief pijngedrag die naar een eenpersoonskamer werd verplaatst, waarvan de deur indien nodig op slot kon. Hierdoor kon de patiënt niet langer de aandacht trekken van het verplegend personeel op de afdeling. 'Straffen' voor pijngerelateerd gedrag bestonden onder andere uit het verlaten van de kamer als de patiënt op ongepaste wijze pijnstillers eiste. Een beloning voor gedrag dat niet pijngerelateerd was, was bijvoorbeeld om juist in de kamer te blijven voor een sociaal praatje als de patiënt er fatsoenlijk om vroeg. Deze verschillende casusverslagen geven het potentieel aan voor dit type behandeling. Meer recentelijk kan dankzij de ontwikkeling van gestandaardiseerde gedragsprogramma's bij de behandeling van uiteenlopende aandoeningen, waaronder rugpijn, de effectiviteit ervan worden onderzocht in patiëntengroepen. Rugpijn wordt vaak via behavioristische methoden behandeld, mogelijk omdat het een veelvoorkomende aandoening is waar vaak geen duidelijke ziekte aan ten grondslag ligt. De rugpijn kan wel het functioneren van de patiënt aanzienlijk belemmeren. Van Tulder *et al.* (2003) publiceerden een meta-analyse van de effecten van behavioristische programma's voor pijn in de onderrug en concludeerden dat er sterke aanwijzingen waren dat deze behandelingen positieve gevolgen hadden voor de mate van de gemelde pijn, voor de mobiliteit, voor het vermogen tot tillen en voor het gedrag buiten de kliniek. De verschuiving van behavioristische naar cognitief-behavioristische interventies in het algemeen doet zich ook voor binnen pijnbestrijdingsprogramma's, die nu vaak behavioristische en cognitieve elementen combineren.

Cognitief-behavioristische interventies

De werking van behavioristische interventies is duidelijk waarneembaar, doordat een gedragsverandering ontstaat. Mogelijk zijn deze veranderingen ook op andere aspecten van de pijnbeleving van invloed. Actieve deelname aan activiteiten kan patiënten bijvoorbeeld afleiden van negatieve cognitieve en emotionele reacties op pijn. Door eerdere bezigheden weer op te pakken kan het geloof in eigen kunnen en het optimisme groeien ('Ik dacht niet dat ik dat nog kon. Misschien kan ik dan ook nog wel andere dingen waarmee ik was gestopt'). Aan pijn gerelateerde cognities kunnen dus door behavioristische programma's *indirect* veranderen. En deze veranderingen kunnen een bijdrage leveren aan alle verbeteringen die patiënten laten zien.

Bij een cognitief-behavioristische aanpak worden deze problemen directer aangepakt. Deze methode is gericht op de cognities bij het mediëren van emotionele en gedragsmatige reacties op pijn. Men veronderstelt hierbij dat cognities centraal staan bij onze pijnbeleving en bij onze reacties op pijn. Als zodanig is dit model niet in strijd met de poortcontroletheorie; het cognitief-behavioristische model richt zich alleen op één groep variabelen die op de poort van invloed zijn. Cognitief-behavioristische therapie voor pijn heeft drie doelstellingen:

1. Patiënten leren geloven dat de problemen wél te behandelen zijn, door hen te helpen 'inventieve probleemoplossers' te worden en hun het gevoel te geven dat ze met hun pijn kunnen omgaan.
2. Patiënten helpen de relaties te herkennen tussen gedachten, emoties en gedrag, in het bijzonder hun inzicht geven in de wijze waarop catastrofale gedachten of andere negatief vertekende gedachten kunnen leiden tot een toename van de vermeende pijn, van het subjectieve psychisch lijden en van de vermeende psychosociale problemen.
3. Patiënten voorzien van een strategie voor management van de pijn, van het psychisch lijden en van de psychosociale problemen, en in het bijzonder hen helpen een effectieve en adaptieve wijze van denken, voelen en gedragen te ontwikkelen.

Cognitief-behavioristische interventies kunnen de vorm aannemen van individuele therapie of van groepstherapie. Cognitieve veranderingen komen in een aantal fasen tot stand (zie ook de bespreking van vaardigheden voor stressmanagement in hoofdstuk 11). Patiënten leren om maladaptieve gedachten te herkennen die hun pijnbeleving of hun invaliditeit vergroten. Dit kan via gesprekken in therapiesessies, waarbij patiënten terugdenken aan perioden waarin ze pijn hadden of uit angst bepaalde activiteiten niet ondernamen. Ook houden patiënten soms een dagboek bij waarin ze hun pijnniveau, begeleidende gedachten en stemming vastleggen.

Zodra patiënten ontdekken welke invloed hun gedachten hebben op de pijn en op hun gedrag en stemming, leren ze deze gedachten zodanig te veranderen dat ze adaptiever worden. Hierbij spelen twee typen cognitieve interventies een rol. De eerste heet **zelfinstructie**: patiënten leren tijdens 'bezorgde' perioden om hun eigen commentaar daarop positief te beïnvloeden

Bij een tweede cognitieve interventie in een complexer cognitief proces probeert men de gedachten te identificeren die emotioneel lijden of belemmerend gedrag veroorzaken. De patiënt krijgt de instructie om vraagtekens bij deze gedachten te zetten. Hierbij probeert hij of zij de gedachten niet als waarheden te beschouwen, maar als hypothesen. Vervolgens onderzoekt hij deze hypothesen en zoekt naar bewijzen voor het tegendeel.

> *O, nee! Mijn rug begint weer pijn te doen. Ik wéét dat dit betekent dat ik uren pijn zal hebben, ik kan nu beter stoppen en het rustig aan doen. Wacht eens! De laatste keer dat dit gebeurde voelde ik me helemaal niet zo beroerd, vooral niet nadat ik had gerust en het iets rustiger aan deed. Dus houd je kalm, en je zult je beter voelen over jezelf, omdat je hebt geprobeerd om door te gaan.*

Deze cognitieve interventies gaan vaak gepaard met een programma van geleidelijk zwaardere lichaamsbeweging. Dit kan een aantal voordelen hebben. Het duidelijkste voordeel is dat de patiënt zich fitter voelt en minder beperkt is qua activiteiten. Bovendien leren patiënten op die manier uit eigen ervaring dat lichaamsbeweging hun geen schade berokkent – en worden daarmee sommige van de nieuwe inzichten bevestigd die de cognitieve therapie tracht bij te brengen.

Ook andere interventies kunnen vruchten afwerpen. Hanson en Gerber (1990) vatten een aantal strategieën samen voor het omgaan met bijzonder hevige

---

zelfinstructie:
Patiënten leren tijdens 'bezorgde' perioden om hun eigen commentaar daarop positief te beïnvloeden.

pijn. Deze strategieën kunnen tijdens een cognitief-behavioristisch programma worden aangeleerd, met inbegrip van:
- stoppen en jezelf afvragen of je de oorzaak van de pijn kunt identificeren of iets van deze pijn kunt leren;
- beginnen met een langzame, diepe ademhaling en jezelf eraan herinneren kalm te blijven; je alternatieven overdenken;
- afleiding zoeken – een gesprek beginnen met je partner over andere dingen dan de pijn, een kruiswoordpuzzel oplossen, koekjes bakken enzovoort;
- een lange, hete douche nemen;
- luisteren naar een geluidsopname met ontspanningsoefeningen of met oefeningen voor zelfhypnose;
- gebruikmaken van positieve **zelfspraak**: 'De pijn zal overgaan. Ik kan dit zelf aan';
- visualisaties toepassen die de pijn modificeren: 'Ik stel me voor dat er een blok ijs op mijn rug ligt, ik zie mijn endorfinen aan het werk om de pijn te lijf te gaan' enzovoort.

zelfspraak
Tegen jezelf spreken (in je hoofd). Dit kan negatief zijn en daardoor de stress verergeren. In therapie wordt mensen geleerd zelfspraak positief te gebruiken, zodanig dat ze kalm blijven.

Een redelijk recente loot aan de therapiestam is de *Acceptance & Commitment Therapy* (ACT). Daarin leert men om niet tegen onvermijdelijke zaken te blijven vechten en te accepteren dat pijn en verdriet bij het leven horen. Verder worden de deelnemers gestimuleerd om na te gaan welke waarden zij van belang vinden, om vervolgens hun gedrag met die waarden in overeenstemming te brengen. ACT is gebaseerd op behavioristische principes en doet nog een paar stappen extra. In deze paragraaf zijn de diverse toepassingen van cognitief-behavioristische interventies in pijnklinieken de revue gepasseerd. In een uitgebreide metastudie, uitgevoerd door Williams *et al.* (2012) naar psychologische therapievormen voor het hanteren van chronische pijn (geen hoofdpijn), waren de resultaten niet hoopvol. Op basis van de resultaten van 35 studies met bijna vijfduizend deelnemers vonden de onderzoekers geen bewijs voor de effectiviteit van gedragstherapie, of voor de stelling dat cognitief-behavioristische therapie significant effectiever was dan geen behandeling. Dit betrof de variabelen: mate van invaliditeit, het catastrofaal denken en stemming op korte termijn. Dat wil zeggen, er was weinig bewijs voor een specifiek voordeel dat direct toe te schrijven viel aan het gebruik van cognitief-behavioristische therapie. Positiever was de conclusie dat cognitief-behavioristische interventies wél effectief zijn bij de behandeling van zowel hoofdpijn en andere pijn bij kinderen (Eccleston *et al.*, 2012).
Verderop in dit hoofdstuk komen de voordelen van biofeedback in de behandeling van hoofdpijn bij volwassenen aan de orde (Bendsten *et al.*, 2010). Ook gedrags- of cognitief-behavioristische interventies kunnen potentieel voordelen bieden. De kans hierop is kleiner dan oorspronkelijk werd gedacht en gehoopt. Interviews met patiënten die deelnamen aan een pijnbeheersingsprogramma die werden afgenomen door Bair *et al.* (2009) brachten een aantal andere factoren aan het licht die verband hielden met geringe therapietrouw, waaronder het ontbreken van sociale ondersteuning door vrienden en familie, beperkte middelen, depressie, ineffectiviteit van pijnbestrijdingsstrategieën, tijdgebrek en andere prioriteiten in het dagelijks leven, fysieke beperkingen en slechte relaties tussen patiënt en arts. Hoewel het volgen van een programma misschien bepaald niet ideaal is, lijken mensen die programma's volgen er wel baat bij te hebben, zelfs al wachten ze op een medische behandeling (McCracken *et al.*, 2013). Misschien moet toekomstig onderzoek zich bezighouden met de vraag of cognitieve gedragstherapie voor pijn effectief is en wie er het meeste baat bij heeft.

Wat cognitieve gedragstherapie ook voor resultaten mag opleveren, er is groeiend bewijs dat cognitieve verandering bij therapie wel degelijk belangrijk veranderingen teweegbrengt. In een relatief vroeg onderzoek naar dit verschijnsel ontdekten J. Burns *et al.* (2003) dat cognitieve veranderingen bij patiënten in een vroeg stadium van een cognitief-behavioristisch programma een sterke voorspellende werking hadden voor pijnresultaten in latere therapie. Zij maten catastrofaal denken en pijn aan het begin, halverwege en aan het einde van een vier weken durend cognitief-behavioristisch pijnbeheersingsprogramma. Vroege veranderingen in de meetvariabele catastrofaal denken voorspelden meetvariabelen van pijn aan het eind van de therapie. Vroege veranderingen in pijn voorspelden daarentegen geen veranderingen in catastrofaal denken. Turner *et al.* (2007) kwamen tot vergelijkbare conclusies op basis van gegevens over patiënten met pijn door een **temporomandibulaire dysfunctie**. In deze groep beïnvloedden veranderingen in overtuigingen over pijn (controle over pijn, invaliditeit en schade door pijnsignalen), catastrofaal denken en zelfredzaamheid met betrekking tot pijnbeheersing de effecten van cognitief-behavioristische therapie op pijn, interferentie met activiteiten en beperkt gebruik van de kaken na één jaar.

> **temporomandibulaire dysfunctie**
> Een reeks aandoeningen die gevoeligheid en pijn veroorzaken in het temporomandibulaire gewricht (kaakgewricht).

Ontspanning en biofeedback

Ontspanning kan zich richten op het hele lichaam of op specifieke spiergroepen, zoals die van het voorhoofd of de rug, die hoofd- of rugpijn kunnen veroorzaken. Dit laatste kan voor sommige patiënten van bijzonder belang zijn. Turk (1986) merkte bijvoorbeeld op dat veel patiënten die leerden zich algeheel te ontspannen voor de behandeling van rugpijn, meldden dat de pijn was afgenomen. Een kleine subgroep van patiënten meende echter dat er geen voordeel was, of dat de pijn na de interventie zelfs was verergerd. Bij nader onderzoek kwam aan het licht dat veel mensen die geen voordeel ervoeren wel in staat waren de meeste van hun spieren te ontspannen. Het waren niet de specifieke spieren in de rug die juist aan hun pijn bijdroegen. Zij hadden begeleiding nodig om te leren hoe ze deze spieren moesten ontspannen. Dit kan worden gerealiseerd via verschillende technieken voor **biofeedback**: zoals elektromyografische biofeedback, galvanische huidreactie en thermische biofeedback

> **biofeedback**
> Techniek om via registratie-instrumenten informatie te verkrijgen over een autonome lichaamsfunctie, zoals hartslag of bloeddruk; wordt in de gezondheidspsychologie toegepast voor bewuste controle over die functie.

1. *Elektromyografische (EMG) biofeedback*: hierbij meet men de zwakke elektrische stroom die met spieractiviteit gepaard gaat. Het voltage (de elektrische spanning) is evenredig met de spierspanning: een hoger voltage staat gelijk aan een sterkere spierspanning. Hierbij wordt gebruikgemaakt van elektroden die worden bevestigd op de huid boven de spieren die aan de pijn bijdragen.
2. *Galvanische huidreactie*: hierbij meet men de algehele spanning in het lichaam via subtiele veranderingen in het vocht (zweet), meestal in de handen. Meer zweet betekent een sterkere algehele spierspanning – hoewel de relatie niet één op één is.
3. *Thermische biofeedback*: gebaseerd op de theorie dat hoofdpijn kan worden verlicht door de huid te verwarmen. De huidtemperatuur meet men met een **thermistor**, die vaak op de toppen van de vingers wordt geplaatst, om transpireren te vermijden en om de lichaamstemperatuur nauwkeuriger te kunnen bepalen.

> **thermistor**
> Een elektrische weerstand; de grootte van de weerstand is afhankelijk van de temperatuur.

Meer recentelijk hebben Shiri *et al.* (2012) onderzoek gedaan naar de effectiviteit van virtual reality (VR)-feedback waarin kinderen ontspanningsoefeningen deden met VR-apparatuur, waarmee zij positieve, pijnvrije afbeeldingen van zichzelf konden genereren. Bij alle typen biofeedback leren patiënten via auditieve of visuele feedback om fysiologische veranderingen in het eigen lichaam teweeg te brengen. In het geval van auditieve feedback kan een toon bijvoorbeeld zakken naarmate iemand de spieren ontspant. Bij visuele feedback plaatst men bijvoorbeeld een indicator op een schaal, die zich verplaatst wanneer de spieren zich ontspannen. Op deze wijze maakt men lichamelijke veranderingen waarneembaar om de patiënt te leren hoe hij de spierspanning kan veranderen.

Een gebied waarop biofeedback met enig succes is toegepast, is de behandeling van chronische hoofdpijn (Andrasik, 2010). Rains *et al.* (2005) rapporteerden bijvoorbeeld dat biofeedback voor 35 tot 55 procent van de patiënten resulteerde in minder migraine en spanningshoofdpijn, een drie keer zo groot effect als door een placebo-interventie, en een even groot effect als medicatie had op deze groep (Andrasik, 2007). Het gebruik van biofeedback in de behandeling van spanningshoofdpijn is zelfs zo effectief dat de richtlijnen van de European Federation of Neurological Sciences (Bendsten *et al.*, 2010) het gebruik ervan aanbevelen. Hoewel biofeedback een effectieve interventie kan zijn bij meer vormen van pijn, is deze methode in het algemeen niet effectiever dan ontspanning op zichzelf. Omdat ontspanning eenvoudiger en goedkoper is, moet dit misschien de voorkeursbehandeling zijn, waarbij biofeedback alleen onder bepaalde omstandigheden wordt gebruikt, zoals Turk hierboven heeft benoemd. Als ontspanningstechnieken moeten worden versterkt, kan het beter zijn om hiervoor strategieën te gebruiken die andere aspecten van de pijnbeleving aanpakken dan de fysiologische.

Een alternatieve interventiestrategie is om ontspanning met antidepressiva te combineren. Niemand heeft tot nu toe volledig kunnen verklaren waarom antidepressiva helpen om pijn te verlichten, al blijkt dit wel het geval. Met dit gegeven in het achterhoofd vergeleken Holroyd *et al.* (2001) behandeling met antidepressiva, training in ontspanningstechnieken, een combinatie van beide en behandeling met een placebo. Deze interventies leverden bemoedigende resultaten op. Op meetvariabelen als de frequentie van hoofdpijn, gebruik van analgesische medicatie en beperkingen in activiteit als gevolg van hoofdpijn bleken zowel antidepressiva als cognitief-behavioristische technieken effectiever dan de placebo. Hoewel beide afzonderlijke interventies even effectief waren, ervoeren de patiënten die antidepressiva kregen voorgeschreven deze veranderingen sneller dan degenen in de cognitief-behavioristische interventie. De gecombineerde therapie bleek echter het meest effectief.

Mindfulness-interventies
Mindfulness-interventies komen niet alleen steeds meer in zwang in de GGZ. Deze interventies worden in toenemende mate ingezet ten behoeve van de fysieke gezondheid – en de resultaten zijn positief. Zo ontdekten Meize-Grochowski *et al.* (2015) dat dagelijkse mindfulnessmeditatie in een populatie van oudere volwassenen uitermate effectief bleek in het verminderen van de pijn die verband hield met gordelroos.

Rosenzweig *et al.* (2010) vergeleken de effectiviteit van mindfulness-training bij patiënten met verschillende typen pijn en zagen opmerkelijke verschillen in effectiviteit. De meeste patiënten, met aandoeningen als rug- en nekpijn, lieten vooruitgang zien op meetvariabelen als pijnintensiteit en functionele beperkingen. Patiënten met fibromyalgie, spanningshoofdpijn of migraine rapporteerden minimaal voordeel, terwijl patiënten met artritis de grootste verbeteringen rapporteerden. Opmerkelijk was dat er geen verband bestond tussen het toedienen van meer medicatie en grotere winst ten aanzien van de meetvariabelen pijn of kwaliteit van leven. Zautra *et al.* (2008) trokken een directe vergelijking tussen cognitieve gedragstherapie en mindfulness in een groep patiënten

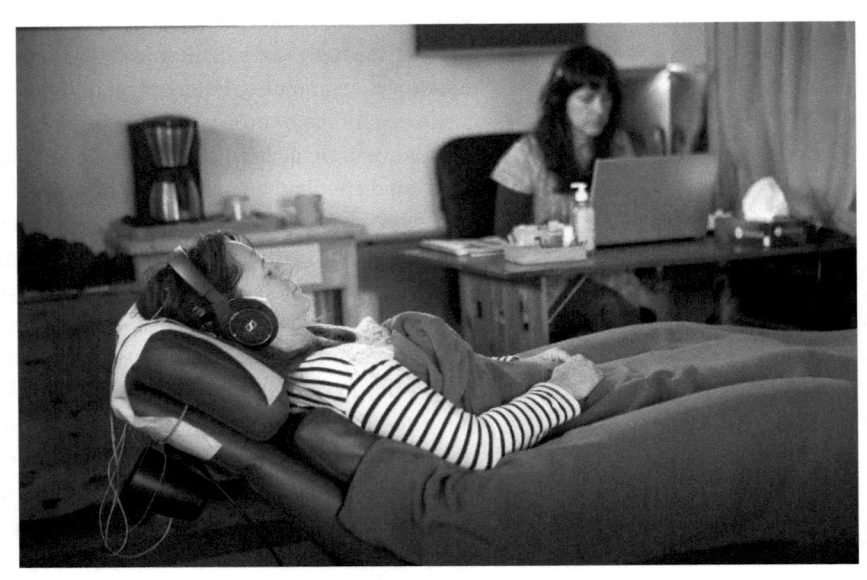

Gebleken is dat biofeedback een uitstekende behandeling is voor specifieke pijn als gevolg van spierspanning. Vaak blijkt eenvoudige ontspanning echter net zo effectief te zijn.

Foto: Amelie Benoist / BSIP SA / Alamy Stock Photo

met reumatoïde artritis. Grosso modo hadden de patiënten in de cognitieve gedragstherapiegroep op beide meetvariabelen de beste resultaten. Daarentegen ontdekten Davis *et al.* (2015) dat, waar mindfulness en cognitieve gedragstherapie gelijkwaardig waren bij het verminderen van pijn, mindfulness effectiever bleek als het ging om het verminderen van catastrofaal denken over de aard en implicaties van pijn, startstijfheid en vermoeidheid. Deze uiteenlopende resultaten, en het feit dat niet één aanpak op alle fronten effectiever is dan de andere, verklaart wellicht waarom steeds meer programma's traditionele cognitieve gedragstherapie combineren met mindfulness-training (Day *et al.*, 2014). Sommige onderzoekers evalueren innovatieve strategieën om mindfulness-interventies te kunnen bieden. Gardner-Nix *et al.* (2008) vergeleken het verschil tussen een persoonlijk contact in een groepsaanbod en individuele videoconferencing. Beide behandelde groepen bereikten meer resultaat op de meetvariabele pijn dan de controlegroep. Echter, de persoonlijke benadering scoorde beter dan de groep die de interventie op afstand kreeg. Johnston *et al.* (2008) hanteerden een andere benadering: zij onderzochten de impact van een zelfhulpboek over acceptatie van de pijn. Gedurende zes weken lazen deelnemers het boek met bijbehorende oefeningen, met wekelijkse ondersteuning per telefoon. De interventie had een bescheiden impact op pijn en leidde wel tot grotere veranderingen op het gebied van acceptatie, kwaliteit van leven en tevredenheid met het leven.

15.5.4 Pijnklinieken

Tegenwoordig bieden veel ziekenhuizen behandelingen specifiek voor mensen met chronische pijn, ongeacht de oorzaak ervan. Hierbij is een aantal mensen betrokken. Artsen, meestal anesthesisten, hebben kennis van farmacologische en chirurgische pijnbestrijding. Fysiotherapeuten stellen samen met patiënten oefenprogramma's op. Ergotherapeuten onderzoeken samen met patiënten hoe ze hun dagelijkse activiteiten in en om het huis kunnen verbeteren bij beperkte mobiliteit. En gespecialiseerde verpleegkundigen stellen programma's voor pijnmanagement op voor individuele patiënten of groepen. Ook psychologen dragen bij aan de ontwikkeling van dergelijke programma's.

In het algemeen omvat een programma naast de medische aanpak ook een analyse van het pijnprobleem en de factoren die daarop van invloed zijn (UZ Leuven, 2018). Sinds 2005 zijn in België negen ziekenhuizen erkend als multidisciplinair referentiecentrum voor chronische pijn. Verwijzing is bedoeld voor mensen die ten minste zes maanden worden behandeld. Er wordt een multidisciplinaire diagnose gesteld en ook het revalidatieprogramma is multidisciplinair. Hoewel de diagnose en het behandelplan individueel zijn, kunnen er ook groepsbijeenkomsten (informatief of therapeutisch) gepland worden (NVKVV, 2018). Om een beeld te geven hoe een pogramma eruitziet: tabel 15.1 bevat de opzet van een programma voor pijnmanagement voor poliklinische patiënten in een ziekenhuis in Gloucester in het Verenigd Koninkrijk.

TABEL 15.1 Overzicht van een typisch programma voor pijnmanagement, in dit geval uit het Gloucester Royal Hospital in het Verenigd Koninkrijk

WEEK 1	Welkom, introductie en gang van zaken Filosofie pijnverlichting Wat is chronische pijn? – beantwoorden van vragen Inleiding tot oefeningen – zitten en staan Tempo bepalen van alledaagse activiteiten De stressreactie en inleiding tot middenrifademhaling
WEEK 2	Herhaling tempo bepalen Doelstelling en werkplan Inleiding tot oefeningen – liggen Zitten Inleiding tot strekken en ontspannen Video-opnamen van patiënten die oefeningen doen, als vergelijkingsmateriaal voor aan het einde van het programma
WEEK 3	Hoe pijn werkt: de poortcontroletheorie over pijn Hoe pijn werkt: zenuwbanen Gedachten en gevoelens omtrent pijn Oefeningen Strekken en ontspannen Werkplannen
WEEK 4	Aanbevelingen medicatiegebruik voor chronische pijn Communicatie en relaties Lezing afgewogen perspectief pijnmanagement Oefeningen Inleiding tot geestelijke ontspanning Werkplannen
WEEK 5	Tillen en buigen Het reguleren van alledaagse activiteiten Seksuele relaties De voordelen van lichaamsbeweging Oefeningen Geestelijke ontspanning Werkplannen
WEEK 6	Inleiding tot fitness en fitnessapparatuur Lezing arts: medicatie, behandelingen en chirurgie voor chronische pijn, slapen, houdingen om de pijn te verlichten Werkplannen Ontspanning
WEEK 7	Verbeteringen en terugvallen Nuttige slaapgewoonten Video-opnamen van oefeningen en vergelijking met het begin van de cursus Inleiding tot korte ontspanningstechnieken Bespreken van de vorderingen en doelen stellen voor vervolgsessies

SAMENVATTING

15.1 De pijnbeleving
- Pijn voelen is functioneel: het waarschuwt ons voor (potentiële) lichamelijke beschadigingen. Maar pijn kan ook blijvend zijn. We onderscheiden acute pijn (korter dan drie tot zes maanden) en chronische pijn (langdurige pijn vanaf drie/zes maanden).
- Het gaat in Nederland om twee miljoen mensen met chronische pijn, in België om 960.000 mensen.

15.2 Biologische modellen voor pijn
- Anders dan we vroeger dachten, wordt het pijncircuit al heel jong in de baarmoeder ontwikkeld.
- Pijn kan ook ervaren worden in afwezigheid van pijnreceptoren, zoals bij fantoompijn.
- Een aantal psychologische factoren is van invloed op de pijnbeleving: stemming, aandacht, cognities en de sociale context.

15.3 Een psychobiologische theorie over pijn
- De poortcontroletheorie geeft tot nu toe de beste verklaring van pijn. Pijnreceptoren leiden informatie naar een reeks poorten in het ruggenmerg en deze informatie gaat naar de hersenen. Met het lichamelijk letsel ervaren we tegelijkertijd gerelateerde cognities en emoties. Deze informatie wordt door de zenuwen vanuit de hersenen langs het ruggenmerg geleid naar de poort waar de pijnsignalen binnenkomen.

15.4 Toekomstige inzichten in pijn – de neuromatrix
- Als aanvulling op de poortcontroletheorie heeft Melzack de neuromatrixtheorie ontwikkeld: het lichamelijk zelf is een groot, wijdverbreid netwerk van neuronen dat de thalamus, hersenschors en het limbisch systeem in de hersenen verbindt. Hierbinnen verwerken en integreren we pijngerelateerde informatie. Toch verklaart ook deze theorie nog niet de fantoompijn.

15.5 Mensen leren om met pijn om te gaan
- Pijn is subjectief. Bij een 'gelijke' pijn kunnen twee personen iets anders voelen en een andere pijngevoeligheid hebben. Er zijn multidimensionale vragenlijsten ontwikkeld om de mate van pijn van een persoon vast te stellen, zoals de centrale sensitisatielijst (CSI).
- Door de patiënt aangestuurde pijnbestrijding blijkt succesvol. Ook de inzet van afleiding (muziek of VR-spellen), ontspanning en hypnose gaven goede resultaten bij acute pijn.
- Bij chronische pijn wordt Transcutane Elektro Neuro Stimulatie gebruikt, maar de resultaten zijn niet eenduidig.
- Behavioristische interventie wordt ingezet bij rugpijn omdat daaraan vaker geen duidelijke ziekte ten grondslag ligt. Hoewel er aanwijzingen zijn dat het effectief kan zijn, wordt de cognitief-behavioristische interventie meer ingezet omdat we veronderstellen dat cognities centraal staan bij onze pijnbeleving.
- Cognitief-behavioristische interventies richten zich op het geloof dat problemen wel te behandelen zijn, het doorbreken van catastrofale gedachten en voorzien in een strategie voor management van de pijn.
- Andere vormen van pijnbestrijding van chronische pijn zijn biofeedback en het toepassen van mindfulness. Ook biedt een aantal ziekenhuizen een behandeling aan in een pijnkliniek.

KERNVRAAG 8.2 Hoe ziet de cyclus van het normale bewustzijn eruit?

Als je een 'ochtendmens' bent, is de periode kort na het ontwaken waarschijnlijk de tijd dat je het meest alert bent. Deze psychische toestand blijft niet de hele dag bestaan. Net als de meeste mensen beleef je in de middag waarschijnlijk een periode van psychische lusteloosheid. In onder andere Spanje houdt men tijdens deze inzinking in de cyclus van waakzaamheid dan ook siësta. Later op de dag zal je alertheid weer een poosje toenemen, om in de loop van de avond weer weg te zakken. Deze cyclus wordt af en toe onderbroken door periodes van verscherpte concentratie en aandacht (bijvoorbeeld als je tijdens een college een vraag moet beantwoorden) en periodes waarin je je overgeeft aan dagdromen. En of je nu een 'ochtendmens' of een 'avondmens' bent, op een gegeven moment zak je geleidelijk weg in de toestand waarin je ongeveer een derde van je leven doorbrengt: de slaap. In deze toestand is bewust contact met de buitenwereld bijna nihil.

Psychologen hebben deze cyclische veranderingen in het bewustzijn onderzocht en er vaste patronen in ontdekt. Ons kernconcept luidt daarom als volgt:

● **KERNCONCEPT 8.2** Het bewustzijn verschuift volgens vaste cycli, die normaal gesproken overeenkomen met onze biologische ritmes en de patronen in onze omgeving.

Dagdromen: Een veelvoorkomende (en heel normale) activiteit of staat van het bewustzijn, waarbij de aandacht verschuift van de onmiddellijke situatie naar herinneringen, verwachtingen, verlangens of fantasieën.

In deze paragraaf zullen we vooral aandacht besteden aan de cyclische bewustzijnsveranderingen die te maken hebben met slaap en nachtelijke dromen. Eerst kijken we naar het soort dromen dat plaatsvindt terwijl we wakker zijn.

8.2.1 Dagdromen

In de bewustzijnstoestand waarin we ons iets minder bewust zijn van onze omgeving en die we **dagdromen** noemen, richt de aandacht zich naar binnen, om zich te concentreren op herinneringen, verwachtingen en verlangens, vaak met levendige beelden erbij (Roche & McConkey, 1990). Dagdromen gebeurt meestal als mensen alleen zijn, ontspannen, bezig met een saaie of routineuze klus, of als ze op het punt staan in slaap te vallen (Singer, 1966, 1975).

De meeste mensen dagdromen elke dag. Het is abnormaal als je dat niet doet. Gemiddeld besteden we zo'n dertig procent van onze doorwaakte uren aan dagdromen, terwijl jongvolwassenen de meeste en de levendigste dagdromen zeggen te hebben. Zowel de frequentie als de intensiteit van dagdromen blijkt significant af te nemen met de jaren (Giambra, 2000; Singer & McCraven, 1961).

Dagdromen is een normale activiteit die je creatiever kan maken en kan helpen problemen op te lossen. Onderzoek toont echter aan dat we het gelukkigst zijn als we volledig opgaan in een taak (flow), dus het moment waarop je dagdroomt bepaalt of het goed voor je is of niet.

Waarom dagdromen we?

Uit een onderzoek van Malia Mason en haar collega's (2007) blijkt dat dagdromerij gerelateerd is aan een 'standaardmodus' van de hersenen die actief blijft tijdens de rustende waaktoestand. Derhalve is dagdromen te beschouwen als datgene wat de geest van nature doet wanneer deze niet door binnenkomende prikkels wordt belast. De activiteit in dit netwerk blijkt het grootst wanneer mensen dagdromen over toekomstige gebeurtenissen of persoonlijke herinneringen uit het verleden, of wanneer ze zich voorstellen wat iemand voelt of denkt (Buckner et al., 2008). De hersenen lijken dus ingesteld op activiteit, ook in rusttoestand. Met deze bevinding wordt het gemakkelijker om onze nachtelijke dromen, waar we het verderop over zullen hebben, te begrijpen.

Is dagdromen nuttig of schadelijk?

Dagdromen kan nuttig en gezond zijn (Klinger, 1987). De mijmeringen gaan over praktische en actuele zorgen in iemands leven: studie, doelstellingen (triviaal of uiterst belangrijk) of persoonlijke relaties. Dagdromen kan ons helpen om plannen te maken en problemen op te lossen. Voor sommige mensen wordt de kans groter dat ze met dit soort dagdromen hun doelen bereiken (Langens, 2003). Dagdromen kunnen ook een bron van creatief inzicht zijn, ongeveer zoals de flitsen van intuïtie die we in hoofdstuk 6 hebben besproken. Als we voor een lastig probleem staan, krijgen onze hersenen door af en toe af te dwalen toegang tot onbewuste associaties en mogelijkheden die een 'aha'-moment op kunnen leveren waarin de perfecte oplossing wordt ontdekt (Schooler et al., 1995).

Maar pas op met de timing van je dagdromen. Uit onderzoek blijkt dat dagdromen de herinnering aan net aangeleerde stof kan uitwissen. En hoe verder de dagdroom van de werkelijkheid af staat, hoe groter dat effect is. Studenten die dagdromen over een buitenlandse vakantie vergaten meer dan studenten die over een vakantie in eigen land droomden (Delaney et al., 2010). Dit duidt erop dat je een deel van wat je even daarvoor hebt geleerd, vergeet als je wegdrijft in een dagdroom tijdens een belangrijk college.

We moeten nog een waarschuwing geven over dagdromen. Onderzoek van Matthew Killingsworth en Dan Gilbert (2010) dreigt een van onze meest geaccepteerde ideeën over dagdromen onderuit te halen, namelijk het idee dat dagdromen iets leuks is. In deze studie werden ruim tweeduizend volwassenen van alle leeftijden met een speciaal ontworpen iPhone-app op willekeurige momenten van de dag gecontroleerd. Als de app een geluid maakte, moesten de deelnemers snel antwoorden op vragen over wat ze aan het doen waren, en daarbij aangeven of ze geconcentreerd bezig waren of niet, en of ze gelukkig waren. De onderzoeksgegevens leverden een resultaat op dat je misschien verbaast: mensen waren het gelukkigst wanneer ze geconcentreerd helemaal opgingen in hun taak, niet wanneer ze aan het dagdromen waren.

Hoe realistisch onze fantasieën ook mogen zijn, dagdromen zijn zelden zo levendig als onze kleurrijkste dromen 's nachts. Ze zijn ook niet zo mysterieus, omdat we er meer controle over hebben. Evenmin doen ze zich voor onder de invloed van biologische cycli en de wonderlijke wereld die we slaap noemen. We gaan ons nu concentreren op deze nachtelijke wereld.

8.2.2 Slaap: het mysterieuze derde deel van ons leven

Stel dat je negentig jaar oud wordt, dan heb je in totaal bijna dertig jaar geslapen. Waar wordt deze geheimzinnige mentale toestand door gekenmerkt? In het verleden vormden slapen en dromen het terrein van psychoanalytici, profeten, dichters en schilders, en nu vormen ze een belangrijk onderzoeksgebied voor wetenschappers. Zij hebben ontdekt dat de slaap deel uitmaakt van onze natuurlijke biologische ritmes (Beardsley, 1996). We beginnen onze ontdekkingstocht door dit gebied van veranderd bewustzijn met een bespreking van deze biologische patronen.

Circadiaanse ritmes

Circadiaanse ritmes: Fysiologische patronen die zich ongeveer elke 24 uur herhalen, zoals de slaap-waakcyclus.

Bijna alle levende wezens worden beïnvloed door natuurlijke cycli, waarvan de dag-nachtcyclus de belangrijkste is. De cycli die voor de mens het belangrijkst zijn, worden **circadiaanse ritmes** genoemd: lichaamspatronen die zich ongeveer elke 24 uur herhalen. (Het woord circadiaans is afkomstig van de Latijnse woorden *circa*, 'ongeveer' en *dies*, 'dag'.) Deze circadiaanse ritmes worden gereguleerd in onze hypothalamus, waar onze 'biologische klok' de cadans bepaalt van onze verbranding, hartslag, lichaamstemperatuur en hormonale activiteit (Pinel, 2005). De suprachiasmatische nucleus (SCN), een groepje cellen in de hypothalamus, krijgt input vanuit de ogen en is daardoor specifiek gevoelig voor de licht-donkercyclus van dag en nacht (Baringa, 2002).

Bij de meeste mensen is het normale circadiaanse ritme iets langer dan een etmaal. Wanneer mensen voor langere tijd in een omgeving leven waarin ze geen idee hebben hoe laat het is, geldt voor de meesten dat ze in een circadiaanse cyclus van tegen de 25 uur terechtkomen. In een 24-uurswereld worden we getraind om ons patroon elke dag aan te passen aan de blootstelling aan licht en aan onze gewoonten (Dement & Vaughan, 1999).

Mogelijk beschouw je de slaap als een proces dat optreedt in een periode van circa acht uur, vanaf het ogenblik dat je naar bed gaat totdat de wekker je 's morgens wakker maakt. Dit patroon is echter vrij nieuw in de menselijke geschiedenis en voornamelijk beperkt tot mensen in geïndustrialiseerde landen. Van 'nature' zijn mensen geneigd volgens een flexibeler patroon te slapen:

telkens wanneer ze zin hebben, slapen ze overdag gedurende korte tijd en 's nachts langer (Bosveld, 2007; Warren, 2007). In verschillende delen van de wereld zijn er landelijke dorpjes waar mensen midden in de nacht vaak een uur of twee wakker zijn en praten, spelen, vrijen of voor het vuur zorgen; hieruit blijkt duidelijk hoe plooibaar ons slaap-waakritme kan zijn.

Toch kan elke factor waardoor onze slaap wordt onderbroken of waardoor het ritme van onze biologische klok wordt verstoord, van invloed zijn op onze gevoelens en ons gedrag. Een verschuiving van dag- naar nachtwerk en andere veranderingen in het slaap-waakritme zijn berucht om zulke effecten (Dement & Vaughan, 1999; Moore-Ede, 1993). De hele nacht opblijven om voor een toets te leren heeft dezelfde gevolgen.

Als je met het vliegtuig reist en verscheidene tijdzones passeert, krijg je een *jetlag*. Dat komt doordat het interne circadiaanse ritme wordt verstoord door de tijd die in je nieuwe omgeving geldt. Als het volgens jouw lichaam één uur 's nachts is en volgens de mensen om je heen pas tien uur in de avond, moet je energie gebruiken en reserves aanspreken om je aan je omgeving aan te passen. De symptomen van jetlag zijn vermoeidheid, onbeheersbare slaperigheid en tijdelijke cognitieve verstoringen. Mensen die gaan vliegen moeten zich realiseren dat onze biologische klok zich beter kan aanpassen aan langere dagen dan aan kortere. Dus oostwaarts reizen (waardoor je de dag verkort) veroorzaakt een sterkere jetlag dan als je naar het westen reist (waardoor je de dag verlengt).

De belangrijkste gebeurtenissen tijdens de slaap

De mens heeft de slaap eeuwenlang als een mysterie beschouwd, totdat de doctoraalstudent Eugene Aserinsky in 1952 besloot om de hersengolven en bewegingen van de oogspieren van zijn slapende zoon te registreren (Brown, 2003). Gedurende circa anderhalf uur verliep de sessie zonder opvallende gebeurtenissen en verschenen alleen de langzame slaapritmen op het eeg. Toen verscheen plotseling een vlaag van snelle oogbewegingen. Uit de registratie bleek dat de oogbollen van de jongen heen en weer schoten, alsof hij een snel bewegend voorwerp bekeek. Ook bleek uit de hersengolfpatronen dat de jongen alert was. Aserinsky verwachtte dat zijn zoon wakker was geworden en lag rond te kijken, dus ging hij de slaapkamer binnen en constateerde verbaasd dat hij hem rustig zag liggen, met gesloten ogen en diep in slaap. De onderzoeker onderwierp meer vrijwilligers aan dezelfde procedure en ontdekte dat zich bij alle proefpersonen gedurende de gehele nacht zo'n patroon voordeed.

Ongeveer om de negentig minuten start de periode die Aserinsky zo opviel. We noemen deze nu de **REM-slaap**, een periode die wordt gekenmerkt door snelle hersengolven en snelle oogbewegingen, oftewel *rapid eye movements* (REM). De oogbewegingen vinden plaats onder de gesloten oogleden, duren een paar minuten en stoppen dan abrupt (Aserinsky & Kleitman, 1953). De tussenliggende periodes, zonder snelle oogbewegingen, worden aangeduid met de term **non-REM-slaap (NREM)-slaap**.

Wat gebeurt er tijdens deze twee fases van de slaap in de hersenen? Om dat te onderzoeken, hebben wetenschappers een aantal slapende proefpersonen tijdens de REM-slaap of tijdens de NREM-slaap gewekt. Aan alle proefpersonen werd gevraagd wat er op dat moment in hen omging (Dement & Kleitman, 1957; McNamara et al., 2005). De proefpersonen die tijdens de NREM-periode werden gewekt, meldden ofwel geen enkele psychische activiteit, of ze gaven korte beschrijvingen van gewone dagelijkse gebeurtenissen, ongeveer zoals de gedachten die we hebben als we wakker zijn. De proefpersonen die tijdens de REM-periode waren gewekt,

---

REM-slaap: Periode in de slaap die ongeveer elke negentig minuten terugkeert en gekenmerkt wordt door snelle, onrustige oogbewegingen die onder de gesloten oogleden plaatsvinden (*rapid eye movements*). REM-slaap wordt geassocieerd met dromen.

Non-REM-slaap (NREM-slaap): De steeds terugkerende periodes waarin de slaper geen REM vertoont.

maakten daarentegen melding van levendige gebeurtenissen vol sprookjesachtige en bizarre taferelen, vaak van agressieve aard. Met andere woorden: de snelle oogbewegingen waren een teken van dromen.

Vreemd genoeg zijn de spieren die je bewust kunt aansturen in de rest van het lichaam tijdens de snelle oogbewegingen van de REM-slaap bewegingloos, verlamd, een toestand die **slaapverlamming** wordt genoemd. Evolutionair gezien is deze verlamming vermoedelijk gunstig, omdat zo werd verhinderd dat onze voorouders hun grotten uitliepen en in moeilijkheden kwamen doordat ze in overeenstemming met hun droom gingen handelen. (Slaapwandelen en praten in de slaap vinden plaats gedurende de diepere fases van de NREM-periode.)

Slaapverlamming: Een toestand waarin de slaper niet in staat is zijn willekeurige spieren te gebruiken, met uitzondering van de spieren van de ogen. Slaapverlamming treedt normaliter op tijdens de REM-slaap.

De slaapcyclus

Stel je voor dat je een proefpersoon bent in een laboratorium dat zich specialiseert in slaaponderzoek. Je bent op een eeg-apparaat aangesloten, de draden tussen je lichaam en de machine zitten je bewegingen niet in de weg en je maakt je gereed om te gaan slapen. Als je wakker en alert bent, pulseren de golven van je eeg met een frequentie van ongeveer veertien cycli per seconde (cps). Zodra je je begint te ontspannen, zakken ze af naar acht tot twaalf cps. Als je in slaap valt, vertonen je hersengolven een zich steeds herhalende cyclus van wisselende activiteit, vergelijkbaar met het patroon uit figuur 8.4. Als je de opname van deze cyclus de volgende morgen bekijkt, kun je de verschillende stadia duidelijk onderscheiden omdat ze allemaal een eigen, kenmerkend eeg hebben (zie figuur 8.5):

- In *stadium 1*, als je net in slaap bent gevallen, laat het eeg wat langzamere (thèta-)activiteit zien, afgewisseld met snelle (bèta)hersengolven die lijken op het eeg in wakende toestand.
- In *stadium 2* wordt het over de gehele linie tragere patroon van het eeg, dat wil zeggen golven met een langere golflengte, gekenmerkt door slaapspoelen, korte uitbarstingen van snelle elektrische activiteit, waarvan de eerste een teken is voor het einde van stadium 1.
- In de volgende twee fases (*stadia 3 en 4*) raak je in een steeds diepere toestand van ontspannen slaap. Je hersengolven worden opvallend trager, evenals hartslag en ademhaling. Voor het eerst verschijnen deltagolven. Stadium 4 is het diepste punt van de slaapcyclus; deze fase begint ongeveer een halfuur nadat je in slaap bent gevallen. Ademhaling en hartslag zijn dan het laagst.
- Aan het einde van *stadium 4* neemt de elektrische activiteit in de hersenen weer toe en doorloop je de stadia in omgekeerde volgorde.
- Het eeg laat bij stadium 1 snelle (bèta)golven zien en er vinden *rapid eye movements* plaats, het teken van REM-slaap. Na circa tien minuten van REM-slaap komt de slaper weer in stadium 2 terecht en herhaalt de gehele cyclus zich, waarbij elke volgende periode van REM-slaap steeds langer wordt.

De meeste mensen doorlopen deze cyclus in de loop van een gemiddelde nacht vier tot zes keer. In elke volgende cyclus neemt de duur van de diepe slaap (stadia 3 en 4) af, terwijl de hoeveelheid REM-slaap toeneemt: in de laatste cyclus kan de REM-slaap wel een uur duren (zie figuur 8.4 voor het slaappatroon tijdens een normale nacht). Normale slaap herken je dus aan drie dingen: (a) de cycli van negentig minuten, (b) het feit dat de diepste slaap aan het begin van de nacht optreedt en (c) het feit dat de REM-slaap steeds langer duurt naarmate de nacht vordert.

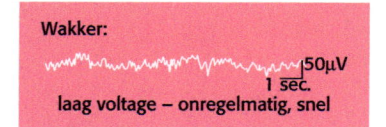

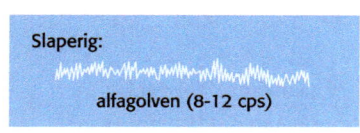

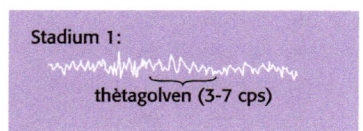

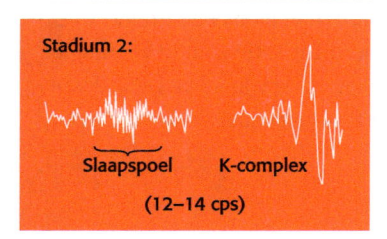

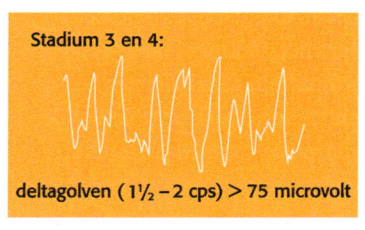

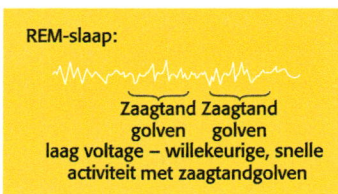

FIGUUR 8.4 Slaapstadia

Tijdens een gemiddelde nachtrust valt de diepste slaap (stadia 3 en 4) voornamelijk in de eerste paar uren. Naarmate de nacht vordert, duren de stadia van lichte slaap en REM-slaap steeds langer.

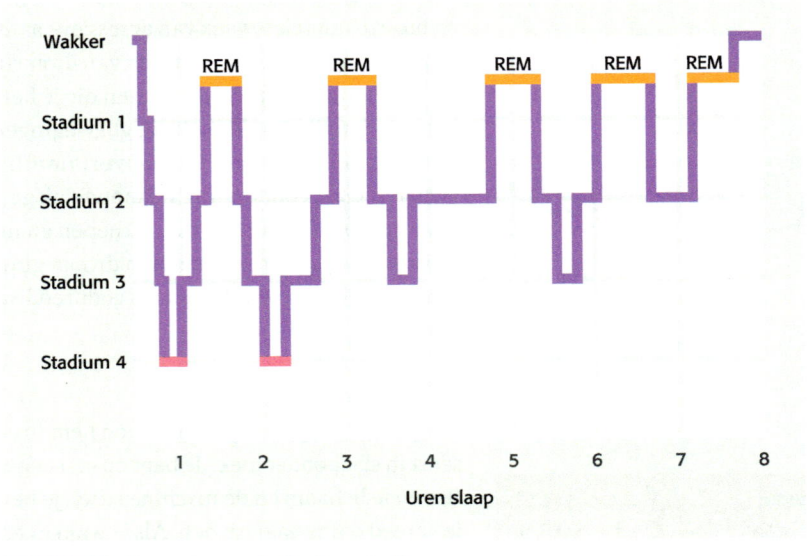

FIGUUR 8.5 Eeg-patronen in de slaapstadia
Tijdens een normale nacht treedt de diepste slaap (stadium 3 en 4) in de eerste paar uren op. Naarmate de nacht vordert, duren de REM-fases steeds langer.

Wat gebeurt er als iemand gedurende een nacht een substantieel deel van zijn REM-slaap misloopt? Laboratoriumstudies tonen aan dat proefpersonen die te weinig REM-slaap krijgen, zich de volgende dag moe en geïrriteerd voelen. Bovendien duren de REM-fases de volgende nacht vervolgens langer dan normaal, een toestand die **REM-rebound** wordt genoemd. Dit feit doet vermoeden dat de REM-slaap een bepaalde biologische behoefte bevredigt. Een andere functie van REM-slaap is wellicht het behoud van ons emotionele evenwicht. Als je geneigd bent je slaapbehoefte met een korreltje zout te nemen, let dan toch even op! Omdat we de meeste REM-slaap in de laatste paar cycli van elke nacht krijgen, krijg je, als je te weinig slaapt, onvermijdelijk last van een REM-tekort en REM-rebound.

REM-rebound: Extra REM-slaap volgend op een periode van tekort aan REM-slaap.

Waarom slapen we?

Slaap komt zo algemeen onder dieren voor dat het absoluut een essentiële functie moet hebben, hoewel slaapwetenschappers het niet met elkaar eens zijn over wat die functie is (Maquet, 2001; Rechtschaffen, 1998). Er zijn diverse mogelijkheden. Evolutionair psychologen menen dat slaap geleidelijk is ontstaan omdat dieren zo energie kunnen besparen op momenten dat het niet nodig is om voedsel te verzamelen of een partner te zoeken (Dement & Vaughan, 1999; Miller, 2007). Deze functies worden door de circadiaanse klok van de hersenen gecoördineerd. Sommige experimenten tonen aan dat slaap het verstandelijke functioneren bevordert; dit geldt vooral voor het geheugen en voor probleemoplossing (Wagner et al., 2004).

William Shakespeare omschreef een andere functie van slaap op elegante wijze: *Sleep that knits up the ravelled sleave of care* ('slaap die ervoor zorgt dat onze zorgen verdwijnen'). De slaap heeft mogelijk een herstellende functie voor lichaam en geest. Uit sommige onderzoeken komen aanwijzingen naar voren dat beschadigde hersencellen tijdens de slaap worden hersteld; andere onderzoeken doen vermoeden dat de vorming van nieuwe neuronen in de hersenen door de slaap wordt bevorderd, terwijl dit proces door slaapdeprivatie wordt geremd (Siegel, 2003; Winerman, 2006). Slaap en dromen helpen de hersenen wellicht ook om de gedurende de dag opgehoopte ongewenste en onbruikbare informatie weg te spoelen (Crick & Mitchison, 1983). Hoewel er vorderingen zijn geboekt bij het onderzoek naar de wijze waarop we tijdens de slaap nu werkelijk herstellen, hebben slaaponderzoekers nog steeds geen duidelijk beeld (Winerman, 2006b).

De behoefte aan slaap

Hoeveel slaap we nodig hebben, hangt af van vele factoren. Ten eerste zijn genetische factoren bepalend voor onze slaapbehoefte en de individuele variaties in onze circadiaanse ritmen (Barinaga, 1997b; Haimov & Lavie, 1996). De hoeveelheid slaap die we nodig hebben, is ook gekoppeld aan onze persoonlijke kenmerken en gewoonten. Mensen die bijvoorbeeld langer dan gemiddeld slapen, zijn over het algemeen nerveuzer, zorgelijker, artistieker, creatiever en non-conformistischer, terwijl korte slapers meestal energieker en extraverter zijn (Hartmann, 1973). En het is geen verrassing dat de hoeveelheid lichaamsbeweging die iemand krijgt, van invloed is op de behoefte aan slaap. Uitputtende lichamelijke activiteit overdag verlengt stadium 4, het stadium met de trage hersengolven, maar heeft geen effect op de duur van de REM-slaap (Horne, 1988).

De duur van de slaap en de vorm van de slaapcyclus veranderen naarmate we ouder worden. Zoals figuur 8.6 laat zien, beginnen we ons leven met ongeveer zestien uur slaap per etmaal, waarvan de helft is gewijd aan REM-slaap. Tijdens de kindertijd neemt het aantal slaapuren geleidelijk af, waarschijnlijk doordat de hersenen rijpen. Tieners slapen over het algemeen zeven tot acht uur, hoewel ze volgens recent onderzoek meer dan negen uur slaap nodig zouden hebben (Carskadon, 2002), waarvan 20 procent REM-slaap. Als we oud zijn, slapen we relatief minder en besteden we slechts 15 procent aan REM-slaap.

◀◀ **Verbinding hoofdstuk 7**
De hersenen blijven zich ontwikkelen en rijpen, en ook blijven de hersenen tijdens de kindertijd en adolescentie overtollige neuronen 'wegsnoeien' (§ 7.3.4).

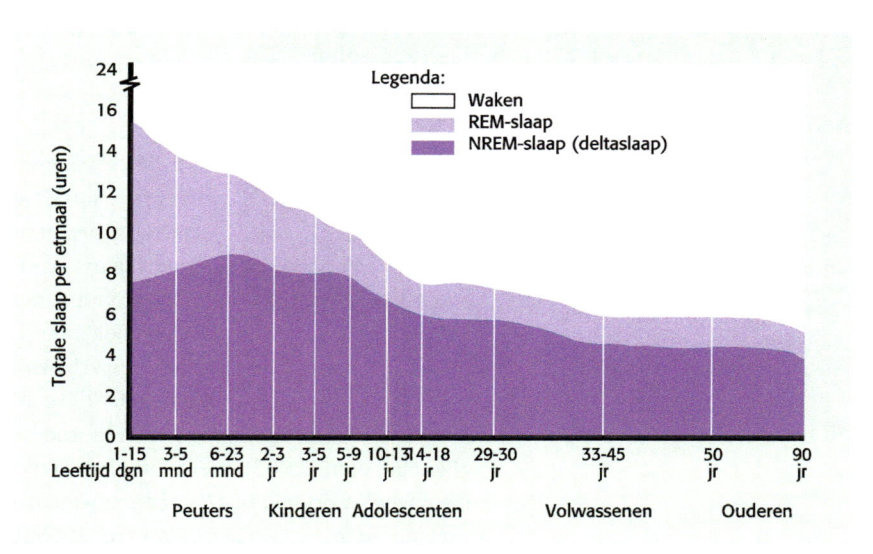

FIGUUR 8.6 Patronen van menselijke slaap gedurende het leven

De grafiek toont de veranderingen per leeftijd van de totale hoeveelheid REM- en NREM-slaap en van het deel van de nacht dat aan REM-slaap wordt besteed. De hoeveelheid REM-slaap neemt in de loop der jaren aanzienlijk af, terwijl de hoeveelheid NREM-slaap minder scherp daalt.

Bron: Overgenomen van Roffwarg et al., Ontogenetic Development of the Human Sleep-Dream Cycle. *Science*, 152, 604-616.
Met toestemming van AAAS

Slaaptekort versus de circadiaanse klok

De meeste volwassenen hebben ongeveer acht uur slaap nodig, misschien iets meer, om zich lekker te voelen en efficiënt te kunnen functioneren. In een slaaplaboratorium, waar vrijwilligers in een verduisterd vertrek ongestoord kunnen slapen zonder dat er klokken aanwezig zijn, vervalt de gemiddelde volwassene in een patroon van ongeveer achtenhalf uur slaap per nacht. In de westerse wereld slapen de meeste mensen echter korter, elke nacht opnieuw (Greer, 2004b; Maas, 1999). Dat leidt tot slaapgebrek, een toestand die **slaaptekort** wordt genoemd (Dement & Vaughan, 1999).

Slaaptekort: Toestand die ontstaat als je minder slaapt dan nodig is om optimaal te kunnen functioneren.

De meeste mensen die een chronisch slaaptekort hebben, beseffen dit niet (Dement, 2000; Dement & Vaughan, 1999). Misschien voelen ze zich een beetje suf als de wekker hen 's ochtends wakker maakt. Maar dat beschouwen ze niet als een teken van slaaptekort, omdat hun circadiaanse klok hen gedurende de volgende paar uur tot waakzaamheid aanzet. Een slaperig gevoel halverwege de middag wordt toegeschreven aan een zware lunch, wat niet de oorzaak is (dat is wederom die interne klok). Hun worsteling om wakker te blijven tijdens een vergadering of college verklaren ze door zichzelf wijs te maken dat verveling altijd tot slaperigheid leidt (Van Dongen et al., 2003). In werkelijkheid is onrust de normale reactie op verveling, tenzij men slaap tekortkomt.

Zelfs als je niet genoeg slaap hebt gehad, maakt de klok in je hersenen je op bepaalde tijden van de dag relatief alert: meestal laat in de morgen en laat in de middag. Met een chronisch slaaptekort ben je echter nooit zo alert en verstandelijk efficiënt als je zou zijn wanneer het slaaptekort door enkele nachten goede slaap werd opgeheven (Van Dongen et al., 2003). En slaaptekort kan je leven nog ingrijpender beïnvloeden: slaapdeprivatie wordt geassocieerd met gewichtstoename en zelfs met een verkorting van de levensduur (National Institute of Medicine, 2006).

Van speciaal belang voor studenten is dit feit: slaapdeprivatie heeft een verwoestende uitwerking op het cognitief en motorisch functioneren (Pilcher & Walters, 1997). In gewone taal stelt William Dement, 'dat een groot slaaptekort je dom maakt' (Dement & Vaughan, 1999, p. 231). Aanwijzingen hiervoor zijn ontdekt bij een onderzoek waarbij een groep vrijwilligers uit hun slaap werd gehouden en waarbij een andere groep genoeg alcohol kreeg om hen volgens de Amerikaanse wet dronken te voeren (het alcoholpercentage van hun bloed bedroeg 0,1 procent). Bij een onderzoek naar denken en coördinatie presteerden de slaperige vrijwilligers na 24 uur zonder slaap (zoals jij wanneer je een hele nacht opblijft om voor een examen te studeren) even goed als de alcoholgroep (Fletcher et al., 2003). Welke effecten denk je dat chronische slaapdeprivatie, die zoveel voorkomt bij coassistenten en artsen in opleiding, heeft op de werkprestaties van een arts (zie Howard, 2005; Vorona et al., 2009)?

Slaaptekort kan gevaarlijk zijn voor chauffeurs en voor anderen voor wie waakzaamheid een kwestie van leven of dood is.
Foto: Adrian Sherratt/Alamy

PSYCHOLOGISCHE KWESTIES

Slaapstoornissen

Miljoenen mensen krijgen te weinig slaap of slaap van slechte kwaliteit. Sommige van deze slaapstoornissen zijn werkgerelateerd. Van alle mensen die nachtdiensten draaien valt bijvoorbeeld meer dan de helft minstens eenmaal per week tijdens het werk in slaap. En het is geen toeval dat enkele van de ernstigste ongelukken ter wereld – bijvoorbeeld de ramp met de kerncentrale in Tsjernobyl en het vrijkomen van de gifwolk in Bhopal, India – allebei laat op de avond plaatsvonden, een tijdstip waarop mensen waarschijnlijk geprogrammeerd zijn om te gaan slapen. Slaapdeskundigen schatten dat er heel wat ongelukken gebeuren omdat personeel op sleutelposities door slaaptekort niet optimaal functioneert (Dement & Vaughan, 1999).

Behalve deze slaapproblemen die verband houden met het werk, zijn er verschillende klinische slaapstoornissen die slaaponderzoekers in het laboratorium hebben bestudeerd. Sommige komen veel voor, terwijl andere zeldzaam en bizar zijn. Sommige zijn relatief onschuldig en andere zijn potentieel levensbedreigend. Het enige element dat ze gemeenschappelijk hebben, is dat één of meer delen van de normale slaapcyclus is of zijn verstoord.

Slapeloosheid (insomnia) is een diagnose die gewoonlijk gesteld wordt bij mensen die niet tevreden zijn met de hoeveelheid slaap die ze krijgen. De symptomen zijn een chronisch onvermogen om snel in slaap te vallen, dikwijls wakker worden tijdens de nacht of 's ochtends te vroeg ontwaken. Een derde van alle volwassenen lijdt aan slapeloosheid, wat dit de meest voorkomende slaapstoornis maakt (Dement & Vaughan, 1999).

Dat je af en toe een periode hebt waarin het slapen minder goed gaat, is normaal, vooral als je overdag geconfronteerd wordt met uitputtende of zorgwekkende gebeurtenissen. Deze incidenten vormen op zichzelf geen bijzonder gevaar, tenzij je het probleem tracht op te lossen met barbituraten of slaapmiddelen die zonder recept verkrijgbaar zijn. Zulke medicijnen verstoren de normale slaapcyclus doordat ze de REM-periodes verkorten (Dement, 1980). Daardoor kunnen de feitelijke effecten van slapeloosheid door deze middelen worden verergerd, doordat de gebruiker zich minder uitgerust en slaperiger voelt. Een nieuwe generatie geneesmiddelen voor de behandeling van slapeloosheid lijkt beter te werken, hoewel het gebruik ervan gedurende langere tijd nog niet is onderzocht (Harder, 2005). Een alternatief is psychotherapie, met name cognitieve gedragstherapie. Mensen leren met deze vorm van therapie effectieve strategieën om slapeloosheid te vermijden (Smith, 2001).

Schaapjes tellen zal je trouwens niet helpen de slapeloosheidsbarrière te doorbreken. Hetzelfde geldt voor andere saaie verstandelijke taken. Onderzoekers aan de universiteit van Oxford hebben aangetoond dat het beter is je een kalmerend, maar complex decor voor te stellen, zoals een waterval. Het tellen van het ene schaap na het andere is blijkbaar niet interessant genoeg om de zorgen van de dag, die je slaap verstoren, uit je geest te verbannen (Randerson, 2002).

Slaapapneu, een andere veelvoorkomende stoornis, blijft vaak onopgemerkt en uit zich vaak eerst alleen in klachten van de betrokkene over slaperigheid overdag en klachten over snurken van zijn of haar partner. Achter het gordijn van de nacht is de oorzaak te vinden in een afwijkende ademhaling. Lijders aan slaapapneu stoppen met ademen, soms wel een minuut lang en honderden keren per nacht! (Voor het geval je je zorgen maakt, het is normaal dat de ademhaling 's nachts enkele malen per nacht gedurende korte tijd stopt.) Meestal is dit het gevolg van het dichtklappen van de luchtwegen in de keel wanneer de spiertonus van de slaper afneemt. Het gevolg is het tweede belangrijke symptoom van slaapapneu: regelmatig luid snurken, telkens wanneer de patiënt zuurstoftekort heeft en uit alle macht probeert lucht te krijgen door de dichtgeklapte luchtwegen (Seligson, 1994). Als de ademhaling stopt en de zuurstofconcentratie in het bloed van de slaper daalt, wordt het alarmsysteem van het lichaam geactiveerd, waarbij stresshormonen door het lichaam stromen. Bij dit proces wordt de slaper kort wakker, begint opnieuw te ademen en valt weer in slaap. Omdat dit voornamelijk tijdens de diepe slaap (stadium 4) gebeurt, weet de slaper er de volgende dag meestal niets meer van.

Als de oorzaak van het probleem niet wordt gevonden, is de kans groot dat het slachtoffer – en zijn familie en collega's – zijn ongewone gedrag overdag interpreteren als luiheid of onverschilligheid. Dit is uiteraard niet bevorderlijk voor de goede verhoudingen, en het missen van de juiste diagnose kan ook gevaarlijke biologische gevolgen hebben, zoals

Slapeloosheid (insomnia): Stoornis die wordt gekenmerkt door slaapgebrek, het onvermogen om snel in slaap te vallen, regelmatig wakker worden en/of te vroeg ontwaken.

Slaapapneu: Ademhalingsstoornis waardoor iemand tijdens de slaap regelmatig stopt met ademhalen.

▶▶ **Verbinding hoofdstuk 13**
Cognitieve gedragstherapie is een combinatie van cognitieve en behavioristische technieken voor het behandelen van psychologische stoornissen (§ 13.2.3).

schade aan hersencellen en een verhoogde bloeddruk, die gevaarlijk hoge spanning in de bloedbanen en het hart kan veroorzaken (Gami et al., 2005).

Bij prematuur geboren baby's komen aanvallen van slaapapneu ook geregeld voor. Ze moeten dan fysiek gestimuleerd worden om weer te gaan ademhalen. Verder kan de neiging tot slaapapneu worden verergerd door een baby op zijn of haar buik te leggen. Slaapdeskundigen raden dan ook sterk aan om baby's op hun rug te leggen. Het probleem kan dodelijk zijn en is een van de mogelijke oorzaken van sudden infant death syndrome (SIDS) oftewel wiegendood. Tot hun onderontwikkelde ademhalingsstelsel volgroeid is, moeten 'prematuurtjes' slapen aan een beademingsmonitor. Daarentegen is de kans dat volwassenen met slaapapneu niet vanzelf weer gaan ademhalen niet erg groot. Bij hen is de behandeling gericht op het verminderen van de honderden nachtelijke apneu-aanvallen. Meestal lukt dat met een apparaat dat extra lucht in de longen pompt en de luchtwegen tijdens de slaap openhoudt.

Pavor nocturnus (nachtelijke paniekaanvallen), een stoornis die voornamelijk bij kinderen voorkomt, vormt geen bedreiging voor de gezondheid. Meestal manifesteert een aanval van pavor nocturnus zich als het schreeuwen van een kind dat er doodsbang uitziet, feitelijk in stadium 4 van de slaap verkeert en erg moeilijk wakker te maken is. Als het kind eindelijk alert is, voelt het zich mogelijk nog angstig, maar heeft het geen specifieke herinnering aan de psychische gebeurtenis die de aanval heeft veroorzaakt. In feite is de hele ervaring schokkender voor de geschrokken gezinsleden dan voor het kind zelf.

In tegenstelling tot nachtmerries doen episodes van pavor nocturnus zich tijdens de diepe slaap voor en niet tijdens de REM-slaap. In dit opzicht lijken ze op slaapwandelen, praten tijdens de slaap en bedplassen, wat ook allemaal tijdens stadium 4 voorkomt. Al deze aandoeningen lijken een genetische component te hebben. Op zichzelf vormen ze geen gevaar, hoewel slaapwandelaars soms onbedoeld uit een raam op de bovenste verdieping klimmen of een drukke straat op lopen, zodat het de moeite waard is enkele voorzorgsmaatregelen te nemen. (Het is trouwens een fabeltje dat het gevaarlijk is een slaapwandelaar wakker te maken.) In de meeste gevallen nemen slaapwandelen en pavor nocturnus tijdens de volwassenheid af of verdwijnen ze, maar als ze hardnekkige en chronische problemen opleveren, moet de patiënt door een slaapspecialist worden onderzocht. Bedplassen kan meestal worden behandeld met een eenvoudige procedure voor gedragsmodificatie waarbij gebruik wordt gemaakt van een plaswekker.

Narcolepsie is een opmerkelijke slaapstoornis waarbij mensen overdag plotseling en dikwijls zonder enige waarschuwing in slaap vallen. Dit zijn echter geen normale aanvallen van slaperigheid. Mensen met narcolepsie vertellen bijvoorbeeld dat ze tijdens het autorijden of het beklimmen van een ladder neervielen en diep in slaap waren, anderen overkwam hetzelfde terwijl ze op zes meter diepte aan het duiken waren. Deze slaapaanvallen gaan soms gepaard met een plotseling verlies van spierspanning, een toestand die *cataplexie* wordt genoemd.

Vreemd genoeg kan elk soort opwinding een aanval van narcolepsie veroorzaken. Zo rapporteren patiënten regelmatig dat ze in slaap vallen terwijl ze om een grap lachen of tijdens een vrijpartij. Vanzelfsprekend kan narcolepsie gevaarlijk zijn en is het soms niet bepaald bevorderlijk voor intieme relaties.

Onderzoek naar de verschillende symptomen van narcolepsie wijst op een bijzondere (Marschall, 2007). Als er een sl dat de narcolepsiepatiënt bij h

Door de ontdekking van narcolepsie bij honden werd aangetoond dat de stoornis een biologische basis heeft. Hier houdt de gerenommeerde slaaponderzoeker William Dement een van zijn slapende proefdieren vast.

Pavor nocturnus: Episode in de diepe slaap waarbij iemand in angst lijkt te verkeren, hoewel de beangstigende mentale ervaring (zoals een droom) bij het ontwaken meestal vergeten is. Komt voornamelijk voor bij kinderen.

Narcolepsie: Verstoring van de REM-slaap, waardoor overdag plotselinge REM-slaap optreedt, die meestal gepaard gaat met cataplexie.

abnormale REM-periode doormaakt. Die eerste REM-periode komt niet zoals gebruikelijk pas na negentig minuten, maar direct na aanvang van de slaap. Je begrijpt nu waarschijnlijk wel waar de cataplexie vandaan komt: het is de verlamming die tijdens de REM-slaap optreedt.

Uit onderzoek bij narcoleptische dieren blijkt dat de aandoening ontstaat als gevolg van een genetisch probleem dat een negatieve invloed heeft op de schakelingen in de hersenstam waar het slapen wordt gereguleerd. Uit recent onderzoek blijkt dat dit gepaard gaat met een afgenomen aanvoer van *hypocretine*, een stof die in de hypothalamus wordt geproduceerd (Harder, 2004; Marschall, 2007). Genezing is (nog) niet mogelijk. Er bestaan wel goede medicijnen die het aantal slaapaanvallen en de cataplexie verminderen. Vroeger dacht men dat de stoornis werd veroorzaakt door onbewuste conflicten, waardoor narcolepsiepatiënten automatisch werden doorverwezen naar de psychotherapeut. Dat is nu gelukkig niet meer het geval.

Wat moet je doen als je vermoedt dat je een ernstige slaapstoornis hebt, zoals narcolepsie of slaapapneu? Je kunt je om te beginnen laten onderzoeken door een slaapdeskundige. In verschillende ziekenhuizen is een speciale afdeling voor slaapstoornissen. Je huisarts of klinisch psycholoog kan je doorverwijzen.

8.2.3 Dromen: de nachtelijke voorstellingen

Je maakt elke normale nacht van je leven iets heel spectaculairs mee dat zich alleen in je geest afspeelt: een droom. Wat veroorzaakt deze fantastische cognitieve voorstellingen? En wat betekenen ze, als ze al iets betekenen? Slaaponderzoekers weten tegenwoordig dat dromen regelmatig en gedurende de hele nacht plaatsvinden, voornamelijk tijdens de REM-slaap. Ze hebben ook vastgesteld door welke delen van de hersenen het dromen wordt aangestuurd, met inbegrip van specifieke delen van de hersenstam. Wat nog het grootste raadsel blijft over deze fase van de slaap is de vraag waarom we dromen.

Slaapwetenschappers benaderen de droom met slechts één vraag in het hoofd: welke biologische functie hebben dromen? De meeste deskundigen vermoeden dat dromen nodig kunnen zijn voor een gezond functioneren van de hersenen, hoewel het bewijs hiervoor niet zeker is, zoals we verderop zullen zien (Siegel, 2003). Sinds kort richten onderzoekers zich ook op de cognitieve functie van dromen.

Een verwant probleem heeft betrekking op de betekenis van dromen. Evolutionair psychologen denken dat het vermogen te dromen mogelijk een veilige manier biedt om te repeteren hoe met gevaarlijke situaties moet worden omgegaan, maar de bewijzen voor die stelling zijn dubieus (Franklin & Zyphur, 2005). Vanuit een cognitieve invalshoek beschouwen sommige deskundigen dromen als betekenisvolle, mentale processen, als vorm van reflectie op belangrijke gebeurtenissen of fantasieën in de geestelijke wereld van de dromer. Andere cognitief wetenschappers vinden relaties tussen dromen en geheugen. Ze opperen zelfs het idee dat dromen ons helpen zin te geven aan ons leven (Stickgold, 2011). Weer anderen betogen dat dromen mogelijk helemaal geen betekenis hebben. Een droom zou het gevolg zijn van willekeurige activiteiten van de hersenen tijdens de slaap. Laten we de verschillende kanten van deze discussie over de betekenis van dromen eens nader bekijken.

Dromen als betekenisvolle gebeurtenissen

Aan het begin van de twintigste eeuw ontwierp Sigmund Freud de meest complexe en veelomvattende theorie over dromen en hun betekenis die ooit is ontwikkeld. Hoewel er geen bewijs voor was, heeft deze theorie veel invloed gehad (Squier & Domhoff, 1998). Volgens Freuds theorie vertegenwoordigt de droom 'de koninklijke weg naar het onbewuste'. In elke droom zou het wemelen van de aanwijzingen over het verborgen psychische leven van de dromer. Voor Freud werd droomanalyse in zijn klassieke boek *Traumdeutung* ('droomuitleg') (1900) de hoeksteen van de psychoanalyse.

Manifeste inhoud: De verhaallijn van een droom, zonder interpretatie.

Latente inhoud: De veronderstelde symbolische betekenis van objecten en gebeurtenissen in een droom.

De relatie tussen de manifeste en latente inhoud van dromen kan vergeleken worden met de interpretatie van kunst. De smeltende klokken en andere surreële beelden in Salvador Dalí's De volharding der herinnering *vertegenwoordigen de manifeste inhoud en jouw interpretatie daarvan de latente inhoud.*
Foto: Joseph Martin/Album/Newscom

Beelden die aan de dood zijn gerelateerd komen vaker voor in dromen van Mexicaans-Amerikaanse universitaire studenten dan in de dromen van Anglo-Amerikaanse studenten. Dit komt waarschijnlijk doordat de dood zichtbaarder aanwezig is in de Mexicaanse cultuur, zoals in deze beelden te zien is, die worden gebruikt bij de viering van Allerzielen.
Foto: M Timothy O'Keefe/Potographer's Choise RF/Getty Images

Freuds dromentheorie In de psychoanalytische theorie hebben dromen twee belangrijke functies: ze bewaken de slaap (door verontrustende gedachten in symbolen te hullen) en zijn in staat elke wens te vervullen. De bewakersrol houdt in dat dromen helpen de psychische spanningen die in de loop van de dag zijn ontstaan te verlichten en de wensvervullende functie zorgt ervoor dat de dromer zijn onbewuste verlangens kan verwerken.

Freud maakte een belangrijk onderscheid tussen de **manifeste inhoud** (de verhaallijn van de droom) en de **latente inhoud** (de – veronderstelde – symbolische betekenis van de droom). Psychoanalytisch therapeuten speuren in de dromen van hun cliënten naar aanwijzingen over motieven en conflicten die zich wellicht in hun onbewuste verschuilen. Aanwijzingen met betrekking tot seksuele conflicten zouden bijvoorbeeld de vorm kunnen aannemen van lange, onbuigzame voorwerpen of houders, die, volgens de freudiaanse theorie, de mannelijke en vrouwelijke geslachtsdelen symboliseren. Symbolen van verlies, dood of een nieuw begin zijn onder meer een vertrek of een reis.

Invloed van cultuur, geslacht en leeftijd op dromen De invloed van cultuur op de inhoud van dromen komt op allerlei manieren tot uitdrukking. Verslagen uit het West-Afrikaanse Ghana vertellen ons bijvoorbeeld dat dromen in die regio vaak gaan over een aanval door koeien (Barnouw, 1963). Ook is het zo dat Europeanen dikwijls dromen over naaktheid in het openbaar en de daarmee gepaard gaande schaamte, terwijl zulke dromen zelden voorkomen in culturen waar mensen over het algemeen weinig kleren dragen (Roll et al., 1974). Over het algemeen ondersteunt crosscultureel onderzoek de hypothese van Rosalind Cartwright (1977) dat dromen een reflectie zijn van belangrijke gebeurtenissen uit het dagelijks leven van de dromer.

Ook weten slaaponderzoekers inmiddels dat de inhoud van dromen varieert met leeftijd en geslacht (Domhoff, 1996). Kinderen dromen vaker over dieren dan volwassen en de dieren in hun dromen zijn vaker groot, dreigend en wild. Studenten daarentegen dromen vaker over kleine dieren, huisdieren en tamme schepsels. Misschien hebben kinderen het gevoel dat ze weinig controle hebben over de wereld, minder dan volwassenen, en neemt die wereld in hun slaap daarom angstaanjagendere vormen aan (Van de Castle, 1983, 1994). Verder is bekend dat overal ter wereld vrouwen meer over kinderen dromen, terwijl mannen vaker over agressie, wapens en gereedschappen dromen (Murray, 1995). Droomonderzoeker Calvin Hall ontdekte in zijn onderzoeken dat vrouwen zowel over vrouwen als over mannen dromen, terwijl mannen twee keer zoveel over mannen dromen als over vrouwen. Uit een ander onderzoek concludeerde Hall dat vijandige interacties tussen personen vaker voorkwamen dan vriendelijke interacties, en dat twee derde van de gedroomde emoties een negatieve inslag had, zoals woede en verdriet (Hall, 1951, 1984).

Dromen en recente ervaringen De inhoud van dromen houdt dikwijls verband met recente ervaringen en dingen waarover je de vorige dag hebt nagedacht. Vreemd genoeg is de kans nog groter dat iets in je dromen voorkomt als je probeert er opzettelijk *niet* aan te denken (Wegner et al., 2004). Dus als je je de hele dag al zorgen maakt over je werk, of dit probeert te vergeten, is het waarschijnlijk dat je vannacht over je werk droomt, met name tijdens je eerste REM-periode.

In de regel heeft de eerste droom van de nacht te maken met gebeurtenissen van de afgelopen dag. De droom tijdens de tweede REM-periode (negentig minuten later) bouwt eventueel verder op een thema dat tijdens de eerste REM-periode aan de orde is gekomen. En zo gaat het verder, als een roddel die van de ene aan de andere persoon wordt doorgegeven, tot de laatste droom nog slechts een minimale verwantschap vertoont met de gebeurtenissen van de vorige dag. Omdat deze laatste droom vaak de enige droom is die we ons herinneren, is het mogelijk dat we het verband met de gebeurtenissen van de vorige dag niet herkennen (Cartwright, 1977; Kiester, 1980).

Dromen en het geheugen   Het spannendste onderzoek naar dromen komt voor een deel uit de cognitieve neurowetenschap. We weten nu bijvoorbeeld dat de REM-slaap een belangrijke rol speelt in de consolidatie van herinneringen. Wanneer studenten een moeilijk logisch spel leerden, waren degenen die een volledige nacht REM-slaap hadden genoten de volgende dag beter in dat spel dan studenten die hun REM-slaap hadden gemist (Smith, 2004). Tijdens de REM-slaap vullen de hersenen neurotransmitters in de geheugennetwerken aan, aldus slaaponderzoeker James Maas. Mogelijk helpt de REM-slaap bij het inpassen van nieuwe ervaringen in het weefsel van oude herinneringen (Geer, 2004b).

◀◀ **Verbinding hoofdstuk 5**
Tijdens het proces van consolidatie worden herinneringen geleidelijk duurzamer in ons langetermijngeheugen verankerd (§ 5.2.3).

Uit recenter onderzoek komen aanwijzingen naar voren dat de NREM-slaap bepaalde soorten herinneringen ook selectief versterkt, vooral de herinnering aan feiten en plaatsen (Miller, 2007).

Dromen als willekeurige hersenactiviteit

Activatie-synthesehypothese: Theorie die stelt dat dromen beginnen met willekeurige elektrische *activatie* vanuit de hersenstam. Dromen zouden niet meer zijn dan een poging van de hersenen om deze willekeurige activiteit betekenis te geven (*synthetiseren*).

Niet iedereen gelooft dat de inhoud van dromen belangrijk is. De **activatie-synthesehypothese** stelt dat dromen ontstaan als de slapende hersenen proberen betekenis te geven aan hun eigen spontane uitbarstingen van activiteit (Leonard, 1998; Squier & Domhoff, 1998). Volgens dit standpunt ontstaan dromen uit periodieke neurale ontladingen vanuit de slapende hersenstam.

Als deze energie zich over de cerebrale cortex verspreidt, ervaart de slaper sensaties, herinneringen, verlangens, emoties en bewegingen (het activatiegedeelte van de theorie). Hoewel de corticale activering willekeurig is en de opgeroepen beelden waarschijnlijk geen enkel logisch verband vertonen, proberen de hersenen er toch lijn in te brengen. Hiertoe synthetiseren de hersenen de 'berichten' in deze willekeurige elektrische uitbarstingen door een samenhangend verhaal te creëren. Een droom zou dan mogelijk slechts de manier zijn waarop de hersenen betekenis geven aan willekeurige uitbarstingen. J. Allan Hobson en Robert McCarley (1977) baseerden dit punt op het idee dat de hersenen constante stimulatie nodig hebben om te groeien en zich te ontwikkelen. Op het moment dat de slapende hersenen alle externe stimulatie hebben geblokkeerd, voorziet de REM-slaap de hersenen van binnenuit van de volgens dit idee noodzakelijke stimulatie. De inhoud van dromen zou daarom beschouwd moeten worden als het gevolg van de activatie van de hersenen en niet als uiting van onbewuste verlangens of andere betekenisvolle mentale processen. Hoewel Hobson (1988, 2002) beweert dat de verhaallijn achteraf wordt toegevoegd, als een soort ingeving achteraf, is het mogelijk dat de droom desondanks een zekere psychologische betekenis heeft, omdat het verhaal beïnvloed wordt door cultuur, geslacht, persoonlijkheidsfactoren en recente gebeurtenissen.